江苏文脉整理与研究工程

江苏文库

研究编

江苏文化专门史

胡金平　朱季康　著

江苏教育史

江苏人民出版社

图书在版编目(CIP)数据

江苏教育史 / 胡金平，朱季康著. -- 南京：江苏
人民出版社，2025.3. -- (江苏文库). -- ISBN 978
- 7 - 214 - 29814 - 0

Ⅰ. G527.53

中国国家版本馆 CIP 数据核字第 2025V4T517 号

书　　　名　江苏教育史
著　　　者　胡金平　朱季康
出 版 统 筹　张　凉
责 任 编 辑　徐太乙
责 任 监 制　王　娟
装 帧 设 计　姜　嵩
出 版 发 行　江苏人民出版社
地　　　址　南京市湖南路 1 号 A 楼，邮编：210009
照　　　排　江苏凤凰制版有限公司
印　　　刷　苏州市越洋印刷有限公司
开　　　本　718 毫米×1 000 毫米　1/16
印　　　张　33.5　插页 4
字　　　数　482 千字
版　　　次　2025 年 3 月第 1 版
印　　　次　2025 年 3 月第 1 次印刷
标 准 书 号　ISBN 978 - 7 - 214 - 29814 - 0
定　　　价　110.00 元

(江苏人民出版社图书凡印装错误可向承印厂调换)

江苏文脉整理与研究工程

总主编

信长星　许昆林

第二届学术指导委员会

编纂出版委员会

主　　编　徐　缨　夏心旻

副 主 编　梁　勇　赵金松　章朝阳　樊和平　程章灿

编　　委　（按姓氏笔画排序）

马　欣　王　江　王卫星　王月清　王华宝
王建朗　王燕文　双传学　左健伟　田汉云
朱玉麒　朱庆葆　全　勤　刘　东　刘西忠
江庆柏　许佃兵　许益军　孙　逊　孙　敏
孙真福　李　扬　李贞强　李昌集　佘江涛
沈卫荣　张乃格　张伯伟　张爱军　张新科
武秀成　范金民　尚庆飞　罗时进　周　琪
周　斌　周建忠　周新国　赵生群　赵金松
胡发贵　胡阿祥　钟振振　姜　建　姜小青
贺云翱　莫砺锋　夏心旻　徐　俊　徐　海
徐　缨　徐小跃　徐之顺　徐兴无　陶思炎
曹玉梅　章朝阳　梁　勇　彭　林　蒋　寅
程章灿　傅康生　焦建俊　赖永海　熊月之
樊和平

分卷主编　徐小跃　姜小青（书目编）

　　　　　周勋初　程章灿（文献编）

　　　　　莫砺锋　徐兴无（精华编）

　　　　　茅家琦　江庆柏（史料编）

　　　　　左健伟　张乃格（方志编）

　　　　　王月清　张新科（研究编）

出版说明

江苏文化源远流长、历久弥新，文化经典与历史文献层出不穷，典藏丰富；文化巨匠代有人出、彪炳史册，在中华民族乃至整个人类文明的发展史上有着相当重要的地位。为科学把握江苏文化的内涵与特征，在新时代彰显江苏文化对中华文化的贡献，江苏省委、省政府决定组织实施"江苏文脉整理与研究工程"，以梳理江苏文脉资源，总结江苏文化发展的历史规律，再现江苏历史上的文化高地，为当代江苏构筑新的文化高地把准脉动、探明趋势、勾画蓝图。

组织编纂大型江苏历史文献总集《江苏文库》，是"江苏文脉整理与研究工程"的重要工作。《文库》以"编纂整理古今文献，梳理再现名人名作，探究追溯文化脉络，打造江苏文化名片"为宗旨，分六编集中呈现：

（一）书目编。完整著录历史上江苏籍学人的著述及其历史记录，全面反映江苏图书馆的图书典藏情况。

（二）文献编。收录历代江苏籍学人的代表性著作，集中呈现自历史开端至一九一一年的江苏文化文本，呈现江苏文化的整体景观。

（三）精华编。选取历代江苏籍学人著述中对中外文化产生重要影响、在文化学术史上具有经典性代表性的作品进行整理，并从中选取十余种，组织海外汉学家翻译成各国文字，作为江苏对外文化交流的标志性文化成果。

（四）方志编。从江苏现存各级各类旧志中选择价值较高、保存较好的志书，以充分发挥地方志资治、存史、教化等作用，保存江苏的地方文献与历史文化记忆。

（五）史料编。收录有关江苏地方史料类文献，反映江苏各地历史地理、政治经济、文化教育、宗教艺术、社会生活、风土民情等。

（六）研究编。组织、编纂当代学者研究、撰写的江苏文化研究著作。

文献、史料、方志三编属于基础文献，以影印方式出版，旨在提供原始文献，以满足学术研究需要；书目、精华、研究三编，以排印方式出版，既能满足学术研究的基本需求，又能满足全民阅读的基本需求。

"江苏文脉整理与研究工程"工作委员会

江苏文库·研究编编纂人员

主　编

王月清　张新科

副主编

徐之顺　姜　建　王卫星　胡发贵　胡传胜　刘西忠

一脉千古成江河

——江苏文库·研究编序言

樊和平

　　"江苏文脉整理与研究工程"是江苏文化史上继往开来的一个浩大工程。与当下方兴未艾的全国性"文库热"相比,江苏文脉工程有三个基本特点:一是全面系统的整理;二是"整理"与"研究"同步;三是以"文脉"为主题。在"书目编—文献编—精华编—史料编—方志编—研究编"的体系结构中,"研究编"是十分独特的板块,因为它是试图超越"修典"而推进文化传承创新的一种学术努力。

　　"盛世修典"之说不知起源于何时,不过语词结构已经表明"盛世"与"修典"之间的某种互释甚至共谋,以及由此而衍生的复杂文化心态。历史已经表明,"修典"在建构巨大历史功勋的同时,也包含内在的巨大文化风险,最基本的是"入典"的选择风险。《四库全书》的文化贡献不言自明,但最终其收书的数量竟与禁书、毁书、改书的数量大致相当,还有高出近一倍的书目被宣判为无价值。"入典"可能将一个时代的局限甚至选择者个人的局限放大为历史的文化局限,也可能由此扼杀文化多样性而产生文化专断。另一个更为潜在和深刻的风险,是对待传统的文化态度。文献整理,尤其是地域典籍的整理,在理念和战略上面临的最大考验,是以何种心态对待文化传统。当今之世,无论对个体还是社会,传统已经不仅是文化根源,而且是文化和经济发展的资源甚至资本。然而一旦传统成为资源和资本,邂逅市场逻辑的推波助澜,就面临沦为消费和运作对象的风险,从而以一种消费主义和工具主义的文化态度对待文化传统和文献整理。当传统成为消费和运作的对象,其文化价值不仅可能被误读误用,而且也可能在对传统的消费中使文化坐吃山空,造就出文化上的纨绔子弟,更可能在市场运作中使文化不断被糟蹋。"江苏文脉整理与研究工程"的"整理工程"以全面系统的整理的战略应对可能存在的第一种风险,即入典选择的风险;以"研究工程"应对第二种可能的风险,即消费主义与工具主义的风险。我们不仅是既往传统的继承者,更应当是未来传统的创造者;现代人的使命,不仅是继承优秀传统,更应当创造新的优秀传统,这便是传统的创造性转化与创新性发展的真义。诚然,创造传统任重道远,需要经过坚忍不拔的卓越努力和大浪淘沙般的历史积淀,但对"江苏文脉整理与研究工程"而言,无论如何必须在"整理"的同时开启"研究"的千里之行,在研究中继承和发展传统。这便是"研究编"的价值和使命所在,也是"江苏文脉整理与研究工程"在"文库热"中于顶层设计层面的拔群之处。

一 倾听来自历史深处的文化脉动

20 世纪是文化大发现的世纪,20 世纪以来西方世界最重要的战略,就是文化战略。20 世纪 20 年代,德国社会学家马克斯·韦伯的《新教伦理与资本主义精神》,揭示了西方资本主义文明的文化密码,这就是"新教伦理"及其所造就的"资本主义精神",由此建构"新教伦理+资本主义"的所谓"理想类型",为西方资本主义进行了文化论证尤其是伦理论证,奠定了 20 世纪以后西方中心论的文化基础。20 世纪 70 年代,哈佛大学教授丹尼尔·贝尔的《资本主义文化矛盾》,揭示了当代资本主义最深刻的矛盾不是经济矛盾,也不是政治矛盾,而是"文化矛盾",其集中表现是宗教释放的伦理冲动与市场释放的经济冲动分离与背离,进而对现代西方文明发出文化预警。20 世纪 70 年代之后,亨廷顿的《文明的冲突与世界秩序的重建》将当今世界的一切冲突归结为文明冲突、文化冲突,将文化上升为西方世界尤其是美国国家战略的高度。以上三部曲构成西方世界尤其是美国文化帝国主义的国家文化战略,正如一些西方学者所发现的那样,时至今日,文化帝国主义被另一个概念代替——"全球化",显而易见,全球化不仅是一种浪潮,更是一种思潮,是西方世界的国家文化战略。文化虽然受经济发展制约甚至被经济发展水平所决定,但回顾从传统到现代的中国文明史,文化问题不仅逻辑地而且历史地成为文明发展的最高最难的问题,正因为如此,文化自信才成为比理论自信、道路自信、制度自信更具基础意义的最重要的自信。

在全球化背景下,文脉整理与研究具有重大的国家文化战略意义,不仅必要,而且急迫。文化遵循与经济社会不同的规律,全球化在造就广泛的全球市场并使全球成为一个"地球村"的同时,内在的最大文明风险和文化风险便是同质性。全球化催生的是一个文化上的独生子女,其可能的镜像是:一种文化风险将是整个世界的风险,一次文化失败将是整个人类的文化失败。文化的本质是什么? 梁漱溟先生说,文化就是人的生活的根本样法,文化就是"人化"。丹尼尔·贝尔指出,文化是为人的生命过程提供解释系统,以对付生存困境的一种努力。据此,文化的同质化,最终导致的将是人的同质化,将是民族文化或西方学者所说地方性知识的消解和消失;同时,由于文化是人类应对生存困境的大智慧,或治疗生活世界痼疾的抗体,它所建构的是与自然世界相对应的精神世界和意义世界,文化的同质性将导致人类在面临重大生存困境时智慧资源的贫乏和生命力的苍白,从而将整个人类文明推向空前的高风险。应对全球化的挑战和西方文化帝国主义的国家战略,"江苏文脉整理与研究工程"是整个中华民族浩大文化工程的一部分和具体落实,其战略意义绝不止于保存文化记忆的自持和自赏,在这个全球化的高风险正日益逼近的时代,完整地保存地方文化物种,认同文化血脉,畅通文化命脉,不仅可以让我们在遭遇全球化的滔滔洪水之时可以于故乡文化的山脉之巅"一览众山小"地建设自己的精神家园和文化根据地,而且可以在患上全球化的文化感冒甚至某种文化瘟疫之后,不致乞求"西方药"来治"中国病",而是根据自己的文化基因和文化命理,寻找强化自身的文化抗体和文化免疫力之道,其深远意义,犹如在今天经过独生子女时代穿越时光隧道,回首当年我们的"兄弟姐妹那么多"

和父辈们儿孙满堂的那种天伦风光,不只是因为寂寞,而且是为了中华民族大家庭的文化安全和对未来文化风险的抗击能力。

"江苏文脉整理与研究工程"是以江苏这一特殊地域文化为对象的一次集体文化自觉和文化自信,与其他同类文化工程相比,其最具标识意义的是"文脉"理念。"文脉"是什么?它与"文献"和文化传统的关系到底如何?这是"文脉工程"必须解决的基本问题。

庞朴先生曾对"文化传统"与"传统文化"两个概念进行了审慎而严格的区分,认为"传统文化"可能是历史上曾经存在过的一切文化现象,而"文化传统"则是一以贯之的文化道统。在逻辑和历史两个维度,文化成为传统都必须同时具备三个条件:历史上发生的,一以贯之的,在现实生活中依然发挥作用的。传统当然发生于历史,但历史上发生的一切,从《道德经》《论语》到女人裹小脚,并不都成为传统,即便当今被考古或历史研究所不断发现的现象,也只能说是"文化遗存",文化成为传统必须在历史长河中一以贯之而成为道统或法统,孔子提供的儒家学说,老子提供的道家智慧,之所以成为传统,就是因为它们始终与中国人的生活世界和精神世界相伴随,并成为人的生命和生活的文化指引。然而,文化并不只存在于文献典籍之中,否则它只是精英们的特权,作为"人的生活的根本样法"和"对付生存困境"的解释系统,它必定存在于芸芸众生的生命和生活之中,由此才可能,也才真正成为传统。《论语》与《道德经》之所以成为传统,不只是因为它们作为经典至今还为人们所学习和研究,而且因为在中国人精神的深层结构中,即便在未读过它们的田夫村妇身上,也存在同样的文化基因。中国人在得意时是儒家,"明知不可为而偏为之";在失意时是道家,"后退一步天地宽";在绝望时是佛家,"四大皆空"。从而建立了与自给自足的自然经济结构相匹合的自给自足的文化精神结构,在任何境遇下都不会丧失安身立命的精神基地,这就是传统。文化传统必须也必定是"活"的,是在现实中依然发挥作用的,是构成现代人的文化基因的生命因子。这种与人的生活和生命同在的文化传统就是"脉",就是"文脉"。

文脉以文献、典籍为载体,但又不止于文献和典籍,而是与负载它的生命及其现实生活息息相关。"文脉"是什么?"文脉"对历史而言是

"血脉"，对未来而言是"命脉"，对当下而言是"山脉"。"江苏文脉"就是江苏人的文化血脉、文化命脉、文化山脉，是历史、现在、未来江苏人特殊的文化生命、文化标识、文化家园，以及生生不息的文化记忆和文化动力。虽然它们可能以诸种文化典籍和文化传统的方式呈现和延续，但"文脉工程"致力探寻和发现的则是跃动于这些典籍和传统，也跃动于江苏人生命之中的那种文化脉动。"江苏文脉整理与研究工程"的最大特点就在于它是"文脉工程"而不是一般的"文化工程"，更不是"文库工程"。"文化工程""文库工程"可能只是一般的文化挖掘与整理，而"文脉工程"则是与地域的文化生命深切相通，贯穿地域的历史、现在与未来的生命工程。

　　"江苏文脉整理与研究工程"是"整理"与"研究"的璧合，在"研究工程"中能否、如何倾听到来自历史深处的文化脉动，关键是处理好"文献"与"文脉"的关系。"整理工程"是对文脉的客观呈现，而"研究工程"则是对文脉的自觉揭示，若想取得成功，必须学会在"文献"中倾听和发现"文脉"。"文献"如何呈现"文脉"？文献是人类文明尤其是人类文化记忆的特殊形态，也是人类信息交换和信息传播的特殊方式。回首人类文明史，到目前为止，大致经历了三种信息方式。最基本也是最原初的是口口交流的信息方式，在这种信息方式中，信息发布者和信息传播者同时在场，它是人的生命直接和整体在场并对话的信息传播方式，是从语言到身体、情感的全息参与，是生命与生命之间的直接沟通，但具有很大的时空局限。印刷术的产生大大扩展了人类信息交换的广度和深度，不仅可以以文字的方式与不在场的对象交换信息，而且可以以文献的方式与不同时代、不同时空的人们交换信息，这便是第二种信息方式，即以印刷为媒介的信息方式或印刷信息方式。第三种信息方式便是现代社会以电子网络技术为媒介的信息方式，即电子信息方式。文献与典籍是印刷信息方式的特殊形态，它将人类文化史和文明史上具有特殊价值的信息以印刷媒介的方式保存下来，供后人学习和研究，从而积淀为传统。文字本质上是人的生命的表达符号，所谓"诗言志"便是指向生命本身。然而由于它以文字为中介，一旦成为文献，便离开原有的时空背景，并与创作它的生命个体相分离，于是便需要解读，在解读中便可能发生误读,但无论如何,解读的对象并不只是文字本身,而是文字背后的生命现象。

文献尤其是典籍是不同时代人们对于文化精华的集体记忆,它们不仅经受过不同时代人们的共同选择,而且经受过大浪淘沙的历史洗礼,因而其中不仅有创造它的那个个体或文化英雄如老子、孔子的生命表达,而且有传播和接受它的那个民族的文化脉动,是负载它的那个民族的文化生命,这种文化生命一言以蔽之便是文化传统。正因为如此,作为集体记忆的精华,文献和典籍是个体和集体的文化脉动的客观形态,关键在于,必须学会倾听和揭示来自远方的生命旋律。由于它们巨大的时空跨度,往往不能直接把脉,而需要具有一种"悬丝诊脉"的卓越倾听能力。同时,为了把握真实的文化脉动,不仅需要对文献和典籍即"文本"进行研究,而且需要对创造它们的主体包括创作的个体和传播接受的集体的生命即"人物"进行研究。正如席勒所说,每个人都是时代的产儿,那些卓越的哲学家和有抱负的文学家却可能成为一切时代的同代人。文字一旦成为文献或典籍,便意味着创作它的个体成为一切时代的同代人,但无论如何,文献和它们的创造者首先是某个时代的产儿,因而要在浩如烟海的文献和典籍中倾听到来自传统深处的文化脉动,还需要将它们还原到民族的文化生命之中,形成文化发展的"精神的历史"。由此,文本研究、人物研究、学派流派研究、历史研究,便成为"文脉研究工程"的学术构造和逻辑结构。

二 中国文化传统中的江苏文脉

江苏文脉是中国文化传统的一部分,二者之间的关系并不只是部分与整体的关系,借助宋明理学的话语,是"理一"与"分殊"的关系。文脉与文化传统是民族生命的文化表达和自觉体现,如果只将它们理解为部分与整体的关系,那么江苏文脉只是中国文化传统或整个中华文化脉统中的一个构造,只是中华文化生命体中的一个器官。朱熹曾以佛家的"月映万川"诠释"理一分殊"。朗月高照,江河湖泊中水月熠熠,此番景象的哲学本真便是"一月普现一切水，一切水月一月摄"。天空中的"一月"与江河中的"一切水月"之间的关系是"分享"关系，不是分享了"一月"的某一部分，而是全部。江苏文脉与中国文化传统之间的关系便是"理一分殊"，中国文化传统是"理一"，江苏文脉是"分殊"，正因为如此，关于江苏文脉的研究必须在与整个中国文化传统的关系中整体性地把握和展开。其中，文化与地域的关系、江苏文化在中华文化发展中的贡献和地位，是两个基本课题。

到目前为止的一切人类文明的大格局基本上都是由以山河为标志的地理环境造就的，从轴心文明时代的四大文明古国，到"五大洲四大洋"的地理区隔，再到中国山东—山西、广东—广西、河南—河北，江苏的苏南—苏北的文化与经济差异，山河在其中具有基础性意义。在这个意义上，可以将在此以前的一切文明称为"山河文明"。如今，科技经济发展迎来一个"高"时代：高铁、高速公路、电子高速公路……正在并将继续推倒由山河造就的一切文明界碑，即将造就甚至正在造就一个"后山河时代"。"后山河时代"的最后一道屏障，"山河时代"遗赠给"后山河时代"的最宝贵的文明资源，便是地域文化。在这个意义上，江苏文脉的整理与研究，不仅可以为经过全球化席卷之后的同质化世界留下弥足珍贵的"文化大熊猫"，而且可以在未来的芸芸众生饱尝"独上高楼，望尽天涯路"的孤独之后，缔造一个"蓦然回首"的文化故乡，从中可以鸟瞰文化与世界关系的真谛。江苏独特的地域环境与江苏文化、江苏文脉之间的关系，已经不是所谓"一方水土一方人"所能表达，可以说，地脉、水脉、山脉与江苏文脉之间的关系，已经是一脉相承。

我们通过考察和反思发现，水系，地势，山势，大海，是对江苏文脉尤其是文化性格产生重大影响的地理因素。露水不显山，大江大河入大海，低平而辽阔，黄河改道，这一切的一切与其说是自然画卷和自然事件，不如说是江苏文脉的大地摇篮和文化宿命的历史必然，它们孕生和哺育了江苏文明，延绵了江苏文脉。历史学家发现，江苏是中国唯一同时拥有大海、大江、大湖、大平原的省份，有全国第一大河长江，第二大河黄河（故道），第三大河淮河，世界第一大人工河大运河，全国第三大淡水湖太湖，全国第四大淡水湖洪泽湖。江苏也是全国地势最低平的一个省区,绝大部分地区在海拔 50 米以下,少量低山丘陵大多分布于省际边缘,最高峰即连云港云台山的玉女峰也只有 625 米。丰沛而开放的水系和低平而辽阔的地势馈赠给江苏的不只是得天独厚的宜居,更沉潜、更深刻的是独特的文化性格和文脉传统,它们是对江苏地域文化产生重大影响的两个基本自然元素。

不少学者指证江苏文化具有水文化特性,而在众多水系中又具长江文化的特性。"水"的文化特性是什么?"老聃贵柔",老子尚水,以水演绎世界真谛和人生大智慧。"天下莫柔弱于水,而攻坚强者莫之能胜。"柔弱胜刚强,是水的品质和力量。西方文明史上第一个哲学家和科学家泰勒斯向全世界宣告的第一个大智慧便是:水是万物的始基。辽阔的平原在中国也许还有很多,却没有像江苏这样"处下"。老子也曾以大海揭示"处下"的智慧:"江海所以能为百谷王者,以其善下之,故能为百谷王。"历史上江苏的文化作品、江苏人的文化性格,相当程度上演绎了这种"水性"与"处下"的气质与智慧。历史上相当时期黄河曾经从江苏入海,然而黄河改道、黄河夺淮,几番自然力量或人力所为,最终黄河在江苏留下的只是一个"故道"的背影。黄河在江苏的改道当然是一个自然事件或历史事件,但我们也可能甚至毋宁将它当作一个文化事件,数次改道,偶然之中有必然,从中可以发现和佐证江苏文脉的"长江"守望和江南气质。不仅江苏的地脉"露水不显山",而且江苏的文化作品,江苏人的文化性格,一句话,江苏文脉,也是"露水不显山",虽不是"壁立千仞",却是"有容乃大"。一般说来,充沛的水系,广阔的平原,往往造就自给自足的自我封闭,然而,江苏东临大海,无论长江、淮河,还是历史上的黄河,都从这里入大海,归大海,不只昭示江苏的开放,而且演绎江苏文化、江苏文脉、江苏人海纳百川的博大和静水深流的仁厚。

黄河与长江好似中华文脉的动脉与静脉,也好似人的身体中的任督二脉,以长江文化为基色的江苏文化在中华文脉的缔造和绵延中作出了杰出贡献。有学者指出,在中国文明史上,长江文化每每在黄河文化衰弱之后承担起"救亡图存"的重任。人们常说南京古都不少为小朝廷,其实这正是"救亡图存"的反证,"天下兴亡,匹夫有责"的口号首先由江苏人顾炎武喊出，偶然之中有必然。学界关于江苏文化有三次高峰或三次大贡献，与两次大贡献之说。第一次高峰是开启于秦汉之际的汉文化，第二次高峰是六朝文化，第三次高峰是明清文化。人们已对六朝文化与明清文化两大高峰对中国文化的贡献基本达成共识，但江苏的汉文化高峰及其贡献也应当得到承认，而且三次文化高峰都发生于中国社会的大转折时期，对中国文化的承续作出了重大贡献。在秦汉之际的大变革和大一统国家的建构中，不仅在江苏大地上曾经演绎了波澜壮阔的对后来中国文明产生深远影响的历史史诗，而且演绎这些历史史诗的主角刘邦、项羽、韩信等都是江苏人，他们虽然自身不是文化人，但无疑对中国文化产生了深远影响。董仲舒提出"罢黜百家，独尊儒术"的主张，奠定了大一统的思想和文化基础，他本人虽不是江苏人，却在江苏留下印迹十多年。江苏的汉文化高峰对中国文化的最大贡献，一言概之即"大一统"，包括政治上的大一统和思想文化上的大一统。六朝被公认为中国文化发展的高峰，不少学者将它与古罗马文明相提并论，而六朝文化的中心在江苏、在南京。以南京为核心的六朝文化发生于三国之后的大动乱，它接纳大量流入南方的北方士族，使南北方文化合流，为保存和发展中国文化作出了杰出贡献。明朝是中国历史上第一次在南京，也是第一次在江苏建立统一的帝国都城，江苏的经济文化在全国处于举足轻重的地位，扬州学派、泰州学派、常州学派，形成明清时期中国文化的江苏气象，形成江苏文化对中国文化的第三次重大贡献。三大高峰是江苏的文化贡献，在重大历史转折关头或者民族国家危难之际挺身而出，海纳百川，则是江苏文化的精神和品质，这就是江苏文脉。也正因为如此，江苏文化和江苏文脉在"匹夫有责"的担当精神中总是透逸出某种深沉的忧患意识。

江苏文脉对中国文化的独特贡献及其特殊精神气质在文化经典中得到充分体现。中国四大文学名著，其中三大名著的作者都来自江苏，这就是《西游记》《红楼梦》《水浒》，其实《三国演义》也与江苏深切相关，虽然罗贯中不是江苏人，但以江苏为作品重要的时空背景之一。四大名著中不仅有明显的江苏文化的元素，甚至有深刻的江苏地域文化的基因。《西游记》到底是悲剧还是喜剧？仔细反思便会发现，《西游记》

就是文学版的《清明上河图》。《清明上河图》表面呈现一幅盛世生活画卷,实际却是一幅"盛世危情图",空虚的城防,懈怠的守城士兵……被繁华遗忘的是正在悄悄到来的深刻危机。《西游记》以唐僧西天取经渲染大唐的繁盛和开放,然而在经济的极盛之巅,中国人的精神世界却空前贫乏,贫乏得需要派一个和尚不远万里,请来印度的佛教,坐上中国意识形态的宝座,入主中国人的精神世界。口袋富了,脑袋空了,这是不折不扣的悲剧。然而,《西游记》的智慧,江苏文化的智慧,是将悲剧当作喜剧写,在喜剧的形式中潜隐悲剧的主题,就像《清明上河图》将空虚的城防和懈怠的士兵淹没于繁华的海洋一样。《西游记》喜剧与悲剧的二重性,隐喻了江苏文脉的忧患意识,而在对大唐盛世,对唐僧取经的一片颂歌中,深藏悲剧的潜主题,正是江苏文脉"匹夫有责"的担当精神和文化智慧的体现。鲁迅说,悲剧将人生的有价值的东西毁灭给人看。《西游记》是在喜剧形式的背后撕碎了大唐时代人的精神世界的深刻悲剧。把悲剧当作喜剧写,喜剧当作悲剧读,正是江苏文化、江苏文脉的大智慧和特殊气质所在,也是当今江苏文脉转化发展的重要创新点所在。正因为如此,"江苏文脉研究"必须以深刻的哲学洞察力和深厚的文化功力,倾听来自历史深处的江苏文化的脉动,读懂江苏,触摸江苏文脉。

三 通血脉,知命脉,仰望山脉

江苏文化的巨大魅力和强大生命力,在数千年发展中已经形成一种传统、一种脉动,不仅是一种客观呈现的文化,而且是一种深植个体生命和集体记忆的生生不息的文脉。这种文化和文脉不仅成为共同的价值认同,而且已经成为一种地域文化胎记。在精神领域,在文化领域,江苏不仅有灿若星河的文学家,而且有彪炳史册的思想家、学问家,更有数不尽的才子骚客。长江在这片土地上流连,黄河在这片土地上改道,淮河在这片土地上滋润,太湖在这片土地上一展胸怀。一代代中国人,一代代江苏人,在这里缔造了文化长江、文化黄河、文化淮河、文化太湖,演绎了波澜壮阔的历史诗篇,这便是江苏文脉。

为了在全球化时代完整地保存江苏文脉这一独特地域文化的集体记忆,以在"后山河时代"为人类缔造精神家园提供根源与资源,为了继承弘扬并创造性转化、创新性发展中华优秀传统文化,2016年江苏启动了"江苏文脉整理与研究工程"。根据"文脉"的理念,我们将研究工程或"研究编"的顶层设计以一句话表达:"通血脉,知命脉,仰望山脉。"由此将整个工程分为五个结构:江苏文化通史,江苏历代文化名人传,江苏文化专门史,江苏地方文化史,江苏文化史专题。

"江苏文化通史"的要义是"通血脉",关键词是"通"。"通"的要义,首先是江苏文化与中国文明的息息相通,与人类文明的息息相通,由此才能有民族感或"中国感",也才有世界眼光,因而必须进行关于"中国文化传统中的江苏文脉"的整体性研究;其次是江苏文脉中诸文化结构之间的"通",由此才是"江苏",才有"江苏味";再次是历史上各个重要历史时期文化发展之间的"通",由此才能构成"史",才有历史感;最后是与江苏人的生命与生活的"通",由此"江苏文脉"才能真正成为江苏人的文化血脉、文化命脉和文化山脉。达到以上"四通","江苏文化通史"才是真正的"通"史。

"江苏文化专门史"和"江苏文化史专题"的要义是"知命脉",关键词是"专",即"专门"与"专题"。"江苏文化专门史"在框架上分为物质文化史、精神文化史、制度文化史、特色文化史等,深入研究各类专门史,总体思路是系统研究和特色研究相结合,系统研究整体性地呈现江苏历史上的重要文化史,如哲学史、文学史、艺术史等,为了保证基本的完整性,我们根据国务院学科分类目录进行选择;特色研究着力研究历史上具有江苏特色的历史,如民间工艺史、昆曲史等。"江苏文化史专题"着力研究江苏历史上具有全国性影响的各种学派、流派,如扬州学派、泰州学派、常州学派等。

"江苏地方文化史"的要义是"血脉延伸和勾连",关键词是"地方"。"江苏地方文化史"以现省辖市区域划分为界,13市各市一卷。每卷上编为地方文化通史,讲述地方整体历史脉络中的文化历史分期演化和内在结构流变,注重把握文化运动规律和发展脉络,定位于地方文化总

一脉千古成江河

011

体性研究;下编为地方文化专题史,按照科学技术、教育科举、文学语言、宗教文化等专题划分,以一定逻辑结构聚焦对地方文化板块加以具体呈现,定位于凸显文化专题特色。每卷都是对一个地方文化的总结和梳理,这是江苏文化血脉的伸展和渗入,是江苏文化多样性、丰富性的生动呈现和重要载体。

"江苏历代文化名人传"的要义是"仰望山脉",关键词是"文化"。它不是一般性地为江苏历朝历代的"名人"作传,而只是为文化意义上的名人作传。为此,传主或者自身就是文化人并为中国文化的发展、为江苏文脉的积累积淀作出了重要贡献;或者虽然自身主要不是文化人而是政治家、社会活动家等,但对中国文化发展具有重大影响。如何对历史人物进行文化倾听、文化诠释、文化理解,是"文化名人传"的最大难点,也是其最有意义的方面。江苏历史上的文化名人汗牛充栋,"文化名人传"计划为 100 位江苏文化名人作传,为呈现江苏文化名人的整体画卷,同时编辑出版一部"江苏文化名人辞典",集中介绍历史上的江苏文化名人 1000 位左右。

一脉千古成江河,"茫茫九派流中国"。江苏文脉研究的千里之行已经迈出第一步,历史馈赠我们一次千载难逢的宝贵机遇,让我们巡天遥看,一览江苏数千年文化银河的无限风光,对创造江苏文化、缔造江苏文脉的先行者们献上心灵的鞠躬。面对奔涌如黄河、悠远如长江的江苏文脉,我们唯有以跋涉探索之心,怵惕敬畏之情,且行且进,循着爱因斯坦的"引力波",不断走近并播放来自江苏文脉深处的或澎湃,或激越,或温婉静穆的天籁之音。

我们一直在努力;

我们将一直努力!

目　录

绪　论

　　"江苏",始于清康熙六年(1667年)改江南右布政使司为江苏布政使司,取江宁、苏州二府之首字而得名。江苏地处我国东部的黄海之滨,襟江带湖,地跨长江、淮河南北,地形以平原为主,河汉交错、水网密布,农业、渔业和蚕桑业较为发达,尤其是长江下游的苏南地区,自古经济较为繁荣,民间有"苏常熟,天下足"之说。作为人类开发较早的区域,江苏也是中华文明的重要发祥地之一,马家浜文化、崧泽文化、良渚文化、北阴阳营文化、湖熟文化等陆续在江苏出现,教育也随之产生。江苏不仅文化教育事业的发展有着悠久的历史,而且"崇文重教"的精神在历史长河中一脉相传、赓续不断。

　　由于史料阙如,很难找到西周之前江苏地区学校教育的详细记载,但这一时期,社会经济已有相当的发展,与中原类似的学校机构应有生存土壤。《史记》中记载的"泰伯奔吴"故事的真实性虽不可考,但中原的礼仪文明早在西周之时便已在吴地生根,则应是事实,所谓"自泰伯以天下让,而吴为礼义之邦"[①]。春秋之时,儒家文化通过私学在江苏得到传播,吴人言偃求学于孔子,学成归来后开设学馆,不但教授弟子学文习字,更以儒家礼仪教人育德。又有孔门的另一弟子澹台灭明率领一批弟子南下,定居于吴国国都附近,传播孔氏学说。道家、墨家中亦有学者南下江苏传学,杨朱曾至苏北沛地一带讲学。诸子百家纷纷南下江苏传学,也从另一层面说明江苏的好学者人数众多。

　　两汉时期,江苏地区的官学虽不发达,但好学之风并未缺失,一些

---

① 李根源编纂:《吴县志》卷二十六,第6页。

江苏学子北上长安求学或任教,而在江苏本地,江苏文人的视野更多地为文学所吸引,于经学研究则相对较为淡漠。东汉时期,江苏某些地区出现了一些重视教育事业的地方行政长官,如扬州刺史何武、丹阳太守李忠等。东汉末,受战乱影响,苏北地区人口大量流失,地方官学彻底被毁,然而私人讲学之风在江苏从未断绝,江苏地区从事专经教育的私学名家闻名于史册者不下数十人,他们沿袭着崇文重教的传统,为江苏培养了一批经学人才,这些人或讲学或游学,传播了学术,促进了汉代教育的交流与进步。

魏晋南北朝时期,北方战乱频仍,南方相对安定,引发了大规模的人口迁徙南下,孙吴、东晋、宋、齐、梁、陈六朝相继定都南京,更促进了江苏地区经济、文化、教育的发展,成为江苏文教事业发展的重要转折期。此时因京城及其辐射作用,江苏地区教育机构不仅数量较多,而且颇具地域特色。东晋设立的国子学,以及南朝创设的国子学、总明观、五馆等中央官学,使得江苏的教育水平一跃而为全国最高,成为全国官学教育的中心;江苏的士族豪门对家族门风的自觉维护与追求,推动了江苏私学教育的发展,家学绵延不断、家训著作流行,成为这个时期江苏私学教育(家庭教育)发展的重要特征。

隋唐时期,江苏地区虽偶有地方官员热衷兴办教育事业,如常州刺史李栖筠、昆山县令王纲在任上都曾"大起学校",一度推动了当地官学的发展,但总体而言,江苏的州县官学并不发达。与此相反的是民间人士对教育的热心,江苏私学无论是数量还是质量,都远超同时期的地方官学。

宋元时期是我国又一个教育发展的繁荣时期,江苏教育也有着长足的进步。北宋初年,统治者重科举轻学校,官学处于沉寂状态,江苏率先重建地方官学系统,范仲淹、胡瑗等人对江苏教育的推动功不可没,并由此带动了全国地方教育的大发展,所谓"天下郡县学莫盛于宋,然其始亦由于吴中"[①]。范仲淹在苏州创设义庄、义学,更是引发了江苏地区遍设家塾、族塾的景象。科举政策的诱导,富庶经济的支援,以及

---

① 李根源编纂:《吴县志》卷二十六,第 4 页。

民间早已形成的向学之风，使得以私塾为代表的私学教育机构遍布江苏的大江南北、村落乡镇。

明清时期，江苏是全国相对富庶和繁荣的地区之一，教育事业也得到了快速发展，官学、私学都很兴盛，尤其是基于家学形成的诸多学术流派，更是这个时期江苏私学教育的一大特点。唐中后期开始出现书院，到明清时期，江苏的书院不仅数量较多，而且颇具特色，东林书院更是一度成为天下书院的中心。随着教育事业的发展，人文昌盛，出现了"江左士俊冠盖全国"的局面，清代江苏地区不仅状元、进士的数量远高于其他省份，而且学术和文艺方面的人才数量也在全国位居前列。

如果说"崇文重教"是自古以来江苏教育发展的重要驱动源，那么"求实创新"则是江苏教育更具特色的另一内涵特质，且由此而使江苏成为全国教育发展的引领者之一。在江苏教育大发展的东晋南北朝时期，虽然门阀士族子弟不学无术、鄙薄实务是社会的普遍现象，但仍有有识之士倡导好学、务实的家教门风。颜之推在《颜氏家训·勉学》中教育子孙："清谈雅论，剖玄析微，宾主往复，娱心悦耳，非济世成俗之要也。"希望子孙成为关心社会实务、了解社会现实的人。北宋时期的教育家胡瑗在苏州、湖州一带办学时，首创"分斋教学制度"，一反当时盛行的重视诗赋格律的学风，提倡经世致用的实学，重经义和时务，主张"明体达用"，一时天下向风。明清时期的启蒙思想家、教育家顾炎武"尊崇节义，敦厉名实"，是这个时期实学教育思潮的重要代表人物之一，他继承了明道以经世致用的教育传统，反对空谈心性，提倡实学，所谓"明六经之旨，通当世之务"，为后世学者文人推崇。清中期时曾出任多地巡抚、总督等地方官职的阮元，也是一代实学教育家，他主张学者应以孔子为师，重在实践，而不能只从心性上下工夫，教育要以经世致用为主要内容，为此他特别推崇顾炎武，在《顾亭林先生〈肇域志〉跋》中说："世之习科条而无学术，守章句而无经世之具者，皆未足与于此也。"

江苏的"求实创新"精神不仅存在于少数教育精英的思想观念之中，更多地落实于行政官员与民间士绅的教育实践过程中。东晋南朝设立的官学，除传统经学教育外，还注重史学、文学教育，本身便是一种创新和务实的反映。当时在江苏地区，医学、数学、天文等科技知识也成为一些家族累世传承的家学内容,数学家祖冲之便有着深厚的家学渊源;北宋胡瑗创立的"分斋教学制度"既是一种求实的表现,也是一种创新行为,开启了我国主辅修制度的先河;明清时期,江苏聚集了一批天文、历法、数学、医学、农学等方面的科技人才,如王锡阐、唐顺之、李锐、陈厚耀、焦循、叶天士、张璐、马一龙、徐霞客、阮元等,他们或借由家学传递,或经由师徒传承,或通过问学交谊,开展科技教育活动,江苏地区事实上成为我国明清时期科技教育的重镇之一。

近代前夕常州庄氏创立的常州学派,接续着经世致用传统,以充满经世思想的今文学研究尤其是公羊学研究,产生了区域性辐射。经过戴望、龚自珍、魏源等人的宣传,使得常州学派的今文经学传统进一步走向社会,经世致用思想在江苏广为传播。同时,陶澍、林则徐、贺长龄、姚莹、梁章钜等经世派人物先后担任江苏地区行政官员,更使江苏地区的求实风尚固着、流行。

进入近代之后,江苏"崇文重教,求实创新"传统在新形势下得到进一步传承与发扬。

晚清时期,列强借助坚船利炮的优势开始在我国进行文化教育的殖民,江苏有较早接触西方文明的通商口岸,各类教会学校设立的数量和层次位居全国前列。同时,江苏久已形成的求实传统使得江苏诸多知识分子、在苏官员能更快地以一种求实、开放、创新的态度应对"千年未有之变局",从教会学校和西籍中汲取有益养分。早期著名改良主义思想家、教育家冯桂芬、薛福成、马建忠、王韬以及知名洋务派盛宣怀等不仅来自江苏,而且也把江苏作为他们重要的活动区域。更具强烈务实、经世、功利色彩的"中体西用"思想,最早便是在江苏提出、传播和实践,对江苏地区乃至全国由传统向近代转换具有开拓意义和深远影响。

江苏是洋务运动的主要实践地,也是洋务学堂设立较早、学堂数量和种类较多的省份。自1860年之后担任江苏巡抚、两江总督的官员中,曾国藩、曾国荃、李鸿章、丁日昌、马新贻、左宗棠、刘坤一、沈葆桢、张之洞、端方等均为地方洋务派的代表人物,他们或出于自己已有的认知,或受到江苏地区务实环境的影响,在苏任职期间,极为重视新教育机构的兴办,方言学堂、军事学堂、技术学堂、普通学堂等无一不有。同时,对于留学教育亦大力支持,无论是最早的官费留美,还是后来兴起的留日浪潮,江苏都是主要的发动区,是全国留学人数较多的省份之一。其中固然有雄厚经济实力的支持因素,但与江苏较为求实、开放、创新的政策环境和文化传统也有着密切的关系。

清末新政时期,新教育制度全面施行,江苏继续传承着"崇文重教"的传统,从官方到民间掀起了创办新学堂的热潮,尤其是得到官方政策支持的民间力量,积极介入新学堂的设立、旧私塾的改造,以及乡土教材的编撰。尽管官方与民间在兴办新学堂过程中出现了不计民众承受力的过度"热心",一度引发多地毁学风潮,但从另一层面也反映出江苏当时的新学堂设立数量极多。作为具有浓厚官方色彩的江苏教育总会(江苏学务总会),是当时全国最具影响力和号召力的教育社团,在新教育观念的引进、师资队伍的培训、义务教育的推行,以及各级各类学校的设立等方面,均发挥了半官方的领导作用,使得江苏基础教育发展成为当时最具活力的省份之一。

民国建立之后,江苏便积极全面规划地方教育,"求实创新"更成为江苏教育发展的重要特征。此时的初等教育得到了较大发展,实验小学的设立,开启了我国实验教育的先河;省立中学制度的实施,为江苏中学优质学校的建设奠定了良好的基础;基于"实业救国"的思想,大力发展实业教育逐渐成为当时江苏有识之士的共识,张謇、黄炎培等江苏教育界领军人物对实业教育的青睐,进一步使得江苏实业教育有了较大发展,甚至影响着全国实业教育的发展方向。此外,江苏于在职教师专业素养提升的途径与方法、社会教育专业化推进等方面均进行了有益的探索。

北京政府后期,尤其是《壬戌学制》颁布后,江苏公私立各类学校数量急速增加,大学数量更是位居全国前列,尤其是私立大学占据着江苏高等教育的半壁江山。五四运动后,人们的思想观念发生了巨大变化,民主化、科学化逐渐成为教育发展的主流,江苏以其惯有的求实创新精神,成为这方面主要推进者和实验者:幼儿教育领域,陈鹤琴主持鼓楼幼稚园开展的读法和课程实验,影响着整个幼儿教育界;小学教育在职业教育课程、设计教学法等方面开展实验,并得出了"中国结论";中学教育领域较早开始职业教育实践探索,同时在教学方法方面进行道尔顿制实验;师范教育领域为培养乡村初小师资,特别设立了农村师范学校,开启了我国乡村师范教育的建设之路;高等教育方面较早借鉴美国高校管理模式,实行董事会制度,而将南高师并入东南大学,更是拉开了全国"高师改大"运动的序幕;社会教育方面,江苏是全国平民教育思潮兴起的重要发源地之一,是最早成立平民教育促进会的省份。

国民政府定都南京后,在教育行政机构方面进行了大刀阔斧的改革,江苏成为最早试行大学区制的省份之一,然而也是最早公开批评大学区制弊多利少的地区,体现了江苏教育人的"求实"精神。由于社会时局的相对稳定,江苏秉持重教传统,加大教育经费的投入,学前教育、小学教育、中学教育、职业教育、师范教育在数量与质量上均有较大的进步,走在了全国前列。各类附属幼儿园积极开展课程编制研究,省立实验小学遍及全省各地,县立中学数量大幅增加,职业学校颇具地域特色,社会教育重视专业人才的培养,乡村教育改革试验如火如荼,这一切均反映了江苏教育界对改革创新的追求。虽然当时的江苏有着区位优势,使得原国立东南大学一跃而为国立中央大学,集聚起众多的知识精英,成为全国高等教育的重镇之一,但"规范化""科学化"的整顿,导致江苏公立高等教育机构数量急速减少,然靠着一以贯之的重视教育的热情,私立学校支撑起江苏高校的大部。

革命根据地的教育发展,革命性无疑是其根本的精神特质,但江苏自古以来崇文重教、人民文化素养较高的现实,也为根据地教育的推进提供了有利的条件。

赓续不变的"崇文重教,求实创新"的教育文脉,支撑起江苏千年的教育历史,并促进了江苏社会、经济、文化的发展,当然更为今天江苏教育的发展奠定了历史基础。虽然因政治、经济、自然环境等因素影响,江苏教育一直存在着南北、城乡的极大差异,但重视教育、求真务实的教育之"脉"则亘古未绝。

第一章　先秦至隋唐时期的教育奠基

江苏是中国开发较早的地区之一,其文明的源头最早可溯至一万年前的旧石器时代。夏商周时期,江苏北部属淮夷,南部属句吴。春秋战国时期,江苏曾分别隶属过齐、鲁、宋、吴、楚、越等国。秦朝实行郡县制度,江苏境内长江以南属会稽郡,以北分属于东海郡、泗水郡。西汉初年,郡县和王国并行,江苏地区分属于楚国、荆国、吴国、广陵国、泗水国等国,以及会稽郡、丹阳郡、东海郡、临淮郡、琅邪郡、沛郡等郡;武帝时期,全国被划分为 13 个监察区,江苏分属徐州刺史部和扬州刺史部。三国时期,江苏分属吴、魏两国。西晋建立,江苏分属扬州、徐州。东晋南北朝时,江苏大致以淮河为界,各属南、北朝。隋朝统一全国后,江苏分属于扬州刺史部和徐州刺史部,下辖苏州、常州、蒋州、润州、扬州、方州、楚州、邳州、泗州、海州、徐州 11 州,后又改设为彭城、东海、下邳、江都、丹阳、毗陵、吴等 7 郡。唐代,江苏先分属于江南道、河南道、淮南道,后分属于江南东道、江南西道、河南道、淮南道。

江苏地区文教事业的发展起步较早。先秦至隋唐时期,随着地域的开发与文明进步,随着"学自生活"到"学在官府"的教育生态的变化,江苏的文教活动逐渐规范化、制度化。伴随着官学教育制度的发展,江苏私学教育也蓬勃兴起,产生了巨大的影响。在南朝等部分历史时期,江苏成为全国教育的中心地区之一。

第一节 教育政策与制度的变迁

"随着早期人类产生,教育活动就在中华大地上萌芽了。"[①]在中更新世旧石器时代,江苏的土地上就有了人类活动的踪迹,40万年前,马家浜文化、崧泽文化、良渚文化、北阴阳营文化、湖熟文化等人类文化陆续在江苏各地出现,教化活动(亦可称为教育启蒙活动)也随之在这片土地上展开。

一、汉代以前的文教政策与制度

1.“学自生活”:西周前江苏文教活动的起源

西周前,包括江苏在内的广大中国南方地区,人们在各种农耕、渔猎、建筑乃至工具制造等生活生产活动中相互学习、相互教授,获取、交流相关知识。如神农氏教民农作;有巢氏构木为巢;伏羲氏结网以渔;燧人氏钻燧出火;蚩尤以金作兵器,直至尧舜之际,《尚书·舜典》称:“鞭作官刑,扑作教刑。”这些活动既反映了人类在生活生产技能知识方面的提升,也印证了当时这些地区人类传授生活生产知识的教育行为的存在。

这些教育活动的内涵是与江苏地区社会经济发展水平紧密联系的。最初,教育围绕着人类生产生活、道德伦理、风尚习俗、军事技能与艺术等内容进行。到了夏代,随着社会生产力的提高,具有文化性质的教育活动开始崭露头角,传授生活与劳动技能的行为逐渐淡出了教育的范畴。伴随着教育内涵的不断丰富,对教育行为实施规范与推广的思想与制度也开始产生,尧舜时期的“成均”之教,即可视为中国教育政策、制度的萌芽。《孟子·滕文公上》曰:“庠者,养也。校者,教也。序者,射也。夏曰校,殷曰序,周曰庠,学则三代共之。皆所以明人伦也。”夏后氏设东序为大学,设西序为小学。殷人设右学为大学,左学为小

---

① 王炳照等主编:《中国教育通史·先秦卷(上册)》,北京师范大学出版社2013年版,第1页。

学,而作乐于瞽宗。这些先秦时期的学校设计塑造了中国教育政策与制度的基本雏形,也同样影响着江苏地区的教育形态。

2."学在官府":西周文教政策及江苏教育的开化

西周统治者以分封的方式,形成了一套等级分明的政治制度。《左传·桓公二年》云:"天子建国,诸侯立家,卿置侧室,大夫有贰宗,士有隶子弟,庶人工商各有分亲,皆有等衰。"自此,以周王室为天下共主,各诸侯为小宗的宗法制度建立起来。与之相配套的是"学在官府"的垄断教育体制。"学术既专为官有,故教育亦非官莫属。"①西周时期,教育是与政治捆绑在一起。清代学者章学诚的《校雠通义·原道》称:"官守学业皆出于一,而天下以同文为治,故私门无著述文字。"②教育的所有资源皆由政府掌握与调配。

在"学在官府"的教育体制中,教育对象主要为各级贵族子弟,《礼记·王制》云:"王太子、王子、群后之大子,卿大夫、元士之适子,国之俊选,皆造焉。"汉代学者郑玄注:"王子,王之庶子。"③除了周王室的子弟、公及诸侯的世子、卿大夫和元士的嫡子之外,各地"俊选"也可以入学受教,学界一般认为"俊选"是指经过地方选拔的优秀人才,其中不排除有少数平民子弟。而所有的师资皆是政府官员,"官师合一"。这些人来自"巫""史""祝""卜"等职,既有官员身份,也是实施官学教育的教师。所谓"三代盛时,天下之学,无不以吏为师,《周官》三百六十,天人之学备矣!其守官举职,而不坠天工者,皆天下之师资也。东周以还,君师政教不合于一,于是人之学术,不尽出于官司之典守"④。这种规定确保了受教育者群体与统治者的联系。"学在官府"是当时历史条件下的产物,也是一种政治的附庸,是保障西周宗法政治制度延续的重要基石之一。

西周的学校教育分为中央国学与地方乡学,国学又分为小学与大学两个阶段。西周国学中有大司乐、乐师、保氏、大胥、小胥等,乡学中

---

① 黄绍箕、柳诒徵:《中国教育史》,中国和平出版社2014年版,第127页。
② 李敖主编:《史通·文史通义》,天津古籍出版社2016年版,第678页。
③ 王引之:《经义述闻》,上海古籍出版社2018年版,第165页。
④ 章学诚著,叶瑛校注:《文史通义校注》,中华书局1985年版,第232页。

有大司徒、乡大夫、乡师、州长、党正、父师、少师等。这些职位负有教化之责,也有行政之权。周王室及诸侯国中的师、保、傅就是一种教职,《大戴礼记·保傅》记载:"昔者,周成王幼,在襁褓之中,召公为太保,周公为太傅,太公为太师。"

由于史料阙如,很难找到殷商、西周时期江苏地区学校教育的详细记载,但这一时期,江苏地区的社会经济已有相当的发展,与中原类似的学校机构应有生存土壤。而分布于江苏大地上的诸侯国中不乏建有泮宫与小学,他们与中原各地一般,以这种方式选拔人才,输送于国学。

周王室的训词、铭文、著述成为传播文教政策、制度、理念的特殊载体,对江苏地区产生了一定的影响。泰伯、仲雍奔吴蛮之后,"太伯端委,以治周礼,仲雍嗣之"①,则是江苏教育发展一个难得的契机。② "自泰伯以天下让,而吴为礼义之邦。"③

3. "教育下移":春秋战国时期文教政策及江苏教育的起步

东周时期,宗法制度逐渐"崩坏",王室之学日益衰微,私学兴起,教育下移。春秋时期,私学即已兴起。战国时期,《左传·昭公十七年》称:"天子失官,学在四夷。"此时,官学虽仍在延续,但颓势已然十分明显,私学则大盛,有儒、道、墨、法、阴阳、农、医等诸学,其中尤以儒家与墨家为世之显学。

建都于江苏地区的吴国自寿梦时期加强了对中原文化的学习,《国语·吴语》记载:"夫吴,良国也,能博取于诸侯。"吴国贵族中亦有曾受良好教育者,《史记·鲁周公世家》记载吴王寿梦四子季札曾出使中原诸国,至鲁国时,鲁人询问其周乐知识,季札"尽知其意,鲁人敬焉"。在《礼记·檀弓下》中,甚至孔子也赞誉道:"延陵季子,吴之习于礼者也。"

由于种种原因,一些周王室的贵族离开了王都,来到包括江苏在内的南方地区。他们在此讲求学术,传播文化典籍。诸子之学中的各门

---

① 《左传·哀公七年》引子贡语。
② 《史记·吴太伯世家》中有这样的记载:"吴太伯、太伯弟仲雍,皆周太王之子,而王季历之兄也。季历贤,而有圣子昌,太王欲立季历以及昌。于是太伯、仲雍二人乃奔荆蛮,文身断发,示不可用,以避季历。季历果立,是为王季,而昌为文王。太伯之奔荆蛮,自号句吴。荆蛮义之,从而归之千余家,立为吴太伯。"
③ 曹允源、李根源:《民国吴县志》,1933 年版,文庙。

弟子中也多有南下江苏传道者。孔门弟子澹台灭明率领一批弟子南下,定居于吴国国都附近,传播孔氏学说。《史记·仲尼弟子列传》记载:"退而修行,行不由径,非公事不见卿大夫。南游至江,从弟子三百人,设取予去就,名施乎诸侯。"孔子弟子子贡、司马耕等也曾南下江苏进行传学活动。道家、墨家中也有学者南下江苏传学,杨朱曾至苏北沛地一带讲学。《墨子·鲁问》中,墨家弟子公尚过曾和越王论学,越王深膺其说,曰:"先生苟能使子墨子于越而教寡人,请裂故吴之地,方五百里,以封子墨子。"

江苏人中亦有慕中原教化而北上求学者。吴人言偃前往鲁国,学习中原文化,辗转拜入孔门,经过学习,精通了《诗》《书》《易》《礼》《乐》,后人称其"言子"。明代姜渐在《修学说》中对言偃的贡献有这样的评价:"教莫盛于孔子,而言偃实师之。……自言偃北学于圣人,而吴知有圣贤之教。由周而降,天下未尝无乱也,惟吴无悖义之民。由汉以来,天下未尝无才也,惟吴多名世之士。虽阅千数百载而泰伯、言偃之风,至于今不泯。"吴人庚桑楚(即亢仓子),北上访学,成为"偏得老聃之道"的道家弟子。他们是那个时代江苏外出求学之辈中的佼佼者。

4. "薪火延续":秦朝文教政策与江苏教育的延续

学界对于秦代文教政策的评价以负面者居多。有说秦代既禁私学,又不设官学,有说秦代的文教政策只是消极的烧、杀、禁,亦有人以为秦代文教政策只有焚书坑儒、以吏为师,所教授的都是落后且愚民的东西。但实际上,在"焚书坑儒"前后,秦代文教政策也有一个转折的过程,其文教政策也并非全然如此粗暴与简单。

秦代统治者统一、简化了文字,创制字体,"设三老以掌教化",使得在全国普遍开展教育事业成为可能。秦始皇搜集了六国宫廷与民间的典藏,建立了一个类似皇家图书馆性质的机构,设立博士,在其中开展教育教学活动,为汉代太学教育的产生奠定了基础。这套博士制度既在官学体制内存在,在民间私学中也享有盛誉。

秦代初期,儒学教育仍有很大影响。朝廷中有不少儒生从事顾问工作,地方上也有儒生在进行教育活动。兴盛的私学教育从战国延续下来,私学诸子们聚众讲学,气盛者根本不服秦廷权威。在《史记·秦始皇本纪》中,淳于越宣称:"事不师古而能长久者,非所闻也。""焚书坑儒"事件中,所坑者只是"犯禁者四百六十余人",并非全部儒生。统治者对于教育有着强烈的控制欲,希望通过种种措施,将私学纳入官学的轨道。秦朝统治者奉行法家,"以法为教""以吏为师",打击异论者、取缔私学,逐渐巩固了官学中的吏师制度。《史记·秦始皇本纪》有这样的描述,丞相李斯建言:"臣请史官非秦记皆烧之。非博士官所职,天下敢有藏《诗》《书》百家语者,悉诣守、尉杂烧之。"帝曰:"可。"《史记·李斯列传》中言:"所不去者,医药卜筮种树之书,若有欲学者,以吏为师。"但有秦一代,以儒家为主的私学教育并没有完全绝迹,仍在民间不断传承。

在秦廷统一天下及实施统治期间,江苏地区原有诸侯国的城邑多被摧坏,加上秦廷对地方私学教育的严格控制,使得江苏地区民间教育的环境十分恶劣,"春秋之世,吴、越先后立国江南,人物甚盛。降及秦汉,天下归一,江南之地士风不竞,几致消歇。"[1]但医药、种植、兵法等私学讲授行为仍然在民间存在,如兵法教育就惠及了项羽、张良、韩信等人,也算是这个时期江苏教育仅存的一些火种。

二、汉唐时期的文教政策与江苏教育

(一)文教领域的激烈竞争与儒学核心地位的确立

自汉至唐,儒、老、玄、佛等学说的传承者们都力图说服历代统治者,将各自主张的学说定为统治者意识形态宣传的主流,左右其文教政策。这场持续数百年的博弈中有社会经济因素的作用,有文化环境变迁的影响,亦有杰出文教人物的贡献。

汉高祖在还未登基之时,为了稳定政权,实现对基层社会的有效治理,仿袭秦制,"设三老以掌教化"。汉朝初肇,统治者吸取秦亡之训,排斥以法家之术治国、严刑峻法的理念,行黄老之术,"无为"而治,"休养生息",如董仲舒《春秋繁露·精华》所称:"教,政之本也;狱,政之末

---

① 王永平:《东汉时期江南士人群体的兴起》,《江苏社会科学》1997年第2期,第118页。

也",在文教政策上同样采取了宽松的态度。惠帝四年(公元前 191 年),汉朝废除秦"挟书律",为儒学的发展创造了条件。汉初皇帝大多礼贤下士,尊敬学者,有人称这一时期为"小百家争鸣"时代。但在文教事业发展上,举措不多,进展平平,《史记·儒林列传》称:"尚有干戈,平定四海,亦未暇遑庠序之事。"数十年休养生息后,汉代经济虽有发展,但奉行黄老之术带来的政府不干涉主义也造成了富者更富、贫者更贫的社会现象,引发了持续不断的社会矛盾,损害着政府的威信,动摇着政权的稳定。汉武帝即位后,为巩固中央政府的集权地位,统一思想,力图有所作为。《汉书·东方朔传》记载:"征天下举方正贤良文学材力之士,待以不次之位,四方士多上书言得失,自衒鬻者以千数,其不足采者,辄报闻罢。"董仲舒适时提出了"罢黜百家,独尊儒术""大一统"等学说,契合了汉武帝心中的宏图。共识之下,以儒治国遂被确立为国策。建元元年(公元前 140 年),汉武帝罢治申商、韩非、苏秦、张仪之学。建元五年(公元前 136 年),汉武帝听取董仲舒建议,罢黜百家,独尊儒术。《汉书·董仲舒传》称:"诸不在六艺之科,孔子之术者,皆绝其道,勿使并进。"《史记·儒林列传》记载建元六年(公元前 135 年),汉武帝正式宣布:"黜黄老刑名百家言,延文学儒者以百数。"

董仲舒为了适应统治阶级的需要,倡导今文经学,并根据阴阳、谶纬等学说的理论,创造了"天人感应"之说、"三纲"理念,主张皇权应建立在神权之上,皇权有无上之权力,以此教化民众服从皇权。他提出儒学的教化功能可以为统治者治国提供极大的帮助,《汉书·董仲舒传》云"教化立而奸邪皆止",力倡兴学校。他的这些创见成为汉代封建伦理思想的基础,也对两汉的文教政策产生了直接影响。不过,出于不同的学说门派或政治立场,汉代政学两界对董氏的这套理论进行批判的不乏其人,如司马迁、桓谭、王充等。董氏的顶层设计实现了汉廷统治者利益的最大化,受到皇权的保护,这些反对之声注定无法影响大局。

在文教制度上,秦代设立的博士制度对汉代有直接影响。汉武帝时期,中央始设太学,为当时全国的最高学府,设有《诗》《书》《易》《礼》《春秋》五经博士。在京师还设以教育文化艺术内容为主的鸿都门学、培养外戚四姓子弟的宫邸学等教育机构,使京师俨然成为全国的教育中心。

甘露三年(公元前 51 年),汉宣帝令论经于石渠阁。东汉建初四年(79 年),汉章帝会集诸儒论经,成《白虎通义》。熹平四年(175 年),汉灵帝诏蔡邕于太学门外刻《熹平石经》。这些工作都旨在规范儒学经典,建立一套统一的儒学教材,以利教育推广,也使儒学经典具有了权威化的教育文献地位。

汉初,并没有在全国设置官学的规划。汉景帝时期,蜀郡守文翁设郡国学校,得到官方推广。汉平帝时,中央政府公布了具体的郡国、县乡、聚落学校的设置方案。《汉书·平帝纪》记载:"郡国曰学,县、道、邑、侯国曰校,校、学置经师一人;乡曰庠,聚曰序,庠、序置孝经师一人。"地方官学一般以礼乐制度、儒家经典、文学艺术等为主要教育内容。东汉时期,为对抗不断崛起的地方豪强势力,汉廷统治者更加依赖天命与鬼神之力,推崇具有谶纬成分的今文经学,激化了今、古文经学之争。

三国魏晋南北朝时期,政权更迭频繁,但历代统治者多有崇文之举,重教之风得以保存。在今、古文经学的持续缠斗之下,古文经学地位有所上升,但经学总体呈衰落之势。玄学、佛学等学说对儒学在官方文教政策中的地位发起了强烈的冲击。大分裂、大动荡的政治与社会环境使影响政府文教政策的因素更加复杂,各种学说的碰撞交流也为中华文化的融合兼容提供了条件。

隋代统治者鉴于大一统政权的需要,十分重视儒家文化的教化作用,以推崇儒学教育为其文教政策的主流。开皇三年(583 年),隋文帝下诏劝学,在各地兴办学校。他将国子监从太常寺中分离出来,单独设置,赋予其专门的教育行政管理职能,设祭酒为中央最高教育行政长官,设立了国子学、太学、四门学、书学、算学、律学等教育机构。开皇九年(589 年),隋文帝诏令全国学校勤训导,严考课,规范了开学、散学考试及放假制度。隋文帝后期因信奉佛教,又对学校教育质量不满,下令减省学校。仁寿元年(601 年),诏令撤销太学、四门学,只留国子学。隋炀帝即位后,复兴学校,《隋书·儒林传》称:"复开庠序,国子、郡县之学,盛于开皇之初。"受制于当时紧张、纷乱的局势,隋朝对私学未加严格限制,私学教育得到持续发展。

唐初,由武功开国转为以文治国,在文教政策上坚持教育制度与政治的统一,强化礼学教育,以儒学为政治之本,兼重佛老。武德二年(619 年),唐高祖李渊令兴仕崇儒,在国子学中建立孔庙。唐太宗十分推崇儒学在文教政策中的中心地位,令全国州县学中皆设立孔庙,让师生定时拜祭,成为常制。此后唐代诸君,也遵循祖制,多以儒学为教育正宗。出于统治与利益的需要,唐代统治者对于佛道二教采取了时扬时抑的政策,但风风雨雨,唐廷从未放弃尊儒的文教政策。唐代设有国子学、太学、四门学、弘文馆、崇文馆、律学、书学、算学、医学、天文历学等各种中央官学,还设有专门备皇族功臣等贵族子弟接受教育的小学。其时,国子学、太学、四门学、书学、算学、律学统称六学,统一由国子监领导。在中央教育中,唐代除维持前朝博士教职之外,继续完善制度,增设了助教、直讲等辅助教职,还设有州学、县学、玄学等地方官学。在唐高宗至唐睿宗时期,教育事业一度遭受挫折。但在唐玄宗时期,又开始复兴学校。开元年间,制成《唐六典》,规定了各州学、县学的生员名额,各州设立长史一职,负责该州、县学校的教育管理工作。在科举考试制度的框架下,唐代官学培养的学生须经过科举选拔,才能从仕做官。官学所授课程以儒学经典为主。政府鼓励私学教育,并允许私学学生参加科举考试。士人们重视进士科,轻视明经科,关注文史内容的学习,玄学逐渐淡化出私学讲授的视野。门阀士族家学教育已经失去往日风光,普通家庭的教育活动不断兴起。安史之乱后,唐代教育事业受到严重摧残,一蹶不振。

(二)儒学在文教政策中核心地位的确立与江苏实践

1. 两汉文教政策与江苏实践

西汉时期,江苏地区先后存续有楚、吴、江都、广陵、彭城、东海、下邳、泗水、沛等王国。按照汉廷的相关要求,这些诸侯王国都应有师、傅、相等具有教育职能的官职设置。这些教职由中央政府选派人员充任,除了享有相应的政治权力外,还负有对诸侯王们进行监督与教育的权责。其中著名的师、傅、相者有任楚国傅的韦孟;任江都国相的董仲舒等。董仲舒以"正谊明道"的思想教导易王刘非,收到了很好的效果。

但这种派驻官员对诸侯王进行教导的措施,其效果也因人而异,有一些具有政治野心、独立自主的诸侯王并不听从其师、傅、相的教诲,轻者阳奉阴违,重者则屡屡做出叛逆之举。公元前154年,吴楚六国密谋叛乱。时为楚王相的张尚、太傅赵夷吾极力劝说楚王刘戊放弃谋反,然刘戊不听,并杀害了两人。东汉时期,光武帝刘秀、明帝刘庄等都十分重视对诸侯王的教导工作,经常将各地诸侯王召进京城,当面进行教诲,在这样的环境下,江苏地区的一些诸侯王室成员也努力向学,具有较高的文化修养。如光武帝四子刘庄曾为东海王,十岁即能通《春秋》。沛王刘辅不但好学,而且学有所著,《后汉书·光武十王列传》这样形容他:"矜严有法度,好经书,善说《京氏易》《孝经》《论语》传及图谶,作《五经论》,时号之曰《沛王通论》。"

江苏地区的王室宗亲们也纷纷招徕名士,以辅弼其政,典型者莫如吴王刘濞、淮南王刘安。《汉书·邹阳传》称:"汉兴,诸侯王皆自治民聘贤。吴王濞招致四方游士,阳与吴严忌、枚乘等俱仕吴,皆以文辩著名。"江苏地区也多有士人去长安任教或受教,楚国官员申公被聘为太学博士,楚元王之子刘交曾和其一起去长安学习。而教授《鲁诗》的沛郡人薛广德以及他的学生龚舍也被聘为博士。沛县人施雠、戴崇熟习易经等学,两人皆被聘为博士。沛县龙亢人桓荣曾去长安向朱普学习欧阳《尚书》,东汉时被聘为博士。这些学者都是离开江苏,远赴北方而获得进益的。而在江苏本地,江苏文人的视野更多地为文学所吸引,于经学研究则较为淡漠。此时的江苏人士在中央文教政策的制定上几乎没有影响力,"西汉一代二百余年,江南人士了了无几,即使列入正史,不是'亲幸',便是移民"①。

东汉时期,江苏士人奔赴京城求学更是常见之事。广陵人张纮、臧洪、徐淑,吴郡人高彪等都是其中的佼佼者。张纮少年游学京都,入太学,事博士韩宗,治京氏《易》、欧阳《尚书》。《后汉书·臧洪传》称臧洪"年十五,以父功拜童子郎,知名太学"。徐淑随父亲居于京师,钻研孟氏《易》《春秋》《公羊》《礼记》《周官》等学。家本单寒的高彪为诸生时,

---

① 王永平:《东汉时期江南士人群体的兴起》,《江苏社会科学》1997年第2期,第118—119页。

游太学,尝从马融欲访大义。在这种北上求学的过程中,江苏士人们建立了与北方尤其是京城仕宦文教圈的紧密联系,获得了教育先进地区的游历经验。两汉之际,北方战乱,不少北方儒士避居江南,江苏地区的士人势力逐渐强大起来。《后汉书·任延传》称:公元23年,任延为会稽都尉,"时天下新定,道路未通,避乱江南者皆未还中土,会稽颇称多士。延到,皆聘请高行如董子仪、严子陵等,敬待以师友之礼。"这些儒士的到来,无疑为江苏教育事业的发展起了推动作用。

2. 三国魏晋南北朝文教政策与江苏实践

三国魏晋南北朝时期,东吴、东晋、宋、齐、梁、陈等政权先后定都于江苏地区,这些政权所施行的文教政策直接影响着江苏的教育实践。

三国时期,江苏北部、中部地区是魏吴两国对峙的前沿区域,部分地区甚至成为无人区,教育活动基本停滞。江苏南部则有不同景象,孙权设立了都讲祭酒,承担教育太子的职能,还设有博士等国学体制内的教职。他很尊敬儒学大师,往往授之以高官。孙权以军功起家,时常勉励军队将领努力学习军事知识。《三国志·孙休传》记载景帝孙休曾经诏称"古者建国,教学为先,所以道世治性,为时养器也",将教育放于治国首位。这一时期,以大家族家庭教育形式为主的私家教育内容包含经学、文学、史学及家庭传统、社交礼仪等诸多领域,几乎未受官府限制。这一时期是以江苏为代表的南方地区文教事业崛起的时期。《三国志·吴书》记载东吴立国时,孙权与虞翻在交谈中,曾说道:"孤昔再至寿春,见马日磾,及与中州士大夫会,语我东方人多才耳,但恨学问不博,语议之间,有所不及耳。孤意犹谓未耳。卿博学洽闻,故前欲令卿一诣许,交见朝士,以折中国妄语儿。卿不愿行,便使子纲;恐子纲不能结儿辈舌也。"孙权的这番话体现了他对东吴人才的自信,也反映了其时江苏士人难以在中原文教领域立足的现实。但南北朝时期,形势有所变化,尤其是永嘉之乱后,大批北方士人南迁江苏。江苏地区的文教事业得到了长足的发展。"自咸、洛不守,龟鼎南迁,江左为礼乐之乡,金陵实图书之府。"①也有北方士人承认江东专事衣冠礼乐,如《北齐

① 刘知几:《史通(上)》,中华书局2014年版,第256页。

书•杜弼传》所谓"中原大夫望之以为正朔所在"。

西晋有太学与国子学,地方教育则采取放任态度,随江苏地区在内的各地自由兴办。这一时期,在北方等地佛学成为主导学说之际,江苏等地的南方经学受玄学影响较多。以玄释经,道儒合流的风气逐渐兴起,对江苏教育也有一定影响。

3. 隋唐文教政策与江苏实践

隋炀帝开大运河后,沟通了南北交通,为教育发展开创了条件,有人评价隋炀帝是"中国历史上第一位深受江南文化熏陶的统一帝国的统治者"[1]。但由于隋朝文教政策变化频繁,地方教育事业发展并不理想,江苏地区的教育活动也受到很大影响。虽官学几无成就,但私学仍有发展。唐代,江苏地方官学、私学皆有所发展,亮点频频。安史之乱后,北方藩镇离心加剧,不再向中央缴纳贡赋,东南地区尤其是江苏地区成为朝廷财政收入的主要来源。《新唐书•权德舆传》云:"江淮田一善熟,则旁资数道。故天下大计,仰于东南。"为了控制与保障江南地区的稳定,儒家学说被唐朝中央政府高度提倡。《旧唐书•代宗本纪》云:永泰二年(766年),唐代宗发布兴学诏书:"治道同归,师氏为上,化人成俗,必务于学。"儒学不仅是统治者制定文教政策的圭臬,而且成为政府维系政权稳定的一种手段。

伴随着江苏教育事业的不断进步,江苏士人的学术与政治地位也有很大的提升,隋唐时期更是明显。早在隋炀帝为晋王时,就大力提携江南士人,丹阳人诸葛颖被其引为参军,大业中又被迁为著作郎,委以重用。吴人褚辉、陆德明等先后成为太学博士。隋炀帝常居于江都(今扬州),在此集聚了一批江南的士人群体。唐代,江苏士人更受重视,唐太宗曾屡次问字于江都人曹宪。《资治通鉴》称:"天下既定,(太宗)精选弘文馆学士,日夕与之议论商榷者,皆东南儒生也。"

---

① 王永平:《隋代江南士人的浮沉》,《历史研究》1995年第1期,第49页。

第二节　官学教育制度的演变及实践

《礼记·学记》曰:"玉不琢,不成器。人不学,不知道。是故古之王者建国君民,教学为先。"从先秦至隋唐,统治者日益明白教育于维持统治、治理国家、培养人才的重要性,各代官学教育制度也呈现出不断强化、规范的演变趋势。

一、中央官学教育制度的演变及江苏实践

(一)中央官学教育制度的演变

西周开始设立国学,分为大学与小学,可视为中央官学的滥觞。《礼记·王制》云:"天子命之教,然后为学。小学在公宫南之左,大学在郊。天子曰辟雍,诸侯曰泮宫。"西周官学主要接收贵族子弟,但亦有部分平民上层群体选拔出的子弟入学受教。秦代在中央设立了博士、太傅、少傅等教职,承担着部分中央官学的职责。

西汉大力兴学,汉武帝元朔五年(公元前 124 年),立太学,置博士,立课试弟子之法,学生多为贵族子弟。东汉设立了进行文学艺术研究的鸿都门学等机构。东汉明帝永平九年(66 年),设立主要为外戚樊、阴、郭、马四姓子弟服务的宫邸学。不久后,其他贵族子弟也可入此学受教。

三国时期,史载孙权兴办国学,亦称"南朝有国学,肇自孙吴"①。永安元年(258 年),孙权之子孙休继位后,便诏令置学官,立五经博士,"科见吏之中及将吏子弟有志好者,各令就业,一岁课试,差其品第,加以位赏"②。但是否真的建起东吴国学,学界仍存争议。

西晋丧乱,中央官学大受挫折。《晋书·袁瓌传》称:"儒林之教渐颓,庠序之礼有阙,国学索然,坟籍莫启,有心之徒,抱志无由。"东晋建

---

① 柳诒徵:《中国文化史(上册)》,中国大百科全书出版社 1988 年版,第 345 页。
② 陈寿:《三国志(下)》,中华书局 2011 年版,第 966 页。

立后,设有太学、国学,虽历经战乱,但屡废屡建。南朝各代也各建国学,或设太学,或设国子学,或二者兼设,其间也多有反复。

除了中央办的这些官学教育机构之外,还有一些具有专科性质的官办中央教育事业,也在魏晋南北朝时期出现了。如公元 227 年,曹魏设立廷尉律博士。魏明帝时,卫觊以百里长吏皆宜知律为理由,奏请置律博士,为各级官吏们教授法律制度知识。两晋及南朝皆设有律博士,隶属廷尉。南朝各代建立了诸如刘宋的四学馆、总明观,萧梁的"五馆"、集雅馆、士林馆等类型的教育机构。刘宋在元嘉二十年(443 年)设有医学专门教育机构,以广生徒。

魏晋南北朝时期,各个中央政府没有设立专门的中央官学主管部门,但设有相应的教职。东吴设都讲祭酒、博士,南朝各设祭酒、博士、助教等职。各朝一般由祭酒承担中央官学的教育管理工作。《宋书·礼志》描述其具体职能大致为"一则应对殿堂,奉酬顾问;二则参训门子,以弘儒学;三则祠、仪二曹及太常之职,以得藉用质疑"。在入学门槛上,西晋时期,国子学虽然以门第为入学条件,但庶民仍有机会进入太学学习。东晋时期,太学被取消,庶民子弟无法进入中央官学学习。南朝宋、齐也不设太学。至梁朝,庶民子弟才可以入学。《梁书·武帝纪中》称天监八年(509 年),梁武帝诏称:"虽复牛监、羊肆、寒品、后门,并随才试吏,勿有遗隔。"学习内容多以儒学为宗。东吴中央官方教育以《五经》为主。东晋国子学以《周易》《尚书》《左传》《论语》《孝经》《易》《仪礼》《公羊》等内容为主。刘宋以《周易》《尚书》《毛诗》《礼记》《周官》《仪礼》《左传》《公羊》《穀梁》各为一经,兼及《论语》《孝经》等。齐、梁、陈等朝略有微调,其中也不乏佛学与玄学的内容。这一时期,也有中央官学的对外交流活动,如梁武帝曾经派遣博士、祭酒去各地讲学,甚至派遣《毛诗》博士去百济国讲学。

总体上,南朝中央官学教育并不正常,时断时续,且长期具有封闭性与排他性,严重影响了其教育价值的发挥,并不是当时培养人才与学术活动的主要场所。

隋唐时期,儒学成为教育干流的趋势逐渐稳固,而以士族门阀制为根基的贵族社会也在向官僚政治体制前进。伴随着政治体制、选官制度的大改变,中央官学的职能得到了前所未有的提升。隋朝建有太学、国子学、四门学、书学、算学、律学等中央官学。隋文帝信奉佛教后,诏撤太学、四门学等学,仅留国子学。隋炀帝"复开庠序"①,中央官学学生入学名额分配多次变化,等级入学划分更加细密。唐武德二年(619年),高祖令国子学设立周公庙、孔子庙。武德七年(624年),唐高祖亲临国子学进行释奠。从此,释奠礼仪纳入唐代官方礼典。唐代礼部承担全国教育的管理职能,其与国子监之间是制定政策与执行政策的关系。其时中央官学有弘文馆、崇文馆、国子学、太学,以及四门学、律学、书学、算学等。开元二十五年(737年),唐廷增置崇玄学,主要以道教为教育内容,包括《老子》在内的一些经典也列入其中。贵族子弟不按门第,而按照品级入学。唐代颁布了《五经正义》,作为官私学的正规教材,其官学将儒家经典细分为正经与旁经两类。正经包括大经——《礼经》《左传》《春秋》,中经——《诗经》《周礼》《仪礼》,小经——《易经》《尚书》《公羊传》《榖梁传》;旁经则包括《孝经》和《论语》。有人评价"唐代的学校制度,较诸中古的任何一代,复杂而完备"②。唐代安史之乱后,国学毁废。

(二)中央官学的江苏实践

在现有的考古成果中,很少有汉代以前江苏地区教育活动的具体信息。《礼记·王制》称西周时期"诸侯曰泮宫"。按照常理,这些国都中应该建有一些具有泮宫性质的教育场所及举办有相应的教育活动。江苏地区是一些诸侯国的国都所在,从史料来看,这些诸侯国中的一些国君及大臣具有较高的文化水平,必然有过相应的教育经历。吴王阖闾曾"口不贪嘉味,耳不乐逸声,目不淫于色,身不怀于安,朝夕勤志,恤民之羸,闻一善若惊,得一士若赏,有过必悛,有不善必惧,是故得民以济其志"③,他身上所体现出的君主素养,亦可从侧面印证这类教育活动的存在。

秦汉两朝,江苏地区的教育事业并不发达,很多学子仰慕中央官学

---

① 房玄龄等:《晋书》,中华书局1974年版,第1707页。
② 夏风:《唐代学校教育述略》,《教育评论》1987年第6期,第36页。
③ 左丘明:《国语》,中华书局2007年版,第310页。

的声誉,北上京师求学。

因为东晋、宋、齐、梁、陈皆定都于江苏,这些朝代的中央官学的实践实际也就是其时江苏中央官学的历史。东晋成立后,晋元帝诏令立太学、置博士。苏峻、祖约之乱中,太学被毁。晋成帝复建太学、国子学。永和八年(352年),因殷浩北伐,国子学废。淝水之战后,晋孝武帝采纳尚书令谢石意见,于太元十年(385年),再兴中央官学,并要求各地普修学校,以兴教育。

南朝时期,宋、梁两朝重视教育,齐、陈两朝则相对逊色。除了太学、国学外,还有一些设于都城的中央专科学校,使得这时的中央官学教育具有了新的内涵。它们除了招收贵族学生,也对庶族子弟开放。元嘉十五年(438年),宋文帝建立了儒学馆、史学馆、文学馆、玄学馆四个单科大学性质的学馆。元嘉二十年(443年),刘宋国子学开学。数年后,因战争而停办。宋孝武帝大明五年(461年),又诏复国学。宋明帝于泰始六年(470年)设总明观(东观),并分儒、文、史、玄四科,将原文帝时的四学馆发展为集教育、藏书、研究一体的机构。南齐高帝于建元四年(482年)建立国学。因齐高帝去世,数月即罢。齐武帝于永明三年(485年)下诏再立国学。齐明帝即位后,因内乱,国学复停。此后屡有兴废,但总体无太大成就。梁朝为普及儒学教育,大兴教育。天监七年(508年),梁武帝建立国子学,并两度亲临授学。他还改革了入学制度,不再局限于贵族子弟,对寒门子弟亦量加叙录。教学内容虽以儒学为中心,但也多受玄学影响,重视《周易》的教学。梁武帝还开办了五馆,各置《五经》博士一人。五馆生皆引寒门俊才,不限人数。其教育内容也较太学、国学更加丰富,据《梁书·沈峻传》称,萧梁五馆授课时,"听者常数百人"。大同七年(541年),梁武帝建士林馆,以供讲学、研究。陈朝武帝于永定三年(559年)设置西省学士一职,既有研究之业,亦有讲学之责。天嘉元年(560年),陈文帝下诏兴学,其朝国学与太学并立。《陈书·周弘正传》记载周弘正在该朝士林馆讲学时,"听者倾朝野焉。"

因为中央官学的存在,这一时期江苏的教育水平也一跃而为全国最高,尤以梁朝时期最为优胜。《梁书·儒林传序》:"十数年间,怀经负笈者云会京师。"江苏地区还形成了鲜明的治学风格。《隋书·儒林传序》谓："南人约简,得其英华;北学深芜,穷其枝叶。"但变动频繁的政治环境拖累了江苏中央官学的持续发展,其教育水平也跌宕起伏,毫不稳定。

二、江苏地方官学教育制度及实践

西周设乡学,负责地方教育。《周礼》云："乡有庠,州有序,党有校,闾有塾。"有乡师"各掌其所治乡之教而听其治"[①];有乡大夫"各掌其乡之政教禁令"[②];有州长"各掌其州之教治政令"[③];有族师"各掌其族之戒令、政事,月吉则属民而读邦法,书其孝弟睦姻有学者"[④]。西周乡学多以"六德""六行""六艺"为教学内容。遗憾的是,史书中对此时的江苏地方官学少有记载,语焉不详。

秦代在地方设立了"三老",实行"三公在朝,三老在学"的教育管理制度。在其郡县制体系中,"郡下有县,县下有里、亭、乡。大率十里一亭,亭有长;十亭一乡,乡设三老,啬夫,游徼。三老掌教化,啬夫听讼,收赋税;游徼缴循禁盗贼。"[⑤]地方所设的"三老"不但是地方官学的教师,也是地方教育的管理者。按照当时的形势,江苏各地应有"三老"设置,但其具体情形,亦难以得知。

汉代的地方官学与行政区划相匹配,分为学、校、庠、序等级。汉平帝元始三年(公元3年),规定:"学官,郡国曰学;县,道,邑,侯国曰校。"[⑥]汉廷在各个郡国学校中,还设有"宗师",以教育贵族子弟。在江苏立国的楚、吴、江都、广陵、泗水、沛、彭城、下邳等诸侯国,其王族弟子应接受了"宗师"教育。

直至东汉时期,地方官学才普遍建立。江苏地区的地方官学也同

① 浙江古籍出版社编:《十三经注疏(上册)》,浙江古籍出版社1998年版,第713页。
② 浙江古籍出版社编:《十三经注疏(上册)》,浙江古籍出版社1998年版,第716页。
③ 浙江古籍出版社编:《十三经注疏(上册)》,浙江古籍出版社1998年版,第717页。
④ 浙江古籍出版社编:《十三经注疏(上册)》,浙江古籍出版社1998年版,第718页。
⑤ 浙江古籍出版社编:《十三经注疏(上册)》,浙江古籍出版社1998年版,第75页。
⑥《二十五史(第一册)》,上海古籍出版社1995年版,第33页。

样并不发达。教学内容以礼乐演习、经书讲授及文学知识为主。以郡国文学掾吏为地方官学的教师,其学生统称为"诸生"。学生在经过官学学习后,可以通过在地方任职或举为孝廉等形式,走上仕途。

东汉时期,江苏地区出现了一些重视教育事业的地方行政长官,《后汉书·何武传》称时任扬州刺史的何武"行部必先即学官见诸生,试其诵论,问以得失"。可见其时扬州诸郡已经立有地方官学。《后汉书·李忠传》说东汉初期,丹阳郡太守李忠"以丹阳越俗不好学,嫁娶礼仪,衰于中国,乃为起学校,习礼容,春秋乡饮,选用明经,郡中向慕之"。《后汉书·任延传》记载任延为会稽都尉后,"皆聘请高行如董子仪、严子陵等,敬待以师友之礼。"

东汉末,受战乱影响,江苏苏北地区的人口大量流亡,地方官学彻底毁弃。《三国志·魏武帝纪》记载建安八年(203 年),曹操"令郡国各修文学。县满五百户,置校官,选其乡之俊造而教学之"。使得苏北地区的郡国学校得到了部分的恢复。同期的东吴在苏南地区也有类似举措。

西晋也曾诏令设地方官学,江苏地方官学有所发展。东晋南朝时期,由于中央官学近在咫尺,江苏地方官学受到限制,其建设力度也与当地官员的重视程度有关。且由于政权的不稳定,各代地方官学事业也时断时续。

隋唐时期,江苏各地的官办教育主要由州县学来承担。开皇三年(583 年),隋文帝诏令劝学,但十八年后,因为信佛,他又下令撤销各地州县学。隋炀帝即位后,复开庠序。因隋炀帝为晋王时,曾长期驻于江都,于此设有官学,吴郡人潘徽曾被晋王杨广任为扬州地方官学的博士。

唐武德七年(624 年),在州县及乡里,并令置学。唐代地方官学主要由各地方长官领导,各州县学以博士为主要教职。开元期间修成的《唐六典》,明确规定了地方州县学的师资配置与生员名额。但唐初期,各地兴办的学校寥寥,兴学诏令在很多地区成为一纸具文。到唐后期,受兵革影响,全国各地庠序多废,"虽设博士、弟子,或役于有司,名存实亡,失其所业"①。即使有教育活动,也难以精深。

① 韩愈:《韩昌黎全集》卷三十一,中国书店影印,世界书局 1991 年版,第 398 页。

与全国相比,唐代江苏各地州县学的兴办是可圈可点的。唐代江苏各地兴办了一些州县学,泰州州学、海州州学、溧水县学、六合县学等一批州县学得到了恢复。其中尤以扬州、常州两地兴学成绩最为突出,因这两地都曾有地方长官大力倡学。扬州大都督府长史李袭、杜佑都积极办学,有力地推动了当地官学的发展。根据《新唐书·李栖筠传》的记载,李栖筠任常州刺史时,"大起学校,堂上画《孝友传》示诸生,为乡饮酒礼,登歌降饮,人人知劝。"至昇州(治今南京市)任职后,李栖筠继续力行兴学,又"增学庐,表宿儒河南褚冲、吴何员等,超拜学官为之师,身执经问义,远迩趋慕。"安史之乱期间,大部分江苏州县学曾一度停办,事后重新开设。如大历九年(774年),昆山县令王纲重建昆山县学,以邑人沈嗣宗为博士,建学聚五经于其间。尽管全国州县学兴办不力、乏善可陈,但是江苏地区的州县学在传播文化、培养人才等方面仍有积极价值。如上元县学在其兴盛时,学徒有数百人,规模宏大。昆山县学,泽化乡风,《昆山县学记》评价道:"于是遐迩学徒,或童或冠,不召而至,如归市焉。""父笃其子,兄勉其弟,有不被儒服而行,莫不耻焉。"①这些唐代江苏州县学对地方教化的影响十分明显。

第三节　私学教育的兴起与发展

一、江苏私学的种类与分布

先秦至隋唐期间的私学教育主要分为以蒙学教育为主的书馆类教育、以治经教育为主的私塾类教育、以专经为主或科举为主的书院类("精舍")教育,以士族豪门家学为主要教育形式的家学教育也属于私学范畴。

① 梁肃:《昆山县学记》,周绍良主编:《全唐文新编》,吉林文史出版社2000年版,第6062页。

先秦至隋唐时期,江苏私学是官学教育的重要补充,也具有南北区域相对不平衡性的特点。先秦时期,随着吴越等国与中原各地的频繁交流,苏中、苏南地区的私学教育首先萌芽,这样的教育格局一直延续到了秦代。两汉时期,在大一统的环境下,苏北、苏中地区凭借靠近中原的地利,其私学教育的发展后来居上,一度超过苏南地区。魏晋南北朝时期,私学中专经教育的发展,在一定程度上形成了学术上的家族垄断格局,尤其成为苏南地区私学教育的特色。隋唐时期,江苏南北私学教育的发展态势方渐趋于平衡。

春秋战国时期,在"百家争鸣"的潮流下,以儒、墨为显学,包括道、法、阴阳、农、医、杂、武等学的私学教育开始萌发,这些私学的活动范围也包括了江苏地区。

秦代,中央政府采取了"禁游宦"的政策,取缔了战国各国的学宫,不允许人民随意流动迁徙、集会讲学。"古者天下散乱,莫之能一,是以诸侯并作,语皆道古以害今,饰虚言以乱实,人善其所私学,以非上之所建立。"[①]以政策限制了诸子的讲学活动,压制了私学教育活动的开展。除了医药、种植、军事等内容的私学教育在民间仍断续存在,并有所传承外,江苏地区的大部分私学活动都受到了遏制。

刘邦建汉后,江苏私学教育迎来了新的发展机遇。首先,汉代统治者已经自觉地意识到,以国家力量培养受特定意识形态熏陶的知识分子,对于王朝的统治具有十分重大的意义。其次,以察举为主要途径的选官制度的实施也成为刺激世人寻求教育、推动私学发展的制度动力。最后,由于官学不承担蒙学教育的功能,私学教育在这方面承担着重要责任。汉代江苏私学包括书馆、精庐(舍)、族学、庠序之学及义学等。不同于官学教育中相对单调的内容,虽然儒学为私学主流,然"汉人无无师之学"[②],道、黄、老、法、算学、历数等学说在私学教育中皆有传人,依然是百家之相。苏北、苏中地区地近齐、鲁,多受影响,当地很多学者比苏南学者更早开始从事儒家经典的解释与讲学工作,其中一些佼佼

① 司马迁:《史记》,中州古籍出版社1994年版,第46页。
② 王志民:《两汉教育制度考述》,《教育评论》1986年第5期,第41页。

者具有了较高的水准与声誉。东汉时期，干戈稍平，专事经学。江苏的私学教育更加兴盛，不独苏北、苏中，苏南地区的私学也开始兴起，规模与影响不断扩大。

古文经学迫于今文经学的官方优势地位，在朝中很难立足，遂转入民间传播，却阴差阳错，丰富和推动了私学教育的发展。两汉时期，江苏地区讲授专经教育的私学名家闻名于史册者不下数十人，如严彭祖（治《公羊传》）、薛广德（治《鲁诗》）、龚胜（治《尚书》）、龚舍（治《鲁诗》）、施雠（治《易经》）、翟牧（治《易经》）、邓彭祖（治《易经》）、高相（治《易经》）、褚少孙（治《诗经》）、庆善（治《礼经》）、孟卿（治《礼经》《公羊传》）、蔡千秋（治《穀梁传》）、姜肱（治《五经》兼星纬）等。他们教学有方，弟子众多，传学者众，如"博通《五经》，兼明星纬"的姜肱讲课时，"士之远来就学者三千余人"①。正是在这样的私学洪流中，培养出了大批的江苏经学人才。这些人有的留在江苏讲学，有的游学各地，传播学术，切磋学问，促进了汉代教育的交流与进步。

魏晋南北朝时期，江苏私学教育实现了更大的飞跃。《至正金陵新志·学校志》云："晋都江左，历宋齐梁陈，日寻干戈，独其衣冠礼乐盛于诸国，本之学校之益为多。"②其教学内容与规模、影响也远远超越官学，主要缘于以下三个原因：一是江苏的士族豪门对家族门风的自觉追求，推动了江苏私学教育的发展。这个时期，士族豪门强势崛起，为了士族地位与名望的传承，不但对其后代的政治地位有要求外，还需要为其子孙的道德品性、文化修养背书。实际上，士族豪门的家庭教育也包括专经等内容的学术教育，"可以说每一个世家大族就是一个学术文化的重镇或堡垒。"③士族家学的存在成为学术传承的重要保障。陈寅恪说："论学术，只有家学之可言，而学术文化与大族盛门常不可分离也。"④如吴郡陆氏、顾氏家族的家学皆是此类。二是中央官办教育对庶民子弟

---

① 范晔：《后汉书》，《二十五史》，上海古籍出版社 1995 年版，第 196 页。

② 张铉修纂：《至正金陵新志（二）》，南京出版社 2010 年版，第 468 页。

③ 王永平：《论中古时期世族家风、家学之特质——以江东世族为中心的历史考察》，《河南科技大学学报（社科版）》2003 年第 3 期，第 11 页。

④ 陈寅恪：《金明馆丛稿初编》，上海古籍出版社 1980 年版，第 131 页。

入学的限制与庶民子弟求学愿望的矛盾推动了江苏私学教育的发展。虽然中央官学也接纳庶民子弟中的佼佼者入学,但这样的通道十分狭窄,名额极少,且受时政影响较大,时断时续。绝大部分的庶民子弟既无法得到中央官学的入门机会,也没有士族家学受教的缘分,只能求学于毫无门第、身份限制的私学教育。三是诸子名家的学术争鸣刺激了学术的进步与教育的需求,推动了江苏私学教育的发展。这一时期,统治者们对学术控制较少,文化氛围宽松,造就了一次学术争鸣的时代。无论在朝在野,诸子学说都可以进行相对自由的传播讲学,各个学说的大师也群起而立,倡论著述,拓展了江苏私学教育的内容、空间,充实了江苏私学教育的内涵。

魏晋南北朝时期,在江苏地区积极从事私学讲授的名家大部分是江苏人,也有部分域外来江苏寓居的人士,甚至多有官宦之士。因苏北战事频繁,这些私学名家主要活跃于苏中、苏南一带,其中以南京、扬州、镇江、苏州、无锡、常州等地最为集中。包括东吴的唐固、虞翻、步骘、徵崇;东晋的孔衍;刘宋的关康之、徐湛之;南齐的刘瓛、顾欢、臧荣绪、杜京产、吴苞;萧梁的皇侃、伏曼容、伏挺、崔灵恩、孙详、蒋显、诸葛璩、张崖;陈朝的马枢、沈德威、贺德基、张讥等人。较之前代,江苏私学学生人数也进一步增加,名家讲学之时,往往聚以百人、千人。《宋书·徐湛之传》称徐湛之有"门生千余人"。《陈书·马枢传》形容马枢开讲之时,"道俗听者二千人"。唐固、顾欢、伏曼容、崔灵恩、沈德威等人的讲学规模都在数十至数百人。在南京开讲的私学不但吸引着士族、庶民的子弟,也吸引着朝中的各级官吏。《南史·吴苞传》说为了亲聆吴苞之教,"朝士多到门焉"。

江苏私学教授的主要内容虽然以儒家礼学为核心,但也包括玄学、佛学、道家为辅的学术及文史知识,并杂以百家,有一些实用及科技、军事、社交知识,远远超过了官学教育内容。从教学内容上看,专精儒学的有唐固、刘瓛、皇侃、伏挺、张崖、崔灵恩、孙详、蒋显、诸葛璩、沈德威、贺德基等人。讲儒家之学并兼释、道、玄的有吴苞、杜京产、马枢、张讥等人。此外还有专讲玄学的何尚之、兼讲杂家的陆绩、伏曼容,琴学大家徐湛之、史学大家臧荣绪等。还有一些家族所传的独门学问,如王准之家族的"青箱学"、贾氏的谱学、东海徐氏的医学等,可谓百花齐放、异彩纷呈。

与这一时期江苏中央官学教育的无法连贯、成绩不显相比,江苏私学教育不但培养了大量的人才,产生了很多学术成果,而且成为士族门阀制度得以维持的一个助力,成就突出,影响深远。"魏晋之学多仍家门传习之旧。"①仅从吴郡来看,陆氏一门有东汉的陆续、陆康,东吴的陆逊、陆凯,西晋的陆机、陆云,东晋的陆纳、南朝的陆徽、陆杲、陆澄、陆琼等人。顾氏则从东汉顾奉、顾综开始,有顾雍、顾潭、顾荣、顾和、顾恺之、顾野王等代表人物。张氏有张玄、张凭、张裕、张邵、张镜、张绪、张融等名家。这些家庭私学教育出的家族子弟,也成为各朝政权维持统治所需的人才。这些家族大多是由武力强宗转为文化士族,朱、张、顾、陆进入文化士族的阶段较早,文风传家,连绵百年而不衰。"东汉以后学术文化,其重心不在政治中心之首都,而分散于各地之名都大邑。是以地方大族盛门乃为学术文化之所寄托。"②江苏私学教育的成功也为官方所认可,甚至有南朝政府资助私人学馆之举。如周续之就被刘裕请到京师,《南史·周续之传》云:"上为开馆东郊外,招集生徒,乘舆降幸,并见诸生。"

江苏私学的学者们不拘泥于门户之见,从汉代学者的谶纬及训诂束缚中走出,涉猎内容更加广博,他们创造性地将儒、释、道三学融会贯通,形成中国历史上第一次"三教合一"的潮流,深刻影响了中华文化。"东晋南朝时青少年兼习玄儒,甚至兼学佛理,已成为一种时尚。"③这是江苏教育对中华文化的贡献。

在江苏私学的集聚效应下,形成了以南京为中心,包括扬州、镇江、苏州、无锡、常州等城市所组成的教育繁盛区域。这些城市长期有名家大师驻寓讲学,崇文之风自此延绵不绝。《梁书·儒林传序》记载梁武帝时期,"十数年间,怀经负笈者云会京师。"这一区域内,名家大师各领风骚,求学问道,氛围浓烈,文教昌盛,不但江苏士人入学踊跃,域外士

① 唐长孺:《魏晋南北朝史论丛》,三联书店1955年版,第363页。
② 陈寅恪:《金明馆丛稿初编》,上海古籍出版社1980年版,第131页。
③ 徐传德主编:《南京教育史》,商务印书馆2012年版,第47页。

人也求学若渴,纷纷来苏听讲拜师。如浙江人顾越、戚兖;陈郡人周兴嗣、武康人沈麟士等都是如此。江苏私学教育培养了大量的人才,《南齐书·丘灵鞠传》评价:"江南地方数千里,士子风流皆出此中。"除前文所述大家外,尚有徐广、王规、阮孝绪、司马筠、司马寿、杜之伟、明山宾、张率、张融、裴松之、陆倕、沈演之、任孝恭、柳世隆、韦爱、任昉等众多知名学者,皆是江苏私学造就。

隋唐时期,教育之权由公家移于私家,但士族门阀风光不再,士族家学教育在私学教育中的份额逐渐减少,以庶民子弟为教育对象的私学教育规模则更加扩展。隋代江苏地区私学已经遍及大江南北,个人讲学授徒已成教育常态。扬州人曹宪在家乡讲学,诸生数百人,这般境况在江苏大地上并不少见。经过南朝的熏陶,江苏私学的教育水平已居于全国前列,人才群涌,更多的江苏学人走出江苏,走进中央教育中枢。《隋书·包恺传》记载:连云港人士包恺因精通儒经,大业中,为国学助教,"聚徒教授,著录者数千人"。苏州人褚辉,被擢为太学博士。《旧唐书·张后胤传》记载昆山人张中,"隋汉王谅出牧并州,引为博士。"这些都充分证明了江苏私学教育的质量。

唐代一度对私学有所限制,但开元二十一年(733年)后,弛禁私学。《唐会要·学校》曰:"许百姓任立私学,欲其寄州县学受业者,亦听。"安史之乱后,私学更加受到士子青睐。唐代的乡里村学虽然是由国家明令设置的,实际上却是一种具有特殊形式的官助民办意义的私学。唐代私学教育与其官学一样,坚持崇儒尊圣、政教合一的教育宗旨,也以《五经正义》为主要的教材,其教育目标同样为为政府统治培养人才。这一时期,因为明经科需要学习儒家经典,进士科需要学习诗赋对策,专门以科举内容为主的私学得到了学子的普遍追捧。因此,"唐以诗取士,故多专门之学"①,除了儒学经典,诗词文赋也大量成为私学的教学内容。此外,文史、道玄与科技等学也在私学教育中广泛存在,但玄学教育已经不复东晋南朝之盛。

唐代江苏私学无论是教育规模,还是教育质量,都远远超过了

---

① 严羽:《沧浪诗话》,中华书局2014年版,第105页。

同时期的江苏地方州县官学。并培养出了大批学术有专攻的学者，《旧唐书·蒋乂传》称蒋氏一门"代为名儒"。蒋乂"幼便记览不倦，七岁时，诵庾信《哀江南赋》，数遍而成诵在口，以聪悟强力闻于亲党间。弱冠博通群籍，而史才尤长。"常州人秦景通与弟暐尤精《汉书》，《旧唐书·秦景通传》说："当时习《汉书》者皆宗师之"。《旧唐书·王播传》记载迁居扬州的王播，"以文辞自立，践升华显"，其与弟弟王炎、王起等都为进士。苏州人杨收一门，其父杨遗直讲学为生，其兄弟杨发、杨假、杨严都考中进士。杨收自己则 26 岁就高中进士。海州人吴道瓘入宫为皇族子弟教学，大历年间被征召入宫，为太子、诸王授经。江苏私学教育也促成更多的江苏籍士人因学识而入京任职。如通五经的泗州涟水人王义方、苏州人丁公著、无锡人李绅，精于《毛诗》《礼记》的润州句容人许叔牙等。除了经学，江苏私学在各个领域都培养出了杰出人才。如文史领域，最著名者为刘知几父子。

江苏士子们为求知识，辗转四海、虚心问学的风气依旧存在。扬州广陵人朱昼，因慕孟郊之名，曾不远千里去拜访求学，不厌勤苦。金坛人戴叔伦去了山东，师事萧颖士，成为其门人之冠。这些人外出求学，接受的都是私学教育。但从数量上来看，这一时期，外出求学不再是江苏士子们接受教育的主流。相反，越来越多的外地士子仰慕江苏私学教育水平，而来江苏求学。如范阳人卢照邻，年十余岁，就先后来到扬州与涟水，向曹宪、王义方求学。《旧唐书·卢照邻传》："就曹宪、王义方授《苍》《雅》及经史，博学善属文。"

江苏私学在这一时期还推动了《文选》学的发展。梁朝昭明太子萧统编《文选》，隋朝时扬州人曹宪在扬州对其进行注解，教授弟子，演变为《文选》之学。《旧唐书·儒学传》："初，江淮间为《文选》学者，本之于宪，又有许淹、李善、公孙罗，复相继以《文选》教授，由是其学大兴于代。"其弟子中，扬州人李善、公孙罗、魏模父子；镇江人许淹、马怀素等都是善《文选》的专家。这一学术领域的开拓与发展体现了其时江苏私学教育的广度与厚度。

二、颜之推与家训的流行

（一）颜之推与《颜氏家训》

颜之推（531—约590），字介，祖籍琅琊临沂，官宦世家出身。琅琊颜氏是南朝高门侨姓。颜之推的九世祖颜含随晋元帝南渡，其父颜勰曾任梁湘东王萧绎咨议参军等职。颜之推少年时即博览群书，文采出世。19岁时，就任梁朝湘东国右常侍。次年，随湘东王萧绎之子萧方诸前往郢州，任书记。侯景攻陷郢州，颜之推被囚。侯景败后，颜之推返回江陵，梁元帝任其为散骑侍郎。西魏攻占江陵后，颜之推再次被俘，后逃至北齐，受到礼遇。历官中书舍人、黄门侍郎、平原太守等职。参与编纂大型类书《修文殿御览》。齐亡后，为周御史上士。隋朝，为学士，旋病逝。颜之推家族世善《周官》《左氏》等学，有《颜氏家训》《观我生赋》等传世。

《颜氏家训》被后人称为中国历史上第一部系统的家训，有所谓"家训之祖"之称。《颜氏家训》全书七卷，含《序致》《教子》《兄弟》《后娶》《治家》《风操》《慕贤》《勉学》《文章》《名实》《涉务》《省事》《止足》《诫兵》《养生》《归心》《书证》《音辞》《杂艺》《终制》等二十篇。颜之推主要成长生活在南北朝后期，经历了三次亡国之乱，从南到北，半生流离，历经坎坷风霜，对南北朝的社会矛盾了解得十分透彻，感悟颇深。他所作的《颜氏家训》虽然是一部家训，但是其所涵盖涉猎的范围十分广泛，其中既有教育子女的教诲之道，也不乏介绍南北朝风俗、人情、文化、学术、教育、政治的内容。颜之推能够集南北朝社会风气之合，既阅尽北朝粗犷的学术气质，也保藏南朝浮侈的学术风气，使《颜氏家训》具有南北文化相互交融的文学魅力。该书是以儒家学说为指导，是教导子孙后代修身、齐家、处世、振业的著作。整部家训大部分都在将儒家的思想与人的生活、工作、处世相结合。

南北朝时期，颜之推成长求学的江苏地区虽然仍以儒学为尊，但儒家地位不再专美，已然削弱，同时兴盛着道家、佛学与玄学等学说。颜之推出身儒学世家，但也积淀有道、佛与玄学的情怀。如《颜氏家训》中的《归心》一篇,就有浓烈的佛学思想,大谈因果报应及茹素戒杀。而通过《颜氏家训》中的《省事》《止足》《诫兵》《养生》等篇,可以发现颜之推虽然也谈儒家的"杀身成仁"之说,更多的却是在劝诫子孙要"不可不惜"生命,去"求生"。《颜氏家训·文章》所谓"砂砾所伤,惨于矛戟,讽刺之祸,速乎风尘,深宜防虑,以保元吉"。《颜氏家训·养生》中"夫养生者先须虑祸,全身保性,有此生然后养之,勿徒养其无生也"都体现出了明显的道教"养生"思想。

作为一个世家的儒生,"家世归心",颜之推并不是真心向佛、向道,更不是一个纯粹的玄学家,他在家训编纂中,对于佛道玄一些思想的采纳,应是用以增强儒学理论对当时社会潮流的适应性上,尤其是在南北朝的动荡环境下,世人对于儒学的敬仰出现了松动,佛道玄的思想满足了一些人对生命的理解,受到不少人的青睐,采取"援佛入儒""援道入儒"来强化儒学,也并非颜之推一个人的创见,是当时很多学者的共用手法。

《颜氏家训》主要分为三个方面的内容。

其一是关于教诲子孙如何进行个人修养的。

在个人修养上,颜之推首重学习。颜之推生活在南北朝后期,深感一些士族豪门子弟沉溺堕落之风,而致家破人亡之景,触目惊心。《颜氏家训·勉学》曰:"多见士大夫,耻涉农商,差务工伎,射则不能穿札,笔则才记姓名,饱食醉酒,忽忽无事,以此销日,以此终年。或因家世余绪,得一阶半级,便自为足,全忘修学。及有吉凶大事,议论得失,蒙然张口,如坐云雾。"他注重教育的功效,提倡子孙要时刻不忘努力学习。《颜氏家训·勉学》称:"农商工贾,厮役奴隶,钓鱼屠肉,贩牛牧羊,皆有先达,可为师表,博学求之,无不利于事也。"只要是值得学习的,有裨于自己的行业,都可以去学习。强调百业可学之余,颜之推也提示要注意学贵可行,推崇务实的学风,对高谈阔论的南朝学风并不支持,甚至论其为无用之术。"清谈雅论,剖玄析微,……非济世成俗之要也。"颜之推本身就是士族成员,他对士族豪门中的这些高谈阔论、空疏无用的弊病看得很清楚。颜之推希望子孙成为关心社会实务、了解社会现实的人,而不是仅仅做高高在上的清高论道者。他鄙视那种不能应世经务者,嘲讽这些人"空守章句,但诵师言,施之世务,殆无一可"。批判那些钻故纸堆,寻章摘句,"问一言辄酬数百"之徒,认为这些所谓的学问根本不能算是有价值的东西,对社会进步没有意义。他的这些观点也正是在他经历了南北朝乱世之悲后的切身感受。他勉励子孙能够掌握足够的学识,以便在乱世中求得生存。《颜氏家训·勉学》曰:"夫明《六经》之旨,涉百家之书,纵不能增益德行,敦厉风俗,犹为一艺,得以自资。父兄不可常依,乡国不可常保,一旦流离,无人庇荫,当自求诸身耳。谚曰'积财千万,不如薄伎在身',伎之易习而可贵者,无过读书也。"只有如此,方能自立于世,而不是依靠祖上的庇荫而苟活。除了学习,《颜氏家训》也十分重视对子孙道德品性、人格修养的培养。其中包括要树立独立的人格,不诣权贵,也包括做人做事要言行一致、礼貌待人、谨慎交友,这方面的内容大多不出儒家经典的教诲,另有一些明哲保身、少欲知足的思想。在《颜氏家训》中,颜之推成功地将功利方面的追求与道德层面的追求结合起来,体现了鲜明的儒家伦理特色。颜之推希望子孙能有一定的身份地位,以维持家门,但也告诫他们不要觊觎高位,以免遭人陷害。《颜氏家训·止足》就规定颜氏子孙"仕宦不可过二千石,婚姻勿贪势家"。

其二是教诲子孙如何和睦家庭关系的。

魏晋南北朝时,士族历经朝代更迭,屡经身世变迁,个人命运与家族命运紧密捆绑。这一群体的尽忠思想不断淡化,孝亲情结更胜于忠君。他们对宗族的血缘亲情更甚于对朝廷的忠心。颜之推认为家族血脉是一个家族得以传承的基础,每一个家族成员都应将实现家族的长久繁衍与持久和睦作为自己最重要的人生目标。即《颜氏家训·序致》提出的"整齐门内,提撕子孙"。《颜氏家训》要求所有的家族成员能够牢牢团结在家族中,强化家族意识,以家族的存在与延续作为自己人生价值的重要部分。《颜氏家训·勉学》曰:"孝为百行之首。"在家族中,颜之推将夫妇、父子、兄弟三种关系定为最重要的人伦关系。《颜氏家训·兄弟》:"夫有人民而后有夫妇,有夫妇而后有父子,有父子而后有兄弟:一家之亲,此三而已矣。自兹以往,至于九族,皆本于三亲焉,故于人伦为重者也,不可不笃。"反之,一旦不重视,乃至逆反这三种人伦关系,则"兄弟不睦,则子侄不爱;子侄不爱,则群从疏薄;群从疏薄,则僮仆为仇敌矣。如此,则行路皆踏其面而蹈其心,谁救之哉?"在这一套父慈子孝、兄友弟恭、夫义妇顺的关系中,《颜氏家训·治家》提出:"夫风化者,自上而行于下者也,自先而施于后者也。是以父不慈则子不孝,兄不友则弟不恭,夫不义则妇不顺矣。"他重视兄弟关系,以其为家庭中子侄、姒娌、主仆关系的基础。

颜之推要求不能溺爱小孩,要严格教育。他将治家与治国相联系,将"训导"与"刑戮"相结合,赞同对孩子进行体罚,对破坏家庭和睦关系的成员实行家法。《颜氏家训·治家》所谓"笞怒废于家,则竖子之过立见;刑罚不中,则民无所措手足。治家之宽猛,亦犹国焉"。和谐地处理家族成员的关系,对亲友家属们要友爱帮助。确保家道久远,是齐家修养的核心,也是《颜氏家训》的一个重点阐述的内容。此外,扬名显亲也是《颜氏家训》对家庭成员的一个重要要求。《颜氏家训·养生》曰:"人生居世,触途牵絷;幼少之日,既有供养之勤;成立之年,便增妻孥之累。衣食资须,公私驱役;而望遁迹山林,超然尘滓,千万不遇一尔。"颜之推不赞成归隐之风,勉励子孙修身立业,延续良好的家风,为家族不断博取好的名声。

其三是教诲儿孙们如何为人处世的。

虽然颜之推一生从政,其家族也是官宦世家,但他并不坚持人生应以仕途为业。他反对子孙追求高官厚禄,尤其看不上那些通过钻营而登上高位的官僚。《颜氏家训·省事》指出,这些人"何异盗食致饱,窃衣取温哉",他以为"君子当守道崇德,蓄价待时,爵禄不登,信由天命"。于性命方面,面对玄学、道学中所修炼的一些追求长生不死、炼丹之术,他持反对态度。在《颜氏家训·养生》里,他说:"神仙之事,未可全诬。但性命在天,或难钟值。"又说:"华山之下,白骨如莽,何有可遂之理?考之内教,纵使得仙,终当有死,不能出世。不愿汝曹专精于此。"但是他告诫子孙要调养身体,注意卫生,并经常锻炼,保持身心健康。面对南北朝时朝代更迭所带来的忠君思想的淡薄,他也有所感悟,虽然一再讲求人要明哲保身,但是也反对苟且偷生。"夫生不可不惜,不可苟惜。"他劝诫子孙不要涉险畏之途、干祸难之事,要控制自己的贪欲。目睹侯景之乱中的投降派,他生出许多这样的感悟,"行诚孝而见贼,履仁义而得罪,丧身以全家,泯躯而济国,君子不咎也。"在一个杀戮无常的时代,"人生无根蒂,飘如陌上尘。"他要求子孙谨言慎行,《颜氏家训·省事》曰:"无多言,多言多败;无多事,多事多患。"《颜氏家训·止足》曰:"天地鬼神之道,皆恶满盈。谦虚冲损,可以免害。"

(二)家训的流行

在《尚书》《诗经》《周易》等文献中,就有先人们教诲子孙的记载,标志着中国古代家庭教育的产生。在《后汉书》中,就出现了"家训"一词。《后汉书·边让传》曰:"髫龀夙孤,不尽家训。"其时,"家训"一词具有三种含义,一是指家诫、诫子书等;二是指遗诫;三是指自叙。伴随着血缘家庭关系的延续,家训的概念与内容也在不断完善与增加,逐渐演变为具有教育性质的长辈对晚辈的训示、庭诰、家戒、教戒或家法等。这是不同于学校教育、社会教育的一种教育形式。

《颜氏家训》作为现存最早以"家训"冠名的作品,是江苏也是中国历史上流传最久、影响最广的家训之一。其产生与传播、流衍不是颜之推一个人、颜氏一个家族的事情,而是时代的产物。虽然先秦时期就有家训流传,两汉时期也有少量作品问世,但直至魏晋南北朝时期,才迎来我国古代家训类作品创作的一个高峰,以《颜氏家训》为代表的一批家训类成果,在南北朝时期成熟起来,仅可考的魏晋南北朝家诫、家训即有 80 余篇(部),中国古代此后很少有时期能达到这个规模。这一时期著名的家训有《诫子书》、《诫外甥书》(诸葛亮),《诫子书》(王修),《家诫》(王肃),《家诫》(嵇康),《诫兄子及子书》(王昶),《家诫》(李秉),《昆弟诰》(夏侯湛),《诫子书》(羊祜),《与子俨等疏》、《命子诗》(陶渊明),《庭诰文》(颜延之),《诫子书》(徐勉),《门律自序》(张融),《诫子书》(王僧虔),《幼训》(王褒),《与诸儿书论家世集》(王筠),《诫子书》(杨椿),《复亲故书》(魏长贤),《枕中篇》(魏收)等。其中相当数量的家训出现在江苏地区,成为当时江苏家庭教育的一个特点。

魏晋南北朝时期,家训的大量出现与成熟,有其特殊的学术、政治与社会原因。

首先,是在面对佛学、道家及玄学的竞争下,一些儒学学者有意识地通过家训的形式,将儒学思想普及化。通过将儒学思想灌输在简单、易知的做人、做事道理中,实现儒学思想在士族豪门家庭教育中的融入,将这些"理重事复"的儒学道理通过浅显的话语传给子孙。通过塑造子孙的修身、齐家等修养,从而扩大儒学的社会影响,潜移默化,巩固儒学的地位。《颜氏家训·序致》称:"夫同言而信,信其所亲;同命而行,行其所服。禁童子之暴谑,则师友之诫,不如傅婢之指挥;止凡人之斗阋,则尧舜之道,不如寡妻之诲谕。"从魏晋南北朝时期家训的内容可以发现儒学与家训之间存在着不可割舍的联系。家训成为儒家圣人思想进入民间的一个桥梁,不再神秘、繁琐,而是结合日用之道,从而深入人心,这是佛学、道家及玄学所不能的。

其次,虽然朝代更迭、豪门破碎是历史常态,但在魏晋南北朝时期,这一情景的程度与频率都更加强化,对士族豪门带来了强烈的心理冲击。这些士族豪门的破败,有的是因为朝代更迭,有的是因为子孙的骄奢淫逸或枉法失职。且这一时期所流行的选官制度十分注重被推荐人的品行操守,士族豪门子弟面对着"荐举""察举""九品官人法",都需要被品评,往往因一语而升迁,因一言而贬斥。为了避免家族遭受杀戮败落的悲剧,保全门户,追求家族世代稳定与荣华,追求家族政治地位的巩固与延续,很多士族豪门寄希望于儒学的仁义道德、中庸理念,并通过家训,将自己的感悟传递给子孙。

最后,士族豪门在当时的政治与文化教育氛围下,为了不辱先门,光宗耀祖,甚至就是出于自己的儒学理念,产生了家族文化建设的自觉要求。他们将自己对儒学的理解,尤其是将其中仁义忠孝的内涵进行解读与演绎,传于后代,以之作为家族的门风内涵,塑造家族的名声与风范。文化素质已经成为不少士族豪门子孙的一门必修课。这一时期,他们对家族门第的坚守与推崇一般要高于个人及社会、朝廷,修身与齐家是其中最核心的内涵,其次才是治国、平天下。无论朝代如何更迭,血缘传承、门第依旧是很多士族豪门追求的目标。从某种角度可以说,家训本身就是士族豪门的产物,甚至越是高贵显赫的豪门,越是重视自己的家训。

在特殊的南北朝环境下,家训成为教育家族子孙齐家的根本载体,成为家族子孙需要遵守并践行的修身、持家、社交、立志等方面的行为准则。以《颜氏家训》为代表的家训作品所倡导的和睦宗族、修身齐家、显亲扬名、静退自守等观念,对于后世有深刻的影响,也是后来家训、蒙学读物的主要内容。不独儒学,包括文学、史学、艺术、科技等很多领域的知识也进入了当时江苏家训的领域。这种内容上的丰富化也体现了这一时期江苏家庭教育的扩展。

　　家训的流行体现了家族门第制度的正面功能,将家族成员与家族血脉紧密联系在一起。家训鞭策家族成员积极向上,为家族的成就、家族的荣誉而努力,也同样希望在家族的庇荫下使子孙获得更好的生存与发展的空间。当然,这一时期的家训中,基于对儒学中一些内容的固守及价值观上的时代性,也有很多保守及落后的地方,如过于强调家族中的家长权威,轻视个人价值的实现诉求与体现;有重男轻女、男尊女卑等性别歧视的观念;有强调学而优则仕,为家族门第光宗耀祖的狭隘价值观;有明哲保身、安命守常的处世哲学。这些是时代的局限所致,并不影响这一时期江苏私学教育的特殊地位。

第二章　宋元时期的教育勃兴

北宋建国后,对地方行政区划进行调整,改道为路,其中江苏长江以南部分隶属于江南东路和两浙路,以北则隶属于淮南东路、京东东路和京东西路。南宋时期江苏分属南宋、金朝,其中属于南宋疆域内的江苏区域隶属于淮南东路、江南东路、两浙西路,而金朝境内的江苏部分地区则分别隶属于山东东路和山东西路。元朝地方实行行省制度,江苏归属于河南江北行省和江浙行省,其中河南江北行省在江苏境内设置有归德府、高邮府、扬州路、淮安路等 4 府路;江浙行省江苏境内设置常州路、集庆路、镇江路、平江路、松江府、江阴直隶州等 5 路府 1 州。

宋元时期,教育政策更加成熟,体制更加完善。江苏官学有较大的发展,出现了一些规模宏大、影响深远的地方官学。江苏书院教育也同时崛起,蔚为大观,并逐渐官学化。受人口南移、商业发展、科举取士、学派争鸣等因素的影响,江苏私学有了宽广的发展空间。宋元时期出现的义庄义学与社学则不止有简单的教育功能,还具有家族或社会治理的内涵。

第一节　教育政策的变迁

宋元时期是中国封建教育的又一个繁荣时期,经过隋唐时期的调整、完善,宋元两代在教育政策的成熟度及教育制度的固定度、完善度等方面有很大的提升。

一、宋代的教育政策

随着经济发展与社会进步,广大民众尤其是中下层地主阶级子女接受教育的需求更加旺盛,宋代官学、私学教育的发展,都超越了前代。宋初曾一度重科举而轻官学,某些时候对官学教育的投入甚至不如五代时期。建隆三年(962年),宋立国子监,但仅有学生70人,如《宋会要辑稿·职官》所述:"讲学久废,执卷者不知经义。"中央官学尚且如此,地方官学情景更可见一斑。直至庆历年间,统治者才重视官学教育。

为了革除科举弊端及培养经世人才,北宋曾于庆历四年(1044年)、熙宁四年(1071年)至元丰八年(1085年)、崇宁元年(1102年)至宣和三年(1121年)间三次兴学。庆历三年(1043年),参知政事范仲淹上书,数言兴学校。次年,宋仁宗诏令诸州路府军监,除旧有学外,余并各令立学。当年,立太学。熙宁四年(1071年),宋神宗再兴教育。崇宁元年(1102年),宋徽宗掀起第三次兴学运动,诏令全国所有州县都须办学。次年,宋廷专门设立了提举学事司一职,负责地方教育的管理。有宋一代,实行的是中央教育行政长官总督、地方行政长官首责、教官具体负责的官学管理职责制。

《宋史·职官志》云:"宋承唐制,抑又甚焉。"宋代在唐代科举制上有了进一步的丰富与完善。一是将科举科目分为"常科""特科"两类:"常科"为进士、诸科、武举等;"特科"为"制科""童子科"等。诸科则又分为九经、五经、开元礼、三史、三礼、三传、学究、明经、明法等九科。二是提升了科举地位,增加了科举名额,完善了科举程序,如将殿试列为定制等。在科举考试的频率上也有较大的调整,在宋初为一年一试,后逐渐调整为三年一试及秋试(解试)、省试、殿试等三步。

宋代地方官学分为府州学、县学两种,地方长官负有直接责任,其地方官学的建设、修葺都由政府负责。

北宋的官学教育经费资助制度主要为助学钱与学田两种形式。前者由中央或地方政府按照各个学校的人头数量,为当地学校直接拨付钱粮。后者为中央或地方政府直接划拨土地为学校的学田,以其租金或产出资助学校。宋仁宗乾兴元年(1022年),北宋首度拨付地方府州学学田。景祐、熙宁年间,中央政府亦有拨付学田的举动,遂逐渐成为定制。崇宁兴学期间,还有将常平及系省田宅的收入划拨为府州学学费的举动。各地方政府也通过将州县的闲置官田拨付为学田、将寺庙观宇改为学校用地的方式,对地方官学进行支持。一些地方乡绅、官员还以集资或捐俸的形式,对地方府州学进行资助。

北宋初年,地方官学的教职有"讲书""说书""讲授"及"教授"等,这些学官一般由私学教师、离任守丧官员、落举士子等充任。府州学教授一般由地方官员聘请民间学术高深且道德高尚者出任,其中很多都是地方饱学大儒。庆历四年(1044年)开始,地方官学教职统一改为"教授"。由各地转运司、长吏在幕僚、州县官员内推荐任职。至仁宗时,地方官学大多由地方官员兼任教授,实在没有合适人选的时候,才选择地方上"宿学有道业者"任职。教职人员由唐代的兼职转变为专职。同时,各州学还设有讲书、学正、学录、堂长、学谕、教谕等教辅人员。

为了加强管理与思想控制,宋朝开始逐渐规范官学教师的准入资格。熙宁前,还保持有部分民间聘任教授的名额。熙宁二年(1069年),各州教授由中央政府进行选拔派遣。熙宁八年(1075年),又诏令诸州学官,先赴学士院试大义五道,取其中优通者选差。可见,并非有了科举功名便可以成为府州学教授,还需要经过一定形式的选拔。元丰七年(1084年),建立了通过经义考试选用府州学教授的制度。此后经历改革,任职教授的要求越来越规范严格,直至宋哲宗时期,明确了内外学官非制科、进士、上舍生入官者并罢的要求。这就排斥了普通学者成为府州学教授的可能。直至南宋,此一制度才稍有废弛。南宋时期,府州学教官选拔制度多变。隆兴、乾道年间,也允许一些人不经考试而任教官。

由于与金朝的战争,南宋的官学教育系统受到很大的影响。南宋绍兴十一年(1141年),宋金议和成功,和平再度降临。宋高宗下令大规模恢复重建各地学校。至孝宗时期,全国的学校教育得到了恢复与发展。

各地方府州官学的教学内容基本是与太学一致的,服从于科举的指挥棒。但随着汉唐之学、程朱理学、陆王心学等学说的争论,对于官学教育内容也有一定的影响。淳祐元年(1241 年)正月,宋廷将周敦颐、程颐、程颢、张载、朱熹等人从祀孔子学宫,确立了理学的官方地位。宋朝府州学于元符二年(1099 年)开始实行三舍法,规定:诸州置教授者,学生依太学三舍法考选升补,内上舍生每岁贡一人,内舍生每岁贡二人。上舍生限当年十二月到京城,随太学补试,合格者与充内舍生,不合格者可再试。三试不中者,遣回。内舍生不候试,与外舍同。崇宁元年(1102 年),诏令全国实行三舍补选制度,即从县学通过考试升州学,州学按照三舍法升太学。《宋史·选举志》记载:"县学生选考升诸州学,州学生每三年贡太学。至则附试,别立号。考分三等,入上等补上舍,入中等补下等上舍,入下等补内舍,余居外舍。"至宋神宗时期,甚至入仕一途皆由学校出,后不断有改革,至宣和三年(1121 年)方取消三舍制。

宋初,由于官学不兴,书院兴起。书院属于私学性质,皆为私人所办,经济上独立,办学方针自主,学生入学自由,其办学宗旨也与官学有很大区别。书院曾有短暂辉煌,后随着官学勃兴,尤其是仕途与官学的逐渐挂钩,书院普遍受到官学压制。但从宋初开始,统治者就通过赏赐田地、书籍,选派山长等方式,不断增强政府对书院的影响。直至宋理宗时期,书院再次崛起而至鼎盛,并开始出现官学化的趋势,这一趋势持续到了元代。宋朝学院一般设置有山长、堂长、院长、堂录、讲书、堂宾、直学、助教、洞主、洞正、讲宾及钱粮官、司计、掌书、掌祠、斋长、医谕等职。山长主持教务,堂长负责院务,皆为书院领袖,山长有时亦兼堂长。以地方官或学官兼任山长,实现书院山长的学官化是书院官学化最初的起点。景定四年(1263 年),宋理宗诏令吏部诸授书院山长者,并视州学教授。随着地方官员对书院管理、教学等领域的介入以及书院考课制度的科举化,南宋时期书院的官学性质不断强化。

二、元代的教育政策

元代统治者在征服南宋的过程中就开始拉拢汉人儒家学者为其所用。契丹政治家耶律楚材就曾在其控制区域内试行汉法。1235年,理学家赵复从俘虏中被选用,至北方传授程朱理学。1238年,元朝通过考核的方式,选用了一批汉人儒士充作官吏或教师。元世祖在国家基本安定后,下诏兴学。据《元史·熊朋来传》,"世祖初得江南,尽求宋之遗士而用之,尤重进士。"为了稳定政权、恢复社会秩序,并拉拢汉人文化精英,元廷制定了"遵用汉法"的教育政策。中统二年(1261年),忽必烈诏军中所俘儒士听赎为民,举文学才识可以从政及茂才异等,列名上闻,以听擢用。此后历代元帝都采取了"笼络人才,以文治国"的方式。重视教育成为元代国策。

元代的文教政策坚持了尊孔崇儒的基本方针。至大元年(1308年),元廷封孔子为"大成至圣文宣王",在曲阜孔庙行太牢之礼。据《元史·仁宗本纪》,元仁宗曾宣称:"修身治国,儒道为切。"在其"遵用汉法"的过程中,元代统治者将程朱理学作为尊孔崇儒政策的核心内容。尤其是从元仁宗开始,理学地位逐渐抬升,居于元代官学的主导地位。一批宋代著名理学家的牌位被放入孔庙。在其科举考试的出题规则中,以"四书"为出题内容,以程朱理学的注疏为考核标准。皇庆二年(1313年),诏令恢复科举。延祐二年(1315年),正式恢复了科举制,虽然在考试程式、方法上有了一定的完善,但具有强烈的辽、金特色。设蒙古、色目、汉人、南人分榜,有歧视色彩。其明经科程试之法,表章六经,至于《论语》《大学》《中庸》《孟子》,专以周、程、朱子之说为主。

在尊孔崇儒的大方针下,元代兴办了很多学校,沿袭了儒学提举司职位的设置。中统二年(1261年),元世祖诏令:"诸路学校久废,无以作成人才,今拟选博学洽闻之士,以教之,凡诸生进修者,仍选高业儒生教授,严加训诲,务使成材,以备他日选擢之用。"此后,历任皇帝几乎都有兴学之诏。《元史·选举志一》载:"凡师儒之命于朝廷者,曰教授,路府上中州置之。命于礼部及行省及宣慰司者,曰学正、山长、学录、教谕,路州县及书院置之。"元朝增加了训导一职。按行政区划等级,元朝地方官学分为路学和州府学。路学设有教授、学正、学录等教职;州府学设有教授、学正等教职。这些教职都有严格的选拔与升迁制度。元朝地方官员负有对地方官学的监管教育之责。"春秋二季,教官申请本路文资正官诣学,有廉访司官处同到。集诸生帘引,籍其高下,以备岁贡。"①地方官员与廉访司还负有考定儒生以备岁贡的责任。对于在书院中肄业的学生,有严格的要求,与府州学的学生一样。元朝书院学生的出路有两条,"一种是当教员,一种是进机关办事"②。至元二十三年(1286年),除地方州县学外,还创设社学,即乡村民众教育的官学。在府州一级,元代还设有特殊的蒙古字学与阴阳学等。延续南宋传统,元代官学教师没有选拔考试,对于府州学学官基本不作要求。元初,通过荐举、朝廷或地方官员直接任命等方式设置教职人选。如宋太学生林桂发于宋亡后被掳至大都,后被授为镇江路儒学教授。这种情况下,元朝官学教职人员一般来自白身儒人、在学生员等。元代地方官学主要课业内容为经义与诗赋两项,经义即九经及其注疏之义理,与科举内容紧密捆绑。理学为其必修,《京兆府小学规》称:"教授每日讲说经书三两纸,授诸生所诵经书文句、音义,题所学书字样,出所课诗赋题目,撰所对属诗句,择所记故事。"

至元二十四年(1287年),国子学成立,此外还设有专为蒙古族、回回子弟教学的蒙古国子学与回回国子学。元代国子学实行分斋教学,有上中下各两斋,共六斋。下两斋主要进行讲说、小学等教育。中两斋进行四书、诗律的教育。上两斋进行经义等教育。每季考课,以次升斋,年终进行试贡。

南宋延续的书院官学化趋势至元代更加强化。元代初期,统治者压制儒学,书院不兴。元廷"尊用汉法"后,因为元代的民族等级划分与民族矛盾,很多汉人名师不愿意在官学任职,而自设书院。书院再次兴起。

---

① 陈谷嘉、邓洪波主编:《中国书院史资料》上册,浙江教育出版社1998年版,第416页。
② 梁瓯:《元代书院制度》,《现代史学》1937年第2期,第13页。

至元二十八年(1291年)前，书院仍可归属私学范畴。此后，书院转为郡县官学教育的一个部分，由国家完全控制书院的注册登记、学官任免、经费拨付、教学管理、学田拨置、生徒去向等。私人想创办书院必须获得各级官员的批准，并经严格而繁琐的程序。

元朝书院主持者有山长、堂长、院长之名，间亦称学长、洞长、学官、教授等。"书院的行政组织，……为校务、事务两元制。校务，山长处之。事务，直学掌之。"[①]其出身来源也多元化，"书院校长之主任，落第举人，落第国学生均为合法之学历，但并非所有山长均属于此类，'有荐举者，亦参用之'。"[②]

元朝政府对教育的控制较前代而言，更加严格且全面，连乡党之学的私学教育也有所控制，但与官学、书院相比，以乡党之学为代表的私学教育还是有一定自由的空间的。元代私学教育不但有经史文学，还包括数术、天文地理、阴阳历法、医学药物、占卜等学。

第二节　宋元江苏官学教育制度

吴越、南唐覆灭后，江苏各地府州学普遍停止了活动，即使文教发达的苏南地区亦不复往昔景象。宋初政局稳定后，统治者开始再兴崇学之风。《吴郡志》卷四曰："政莫先于教化，教化莫先于兴学。"地方官学大发展，书院的官学化也日益强化。

一、宋代的江苏地方官学与官学化的书院

（一）江苏府州学

宋太宗时期，江苏率先于全国重建了地方官学，大部分府州兴办或恢复了府州官学。在这些江苏地方官学的创建、修建过程中，起主导作

---

① 梁瓯：《元代书院制度》，《现代史学》1937年第2期，第10页。
② 梁瓯：《元代书院制度》，《现代史学》1937年第2期，第10页。

用的是地方主要长官，范仲淹等人对江苏教育的推动更是其中的亮点。《同治苏州府志》卷二十五云："天下郡县学莫盛于宋，然其始亦由于吴中。盖范文正以宅建学，延胡安定为师，文教自此兴焉。"江宁府学（后又名建康府学、应天府学）、扬州府学、徐州府学、常州府学、镇江府学、苏州府学、淮安府学、太仓州学、邳州州学、通州州学、高邮州学等先后兴建。由于战争及其他原因，宋代江苏地方官学也常有毁坏之灾，但时毁时建。如苏州府学在建炎年间被毁，绍兴复建。建康府学于淳熙年间进行了全面修整。常州府学在嘉祐、崇宁、大观、淳熙、绍熙、嘉熙等年间都经历了扩建。淮安府学在建炎年间毁，绍兴十三年（1143 年）草创，隆兴年间废，乾道、淳熙、嘉定年间屡复，嘉熙年间重修。镇江府学毁于建炎年间，绍兴复建。通州州学则于乾兴年间迁建，绍兴初着火被毁，后复建，淳祐又毁于祝融，咸淳重建。在江苏，除府州学外，一些县学也得以建立，如景德四年（1007 年），建宜兴县学。崇宁至绍熙、淳熙间，两度修葺无锡县学。崇宁间，江阴县学"大辟"。绍兴初迁建如皋县学，淳熙年间再修。泰兴县学、盐城县学建于绍兴年间，昆山县学于绍兴年间重修。

在一代代江苏地方官、文人乡贤的维持与振作下，江苏出现了一座座具有完善设施的地方官学。祭祀孔孟等儒学先贤的庙、祠，保管图书典籍的藏书楼阁，讲课教学的公堂，与文昌祠、成德堂、乐器库等建筑，都出现在江苏的地方官学中。引领当时风气的苏州府学在兴建时设有广殿、公堂、泮池、斋室等建筑。《同治苏州府志》卷二十五记载：嘉祐中，建六经阁。熙宁中，"校理李绖又以南园地益其垣"。元祐中，因来学者日众，"（朱长文）掌教事，议请南园隙地以拓斋庐。"常州府学拥有大成殿、明伦堂、尊经阁、崇圣祠、会魁坊等建筑，绍熙、嘉熙间，渐次增广。镇江府学历经范仲淹、毛友、胡世将、刘子羽等人主持的扩建修葺，也规模渐广。为了彰显文教成就或记录来自皇帝与官府的嘉奖，江苏各地地方官学还有一些特殊的建筑设置。据《康熙常州府志》卷十五记载，嘉祐六年（1061 年），常州郡守陈襄在常州府学大门上，"摹石曼卿所书'敕建州学'四字揭之门。"大观三年（1109 年），为展示常州科举成就获得皇帝嘉奖的荣耀，"郡守徐申立坊桥南"，并于府学坊桥东立"进贤"碑,建"荣赐"亭。此外,由于宋制规定州得乡举试士,江苏各地亦多有贡院之设,如真州就有贡院。

江苏地方官学与中央官学一样,经费主要依靠政府的助学钱与学田收入,而且不时会有额外的资助。这些学田都来自政府的拨付。天圣七年(1029年),建康建学之际,朝廷给田十顷,赐书一监。景祐元年(1034年),宋廷以学田赐拨苏州府学,为其立学之始基。绍兴间,又拨废寺没官田一顷于苏州府学。嘉定间,再拨给苏州官学官田。咸淳元年(1265年),将法济寺改设为武进县学,以寺租为学粮。同年,以广化寺藏室创建了长洲县学,拨废寺没官田四顷有奇,以充学廪。有时,这些江苏地方官学还会获得政府的额外资助,如元祐年间,苏州与润州的官学需要修建扩建,又得到了朝廷度牒十纸的补助。

一些江苏地方官学还通过资产的扩充及运营获得经济回报。根据《景定建康志》卷二十八的记载,绍兴二十八年(1158年),建康府学以捐款1万贯购田1890亩。淳祐间又筹资购湖田7千余亩。同时,还通过房屋的出租获得租金。至靖康间,建康府学通过71间房产及酒坊3处的出租,就获得了"岁收钱一千八百二十四贯有奇"①。茅山书院在咸淳年间每年收租税粮达到209石9斗7升,钞90贯。经过历次赏赐及多年经营,江苏有些地方官学拥有了相当规模的资产。如景定年间的建康府学所隶田地达9380亩,年入租钱8000余贯。这些资产回报对江苏地方官学的办学大有裨益。此外,江苏各级政府还对地方官学有不定期的资助。除官方资助外,也有很多地方乡贤慷慨解囊,资助江苏地方官学,这些情况在江苏很多地方官学的办学历史中都有记载。

宋代为我国儒学哲学化的发展时期,陆王心学与程朱理学的争论也影响着地方官学的教学内容。江苏地方官学于儒家经义解释多有自己发挥,北宋政府对地方官学教学内容的干涉,引发了江苏地方官学执教者的强烈不满与抵制。王安石执政期间强令天下官学学习其所著《三经新义》,扬州府学教授邹浩就曾强烈反对。《宋史·邹浩传》称:"有请以王安石《三经义》发题试举人者,浩论其不可而止。"《宋史·王

---

① 柳诒徵:《江苏书院志初稿》,《江苏文献》1942年第1/2期,第100页。

居正传》谈及极端者如扬州学者王居正，直接在皇帝面前攻讦王安石所学，称："安石得罪万世者不止此"，并因之推辞荆州、镇江等府学教授之职。南宋虽一度禁止理学，但自理宗开始，理学学说又逐渐渗透入地方官学的教学内容。绍定二年(1229年)，宋理宗诏令官学教习理学。景定四年(1263年)，又诏令诸书院山长并兼州学教授。这种做法也影响着江苏地方官学的教学。江苏地方官学的师资水平及教学质量都有一定的提高，涌现出了一批学术及教学名师。如苏州府学教授朱长文讲学先经术而后词章，授学《春秋》《洪范》《中庸》，学生数百。任扬州府学教授的常州人邹浩、镇江府学教授的建康人王纶等，都是当时的名家大儒。也有胡瑗、林虑等不但学识过人，也因其教学有术而声名远播的老师。范仲淹聘胡瑗主讲苏州府学，后者开创了"苏湖教法"，闻名全国。《江南通志·儒林》记载常州府学教授林虑，"教授常州，身为劝率，从者风靡。大观三年廷试，常士预选者五十三人"。如此佳绩，获得了皇帝的手谕嘉奖。

（二）江苏书院官学化趋势

与主要为藏书载体的唐代书院不一样，宋代书院具有了纯粹意义上的教育性质。有人说："书院到了宋代，才正式成为中国教育制度史上最光灿的一页。"①从北宋至南宋，名家大儒讲学也多由私家书斋向书院转移，至南宋时期，已经很少有私学讲学，而书院大盛。

北宋书院多由私人讲学发展而来，"唐以后之书院，或称学馆，或称国庠，或称书堂，其名目颇不一致"②，其兴起有特殊动因。这一时期，地方官学虽规制宏大、财力充裕，但积弊较多，腐败现象严重，教学内容僵化，教学质量也参差不齐。对一些术有专攻、有弘道理想的儒家学者来说，地方官学的教职并非一个满意的工作，地方官学也并非一个理想的安身立命之所。为了倡导自己的学说，培养自己的弟子，很多儒学名师纷纷自立书院，独立传播讲学。当时佛教大昌，在朝野之间享有广泛的受众，对儒家学说形成了强烈的冲击。为与之抗衡，一些书院立志于发

---

① 梁瓯：《宋代的书院制度》，《社会研究》1935年第1期，第79页。
② 周书舲：《书院制度之研究》，《师大月刊》1932年第1期，第2页。

扬儒家学术。宋代书院得到了民间与官方的共同支持,这种来自私人的努力与政府的促动,使得宋代书院的发展有了很多便利。南宋时期,在宋理宗的倡导下,书院又迎来一次大发展。有说南宋共有书院94所,理宗一朝即新建了46所。

江苏是全国书院较为集中的地区,"其设置迨遍天下矣;然以今之江苏、浙江、安徽诸省为独多。"①有学者统计宋代江苏有书院29家②,无论从数量及质量上观察,江苏皆位居全国前列。

宋真宗末年,晏殊在东台西溪创立书院,《宋史·晏殊传》所谓"自五代以来,天下学校废,兴学自晏殊始"。此为宋代江苏书院的滥觞。

因宋金对峙,南宋时期江苏书院主要集中于苏中、苏南地区,苏北地区则较稀见。《续文献通考》卷五十称:"唯不及徐、淮地区。"这些书院多为邑人出于乡梓的教育需求而设,如申义书院,为太府寺丞张镐所立。咸淳中,泰兴人士孔元虔所建马洲书院,也是如此。亦有北方士人避乱南下,为立学问之所而创立。镇江地处长江南滨,是北方士子南渡长江后的第一站,自然先得其惠,丹徒的淮海书院即是此例。宋代江苏书院兴办者多有名家大宦,如晏殊书院曾先后由晏殊、范仲淹主持讲学。《西溪镇志》云:"谁道西溪小,西溪出大才,参知两丞相,曾在此中来。"大儒郑菊山也曾兼安定、和靖两书院山长。

宋代江苏知名书院有溧阳的金渊书院、常州的龟山书院与城南书院、无锡的遂初书院、南京的明道书院,苏州则有学道书院、和靖书院、鹤山书院、文正书院,镇江有淮海书院、濂溪书院,其他如丹阳的丹阳书院、金坛的申义书院、泰州的安定书院、泰兴的马洲书院、通州的文会学社等都曾盛兴一时。

在宋代,与地方官学类似,江苏书院多有兴废经历。天圣二年(1024年),侯仲逸创建茅山书院于三茅山,一说该书院曾名列宋初全国八大书院之列③,后为崇禧观所据。端平中,漫塘刘宰再创于三角山,寻复废。此后多有反复,咸淳七年(1271年),再次徙建。随着事业的

---

① 周书舲:《书院制度之研究》,《师大月刊》1932年第1期,第8页。
② 王炳照:《中国古代书院》,商务印书馆1998年版,第202页。
③ 分别是石鼓书院、岳麓书院、睢阳书院、嵩阳书院、白鹿洞书院、茅山书院、华林书院、雷塘书院。

发展,江苏的一些大型书院具有了相当的规模。南京的明道书院内有程颢祠、御书阁、春风堂、主敬堂、燕居堂等建筑,分别用于教学与祭祀,又有尚志、明善、敏行、成德、省身、养心六斋为学生宿舍,其他如米厩、钱库、直房、后土祠、大门、中门等附属建筑,应有尽有。咸淳年间,茅山书院有先圣庙、大成殿、先贤祠一室、明诚堂等各类建筑 27 座。

北宋江苏书院大多自筹资金成立,自南宋开始,中央及地方政府纷纷开始插手书院事务,逐渐实现对书院的控制。"于时或由地方长吏,从新建设,或由天子赐额褒嘉,上有好者,下必甚焉,而书院制度,完全确立矣。"①如景定年间,政府为建康明道书院累计划拨田产四千九百八亩三角三十步,手笔巨大。

在民间与官方的共同资助下,一些大型的江苏书院拥有大量田产。茅山书院有学产田 6 顷 37 亩(其中免官赋 1 顷 23 亩),地 11 亩。② 濂溪书院有学产田 8 顷 37 亩,地 1 顷 40 亩,山 1 顷 74 亩,每年可收租税粮 155 石,钞 125 贯③,足以维持书院开支。南宋时,南京的明道书院有学田近五千亩,岁入米、稻、菽、麦等 1300 多斤,又有折租钱、白地房廊钱、赡士遣支钱五千多贯。南京南轩书院原为学者所建。淳祐三年(1243 年),知府杜杲修缮该书院,并拨田百亩。咸淳年间,马光祖又盖 92 间房屋,拨田 40 亩给书院。淮海书院有学产田 135 顷 70 亩 2 分 6 厘,地 55 顷 49 亩 1 厘 3 毫,山 92 亩 4 分 1 毫,水地 1 亩,全年租税粮 4397 石 2 斗 7 升 5 合,钞 329 贯 8 钱 6 分。书院对政府的这些资助十分欢迎,且这些书院一旦官学化后,其所有田产可免苗税或力役,也是一项福利,常熟的文正书院即是如此。

这些逐渐官学化的书院还有一项与官学一样的待遇,即入学者可免役,这对学子们有很大的吸引力。宋代书院对学生入学已无出身限制,但有学识门槛。这些书院对求学者设有标准不一的考察程序。如南京明道书院就规定有志于入学者,不拘远近,诣山长入状帘,引疑义

① 周书舲:《书院制度之研究》,《师大月刊》1932 年第 1 期,第 4—5 页。
② 柳诒徵:《江苏书院志初稿》,《江苏文献》1942 年第 1/2 期,第 100 页。
③ 柳诒徵:《江苏书院志初稿》,《江苏文献》1942 年第 1/2 期,第 110 页。

一篇,只有"文理通明者",才能进入书院,以杜其泛。①

宋代江苏书院教学各有制度,但都几乎不离举业。以南宋后期官学化很明显的南京明道书院为例,该书院山长每十天于书院会集职事生员,授讲、签讲与复讲。每三、八日讲经,每一、六日讲史,并书于讲簿。每月上三课,分别解经、解史与解科举之业。该书院有定期的考核制度、严格的教职员工作及学生请假休学制度等。

二、胡瑗与"苏湖教法"

(一)胡瑗生平

胡瑗(993—1059),陕西路安定堡人,生于淮南东路泰州如皋县宁海乡胡家庄(今如皋市如城镇)一官宦世家,字翼之,祖父为泰州司寇参军,父胡讷为宁海军节度推官。历任光禄寺丞、国子监直讲、大理寺丞、天章阁侍讲等职。精通儒学,创立"安定学派",著有《周易口义》《洪范口义》《春秋口义》等十余种著述,但大多已亡佚。与孙复、石介并称"宋初三先生",是北宋初期著名的理学家、教育家。后人尊称为"胡安定""安定先生"。

胡瑗出生时,家境已经中落,胡瑗自小便好学上进,早年虽没有名师指点,但自学不倦。少年时至泰山栖真观刻苦求学十余年。后返回江苏家乡,多次参加科举,但屡试不中。遂绝意举业,在泰州华佗庙旁边的经武祠建立书院,名为安定书院。

景祐元年(1034年),胡瑗前往一江之隔的苏南讲学。时在苏州任知事的范仲淹聘其为郡学首席教席,并让其子范纯佑拜胡瑗为师。《续资治通鉴长编》卷一百十八记载:"范仲淹前知苏州,荐瑗知音,白衣召对崇政殿,与逸俱命。"景祐三年(1036年),胡瑗受宋仁宗召见,与阮逸共同制作钟磬,编定声律,后被破例提拔为校书郎官,历任丹州军事推官、密州观察推官、保宁节度推官等职。后被湖州太守聘为湖州州学主讲教授。数年后,再次进京更定雅乐。历任国子监直讲、光禄寺丞等

①《明道书院规程》,邓洪波编著:《中国书院章程》,湖南大学出版社2000年版,第58页。

职。嘉祐元年(1056年),为太子中允,充天章阁侍讲,管勾太学。后赴杭州长子处养病,不久病逝。南宋宁宗赐谥号"文昭",明世宗尊胡瑗为"先儒胡子",从祀孔庙。

(二)苏湖教法

胡瑗是宋代理学的先驱者之一。在儒学发生思想与信仰危机的宋初,胡瑗为了重建儒学信仰,也为了改变唐代以来的教育浮夸之风,积极投身教育。钱穆称:"北宋儒学,应推胡安定(瑗)、孙泰山(复)两人为肇祖。"①胡瑗在泰州、苏州、湖州及京城,有四十余年教学生涯,桃李满天下,弟子不下千人。其弟子中江苏籍学生众多,多有佼佼者。如泰兴人潘及甫在吴兴拜师胡瑗,庆历中登第。又如皋人钱藻受胡氏学,历任南京礼部主事、山东副使、直隶密云兵备、湖北布政使、顺天府尹等职。高邮人孙觉,进士,累官至御史中丞。淮安人徐积,为扬州司户参军、楚州教授等职。

胡瑗在教育理念及实践上多有创建,包括提出重视教育,扭转社会治学风气,塑造"致天下之治"的人才教育观,以实现学以致用、经世致用的教育目的。其中影响最大的莫过于"苏湖教法"。

1. 实施"分斋教学"

分斋教学是胡瑗"苏湖教法"的核心和基础,是对中国传统学校教学法的创新。胡瑗设计的分斋教学主要分为经义、治事(又称治道斋)二斋②,经义属于六经的学习;治事包括了治民、讲武、算术、堰水、历法等内容,主要是为生产服务的实学。在黄宗羲的《宋元学案》中,对两斋有如下解释:"经义斋"选择"心性疏通,有器局,可任大事者"。"治事,则一人各治一事,又兼摄一事,如治民以安其生,讲武以御其寇,堰水以利田,算历以明数是也。"每个选择治事斋的学生除了选择一个主科外,还需要选择一个副科进行学习。在胡瑗的分斋教学中,实学内容通过治事的教学进入了州学的教学内容,体现了胡瑗所期待的"明体达用之学"的教育目标。从汉代至宋初,历代学校教育都主要以经义与文史为

① 钱穆:《中国学术思想史论丛》卷五,安徽教育出版社2004年版,第1页。
② 学界亦有人提出胡瑗分斋教学法不止这两斋,且是分类寝居,并不是分科教学,兹为一论。

主要教学内容,排斥与社会生活有关的知识、技能的学习。但胡瑗的分斋教学打破了这一界限,实现了学校教育的突破,奠定了自然科学、专门技能等知识学习在学校教育中的地位。这种分斋教学的模式,适应了宋代以来社会分工发展的需求,其意义与价值十分重大,对后世的学校教育影响也非常大。

2. 分斋教学的具体教育主张

(1) 倡"明体达用之学"

汉唐以来,"科举日益重,学校日益轻",学校沦为应试中举的场所,胡瑗继承与发展了孔孟思想,批判了这种倾向,认为学校应是实行教化的重要场所,是政教之本。

胡瑗的教学方法积极联系书本知识与社会实际,强调体、用、文三者的统一,具有强烈的现实批判精神。其弟子刘彝总结其教学宗旨为实现"明体达用之学"。"明体"是指学生要掌握儒家经典中的封建伦理纲常学说,包括了"三纲五常""忠孝一体""克己复礼"这些传统儒家的"圣人之道"。"达用"是指通过教化,使学者以这些伦理纲常指导于自己的生活实践,保持"内圣"之道的"正性",要"立己治人",培养一批接受"圣人"之训教化的士大夫,再由这些教化者去教化万民,这是以往传统儒学教育所一贯的主张。"达用"是胡瑗的特色,也是实施"苏湖教法"的原则。

胡瑗认为培养学生首先要"明体",具有封建道德,然后要"达用",具有实干能力,两者是统一的。他鼓励学生走出书斋,广泛游历,增广见闻,以践行"明体达用之学"的教育原则。在《安定言行录》中,记载了胡瑗的想法:"学者只守一乡,则滞于一曲,隘吝卑陋。必游四方,尽见人情物态,南北风俗,山川气象,以广其闻见,则为有益于学者矣。"胡瑗经常亲自带着学生们去体验社会民情,观览祖国山河。曾经从吴兴带领学生去关中考察,见潼关黄河气势,胡瑗慨然曰:"此可以言山川矣,学者其可不见之哉!"

(2) 行讨论研究之法

唐代以来,地方官学的教学多以讲解为主要形式,尤其是在进行经义的学习时,几乎全部采用讲解法教学。

胡瑗在分斋教学时,除了自己讲解,还积极引导学生进行讨论。"时时召之,使论其所学,为定其理;或自出一义,使人人以对,为可否之;或就当时政事,俾之折衷。"①他指导学生在学习时不仅要有目的地读经与听讲,更要去主动思考,通过自己的理解去体会学习内容。通过这样的方式,培养学生主动学习、独自思考的能力。在讨论中,通过启发和鼓励的方式,让学生主动提出问题,积极主动地发表意见,加深学生对知识的理解,胡瑗还在讨论中增加时政的内容,帮助提升学生思考的层次,增加学生对现实的了解与关注。

（3）因材施教

分斋教学体现了因材施教的教学理念。胡瑗根据每个学生的实际情况,分析其特长与兴趣,循循善诱,实施教学,培养出了很多学有所长的人才。儒家教育一贯就讲究因材施教,孔子就曾对学生进行过德行、言语、政事、文学等素质的分类。胡瑗进行了创新,他的分斋教学是一种讲求个性化的教育,是根据每个学生的长处、兴趣,来决定其学习内容,最大限度地实现学有所长,学有所用。不但培养出具有专业化才能的人才,还培养出具有复合型才能的人才。故陈澧称赞说:"《学记》云:'教人不尽其材'。如胡安定之教,可谓尽其材者也。"②

（4）以身作则

胡瑗强调道德教育,但是他所主张的道德教育不仅表现在文字规章上,而是自己以身作则,实现对学生的感化。他曾明确指出:"致天下之治者在人才,成天下之才者在教化,教化之所本者在学校。"③胡瑗在历代儒家圣贤道德理念的基础上,提出要塑造"立己""治人"的理想人格。他在《周易口义》中说:"若夫圣人之治天下,将禁民之邪,制民之欲,节民之情,止民之事,必于其利害未作,嗜欲未形,未为外物之所迁,而其心未动之前,先正其心,而不陷于邪恶。"他提出"人君之学,当正心诚意,以仁为本",体现了较强烈的重道德而轻功利的思想倾向。

他在担任苏州、湖州等地官学教授时,严慈结合。对自己是修,对

---

① 钱穆:《国史大纲（下册）》,商务印书馆,1994 年版,第 977 页。
② 毛礼锐、沈灌群:《中国教育通史》卷三,山东教育出版社 2005 年版,第 91 页。
③ 孟宪承等:《中国古代教育史资料》,人民教育出版社 1985 年版,第 339 页。

别人则是教。虽是盛夏,必穿公服坐于堂上,严师生之礼。范仲淹在《奏为荐胡瑗李觏充学官》中,赞其"志穷坟典,力行礼义。……而常教以孝弟,习以礼法,人人向善,闾里叹伏。"[①]

（5）劳逸结合

胡瑗十分注重学习的劳逸结合,他经常在学生考试之后,通过音乐的形式,使学生放松情绪,舒缓神经。胡瑗在太学执教时,考试结束后,曾和学生们会于肯善堂,合雅乐歌诗,至夜乃散。他也强调身心全面发展,追求一种健康的学习作息方式。

《安定言行录》云:"先生语诸生食饱未可据案或久坐,皆于气血有伤,当习射、投壶、游息焉。"胡瑗具有很高的音乐造诣,多次被朝廷征召,商定音律和铸造鼓乐器,并著有《景祐乐府奏议》、《皇祐乐府奏议》（与阮逸合作）等音乐专著,提出了"礼乐兼备"的教育理念。

（6）严格要求

胡瑗对学生有很严格的要求,在苏州、湖州执教期间,胡瑗制定了很多教育规章,并严格执行。《宋史·胡瑗传》称:"瑗教人有法,科条纤悉备具,以身先之。"在他的教诲下,他的学生们普遍养成了"沉潜、笃实、醇厚、和易"的学风。学生们甚至以其为榜样,从服饰、言谈、举止等方面都模仿他。他人遇见这些学生,虽不识,但从其衣服容止上,皆知其为胡瑗弟子。胡瑗也十分热情地关怀学生,视生如子,他反对荀子的"师云亦云""言而不称师,谓之畔"等主张,强调师生之间的和谐关系。《宋史·胡瑗传》称其"视诸生如其子弟,诸生亦信爱如其父兄"。其弟子安焘在听讲时,曾经患病发作,胡瑗急忙"使人掖之以归,调护甚至"。

宋仁宗庆历中,诏兴太学。宋廷将胡瑗的教学制度、教学方法在全国进行推广。欧阳修的《胡先生墓表》中有这样的描述:"庆历四年,天子开天章阁,与大臣讲天下事,始慨然诏州县皆立学,于是建太学于京师,而有司请下湖州,取先生之法以为太学法,至今为著令。"胡瑗亲自进入国子监,指导"苏湖教法"。

苏湖教学法培养出了很多优秀的专业人才,如范纯仁、钱公辅精于

---

① 曾枣庄、刘琳:《全宋文》卷三七五,巴蜀书社 1990 年版,第 553 页。

政治;孙觉、朱临、倪天隐精于经学;苗授、卢秉精于军事;刘彝精于水利;钱藻、滕元发精于文艺等。《文献通考》卷四十六云:"故天下谓湖学多秀彦,其出而筮仕,往往取高第,及为政,多适于世用,若老于吏事者,由讲习有素也。"

胡瑗的"苏湖教法"对后世教育产生了重要影响。他的一些观点,如"明体达用",受到很多学者的推崇。钱穆指出:"汉代五经已增为九,岂胡瑗一人所尽通。一国之事如历法水利,皆需专家,项目繁多,又岂胡瑗一人所尽知。而胡瑗独一人为师,明体达用,综其大纲,令来学者分类群习,而胡瑗为之折衷指导,仍不失孔门四科设教之精神,亦即四汉儒林之所谓通经致用。"[1]北宋以后,历朝太学、国子学、国子监等中央官学,大都实行分斋教学。北宋以后的书院也往往采取分斋教学。

三、元代的江苏地方官学

(一) 元代江苏官学

宋末之时,江苏各地府州县学基本毁于战火。元朝初兴,再建地方官学。经多次重建、修葺,江苏地方官学规制渐开,学人渐来,终成气象。如在大德年间扩建了苏州府学。在至元、元贞、延祐年间,相继重建了常州府学。至正年间,修葺了镇江府学。至元、至治、泰定年间多次重修扩建了淮安府学。皇庆年间,重建海州州学。至元年间,重建通州州学大成殿。一些县学如宿迁县学、睢宁县学都得以创建。有些地方官学的规模不亚于宋代,如常州府学大成殿占地300平方米,"规制宏伟,可为浙右儒宫之冠"[2]。

元朝地方官学实行学田制度,以其产出或地租充作办学经费,儒户与官学生享受免役待遇。至元十四年(1277年),按照元廷的规定,江苏地方官学教职俸禄为:路学教授粮五石,钞五两;学正粮五石,钞三两;学录粮二石,钞二两;直学粮一石,钞一两。府州学教授两五石,钞

---

① 钱穆:《现代中国学术论衡》,三联书店2005年版,第156页。
② 苏天爵:《滋溪文稿》,中华书局1997年版,第41页。

三两;学正粮三石,钞三两;学录粮二石,钞二两;直学粮一石,钞一两。至元二十九年(1292年)后,江苏各地官学教职俸禄不再由国家正俸支给,而从学校养士钱粮内支给。

元代江苏地方官学教育服从于科举需要,坚持以理学内容为主。以建康路学为例,其教材采用朱熹等人编订集注的《小学》等;课程包括"本经""经义""赋"等。延祐二年(1315年),元廷谕令包括江苏在内的各地方官学遵照程端礼编订的《读书分年日程》组织教学,进一步规范了地方官学的教学活动。

虽然不能与宋代气度相比,但元代江苏地方官学中亦不乏名师,如讲学于南京、扬州的张頠,《元史·张頠传》称其:"所学益弘深微密,南北之士,鲜能及之。"张頠在江宁府学教学时,"俾子弟受业,中州士大夫欲淑子弟以朱子《四书》者,皆遣从頠游。"张頠后至扬州教学,"其在维扬,来学者尤众,远近翕然,尊为硕师,不敢字呼,而称曰导江先生。"

(二) 元代江苏书院的官学化

元代统治者曾在征服过程中,发布过一些保护教育设施的法令。《元史·忽必烈本纪》记载:中统二年(1261年),忽必烈下令:"宣圣庙及管内书院,有司岁时致祭,月朔释奠,禁诸官员使臣军马,毋得侵扰亵渎,违者加罪。"元政府礼部亦明文规定:"凡有书院,亦不得令诸人骚扰。"但在战争狂潮中,这些政策大多沦为具文,江苏书院在战火中遭受了重大损毁。且当时元代统治者多崇仰佛教,以致江苏归元之初,境内书院得不到政府保护,资产大多为佛教寺庙所侵夺,所谓:"蒙古之教,抑儒崇释。江南隶元,书院辄为异教侵占。"[1]包括淮海书院、濂溪书院、学道书院等在内的一大批书院的院产悉被甘露寺、鹤林寺等寺庙抢夺。随着元代统治者逐渐认识到儒学教化对于巩固统治、笼络汉人的作用后,其文教政策逐渐改变。"华夏文化,深中人心。霾翳不久,寻复其旧。且于宋季诸书院外,时有增创。"[2]很快,"书院之设,遍于天下,方诸宋代殆又过之。"[3]有人认为早在宋元战争时期,即已有元代书院之设,

① 柳诒徵:《江苏书院志初稿》,《江苏文献》1942年第1/2期,第113页。
② 柳诒徵:《江苏书院志初稿》,《江苏文献》1942年第1/2期,第113页。
③ 周书龄:《书院制度之研究》,《师大月刊》1932年第1期,第9页。

"始创者为元臣汉人杨惟中,蒙古教育制度的汉化,以此为始,南朝学术思潮的北传,亦以此为始。"①

元代,江苏恢复了一些前朝书院,又陆续新建了一批书院②,其中知名者有徐州的道一书院;南京的南轩书院、江东书院、昭文书院;苏州的鹤山书院、甫里书院;昆山的玉峰书院;常熟的文学书院;江阴的澄江书院等。一些大型书院如苏州平江甫里书院,有夫子殿、甫里先生祠、明伦堂、求志轩、明道正义两斋、东西庑、仪门、泮池、泮池桥、灵星门、外门等30余间建筑,规制不亚于府学。还有一些小型书院,如如皋许芳、陈应雷等人各自办的书院。元朝地方官学主要为科举服务,不讲求学术,有一些儒学大师缘于其学术追求,"必于学校之外,别开一种讲学机关"③,寄身于书院之中。由于统治者一度实行种族压迫政策,大量不愿意在官学任教、身处南方的江苏学者,仕途无望,遂转入书院讲学,促使江苏书院更形发达。

元代江苏书院已经完成了由私立为主向官办为主的转变,"书院制度的官化,两宋已然,至元因种族歧视之累,于书院之统制及专治,变本加厉。"④至元二十八年(1291年),对书院几乎未有管制措施的元廷突然行动。《元史·学校》记载元世祖诏令:"先儒过化之地,名贤经行之所,与好事之家出钱粟赡学者,并立为书院。"在此前后,元政府两次将书院收入官籍。这些书院的人事权皆由政府控制,书院山长除最初王粹等数人为聘请者外,官营者必由辟调授,需要由礼部或行省及宣慰司任命,才得以任职。近代也有学者认为官办者并未独大⑤,也为一说。

---

① 梁瓯:《元代书院制度》,《现代史学》1937年第2期,第6页。
② 曾有学者统计元代江苏书院数量位居全国第三,占全国书院总数的8.3%。见梁瓯:《元代书院制度》,《现代史学》1937年第2期,第46页。另有一说该数字为10.76%。见曹松叶:《宋元明清书院概况(续)》,《国立中山大学语言历史学研究所周刊》1930年第112期,第18页。
③ 周仿龄:《书院制度之研究》,《师大月刊》1932年第1期,第10页。
④ 梁瓯:《元代书院制度》,《现代史学》1937年第2期,第7页。
⑤ 所谓"元代书院,仍以民力作主干,官力在次要的地位。""元代书院,虽有官力干涉,因为民力还很兴盛,影响还不很大。"见曹松叶:《宋元明清书院概况(续)》,《国立中山大学语言历史学研究所周刊》1930年第112期,第13、31页。

第三节 私学的发展

　　"塾"者,本意上指代家庭办学,《礼记·学记》所谓:"古之教者,家有塾、党有庠、术有序、国有学。"但宋代以前,真正意义上的家庭宗族或村落私学并未形成潮流。至北宋官方振兴教育,数次兴学,皆以官学为主要载体,对私塾教育则几无交代。但宋代私塾教育得到了前所未有的发展,尤其是北宋中期以后,私人办学被直接使用"塾"来指代,以家庭私塾、村落私塾、宗族私塾为代表的私塾群体已成燎原之势。诚如吕思勉所云,这一时期"教育之权由公家移于私家"①。南宋时期,由于政府财政大量消耗于军事开支,对于教育的投入力有不逮,江苏官学的经费也受到一定影响,私学无形之中更趋发达。放眼望去,有宋一代,大江南北,私塾林立,甚至有部分地区,俨然"五步一塾,十步一庠"②。而江苏自然早得风气之先,广开塾堂,增进教育。

一、宋代的江苏私塾

(一) 宋代江苏私塾兴盛的原因

　　宋代江苏除了官学、书院之外,还有分布在全省各地的大量私塾、义学等教育机构,而私塾中包括村塾、家塾以及冬学等各种私学形式。宋代江苏地区私塾兴盛的原因,主要有以下几方面。

　　首先,宋代北人南移趋势不减,江苏各地人口有了明显的增长,尤其是南宋时期,北方士族多有停留于江苏的淮扬、太湖一带生活。且随着江南地区社会生产力的不断提升,农业生产有了长足的进步,土地兼并程度加深,中下层地主阶层群体自然扩大,他们的子女是接受教育的潜在刚需群体,其人数也随之增加。官方所办的官学虽有数量上的提升,但其所提供的教育机会仍不能覆盖城乡全部的应教育对象。尤其

---

① 吕思勉:《隋唐五代史》,上海古籍出版社 1984 年版,第 1270—1271 页。
② 王善军:《宋代宗族和宗族制度研究》,河北教育出版社 1999 年版,第 108 页。

是那些不毗邻府县的乡村地区的学子,若想在府县官学求学,存在着一些困难。兼之官学教育限于自身条件,受政治环境的影响较大,时兴时废。官学与私塾相比,在灵活性上也有很大差距,难以满足求学者的多样化教育需求。

其次,宋代逐渐对商业放开,工商业者的身份为政府承认,其地位也较前代有所提高,还出现了"坊廊户"这样的户籍。淳化三年(992年)三月,宋太宗诏令:"工商杂类人内有奇才异行、卓然不群者,亦许解送。"即那些以前不能入仕的工商子弟也可以通过科举而登科。更为重要的是,这类群体的子弟有着强烈的蒙学开化的要求,而这恰是私塾教育的本意。在工商业发达的江苏,工商户群体数量庞大,无论是这些人的身份提升,抑或是他们群体数量的增加与流动,都为江苏民间私塾教育的发展增加了需求。

再次,科举制度的崛起与完善,使入仕不再成为门阀士族的垄断特权。科举取士不问家世的规定,部分地破除了官宦血缘关系的等级界限。"中国社会由唐以下,因于科举制度之功效,而使贵族门第彻底消失。"①虽然门阀制度逐渐崩溃,但江苏一带传统士族的辉煌家学并没有立即消失,彻底走出历史舞台,而是延续着崇文的风习,通过师资、生源及教学内容的缓慢调整,逐步以私塾教育的形式,继续传衍。

最后,宋代理学的兴起对学界形成冲击。儒家学术界的分歧,因为门派师承之争演变为政治派系斗争,政界、学界皆纷乱不平。一些反对理学学说的江苏籍官僚或主动或被动地从朝堂下野。这些官僚大部分具有较高层次的文化修养,回到各自的桑梓或养老之地后,有的出于学说抱负理念,有的出于教诲儿孙需要,亦有出于谋取酬劳以维持生计需求,其中的不少人开展了教育活动。他们难以在官学任教,但私塾是其理想而自由的教育场所。

此外,由于造纸术及印刷技术的进步,教育平民化所需的物质条件更容易实现,降低了私人办学的门槛。作为宋代刻书业中心的江苏,在私塾教材的刻写方面无疑具有相当的优势,也助力了私塾的兴起。

---

① 钱穆:《中国文化史导论》,三联书店 1988 年版,第 149 页。

宋代江苏私塾教育模式主要以个人塾师办学为主，基本上是一个塾师自己在家或借助祠堂等场所开办私塾，经济较为富有的一个家庭或几个家庭联合起来聘请塾师开办家塾也较为常见。此外，家族私塾也广泛地开展起来。虽然门阀士族制度式微，但人们的家族情怀依旧浓厚，作为敬宗收族的一个重要手段，家族教育中的家族私塾，多以家族祠堂或家族另辟房屋为教学场所，为江苏民间所普遍接受。这些家族私塾或由家族中有名望者独资或集资开办，或以族田收益为经费，聘请塾师对整个家族的子弟进行教育。接受这种家族私塾教育的家族子弟可以免费听课或仅交纳其家庭收入可承受范围内的少许费用。有些财力较为雄厚的家族私塾，还对族中贫穷子弟的教育开销施行程度不等的补助。亦有一种家族私塾并不是针对全部的家族子弟，只是对族中部分子弟进行教育。这种对受教育者的筛选出于举办者或资助者的判断，有些是以子弟的资质品性为参考，有些是以族中子弟的血缘亲近关系为参考，有些则纯粹以举办者或资助者的好恶为参考，并没有定规。总体来看，这一时期江苏私塾无论是在经费的来源、教学的组织、塾师的聘任还是学生的选择上，较之书院、官学，更加不受约束，具有多样化的特征，相对自由和灵活。

由于存在着教学目的、师资水平、生源等方面的差异，宋代江苏私塾的教育质量也是参差不齐的。虽然大部分私塾是为普通民众子女提供童蒙层次的教育，难以直接评估其教育质量，但从宋代江苏官学与书院的科举教育及学术教育成就中，亦可隐见江苏私塾教育的启蒙之功。

宋代江苏私塾培养出了很多人才。《宋史·周葵传》记载：宜兴人周葵"少力学，自乡校移籍京师，两学传诵其文"。宣和六年（1124年），中进士，官至参知政事兼权知枢密院事。《宋史·陆秀夫传》载：盐城人陆秀夫，在随父迁徙至镇江后，就在镇江本地跟从乡贤学习，"从其乡二孟先生学。孟之徒恒百余，独指秀夫曰：'此非凡儿也'"。景定元年（1260年），陆秀夫考中进士，后为南宋左丞相，英勇抵抗元军。在崖山海战中，背负宋少帝赵昺赴海捐国，号为"宋末三杰"。

家族私塾一般多以科举、学术为教育宗旨，虽然其总数在全部江苏私塾中比例不高，但以当时教育评价来看，江苏家族私塾因为延续了士族家学教育的传统与风气,其育人成效更加直接。在与官学、书院的比拼中,家学私塾不遑多让。如苏州人叶清臣,无锡人杜镐、葛宫,南京人秦羲,徐州人王晏,常州人张守,扬州人徐铉、孙长卿、崔公度,淮安人徐积等人,都是依靠江苏家族私塾成才的。

(二) 宋代江苏私塾教育的师资与教学

由于没有官学、书院那样对教师的身份设置限制,私塾教育的师资来源涵盖了上中下等的知识分子,既有曾居庙堂之上的栋梁大臣,也有辗转乡野的求食蒙师,相对官学与书院的师资队伍,比较庞杂。

其中有一些是政治理念与当政者不合或受到排挤而被罢黜或辞官回乡的官员。如彭城人刘颜,"举进士第,以试秘书省校书郎知龙兴县,坐法免。久之,授徐州文学。居乡里,教授数十百人。"[1]再如苏州人王苹因为与王安石政见不合,遂退居乡里,招徒讲学。还有一些官员因年龄大了或各种原因,致仕返乡后,主动为民间教育发挥余热。更多的则是一些没有获得功名、未入仕途的读书人,他们以私塾授徒为谋生之计。"北宋中叶学塾状况,大概贫士以教蒙童为生。"[2]这些人中,有暂且为之,勉以糊口,等待时机,随时脱身者;有终身教馆,启蒙乡儿,乐在其中,志以为此者;也有命比天高,挣扎糊口,郁郁不得志而教馆终身者。

江苏私塾的塾师群体人数众多,经历各异,想法各殊,境况际遇多样,学识阅历也有天壤之别。其中虽然不乏学术精深、教养丰厚的名师,如徐州人刘颜,"学不专章句……居乡里,教授数十百人。采汉唐奏议为《辅弼名对》"[3]。但资质平平的教书者总是大多数。《宋史》中曾记载 12 岁的丹阳人邵亢及其 10 岁的同乡王存受到"乡先生"的赞誉。《宋史·邵亢传》称:"乡先生见者皆惊伟之";《宋史·王存传》称:"乡先生见之,自以为不及"。在很多史料中被称呼为"乡先生"者,大多都是这些从事蒙学教育的普通教书者。

宋代私塾较之前代,在教育形式上,并没有太大的变化。

接受私塾教育的学生的初始年龄多以六七岁为主,男性为绝对主

---

① 脱脱等:《宋史》卷四三二,大众文艺出版社 1999 年版,第 3652 页。
② 陈东原:《我国宋元两代之小学状况及其教材》,《教与学》1935 年第 5 期,第 81 页。
③ 脱脱等:《宋史》卷四三二,大众文艺出版社 1999 年版,第 3652 页。

流。塾馆对每个学生的教学年限因人而异。进行启蒙教育的私塾对每个学生的教育年限规划不会很长，尽管有的塾师希望其弟子中能有出类拔萃、专心攻读者，或至少能够多延长一些学习年限者，然而好的读书苗子与愿意付出的家长可遇不可求，寻常情况下，这种愿望多被学生家庭中长者的眼光与经济压力摧毁。诚然，即使是有些志向的学生，在私塾启蒙后，也更加倾向于以官学、书院为其继续深造的平台。绝大部分的私塾教育都属于启蒙教育，这也是大部分家长与学生的看法。也有少部分私塾，尤其是一些家族私塾，与官学、书院类似，以科举为目标实施精英教育，所以持续教育的时间相对较长。

既然是以启蒙教育为主，宋代江苏私塾的教学规模、方法亦有着与官学、书院不同的表现。

在私塾的规模上，这些私塾的规模大小不一，场所各异。大多为教师一人，学生一人或数人者。亦有教师多人，学生数十人者。而类似徐州刘颜、镇江二孟先生的私塾多至百人规模，应属特例。

在教学方法上，塾师们一般都是围绕着阅读、识字、作文三个目标展开，这三个目标是启蒙教育的核心，也是科举或从事他业的基础。阅读的教学，包含着教书、背书、理解、讲解等几个环节进行。识字的教学以对童蒙教材的学习为基本要求，适度扩展识字量，主要强调反复练习与规范标准。作文的教学从模仿范文开始，并注意基本的行文规范，重视修改程序。此外，配合以上程序所进行的方法多是讲授法，塾师以灌输性的讲授，辅导学生进行反复地训练，从而达到教学的目的。那种有数个塾师的私塾则有教育内容上的分工，但至今缺乏塾师们联合教学、共同研究的史料证明，其教育方法亦有个性展示，只是大同小异，没有本质差别。由于童蒙教育的对象多为少儿，定性不足，所以塾师们需要采取一些体罚措施来整顿、维持教学秩序。但一些私塾，"管训虽严，而群儿亦难免于顽嬉。"① 应该说，塾师的教学水平是与教学秩序呈正相关的。

---

① 陈东原：《我国宋元两代之小学状况及其教材》，《教与学》1935年第5期，第81页。

（三）宋代江苏私塾的教材与教学内容

宋代私塾的教材与当时印刷业的发展有很大关联，由于宋代印刷业的进步，带动了私塾蒙学教材编写的繁荣，甚至出现了并列为宋代民间印书三大刻本系列之一的家塾刻本（另两种为家刻本、坊刻本），可见宋代私塾教材印刷兴盛之一斑。作为宋代印刷业重要基地的江苏地区，私塾教材的编纂与发行都有了很大的提高，有力地支撑着江苏私塾教育的发展。

宋代士人们较为重视童蒙读物的编写，一些高级知识分子，甚至是当时的文学领袖们，如欧阳修、朱熹、吕祖谦等人都曾编纂蒙学启蒙书，朱熹编写了《童蒙须知》。他们意识到童蒙教材的重要价值，愿意为之付出时间与精力。目前所知的宋代新编启蒙读物达到了 65 种，其中北宋 11 种，南宋 54 种，远超唐代所编数量，这些童蒙读物在许多江苏私塾中被作为基础教材普遍使用。

既然私塾启蒙教育主要是以识字、阅读、作文为主要目标，则其教材也不离开这些领域。

以识字及一般知识的认知为主要内容的《三字训》《百家姓》《千字文》是江苏私塾中最常见的教材。有学者称宋代《三字训》就是后代的《三字经》，"项安世所云《三字训》，今亦无传。宋后蒙塾最通行之读物有《三字经》，其书当系元初人就《三字训》改作。吾人尚可就《三字经》推知宋代塾中所读《三字训》之一斑。"[1]而《百家姓》是宋代最重要的蒙学识字教材，成书于宋初，流传至南宋时期已经成为蒙学的常见教材。《千字文》在唐代即已盛行，到宋代也是流行于私塾之间。

宋代江苏私塾教材还包括了《性理字训》《童蒙须知》《童蒙训》《蒙求》《十七史蒙求》《叙古千文》《史学提要》《训蒙诗》《千家诗》《小学诗礼》《神童诗》《名物蒙求》《小学绀珠》《童𡚼须知》《训蒙雅言》《启蒙初诵》《事类蒙求》《程子训蒙新书》等。

考虑到教学对象多为蒙稚幼儿，大部分的宋代私塾童蒙读物具有

---

[1] 陈东原：《我国宋元两代之小学状况及其教材》，《教与学》1935 年第 5 期，第 82 页。

较强的韵律感,多为韵文排列格式,语言简练,朗朗上口。如李翰所编的《蒙求》,以每四字一韵。《百家姓》亦以四字为一句,全篇包含了400多句,便于学生诵读记忆。但仍有一些童蒙读物呈现出死记硬背的俗套形式,不为学生所喜欢。

有学者认为宋元蒙塾之课本,其作用仅在识字。其实,除了基础的识字教育,对于学生们日常文学素养方面的培养,江苏私塾也有一定的训练,特别是唐诗与楹联作对的学习。"当时蒙塾不仅读以上所说之字书,亦教唐诗,学作对。"①

事实上,这些私塾的童蒙读物,既在教学生识字,也渗透了当时统治者的政治理念与社会道德方面的内容。儒家的伦理纲常学说是其中的重要内容。这些童蒙读物在教学识字之外,也通过故事、乡谚、格言、诗歌等形式吸引学生的兴趣,灌输伦理学说与社会道德。如李翰的《蒙求》记载了先秦至刘宋时期的一些历史人物的故事。对故事中的每一句,作者都进行了详细备注,使儿童在学习文字之余,能够增进对历史的了解。再如《十七史蒙求》《史学提要》《叙古千文》等都是对历史文化知识进行介绍的启蒙教材。而对传统中国教育来说,普通的历史故事讲授与四书五经的学习,其本质上都是同一种教化,因为所有的历史知识都同样遵循着儒家的道义而被选择出来作为教材的,它们都是对学生进行儒家学说与社会道德的最初教化。

教化之外,一些介绍常识的普通知识被私塾教材所采纳。这里面有欧阳修的《州名急就章》、王应麟的《姓氏急就章》等,也有周守忠的《历代名医蒙求》这种对传统文化知识进行启蒙的读物。而方逢辰所编的《名物蒙求》是这些读物中不可多得的另类。它主要是对自然界和社会中的各种名物知识以及亲属名称等进行介绍,稍具百科全书的性质。这本教材还对雨云等自然现象进行了初步解释,具有一些科学意味。

相较于官学与书院的教学内容,宋代私塾教学内容不受科举的限制,较为自由。除了蒙学启蒙之外,因塾而异,因师而异,也会根据塾师自己的知识结构、学术水平,进行一些相关内容的教学。尤其是南宋以

① 陈东原:《我国宋元两代之小学状况及其教材》,《教与学》1935年第5期,第86页。

陈亮、叶适等人所提倡的功利主义教育思潮流行后,也对江苏私塾教育的教学内容有一定的影响。很多私塾、村塾、家族私塾还通过对"宗约""家规"的讲述与学习,使学生获得宗法与家族文化的知识,其中也不乏一些社会规则的内容。至于农工商各行各业的杂学知识与生活常识,也各有传播。如《宋史·许洞传》记载吴县人许洞曾经在私塾学习了"弓矢击刺之伎",并不为怪。

宋代江苏私塾,虽然不受官府重视,但具有顽强的生命力,它们承载着民间启蒙教育的重任,不仅是官学的补充,也在一定程度上直接培养出了杰出人才。可以说,如果没有私塾教育,宋代江苏的教育事业将会缺少广泛的根基与发展的韧性。

二、范仲淹与义庄义学的流行

范仲淹(989—1052年),字希文,苏州吴县人,北宋时期政治家、教育家、思想家、文学家。"劝天下之学,育天下之才。"①范仲淹既是重视教育的思想家,也是倡办教育事业的实干家。庆历四年(1044年),范仲淹主持了北宋第一次兴学运动,"庠序之设,遍于宇内,自庆历始。"②虽然一年多后,新政失败,范仲淹被排挤出朝廷,但庆历兴学仍起到了积极作用。而范仲淹在苏州创办的义庄义学③,为当时社会树立了兴学的榜样,成为江苏教育史上一个杰出的典范。

(一) 创办义庄义学

庆历年间,范仲淹奏请将苏州吴县天平山白云寺作为自己祖先的追福之地,以之为范家祖庙。皇祐元年(1049年),范仲淹知杭州,过苏州,与亲族相会。"追思祖宗,既失前谱未获,复惧后来昭穆不明,乃于族中索所藏谱书、家集考之,自丽水府君而下四代祖考及今子孙,支派

---

① 范仲淹著,李勇先、王蓉贵点校:《范仲淹全集》,四川大学出版社 2002 年版,第 237 页。
② 袁燮:《洁斋集》,中华书局 1985 年版,第 148 页。
③ 根据王卫平先生的考证,尽管学术界对范氏义学创立者及时间有不同意见,但"范仲淹创立义学之说,恐难否定。"见王卫平:《从普遍福利到周贫济困——范氏义庄社会保障功能的演变》,《江苏社会科学》2009 年第 2 期,第 198—202 页。

尽在。"①在此基础上,范仲淹决意创立家族义庄,"敬宗收族"。

他在吴县、长洲购得十余顷田地,作为宗族义田。明确该义田不许分割、不许买卖,是宗族共有财产。"以岁给宗族,虽至贫者,不复有寒馁之忧。"②范仲淹将苏州故居灵芝坊进行了改建,作为族人聚居的义宅,这是中国历史上第一个义庄。范仲淹编订了义庄规矩十三项,以此作为义庄管理的依据。治平元年(1064年),范仲淹之子范纯仁上书请求朝廷"特降指挥下苏州,应系诸房子弟有违犯规矩之人,许令官司受理"③。宋英宗以敕令的形式予以认可,因为敕的效力高于或者优先于律,使义庄规矩得到了政府的背书。范纯仁等人将此刻于天平山白云寺范氏祠堂边,"子子孙孙遵承勿替"④。此后,范纯仁、范纯礼、范纯粹三兄弟在熙宁六年(1073)到政和五年(1115)间陆续增订、续定规矩共二十八项。南宋庆元二年(1196),范仲淹五世孙范之柔以义庄复兴为契机,又修订了续定规矩十二项。

范仲淹注意激发宗族子弟们读书从仕的理想,让家族中不断有人入仕为官,从而庇荫家族,实现家族利益的延续。为此,范仲淹在义宅内设立了私塾,将为单独家庭服务的私塾推及全族,对宗族子弟进行教育,即为义学。"义学"一词虽早见于后汉时期,但后人普遍将范仲淹所设的范氏义学视为义学源头。

范氏义庄的义学设有专门的教学场所。根据后人的描述,范氏义学有一定的规模,且功能有序。"会讲之堂扁曰'清白',东斋曰'知本',西斋曰'敬身'。外辟室为教谕偃息之所,……外为周垣,扁其大门曰'义学'。"⑤

范仲淹认为师资是教育的重要一环。在他的《义庄规矩》中,对选聘义学教师及其待遇也有一定之标准:"诸位子弟内,选曾得解或预贡有士行者二人,充诸位教授,月给糙米五石。虽不曾得解预贡,而文行

---

① 范仲淹著,李勇先、王蓉贵点校:《范仲淹全集》,四川大学出版社2002年版,第731页。
② 范仲淹著,李勇先、王蓉贵点校:《范仲淹全集》,四川大学出版社2002年版,第370页。
③ 范仲淹著,李勇先、王蓉贵点校:《范仲淹全集》,四川大学出版社2002年版,第1159页。
④ 范仲淹著,李勇先、王蓉贵点校:《范仲淹全集》,四川大学出版社2002年版,第1160页。
⑤ 周鸿度:《范仲淹史料新编》,沈阳出版社1989年版,第132页。

为众所知者,亦听选。仍诸位共议。若生徒不及六人,止给三石,及八人给四石,及十人全给。"可见,范氏义学主要是从本族成员中选拔义学教师,并且根据学生数量给予相应的酬劳。

义学除了不需要缴纳学费,对学生还有一些特殊的资助。熙宁六年(1073年),范氏义庄规定:"诸位子弟得贡赴大比试者,每人支钱一十贯文(七十七陌,下皆准此)。再贡者减半。并须实赴大比试乃给。即已给而无故不试者,追纳。"①资助数额后来又有所调整。嘉定三年(1210年),范氏义学结合当时的物价,又再次规定:"诸房子弟知读书之美,有以激励",对"得贡大比者"增加了奖励额度。

范氏义学除了启蒙教育,在课程设置上以儒家六经为主。范仲淹一直在推动儒学复兴、学术更新与教育改革。他反对过分以辞赋取士的做法,倡议"宗经则道大,道大则才大,才大则功大"②。并提出"况天下危困,乏人如此,将何以救? 在乎教以经济之业,取以经济之才,庶可救其不逮"③。这些思想也部分地在范氏义学的教育中有所体现。

范仲淹少年时于贫寒中求学苦读,并最终成就仕途的亲身经历对其创立义学的决定有着极大的影响。范仲淹希望义学可以满足宗族中贫寒子弟读书求学的愿望,并起到一定的教化作用。

(二) 义庄义学的影响

范仲淹最早提出了"先天下之忧而忧,后天下之乐而乐"的理想,范氏义庄义学的实践也是其理想的具体体现,是中国古代宗族教育的模范。范仲淹提出:"若夫廊庙其器,有忧天下之心,进可为卿大夫者;天人其学,能乐古人之道,退可为乡先生者,亦不无矣。"④

从直接的效果上来看,范氏义学确实带动了宗族的学习风气,培养了一批功业有成的子弟。有宋一代,范氏宗族共有进士22人,其义学功不可没。明清时期,范氏义学依旧不断产生着科举人才。宋金战争对范氏义庄有很大冲击,但南宋时期,范氏义庄得以重建。南宋政府甚

① 范仲淹著,李勇先、王蓉贵点校:《范仲淹全集》,四川大学出版社2002年版,第1160页。
② 范仲淹著,李勇先、王蓉贵点校:《范仲淹全集》,四川大学出版社2002年版,第237页。
③ 范仲淹著,李勇先、王蓉贵点校:《范仲淹全集》,四川大学出版社2002年版,第529页。
④ 范仲淹著,李勇先、王蓉贵点校:《范仲淹全集》,四川大学出版社2002年版,第192页。

至一度减免了范氏义庄的赋役。嘉熙四年(1240年),提领浙西和籴所以"范文正公义庄逎风化之所关",应该"与免科籴"。① 范氏义庄延续了800多年。即在明清,"至今裔孙犹守其法,范氏无穷人"②。

《宋史·范仲淹传》称其"每感激论天下事,奋不顾身,一时士大夫矫厉尚风节,自仲淹倡之"。庆历、皇祐年间,"在范仲淹的精神号召之下,儒学开始进入行动取向的阶段。"③范仲淹在庆历年间的变法改革失败后,将目光转向"敬宗收族",创办义庄,将历史上凝聚族人的诸多方法加以整合,以义田赡族、庄祠祭祖、义学化育子弟,并将诸种功能统一于义庄之内。并非仅为维系宗族,而是希望以这种方式,在宗族中部分地恢复传统礼仪规范,再以之影响朝野风气。据《范氏义塾记》载:"汉以来或为讲堂、为精舍,而养则未之闻也。范文正公尝建义宅、置义田、义庄,以收其宗族,又设义学以教,教养咸备,意最近古。"④

范氏义庄义学在当时即受到了朝野的推许。北宋朝廷对范仲淹的义庄义学之举是肯定的,并给予了嘉奖。《范文正公义学记》记载:"朝旨以义庄义学有补世教,申饬攸司,禁治烦扰,常加优恤。"很多官员、士大夫以之为范本,设立义庄义学。"苏郡自宋范文正公建立义庄,六七百年,世家巨室踵其法而行者指不胜屈。"⑤范仲淹所定的"义庄规矩"及后人的"续定规矩",亦成为他人创办义庄义学的重要参考。如《光绪嘉兴府志》记:"自范文正创立义田,遂为千古赡族之良法。……今程氏义庄规条,大约依据范氏,又捐腴产若干亩,另设义学以造就通邑人材,凡贫不能具修脯者,延明师教导之。"南宋进士刘清之"尝序范仲淹《义庄规矩》,劝大家族众者随力行之"⑥。北宋学者胡寅说:"本朝文正范公置义庄于姑苏,最为缙绅所矜式。"⑦在榜样的招引下,南宋仅在江苏境内,即有丹阳蒋氏、钟氏;金坛张氏(张持甫)、张氏(张恪);溧水吴氏;苏州

① 范仲淹著,李勇先、王蓉贵点校:《范仲淹全集》,四川大学出版社2002年版,第1086页。
② 顾炎武:《日知录》卷六,世界书局1936年排印本。
③ 余英时:《朱熹的历史世界——宋代士大夫政治文化的研究》,三联书店2011年版,第111页。
④ 范仲淹:《范文正公集》卷二《褒贤祠记》,四部丛刊本。
⑤ 王国平等主编:《明清以来苏州社会史碑刻集》,苏州大学出版社1998年版,第257页。
⑥ 脱脱等:《宋史》卷四三七,中华书局1985年版,第12597页。
⑦ 胡寅:《斐然集 崇正辩》,岳麓书社2009年版,第408页。

糜氏、毕氏；常熟季氏、钱氏；昆山郑氏；镇江汤氏、陈氏等义庄陆续建立。江苏省以外亦多有同类。明清时期，江苏义庄建设再掀起高潮，而苏南尤盛。"自明以来，代有仿行之（范氏义庄）者，而江以南尤盛。"①

后人称赞范仲淹倡办义庄义学，不仅是因为范仲淹所办的义庄义学对范氏宗族的影响，更是褒扬义学作为一种社会基础教育，突破了单一家庭私塾的限制，对教育的普及有极大的贡献。

第四节　元代江苏社学

"社"，作为我国古代政府进行社会控制的一级地方基础组织，最早在金代就有出现。元代的社应是继承其制度发展而来。但元代社学较之前代，其内涵有了很多的革新。

一、江苏社学的建立

（一）"劝农立社"

元代统治者在建立起全国性政权后，逐渐意识到教育的重要，也开始在政策上进行相应的调整。元世祖至元六年（1269 年）四月，正式发文兴学。元廷统治者力图不仅在城镇都市，更要在各乡村都掀起兴学之风。至元七年（1270 年），置社，并赋予社长以立学教化一责。要求今后每社设立学校一间，择通晓经书者为学师，于农闲时间，各令子弟入学。元灭南宋后，社这一制度也在南方推行开来，其中也包括江苏地区。大司农张文谦上奏提议元廷"劝农立社"。随后，元廷在其统治疆域内全面推广社制。根据要求，凡是县以下的各村庄农户皆应组织"社"这一单位，以每 50 家为一社，不满 50 家的村，可以与邻村合为一社，也可以自立为社。虑及人口分布的具体因素，包括江苏在内的南方地区亦有超过 50 家为一社的设置。

① 冯桂芬：《显志堂稿》卷四，光绪二年刻本。

纵观整个元代历史,中央政府多次颁发兴教诏令。元成宗大德四年(1300年),转发江浙等处儒学提举司的奏文,其中明确每社设立学校一所,择通晓经书者为学师。两年后,元廷再次要求各社社长"立学师",并责成按察访官劝课农桑,勉效学校。元顺帝至正年间,考虑到全国各地社的组织程度有所下降,元廷又一次诏令"守令选立社长,专一劝课农桑",再次对社制进行了规范,这次规范也包含了对社学的相应要求。

(二) 全国及江苏社学的成立原因与性质思考

设立社学并非单纯抄袭宋代旧物,也并非某个统治者的个人喜好,而是元廷于民间教育领域顶层思考下的重要设计。

元朝建立后,尤其是灭亡南宋之后,朝野上下,逐渐形成了以儒学统一全国学术的明确目标。在元代官方及学界的话语阐述中,一度将儒学、道学与文学统称为儒学。这些政治意识及学术思想上的变化促进了教育事业的变化,使儒学教育在元代建立数十年后再趋繁荣。虽然元代的儒学教育与学术没有类似理学那样超越性的进步,没有达到宋明的高度,政府的重视度也没有宋明如此凸显,但并不能否认元朝在对待儒学上的态度有利于其对全国知识分子群体的笼络与安置。江苏的社学,"其风亦起于宋"[①]。作为被儒家文化熏染的核心地区之一,江苏儒学的教育传统与学术延续并没有因为朝代的更迭而中断,复苏势头强烈。除了江苏地区的各级官学以外,社学也对江苏儒学教育事业起到了一定的积极作用。

保障农村民众的教育启蒙与社会稳定也是元廷做出如此决策的重要参考。在官学体系中,元代所设立的各路、府、州、县学只如星星点灯,并没有将儒学教化或者至少将童蒙教育延伸至地域广阔且人口占主体的农村地区。当时的交通与物质条件不允许广大农村子弟每日跋涉于往返官学的路途之上或长期留宿于城镇之中。这些官学所提供的教育服务并不适用于乡间童蒙的启蒙,也不是将社会治理领域的"政清民化,止盗息奸"作为直接目标。它们的规模是为精英教育配备的,无

---

① 柳诒徵:《江苏义学社学志(上)》,《江苏文献》1943年第1/2期,第71页。

法承载普惠性的农村启蒙教育的要求。尤其是对于江苏这样具有巨量的农村教育需求的地区,仅仅依靠几个官学,是无法满足民众的教育需求的。因此,实现乡村教育启蒙的责任,除了私学之外,也部分地落到了社学的身上。至元六年(1269年)四月,元廷中书省在所发的劝兴学公文中,就明确鼓励各乡村大兴务学之风,以实现"肃清风俗,宣明教化"的目标。

元廷倡设社学还有一个核心考量就是农业生产的稳定与持续发展,元廷出于对"劝课农桑"的重视,所实施的一些政策,也包含了社学的建立。除了在立朝之初就提倡民众以农为重,元朝其余历代君主几乎都有类似的诏令与表述。如大德六年(1302年),元廷再次强调"王政必以农桑庠序为先"。所以,社学的价值就显得尤为重要。作为一个村落的基本学习单元,社学直接面对广大从事农业生产一线的民众,毫无疑问将成为民间农业教育的重要载体。南北朝以来,江苏地区就成为中央政府的重要"粮仓"之一,是全国经济命脉之会。同样,在这场社学建设的潮流中,江苏自然也有着更加急迫的需求。

其实早在宋代,"社学"这一形式即已在江苏出现。当时于官学外,江苏各地均有社学、义学馆设立,如扬州的江都县社学,设于宋嘉泰二年(1202年),由教授乔行简建,其堂曰养正,设两序,东曰上达,西曰幼仪。高邮社学始于宋政和二年(1112年)。但宋代社学并非官方强制地方设立,大多是自愿成立,且政府对其也没有太多监管,其教学内容、运转机制、延聘师资等都较为自由。

至于元代社学是否属于官学体系,至今学术界还有不同意见,争论主要围绕如何评估在元代社学的建设过程中官方及民间皆有助力的情况而展开。元代社学与同时期的私学一样,并不隶属于任何路、府、州、县的儒学序列。除了部分地区可能存在的集中培训,社学的教师们与地方官学的学官们并不存在任何上下级的隶属关系。在元代的管理体制中,社学没有被列入教育管理的体制中,而是归属于农事管理机制。元代社学的最高管理机构是元廷中央的司农司(后改称大司农司),而具体的管理与监督、评估工作则由劝农官负责,当劝农官在地方巡行时,要履行这些职责。但元代地方政府的长官也具有对社学事务进行干涉与管理的部分职能,此外,元廷的监察部门也有相应的一部分管理职权。所以元代社学除了要接受元廷农业部门的管理,还要服从于地方政府的意见。

(三)江苏社学建设情况

元廷立社并倡议成立社学后,全国很快有所响应。《元史·世祖本纪》称元廷立社短短两年后的至元二十五年(1288年),全国的社学已经达到了"二万四千四百余所"。若以至元二十七年(1290年)的五千八百多万全国人口数来测算,几乎每两千余人即有一所社学。从史料来看,社学的数量确实十分庞大,远超前代,元代确实是大规模建设社学的一个历史时期。元儒黄溍曾自豪地说:"自京师至于偏州下邑,海陬徼塞,四方万里之外,莫不有学。"①他的自豪并非没有底气。

关于元代江苏社学的史料记载,存世者很少,但在广泛推行了社的组织的江苏,社学确实也在各地努力地建立起来。元世祖至元至仁宗皇庆、延祐年间,是元代社学发展的一个高峰期,江苏社学也应如此。元代中期之后,曾有部分地区的社学出现了减少与荒废的情况,一些社学的组织与学习存在着较之平常更加懈怠的表现,有些则直接不再活动或趋于解散。这种现象的存在,除了常见的经费短绌的理由外,地方政府对于社学督查维护的常态化失职也是原因之一。也有学者认为,有些地方官吏借办社学之名,明里暗里行压榨百姓之事,也造成了一些地区社学的衰败。从社学本身来说,作为最基层的教育组织,社学的教育内容与水平不能满足部分村民子弟接受更高等级教育的需要,也在无形中助长了社学的危机。元代中期,包括江苏在内的很多地区,社学之制废弃不举的现象并非个例。面对社学发展的种种困境,元顺帝至正年间,元廷再次诏令守令选立社长,专一劝课农桑,同时也对社学的发展有新的推动。于是,在元至正年间,江苏社学又有新的发展。仅仅苏州一城,在至正九年(1349年),即有大小社学130余所,百里之内,弦歌相闻。由此,可想象江苏全境社学之一斑,其数当不在千所之下。柳诒徵说元代江苏仍旧是一片文教昌明之域。"乡镇城市,弦诵相闻。无

---

① 黄溍:《金华黄先生文集》卷十《邵氏义塾记》,上海古籍出版社2011年版。

间官私,盛倡文教。名义虽殊,性质实一。"①此言不虚。尤其是在乡间,社学肯定是元代江苏启蒙教化教育的主力军。

二、江苏社学的师生与教学内容

(一) 师生

元世祖至元二十八年(1291年),诏令选老成之士教于社学,或自愿招师,或自授家学于父兄者,亦从其便。此时,元廷对社学教师的要求仅仅是"老成之士",或者几无门槛,"自愿招师",将社学教师的招聘权下放给了各个社,由各个社自主决定。很多社采取了村民自决的模式,因为延聘教师的费用需要村民们以实物粮食或金钱来提供,在数十户的社内,村民们在这件事情上或多或少地有一些话语权。虽然有些地方还提出了"通晓经书"的社师标准,但除此之外,似乎并无其他限制条件。《通制条格》云:"村庄各社请教冬学,多系粗识文字之人,往往读《随身宝》《衣服杂字》之类。"甚至有人仅仅是接受了一段时间的私塾教育,也去充任社师。

根据元廷的统一规定,江苏社学的师资并不需要由政府来推荐、选拔与任命,入门条件十分宽松。加上数量较多,社学教师的水平参差不齐也是可以想象的。但在江苏这样崇文重教、读书人较多的地区,民间对社学教师的要求也相对较高,保障了江苏社学教师的水平。也有一种观点认为,元代社学教师在上岗前需要在州县学的学官那里接受基本的培训,《元史·选举制》描述这种培训的内容为"各经校正点读句读,音义归一,不致讹舛",然后方能上岗。这也可以视为元廷力图维护社学教育质量的一种途径。

社学中也不乏一些德高望重、才学高深的社师。在招聘时,邀请者需要先向拟聘对象下"聘章",并献上聘金,再让对方决定是否应聘。这些社学教师,应该是同行中的佼佼者,但其声望学术,仍不能同路、府、州、县学教师相比。

---

① 柳诒徵:《江苏义学社学志(上)》,《江苏文献》1943年第1/2期,第72—73页。

江苏社学的受教者以各个社的儿童、青少年为主。因为是社的附属教育机构，所以这些学生都来自当地，是农民子弟。除了要求是社中成员外，早期的元代江苏社学对入学者没有任何身份限制，只要自愿，皆可入学。甚至有的地方具有一定的入学强制性。各个社学的学员人数大多在数十人。有一种观点认为在元代社学发展的中后期，有社学对学生入学有所要求，但仅是一家之说。由于社学包含有组织的农事教育，所以，各个社的青壮年劳动力也应被列入了社学的教育对象。从童蒙稚儿到青壮年，都可以在社学中找到他们的身影。

（二）教学内容

元代江苏社学的教学内容主要为儒家伦理道德、文字启蒙教育及农业知识教育三大类，这三类既与州县官学有所重合，也有独特之处。有人认为一些社学具有为州县官学输送生源的功能，谨慎地观察，在一些时期的一些区域，也确实存在这种现象。

1. 儒家伦理道德的教化

社的成立具有强化社会控制与管理的象征，而社学的建立则具有稳定社会秩序、延续儒学教化的要求。元廷希冀通过社学的儒家伦理道德教育，用官方倡导的意识形态内容对那些即将或开始形成人生观、社会观的广大农村儿童实施引导。无论是在推动社学建立之初，还是在整个社学的建设过程中，元廷对此要求皆直言不讳。元廷在社学教师的认定上，起初毫无任何学识要求，仅举德高望重为标准。所谓"德高望重"，其实也是强调社学教师在思想上应与元廷的主流意识形态保持一致。

大德六年（1302年），元廷有翰林称社学是一个德化机构。《元典章》卷二十三就称："又立学师，每社农隙，教诲子弟孝悌忠信，勤身肥家，迁善远罪。"无论是兼职作为社学教师的社长，还是专职的社学教师，都具有教诲子弟的责任。在对学生进行儒家伦理道德的教导中，礼教是这一教学内容中最重要的部分，也是其教育化民成效最显性的部分。《孝经》是社学学生一定要学的课程。如王结所编的《善俗要义》被下发到各社，其中有"训子弟"的表述："今后凡四民之子弟，自幼更令入学诵书，教以事亲事长之礼，又常丁宁训导，使之谨慎笃实，恭敬逊让，习熟见闻,渐能成立。稍长资性明敏者,可使习儒,其余诸人农工商贾,各守其业,亦不失为乡里善人矣。"而劝导社民们安心农业生产,勤俭节约,积极纳赋,乐于互助,也是社学教化的内容。王祯在《农书》中写道:"今国家累降诏条:如有勤务农桑、增置家业、孝友之人,从本社举之,司县察之,以闻于上司,岁终则稽其事;或有游惰之人,亦从本社训之,不听,则以闻于官而别征其役;此深得古先圣人化民成俗之意。"①可见,维持社会稳定、发展农业生产,是元廷倡设社学的题中之义。

2. 启蒙教育

社学教育中还有很重要的一部分内容是识字教育。社学的前身就是民间的"冬学""长学"等临时性教育机构,主要是在农闲时间为农人们提供一些基本的识字启蒙教育。元代社学成立后,后人认为其很难具有研究高深学术的可能。"义学社学之课程,止于读书习字,粗通文艺,不能如书院之极深研几。"②即使个别冠以"书院"或"文社"之名的社学,也无非图得名字的雅丽,而缺少实际的内涵。"稽之古义,则曰蒙以养正。"③元代社学在培养农民子弟基本的读、写、算能力方面,有一定效益,这也是启蒙教育的本分之一。在具体的学习内容上,除了前面所谈到的《孝经》,则是《蒙求》等启蒙读物,再次是《大学》《孟子》《论语》等儒家经典读物。当然,社学提供的这些儒家经典的教育,是为了识字启蒙,只是粗浅解读,并不是为了学生在经学上有多深的造诣。另一方面,有些教学质量低劣的社学,"往往读《随身宝》《衣服杂字》之类,枉误后人"④。

主要在农闲时间开展教学的社学,不可能像普通官学那样,为它的学生们提供系统而完整的儒家经学教育。无论是从教师能力、教学时间、教学条件,抑或是学生付出的时间、精力等方面来考量,社学都难以支撑更高等级的教育需求。有学者认为如果确实有一些在社学中出类拔萃的学生,可能会获得更高一级教育的机会。因为正常情况下,地方

---

① 王祯:《农书译注(上)》,齐鲁书社 2009 年版,第 28—29 页。
② 柳诒徵:《江苏义学社学志(下)》,《江苏文献》1943 年第 3/4 期,第 70 页。
③ 柳诒徵:《江苏义学社学志(下)》,《江苏文献》1943 年第 3/4 期,第 70 页。
④ 方龄贵:《通制条格校注》,中华书局 2001 年版,第 250 页。

官府会对社学的教育质量进行考核,对学生的水平进行测试。《元典章》卷二十三云:"若积久学问有成者,申复上司照验。"①

3. 农事知识教育

社学的教学在农闲时才进行,其地位再重要,也不能违背农时。农事生产在元代农村是具有超越于启蒙识字教育与儒家伦理道德教育之上的地位的。同样,元代江苏社学的农事知识学习也是如此。

以往没有社学的年代里,农事生产方面的知识也会通过手口相传的途径,以实践经验的形式,一代代丰富和流传下去。社学的出现,使得这种知识的流传更加具有集中性与传承性。元代社学农事知识教育主要由社学的农师来主导,具体的内容可能包括各种庄稼作物的耕种、播种、收割技术,还会包括桑蚕、果菜、林木、药草、畜牧、施肥、除虫以及灌溉、水利等方面的知识。所使用的教材有《农桑辑要》《农书》《农桑衣食撮要》《栽桑图说》《救荒活民书》等。《农桑辑要》是元廷司农司所编,除了载有农业基本理论、古代圣贤劝农事迹外,该书主体是对各种农业生产技术的介绍,也有对与农业有关的时令节气的讲解。其内容在当时还是十分先进的,比如棉花刚在宋元之际传入我国,这本书即收录了棉花的种植技术。

这些农事知识的教授方式应该是理论与实际的结合,可能是在社学场所里,更大的可能是在田间地头,通过实践的方式,辅之具体的农事活动的示范以进行。这种方式既是农业生产的客观需要,也部分地改变了先前中国农村"父子家传"的农事知识经验传承方式。事实上,在农业生产发达的江苏地区,社学的农事知识教育尤为重要。虽然这一工作究竟在多大程度上保证江苏农业稳定发展,支撑了元代的粮食安全,很难考证。但对此,江苏社学的农事知识教育肯定是起到正面作用的。

① 陈高华等点校:《元典章(二)》,天津古籍出版社 2011 年版,第 920 页。

三、元代江苏社学的价值与影响

（一）教育层面的价值与影响

从总体上来看，元代江苏社学在教育层面上是有积极的价值的。识字启蒙教育的价值无需赘述，而农事生产知识的教育俨然成为中国农村职业教育的滥觞，意义重大。元代后期所办的社学中，有一部分不是村民集资，而是私人所办，具有义塾的性质，这类社学的出现也部分地提升了社学的教育水平，使之有可能脱离农事生产知识及识字启蒙的阶段，面对着更高的教育层次。

社学教师的水平如何，一部分取决于社长或村民们的认知，还有一部分取决于各个社的经济情况与当地知识分子群体的质量。如果在实际操作中，确实做到了纯粹由各个社自行决定社学教师的选聘，则社学的教育效果也只能是由各个社自己负责了。由村民支出社学教师的费用，从社与社的比较来看，这笔额外负担的收取并没有统一的标准。因此，社长与村民们的文化知识水平与物质条件基础直接制约着社学教育水平的发展。即使是延聘了"理想"的社学教师，也有了强制性的教学内容与教学时间安排，但这些元素在实际的教学组织过程中仍会呈现出很强的弹性与随意性。社长、社学教师、农师，都是难以限制的个人，在个体职业性不强，且没有统一的教学标准程序与监督评估的情况下，元代社学的教学组织很容易遭受形式主义的侵扰。若想获得理想中的良好社学教育，不仅需要人的因素的配合，也需要物的因素的支持，所谓天时、地利、人和，缺一不可。但凡一点条件不满足，则这种"自治"模式的社学发展即陷于不利境地。

元代社学借鉴宋代社学的模式，但具有十分鲜明的改革特征。元代社学不但强制要求每社立学，并对师资、教学内容乃至评估方面都作了规定。这些规定为后来的明清社学提供了基础，影响深远。事实上，明清社学在师资延聘、学制设计、教学内容、教学对象等方面，都有着深刻的元代烙印。

（二）社会控制层面的价值与影响

元廷延续宋代社的组织，主要出发点是其统治秩序的维持。通过社的活动，可以将其社会控制的触角伸到每个村落，直接与每个村民发生联系。元代社学成立的直接目标是为了配合社的生产，保证稳定充足的政府赋税。元代社学紧密地配合着政府的教化要求，其总的发展是趋向于成为伦理教化与农业生产者劳动培训的民间组织。

但从负面视角来观察，元代社学在农村民众的启蒙教育方面的作用仅仅是一种附加义务，所产生的效益也是附加效益，并不是政府成立社学的主要目标。由于目标与意识的不统一，一些地方政府甚至将兴办社学作为敛财的一个途径。此外，元朝政府对于社学几乎是没有投入的，一些史料中的地方政府所办社学，也未明示其经费来源，社学教师的聘请费用也由各社的村民们承担，这也在一定程度上加重了村民的负担。虽然在包括江苏在内的南方地区，当地社学的形态越来越向州县学靠拢，也有一些社学拥有学田，但这毕竟是少数。

虽然有着种种不令人愉快且脱离教育之外的原因存在，社学对元代社会稳定性的支撑作用有多大，确实很难考证。因为社作为一种基层社会控制单元，在元代中期的混乱中曾经遭受严重的冲击，以致失去了部分功能。社学在这一时期的荒废就是一个例证。虽然在元代统治后期，社学再度兴起，但此时距离大动荡年代的到来已经不远，社学并没有在接下来的宏大的社会变革叙事中彰显出自己的力量。明清社学对于元代社学各种方面的仿效与超越，与其说是对社学这一民间基层教育模式的致敬，不如说是同样的社会体制下社会控制途径的一种回归。

第三章 明清时期地方教育的发展

明初定都应天府（今南京），江苏区域先后被称为直隶、南直隶，境内设置有应天府、镇江府、常州府、苏州府、松江府、扬州府、淮安府、徐州府等7府1直隶州。清代以南直隶原辖区域改设江南承宣布政使司（江南省），并设江南巡抚、凤庐巡抚和操江巡抚3个巡抚。顺治十八年（1661年）将江南省拆分为江南右布政使司和江南左布政使司。康熙六年（1667年）改江南右布政使司为江苏布政使司，下辖江宁、苏州、松江、常州、镇江、淮安、扬州、徐州8府，太仓州、海州、通州3直隶州，以及海门厅1直隶厅。全省总辖3散州、2厅、62县。

明清时期，江苏成为全国最富庶的地区之一，人口快速增长，经济文化发达，交通畅通，市镇兴起，江苏教育也得到了快速发展，官学、私学、书院，都很兴盛。虽然经文之学是江苏教育主流，科举的辉煌是这一时期江苏教育发展的写照，然科技教育等也在江苏有一席之地。

第一节 教育政策的变迁

明清两朝在官学教育政策及制度上稍有变革，其中央官学与地方官学，都较完备。

一、明代的教育政策

明朝南京中央高等教育官制完备,等级森严。朱元璋为吴王时,就曾任命了国子博士、助教等教职。南京中央国子学设立后,置有博士、助教、学正、学录、典乐、典书、典膳等职。在明朝正式建立的前一年(1367年),中央国学的学官制度由《国子学官制》的颁布而正式确立。到正统六年(1441年),北京国子监受到重视,正式形成了南北两监的格局。

明朝地方官学设有教授、学正、教谕、训导等教职。一般府学设从九品教授1人,训导4人(应天府学设6人)。州学设学正1人,训导3人。教授、学正,教谕掌教诲所属生员,训导佐之。明代对地方官学教官选拔的标准较高,不但有相应的才学要求,更重视其人的品德风范。《明会典》要求这些学官能够做到"体先贤之道,竭忠教训,以导愚蒙,勤考其课,抚善惩恶,毋致懈惰"。地方官学教职人员的来源主要是会试下第举人、国子监贡生及部分二、三甲进士。各种教职的任职要求与培训也各不相同。明朝对教官实行"九年任满"制,任满后,要进行业务及教学质量的考核。"教官考满,兼核其岁贡生员之数。后以岁贡为学校常例。"对教师业务进行文理及经义的考评。洪武二十六年(1393年),《学官考课法》颁行,《明史·选举》规定:"九年任满,核其中式举人,府九人,州六人,县三人者为最。其教官又考通经,即与升迁。举人少者为平等,即考通经亦不迁。举人至少及全无者为殿,又考不通经,则黜降。"

明代中央官学的经费全部由中央政府负担,师生们也享受着较为丰厚的待遇,显示了统治者对教育的重视,也体现了中央官学教职人员与学生在当时享有崇高的社会地位。地方官学则由政府拨给或由地方捐助田产,作为办学经费的主要来源。明初曾专门确定每年各府学经费为1000石,州学800石。明初,府、州、县学的生员均食廪,月廪食米,人六斗,有司给以鱼肉。且免除生员家差徭二丁。如家中父母无人赡养,可休学回家,照料父母,以后还可复学。多次科举不第而年龄已大者,让其还乡,并给予冠带荣身,仍免本身杂泛差徭。地方官学的增广生等虽无廪膳待遇,但可免差徭,并可考选补充廪膳生之缺额。

正统元年(1436年),明朝设置了提督学校官(提学官)管理地方官学。设于南京的提学官由都察院御史担任,称提学御史,各省设提督学道。地方主管官员也负有监管官学之责,实行着中央教育行政长官总督、地方行政长官首责、具体教官具体负责的官学管理职责制。

地方府州学有着一套严格的学规制度,管理日渐规范。洪武十五年(1382年),颁布官学禁例十二条,镌刻卧碑于明伦堂之左,号令全国官学师生,其不遵者以违制论。地方官员及按察使等可对官学生员进行月考、岁考,如果发现生员三个月内没有学业上的进步,则依据人数多寡,对教师进行罚俸等处分。严重情况下,甚至可"罢黜"全府州县学的教师,乃至对主管地方官进行笞刑。对学生则实行奖惩考核。每月由教官进行一次考试,由提学官每三年对学生考试两次。如嘉靖时,南直隶岁考每试以其成绩分为六等。一等者,视廪膳生有缺,依次补充;其次补增广生。一、二等皆给赏,三等如常,四等挞责,五等则廪、增递降一等,附生降为青衣,六等罢革。一、二等生员为科举生员,参加乡试,其充补廪、增给赏与岁考相同,仍然分为六等,不过,大抵多置三等。这样,使得府、州、县学的生员有机会升入中央官学,对成绩不佳者则给予一定的处分。明初时期廪膳生员在府州学中学习十年,经考核无成效者,要被开除学籍,罚充为吏,后发展为考试六等者也须黜革。

明朝,南京国子学与太学混合为一,中央官学、府州学学生的儒学资格没有士庶限制。明初,由地方官员亲自面试选拔府州学入学者,其标准大致为年及十五之上,已读《论》《孟》等书,且相貌整齐者,方许入学。正统前后,开始设立童子试,分县试、府试、院试三级进行。属州、县学的优秀学生经考试可升入府州学中,学生通称生员,亦称诸生。南京应天府学,仅收江宁、上元二县子弟。生员分为廪膳生员(廪生)、增招的增广生员(增生)、额外增取的附学生员(附生)三类。附生须经过岁、科两试,成绩优秀者才能依次递补为增广生、廪膳生。增广生生员学额有限额规定:在京府学60人,在外府学40人,州学30人,县学20人,附学生无限额。府州学员进入南京国子学的途径为岁贡、选贡、恩贡、纳贡等方式。岁贡者每年一次,为常规性选拔。各府州县学按照名额选送生员入国子监。其名额常有变动。洪武时期,每年每府州县学岁贡名额为一名。永乐年间,又调整了府州县学的岁贡时间,除府学保持一年一贡外,州县学分别调整为两年、三年一贡。正统六年(1441年),规定州学每三年贡2人,县学每两年贡1人。成化年间还规定卫学亦有岁贡资格。嘉靖以后,府学每年可贡举2人,州学每两年贡举3人,县学每年贡举1人。岁贡是国子监生来源的主流。选贡者,是经过考试将各地府州县学中才学优秀、品德高尚的学生选拔入监。这一选拔方式的提议者是南京国子监祭酒章懋,他于弘治年间奏请实施。《明史·选举一》记载:"不分廪膳、增广生员,通行考选,务求学行兼优、年富力强、累试优等者,乃以充贡。"其选拔年限不定,大致每三五年一次。后因选贡生成绩优于岁贡生,影响了岁贡生的求学积极性,该制度于万历年间被废除。恩贡是指新皇登基或国家有大庆典而临时决定以当年的岁贡生为恩贡,另选岁贡。纳贡则为捐资入监,亦称例监。于景泰元年(1450年)开始。区别于以上方式,南京国子监还有官生类,即官员子弟凭借官荫而入学,所谓"荫监";或经皇帝特许而入学者,所谓"恩监"。明代对此也有详细规定,如文官三品以上者可荫一子入国子监。恩监生则是因官员有特殊功勋,或边疆少数民族领袖及海外君王,其子弟经皇帝特准而入监。永乐七年(1409年)又规定于会试落第举人中拔优者入监肄业,称为举监。

明代监生常为地方学官,基本成为惯例。有时遇见荒年或边警,或有重大国家工程,财政不支时,往往会实行"纳监"之策。至成化三年(1467年),明宪宗曾批评南京兵部尚书李宾等复请令官民子弟纳粟送监,但此后的弘治、嘉靖、隆庆、万历、天启、崇祯等朝,无不继续实行此制。直至崇祯八年(1635年),明廷再次下令停止纳监,"旋因奔竞者多,行之一次而罢。"[1]明代,纳监之例,从未终绝。这种制度虽然缓解了朝廷的经济困境,甚至还一定程度上破解了中央教育的垄断权,但对教育事业与士子尊严的打击无疑是重大的。且监生承担为地方官学输送

---

① 许大龄:《明清史论集》,北京大学出版社 2000 年版,第 10 页。

学官、教师的任务，也直接造成了明代地方官学师资水平的下降。明代，"捐纳"这一"异途"一度超越了科举，成为一些人趋之若鹜的捷径。

二、清代的教育政策

清初，政府希望通过各种教育政策，实现对天下士人的笼络。顺治九年（1652年），清廷礼部颁布卧碑于天下学宫。康熙二十二年（1683年），颁布《御制学校论》："治天下者莫急于正人心，厚风俗。其道在尚教化，以先之学校者，教化所从出，将以纳民于轨物者也，是以古者家有塾，党有庠，术有序，国有学。"康熙四十一年（1702年），颁《御制训饬士子文》："国家建立学校，原以兴行教化，作育人材，典至渥也。朕临御以来，隆重师儒，加意庠序，近复慎简学使，厘剔弊端，务令风教修明，贤才蔚起，庶几棫朴作人之意。"①

清朝初期，保留了南京国子监，并且沿袭了明代的官学制度，逐渐在各府州县设立官学。《清史稿·选举一》记载："有清学校，向沿明制。……曰府、州、县学。"礼部为全国教育行政管理的最高机构，负责教育政策的制定，但不直接参与官学的管理。由中央政府派出督学道（江苏为提督学政）为省一级官学的最高管理者，每三年为一任，一般以进士出身的侍郎、各寺堂官、翰林、科道乃至部属官员简任。《清史稿·学校一》称："初，各省设督学道，以各部郎中进士出身者充之。惟顺天、江南、浙江为提督学政，用翰林官。宣大、苏松、江安、淮扬、肇高先皆分设，既乃裁并。"

清初对书院采取的是抑制政策。据《古今图书集成·选举典·学校部》载，顺治九年（1652年），清廷下令："各提学官督率教官、生儒，务将平日所习经书义理，着实讲求，躬行实践。不许别创书院，群聚徒党，及号召地方游食无行之徒，空谈废业。"但是到雍正十一年（1733年），清廷又放开兴办书院，至乾隆时期，甚至明诏奖劝。

清廷对地方官学及官办书院的师资有严格的选拔标准与考核制

---

① 陈元晖：《中国近代教育史资料汇编（鸦片战争时期教育）》，上海教育出版社2007年版，第124页。

度。《清史稿·学校一》云清朝"各学教官,府设教授,州设学正,县设教谕,各一,皆设训导佐之。员额时有裁并。"与前朝不同,清初时的府州学教官并无品秩。直至乾隆即位后,方给予教官品秩,但亦仅七八品而已,官级低微。教授一职,必须出身进士或举人,学正、训导也要求为举人或五贡出身。但这一要求并未得到严格贯彻。雍正时,开始有将不称职县令转为教职的事例,此后一发不可收,遂成惯例。一些庸劣官员充斥官学,成为清朝中后期一景,乃至岁贡成为府州学教职选拔的主流方式。官办书院的师资选拔与官学一致,但府州学教官不得兼任书院教职。任教者必须具有较高的学术地位与道德声望。乾隆元年(1736年),朝廷曾再次申明此标准。要求"凡书院之长,必择经明行修,足为多士模范者"①。省城书院主要教职由督抚及学政会商延聘,各府州书院则由地方官延聘。

　　清朝地方官学对生员的要求较之前代更加宽松,但亦有基本标准,不通文义者及娼优隶卒的子弟不能入学。有资格者除要求身家清白外,还须经过三次考试选拔。三次考试分别由本县长官、府长官、学政主持。经此三关后,才有儒学资格,俗称"秀才"。其考试内容,初为四书文及孝经论,又附以《性理》《太极图说》《西铭》《正蒙》等理学内容。不久改为四书文及《小学论》。雍正时期,加试经文。后又增策论题,仍用《孝经》。乾隆初,复试兼用小学论。乾隆中期后,书艺、经艺外,增试五言六韵诗。政府还对官学生有种种道德品德及教条规范的要求,如《江南通志》记载顺治九年(1652年),礼部颁卧碑于天下学宫。要求:

　　　　生员之家父母贤智者,子当受教;父母愚鲁或有非为者,子既读书明理,当再三恳告,使父母不陷于危亡。

　　　　生员立志当学为忠臣清官,书史所载忠清事迹务须互相讲究,凡利国害民之事更宜留心。

　　　　生员居心忠厚正直,读书方有实用,出仕必作良吏,若心术邪刻,读书必无成就,为官必取祸患。行害人之事者往往自杀其身,

① 周书舲:《书院制度之研究》,《师大月刊》1932年第1期,第12页。

常宜思省。

生员不可干求官长,交结势要,希图进身,若果心善德全,上天知之,必加以福。

生员当爱身忍性,凡有司官衙门不可轻入,即有切己之事,止许家人代告,不许干与他人词讼,他人亦不许牵连生员作证。

为学当尊敬先生,若讲说皆须诚心听受,如有未明从容再问,毋妄行辩难;为师者亦当尽心教训,勿致怠惰。

军民一切利病,不许生员上书陈言,如有一言建白,以违制论黜革治罪。

生员不许纠党多人立盟结社,把持官府,武断乡曲,所作文字不许妄行刊刻,违者听提调官治罪。

与明朝一样,地方官学生员在学校中的身份也有不同,各级儒学生员资格分为三等。初次考进去的曰"附学生员";进学之后,由附生补为"增广生员";再由增广生员补为"廪膳生员"。士子未曾进学前,称为"童生"。此外,各府、州、县另有"武学生员",附属于儒学之内,仍由学政监管,名额未定。如清初苏州府学有廪膳生员 40 名,增广生员40名,附学生员不限额。

书院的学生也由政府进行选拔。乾隆元年(1736 年),清廷专门规定那些恃才放诞、佻达不羁之士,不得滥入书院。其入学考察也有数道程序。《清会典》载:"书院生徒,由驻省道员专司稽察,各州县秉公选择,布政使会同该道再加考验,果系材堪造就者,方准留院肄业。"乾隆九年(1744 年),诏令将全国各省书院生徒,细加甄别。此后,不断有整顿书院招生的诏令办法。

与前朝不同,清朝官学与书院的学生考核基本一致,仅在主持者等方面不同。府州学有学政主持的一年一度的岁考与两年一度的科考两种,考试内容为四书文及经文。按照成绩递升:附生升增生,增生升廪生,而廪生中成绩优异者以"拔贡""优贡"名义升入国子监。

政府还对官学生有种种道德品德及教条规范的要求,仅康熙一朝,即有康熙二十三年(1684 年)颁布的《御制学校论》、康熙四十一(1702

年)年颁布的《御制训饬士子文》等以警示学子,书院也有类似的各种规定。

清朝地方官学经费皆由政府承担。书院经费来源分为政府全部支出,政府、民间合力,民间单独承担三类。官学及书院的日常教官束脩、膏火等由政府拨款、学田房屋租息及民间赞助维持。

据《钦定大清会典事例》记载,顺治九年(1652年),在各地学官所立的卧碑文中规定:"朝廷建立学校,选取生员,免其丁粮,厚以廪膳,设学院、学道、学官以教之,各衙门官以礼相待,全要养成贤才,以供朝廷之用。"《清世宗实录》卷一二七称雍正十一年(1733年),诏立书院,规定"督抚驻扎之所,为省会之地,着该督抚商酌举行,各赐帑金一千两",以备书院使用。

清廷颁布各类官办教科书,以为地方官学、书院教育的指导。历朝"钦定"教科书有150余种,经部有《易经通疏》《日讲书经通义》《御纂诗义析中》《钦定礼记义疏》《日讲春秋解义》《御注孝经》《日讲四书解义》等26种;史部有《钦定明史》《御定通鉴纲目》《开国方略》《台湾纪略》等60种;子部有《御纂资政要览》《圣谕广训》《御纂朱子全书》等33种;集部有《圣祖仁皇帝初集》《御制文》《御制诗》《御定全唐诗》等25种。[1]

顺治九年(1652年),清廷规定每乡置社学一区,要求十二岁至二十岁的乡村子弟,有志文学者,应令其入学肄业。至康熙时期,社学逐渐为义学取代。

第二节　明清时期的江苏官学

明代中央官学一度设于江苏,多有创见。明清两朝的江苏地方官学也有长足发展。

---

[1] 陈乃林、周新国:《江苏教育史》,江苏人民出版社2007年版,第232页。

一、明代江苏的中央官学

明代江苏属南直隶省,南京一度为都城,后为陪都。明初,于南京设国子监为中央国学。朱元璋早在元至正二十五年(1365 年)即将元代的集庆路学改设为国子学。洪武元年(1368 年),又将应天府国子学改为大明国子学。洪武二年(1369 年),扩建南京国子监。洪武十四年(1381 年),诏令将国子学由夫子庙迁址于鸡笼山下(今四牌楼周边),次年改称为国子监,即南京国子监(又称"南雍",与设在北京的国子监"北雍"相呼应)。洪武二十六年(1393 年),原设于安徽凤阳的"中都国子监"被并入南京国子监。此外,设于南京且具有中央官学性质的机构还有宗学、武学、钦天监、太医院等。

根据《南雍志》的记载,南京国子监占地广阔,北至鸡笼山,南至珍珠桥,东临小营,西滨进香河。彝伦堂为其教学所用的正堂,有 15 间之多。另有率性堂、修道堂、诚心堂、正义堂、崇志堂、广业堂等 6 堂教学支堂。每堂各 15 间,中 5 间设师座,左右各 5 间,设大凳桌,为弟子肄业所。教室达百间之众,另有学生宿舍约两千间及留学生宿舍(光哲堂)15 间。另有孔庙、藏书楼 14 间,以及射圃、仓库、酱醋房、水磨房、晒麦场、菜圃和休养所等建筑。洪武十七年(1384 年),于集贤门外增建学生宿舍(外号房)500 间。南京国子监是当时全国最大,也是中国有史以来规模最大的高等教育学府,《南雍志》卷七所谓"规制之备,人文之盛,自有成均,未之尝闻也"①。随着政治中心北移与北京国子监的逐渐发展,南京国子监的发展逐渐停顿,但其规模、教学质量依旧高于北京国子监,这座建立于江苏的中央官学,是明代的顶级学府。

南京国子监教职官员为从四品祭酒 1 人、正六品司业 1 人、正八品监丞 1 人,从八品博士 5 人,从八品助教 15 人,从八品典簿 1 人,正九

---

① 黄佐:《南雍志》卷七《规制考上》,《续修四库全书·史部(第 749 册)》,上海古籍出版社 2002 年版,第 236 页。

品学正 10 人,从九品学录 7 人,从九品典籍 1 人,未入流掌馔 2 人,共 44 人。祭酒为国子监领导,司业负责提调六堂。两人掌国学诸生训导之政令。博士、助教、学正、学录等职都隶属博士厅,负责具体的教学工作。博士一般负责专经讲学,兼及四书。助教、学正、学录则分别隶于六堂,负责具体经义文字的讲学。

南京国子监制定有严格的学规。洪武十五年(1382 年),颁布钦定学规 9 条。同年,礼部再定学规 12 条。这些学规涉及各学官教官的职责;生员应遵守的各种学习、伦理、生活规范以及各种惩罚措施;还有国子监的各类管理制度。洪武十六年(1383 年),再定学规 8 条,对生员的学习、考勤制度再次进行严格限定。洪武三十年(1397 年),经国子监祭酒张显宗、司业韩克忠与礼部会商上奏后,钦定 27 条学规。合以前学规,共计 56 条,共为国子监监规。明初国子监的学规是自从我国古代高等教育事业发展以来最为规范、严格的高等学府管理制度,后来被北京国子监所袭用,在嘉靖年间又有增补。这些学规后来为一些地方官学所套用,成为明代官学教育管理的典范文件,体现了明代江苏教育事业的管理水平与发展程度,标志着中国古代高等教育事业的相对成熟。

洪武五年(1372 年),南京国子监开始实行一套生员的实习考察制度,称"监生历事",又称拨历制度。建文帝时期,确定了具体的考核方法,规定国子监的学员需要经过一定时间的实践考察,锻炼其行政才能,然后区分品级,各有所用。考察时间不定,三个月、半年、一年,乃至更长时间皆有。所实习场所主要为各级政府机构,尤以南京城内各政府机构为主。参加实践考察的生员们白天习练政事事务,晚上回国子监学习。亦有被派出至其他府、州、县者,多习水利、丈量等具体政事。历事期满,实行考核,分上中下三等,上等者由吏部铨选,授予官职。中、下等再经一年历事,再行考核。上等者选送吏部授官;中等者随才任用;下等者回监读书。

南京国子监的教学设计是历代以来最为系统完善的。每天早晨,祭酒、司业坐堂上,属官自监丞以下,以次序立。《明史·选举志》称:"诸生揖毕,质问经史,拱立听命。惟朔望给假,余日升堂会馔,乃会讲、复讲、背书，轮课以为常。所习自四子本经外，兼及刘向《说苑》及律令书数、御制大诰。"其教学主旨以孝悌、礼义、忠信、廉耻为之本，以六经、诸史为之业。学员具体学习的主要为五经、四书。并各有专攻，《明史·职官二》所谓"凡经，以《易》《诗》《书》《春秋》《礼记》，人专一经，《大学》《中庸》《论语》《孟子》，兼习之"。同时，作为后备官员，他们还需要学习各种政策法令，如《大明律令》《御制大诰》等。还有《四书五经大全》《性理大全》等教科书供学生学习。在具体的教学程序上，每日早、午授课。早课由祭酒主讲，午课为会讲、复讲、背书、论课等。每月都有背书、习书等作业的规定。南京国子监还采取分阶段授课与积分制。分阶段授课是指其六堂教学中，分为三个阶段进行学习：正义、崇志、广业三堂为初级阶段；修道、诚心二堂为第二阶段；率性堂为第三阶段。前两个阶段皆要学习一年半，经考试合格，方可升入更高级阶段。积分制是指在学生进入率性堂学习后，对学生各科学习考试成绩进行累计评定，以作为其是否升级的标准。《明史·选举一》记录其具体方式："孟月试本经义一道；仲月试论一道，诏、诰、表、内科一道；季月试经史策一道，判语二条。每试，文理俱优者与一分；理优文劣者与半分；纰缪者无分。岁内积八分者及格，与出身；不及者仍坐堂肄业。如有才学超异者，奏请上裁。"

由于南京国子监的存在，高丽、日本、琉球等地先后有学子在南京求学。最早来南京国子监求学的是高丽国金涛等四人，金涛还考取了进士，但因其不愿接受县丞一职，四人皆被遣返回国。洪武二十三年（1390年），日本国派遣留学生入国子监学习。琉球是入南京国子监中学生最多的。这些留学生几乎都为官派生，其中琉球等地学生大多为该地贵族或职官子弟，这些留学生除了在学业上进步外，还得到了明廷的优厚赏赐。

二、明代江苏的地方官学

洪武年间，江苏各地官学纷纷重建。在南京的国子学被改为应天府学，重建、扩建了扬州府学、苏州府学、常州府学、徐州府学、淮安府学、海州州学、通州州学、高邮州学等官学。

洪武之后，江苏官学仍有不断的扩建与维修工程。如江宁府学（后改名为应天府学等）在嘉靖、万历年间增修。扬州府学于宣德、正统、天顺、成化年间扩建。虽然在嘉靖四年（1525年）间被毁，但很快又得以复建。苏州府学于宣德、天顺、成化、正德、嘉靖、隆庆、万历间扩建。崇祯间为飓风毁，后复建。常州府学于永乐、宣德、成化、弘治、正德、嘉靖、万历、崇祯年间扩建、修缮。镇江府学先是改建于定波门内，于景泰三年（1452年）移地复建于天顺、成化、弘治、嘉靖、隆庆、万历、天启年间增修。淮安府学于正统、景泰、天顺、成化、弘治、正德、嘉靖、万历、天启、崇祯年间，多次重修、复建。通州州学于正统、成化、弘治等年间修缮扩建。

明朝江苏地方府州学的教学有统一规范，由朝廷编制教学用书，统一设计课程。其学内容与国子学内容一致，突出律法之学。洪武二年（1369年），规定全国官学生员专治一经，以礼、乐、射、御、书、数设科分教。洪武二十五年（1392年）又分礼、射、书、数四门学科，射为射箭、书为书法、数为《九章》。以礼科为首，要求官学生员对律、诰、礼仪等务必熟练，后又要求生员掌握《大明律》等律令之书。因为明政府尊崇程朱理学，实行文化专制措施，故对官办学校也有相应的教学要求，以宋儒传注为宗。学者非《五经》、孔孟之书不读，非濂、洛、关、闽之学不讲。永乐十五年（1417年）南京国子监及江苏地方官学又颁行五经、四书、《性理大全》，要求生员学习。明太祖还颁布《御制大诰》，将理学纲常道德教育灌输给天下学子。

从中央到地方，很多官学的教授于教学之余，也从事学术研究工作，尤其体现于经学研究上。如明代南京国子监的学官、教官大多于经学有所著述。如《春秋说志》等书既是学生的参考用书，也是具有一定造诣的学术著作。再如国子监司业罗钦顺任职期间，著有《困知记》。宋元时期是经学发展变异的关键时期，而明朝则是经学逐渐固化的时期。以科举考试为主要目标的官学教育事业的发展也受科举的影响而扭曲。科举考试在宋朝还较为宽松，至明朝则大受禁锢，影响明朝经学乃至文学的发展，这不能不说是一大遗憾。

明朝也延续了元代实行的社学制度。《明史·选举一》称洪武八年（1375年），明太祖诏令："昔成周之世，家有塾党有庠，故民无不习于学，是以教化行而风俗美。今京师及郡县皆有学，而乡社之民未睹教化，宜令有司更置社学，延师儒以教民间子弟。"他规定民间凡五十家设一所社学，以昌明教化。但是这一制度在民间没有得到严格的执行。

洪武八年（1375年），苏州兴办了730所社学，但"岁久，渐废"①。苏州《同里志》记载："至明迭兴，或改建，或创设，或修葺，或增置学田，添建社学。"朱元璋斥责地方官学办社学不力，遂停办社学。其实，其间虽有无良地方官吏的非法作为，但也不能忽视明朝初肇，兴办社学所需要的经济基础薄弱等其他原因。正统、弘治年间，明廷都曾下令兴办社学，但都没有成功。正德开始，伴随着江苏经济的发展，社学在江苏开始逐渐开展起来。明季，社学再度归于沉寂。

三、清代的地方官学

顺治九年（1652年），清廷根据江南江西总督马国柱的奏请，将南京国子监改为江宁府学，将原应天府学改为上元、江宁两县学。至康熙时期，江苏各地府（州）学办学情况基本恢复至明代水平。具体为江宁府学、苏州府学、扬州府学、镇江府学、常州府学、淮安府学、徐州府学等7个府学；太仓州学、海州州学、通州州学等3州学及海门厅学②等1厅学。各级学校没有隶属关系，直接与中央官学对接。

在政府及地方士绅的关心下，江苏各地官学在清朝皆有长期不断的增修过程。如仅在顺治、康熙两朝，江苏各地官学即大修、增建数十次。

---

① 陈学恂：《中国教育史研究（明清分卷）》，华东师范大学出版社1995年版，第8页。
② 乾隆三十三年（1768年）设海门直隶厅，嘉庆十七年（1812年）设海门厅学。

顺治、康熙年间江苏各地官学修建情况表

时间	地方官学及主持修建者
顺治初	镇江府学（知府涂廓）
顺治二年（1645 年）	通州州学（知州唐虞泰）
顺治七年（1650 年）	徐州府学（兵道胡廷佐、知州余志明等）
顺治九年（1652 年）	江宁府学（总督马国柱）、淮安府学（漕运总督沈文奎）
顺治十二年（1655 年）	苏州府学（巡抚张中元）
康熙元年（1662 年）	常州府学（教授郭士璟）
康熙二年（1663 年）	苏州府学（巡抚余国柱、布政司丁思等）、通州州学（知州毕际有）
康熙五年（1666 年）	江宁府学（总督郎廷佐、布政司金鋐等）
康熙七年（1668 年）	苏州府学（巡抚马祜）
康熙九年（1670 年）	通州州学（知州王廷机）
康熙十一年（1672 年）	镇江府学（知府高得贵）
康熙十四年（1675 年）	海州州学（学正武威远）
康熙十六年（1677 年）	苏州府学（巡抚慕天颜）
康熙十八年（1679 年）	淮安府学（河道总督靳辅）、海州州学（训导倪田玉）
康熙十九年（1680 年）	江宁府学（知府陈龙岩）、扬州府学（巡盐御史郝浴、知府崔华、教授秦巨伦等）
康熙二十一年（1682 年）	江宁府学（总督于成龙等）、徐州府学（淮徐道刘元勋，知州臧兴祖迁建）、海州州学（学正吴植）等
康熙二十二年（1683 年）	江宁府学（知府于成龙、教授谢允抢等）、扬州府学（巡盐御史裴充美）
康熙二十四年（1685 年）	苏州府学（巡抚汤斌）、常州府学（知府祖进朝）、淮安府学（淮扬道高成美）
康熙二十七年（1688 年）	镇江府学（知府王燕）
康熙四十一年（1702 年）	徐州府学（知州佟国弼）
康熙四十五年（1706 年）	江宁府学（织造使曹寅）
康熙五十五年（1716 年）	江宁府学（布政使张圣佐）
康熙五十六年（1717 年）	徐州府学（知州姜焯）

修葺府州学都为政府行为,其主持者大部分为地方主要官员,亦有官学教授。有的府州学增修频繁,如 60 余年间,江宁府学增修 7 次;苏州府学增修 6 次,可见地方政府对于官学教育的重视。在建筑规模上,有些府州学也堪为煌煌学宫,蔚为壮观。如江宁府学主要建筑有大殿、棂星门、明伦堂、志道斋、据德斋、依仁斋、游艺斋、启圣堂、学坊、泮池等。顺治十五年(1658 年)间的苏州府学,依旧宏丽壮观,占地达 125 亩之广。

清代江苏官学皆有政府资助,但政府直接拨款甚少,官学学田收入是官学经费的重要支柱。雍正二年(1724 年),江苏学田有 43509 亩,当年征收租银 5716 两。这类学田是用于政府助学及祭祀。清代学田一般除了缴纳国家的田赋外,还需要缴纳学租银。清代江苏各地学田所采用的地租形态并不统一,学官们一般并不直接参与学田的经营管理,客观上,一些官学学田也存在着被租户转租或被豪强霸占的情况。清代江苏官学对民间资助也很依赖,如康熙年间,重修扬州府学,盐商汪应庚一次性捐银就达 5 万两之巨。

清初,江苏的提督学政高于其他地区,不但要求是进士出身,还须具备翰林资格。江苏学政驻地为江阴,级别低于督抚,但位于布政使、按察使之前,不受督抚节制,遇事会商解决。其主要职责为直接管理所属官学,指导书院及私塾的教学活动;主持岁试与院试等,学政还有向中央政府推荐贤能及建议罢免不称职教官的权利。各府学设有教授 1 名、训导 1 名;州学设学正 1 名、训导 1 名。训导为教授、学正的助手。作为一省之学政,对全省学风、士风所向具有引领之责。

江苏各府州学学额有严格规定。据《江南通志·学校志》记载,顺治五年(1648 年),定额府学 60 名,大学 40 名,中学 25 名,小学 12 名。顺治十五年(1658 年),定额府学 20 名,大学 15 名,中学 12 名,小学 8 名。康熙二十八年(1689 年),定额府学 25 名,大学 20 名,中学 16 名,小学 12 名。雍正元年(1723 年),大学照府学,中学照大学,小学照中学。武童岁科并试额取府学 20 名,大学 15 名,中学 12 名,小学 8 名。雍正四年(1726 年),苏、松、常、淮、扬、太六府州分县,文武入学额数与原县两分。雍正十一年(1733 年),升徐州为府,以州治为铜山县,府县入学名数与各府同。

第三节　私学教育的大发展

明清时期,江苏的私塾教育十分兴盛,包括私塾、义塾,它们与社学、家学一起构成了民间启蒙教育的主体。

一、遍布城乡的私塾

明代学校之盛,为唐宋以来所不及也。洪武初年,苏州等地,"虽闾阎村僻之所,莫不置句读师以训童蒙"①。很多农村和一些城镇中的儿童与青少年,都是在私塾中受到一定的教育,识字明理与接受封建人伦教育。尤其是大部分贫寒家庭的子弟,他们接受教育的主要渠道就是私塾。私塾接收的学生从六七岁至二十岁左右的都有。至清末,仅无锡一地,即有私塾 800 余所,足见其盛。

明清时期的私塾一般分为四种。一种是较为富裕的家庭聘请教师到自己家里进行"坐馆",对自己的子弟进行教学,亦称"教馆"。一种是一些知识分子、致仕还乡的官员在自己家里办馆,以此维生或以之为乐,称为门馆、家塾。还有一种是由官方或地方乡贤出钱出地,设立学田,聘请教师,为当地农户子弟进行教学,这类私塾一般被称为义学或义塾。此外,还有村塾、族塾一类,有时也与义学、义塾性质相联系。如常熟杨侯垦田若干,建筑讲舍,延耆儒为师,为族中少者讲学。沭阳县邑人程立炜在城门外程氏宗祠旁立程氏家塾;邑人吴九龄在颜家集吴氏宗祠旁立吴氏家塾。也可以说,有时候,义学、义塾是家塾的一种延伸。

义塾在明清的江苏地区较为常见。如明初,苏州尹山地区有地方乡贤设立义塾,并捐献 30 亩田,作为塾师高平的收入,这所义塾就是专门让当地子弟就读的。到了明代中期,由于主办者、生源及师资三方面都有了保障,各类义塾更加兴盛。很多地方官员与乡绅注重教育,纷纷投入兴办义

---

① 卢熊:《洪武苏州府志》卷十六《风俗》,清乾隆间抄本。

塾,教化乡村。以清代无锡为例,知县吴政祥在梅村泰伯庙道院设勖悌义塾,岁捐廉六十千。其他同类者还有勉孝义塾、崇仁义塾、向义义塾、南门内义学、养正义塾等。咸丰八年(1858 年),知县尚那布立溧阳义学。光绪年间,知府亲自捐廉银创立睢宁县城义学,知县则捐廉银创立四乡义学。

也有很多地方乡绅捐建义塾。即江阴一县,其东城义塾、南外义塾、北外义塾等都是如此。嘉靖间,扬州盐商洪箴远捐款于扬州十二门各修建了义学一所。由于社学的教育质量下降,很多学生转而进入义塾求学。越来越多的读书人在科举不中后,处馆谋生,成为义塾的教师。如吴江,即使社学败坏,但村居里巷,弦诵之声不辍。

清代,江苏义塾(义学)遍及各地,如铜山县义学、养正义学、中小三塾、彭城书塾;盐城西义学、东义学、冈门镇义学;山阳县城内义学(五所)、城外义学(七所);宿迁义学(二十所);清河县文敷学、行修学、吴城义塾、兴仁书塾;桃源县义学;阜宁县东义学、西义学、游击署义学;沛县歌风书院义学、谭家圩义学;睢宁县义学、大李集义学;吴县启蒙义庄义学、五亩园义塾、四乡义塾;长洲县轮香义塾、蒙养义塾;昆山县义学、榭麓镇义学;元和县芹香堂义塾、甫里义学;常熟县游文书院、文学书院;吴江县松陵书院、同里镇义学;江阴县义学;武进县义正义学、敬节堂义学;无锡县勖悌义塾、崇仁义塾;丹阳县义学;金坛县同善义学、金沙书院;丹徒县京江义学、朋来义学;溧阳县义塾;等等。

明清时期,江苏各地私塾的教学模式是纵向混合制的,每个学生所学习的内容、进度都是不一样的。其内容主要是从启蒙教育到四书等基本经书教育。如果按照教学内容分类,则可以分为教育蒙童的启蒙教育与经学教育两类。幼儿进入私塾后,首先要接受的是儒家"孝"的教育,其次是《千家诗》《神童诗》《三字经》《百家姓》《千字文》之类的学习,最后即是对儒家思想进行系统学习,其中最主要的就是朱子《小学》及四书五经等。

江苏各地塾师的主要是由一些退休的官吏、民间知识分子(主要是儒生)组成。如"远庵李公,罢江西副使,殊无活计,教授生徒于高淳、溧阳之间"[1]。曾任广西苍梧等地知县的江都人韦佩金获罪削职,释归后,

---

① 周晖:《金陵琐事》卷三,文学古籍刊行社 1955 年版,第 199 页。

闭门养母,教授生徒。有人以塾学传教为人生目标。吴江县姚芳在当地创办学舍,聘请塾师,乡间子弟自蒙童以上,都可以免费来听讲。叶道源中举后,在扬州开设了学塾。吴县的徐华岳,是嘉庆进士,曾被任命为知县,但不就职,隐居家乡,从事塾学教学。也有很多民间儒生,以塾师为谋生之路。如吴兴人姚世钰,"以贫困授徒江都"①。成都人费密,在扬州"授徒卖文以自活"②。江都人杭之淇,岁贡生,候选训导,"家贫,以课徒自给。"③

明清江苏人崇文重教,对塾师也十分尊重。锡山徐氏曾称:"吾族甲第联绵,皆慎重择师,待之极其诚敬,亦有家世单寒读书而骤发者,无不从于尊师重传而来。"④那些教学严格、术有所长的塾师,一直受到江苏民间的推崇。苏州府直塘市的凌某遵礼法之学,受到太宰的敬重,被请于家塾中,课其子孙。如皋塾师诸生吴一骧,常设教西河,一时从游者数十人。吴县学生徐鸣时,年少时丧父,家亦赤贫,寄食萧寺为句读师,从游者日众。

明清江苏塾师的待遇并不相同,其收入主要由脩金、膳食、贽钱等三部分组成。有的执教多年后,可以致富;有的却辗转各地,仅能温饱。如常熟县的义学有12名教师,6名为训蒙教师,6名为举业教师。从教师的收入上看,每名教师每年可以收取馆谷 10 石,俸银 8 两,聘礼钱5 钱,在清明、端阳、中元三节还可以收取节仪钱各 3 钱。道光十一年(1831 年),有太原王氏在昭文县做塾师,所获脩金六节,按节送银五两(远居弟子每名定以六季,按节给脩脯五钱或五两)。

二、宗族家学的兴盛

(一)明清江苏家学的概况

明清时期江苏家学在雄厚的经济基础与特殊的崇文氛围下,十分

① 李斗:《扬州画舫录》,中华书局 1960 年版,第 94 页。
② 李斗:《扬州画舫录》,中华书局 1960 年版,第 227 页。
③ 钱保祥修,桂邦杰等纂:《民国江都县续志》卷二十四五册,江苏古籍出版社 1991 年版,第 738 页。
④ 徐家保、徐振清:《锡山徐氏宗谱》卷四,凤凰出版社 2011 年版。

兴旺,出现了许多名门望族的家学。在科举制度兴盛的明清两朝,江苏家学不但大师荟萃,学派纷呈,而且举业辉煌。

江苏家学传统绵延不断,苏州叶方蔼称:"吾宗自文庄以来,世以风雅相传,群从昆季,多工吟咏。"①清人王应奎曾如此叙述江南家学的成就:"本朝桐城张氏亦二世阁老;昆山徐氏则兄弟三鼎甲;宜兴吴氏则五代进士;长洲沈氏、磁州张氏、泰州宫氏、吾邑蒋氏则四代进士;长洲彭氏则祖孙会状;德清蔡氏则从叔侄两状元。可谓超越前代也。"②扬州朱翁朱氏,明代至清代的19代中,出了7名进士、12名举人、3名副榜,至少40名贡生。无锡秦氏一门有33名进士,76名举人,百余名博士弟子。

明清江苏大族连缀,其中最为知名者清代有扬州高邮王氏;宝应刘氏、朱氏;甘泉焦氏;江都汪氏;仪征刘氏、汪氏;兴化顾氏;苏州元和惠氏、江氏;吴县朱氏;无锡华氏、任氏;常州庄氏、张氏、恽氏;常熟翁氏;江阴夏氏等。

清代常州毗陵累世科甲五代以上的家族有段、唐、陆、董、吴、薛、恽、钱、张、龚、陶、庄(起元)、庄(廷臣)、瞿、刘、蒋、卜、赵(鼎)、杨、徐、蒋、盛、吕、赵(翼)等20余个。

清代苏州莫釐王氏原本为读书世家,其家谱称"好学重礼,以紫阳小学浦江家规训其子弟,不惟家门以内,秩然有序,且化及一乡焉"③。从王逵开始从商。至王鏊,"年十六随父读书,国子监诸生争传诵其文",成化十一年"乡试、会试俱第一,廷试第三,授编修。"④无锡秦蕙田少时继承家学,以经术笃行扬名于世。高攀龙之侄高世泰,少时侍忠宪讲学,家学笃实。

江苏世家大族丰富的藏书为他们兴办家学提供了条件。刘宝树在《悼家藏书毁于火文》中亦认为:"士大夫家之盛衰,在所藏书。其盛也,高车驷马,良田华屋,不足为子孙计长久,惟所藏之书,俾之耳濡目染,

① 叶德辉、叶庆元纂修:《吴中叶氏族谱》卷五十九《艺文》,宣统三年活字印本。
② 王应奎:《柳南随笔》卷三,上海古籍出版社2012年版,第40页。
③ 王季烈:《莫釐王氏家谱·序例》卷一,出版者不详,1937年石印本,第2页。
④ 张廷玉等:《明史》,中华书局1974年版,第4825页。

可以承先,可以启后。"①

　　这些家学的起步是启蒙教育,教学内容以识字为主,同时也教授给学生一些基本的知识,作为学生以后进一步学习的基础。由于父亲一辈大多也处于攻读阶段,很多孩子幼年的时候是祖父或者母亲在督课。很多母亲也是大家世族出身,"课诸子读辄口诵,其幼所受书,正其音解其义。塾师讶谓,孺子何颖异,不知帷中之训先之也"②。很多大族长辈也乐于教导家中子女。清代庄氏家族的庄存与,在家族内部私塾学习,族人为讲师"五岁,就塾读书,目数行下。""玩经文,存大体,理义悦心;若己问,作耳闻,圣贤在坐。其平生得力之语也。"③秦春田"晚年课孙辈读书,集族后进于淮海祖祠之咏烈堂,评艺论文,无倦容"④。

　　宝应刘氏的刘继善"闭户课孙,日手一编"⑤,刘瑢"招族之子弟,教以文艺"⑥,刘宝楠"五岁而孤,……从学五河君(按:刘宝树),长则请业端临先生,学行闻乡里"。

　　不但男性成员如此,很多江苏大家族的女性成员也知书达理,勤勉教子孙。如江阴夏氏,夏敬渠曾祖母叶淑(1631—1708),其祖父叶茂才为"东林八君子"之一,是东林理学名家。叶淑受家学影响,崇尚理学。"胚胎理学,有大家风。"⑦夏敬渠的祖母是叶淑的娘家侄女,"幼娴女箴,通《孝经》《小学》《毛诗》,旁及唐宋诗文,善书工算。始至,姑即以内治委畀,次第具举,不言自办,上事下睦,人称贤孝"⑧。《江南通志》称其"巾帼之丈夫,闺帏之豪侠"⑨。夏敬渠六岁丧父,其母亲汤氏为理学世家,"孺人幼颖悟,方五岁,岵瞻公即延名师教之,一过目成诵。年十三,始出学舍,已博通今古。……与传一公相切劚者,皆圣贤心性学"⑩。

① 刘宝树:《娱景堂集》卷中《悼家藏书毁于火文》,道光二十年刻本。
② 《毗陵恽氏家乘》卷二十二《明封行人司行人绎思恽公暨原配蒋孺人合葬墓志铭》,咸丰九年刻本。
③ 闵尔昌:《碑传集补》卷三,上海书店 1988 年版,第 3080—3081 页。
④ 秦国璋、秦毓钧:《锡山秦氏文钞》卷六,咏烈堂 1930 年印行。
⑤ 刘文淇:《续修四库全书(集部第 1517 册)》卷九《青溪旧屋文集》。
⑥ 刘继善:《明镇江府儒学训导刘府君行述》,《四库未收书辑刊(第 7 辑第 16 册)》,北京出版社 2000
　　年版,第 107 页。
⑦ 夏子沐:《源远堂江阴夏氏宗谱》卷八《小传纪事》,光绪十六年刊本。
⑧ 夏子沐:《源远堂江阴夏氏宗谱》卷八《小传纪事》,光绪十六年刊本。
⑨ 夏子沐:《源远堂江阴夏氏宗谱》卷八《小传纪事》,光绪十六年刊本。
⑩ 夏子沐:《源远堂江阴夏氏宗谱》卷七《汤孺人传略》,光绪十六年刊本。

"汤氏考而贞正,通达礼义。年二十九,誓柏舟。上事孀姑惟劝,病则日侍汤正;下课二子惟严,督训不息。"①因此,母亲汤氏不仅对夏敬渠理学思想的建立产生直接影响,而且对他的经、史学问,甚至包括诗、词等,皆产生巨大的影响作用。

再如仪征刘氏,如刘宝树、宝楠之母乔氏在"不孝宝树生数岁"之时,"教以识字,口授《毛诗》。比入塾,戒勿与群儿戏,为文待府君阅毕,必亲阅,有进益,乃喜。"在刘履恂过世之后,"时不孝宝楠才五岁,太孺人授读如前。少长就傅,督晚课,膏油不继,惟灶上置一灯,命读书数十过,迫釜餗而油已竭矣。尝语不孝等曰:'吾日旰不得食,不以为饥;岁莫不得衣,不以为寒,汝曹勤读书,我虽苦不怨。'"②

(二)明清江苏家学的学术价值

陈寅恪说:"东汉以后……汉族之学术文化变为地方化及家门化矣。"③明代家学在学术上面造诣不高,没有什么很杰出的成果。《明史·儒林一》:"有明诸儒,……至专门经训授受源流,则二百七十余年间,未闻以此名家者。"但清代在江苏这片土地上,诞生了很多学术流派,如吴派、常州学派、扬州学派等,几乎皆与家学有关。从汉学勃兴到史学、文辞研究滥觞。出现了很多"学术昌盛、诗文书翰流布海内外累世不绝的'文献之族'"④。

清代江苏家学中主治小学者有高邮王氏、金坛段氏、吴县朱氏等;精于《论语》者有宝应刘氏等;扬名《礼》学者有宝应朱氏、江都汪氏、兴化顾氏、无锡任氏等;擅长《周易》者为扬州焦氏、仪征汪氏、武进张氏、元和惠氏等;主攻《尚书》的元和江氏、武进臧氏、武进庄氏等。此外,有攻《左传》的仪征凌氏、攻《春秋》的无锡华氏等。其中不乏杰出的一流学者,如惠栋、王念孙、王引之、刘宝楠、刘逢禄等。

苏州文洪开启了文氏家学传统,"其家学渊源,则自洪始之。"后世子孙"能于耳濡目染之余,力承先绪,所谓谢家子弟,虽不复端正者,亦

① 夏子沐:《源远堂江阴夏氏宗谱》卷八《小传纪事》,光绪十六年刊本。
② 刘宝树:《娱景堂集》卷中《先妣乔太孺人行述》,道光二十年刻本。
③ 陈寅恪:《金明馆丛稿初编》,上海古籍出版社 1980 年版,第 147—148 页。
④ 吴仁安:《明清时期上海地区的著姓望族》,上海人民出版社 1997 年版,第 33 页。

奕奕有一种风气也"①。宝应刘氏,有刘永澄、刘永沁等理学大家,在清代,先后出了刘台拱、刘台斗、刘宝楠、刘恭冕等学者。刘台拱传承其父朱子学,"深研程、朱之行,以圣贤之道自绳。"②兴化任陈晋,治《易》,著有《易象大意存解》,易学家。其孙任大椿也受其家学。"其王父讳陈晋者,以通经闻吾乡郡,所谓似武先生也。君绍厥绪,益大以博。"③高邮王氏至王念孙,已经发达了六代。从王开运治《尚书》开始,至王式耜、王曾禄、王安国治经学,王念孙受到了良好的家学熏陶。焦循其上三代焦源、焦镜、焦葱,都学易。焦葱曾提问其子为何不同的卦中有相同的爻辞。"乾隆丙申夏,自塾中归,先子问曰:'所课若何?'循举《小畜·象辞》,且诵所闻于师之解。先子曰:'然。所谓'密云不雨,自我西郊'者,何以复见于《小过》之《六五》? 童子宜有会心,其思之也。'"④焦循认真思考并最终阐释了此问题。

也有家族成员转变治学重点,另辟天地的。如常州张氏由治经转为辞章。江阴夏氏《乡贤夏君传》载:"调元教人先品诣,次经史,而后及文艺。扃关而督课之必以身倡,于是及门类能自好。子侄辈多以五经七艺售。江邑之习五经,自调元始。"刘师培继承了家学春秋之术,但也破除了刘氏家学不治今文学说的藩篱。高邮王氏先人以理学为主,自王安国请戴震为其子王念孙之师后,王氏家学转向汉学。江都焦氏也从理学转向汉学。常熟翁氏家学呈现多元形态,除了经学课业,还有诗歌古文、古琴书画。如翁先祥之女翁孺安是诗人、画家;翁晋擅草书、诗词;翁氏平擅琴理、工画;翁同福则擅古文。

(三) 明清江苏家学的传承

从传承来看,江苏家学分为直系与旁系两种类型。家学直系传承者如清代仪征刘氏(刘文淇、刘毓嵩、刘寿曾、刘师培)、高邮王氏、吴县惠氏、吴县江氏。父子两代相传的最多,如扬州汪中、汪喜孙;焦循、焦琥;阳湖的洪亮吉、洪饴孙、洪龆孙父子。旁系家学传承者则如无锡华

① 永瑢、纪昀主编:《四库全书总目提要》卷一八九《文氏五家诗》,浙江汪汝瑮家藏本。
② 江藩:《国朝汉学师承记》,三联书店1998年版,第138页。
③ 施朝干:《清代碑传全集》,上海古籍出版社1987年版,第297—298页。
④ 焦循:《雕菰集(四)》卷十六《易通释自序》,商务印书馆1936年丛书集成初编本,第263页。

蘅芳、华世芳等。

江苏宗族家学与前代一样，编有很多家训，如昆山朱柏庐的《治家格言》、吴中叶氏家训（含《石林家训》《石林治生家训要略》等）、东山万氏家训、武进盛氏家训（含《龙溪盛氏家训》《人范须知》等）、无锡荣氏家训、无锡顾氏家训、无锡薛氏家训等。

在这些江苏家训中，对于教育的重视是其共同点。朱柏庐《治家格言》中就有"子孙虽愚，经书不可不读"的教诲。常熟翁氏提出："富贵不足守，惟诗书忠厚之泽可及于无穷。"武进西盖赵氏《云卿公遗训二十则》云："凡为子孙者，务择良师、亲良友，相与讲习、研究，贯通古今。"《龙溪盛氏家训》称："不问贵贱、老幼、贫富，读一卷便有一卷之用，读一日便受一日之益。读书变化气质，即资性愚钝，多识几字，习他业亦觉高人一等，非止拾青紫、取荣名已也。"虽然有些家族宗学也提出子弟可以选择他业为生，但都是在无法于读书上取得进步，没有获取功名的前提下。武进盛隆在《人范须知》中引张履祥语："子弟七八岁，无论敏捷，俱宜就塾读书，使粗知义理。至十五六，然后观其质之所近与其志向，为农、为工、为士，始分其业。"

苏南家族能够兴盛不衰，原因在于子孙的学业不断。"缙绅家非奕叶科第，富贵难于长守。"①明清更替，很多家族衰败。明代的"右姓卿宗"，至清降为"皂隶"；士大夫原本"良田上腴"，至清亦已"斥为榛芜"；至于那些"方领之儒，膏粱之子"，至清更是"小吏得而唾其背者多有之矣"②。长洲徐沄、徐枋家族，本为"世家甲族"③，遇难后子女遁迹湖滨，"并糜而无之，则长日如年，枵腹以过"，以致徐枋的子女"皆履穿不苴，寒衾无絮"④。苏南望族不是一般意义上的大家族，而是一种以内在文化质量为稳固核心的家族。⑤ 刘师培说："自汉学风靡天下，大江南北治经者，以百计。或守一先生之言，累世不能殚其业。"⑥很多家训还立足

① 王士性：《五岳游草·广志绎》卷四，上海人民出版社 2019 年版，第 276 页。
② 吴伟业：《吴梅村全集》卷三十七，上海古籍出版社 1999 年版，第 794 页。
③ 徐枋：《居易堂集》，华东师范大学出版社 2009 年版，第 65 页。
④ 徐枋：《居易堂集》，华东师范大学出版社 2009 年版，第 78 页。
⑤ 江庆柏：《明清苏南望族文化研究》，南京师范大学出版社 2016 年版，第 11 页。
⑥ 刘师培：《刘申叔遗书》，江苏古籍出版社 1992 年版，第 1896 页。

于生活持家常事而寓以教育之意,要求子弟通晓实务。无锡顾氏要求"治家以清白为世守"①。常熟翁氏教育子孙:"我田有畔,我屋有荣,长子课读,季子课耕,诸子林立,头角峥嵘,门庭聚顺,家道以成。"②"翁氏门中则流传:"汝但行好事,做好人。"③

三、民间的科技教育

明清时期,江苏民间的科技教育受制于政府政策、教育环境的影响,处于一种不稳定的状态,属于经学教育潮流下的潜流。其内容主要以天文历法、数学、医学、农学等领域为主,兼有一些手工业的科技教育。

(一)明清江苏科技教育的环境

明清时期,政府的教育政策、学术界的思想潮流以及科技的发展水平都对江苏民间的科技教育事业有一定的影响。

1. 政府的教育政策

明清两朝中央政府从统治与实际需要的思考出发,在科技教育的政策设计上采取了以限制为主、略有放松的策略。

明初,国子监已不设立算学科目,虽曾一度进行算学考试,但仅属于"加试"的范畴,并不将其作为对士子学术水平的主要考察内容。宣德、嘉靖朝之后,国子监考试亦不再加试算学,数学教育更少士子问津。明廷曾严厉禁止民间习历法之术。"国初学天文有厉禁,习历者遣戍,造历者殊死。"④如此严苛的政策之下,明初民众纷纷避学历法,以至于朝廷需要历法人才之时,民间几无应征者。"至孝宗弛其禁,且命征山林隐逸能通历学者以备其选,而卒无应者。"⑤明廷以钦天监为学习历法的官方专业机构。"洪武三年,改监为钦天,设四科:曰天文,曰漏刻,曰

---

① 高鼎业纂修:《(无锡)高氏大统宗谱》卷一《家训》,出版者不详,1926年活字本。
② 翁咸封、翁心存:《潜虚文钞》卷四,道光十七年刻本。
③ 翁同龢:《翁同龢日记》卷二,上海中西书局2012年版,第930页。
④ 沈德符:《万历野获编》,文化艺术出版社1998年版,第560页。
⑤ 沈德符:《万历野获编》,文化艺术出版社1998年版,第560页。

《大统历》,曰《回回历》。"①并以世袭方式管理其中的专业人员。洪武六年(1373年),明廷令该监人员"永远不许迁动。子孙只习学天文、历算,不许习他业。其不习学者,发海南充军"②。其时,《大统历》《回回历》已然过时,常有错误,以此为教本所培养出的历法人员水平有限,只知道循规而作,并不具有进一步研究的能力,以致《明史·历志》称"监官多不职"。明代地方官学中有阴阳学(天文、历法)、数学及医学之设。《明史·选举志》记载:"(府州县学)生员专治一经,以礼乐射御书数设科分教。"但这些规定仅是具文,科技教育荒废的现象十分明显。洪武十七年(1384年),明廷规定地方医学兼管行政和医学教育。各府州县均设立医学,府设正科一人,州设典科一人,县设训科一人。"内设太医院,外设府州县医学。医而以学为名,盖欲聚其人以教。学既成功而试之,然后授以一方卫生之任。由是进之以为国医。"③明成祖即位后,遵旧制设全国郡县医学。明朝对医户实行世袭制度,只允许医家子弟学医。这些医户世代以医为业,不准妄行变更,违者有罪。由之引发的系列矛盾造成医学教育相对沉默。明代政府秉持重农立场,劝课农桑,颁布了《农政全书》等农书,对农业教育有所推动。但元代社学所具有的农业教育的一些职能在明代逐渐被取消。清代,在文化专制政策的影响下,官学科技教育逐渐衰败,但私学科技教育仍有一定的发展,尤其是在清代前期。清代逐渐恢复了数学、天文、历法、医学等专科学校,亦曾广招人才,如《大清会典则例》卷一百五十八记载,清廷谕令:"天象关系重大,必得精通熟习之人乃可占验无误。着直隶各省督抚晓谕所属地方,有精通天文之人,即行起送来京考试,于钦天监衙门用,与各部院衙门一例升转。"清代还颁布了《授时通考》,也鼓励农教。但由于文化专制制度的实施,学者们从事科技教育的积极性不高,制约着科技教育的进步。

2. 学术思想

占据学术界主导地位的理学思潮极大地压制了明清两朝民间科技

---

① 龙文彬纂:《明会要》,中华书局1956年版,第429页。

② 申时行等修:《明会典(万历朝重修本)》,中华书局1989年版,第1103页。

③ 邱浚:《大学衍义补》,京华出版社1999年版,第50页。

教育的发展。虽然乾嘉学派倡导朴学,一些学者在经世致用的旧说下寻求科技教育发展的空间,但这些作为并非当时中国思想界、教育界的主流。在清代学者江藩所著的《国朝汉学师承记》中,几乎一半的乾嘉学派学者都涉及了天文、地理、历法、数学等方面知识的研究与传播。但这一时期的江苏民间科技教育与全国一样,仅在具体的科技成果上纠缠,以"术"论作为科技教育的根本依据,没有科学理论上的进步。无论是科学思想领域,还是科学方法领域,都没有出现具有创新性、颠覆性的成果。明万历之后,以及清中叶之后,虽然都有一场"西学东渐"的风暴,将一些西方科技及思想传入了中国,但两场"西学东渐"对中国学术界的触动有限,影响也局限于部分领域,没有从根本上推动江苏乃至中国民间科技的发展。

3. 科技发展水平

古代科技在明清两朝还有成果,但其发展势头已远逊唐宋等朝,并且与西方科技的整体发展水平拉开了差距,逐渐落后。科技发展在各个领域的情况并不一样,有些领域如数学的教育与学习在明代似一度绝迹,整体上呈现"断崖"式的停滞,徐光启评价道:"算数之学特废于近数百年间尔。"[1]医学也有同样的状况。"明代医学总体上不是以宋代医学理论为起点进一步提高发展的过程,而是与宋代医学保持相近的水平,这与医学教育的倒退有很大关系。"[2]江苏的科技发展水平与全国一样,在明清两朝涤荡起伏,受到了极大的打击。

(二) 科技人才群体

明清两代,在江苏集聚了一批天文历法、数学、医学、农学等方面的科技人才群体。在天文历法方面,代表人物有明末清初的吴江人王锡阐,他精于天文之学,《光绪苏州府志》卷一百零六中形容他"生而颖异,多深湛之思,诗文峭劲有奇气,博极群书,尤精历象之学。"常州武进人唐顺之也是当时名家,"于学无所不窥。自天文、乐律、地理、兵法、弧矢、勾股、壬奇、禽乙,莫不究极原委。"[3]江苏的学者们在算术、代数、几

① 徐光启:《徐光启集》,中华书局 2014 年版,第 80 页。
② 孙宏安:《中国古代科学教育史略》,辽宁教育出版社 1996 年版,第 540 页。
③ 张廷玉等:《明史》,中华书局 1974 年版,第 5424 页。

何、三角、微积分，乃至数学史等领域都有所成。苏州人李锐是当时著名的天文、数学学家，世称"谈天三友"①之一。他曾在钱大昕门下学习数学及《大统历法》《回回历法》的知识。由于未能中举，他一生在阮元、张敦仁、吴廉山等人幕中谋生，但也因此得缘，学有精进。他著的《开方说》为中国古代高次方程的研究开辟了道路。他还参与了《畴人传》的工作，后人对其贡献评价甚高："正传成于阮氏，实为元和李氏手笔。"②此外，惠士奇、陈壤、杨作枚、屈曾发、王贞仪、顾长发、丁维烈、张肱、褚寅亮、李惇等人皆是天文历算明达之人。

江苏的一些城市因地理区位优越、经济文化繁盛，也成为科技人才集聚的中心。如清代的扬州城就生活着一个人数众多的数学名家群体。阮元编纂了《畴人传》，是为了"综算氏大名，纪步天于正轨，质之艺林，以谂来学。"③其中就记录了很多扬州数学学者的生平与成就。后人评价道："仪征太傅（阮元）出，而算学之源流传习始得专书。……言不朽之盛业，孰有大于《畴人传》者乎。"④阮元称清代扬州数学学者云集，在《畴人传》中，对此有专门阐述："国朝又有陈泗源（厚耀）先生⑤，蒙圣祖仁皇帝指示算学，若良亭（张肱）者，则又从监正，而监正亦得算法于圣祖仁皇帝者也。至今良亭后裔，世业畴人，引而弗替。外此如焦君里堂（循）、杨君竹庐（大壮），皆精九数。近来朱氏二书既昌复于广陵，而《捷法》（注：明安图的《割圆密率捷法》）亦为岑君绍周（建功）校刊。岑虽天长人，若援寓公之例，亦得附郡人之例。然则历算之学，吾乡可谓盛矣。"⑥清代扬州仅留名史册的天文、数学学者就有数十人。佼佼者如陈厚耀，"精通郭太史历数，兼通算学。"⑦康熙四十九年（1710 年），陈厚耀为侍奉母亲，曾短暂由京城回到苏州，并任府学教授，但次年即返回京城，为康熙皇帝讲解日影测量方面的知识。他在北京的十余年中，在

---

① 焦循、汪莱、李锐三人。

② 华蘅芳：《学算笔谈》卷十二，刘铎辑：《古今算学丛书（三）》，算学书局光绪二十四年石印本。

③ 阮元：《畴人传》，商务印书馆 1955 年版，第 1 页。

④ 阮元：《畴人传》，商务印书馆 1955 年版，第 753 页。

⑤ 时泰州属于扬州。

⑥ 阮元：《畴人传》，商务印书馆 1955 年版，第 628 页。

⑦《陈氏家乘》，嘉庆庚午季冬修成，上海图书馆藏，转引自韩琦：《养斋数学家陈厚耀的历算活动——基于〈陈氏家乘〉的新研究》，《自然科学史研究》2014 年第 3 期，第 299—300 页。

蒙养斋算学馆任职，并编写了《数理精蕴》《借根方算法》《算法纂法总纲》《八线根表》等书。阮元在《里堂学算记序》中推崇其人其学道："吾乡通天文数学者，国朝以来，惟泰州陈编修（厚耀）最精。"焦循也是清代扬州数学学者的代表人士之一，他的天文数学成就"与凌君仲子（廷堪），李君尚（锐）齐名"。他在方程论方面有精深的研究，还对古代中国的数学成就进行了较系统的总结，著有《加减乘除释》《释轮》《解弧》《孙子算经注》《天元一释》《开方通释》等。其中《天元一释》是清代学者关于"天元论"的最早论述。这些论著对后来的学者有很强的实用价值。再如扬州学者罗士琳，他一直在寻找元代数学家朱世杰的《算学启蒙》，后闻朝鲜以是术为算科试士，于是从都中人于琉璃厂书肆中得朝鲜重刊本计三卷，在扬州重刻出版。"将见汉卿之书，不难人人通晓，士琳亦惮于以平易之语，反复详明，引申取譬，导其先路，实欲斯文未坠，绝学复昌，是所望也。"[1]罗士琳还著有《勾股三事拾遗》《三角和较算例》《演元九式》《校正算学启蒙》《续畴人传》《弧矢算术补》等。他的《四元玉鉴细草》，对《四元玉鉴》进行了细致的研究与介绍，出版后得到了广泛的传播，使得中算家的"四元术"从此不再为绝学。

明清江苏医学领域也是名家辈出，苏州、无锡、常州、扬州一带大医云集。叶天士在温病学、中医诊断学、中医脾胃学、儿科学等领域有杰出造诣。张璐医术精深，"察脉辨证，辅虚祛实，应如鼓桴，故能运天时于指掌，决生死于须臾"[2]，著有《医通》《本经逢原》《千金方衍义》《伤寒缵论》《伤寒绪论》《诊宗三昧》等。王子接撰有《脉色本草伤寒杂病》《绛雪园古方选注》《绛雪园得宜本草》等。徐大椿多学多识，而尤长于医。此外，沈朗仲、薛生白、缪遵义、王旭高、刘宝治、曹仁伯、周扬俊、尤怡、陆懋修、王泰林等皆为当时江苏名医。

除了天文历法、数学、医学之外，农学如马一龙、张守中、茅邦藩等人，地理学如顾禹、徐霞客等人，以及手工艺人孙云球，都是当时江苏的科技人才。

---

① 阮元：《畴人传》，商务印书馆 1955 年版，第 620 页。
② 周中孚：《郑堂读书记（上）》，上海书店出版社 2009 年版，第 665 页。

这些科技人才中很多人曾是以经术科举为圭臬的儒生。有的人仕途顺利而兼谋科技之学,如阮元,又如嘉靖时南京右都御史何瑭精研历数、音律、医学等"物理"技艺之学,著有《阴阳律吕》《乐律管见》《阴阳管见》《医学管见》等。但这些人中的部分人实现了治学目标的转变。吴江人孙云球是我国著名的古代光学仪器制造者,是明末清初的科学巨匠。他在13岁中得秀才后,因屡次科举不进,遂放弃功名之念,在以卖草药维持家庭生计的生活中,刻苦钻研数学知识,制造了70余种光学仪器,包括"千里镜"(望远镜),虽然比欧洲发明望远镜晚了50年,但比日本早了130多年。此外还有眼镜、多面镜、"夜明镜"、"摄光镜"、"万花镜"、"半镜"、"存目镜"、"察微镜"等创造。可见,明清时期,很多江苏的科技学者本身具有良好的儒学学术背景,这也是他们能在科技教育领域有所行动的基础。

良好的学术师承关系与学者之间的交谊联系,营造了明清时期江苏地区科技教育发展与交流的氛围。数学领域尤其明显,很多江苏的数学学者都是通过互相切磋而在学业上不断进益的。如吴江人潘圣樟与王锡阐友善,王锡阐曾馆寓其家,讲论算法,常穷日夜。焦循学算经历则是由兴化人顾超宗赠《梅氏丛书》而起,此后,得到了同乡学者江藩、黄承吉等人的帮助。其算学弟子中有杨大壮、谢文英等人,甚至阮元也曾从焦循学习算学。而阮元的算学学生中,又有罗士琳等人。罗士琳的算学同好者则有易之翰、沈龄、田普实等人。这些师承与交友关系不但是学者们求学进益的帮手,也是数学知识得以传承的重要渠道。外地学者也因与江苏科技学者群体的交流而受惠其中。嘉庆六年(1801年),安徽人汪莱前往扬州翰林秦恩复家教馆谋生。他在此读到了宋元算家秦九韶、李冶的著作,并与张敦仁、江藩、钱献之等学者相识相交。在与江藩共同讨论秦、李著作的基础上,汪莱撰成有关方程根之个数的《衡斋算学》第五册。同年秋天,汪莱离开扬州赴六安,途中写成论述弧矢关系的《衡斋算学》第六册。年底,汪延麟在扬州为他刊刻了六卷本的《衡斋算学》。嘉庆八年(1803年),汪莱与焦循在扬州村塾中议论算学,对饮于豆花萢语中。次年,汪莱进一步钻研代数方程理论,撰成《衡斋算学》第七册。可以说,汪莱在数学上的成就,与其扬州之行有很大联系。医学界也同样如此,张璐在撰成《医通》后,特意邀请当时名医48人及自己的门人13人进行校对,这些名医大多为江苏人士。这是当时江苏科技学者良好交谊氛围的一个例证。而互相推荐、成全助力之事,亦不少见。如徐大椿曾被秦蕙田推荐进京,得乾隆多次接见,享誉一时。

(三) 科技教育观与教学活动

在实学教育思想的框架下,江苏的一些科技学者提出了他们的科技教育观。如唐顺之坚持科技教育应注重德育,所谓"技艺与德岂可分为两事"之说。焦循以为儒者以治生为要,提出科技教育应成为儒生治学的必备,治学修身的儒者,"必先筹其不至于饿也"[1]。他们推崇科技教育的重要性,尤其是在清代,江苏有很多学者将数学作为必修的经世之学,他们认识到数学在科技教育中具有基础性地位。

在医学教育领域,他们坚持医德教育为先,强调"仁心"为学医者的第一原则。张璐的《医门十戒》;陈实功的《外科正宗》中有"医家五戒""医家十要",都是他们重视医德教育的体现。个别医学教育者总结出一些系统的医学教育思想,如徐大椿在对《黄帝内经》《神农本草经》《伤寒论》等医学经典的自学基础上,融会贯通,形成自己的医学教育思想。他从雍正十年(1732年)即开始开展医学教育的实践。他认为医学教育的首要目标就是培养医生,其次是普及医学知识。医学教育不但要让学医者得到专业知识,也要让普通民众在卫生素养上有所进步,所谓:"病者医者,对症寻方,互相考证,则是非立辨,不至以性命轻掷,未始非卫生之一助云。"[2]他对医学人才的培养十分重视,对医者的修为提出了很高的要求。"通天地人谓之儒,百家艺术皆士大夫所宜究心。"[3]他认为不是人人皆可以学医,故专门作文《医非人人可学论》,将"聪明敏哲""渊博通达""虚怀灵变""勤读善记""精鉴确识"作为选拔学医者的标准。他对医学人才提出了"正心术""明道术""心思灵变"的要求。在教学内容上,他除了坚持对古典医学典籍知识的学习,还强调医者对

---

[1] 周秀才、王若、邵宝龙等:《中国历代家训大观(下)》,大连出版社1997年版,第786页。
[2] 徐大椿撰,王咪咪整理:《兰台轨范》,人民卫生出版社2007年版,第12页。
[3] 徐大椿撰,王咪咪整理:《兰台轨范》,人民卫生出版社2007年版,第12页。

自然与社会知识的学习。因为学医者如果不能对天时国运、四季变化、五方体性有了解的话,是难免偏执局限,不可能成为名医的。

明清两代,很多江苏学者曾直接从事科技教育活动,如李锐、王锡阐、焦循、陈厚耀等都曾在江苏的乡村或府学教书。陈厚耀还曾为康熙五十七年(1718年春)礼闱会试的同考官。阮元与秦蕙田都曾兼理国子监算学馆。家学是这些学者进行科技教育的另一个重要场域。王锡阐曾以五星行度解授二子。叶天士的两个儿子亦章、龙章也在其熏陶下,成为名医。医学名师们更是各有子弟直接授业。如张璐弟子已知者即有十余人等,他的弟弟张汝瑚、张曾余,都从事医业,其四子皆通医。王子接有弟子吴蒙,也是名医。薛生白门生中有名者有邵登瀛、吴坤安、金锦、王丹山等,其子中正、其孙寿鱼、曾孙启潜等,都为医业。王旭高弟子众多,每年都有十数名门生随其学习,门生中知名者有缪礼和、顾灿卿等。曹仁伯有门生百余人,甚至有海外学子。道光四年(1824年),琉球派遣使者朝贡,因知晓曹仁伯大名,其臣吕凤仪特意来苏州拜于曹仁伯门下,学习三年后归国。五年后,吕凤仪将所遇疑难写信问于曹师,获一一回答。道光十三年(1833年),《琉球百问》成书。

在教学方法上,江苏科技教育学者们都以循序渐进为主要的教学原则,大体是从经典古籍开始作为学习某一领域科技知识的起步,在此基础上,他们较经学教育更重视实践教学,重视学习与思考的结合。如名医王旭高经常白天带学生随诊,晚上则在书屋中向学生讲授自己的临床经验。

(四)科技教育的教材

虽然没有官方的认证,但很多江苏科技学者编写的文献在事实上成为当时科技教育的教材。李锐就常常为自己的学生编写教材。焦循则以《天元一释》作为教材,对弟子进行教育。这本教科书成书于嘉庆四年(1799年),分为上下两卷,上卷主要是对"立天元一"及各种概念的解释,并对一元高次方程各个系数符号的变化等知识进行了介绍,下卷是对秦九韶《数书九章》、李冶《测圆海镜》《益古演段》等相关内容进行的比较分析。嘉庆六年(1801年),焦循又作了《开方通释》,作为详细解释高次方程数值解法的教学参考书。焦循的这本著作为后人理解高次方程数值解法提供了便利。王贞仪作《筹算易知》，对梅氏的《筹算易知》进行了详细的解读，使后世学人能够更轻松地了解这本书的内容。她还作了《象数窥余》，将勾股、方程等方面的知识以图画的形式表现出来。为便于后人了解角的概念，她另作《勾股三角解》，比较了中西方的勾股解法。

伴随着明清农业教育的发展，农书大量出现，这也是某种形式上的农业教育教科书。据《中国农学书录》记载，中国明清时期有农书329种，相当于明代以前农书数量的1.5倍。另据今人的不完全统计，明清时期的农书约有八百三十种。① 在江苏的各地方志中也记载了很多明清两朝时的农业文献，这些书在当时起到了农业教育教科书的作用。如张守中撰的《明农录》（嘉庆重修《扬州府志》卷六十二）、茅邦藩撰的《务本录》（光绪《海门厅图志》卷十四）、郑辅的《农圃逸谈》（宣统《太仓州镇洋县志》卷二十五）、王炳的《区田农话》（民国《吴县志》卷五十六下）、陈鼎的《荔谱》（民国《江阴续志》卷二十）、陆鲜的《种菜方》（民国《续丹徒县志》卷十八）、殷增的《人参谱》（光绪《吴江县续志》卷三十五）等。明代溧阳人马一龙就是农书作者的杰出代表，作为进士的他曾在国子监中任教，辞官归乡后，从事农业并开始积极写作农业教育书籍。《农说》这本书就是他根据《周易》之说来解释农业生产种种问题的著作。《农说》提出"合天时、地脉、物性三宜，而无所差失，则事半功倍"。"《农说》既是一种哲学性农书，又是一种农业哲学书。"②该书以阴阳二气的理论思想作为农学立论的基础，要求学习者从阴阳角度去理解农业作物生长的原理，指导人们的农业实践。

明清两季，医案专书大量涌现。医案是中医临床实践的记录，是医学案例教学的主要载体。这些医案成为医学教育的主要教材，很多学医者就是从医案的学习开始，一步步成长起来。除医案之外，还有一些医学学者有意识地对自己的经验与思考进行一些实践上或理论上的总结，成为学医者的参考。如东海人陈实功擅外科医学。他的《外科正

① 梁家勉：《中国农业科学技术史稿》，农业出版社1989年版，第573页。
② 宋湛庆：《〈农说〉的整理和研究》，东南大学出版社1990年版，第63页。

宗》成书于 1617 年,是我国外科史上的重要著作。他曾自述其写作这部书的动机:"内主以活人之心,而外悉诸刀圭之法,历四十余年,心习方,目习症,或常或异,辄应手而愈……既念余不过方技中一人耳,此业终吾之身,施亦有限,人之好善,谁不如我,可不一广其传而仅韬之肘后乎! 于是贾其余力,合外科诸症。"[①] 王旭高编写了《医学刍言》《外科证治秘要》两部书,要求他的学生将这两部书的内容作为学习内外科的基本知识。他还要求学生同时学习《伤寒论》《温疫论》《金匮要略》《外科正宗》等医书。可见,这些书都是当时江苏医学教育中的较为常见的教学参考书。

光学学者孙云球著有《镜史》,这是我国古代最著名的一部光学仪器专著,也是其传艺的教本,其中对自己的各种关于镜的创造有详细的说明,很多人仿制,受益其中。

明清时期,江苏的科技学者们在天文历法、数学、医学、农学及手工技艺方面有一些成就,但他们进行科技教育实践的规模与影响受到全国整体政策、文化环境的制约,没有得到充分的发展,但也为后人留下了一些理论与实践层面的借鉴。

四、王艮的教育思想与实践

(一) 教育实践

王艮(1483—1541 年),字汝止,号心斋,泰州安丰场[②]人,是泰州学派的创始人,明代平民哲学家、教育家。

王艮出身于煮盐的"灶丁"家庭,19 岁开始贩盐,通过自己的努力奋斗,使家境逐渐得到改善。王艮曾于正德十五年(1520 年)至嘉靖六年(1527 年)间求学于王阳明,深受其影响。在王艮的学说中,有王阳明主观唯心主义哲学思想的烙印,常有良知学说等观点出现。但王艮善于思考,不盲从权威,不拘泥于定式,时时不满其师说,《明史·王艮

---

① 陈实功:《外科正宗》,天津科学技术出版社 2011 年版,自序。
② 今属盐城东台。

传》称其"往往驾师说上之,持论益高远"。其治学严谨,曾自己解说经书,"有疑便疑,有信便信,一丝不苟","逢人质义,不拘泥传注"。

嘉靖三十年(1551年),王艮开始在家乡创办私学,开展教育活动。儒家经世之学仍然是王艮的教育主导思想,但王艮与其他儒家教育家不同的是他能够跳出儒家的圈子,并不局限于儒家思想,更多地阐发自己的学说,甚至在某些领域对儒家经典经义进行批判。王艮办私学教育的目标不是为了维护当权者的统治秩序,而是为了百姓的安宁与社会的太平。

王艮热爱教育,不慕功名,被人称为"布衣学者"。嘉靖八年(1529年)、嘉靖十六年(1537年),刘节与吴悌先后向明世宗推荐王艮任职,但都为王艮所拒。在他的尊身学说中,不但冻馁伤身,仕禄也害身。王艮甚至要求自己的五个儿子都继承其志,不入仕途。临终时,他还不忘对其子王襞教诲道:"汝知学,吾复何忧!"①

王艮是平民教育家,"好为人师",将讲学作为自己的终身使命。王艮曾经游历十数个省份进行游学与讲学。无论是北京、南京、金山等地,还是广德复初书院、泰州安定书院、新泉书院、会稽阳明书院等知名书院,都曾传其宏音。受其感染,泰州学派的很多门人弟子也从事着平民教育事业。他们的身影出现在"周遍乡县"的书院中,也出现在大街小巷的寻常人家中。不管是都市,还是乡村,都不辞辛劳地传播讲学。在当时书院、精舍兴起的条件下,在他的这些哲学观念基础上,王艮发展出一套独特的教育思想。他提倡独立思考的治学态度,不鼓励学者拘泥于具体的经典书籍,而是以识"道"作为治学的起点。

(二)教育思想的理论基础

王艮不喜著述,他在讲学《语录》《复初说》《安定书院讲学别言》《明哲保身论》《勉仁方》《天理良知说》及一些诗文杂著中,留下了自己的教育思想,为后人所总结记录。

虽然王艮受教于王阳明,且追求儒家学术,但其哲学思想与王阳明学说有着本质上的不同。在当时陆王心学为主流思潮的社会背景下,

① 王艮:《王心斋全集》,江苏教育出版社2001年版,第76页。

王艮的哲学思想与正统儒家思想是背离的,是一种代表当时新兴市民阶层利益诉求与社会理想的思想,亦可称为一种朴素的平均主义思想,在当时属于"异端"。

王艮理解与尊重下层群众(包括士农工商)的物质需求,提出"百姓日用即道",并以"百姓日用之道为本",甚至以之与圣贤之学相抗衡。他认为圣人之道不应该是那些宋明理学家所标榜的天理,他从百姓日常生产、生活活动中去寻求人生的道理。所谓"圣人经世,只是家常事"①。他心中的道,就是百姓日用的内容,是触手可及的,不是只有读书人才能去感悟与得到的。人人皆可以从生活中觉悟这些道理,人人皆可以成为得道的圣贤。"愚夫愚妇与知能行,便是道。"②他还以为圣贤之说应该合乎百姓日用之道,否则即是"异端"。"圣人之道,无异于百姓日用。凡有异者,皆谓之异端。"③圣人与百姓的道应是相通的,并不对立,即他所说的:"百姓日用条理处,即是圣人之条理处。圣人知,便不失;百姓不知,便会失。"④他还说"即事是学,即事是道",且认为百姓有基本的生存权利,有谋求自我人身解放的权利。"人有困于贫而冻馁其身者,则亦失其本而非学也。"⑤这些从平民百姓的立场出发,宣布千年以来的"性命义理"之学为异端的观点在当时是惊世骇俗的。但这些观点也正是王艮思想先进性的体现。

王艮批判地继承了王阳明的"良知说",没有局限于陆王的心性良知范畴,也没有沿袭程朱的求理之路。王艮所演绎的"淮南格物说",是当时社会生产力发展的产物,代表了平民群体的利益,体现了平民们追求政治平等、个性解放与对功利的向往。他认为"格"是格式之格,即"絜矩"。格物是改造社会,改造自己。从这个观点出发,他要求封建统治者若望国家得治,首先要"正己"。个人是矩,国

---

① 王艮:《王心斋全集》,江苏教育出版社 2001 年版,第 5 页。
② 王艮:《王心斋全集》,江苏教育出版社 2001 年版,第 6 页。
③ 王艮:《王心斋全集》,江苏教育出版社 2001 年版,第 10 页。
④ 王艮:《王心斋全集》,江苏教育出版社 2001 年版,第 10 页。
⑤ 王辰:《王心斋全集》,江苏教育出版社 2001 年版,第 13 页。

家是方。统治者要"格"自身的行为，端正品行，从而实现国家风化的改变。

王艮倡导尊身立本说，以此"本"为自己，"末"为国家。王艮把人的"身"视为根本，将其地位抬高至与道一样，是世界万物根本的"至尊者"。只有同时修行身与道两者，才是"至善"。"身"并不是可以被超越的抽象的概念，而是实实在在的血肉之躯，而肉体之身（包括物质生活与精神生活）的安，就是"安身"。人们应该尊身、爱身、安身，防止辱身、害身、失身。"我之不欲人之加诸我"，"吾亦欲无加诸人"。他强调保身的重要，强调人格的独立平等，强调尊重他人的独立见解。由此，王艮衍生出"爱人说"，要求每人都反省自身，其身正而天下归之正，反己而物正也。这样就可以实现人与人的和谐共存，从而达到"人人君子，比屋可封"的"羲皇世界"。这些观点虽然具有一定的局限性，对当时的中国人而言，突破了纲常礼教，也具有明显的个性解放的启蒙作用。

（三）教育思想

1. 以平民为教育对象

与历代庙堂教育家以知识分子（士人）为教育对象不同，王艮不认为普通平民（尤指农民、手工业者、商贩等诸业民众）是不可教育的，他反对愚民，更反对以暴政来压制民众。他坚持只有对民众施行教化，才是实现理想社会的正确道路。在教育对象的选择上，王艮打破了学术为士人垄断的传统，继承了孔子有教无类的思想。他认为施教者应有包容天下一切愿意求学之人的气度，不能因身份的差异，而改变教育的宗旨，强调"容得天下人，然后能教得天下人"①。

王艮在自己家门口写道："此道贯伏羲、神农、黄帝、尧、舜、禹、汤、文、武、周公、孔子，不以老幼贵贱贤愚，有志愿学者，传之。"②他的这个教育理念也是与其"安身""爱身"的哲学思想分不开的。他对于普通百姓，尤其是中下层百姓有着高度的认可与重视，所谓"世人不肯居斯下，

---

① 王艮：《王心斋全集》，江苏教育出版社 2001 年版，第 13 页。
② 王艮：《王心斋全集》，江苏教育出版社 2001 年版，第 69 页。

谁知下里乾坤大。万派俱从海下来,天大还包在地下"①。他一视同仁,把圣人与百姓平等看待。王艮的学生中虽然也有一些中上层人士,但平民一直是其教育对象中的主体。其弟子至五传者,有名可考者为487人,三教九流皆有。

2. 乐教与善教

王艮把教育事业作为一件快乐开心的事情去做,把从事教育事业视为是一种积极上进的表现。他专门作了首《乐学歌》:"人心本自乐,自将私欲缚。私欲一萌时,良知还自觉。一觉便消除,人心依旧乐。乐是乐此学,学是学此乐。不乐不是学,不学不是乐。乐便然后学,学便然后乐。乐是学,学是乐。呜乎!天下之乐,何如此学?天下之学,何如此乐?"

王艮认为教育不仅是服务于社会的工作,也是一件很愉悦自身的事情。每逢有人来求教,王艮就欣喜不已。因为受教的人越多,觉悟的人越多,民风开化,整个国家也会受到影响,而政通人和。因为王艮把"救世之仁"作为自己终身的使命,希望自己能以学说去救济众生,以致社会人皆尧舜,所以他乐于教育。

王艮不但自己乐教,还带动受教育者乐学。他以为学习就是要发扬人的这种本体之乐。"天下之学,惟有圣人之学好学,不费些子气力,有无边快乐,若费些子气力,便不是圣人之学,便不乐。"②他以为那些不能真正快乐学习的人是被自己的私欲蒙蔽了内心。"日用间毫厘不察,便入于功利而不自知,盖功利陷溺人心久矣。须见得自家一个真乐。"③王艮提倡快乐教学,认为教学不能"累人",学习的过程如果觉得辛苦,就很难学好。

要实现受教育者的乐学,施教者就必须有高超的教学艺术。王艮善于揣摩受教者的心理状态、思维方式,循循善诱,以简易的话语去透彻高深的道理。他推崇教学相长,提倡师生一起学习,印证良知,知其所止。

---

① 王艮:《王心斋全集》,江苏教育出版社 2001 年版,第 57 页。
② 王艮:《王心斋全集》,江苏教育出版社 2001 年版,第 5 页。
③ 王艮:《王心斋全集》,江苏教育出版社 2001 年版,第 19 页。

乐教、乐学并不意味着放弃对学习的要求。王艮是一个十分惜时的人，"人生贵知学，习之唯时时。"对于教育，他也很注重抓住点滴时间进行教学，尽管自己所讲的道理深入浅出，以"简易"为宗旨，但他一直告诫自己的学生，不能因为提倡"简易"学习，就草率马虎、粗枝大叶。他也不是一个教导学生去读死书的老师，既然"即事是学，即事是道"①，曾经"读万卷书，行万里路"的王艮也积极提倡学生在实践中去教育，去找寻真理。

3. 教育内容

王艮强调道德教育的作用，其所教学多以道德教育为主。他认为可以通过道德教育改造人，减少社会矛盾，提高人民的教养。他坚持认为缺少教养和教养无方是人变恶的原因。那些人所具有的不好的"气质杂性"，并不是人天生的本性，通过学习可以纯净人的本性。

王艮对于德育与智育的关系有自己的观点，如果要在两者之间进行顺序排列的话，他必然是将德育放在首位，只有做到"先德行而后文艺"的教育，才是他心目中的明伦之教也。

在具体的教育内容上，王艮及泰州学派有着鲜明的平民化色彩。他们认为天理之类的道德教化如果不通过平民百姓所能接受的日用之道来施行教化，是行不通的。只有理解中下层百姓，将他们生活生产活动的一切知识纳入教育的范畴，才是正确的教育途径。而这种教育内容，并不是对教育的亵渎，应是教育的本来之义。

王艮认为传衍至明代的儒家学说，在经过了千年的传承附会后，已经与先秦儒家有了很大的变化。儒家学说解读的牵强附会、仪式的繁文缛节已经与社会现实脱节，尤其是与普通老百姓的生活、学习脱节，只是一种上层知识分子的仕途工具，也是统治者的政治工具。所以，王艮一直努力从事将儒学简易化的实践，希望通过自己的努力，将儒学简易化，以适于平民百姓学习。他们将儒学作为一种"至简至易"之道，"康节极称孔子，然只论得孔子玄微

117

---

① 王艮:《王心斋全集》,江苏教育出版社 2001 年版,第 13 页。

处,至其简易宗旨却不曾言。"认为后世学者误解与隐瞒了孔子之道的真谛,"此至简至易之道,视天下如家常事,随时随地无歇手地,故孔子为独盛也。"①王艮认为,要获取知识,只有从百姓生产生活的实践中,从客观事物中去学习,去探究。而这些百姓的日用之道,也是真正的大道。

王艮的思想不但在明代中叶即受到关注,"家藏王氏之书,人传安丰之学",其影响延续直至民国初期,一些进步人物仍直言曾受其启蒙教育而获益。

第四节　书院的昌盛

江苏书院明建 97 所,清建 229 所,②一说明代江苏书院有 46 所。明清时期,江苏书院从地方官学的附庸成为学问之所,风光无限。

一、书院的种类与分布

明初,重视官学教育,全国仅有洙泗、尼山两座书院。洪武元年(1368 年)、洪武五年(1372 年),明廷曾两次下令改书院山长为训导,将各地书院并入官学或社学。因为好的学者纷纷在官学任教,很多书院仅仅作为官学教育的附庸,徒为祭祀先儒而存在。尤其是明初规定科举必由学校,必由国学、府学、州学、县学,使得士人只有通过官学才能进入科举之路,对书院发展的负面影响极大。而且明初文字狱风行,加上程朱理学的统治地位,对崇尚学术自由的书院形成了很大的冲击,也导致书院的发展十分艰难。正统年间,书院发展开始兴起。明中后期,由于官学教育质量的下降,学生越来越成为死读书的书虫,没有其他见识与安国兴邦的才能。越来越多的学者、学生开始青睐于书院教育。

---

① 王艮:《王心斋全集》,江苏教育出版社 2001 年版,第 17 页。
② 赵秉忠、王申:《清代江苏书院述论》,《社会科学辑刊》1993 年第 4 期,第 86 页。

书院不但获得了新的发展,也受到了政府的重视。正德、嘉靖年间,江苏书院与全国书院一样,达到了鼎盛。到了嘉靖末年,江苏地方官员纷纷新建书院,吸引四方学士。

江苏书院虽然在明代前期受制于官学兴盛与科举制的影响,书院发展并不明显。但在明代中期,科举腐败导致的士人回归山林的风气、士大夫阶层对学问的朴素追求,以及书院"讲会"制度产生提升了书院学术性等因素的共同影响,使得江苏书院得到了空前的发展契机。无论从数量还是质量上来观察,明代的江苏书院都位居全国前列。明廷曾四次禁毁书院,其中三次起因于江苏书院,由此亦可见明代江苏书院在全国的地位与影响力。下为部分明代江苏新建的书院名录:

区域	地点	新建书院
苏南	南京	新泉书院、崇正书院、文昌书院、首善书院;江浦石洞书院、新江书院、白马书院;高淳书院;浦口江干书院;溧水三贤书院
	苏州	金乡书院;昆山石湖书院、富春书院、崇文书院;常熟虞溪书院、虞山书院
	无锡	二泉书院(尚德书院)、方塘书院、崇正书院;江阴延陵书院、梧溪书院;宜兴东坡书院、明道书院
	常州	道南书院、溪南书院、龙城书院、城东书院、崇儒书院、临平书院、三槐书院、东山书院;金坛龙山书院;溧阳嘉义书院
	镇江	清风书院、香山书院;句容句曲书院、三友书院、南轩书院、正心书院、华阳书院、江左书院;丹阳濂溪书院、练湖书院
苏中	扬州	资政书院、维扬书院、甘泉书院(后改名崇雅书院)、五贤书院、谢安书院(后改名东山书院)、正谊书院、安石书院;高邮珠湖书院、湖南精舍;仪征讲学院、东园书院
	泰州	泰兴凝秀书院、延令书院
	南通	崇川书院、通川书院、五山书院、文正书院(忠孝书院)

区域	地点	新建书院
苏北	淮安	忠孝书院、仰止书院、文节书院、崇正书院、节孝书院、嘉会堂、志道书院、淮阴书院、西书院、临川书院
	徐州	彭西书院、彭东书院、吕梁书院、养正书院、正谊书院、河清书院、境山书院;丰县华山书院、中阳书院;沛县仰圣书院、沽头精舍、西河书院、泗滨书院;砀山龙峰书院
	盐城	正学书院;东台泰东书院
	宿迁	凌云书院
	连云港	崇正书院、明道书院、石棚书院、伊庐书院

与宋元时期江苏书院分布状况相比较,明代江苏书院的分布更加均衡,一些没有或少有书院的地区都有了新的收获,其中以宿迁、盐城等地最为明显。不仅苏南、苏中,苏北等地的书院也逐渐林立。扬州、南京、淮安、徐州等府新建书院达到了 10 所以上。前朝被毁废的一些书院得以恢复,泰州的安定书院与晏溪书院、苏州文正书院、无锡东林书院等知名书院皆复旧观。其时江苏书院总量近百所,是同期府州学的近十倍,约为全国书院总数的十分之一。嘉靖年间为明代江苏书院最盛时期,形成了苏南以无锡、苏中以扬州、苏北以淮安为中心,包括南京、常州、镇江、苏州、徐州等在内的城市书院集群。有明一代,江苏书院不但遍及府州,甚至深入镇村之中。如扬州邵伯镇安石书院,泰州西溪镇的晏溪书院,俱为乡镇书院。明代江苏书院的建筑规模也更加宏伟,巨无霸体量的书院频现。南京崇正书院则依山而建,殿堂三进,占地 2000 多平方米。扬州甘泉书院有立礼门、纯正门、至止堂、学集诚明斋、自然堂、仰宸楼、讲修敬意斋、号房、祠堂、射圃等建筑、场所,一派学业重镇之气象。明朝曾经四次禁毁全国书院,分别为嘉靖十六年(1537年)、嘉靖十七年(1538年)、万历七年(1579年)与天启五年(1625年),其中三次与江苏书院直接有关。第一次是御史游居敬上疏斥责南京吏部尚书湛若水在南京建立新泉书院、新江书院,用心不端,嘉靖帝诏令所司毁其书院。第二次是吏部尚书建议毁书院而倡官学。第三次是张居正上奏,认为常州知府施观民耗费民财,集资创建书院,不得民心,而

引得诏令毁天下书院。第四次则是由宦官魏忠贤毁无锡东林书院引发。徐谦芳在《扬州风土记略》中称："启祯之际,东林讲学,盛极一时,而得祸最烈。故士气颓丧,书院都被毁废。"前三次禁毁书院之风并不长久,江苏书院虽受顿挫,但延绵发展不断,直至魏忠贤毁东林而后,天下书院俱毁矣。后江苏书院一蹶不振,此后虽有所恢复,如崇祯二年(公元1629年),吴桂森等人重修东林书院,但时已明末,江苏书院整体未能恢复盛况。事实上,四次禁毁书院之余,也有一些偶发事件对江苏书院有所影响,如嘉靖三十七年(1558年),倭寇侵扰江浙一带,深入南京等地,很多江苏书院遭受浩劫。但这些都无法抹杀江苏书院的成就。

明代书院官学化已经成为主流,地方官员一改前代的资助或倡导方式,直接兴建书院,大量的江苏书院皆创自地方官员之手。一些私立书院也逐渐官办化,如扬州甘泉书院在万历二十三年(1595年)被巡按御史牛应元修复后,即改为官办崇雅书院。明朝官员所建部分江苏书院见下表[①]:

书院名	新建、复建、扩建官员名	书院名	新建、复建、扩建官员名
新泉书院	南京吏部尚书湛若水	新江书院	南京吏部尚书湛若水、知县刘缙
资政书院	扬州知府王恕、知府冯忠	正谊书院	盐运使毕亨
甘泉书院	巡盐御史朱廷立	维扬书院	巡盐御史雷应龙、彭端吾、杨某
亲民馆	仪征知县王皞	延陵书院	江阴知县谢廷桂、知县李元阳
道南书院	常州知府陈实	金乡书院	苏州知府胡缵宗
虞山书院	常熟知县耿橘重建	清风书院	丹徒知县李东
仰止书院	提学张鳌山	忠孝书院	淮安知府薛鏊
志道书院	推官曹于汴	龙山书院	金坛知县刘天和
华阳书院	学使熊廷弼	中阳书院	丰县知县宋士中
五山书院	通州知州林云程	濂溪书院	丹阳县丞顾信、知县蔡实
练湖书院	同知俞端	崇正书院	南京督学御史耿定向

① 参考柳诒徵《江苏书院志初稿》等文献综合整理。

书院名	新建、复建、扩建官员名	书院名	新建、复建、扩建官员名
正学书院	盐城县丞胡鳌	彭东书院	徐州兵备副使王梃
彭西书院	徐州兵备副使赵春、王梃	养正书院	主事王应
龙峰书院	砀山知县王廷卿	华山书院	丰县知县叶煌
仰圣书院	主事吴衍	崇川书院	通州判官史立模
文正书院	巡盐御史陈其学	淮阴书院	总漕常安、知府李璋、总漕顾琮、知府傅桩益
节孝书院	淮安知府邱陵	龙城书院	知府施观民、知府欧阳东凤

　　明代书院日常经费也大多为政府资助，间有民间捐助。如据张元徵的《资政书院记》记载，扬州的资政书院，大量吸引民资，甚至"饮食楮笔悉资之"。

　　清代雍正以前，对书院都采取抑制的政策，导致书院发展不畅。雍正后，清廷才开始提倡兴办书院。江苏各地原有书院得到了持续的发展，也新创了一些书院。其书院数量及规模超过前朝历代。部分新建者名录见下表①：

区域	地点	新建书院
苏南	南京	钟山、虹桥、长干、凤池、尊经、惜阴、鹅鸣、奎光书院；江浦东山书院、珠江书院；六合六峰、养正书院；浦口大新书院
	苏州	紫阳、正谊、平江、澹台、正心、乐圃、学古堂、五湖、清和、汤公、道南、张公、锦峰书院；昆山玉山、崇文、梅岩、安道书院；常熟亭林、思文、养贤、清风、南华、游文（虞山）、琴川、正修、智林、梅李、海东、清水书院、学爱精庐；吴江松陵、新安、震泽书院、同川、黎舍川（裨湖）书院；太仓娄东、陈安道、震川书院；张家港梁丰书院
	无锡	共学山居；江阴阳城、铜山、锦带、暨阳（礼延）；宜兴阳羡（蜀山）、鹅山书院
	常州	龙城、高山、道南、延陵、溪南、舜山书院；溧阳平陵、高平、青山书院
	镇江	杏坛、宝晋、去思书院；丹阳濂溪、鹤林、鸣凤书院

① 至1840年前。

区域	地点	新建书院
苏中	扬州	孝廉堂、安定、竹西(广陵)、敬亭、梅花、邗阳书院;仪征乐仪书院;宝应画川书院
	泰州	明道书院;靖江骥腾、正谊(新马洲)、东川、崇文书院;兴化诚意、昭阳、正心、文正书院;泰兴延令书院
	南通	紫琅书院;如皋崇正、雉水书院;海安明道书院;如东南沙书院
苏北	淮安	临川、淮阴、丽正、崇实书院
	徐州	睢宁桂林(昭义)、观澜、醴泉、姜公、云龙书院;丰县凤鸣书院;砀山安阳书院
	盐城	表海书院
	宿迁	沭阳厚邱(怀文)书院、钟吾书院
	连云港	朐山、卫公书院;赣榆怀仁书院

据学术界统计,清朝江苏创建与修复的书院共有150余所,一说有229所。其中知名者为南京钟山书院、惜阴书院;扬州安定书院、梅花书院、广陵书院;苏州紫阳书院、正谊书院;常州龙城书院、延陵书院;江阴暨阳书院、南菁书院等。这些书院不尽为讲求学术者,也有提供启蒙教育的书院,如苏州府立平江书院,"则以课童生"①。一些乡、镇、场的书院则相当于社学的层次。

清代,江苏书院官办者约占书院总数的六成。自大兴书院之风后,清廷各级地方首要长官皆负有倡导之责。除了省城、府城,各县乡都有官办书院存在。其中由封疆大吏主导的有钟山书院(总督查弼纳、布政司贺长龄)、虹桥书院(总督于成龙)、紫阳书院(巡抚张伯行、布政使鄂尔泰等)、正谊书院(总督铁保、巡抚汪志伊等);道台主导的有安定书院(盐政高斌、盐运使尹会一等);知府主导的有去思书院(高龙光)、广陵书院(赵宏煜、劳宗发)、延陵书院(骆钟麟)等;知县主导的有杏坛书院(张晋)、养贤书院(李璞)、东山书院(徐龙光)等。民办者较之明代,有所增加,且大多为地方乡绅所兴,如扬州梅花书院(盐商马曰琯)、敬亭书院(两淮商人);澹台书院(绅士彭定求);骥腾书院(绅士萧松龄);醴

---

① 柳诒徵:《江苏书院志初稿(续)》,《江苏文献》1942年第3/4期,第124页。

泉、养正等书院也皆如此。亦有士人所办者,如东川书院,为诸生杨坦等创。也有官学学官所办者,如朱谟建文昌书院。江苏的南京、扬州、苏州等城内,遍布书院,文风兴盛。《扬州画舫录》卷三描写明清两代扬州书院盛况:"扬州郡城,自明朝以来,府东有资正书院,府西门内有维扬书院,及是地之甘泉山书院。国朝三元坊有安定书院,北桥有敬亭书院,北门外有虹桥书院,广储门外有梅花书院。其童生肄业者,则有课士堂、邗江学舍、甪里书院、广陵书院,训蒙则有西门义学、董子义学。"仅扬州城所属,即有书院三十余所。

清朝书院建筑规模参差不齐。有些书院建筑简单,仅为斋舍与讲堂两部分,甚至不设斋舍。靖江的骥腾书院,就仅有"门三楹,厅三楹,堂三楹,左右缭以垣墙"[①]。南京尊经书院以原县学尊经阁修建而成,与惜阴书院一样,两者创建之初皆无斋舍。有些书院则规模宏制,建筑众多。雍正二年(1724年),南京钟山书院有门二层,堂二进,楼二层,两旁斋舍百余间。道光九年(1829年),布政司贺长龄筹款建斋舍,再扩钟山书院规模。扬州梅花书院规模最盛时,内有大堂五重、讲堂五重、双忠祠、萧孝子祠、仪门、花园、号舍64间。后设大门甬道达20余丈,雕墙5丈,长十余丈,有厅阁。书院的学生规模也略有差异,有数百人者,如扬州安定书院初定生徒员额60人,后增至数百人。苏州紫阳书院原定额150名,后增至300名。但这些书院生徒大多在一百多人左右,如乾隆时期的梅花书院、紫阳书院等。

官办书院的师资选拔与官学一致,但府州学教官不得兼任书院教职。省城书院主要教职由督抚及学政会商延聘,各府州书院则由府州县地方官延聘。如苏州紫阳书院院长必经巡抚、学政举荐,上报中央政府,由皇帝批准而定。其第一任院长冯昙至最后一任院长邹福保共27人,皆为进士出身,间有状元、榜眼、探花者。很多书院教职都有着很高的学术素养与道德水准。如扬州书院所聘请的储大文(翰林院编修)、陈祖范(国子监司业)、沈起元(光禄寺卿)、杭世骏(编修)、蒋士铨(编修)、赵翼(探花)、吴锡麟(国子监祭酒)、姚鼐(刑部郎中)、茅元铭(内阁

---

① 柳诒徵:《江苏书院志初稿》,《江苏文献》1942年第1/2期,第141页。

学士)等人都是当时的学界名家。

书院教职人员还须经历严格的考核。乾隆元年(1736年)规定学臣三年任满,需要经过咨访考核,如果确实教学水平较高,有所成效,可以得到奖励。再三年,再次考核,如果依旧有所成就,就可以得到升迁。

除了人事安排,统治者们还通过赐予御书的形式,以增加书院对朝廷的向心感、引领学风,加强对书院的控制。江苏书院得此类墨宝者不在少数。雍正曾赐予南京钟山书院"敦崇实学"字匾;康熙则御书"济时良相"于苏州文正书院、"学道还淳"于苏州紫阳书院、"经术造士"于扬州安定书院;乾隆御书"白鹿遗规"于紫阳书院、"学醇业广"于苏州文正书院。

书院的学生也由官方直接进行考选。《清会典》:"书院生徒,由驻省道员专司稽察,各州县秉公选择,布政使会同该道再加考验,果系材堪造就者,方准留院肄业。"乾隆九年(1744年),诏令讲全国各省书院生徒,细加甄别。此后,不断有整顿书院生员的诏令颁行全国。江苏各地书院,也各有不同的生徒入学考试设计。如江阴南菁书院,每年正月由学政分经、古两场甄别录取。经学则性理附焉,古学则天文算学舆地史论附焉。江阴礼延书院,"每年甄录生童各百名,在院肄业生员别为超等、特等、壹等;童生别为上取、中取、次取。"①

因为科举的存在,书院学子们更加希望"应乡试"以获得功名,对官学考试并不十分在意。很多江苏书院的考课分为官课与私课两种,一般每月官课一次,私课两次。官课由地方主要官员主持,私课由各书院山长主持。其内容主要为考察诗、文。"普通书院,每月皆有两课,定在初二、十六,或初五、二十五举行。又往往以一次为官课,由抚藩县郡轮流出题阅卷给奖。一次为师课,由掌教出题阅卷,院中给奖。阅卷评定等次,奖银一两或二两,各院不等,视其经济能力而定。"②《续纂江宁府志》称钟山书院"月二试,科举年场前月三试,逢二为期。官课一,师课二,每试辰入酉出"。扬州安定、梅花书院每月初二为官课,十六日为山

① 陈思修、缪荃孙:《江阴县续志》卷六《学校》,出版者不详,1921年版。
② 陈东原:《清代书院风气之变迁》,《学风(安庆)》1933年第5期,第15页。

长课,二十日为山长试诗赋策论。每年二月甄别,未经录取者,准下届投考,以三个月为限。苏州紫阳书院每月两课,官课一次,掌教一次。扬州梅花书院,除了每月由地方官员进行月试,每三年另甄别一次。优等者升,劣等者降。江阴南菁书院"两试连列三次,一等者补之"。"经古月课亦每年各十次,第一名均优奖八千文。"①书院学生其出路与府州学生员相类。

乾隆十一年(1746 年),诏立书院,且规定督抚于驻扎之所创立书院,着该督抚商酌举行,各赐帑金一千两,以备使用。如钟山书院即为奉旨赐帑。扬州梅花书院原为盐商马曰琯一力承建。乾隆四年(1739 年),巡盐御史三保以运使徐大枚所请,重定诸生膏火,于运库公支项下动给支付。又有南京邑人伍光瑜等请于制府孙玉廷筹拨公项款两千两建奎光书院等事。各书院的学田也多寡不均,有数百乃至上千亩之众的,亦有几十亩的。道光三年(1823 年),查实苏州府立平江书院有学田 89 亩。道光十八年(1838 年),常州延陵书院有田 1600 余亩,存典钱五千千文。

因为江苏民间财力富足,加之书院学田充裕,所以江苏书院膏火在全国也属前列。如扬州安定、梅花书院及仪征乐仪书院,"皆隶于盐官,藉其财赋之余,以为养育人才之地,故饩廪之给,视他郡为优。"②类比同时期的他省书院,如湖南岳麓书院,其膏火仅为扬州安定书院的三分之一。见下表:

书院名	每年学生膏火待遇
无锡东林书院	正额内课生银 12 两、外课生 3 两;(乾隆五十年)增生 12000 文钱、外课生 3000 文;(嘉庆二年)附生 1600 文
扬州安定书院	正课生 36 两、附课生 12 两;住院肄业者于常额外日增三分
苏州紫阳书院	正课生 28 两 8 钱,米 36 斗,附课生 12 两(只附 1 课者 6 两)
扬州梅花书院	正课生 36 两、附课生 12 两;上舍生(正课优者)54 两
南京钟山书院	内课生 28 两 8 钱、外课生 14 两 4 钱
南京尊经书院	同钟山书院
南京凤池书院	内课生 9 两六钱,外课生 4 两 8 钱
常州延陵书院	1016 千文,花红钱 220 千文

① 鲍正熙:《南菁书院始末》,《江苏政协》2000 年第 3 期,第 39 页。
② 柳诒徵:《江苏书院志初稿(续)》,《江苏文献》1942 年第 1 卷第 3/4 期,第 117 页。

一些书院还对生徒有额外的补贴奖励。如惜阴书院并无膏火设置，但有优奖。由总督陶澍"自捐廉一万两,发典生息焉"。道光十八年(1838年),"月一试之"①,奖励数额为第 1 名 4 两,2、3 名各 3 两,4 至 10 名 2 两,10 名外 1 两,特等者皆 5 钱。扬州梅花书院考核奖励的标准为第 1 名 1 两,第 2、3 名 8 钱,以下 6 钱。扬州安定书院考核优者,仿古上舍之例,增正课膏火一两五钱,无定额。嘉庆五年(1800 年),扬州安定书院"为复公车资费,士有举于乡者,具旗匾荣之。每岁科两试及秋闱,各资路费"②。苏州紫阳书院则奖一等首名 1 两 5 钱,余者 1 两,二等者 6 钱。

江苏书院于教官束脩方面,也十分优厚。南京钟山书院山长的束脩达到了 800 两,伙食银 160 两。扬州安定、梅花书院的山长束脩银各 400 两,伙食银各 300 两。广陵书院山长束脩银 268 两,伙食银 80 两。安定、梅花书院监院 2 名,每月薪水银各 12 两。照料董事 2 名,每月薪水 6 两。常州延陵书院主讲每年束脩 240 千文。

清代学者黄以周说:"学校兴,书院自无异教;学校衰,书院所以扶其敝也。"③总体上,由于官学教育在明清两代较为发达,由官学至科举的教育道路较为强势,客观上对书院教育有一定的压制作用。

在清朝某些时期,也有种种原因致使书院经费发生困难、影响办学的例子。嘉庆中,江阴某书院就因主办者"藉事移用,而生徒几虚席"④。但该事影响并未持续过久,很快就扭转了局面。后人曾有评价:"书院经费既须赖个人捐助,长官不过尽倡导之责,政府虽以作育人材为号召,实际仍在社会人士之自动。故各院因经费困难,偶亦有停顿圮废情形,在所难免,但索薪罢课之事,则绝对无有。当时之教者学者,皆了然于自动读书之义,而决不存为政府读书之想的。"⑤可见,经费丰富仅是一方面,归根结底,江苏浓厚的崇文基础才是这些书院存在与持久发展的根本。

① 陈东原:《清朝书院风气之变迁》,《学风(安庆)》1933 年第 5 期,第 18 页。
② 柳诒徵:《江苏书院志初稿(续)》,《江苏文献》1942 年第 1 卷第 3/4 期,第 116 页。
③《史学略》卷四《黄以周儆季杂著七种》,清光绪年间刊本。
④ 陈东原:《清朝书院风气之变迁》,《学风(安庆)》1933 年第 5 期,第 16 页。
⑤ 陈东原:《清朝书院风气之变迁》,《学风(安庆)》1933 年第 5 期,第 16 页。

二、书院的教学

明朝书院的教职设置与宋元大同小异。有些书院是与科举相联系的考课书院。受学其中的学生与官学生一样,进行以举业为目标的学习。万历年间,书院的考课制度经过改革,直接与科举目标挂钩。如泰州泰山书院①的办学宗旨即为谋求科业成就。也有一些书院保持了前代书院的讲学性质,由具有声望的学者主持讲学。湛若水、王守仁、王艮等人在扬州、泰州一带主持了书院讲学活动。给事中毛宪在常州道南书院讲学,"士子云集"②。到了明朝中后期,江苏甚至有一些地方官员直接参与书院的教学活动。成化年间,扬州知府王恕在江都建设资政书院,有时亲自进行考课,"非朔望不得辄出,间复考第优劣,以奖其进,而策其不进者。由是众皆劝勉,以求不负所教而端其所履。"他的这番努力也确实取得了一定成效,激励了大家,该书院登名甲科者数有其人。

清朝江苏书院虽然为官方控制,但去掉蒙学类书院外,其类型可按主要教学内容分为三类:一为以讲究理学为主的经义书院,如南京惜阴书院、学古堂等;二为博习经诗词章为主的文学书院;三为以科举为目的的考课书院,如扬州广陵书院、靖江骥腾书院等。事实上,清朝江苏书院的教学内容并无如此严格的划分,除蒙学书院外,大部分的书院是三种教学内容皆存,只是各个时期的侧重点不同而已。钱穆就以为清朝书院无法完全脱离考课而存在:"夫书院讲学,其事本近于私人之结社,苟非有朝廷之护持,名公卿之提奖,又不能与应举科第相妥洽,则其事终不可以久持。"③

清初,明代沿袭的江苏书院讲学之风仍有遗韵。所谓"清顺康间讲学之风犹近明季"④。一些书院重视古文研究,"重古文之风,倡始于鄂

---

① 泰州安定书院改名。
② 柳诒徵:《江苏书院志初稿》,《江苏文献》1942 年第 1/2 期,第 119 页。
③ 钱穆:《中国近三百年学术史》,中华书局 1986 年版,第 20—21 页。
④ 柳诒徵:《江苏书院志初稿》,《江苏文献》1942 年第 1/2 期,第 138 页。

尔泰之在苏州紫阳书院，极盛于姚姬传之主讲南京钟山书院。"①因为康熙崇尚理学，经义之风一度风行于江苏各大书院。至乾嘉时期，提倡汉学，书院讲学风气又为之一变。"第综有清一代而论，书院风气，与朱明迥殊。其课帖括者，无论矣。乾嘉以来，崇尚朴学。转于古学法有合。"②但随着科举目标的确立，考课教育逐渐成为书院教育的主流。雍正时期，虽大倡书院，但其教学仍以科举为主。陈东原评价："不过在有名无实的郡县官学之外，尚有比较含学术意味的教学机关，故颇见重于社会。但一般书院的重要工作，仍在课试。"③科举是清代大部分江苏书院的核心教学任务。清人卢文弨称："志圣贤之学者，曰士；习制举之学者，亦曰士。两者趋向虽殊，而实可同归一致者也。……书院之设，其初皆以讲学，其后遂专以课文。"④

书院的教学内容除了与府州学相似的部分外，还有一些山长或教官因各人学术所长而增加的内容。很多学者的传世著作就源于其在书院的讲义与思考。钱大昕正是在主讲钟山书院期间，完成了史学巨著《廿二史考异》百卷。蒋世铨在乾隆诗坛上与袁枚、赵翼齐名，人称"江左三大家"，其所编的十六种戏剧中有四种就是在安定书院主讲时所写的。钱大昕在钟山书院，凡四年，"其教士，以通经读史为先。"⑤李兆洛在暨阳书院，教读《通鉴》《通考》《史记》《汉书》《春秋繁露》《管子》《吕氏春秋》《商子》《韩非子》《贾子新书》《逸周书》《淮南子》诸学。书院的教学内容也不完全固定，虽有学者所守，但也会随学术大势而变化。如康熙以后，紫阳书院由原奉理学为宗，改为汉学为主。"书院之由讲求心性，变为稽古考文。"⑥在具体的讲学方法上，出于教学内容的差异，书院与官学有很大的不同。书院的讲学一般属于点拨式精英教学法，除了集中上课外，还经常开展学生自学与论辩、演讲等活动。卢文弨在钟山

① 陈东原：《清朝书院风气之变迁》，《学风（安庆）》1933 年第 5 期，第 16 页。
② 柳诒徵：《江苏书院志初稿》，《江苏文献》1942 第 1/2 期，第 142 页。
③ 陈东原：《清朝书院风气之变迁》，《学风（安庆）》1933 年第 5 期，第 15 页。
④ 卢文弨：《常郡八邑艺文志》卷六下册，光绪十六年刻本。
⑤ 柳诒徵：《江苏书院志初稿》，《江苏文献》1942 年第 1/2 期，第 148 页。
⑥ 柳诒徵：《江苏书院志初稿（续）》，《江苏文献》1942 年第 3/4 期，第 125 页。

书院,“每课必卷卷而评校焉”[①],讲学时,音容亮肃,学务实践。李兆洛教学暨阳书院,按照教学日程,严格执行,从不懈怠,“各就性情所近,分途讲授。”陈祖范主讲紫阳书院时,谈《易》不取先天之学,谈《书》不取梅赜,谈《诗》不废小序,谈《春秋》不取义例,谈《礼》不以古制违人情。踏实与客观成为他们教学的特色,也引领着当时的江苏学风。

清朝江苏书院名师辈出,彪炳一时。钟山书院有杨绳武、夏之蓉、钱大昕、卢文弨、姚鼐、朱琦、程恩泽、胡培翚、任泰等;江阴暨阳书院的卢文弨、李兆洛;苏州紫阳书院的陈祖范、王峻、沈德潜、廖鸿章、彭启丰、蒋元益、钱大昕、石韫玉、朱琦、董国华、俞樾、吴鼒、夏同善、潘遵祁;正谊书院的朱琦、冯桂芬等;太仓娄东书院的沈起元、蒋元益、卢文弨、钱大昕、王昶、段玉裁、叶裕仁、王祖畲等;山阳丽正书院的夏之蓉、江藩等;仪征乐仪书院的沈廷芳、吴鼒等。这些教师皆为某方面学问专家,雍乾年间,扬州安定、梅花、广陵书院的掌院皆有所长,如王步青(理学、诗文)、储大文(诗文)、查祥(诗文)、陈祖范(经学、诗文、文献学)、王乔林(朴学)、邵泰(经学)、蒋恭(经学、诗文)、沈起元(理学)、刘星炜(诗文)、王延年(经史、诗文)、杭世骏(史学、诗文、文献学)、储麟趾(经学、诗文)、蒋士铨(诗文)、吉梦熊(诗文)、赵翼(经史、诗文)、周升桓(书画)、王嵩高(诗文)、姚鼐(诗文)、蒋宗海(诗文、文献学、书画)等。[②] 他们的讲学活动具有相当的学术高度,所产生的学术与社会影响也十分深远。《南菁书院记》记载:“暨阳书院余姚卢学士召弓、武进李大令申耆,先后主讲席,流风余韵上下百年。”李兆洛主讲龙城书院时,“从游者,极一时之俊。”[③]一些名师曾在多个书院中任教,如曾任翰林院侍读学士、湖南学政等职的卢文弨,前后掌钟山、紫阳书院,及崇文、龙城、娄东、暨阳、晋阳,迭主讲席。这种情况也促进了江苏各地区各学术文化派别的传承与交流。

在这样的氛围下,有清一代,江苏书院学术研究蔚为大观,奠定了

---

① 柳诒徵:《江苏书院志初稿(续)》,《江苏文献》1942 年第 3/4 期,第 112 页。

② 参见陈文和:《试论清代扬州书院在扬州学派形成中的作用》,《南京晓庄学院学报》2005 年第 4 期,第 116—124 页。

③ 柳诒徵:《江苏书院志初稿(再续)》,《江苏文献》1942 年第 7/8 期,第 116 页。

全国文化重镇的地位。南京、扬州、苏州、常州、江阴等地都是学术名家聚集的文化名城。作为省会的南京，书院之盛，甲于天下。"江宁书院，特盛于他省。"①而扬州作为江苏江北地区文化首府，其书院文化不相让于南京。"扬州之书院，与江宁省会相颉颃。"②《扬州画舫录》卷三称："安定、梅花两书院，地方来肄业者甚多，故能文通艺之士萃于两院者极盛。"《高斌重建书院碑记》则云扬州书院："延师授业，远近来学者雍雍济济。"苏州、常州等地，"旧有书院之外，清朝创建者，曰紫阳、曰正谊，为最大"③。"常州之书院，曰龙城、曰延陵，而龙城为最著。"④这些书院的存在使苏、常等府，"其风气不下于江宁、扬州也。"⑤

清朝江苏书院产出了大批学术人才，李兆洛培养出精于《说文解字》的承培元、精于天文历算之学的宋景昌、精于地理学的六承如、六严等人。钱大昕执教紫阳书院，一时贤士授业于门下者，不下二千余人，皆精研古学。扬州安定、梅花书院学生中成为知名学者的有任大椿、段玉裁、李惇、王念孙、宋绵初、汪中、刘台拱、洪亮吉、孙星衍、焦循等。"段王汪刘洪孙任顾诸贤，皆出于邗之书院，可谓盛矣。"⑥此外，还有苏州紫阳书院的王鸣盛、钱大昕、王昶、瞿中溶、朱骏声等；钟山书院的邓廷桢；常州龙城书院的孙星衍、李兆洛；高邮珠湖书院的王引之等皆为江苏书院培养出的杰出学者。

清朝江苏书院还为桐城派、扬州学派、吴中学派、常州骈文派等学术门派的崛起奠定了人才基础。清朝大儒阮元曾评价："盖今时天下学术以江南为最。江南凡分三处：一安徽，二扬镇，三苏常。""镇江、扬州号为极盛。"⑦扬州学派、吴中学派、桐城派的中坚力量几乎都全部来自江苏书院。姚鼐"主讲钟山最久，以古文义法教门弟子。门弟子管同、梅曾亮等，传其文笔，天下号为桐城派"⑧。而常州文坛则以词与骈体最

① 柳诒徵：《江苏书院志初稿》，《江苏文献》1942 年第 1/2 期，第 44 页。
② 柳诒徵：《江苏书院志初稿（续）》，《江苏文献》1942 年第 3/4 期，第 116 页。
③ 柳诒徵：《江苏书院志初稿（续）》，《江苏文献》1942 年第 3/4 期，第 123 页。
④ 柳诒徵：《江苏书院志初稿（再续）》，《江苏文献》1942 年第 7/8 期，第 115 页。
⑤ 柳诒徵：《江苏书院志初稿（续）》，《江苏文献》1942 年第 3/4 期，第 123 页。
⑥ 柳诒徵：《江苏书院志初稿（续）》，《江苏文献》1942 年第 3/4 期，第 121 页。
⑦ 刘师培：《刘申叔遗书（下册）》，凤凰出版社 2019 年版，第 1972 页。
⑧ 柳诒徵：《江苏书院志初稿（续）》，《江苏文献》1942 年第 3/4 期，第 113 页。

为鼎盛。汉学家戴震在扬州讲学时间最长,其小学则高邮王念孙、金坛段玉裁传之;典章制度之学则为兴化任大椿传之。

三、书院的藏书与刻书

藏书历来是书院的基本职能之一,从中国书院诞生起,藏书的质量与数量即成为评估书院财力与水平的重要指标。

明清时期,江苏是全国藏书与刻书中心之一,知名的藏书、刻书家不下数百人。早在明初,南京国子监就曾将元代西湖书院、全国各路官学的书籍进行了收集。并于洪武十五年(1382年)与永乐二年(1404年),两度组织了对所藏书籍的整理工作。此后,修补了二十一史藏版,购买了善本《辽史》《金史》,对一些重要的书籍不断进行旧版重印、汇编刊刻。这一时期江苏书院的藏书与刻书在大环境的影响下,亦有较高的成就。御赐、购买、刊刻、抄写、捐赠等都是江苏书院藏书的来源。明代,由于书院多受科举影响,加上书院发展的政治环境不断变化,书院本身屡遭封禁,所以书院藏书并不丰硕。清代,一方面是书院蓬勃发展,读书需求大增;另一方面是文禁之风猎猎,朴学流行,导致书院藏书、刻书兴盛,较明代更上一个台阶。

(一)明清江苏书院的藏书

很多江苏书院建有专门的藏书建筑,如东林书院建东西楼,分藏经籍、祭器、古乐器;徐州云龙书院有藏书的文昌阁等。

以常熟虞山书院为例,万历年间,虞山书院曾按照圣制、典故、经部、子部、史部、理学部、文部、诗部、经济部、杂部、类书部等11个类目,藏有图书263部,具体类目如下表:

类目	部数	内容
圣制	11	明代皇帝御制或钦定之书
典故	8	《六部职掌》《大明诸司职掌》《昭代典则》等国体政要之书
经部	38	略
子部	21	有《太玄经》《元经》等不常见之书

类目	部数	内容
史部	36	略
理学部	54	程朱陆王各派理学家文集
文部	20	《阳明全集》等文学名家文集或文章选本
诗部	13	诗歌选本、名诗人全集
经济部	28	含盐铁、天文、边舆、海防、水利、荒政、赋税等
杂部	20	《素问》《医统》《本草》《脉经》等
类书部	14	略

虞山书院的藏书目录没有按照传统的四部法进行整理,且受到实学思潮的影响,包含了经史子集之外更多的书籍,如经济部、杂部等。

清代江苏书院的藏书行为直接受到了朝廷的鼓励与支持。乾隆元年(1736 年)三月十日礼部复准:"各省会城设有书院,亦一省人材聚集之地,宜多贮书籍,于造就之道有裨。令各省督抚动用存公银两,购买十三经、二十一史,发教官接管收贮,令士子熟读讲贯。"①江苏各地书院也受到激励,竞相购买书籍。乾隆十六年(1751 年),南京钟山书院、苏州紫阳书院得到了御赐藏书的勋荣。乾隆三十八年(1773 年),乾隆又将《钦定重刻淳化阁法帖》颁赐给钟山书院 1 部。其实早在钟山书院建立时,两江总督查弼纳即为该书院购置了《十三经注疏》《事文类聚》《册府元龟》等 31 种书籍。

光绪十年(1884 年),睢宁昭义书院曾一次性购买若干卷图书,其中主要为理学、经学、举业三种,共 29 种,甚至有"洋板字典"。

很多书院在历经晚清战火后,还能保有大量藏书,如钟山书院,直至同治年间,仍保有藏书 22 种,万卷之多,足见其藏书规模与保存水平。书院的藏书风气也无形中对学子们有触动,嘉庆十二年(1807 年),刘文淇与薛传均同入扬州梅花书院学习,看到书院及先生藏书至富,始自惭闻见寡陋,亦开始藏书苦学。

---

① 陈谷嘉、邓洪波:《中国书院制度研究》,浙江教育出版社 1997 年版,第 181 页。

（二）明清江苏书院的刻书

明清江苏书院除了刊刻一些记载自身讲学、教学情况的文献外，还刊刻一些书院主持者的著作及名人文集、诗集以及杂家等书。

明代江苏书院刻书名录流传后世者有弘治年间正谊书院所刻元代杨维桢撰《铁崖文集》、《楚辞集注》（八卷）、《道德经》（二卷）、《列子冲虚至德真经》（八卷）。嘉靖十一年（公元 1532 年）崇正书院刻宋代吴淑撰《事类赋》（三十卷），又刻有尹台撰《洞麓堂集》八卷，具体年代不详。嘉靖三十八年（公元 1559 年），无锡洞阳书院刻顾可久注《唐王右丞诗集注》六卷。东林书院是当时江苏刻书较为发达的书院之一，主要以经世致用之学为刻书对象，曾刻有北宋诗人杨时的《龟山杨文靖集》三十五卷。

很多经学大师的作品由其所主持的书院刊刻。如经学大师卢文弨在南京钟山书院时，曾刊刻《声音发源图解》《续汉书律历志补注》《逸周书》《荀子》《钟山札记》等自己的著作或自己校勘的文献。钟山书院还刊刻了《钟山书院志》，这本书的书版也一直存放于书院内。苏州正谊书院将学古堂师生的日记进行了汇编，刻印了《学古堂日记》。

四、顾宪成与东林书院

（一）顾宪成

顾宪成（1550—1612），无锡人士，字叔时，号泾阳，后人称其"东林先生"，明代思想家。为王门后学薛应旂的弟子，有《小心斋札记》《顾端文遗书》等传世。万历四年（1576 年），顾宪成乡试第一名，高中解元。万历八年（1580 年）进士，授户部主事，再调吏部任职。

顾宪成一直身处激烈的人事斗争漩涡中。他曾因上疏不当，被贬为桂阳州判官，后又被升为吏部考功主事。明代对官员的考核分为"京察""外察"两类，以品行、政绩为主要考察内容，决定官员的升迁、降调，或罢免。"京察"考察京官，六年一次。"外察"考察地方官吏，三年一度。一旦在"京察"中遭到罢免，即终身不被再用。万历年间，"京察"十分激烈，俨然成为晚明门户之争的标志。顾宪成时为吏部文选司郎中，因在推荐内阁大学士过程中违逆明神宗旨意,以"忤旨"之罪被革职为民。

返回家乡无锡后,顾宪成继续坚持其政治立场,在苏州、常熟、太仓、宜兴等地联系同道,发展政治力量。万历三十二年(1604年),顾宪成获得政府批准,捐银并获得江苏官绅的资助,在无锡东林书院旧址重建东林书院,会聚天下士人,再开讲坛。东林书院的主要人物还有高攀龙、钱一本、顾允成、薛敷教、叶茂才、刘元珍、安希范等人,时号为"东林八君子",皆是江苏人士。东林书院的另一位核心人物高攀龙,字存之,别号景逸,是顾宪成无锡同乡,为万历十七年(1589年)进士,授行人司行人。后因守制而归里,随同顾宪成发起东林书院。

万历三十六年(1608年),顾宪成曾被封为南京光禄寺少卿,但未受命。万历四十年(1612年),顾宪成去世。崇祯帝即位后,为东林党案平反,赐顾宪成谥号端文,赠吏部右侍郎。

(二)"甲天下"的东林书院

东林书院原来是宋儒杨时的讲学之处,因其号为龟山,书院又名龟山书院,后废。顾宪成、高攀龙等人重建东林书院后,书院声誉逐日递增,被称为"天下讲学书院",在当时全国的书院中具有崇高的地位。东林书院有中和、丽泽、依庸等堂,中和堂用以祭祀孔子,另建有道南祠,祭祀杨时及前贤。

在顾宪成的设计下,东林书院定有详细而系统的制度。他以《白鹿洞书院揭示》为范本,制定了《东林会约》,要求书院每年召开一次大会,每月一次小会,并定期会讲。他还对书院的教学、管理有严格而细致的要求。顾宪成提出了书院应以"五教之目""为学之序""修身之要""处事之要""接物之要"为主要规范。顾宪成提出的"四要"是知本、立志、尊经、审几。"破惑",要求破"讲学迂阔而不切,又高远而难从"与"学顾力行"的偏执做法。提倡"崇九益",即讲会的九个益处。"屏九损",要防止讲学的九个弊病。

东林书院的讲会制度在很大程度上模仿了古代稷下学宫、宋元书院的讲学形式,并有自己的特色。在东林书院成立当年,顾宪成就与顾允成、高攀龙、安希范等"东林八君子"发起成立了东林大会。每次于依庸堂举行大会时，东林书院学生们身穿礼服，按照客东主西的位置，静穆排列，行讲学礼，恭听师训。

东林书院同人们以揭露和批判政治腐败、修正不正学风为己任。他们的教育宗旨中最主要的有三大内容：一是提出儒学要拨乱反正，排斥异端，回归孔孟正道；二是倡导实学教育思想，讲求经世之学；三是具有早期启蒙教育思想，所谓"风声雨声读书声声声入耳，家事国事天下事事事关心"。为了挽救人心，端正道统，东林书院尊崇程朱理学，批判阳明心学的流弊，但亦折中融合了阳明与程朱的矛盾。在这个过程中，他们也强调回归经典，注重读书，从而兴起考据之风。东林书院提倡实学，反对空言。东林书院的讲学一贯批判空言无用之说，倡导学以致用，注重培养学生关注经世致用之学，塑造"讲""习"结合的实学学风。东林书院讲学之风不专制、不保守，呈现出自由开放的格局。他们反对君主专制，主张自由的学术风气。他们的这些思想、治学领域与方法对清初学风有很大影响，钱穆言："即谓清初学风尽出东林，亦无不可。"①

东林书院还编有《东林商语》《会语》等，作为书院的教学辅助用书。

东林书院讲学之风日隆，位居明朝后期四大书院之一②。柳诒徵先生在其《江苏书院志初稿》中就评价："合宋元明清四代江苏书院衡之，盖无有过于东林书院者矣！"③

（三）东林书院卷入政治漩涡与结局

顾宪成一直坚持学者间应互相交流，提倡同道者时常切磋学问。他说："自古未有关门闭户、独自做成的圣贤，自古圣贤未有离群绝类、孤立无与的学问。"④因为学问、真理都是很严肃很精细的事物，必须一起研究、互相帮扶，才有更好的进益。"故学者惟其无志于道则亦已耳，幸而有志于道，定然寻几个好朋友，并胆同心，细细参求，细细理会。未知的，要与剖明；已知的，要与印证；未能的，要与体验；已能的，要与保持。如此而讲，如此而习……于是怠者起、断者联、生者熟，相渐相摩，

---

① 钱穆：《中国近三百年学术史》，中华书局 1986 年版，第 20 页。

② 另三所为江右书院、关中书院、徽州书院。

③ 柳诒徵：《江苏书院志初稿》，《江苏文献》1942 年第 1/2 期，第 22 页。

④《东林书院志》整理委员会整理：《东林书院志（上）》，中华书局 2004 年版，第 46 页。

不觉日进而光大矣!"①正是在这样的思想下,顾宪成一直强调团结同志、共同治学。东林书院的创办也是他这一思想的体现,也因此逐渐形成了一个以东林书院讲学团体为核心,以朝野中同情、支持其观点者或攀附、自诩者为主要参与者的政治联合战线。尽管顾宪成等东林书院主持者多次强调不妄议朝政,只理学问,但事实上东林书院讲学的一个重要目标就是希望通过对青年学生的影响而改良政治,加上朝廷中很多以东林人士自居的官员,在各派政治力量斗争的背景下,逐渐拓展其影响力至庙堂之上。他们以清流自居,评议时政,讽论朝政,点评官员。其政治诉求是开放言路,振兴吏治,反对贪腐,革新朝政。有人称东林党是晚明时期以江南士大夫为主的政治集团②,"时人谓之东林党。"③

天启间,由于东林党人及其支持者一度占据首辅及礼部尚书、吏部尚书、兵部尚书等要职,掌握了明朝的政治、军事、人事、监察等权力。天启元年(1621年)八月,刑部侍郎邹元标请奏恤录遗贤。次年,已经去世九年的顾宪成得赠太常寺卿,给三代诰命。高攀龙也得而回京任光禄寺少卿。《明史》列传一百三十一记载:"高攀龙、杨涟、左光斗秉宪;李腾芳、陈于廷佐铨;魏大中、袁化中长科道;郑三俊、李邦华、孙居相、饶伸、王之寀辈悉置卿贰。而四司之属,邹维琏、夏嘉遇、张光前、程国祥、刘廷谏亦皆民誉。"

东林党虽标榜清流,但结党不免营私,不可能做到对朝政的完全中立。同期,很多官员为了自保,在激烈的党争环境下,也纷纷成立各自的地域党派组织,一时间,宣党、楚党、浙党、齐党、秦党、淮党等纷纷成型。晚明政治争斗由阁部、门户之争演变为党派之争,恶果频显。

东林书院及其支持者并不是一个地域集团,但是其中成员以江苏为主的江南人为多,在当时也被视为一种地域性的政治力量而受到反对者的打击。《东林书院志》称:"东林自丁未以前誉满天下,庚辛而后举国骚动,以为阱于域中。"

---

①《东林书院志》整理委员会整理:《东林书院志(上)》,中华书局2004年版,第46—47页。
② 学术界对于东林人士是"党"非"党"之争十分激烈,"党"说则有"集团""派别""团体""势力""联盟""群体""朋党"等区分,缺乏统一标准的参照系。
③《中国历史大辞典(明史卷)》,上海辞书出版社1995年版,第102页。

东林党人与以魏忠贤为首的宦官集团阉党势同水火。天启初年，东林党人周宗建、左都御史杨涟等人上奏弹劾太监魏忠贤，百余官员上疏附和。明熹宗朱由校决心打击东林党人。天启五年（1625 年），兵科给事中李鲁生、四川道御史倪文焕、巡视中城兵马司御史张讷等先后上奏，要求打击东林书院。魏忠贤借机下令拆毁东林书院，逮捕、残害东林党人，生者削籍，死者追本，数十名东林党人被杀，坐牢遭戍者数百人，被株连者达到几千人。至天启六年（1626 年）五月，东林书院已经被全部拆毁，高攀龙自尽。

在东林党人遭到魏忠贤的打击后，一些同情和支持东林党人观点的知识分子，组织文社、复社，主要人物为太仓张溥、张采，以东林继任者自居，后人称其"小东林"，成员有两千余人。

崇祯帝曾为东林党案平反。但至袁崇焕获罪后，东林党人再遭罢撤。

第五节　实学教育思潮的兴起

一、顾炎武的教育主张

（一）顾炎武生平及基本思想

顾炎武（1613—1682），南直隶昆山（今江苏昆山）人，本名绛，乳名为藩汉，别名继坤、圭年，字忠清、宁人。后因仰慕王炎午之为人，改名为炎武，人称亭林先生。顾炎武是明末清初的著名学者，在思想、经学、历史、地理、音韵等领域有极高的建树，被后人尊为明末清初"三大家"之一①。

明末社会动荡，年年征战，政府对内镇压农民起义，对外抗御清兵南侵。天灾人祸频仍，苛捐杂税多如牛毛，百姓生存维艰。这种焦灼的

---

① 另两家是黄宗羲、王夫之。

形势也影响了顾炎武的家乡。在这样的环境下,青少年时期的顾炎武于刻苦攻读之余,时有"感四国之多虞,耻经生之寡术"①之叹。他参加了复社,编写了《天下郡国利病书》《肇域志》等书。弘光元年(1645年),李自成攻陷北京,崇祯殉国,吴三桂反,引清军长驱直入,江苏沦陷。有着强烈民族情结的顾炎武,在"反清复明"大义的感召下,组织了反抗武装,"秘谶归新野,群心望有仍",坚持了十余年的反清斗争。顺治十四年(1657年),反抗活动失败后,顾炎武先后流亡山东、河北、山西、陕西各地,躲避清廷迫害。晚年定居于陕西华阴,康熙二十一年(1682年),病逝于曲沃。

坎坷的人生经历与复杂的社会变动给他带来了猛烈的刺激,而对人生理想(反清复明)的坚持与对空谈心性学术的反对给其走出书斋、寻求理论与实践的结合以充分的理由。"当此反动期而从事于'黎明运动'者,则昆山顾炎武其第一人也。"②顾炎武虽然没有开山设坛,以教育为生,但在其一生的理论总结与实践行为中,深刻地体现着以实学为内涵的教育思想。梁启超称顾炎武"不但是经师,而且是人师",这个评价是公允的。他所提倡的"尊崇节义,敦厉名实",是一种实学教育思想。

(二)顾炎武的实学教育宗旨

1. 明道以经世致用

"经世"在传统儒家观念中就是要"为天地立心,为生民立命,为往圣继绝学,为万世开太平"③。对普通的儒家学者而言,这不是一个新鲜的命题。身逢乱世,顾炎武的经世思想并不局限于此,而是在对明亡的总结基础上有所升华。他有强烈的"天下兴亡,匹夫有责"的胸怀,在斗争、治学与生活实践中,坚持教育要与社会实践相联系。"君子之为学,以明道也,以救世也。"④顾炎武坚持的"天下兴亡,匹夫有责"并非对统治者的愚忠,不是对君主"家天下"的尽责。他创造性地解释了"亡国"与"亡天下"的概念:"有亡国,有亡天下,亡国与亡天下奚辨?曰:'易姓

① 顾炎武:《天下郡国利病书》,上海古籍出版社 2012 年版,序。
② 梁启超:《清代学术概论》,上海古籍出版社 2005 年版,第 7 页。
③ 张载:《近思录拾遗》,台湾商务印书馆 1986 年版,第 75 页。
④ 顾炎武著,陈桓校注:《日知录校注(上)》,安徽大学出版社 2018 年版,第 23 页。

改号,谓之亡国。仁义充塞,而至于率兽食人,人将相食,谓之亡天下……是故知保天下然后知保其国,保国者,其君其臣,肉食者谋之;保天下者,匹夫之贱,与有责焉耳矣。"①在顾炎武的心中,既然"国"与"天下"不是一个概念,所以君子的救世也应该是超脱于家国之上的天下观的行为。如何去救天下呢?那就是顾炎武所谓的"明道",即要深刻理解古代圣贤的济世之道与古代经典中的经世学问。然后,"明学术,正人心,拨乱世以兴太平之事。"②他的明道以经世致用的观点,是其实学教育思想的具体反映。

顾炎武的学习与著作都是为了"明道"。"故凡文之不关于六经之指、当世之务者,一切不为。"③他对于明儒以来"不习六艺之文,不考百王之典"的风气大加鞭笞,认为这样的学风流行日久,会导致"机诈之变日深,而廉耻道尽。其不至于率兽食人而人相食者几希矣"④。于人于世都没有任何益处。学习要用于实际,才能有经世效用。只有将"行"与"知"相互结合,将思考的"知"转化为具体的"行",才是学者大道。

顾炎武所倡导的"明道"以"经世致用"的教育理念,与明儒人人趋之若鹜的名利教育有本质区别。这种教育思想认为学习不是为了腾达与名利,而是为了天下人的大利,是学者良知的自觉。他的这个思想影响了后世很多人,尤其是江苏一带的读书人。

2. 反对空谈心性

元明时期,朱熹理学被奉为"正统",专论理气心性之说,为儒学增加了形而上的味道,又弥补上了孔子不论鬼神而导致的先秦儒家宇宙观的欠缺。无论是凭借其学术本身的魅力,还是仰仗朝廷所遵的威严,理学都是当时绝大部分学者奉为圭臬的正学。然于朝代更迭、四海沸腾之际,顾炎武认为理学心性之说作为一种主观学问,无论其义理重内还是重外,"置四海之困穷不言,而终日讲危微精一之说"⑤,皆属空谈。

① 顾炎武著,陈垣校注:《日知录校注(中)》,安徽大学出版社 2018 年版,第 723 页。
② 顾炎武著,陈垣校注:《日知录校注(上)》,安徽大学出版社 2018 年版,第 22 页。
③ 顾炎武撰,华忱之点校:《顾亭林诗文集》,中华书局 2008 年版,第 91 页。
④ 顾炎武撰,华忱之点校:《顾亭林诗文集》,中华书局 2008 年版,第 109 页。
⑤ 顾炎武撰,华忱之点校:《顾亭林诗文集》,中华书局 2008 年版,第 40 页。

他追求的是客观的学问,以是非为标准,是一种实事求是的研究。当然,顾炎武也并非打算与儒学决裂,而是希望儒学能够从心性性命的漩涡中走出来,回归到先秦儒家的原旨去。他对此有明确的阐述:"愚独以为理学之名,自宋人始有之。古之所谓理学,经学也,非数十年不能通也。故曰:'君子之于《春秋》,没身而已矣。'今之所谓理学,禅学也,不取之五经而但资之语录,校诸帖括之文而尤易也。又曰:'《论语》,圣人之语录也。'舍圣人之语录,而从事于后儒,此之谓不知本矣。"①

顾炎武认为古之圣人并非任何问题都去言论,之所以孔子罕言性命之说,并非孔子不及宋明诸儒的深奥,而是古之圣贤有更加切实且崇高的理想,追求"下学而上达"之境,追求"施之天下"之学。他揶揄同时代的学者空谈心性,钻入故纸堆中寻腐乐而于社会现实不置一策。没有古人家国天下的心胸,无法达到"修身治家平天下"的目标。既然顾炎武的实学教育理想追求的不是做高官,得厚禄,而是国家民族的兴亡大业。那么他自然秉持着"以明心见性之空言,代修己治人之实学"的理念。

顾炎武还对明儒所乐道的道德进行了限定,他不再理会那种"致吾心之良知于事事物物"的泛道德演绎,抛弃空谈道德,而将道德与社会秩序、进退礼仪等实际生活联系起来。讲求"尊德性"与"道问学"的统一,这也是实学教育的精髓所在。

(三) 实学治学论

1. 博学于文

"博学于文"出于《论语》,是顾炎武治学的基本观点。他认为对一个学者来说,广博的知识结构与丰富的知识积累是安身立命的基础。后世评论者皆将顾炎武的"博学于文""行己有耻"联系起来考察顾炎武的治学观,实际上,"行己有耻"是对道德与情操方面的要求,虽然也属顾炎武教育思想的一部分,但"博学于文"在顾炎武的实学教育思想中是具有教育哲学内涵的内容,层次上较"行己有耻"更高。

这里的"文"并非单纯指经义之术,更非明儒间流行的心性阐述。

---

① 顾炎武撰,华忱之点校:《顾亭林诗文集》,中华书局 2008 年版,第 58 页。

而是顾炎武对东汉学人"尊崇节义,敦厉名实"的推崇,是对宋儒以来心性之说议论横发、空衍义理的反动。他也是这样亲身践行的。9 岁的顾炎武即开始学习《周易》,10 岁开始读《孙子》《吴子》《左传》《国语》《战国策》《史记》等书,11 岁开始读《资治通鉴》等书,自称阅书超过千部。其涉猎之广、之杂,远超当时学者。

为何要如此广博地学习各种"文"? 顾炎武有自己的理解,他说"学贵本原",而这个本原就是圣贤经典,要通过对这些经典文献的学习来找到救世的道路。更重要的是这些古代经典除了儒家经学,还包含各种先人的智慧结晶,如自然技术、社会历史等方面的知识。江藩在《国朝汉学师承记》中评价顾炎武,"不专治一经而无经不通,不专攻一艺而无艺不精。经史之外,如唐、宋、元、明诗文集、小说、笔记,自秦汉及宋元金石文学、皇朝典章制度,满洲、蒙古氏族,皆研精究理,不习尽工。"所以,后人不仅能看到顾炎武对经学投入了大量的考据功夫,也能从其编纂的《天下郡国利病书》中一窥他对天文气象、农林水利、矿业盐业、造船航海等方面知识的精研。

2. 广师

顾炎武认为治学除"博学",还需要"广师"。他为了表示自己与那种独坐书斋,不闻天下事的书蠹之人不是同道,曾作诗《丈夫》以明志:"丈夫志四方,有志先悬弧。焉能钓三江,终年守菰蒲。"在他的一生游历中,"见天下之人,闻天下之事"①,求师问教,乐此不疲。顾炎武的师友中有王锡阐、杨瑀、傅山、张尔岐、路泽溥、吴志伊、李颙、朱彝尊等,学友及长辈中还有孙奇逢、汤斌、阎若璩、颜光敏、归庄等人。顾炎武弟子潘耒称其师"足迹半天下,所至交其贤豪长者"②,可谓广师矣。

对于为什么学习需要"广师",顾炎武有过专门的论述。他认为学习绝不是一个人独守书斋自悟,而是要与人切磋、互相进益的。"人之为学,不日进则日退。独学无友,则孤陋而难成;久处一方,则习染而不自觉。"顾炎武还引用了孔子的言论:"子曰,十室之邑,必有忠信,如丘

---

① 顾炎武撰,华忱之点校:《顾亭林诗文集》,中华书局 2008 年版,第 78 页。
② 周可真:《顾炎武哲学思想研究》,当代中国出版社 1999 年版,第 85 页。

者焉,不如丘之好学也。夫以孔子之圣,犹须好学,今人可不勉乎?"①在当时的历史社会条件下,很多读书人都是闭门自修,不但在思想上缺乏交流,即在生活上也多处于孤僻之地。"不幸而在穷僻之域,无车马之资"②的读书人,在当时不是少数。乃至于"面墙之士","虽子羔、原宪之贤,终无济于天下。"③孔子曰:"有朋自远方来,不亦乐乎?"顾炎武认为在当时所处的"沧海横流,风雨如晦之日"④,读书人更应该去向同志之人问道。

顾炎武的"广师"之说深刻体现了他对学习的态度,即保持一种不慕虚名、谦虚谨慎、持久终身的学习精神。所谓不慕虚名,就是读书人不能有沽名钓誉的心术,躁于求名,而是要追求学识的增长。"盖天下之理无穷,而君子之志于道也,不成章不达。故昔日之得,不足以为矜,后日之成,不容以自限。"⑤所谓谦虚谨慎,是说读书人在求得真知的道路上,不妄自尊大,不自我菲薄,要保持对学习的谦虚态度,久久为功。一个善于学习的人既不能自高自大,瞧不得别人,要以任何有我之长的人为师,增进自己的认识。也不要因为对自己学习能力的怀疑,自我放弃学习。所谓持久终身,即是要认识到学习是一项终生的事业,没有止境。只要坚持,每日皆有收获。顾炎武一生也秉持着终身学习的态度。但凡遇有俗世杂务荒废学习时,顾炎武常悔叹自责。"夫子'归与,归与',未尝一日忘天下也。故君子之学,死而后已。"⑥

3. 具体的治学方法

顾炎武的治学方法是有开创性的,也为后世学者所乐道并仿效。这是一种与实学教育思想相联系、从音韵学出发、最终到达经学大义及经世之道的治学方法。顾炎武主张先学习文字音韵,以之为基础通达经学。"读九经自考文始,考文自知音始。"⑦他将明音韵视为治学的根

① 顾炎武撰,华忱之点校:《顾亭林诗文集》,中华书局 2008 年版,第 90 页。
② 顾炎武撰,华忱之点校:《顾亭林诗文集》,中华书局 2008 年版,第 90 页。
③ 顾炎武撰,华忱之点校:《顾亭林诗文集》,中华书局 2008 年版,第 90 页。
④ 顾炎武撰,华忱之点校:《顾亭林诗文集》,中华书局 2008 年版,第 33 页。
⑤ 顾炎武撰,华忱之点校:《顾亭林诗文集》,中华书局 2008 年版,第 27 页。
⑥ 顾炎武撰,华忱之点校:《顾亭林诗文集》,中华书局 2008 年版,第 92 页。
⑦ 顾炎武撰,华忱之点校:《顾亭林诗文集》,中华书局 2008 年版,第 73 页。

本，"以至诸子百家之书，亦莫不然。"①这种创新，自成一家之说。

顾炎武善于用汉儒训诂的方法治经辨伪，以寻求原始经典的本意。他重视经典的纂辑版本，细致地考察这些版本的流变，对诸家学说进行梳理归纳，并力所能及地进行多方求证，以达到对经典最详尽的解读。这是顾炎武提倡的"实学"的重要内容，是其治学的重要途径，不但标志着明末清初儒家学术转型的先声，也成为后来乾嘉学派的治学法门。

抄书与背书，是顾炎武治学方法中十分具有特色的一个经验。顾炎武对这个方法的接受来自其家族中长辈的言传身教，其祖父顾绍芾"著书不如钞书"的遗训对其影响最大。顾炎武在《钞书自序》中自述道："自炎武之先人皆通经学古，亦往往为诗文。本生祖赞善公文集至数百篇，而未有著书以传于世者。昔时尝以问诸先祖，先祖曰：'著书不如钞书。凡今人之学，必不及古人也，今人所见之书之博，必不及古人也。小子勉之，惟读书而已。'……炎武之游四方十有八年，未尝干人。有贤主人以书相示者则留，或手钞，或募人钞之。"②经过抄书与背书的训练，顾炎武对一些重要的经史典籍皆能达到十分熟悉的程度。需要注意的是，虽然顾炎武对很多经典进行了全篇的抄写与背诵，但对其他知识的学习，显然并不是都采用这样的方式。他是从很多书籍中寻找自己所认可的要点，汲取其精华，摘录下来。在他所著的《天下郡国利病书》《日知录》中，绝大部分的篇幅抄录于他人之书，尤其是后者，百分之七八十为他人话语，但这些摘录皆为其文章主题服务，且其余更是顾炎武自己的精彩见解，可见顾炎武抄书之术的精妙。

顾炎武善于思考与联系，注重格物致知，将各种知识融会贯通加以理解与吸收。他以为学习不能困守书中之意，也分格物与致知两层境界。那些君臣父子国人之变、礼仪三百、威仪三千，都是"物"。"物"在顾炎武的理解中，是指超越一般物品之上的社会关系与社会制度方面的概念。顾炎武说，学者可以通过对具体知识的学习，得到格物的事实与经验，然后由此推广到未知的领域，即《易逆数也》

---

① 顾炎武撰，华忱之点校：《顾亭林诗文集》，中华书局 2008 年版，第 73 页。

② 顾炎武撰，华忱之点校：《顾亭林诗文集》，中华书局 2008 年版，第 30 页。

中所谓:"'数往者顺',造化人事之迹,有常而可验,顺以考之于前也。'知来者逆',变化云为之动,日新而无穷,逆以推之于后也。"[①]而在这个格物致知的过程中,需要学习者运用综合与贯通的方法,且需要时刻注意格物与致知的联系关系。这也是顾炎武对学习方法的经验总结。

(四) 实学教育评估观

1. 实知与实行并重

在顾炎武生活的时代,儒家学者往往将经史典籍作为认识与理解社会的主要依据。他们很少有主观上的动力去投身社会实践。可以说,放弃实学已经成为顾炎武同时期学者的一种风气。而这个弊端的存在,与明代教育宗旨有着直接关系。明代教育引导了一种讲求清淡心性、注重师心自用且好夸博奥、凌空蹈虚的学风。尤其是万历之后,此风更胜。顾炎武十分反感这种浮夸而不切实际的学风。他秉持着无征不信的自律,"五经得于秦火之余,其中固不能无错误,学者不幸而生乎二千余载以后,信古而阙疑,乃其分也。"[②]后代学者对顾炎武实知之道有很多正面评价。钱穆称顾炎武"语必博证,证必多例"[③]。全祖望在《亭林先生神道表》中形容顾炎武游历求学之情状:"凡先生之游,以二马二骡载书自随,所至厄塞,即呼老兵退卒,询其曲折,或与平日所闻不合,则即坊肆中发书而对勘之。或径行平原大野,无足留意,则于鞍上,默诵诸经注疏,偶有遗忘,则即坊肆中发书而熟复之。"都是对顾炎武追求实知学风的赞誉。

顾炎武提倡的实学思想,是实知与实行并重的,是思想与行动上的共鸣,是要引古筹今以经世致用。顾炎武认为只有与国计民生有关者,才是有益的学问。至于那些腐儒,不但无裨世用,就是他们文学作品的价值也打着折扣。他还认为只求诗文之名的文人,也不是读书人该有的境界。"不过从诸文士之后,注虫鱼,吟风月而已。"[④]

---

① 顾炎武著,陈垣校注:《日知录校注(上)》,安徽大学出版社 2007 年版,第 45 页。
② 顾炎武著,陈垣校注:《日知录校注(上)》,安徽大学出版社 2007 年版,第 110 页。
③ 钱穆:《中国近三百年学术史(上册)》,商务印书馆 1997 年版,第 150 页。
④ 顾炎武撰,华忱之点校:《顾亭林诗文集》,中华书局 2008 年版,第 238 页。

　　顾炎武重视自然界、人类社会的实际知识。他的游历持续了 20 余年,在这期间,虽然车旅劳顿,奔走颠沛,但他从来没有停止过学习。在顾炎武的实学理论中,"上学与下达"是一个重要的命题。"形而上者谓之道,形而下者谓之器。非器则道无所寓,说在乎孔子之学琴于师襄也。已习其数,然后可以得其志。已习其志,然后可以得其为人。是虽孔子之天纵,未尝不求之象数也。故其自言曰'下学而上达'。"[①]可以这么说,顾炎武将实知理解为"下学",而将实行定义为"上达",实知是在各种经典中求道,而实行是将这个道付诸实践。

　　2. 抨击科举制度

　　天启六年(1626 年),顾炎武 14 岁,进昆山县学,成为秀才。崇祯十二年(1639 年),27 岁的顾炎武再次落榜举人考试,自此放弃举业,转而对当时教育评估体系中最为关键的考试制度——科举制度——进行了猛烈的批判。他认为科举考试的价值与是实学相抵牾的。他完全否定这个制度的价值,即使是后来朝廷中有大臣想以"博学鸿词"科推荐他,也遭其严词拒绝。

　　顾炎武认为科举制度以八股取士,在一定程度上助推了空谈虚无的学风,歪曲了教育的价值。明代统治者为了维护统治,树立权威,打击异端,以经术为笼络读书人的手段,强化形式主义、书本主义,不鼓励甚至压制自由与独立思考,导致学子多死读经书,缺乏变通,抱残守缺而食古不化。明廷颁布的《四书五经大全》以朱熹的《四书集注》作为答题标准,为明代科举教育的风气做出了导向。科举考试中虽然有经、义、论、策等考察内容,但根据朝廷规定的那些教义规范,可供考察的内容十分局限,能拟题目无非数十道。有人据此事先猜题撰答,竟能"十符八九"[②]。这种做法流传开来,"天下之士,靡然从风,而本经亦可以不读矣。"[③]在《与友人论门人书》中,他评价一些读书人"穷年所习,不过应试之文,而问以本经,犹茫然不知为何语"[④],能够通《十三经注疏》者寥

① 顾炎武著,黄汝成集释:《日知录集释(上)》,上海古籍出版社 2014 年版,第 17 页。
② 顾炎武著,黄汝成集释:《日知录集释(中)》,上海古籍出版社 2006 年版,第 945 页。
③ 顾炎武著,黄汝成集释:《日知录集释(中)》,上海古籍出版社 2006 年版,第 945 页。
④ 顾炎武撰,华忱之点校:《顾亭林诗文集》,中华书局 2008 年版,第 47 页。

寥无几,甚至连百余年以来所言之心,所言之性,都茫乎不得其解也。所谓"八股之害,等于焚书,而败坏人材,有甚于咸阳之郊所坑者但四百六十余人"①。

顾炎武曾引薛谦光之语说:"古之取士,实异于今,先观名行之源,考其乡邑之誉,崇礼让以励己,显节义以标信,以敦朴为先最,以雕虫为后科,故人崇劝让之风,士去轻浮之行。"②他反对将科举作为人才选拔的唯一方法。尤让顾炎武不喜的是,因为科举考试的主持者尊奉心学,特别是嘉靖八年(1529年),"兴化、华亭两执政尊王氏学,于是隆庆戊辰《论语程义》首开宗门,此后浸淫,无所底止。科试文字大半剽窃王氏门人之言,阴诋程、朱。"③造成这些学子不但不能"明六经之旨,通当世之务",国家也无实用之人。虽然个个标榜自己是道德君子,高谈阔论,但在国家危难之际,不但无策献于国家,甚至自保都难,辱及家门者更是比比皆是。

顾炎武虽然批判空谈心性,死抱经书做学问的迂儒,但其在无法解决现实问题之时,其思考也常回归儒家经典。很多学者甚至认为顾炎武是以朱熹为宗的。实际上,如果综合考察顾炎武所处的历史时代以及他对程朱理学的态度,可以明了他对程朱理学还是有很多意见的。对顾炎武来说,精神上的支撑并不全然来自自己对实学的体验,从前人对儒家经典的诠释中找寻安慰也是必要的,这份安慰尽管是虚空的,但会给予他理论与信念上的信心。所以顾炎武的实学教育思想不可能脱离儒家思维惯性,也是一种与传统儒家文化相联系的实学思想,是儒家实学思想,是带有那个时代标志的实学教育思想。

梁启超称:"清代儒者以朴学自命以示别于文人,实炎武启之。"④无论是段玉裁、王念孙、王引之、惠栋、王鸣盛、钱大昕、汪中等江苏一带的文人如何推崇顾炎武,以其为祖,但大多只是用了顾炎武"博学于文"的治学方法,而忽略了顾炎武经世致用的思想,不理会顾炎武的实学教育

① 顾炎武著,黄汝成集释:《日知录集释(中)》,上海古籍出版社2006年版,第946页。
② 顾炎武著,陈垣校注:《日知录校注(中)》,安徽大学出版社2007年版,第734页。
③ 顾炎武著,黄汝成集释:《日知录集释(中)》,上海古籍出版社2006年版,第1055页。
④ 梁启超:《清代学术概论》,上海古籍出版社2005年版,第10页。

思想。清廷对他们也十分友善,之间亦有所谓"乾嘉学派"之说,一时风头无两。但实际上,他们"诱导学者为考据而考据,为学术而学术,使学术完全脱离当前的实际生活"①,已与顾炎武的实学教育宗旨分道扬镳。

二、阮元的教育主张

(一) 实学思想主旨

阮元(1764—1849),字伯元,号芸台(或作云台)、雷塘庵主,晚号怡性老人,扬州城北公道人,科举曾借籍仪征。26 岁时中进士,历仕乾隆、嘉庆、道光三朝,任数部侍郎、山东学政、浙江学政、会试副总裁、浙江巡抚、江西巡抚、河南巡抚、两广总督、云贵总督等职,晚年奉诏入朝,被拜为体仁阁大学士,晋为太子太傅。道光十八年(1838 年),致仕返乡扬州,逝后谥号"文达"。

阮元不但是三朝元老,也是扬州学派的宗师级人物,其治学门径由宋始,而至唐晋,再至汉,复兴"古学",兼采汉宋,提倡崇宋学之性道,而以汉儒经义实之,有"清代经学名臣最后一重镇"之称。

阮元是一代实学教育家,所谓实学,有人称其为实用的学术,即是经世致用之学,也有人说其包含了考据、训诂等学说。阮元曾把八股文视为"虚学",将考据训诂视为"实学"。但阮元实际所坚持与提倡的实学范畴不仅包含考据训诂之学,也包含经世之学,是将考据训诂作为经世致用的起始路径而已。他将训诂看作学经的要术,即《西湖诂经精舍记》云:"圣贤之道存于经,经非诂不明。"②阮元提倡实事求是的治学理念,他认为要改变理学义理与八股时文的弊病,要求恢复古典文献的本来面目,反对为与宋明义理学说相对立而各创新论,坚持立论应以考据训诂的结果为根本。阮元认为先秦儒家的思想创新就是以训诂考据作为基础的,在《拟国史儒林传序》中说道:"昔周公制礼,……师以德行教民,儒以六艺教民,……数百年后,周孔在鲁,儒术为盛。孔子以王法作

---

① 周予同、汤志钧:《从顾炎武到章炳麟》,《学术月刊》1963 年第 12 期,第 49 页。
② 阮元撰,邓经元点校:《揅经室集》上,中华书局 1993 年版,第 547 页。

述,道与艺合,兼备师、儒、颜、曾所传,以道兼艺;游、夏之徒,以艺兼道。定、哀之间,儒术极醇,无少差缪者,此也。"①但阮元也坚持调和宋明,如他所作的《论语论仁论》《孟子论仁论》《性命古训》《论语一贯说》《大学格物说》等论,都是为明义理而述。阮元借鉴了顾炎武的治学程序,他认为考据要实现真正的"通彻",符合古义,必须从声音文字入手。他曾赞扬郝懿行的《尔雅义疏》,在《与郝兰皋户部论尔雅书》中称:"今子为《尔雅》之学,以声音为主而通其训诂,余亟许之,以为得其简矣。"②他先从声音文字开始,以此为基础而明训诂,再至注疏,而及于经学全体。事实上,从顾炎武开始,经过阎若璩、胡渭、惠栋等人的借鉴与强化,这种治学方法已为当时很多学者所推崇。

阮元不但坚持实学教育观,也身体力行实践实学观。他评价自己的很多经学著作与教学皆是为追求现实服务。他的治学范畴很广,不但以经学为主干,在文史、音韵、训诂、校勘、金石书画、天文历算等诸多方面都有精深的造诣。阮元一生著述丰硕,有《经籍纂诂》《十三经注疏》《揅经室集》等 3000 余卷传世,他编撰了 46 卷本的《畴人传》,对前朝历代的天文、数学研究做了开创性的总结。他编制了《山左金石志》《两浙金石志》《积古斋钟鼎彝器款识》等,为后人提供了重要的金石学资料。他还主持编修了《广东通志》《云南通志稿》,撰写了《江堤说》《云南黑水图考》《海运考跋》《粮船量米捷法说》等文章,为当时的现实事业而服务。

(二) 实学教育论

1. 因材施教的教学方法

阮元十分重视教学方法,认为合适的教学方法可以提升教育的效果。在诂经精舍时,他排斥困守读经的教学理念,积极实施因材施教的教学方法。孙星衍在《平津馆文稿》卷一中说:"其课士,月一番,三人者迭为命题评文之主,问以《十三经》《三史》疑义,旁及小学、天部、地理、算法、词章,各听搜讨,书传条对,以观其识,不用扃试糊名之法。暇日

---

① 阮元撰,邓经元点校:《揅经室集(上)》,中华书局 1993 年版,第 36 页。

② 阮元撰,邓经元点校:《揅经室集(上)》,中华书局 1993 年版,第 125 页。

聚徒,讲议服物典章,辩难同异。"可见阮元支持学生质疑课本,自由辩论,鼓励学生发表个人的见解。在学海堂时,阮元按照每个学生的资质与学力水平,分内课生、外课生、附课生等班,附课生即相当于预备生。同时,为了满足那些学习能力特别强,资质较高的学生的学习需求,他还专门设立了超等生班,进行特殊的教导。在具体的教学内容上,阮元也没有作统一的学习要求,而是根据每个学生的专长与兴趣,由其自主选择,在经、史、哲三个领域,分别专攻。《学海堂章程》就要求每个学生,"各因资性所近,自择一书肄习。"除了句读这项课程为所有学生的必修课,其余如评校、抄录、著述等课程,都可以各自选择其一而精研。觉得学有余力、能够适应更多学习任务的学生,则可以全部学习。无论是诂经精舍,还是学海堂,教师只是起到指导与引领的作用,学生的自学永远是学习活动的主流。学海堂安排了八名学长,可以作为后学者的指导教师。学生自由选择这些学长为自己学业的指导,即《学海堂章程》所谓:"于学长八人中择师而从,谒见请业,庶获先路之导。"

2. 经世致用的教学内容观

阮元在《大学格物说》中提出:"圣贤之道,无非实践。"[1]他建议学者不能只在心性上下功夫,应以孔子为师,重在实践,追求实行与实事。所以他一直倡导教育要以经世致用为主要内容,正如他在《顾亭林先生〈肇域志〉跋》中所谓:"世之习科条而无学术,守章句而无经世之具者,皆未足与于此也。"[2]阮元经过一番考证,把《大学》中的"格物"命题训释为"以身亲至其处而履之,以止于至善"[3],强调了实践、实行的重要性,斥责了王阳明与理学末流"以虚义参之"的格心理论。他将格物由身心意知的层面提升到了天下治理的高度,"事者,家国天下之事,即止于五伦之至善、明德、新民皆事也。"[4]故而,学者应该明了千百年来的政事之源。在他的教育内容观里,数学也是一种必须掌握的学问。《里堂学算记总序》曰:"数为六艺之一,而广其用,则天地之纲纪,群伦之统系也。

---

① 阮元撰,邓经元点校:《揅经室集(上)》,中华书局1993年版,第55页。

② 阮元撰,邓经元点校:《揅经室集(上)》,中华书局1993年版,第674页。

③ 阮元撰,邓经元点校:《揅经室集(上)》,中华书局1993年版,第55页。

④ 阮元撰,邓经元点校:《揅经室集(上)》,中华书局1993年版,第54页。

天与星辰之高远,非数无以效其灵。地域之广轮,非数无以步其极。世事之纠纷繁颐,非数无以提其要。通天地人之道曰儒,孰谓儒者而可以不知数乎?"①阮元在主持编修《国史儒林传》中,专门创设了《畴人传》,记载中国历史上的数学家、天文学家的成绩与事迹。虽然《畴人传》中的一些观点并不客观,但身为当时的学者,阮元对数学的看法已经超越了同时期的学者。他十分推崇数学的价值,认为这是一种可以沟通中西的学问,是与圣贤实践之道相联系的重要学问。

(三)实学教育实践

阮元一生"必以兴学教士为急"②,奖掖后进,倡导实学。他的实学教育实践集中体现于诂经精舍与学海堂的事业上。

1. 创办诂经精舍与学海堂

嘉庆六年(1801年),时为浙江学政的阮元在杭州孤山创办诂经精舍。嘉庆二十五年(1820年),阮元在广州,"以经古之学课士子,手书'学海堂'三字匾,悬于城西文澜书院"。道光四年(1824年),阮元在广州粤秀山建学海堂新址。诂经精舍与学海堂都是具有新风气的学堂,是对清代学堂进行改革的先行者,也是阮元实学教育思想实践的主要载体。在阮元的努力下,这两所学堂也一度成为浙江、广东的学术中心。

2. 学堂学长制的改革

在诂经精舍,阮元即开始尝试进行教学机制的改革。到了学海堂时期,阮元更是大刀阔斧地制定了《学海堂章程》,以学长制取代当时流行的山长制。在诂经精舍的教学实践中,阮元聘请了几名名家学者轮流主讲。在学制上,行宋代胡瑗的经义、治事两斋法。学海堂创办后,阮元通过《学海堂章程》,将学长制制度化。学海堂初以吴兰修、赵均、林伯桐、曾钊、徐荣、熊景星、马福安、吴应逵等8人为学长,同司课事,其中有出仕等事,再由7人公举补额。永不设山长,亦不容荐山长。这些学长在经史、小学、诗文、地理等领域各有专精。其职责主要是承担

讲学、考试及阅卷等教学工作,同时还要负责共同商定管理、处理课程、出试题、阅卷的"管课"任务。按照学海堂的规定,每年按季度各有一课,每课由两名学长负责,承担其中的具体工作。遇见一些重要的教学事件需要抉择时,则由 8 名学长一起会商决定。这种模式较山长模式有两个优点:一是 8 名学长各有所长,能够给予学生更多选择的自由,并保证各门课程的教学质量;二是学长共同负责教学任务,可以避免山长制"一言堂"所带来的偏差或错误,从制度上防止学堂因人而兴,也因人而废的情况发生。

3. 教学

无论是诂经精舍还是学海堂,都不是专门为了科举而兴办的。"未尝杂以时艺,大要以穷经致用,为诸生勖也。"①《瀛舟笔谈》卷四云:办诂经精舍的目的,是"以励品学,非以弋功名",学海堂更是专勉实学。阮元设计的教学内容包括经史疑义,旁及小学、天部、地理、算法、词章等,将当时人们所热衷的时文、帖括排除在外。阮元在教学的过程中注重学生稽古经世,他在《西湖诂经精舍记》中提出:"圣贤之道存于经,经非诂不明。"②学者要能经世,首先就要掌握训诂。诂经精舍专门设置了许慎、郑玄的祠堂进行祭祀。虽然以经学为主,但这两所学堂教授经学的目的,不是为了简单的文字训诂,而是与阮元的实学教育思想高度一致。"实事求是,推明古训",只是这两所学堂对学生的基本要求,是学习路径,更高层次的要求是引导学生对"圣人之道"展开探寻与积极实践。阮元批判一些宋儒但求名物,不论圣道。他鼓励学生不但要学习儒家经书,还要熟读《资治通鉴》《文献通考》等治国理政的经典。除了理论学习,阮元还组织学生通过实践活动加强实学意识。他曾组织学生对浙江的水道进行了系统考察,还引导学生思考海防建设。在《诂经精舍文集》中,就有数篇精舍学生所作的浙江水道考证文章以及对古代火炮制造工艺、使用方法等方面进行研究的文章。为了保证教学质量,这两所学堂聘请了王昶、孙星衍等人先后任主讲席,阮元自己更是亲自

---

① 阮元:《诂经精舍文集》,中华书局 1985 年版,第 62 页。
② 阮元撰,邓经元点校:《揅经室集(上)》,中华书局 1993 年版,第 547 页。

上阵,无论工作多忙,在两所学堂都有讲学。

4. 人才选拔与教育评估

阮元对教育的评估方式也进行了创新,在"先行谊而后文艺"[①]的人才培养理念下,实行季课考核制,辅之以学长制,实现对教育质量的评估与提升。阮元对人才的评价注重德行,无数次强调取士宜先行谊,而后文艺。这也是他对诂经精舍、学海堂进行人才选拔、培养方面所定的基本格调。《学海堂章程》明示学生选拔标准以德行为先:"学长等公举诸生,务取志在实学、不骛声气之士,尤宜心地淳良,品行端洁。"凡是曾经有过浮淫词作者,或为不端讼师、吸食鸦片者,都不得被举荐为学堂学生。在教育质量的评估上,阮元取消了当时各书院所流行的"扃试糊名"之法,以每年四季为一个考核周期,进行每季一次的集中考核。"每岁分为四课,由学长出经解文笔、古今诗题,限日截卷,评定甲乙,分别散给膏火。"在学海堂,这种考核的出题者为八名学长,题目被张贴于学海堂大门处,并注明考核截止日期。学生们得到考题后,自主查阅文献,访问学长,做出课文,并由八名学长共同评判成绩。优秀者获得奖励,并将其课文编入《学海堂全集》。

(四) 后世评价

阮元的实学教育思想与实践在当时及后世都获得了较高的评价。《清史稿》卷 364 评价阮元"身历乾嘉文物鼎盛之时,主持风会数十年,海内学者奉为山斗焉"。钱穆评价其"足以弇冕群材,领袖一世,实清代经学名臣最后一重镇"[②]。阮元崇尚朴实治学而反对浮华虚名,将培养对时世有价值的通经致用人才作为自己的教育目标。张崟在《诂经精舍志初稿》中称:"鼓箧弦诵,曾无间息,课艺梓行者八集,至今犹为世珍,生徒著籍,可考者千数百人。学问名家,作述不朽者,比比而是。"[③]孙星衍在《诂经精舍题名碑记》中叙述诂经精舍创办不到十年,"上舍之士多致位通显,……牧民有善政,及撰述成一家之言者,不可胜数。"阮元所办的两所书院都持续了数十年,生徒可考者千余人,培养出了众多

---

① 阮元:《揅经室集·揅经室二集》卷八,中华书局 1993 年版,第 574 页。
② 钱穆:《中国近三百年学术史(下册)》,商务印书馆 1997 年版,第 528—529 页。
③ 张崟:《诂经精舍志初稿》,《文澜学报》1936 年第 1 期,第 77 页。

的人才,其中有章太炎(诂经精舍)、梁启超(学海堂)等人才。阮元的实学教育思想,尽管其出发点是清廷的统治利益,但客观上也对当时保守因循的教育风气有一定的冲击。他的德才之论、学长制教学模式,都为其学以致用的实学教育思想锦上添花。他所培养的实学人才,也成为其学说及教育思想价值最好的背书。

第六节　科举制度与地方教育的发达

明清时期,江苏的城镇乡村间酝酿着深厚的考课之风,取得了显赫全国的科举成就,塑造了一批士人仰慕的科举名城,书香门风,文华东南。

一、明清江苏科举之制

明朝定鼎南京后,即将科举选士列为朝政之急务。洪武三年(1370年),诏设科举。最高统治者亲自策试于廷,以其学识高下,而任之以官。非科举者,勿得与官。原定三年开考一次,复因官员能吏紧缺而暂改为一年一度。然因战乱初平,教育不兴,人才凋零,所中选者多为少年之士,虽文辞可观,而老成熟谙政事者寥寥,裨益不大。遂于洪武六年(1373年)起,暂罢科举。洪武十五年(1382年),复行考业。洪武十七年(1384年),为了系统性地强化掌控知识分子的力度与更加高效地选拔封建官僚队伍,明廷改良了自隋代以来实行的科举制度,拟定了一种完备的科举程式,这是一种包含小考、乡试、会试、殿试四级考试,以四书五经为主要考试内容,以八股形式为文章格式的制度。这一选拔人才的制度不但成为明代,也成为清代的典制,是那个时期的每个江苏读书人所熟知的制度。

明成祖永乐十九年(1421年)之前,南京城作为国都及应天府所在,包罗了科举小考、乡试、会试及殿试等四种考场。洪武三年(1370年),明廷虑及江苏崇文之风,兼之应天府为"在京乡试直隶州",特意增加了应天府乡试选额,使其与北京顺天府享有同等待遇。洪熙元年(1425年),礼部确定了乡试名额,南京国子监及南直隶应天府解额同为80人。宣德七年(1432年),南京应天府与北京顺天府乡试解额皆为80人。正统五年(1440年),复定乡试解额,应天府增为100人,次年,又增顺天府乡试解额20人。景泰四年(1453年),南北直隶各增解额35人。

清承明制,顺治二年(1645年),初行乡试。次年,复开会试。嗣后,逢子、卯、午、酉年,行乡试,丑、辰、未、戌年,行会试。考试分文武两途,内容仍以四书五经为题。其他特旨开科,如鸿词科等,则随时定期。以此对那些有特异之才且不愿意通过常科科举考试的士人进行拉拢。时江苏与安徽的生员皆于南京参加乡试,称为江南乡试。虽考试者常逾二万,但中取定额仅有114人,其中江苏69名。

南京乡试场所称为江南贡院,鼎盛时期,拥有考生号舍20644间,官房1000余间及明远楼、至公堂、飞虹桥等建筑,其规模为全国考场之最。[①] 江南贡院为明清官场输送了数万名举人以上的人才,成为两朝栋梁集汇之地。

二、明清江苏科举之风

明清时期,自云龙之巅至太湖之滨,无论吴越、淮扬,抑或徐海、金陵,江苏的各个府州县卫都以崇文重教为乡风民情,皆奉科举之业为正途。期间,国家最高等级考试的考场一度设于江苏,也为江苏重学之风添柴加薪。淮海大地、江淮平原、吴侬水乡,"人都愿儿孙聪明,读书取科第富贵。"[②]人多以文章为治家圭臬,以功名为家族荣耀,民间流传着"缙绅家非奕叶科第,富贵难于长守"[③]的训言。江苏各地市镇乡村的人家都比拼着子弟的读书成就,唯恐落后。如《震泽镇志·风俗》记载明代苏州震泽镇:"人习诗书,户闻弦诵。"《浒墅关志·风俗篇》称常州一带:"下至布衣韦带之士皆能摘章染翰,而闾阎畎亩之民亦成音节。"整个社会浸染于读书求学的氛围中。15世纪末,朝鲜人崔溥途径江苏,感叹于当地求学氛围道:"且江南人以读书为业,虽闾里童稚及津夫、水

① 周道祥:《江南贡院》,中国物资出版社1999年版,第56页。
② 朱国桢:《涌幢小品(上册)》,上海世纪出版股份有限公司2012年版,第188页。
③ 王士性:《广志绎》,中华书局1997年版,第70页。

夫皆识字。"①

明清江苏的官私教育的主要宗旨也是科举。学子进入官学求学,学习的全部理想系于科举功名。以致书院的治学理想被考课的现实击碎,学校中的教育活动都围绕科举内容举行。"不必求之师儒,月课季试,有名无实。"②自然,这些教育机构的师长都是科举中式之人。不但官学如此,书院教育也不例外。很多江苏书院的创建目的就是专以课文。据光绪《江阴县志》记载:"暨阳书院其制讲堂三楹,堂之前为门,门外为奎星阁。"③其意就在于"奎"与"魁"同音,寓意其学子能够高中魁首。以清代江苏书院教育为例,为了增加学子的科试应举能力,很多书院将科举出身作为书院山长延聘的必备条件。如清代苏州紫阳书院的历任掌院者功名如下④:

清代苏州紫阳书院山长功名录

姓名	功名	姓名	功名	姓名	功名	姓名	功名
朱启昆	康熙丁丑科进士	韩彦曾	雍正庚戌科进士	石韫玉	乾隆庚戌科进士	翁心存	道光壬午科进士
韩孝基	康熙庚辰科进士	蒋元益	乾隆乙丑科进士	廖鸿章	乾隆丁巳科进士	程庭桂	道光丙戌科进士
冯皓	康熙癸巳科进士	钱大昕	乾隆甲戌科进士	沈德潜	乾隆己未科进士	赵振祚	道光乙未科进士
陈祖范	雍正癸卯科进士	吴俊	乾隆壬辰科进士	董国华	嘉庆戊辰科进士	潘遵祁	道光乙巳科进士
王峻	雍正癸卯科进士	冯培	乾隆戊戌科进士	吴鼒	嘉庆己未科进士	俞樾	道光庚戌科进士
彭启丰	雍正丁未科状元	吴省兰	乾隆戊戌科进士	朱存	嘉庆壬戌科进士	夏同善	咸丰丙辰科进士

---

① 崔溥:《漂海录》,社会科学文献出版社 1992 年版,第 194 页。
② 钱大昕:《潜研堂文集》,上海古籍出版社 2009 年版,第 374 页。
③ 卢思诚:《(光绪)江阴县志》卷五《学校》,光绪四年刻本。
④ 陈谷嘉、邓洪波:《中国书院史资料(中册)》,浙江教育出版社 1998 年版,第 880—881 页。

再如清代江阴县暨阳书院的山长也皆为科举之人。①

清代江阴县暨阳书院山长功名录

姓名	功名	姓名	功名	姓名	功名	姓名	功名
张　迪	康熙癸巳科举人	黄　甲	乾隆丙子科副贡	张　□	乾隆乙卯科进士	施鸢坡	嘉庆壬戌科进士
许廷鑅	康熙庚子科举人	钱维乔	乾隆壬午科举人	沈　涛	乾隆丙辰科进士	张　诒	嘉庆年间孝廉方正
邢　和	雍正癸卯科副贡	吴　哲	乾隆己丑科进士	李梦总	乾隆丙辰科进士	林渐达	咸丰辛亥科举人
侯陈龄	雍正癸丑科进士	潘宗起	乾隆壬辰科进士	华历翔	乾隆戊午科举人	杨泗孙	咸丰壬子科榜眼
钱兆凤	雍正乙卯科举人	李　惇	乾隆庚子科进士	胡世科	乾隆己未科进士		
李兆洛	乾隆乙丑科进士	王　寰	乾隆庚戌科进士	方国柱	乾隆甲子科举人		
李枝昌	乾隆戊辰科进士	叶绍棁	乾隆癸丑科进士	蒋泰阶	嘉庆戊午科举人、己巳进士		
卢文弨	乾隆壬申科探花	应泰华	乾隆甲寅科副贡	丁履泰	嘉庆己未科进士		

清代太仓娄东书院的36名山长中有1名状元、1名探花、21名进士、1名会元、10名举人、2名贡生，虽仅是一个地方小县，却是群星荟萃，不容小觑。这些书院的山长们也确实通过其自身科业的经验，带出了很多获取功名的学生。如李兆洛主持暨阳书院，其弟子中"及取科第去者以十百计"②。

在乡风熏陶与教育培养下，江苏士子比之外地士子，更加踊跃地参加科举考试，每次科试，江苏应考人数都居全国前列，且多有终身以之为志、至死不悔者。明代散文家归有光曾说："吴为人才渊薮，文字之盛，甲于天下。其人耻为他业，自髫龀以上，皆能诵习。举子应主司之

---

① 陈谷嘉、邓洪波：《中国书院史资料（中册）》，浙江教育出版社1998年版，第1042—1043页。
② 邓洪波：《中国书院史》，东方出版社2004年版，第501页。

试,居庠校中,有白首不自已者。江以南,其俗尽然。每岁大比,棘围之外林立。"①明代,"江南三行省,每大比,士多至数千人。"②《清史稿·傅拉塔传》记载清代南京乡试大比,"江南士子每科应试者,俱万有余人。"这种士子队伍的惊人体量体现出江苏各府各县读书人的热情,即便是一个县城,也拥有着庞大的读书人群体。虞山脚下的常熟,"至于今,家读户诵,庠校之所养,恒余五百,应童子试,尝千三百人,显为名宦,处亦不失名士。"③江苏考生藏龙卧虎,其选拔自然也水涨船高。考官必须是饱学大儒,士子才能敬服。

诚然,这些士子投入全部身心,积极应举的心态千姿百态,其中既有为社稷做事,为民众服务的;亦有以文为质,求取身家的。如明代进士常熟举人桑悦这样评价科举之众:"不过借其门而出以为行道。"④嘉靖时期的苏州举人黄省曾说得更直接:"书生惟藉进身为殖生阶梯,鲜与国家效忠。……莫不以仕为贾。"⑤自然,亦有一些学子十年寒窗之后,为求腾达,不惜以各种手段舞弊考场,求取功名。顺治丁酉(1657年)江南科场案与康熙辛卯(1711年)江南科场案都是影响巨大的考场舞弊大案。但瑕不掩瑜,科考之风俨然成为明清江苏的骄傲。

三、明清江苏科举之果

明清两代,江苏科举成就辉煌,硕果累累。明代以前,中国科举高地是江西、福建,江淮平原、太湖流域的科举成就稍逊一筹。但这种现象到了明代后,出现了根本的转变,江苏、浙江的科举成就傲视全国,而江苏尤其杰出。

明代从洪武元年(1368年)至崇祯十七年(1644年)间,江苏拔得状元之名者 14 人⑥,占明代全部状元数的 15.56%,获得进士者 2619 人。

① 归有光:《震川先生集》,上海古籍出版社 2007 年版,第 191 页。
② 苏天爵:《滋溪集》卷十四,清康熙四十一年长洲顾氏秀野草堂刻本。
③ 姚宗仪:《常熟县私志》,广陵书社 2016 年版,第 107 页。
④ 桑悦纂:《弘治太仓州志》卷五,宣统元年汇刻本。
⑤ 黄省曾:《吴风录》,明隆庆刻本,第 4 页。
⑥ 不含松江府 3 人。

拾取青紫的江苏士人数量众多,堪为明廷人才之大省。有明一代,内阁大学士一共 163 人,其中江苏籍人士 20 人。至明代后期,凭借科举之势,江苏进士数逐渐跃居全国第一,成为中央及地方各级官吏主要来源省籍的地位更加巩固。仅昆山县在外任职的就有吏部尚书、刑部尚书、侍郎、京兆尹、翰林院掌院、太常寺卿、通政使等职。明代江南进士"位至宰辅、六部长贰、台谏高官的京中大老约占 23％;位至督抚、布按二司及其主要僚属的地方中高级官员约占 30％"[1],以江苏为主的江南人士的仕途强势,显而易见,是与江苏科举成就分不开的。

虽经明清朝代更迭,一些江苏科举世家受到清廷的打击而衰落,但在科举之风的延续下,江苏士人群体再度崛起,再续了明代的科举辉煌。

江苏清代考取进士的总人数超过了明代,达到 2920 人[2],超过全国进士总数的十分之一,继续保持着进士人数全国第一的地位。除正科,其他如博学鸿词科、经济特科、孝廉方正科,保举经学、巡幸召试等特科的人才选拔中,江苏所中人数也同样傲视全国。

清代江苏进士数及全国占比表

	顺治	康熙	雍正	乾隆	嘉庆	道光	咸丰	同治	光绪	总计
江苏进士数(人)	436	666	167	644	233	263	69	124	318	2920
全国进士数(人)	3064	4088	1499	5385	2821	3269	1046	1588	4088	26848
江苏在全国排名	1	1	2	2	2	4	7	2	1	1
江苏占全国比例(％)	14.23	16.29	11.14	11.96	8.26	8.05	6.60	7.81	7.78	10.88

清代期间,江苏进士人数于顺治、康熙、光绪朝为全国第一。雍正、乾隆、嘉庆等朝,仅次于浙江。道光朝,次于直隶(313 名)、浙江(300 名)、江西(265 名);咸丰朝,次于河南(95 名)、陕甘(94 名)、直隶(92

---

[1] 范金民:《明代江南进士事功述论》,《史学集刊》1997 年第 4 期,第 13 页。

[2] 含松江府,清朝进士总数,学术界多有争论,可参考毛晓阳、金甦:《清代文进士总数考订》,《清史研究》2005 年第 4 期,第 63—77 页。

名)、浙江(87 名)、山东(79 名)、江西(74 名);同治朝,次于直隶(135 名)。① 纵观清代,江苏进士数从雍正至咸丰朝最高为第二位,其间曾掉落为第 4 位、第 7 位。貌似有所起伏,其实这种部分年代江苏名次的下降并不能直观反映江苏士子的努力程度,而是清廷在科举录取的顶层设计上,虑及科举录取的南北区域平衡性,有意识地在生员、举人及进士名额上对江苏进行了限制。咸丰年间,江苏录取进士人数的名次大跌是太平天国运动导致江苏科举考试受到影响。即使遭受如此大变,江苏仍然能保持全国第 7 的地位,并在数十年内迅速恢复至全国领头科举省份,足见江苏科举底蕴的广度。

在代表全国科举人才顶级水平的状元数量上,清代江苏在全国也独占鳌头②。

清代历朝江苏状元数及全国占比表

	顺治	康熙	雍正	乾隆	嘉庆	道光	咸丰	同治	光绪	总计
江苏状元数(人)	5	16	3	12	3	3	1	4	2	49
全国状元数(人)	10	21	5	27	12	15	5	6	13	114
江苏占全国比例(%)	50.00	76.20	60.00	44.40	25.00	20.00	20.00	66.67	15.38	42.98

清代历朝,江苏的状元数未低于全国的二成,而顺治、康熙、雍正、同治等朝,江苏状元数为同期全国的五成以上,康熙朝甚至达到了七成多。即使在江苏遭受太平天国影响最重的咸丰年间,江苏仍能产出状元。清代江苏籍士子所考取的榜眼为 26 名,约占全国的 23%,居各省区第二;考取探花 42 名,约占全国的 37.5%,居全国第一。顺治十六年(1659)己亥科、康熙十二年(1673)癸丑科与嘉庆七年(1802)壬戌科三科,其状元、榜眼与探花皆是江苏籍士人,分别是状元昆山徐元文、长洲韩菼、元和吴廷琛;榜眼无锡华亦祥、娄县③王宏绪与山阳李宗昉;探花

---

① 李润强:《清代进士的时空分布研究》,《西北师大学报(社会科学版)》2005 年第 1 期,第 65 页。
② 李润强:《清朝进士的时空分布研究》,《西北师大学报(社会科学版)》2005 年第 1 期,第 67 页。
③ 时为松江府,今属上海。

昆山叶方蔼、昆山徐秉义、宝应朱士彦。这些顶尖科举人才的数量,足证江苏科举底蕴的厚度。

四、明清江苏科举之城

从城市来看,明清江苏科举既有群山,又有巨峰。苏南、苏北、苏中三个区域在科举成就上有明显的地区差异,如清代苏南 5 市拥有状元 39 名。苏中 3 市有状元 4 名。苏北 5 市仅徐州有 1 名。但放眼全国,三个区域你追我赶,皆大有科举故事可书,更出现了苏州、常州、无锡、扬州、南京、镇江此类全国科举名城。

明代江苏进士中,苏州府为 864 人,常州府 631 人,应天府为 291 人,镇江府为 283 人,扬州府为 233 人,淮安府为 97 人,徐州府为 31 人,太仓州为 103 人,通州为 69 人,海州为 14 人,海门厅为 3 人。其中超过 50 人的县、卫有南京卫(86 人)、上元(85 人)、金坛(79 人)、江都(78 人)、江阴(75 人)、丹徒(70 人)、江宁(71 人)、山阳(52 人);超过百人的县、州有无锡(197 人)、长洲(193 人)、昆山(185 人)、吴县(183 人)、常熟(173 人)、吴江(115 人)、宜兴(112 人)、太仓(103 人)。考取人数最多的是武进,一县考取了 244 人。在全国考取举人数量前十名的县中,江苏的武进、无锡、吴县、长洲、常熟、昆山、吴江都占一席。明代洪武三年(1370 年)至弘治二年(1489 年),吴江县即中进士 49 人。洪武十一年(1378 年)至弘治二年(1489 年),该县中科贡共 103 人。

清代,江苏进士数量前五名的府为苏州府(657 名),常州府(645 名),扬州府(348 名),江宁府(311 名),镇江府(211 名)。就全国来看,清代江苏在全国进士数最多的十个县中占有六席,分别为武进(含阳湖)第三(276 人),吴县第四(259 人),长洲(含元和)第五(240 人),无锡(含金匮)第六(230 人),常熟(含昭文)第八(144 人),丹徒第九(118 人)。而在清代巍科人物[①]县别前 30 个县的排名中,江苏也占得 12 席,分别为长洲(含元和)20 人、武进(含阳湖)20 人、吴县 19 人、无锡(含金

161

---

① 即指一甲三名(状元、榜眼、探花)、二甲第一名(传胪)和会试第一名(会元)。

匮)14人、常熟(含昭文)13人、丹徒7人、仪征6人、溧阳5人、江宁5人、通州5人、太仓(含镇洋)5人、金坛5人。

江苏的科举名城尤以苏州为最。张大纯在《吴中风俗志》中说:"吴俗之称于天下者三:曰赋税甲天下也,科第冠海内也,服食器用兼四方之珍奇,而极一时之华侈也。"①以致世间有如此评价:"不识大魁为天下公器,竟视巍科乃我家故物。"②苏州人汪琬将苏州状元称为"土产"。所谓"东南人士,姑苏最盛。"③客观而论,这些评价毫不过誉。明代,苏州考中状元7人,榜眼者16人,探花者20人。④ 清代,苏州府不但一府科举名次为全国之冠,且豪取全国四分之一的状元名额。其县属长洲人氏钱棨更是"连中三元"(解元、会元、状元)。正如康熙末年江苏布政使杨朝麟所评:"本朝科第莫盛于江左,而平江一路尤为鼎甲萃薮,冠裳文物,竟丽增华,海内称最。"⑤

清代苏州状元及籍贯

县属	姓名
吴县	缪彤(康熙朝)、张书勋(乾隆朝)、石韫玉(乾隆朝)、潘世恩(乾隆朝)、吴廷琛(嘉庆朝)、吴信中(嘉庆朝)、吴钟骏(道光朝)、洪钧(同治朝)
常熟	孙承恩(顺治朝)、归允肃(康熙朝)、汪绎(康熙朝)、汪应铨(康熙朝)、翁同龢(咸丰朝)、翁曾源(同治朝)
长洲	韩菼(康熙朝)、彭定求(康熙朝)、陆肯堂(康熙朝)、王世琛(康熙朝)、徐陶璋(康熙朝)、彭启丰(雍正朝)、钱棨(乾隆朝)
元和	陈初哲(乾隆朝)、陆润庠(同治朝)
昆山	徐元文(顺治朝)
太仓	陆增祥(道光朝)
镇洋	毕沅(乾隆朝)

① 袁学澜:《吴郡岁华纪丽》,江苏古籍出版社1998年版,第1页。
② 陈夔龙:《梦蕉亭杂记》,中华书局2007年版,第107页。
③ 唐长孺:《魏晋南北朝史论丛》,三联书店1955年版,第363页。
④ 不含松江府3人。
⑤ 杨镜如:《紫阳书院志》,苏州大学出版社2006年版,第490页。

除了苏州，其他诸府也都成就斐然。明清两代，苏中地区的扬州府中进士者 600 余人。其中尤以康熙、雍正、乾隆及嘉庆四朝最为高峰。清代常州府黉门文昌，一府进士人数占全国比为 1.6％，以致常州人李兆洛在《泽古斋遗文后序》中这样评价其故乡："吾邑科第之盛，颇盛于旁邑。"遥想当年扬子江南北，苏州、常州、扬州、应天、镇江等科举重镇连缀排列，人文鼎盛，形成了明清两朝科举文化的高地区域。

长期的科举之风浸染下，在江苏一些科举强县中还出现了以县域为传学范围的专经强学。明人吴宽有云："士之明于经者或专于一邑，若莆田之《书》、常熟之《诗》、安福之《春秋》、余姚之《礼记》，皆著称天下者，《易》则吾苏而已。"①以苏州治《易》中举者最多，治《尚书》者次之。"吴郡以制举义奔走寓内，其专门，《易》最多，《书》次之，而《毛诗》曾不得与两孤经齿。"②常熟以《诗》经为显学，在明代常熟县 204 名本经可考者的举人及以上功名者中，《诗》经中式者到达了 144 人。③ 常熟治《诗》蔚为风气，所谓"海虞学士，家世传诗。海内以诗显者，皆不免诋呵"④。昆山则以《易》经为科举主业，如该县人杨循吉所称："吾乡多易。"⑤

江苏不但有科举强府强县，甚至还有科举强镇。苏州府的甫里镇与同里镇，仅明代进士分别为 83 人与 64 人⑥，其科举中式者的数量以一镇抵他邑之一城。苏州唐市镇，"文章道德之彦，掇魏高第者，先后辉映"⑦。江苏学风之猎猎，至今令人惊叹。

五、明清江苏科举之家

江苏的读书家风，塑造了很多书香门第。在科举大潮中，也塑造了

① 杨朝麟：《紫阳书院碑记》，江庆柏《明清苏南望族文化研究》，南京师范大学出版社 2016 年版，第 103 页。
② 张世伟：《自广斋集》，《四库禁毁书丛刊》，北京出版社 1997 年版，第 236 页。
③ 丁修真：《科举的"在地"：论科举史的地方脉络——以明代常熟县为中心》，《史林》2016 年第 3 期，第 86 页。
④ 张溥：《皇明诗经文选》，《续修四库全书》，上海古籍出版社 2002 年影印本，第 316 页。
⑤ 杨循吉：《松筹堂集》第八卷，上海古籍出版社 2013 版，第 580 页。
⑥ 陈国灿：《江南农村城市化历史研究》，中国社会科学出版社 2004 年版，第 254 页。
⑦ 倪赐、苏双翔等：《唐市志》，江苏古籍出版社 1992 年版，第 512 页。

全国最多的科举世家，为世间所传道。所谓科举世家是指一个家族中不但一代一门中有中举之人，甚至连续二代、三代乃至数代中皆有举人、进士者。清人王应奎曾如此形容江南科举传家盛况："本朝桐城张氏二世阁老；昆山徐氏则兄弟三鼎甲；宜兴吴氏则五代进士；长洲沈氏、磁洲张氏、泰州官氏、常熟蒋氏，则四代进士；长洲彭氏则祖孙会状；德清蔡氏则从叔侄两状元。可谓超越前代也。"①

苏州府出现了一批科甲大族，如常熟的蒋氏、翁氏；长洲的彭氏；吴县的潘氏等，举不胜举。潘氏在清代百余年间有 35 人登榜，包括一名状元及两名探花。《郎潜纪闻初笔》记载："昆山三徐之太夫人，亭林先生女弟也。世称其教子极严，课诵恒至夜午不辍。……太夫人三子，皆登鼎甲。"②既以一门中有状元者也有家门传承，如彭定求、彭启丰祖孙先后成为状元；缪彤、缪曰藻父子前后大魁天下；翁同龢、翁曾源叔侄皆高中魁首。

常州也同样不遑多让，明清常州科举中举累世达到五世以上的家族有 27 家，有传 12 世的董氏（13 名）、恽氏（22 名）、庄氏（54 名）等，传 10 世的瞿氏（13 名）、刘氏（26 名）、薛氏（17 名）等，传 9 世的吴氏（21 名）、钱氏（18 名）、赵氏（16 名）、杨氏（14 名）等，传 8 世的卜氏（12 名），传 7 世的段氏（5 名）、唐氏（6 名）、徐氏（9 名）、吴氏（10 名）等。仅恽家就出了 17 名进士，25 名举人，22 名贡生。更有甚者，常州府武进县庄氏一族中举 78 人（明代有 6 人中举，清代有 72 人中举）。中进士者 35 人（明代有 6 人，清代有 29 人）。其子弟庄存与、庄培因兄弟曾在同榜中一为状元，一为榜眼，所谓"兄弟鼎甲"。家族荣耀，源远流长。

无锡也是名门闪耀，梁溪流芳。无锡华氏一族在明清间出了 36 个进士。《锡山侯氏宗谱》称侯氏"科第蝉联，衣冠鹊起，云礽繁衍，蔚为望族"。而秦氏为"江南名族之冠"③，从明天顺四年（1460 年）的秦夔，到清末的秦瀛，出了 3 个探花，34 个进士。其祖孙四代秦松龄、秦道然、秦蕙田、秦泰均皆中进士。此外，祖孙三代进士者有何汝健、何湛之、何栋

① 王应奎：《柳南随笔》，中华书局 1997 年版，第 59 页。
② 尹德新：《历代教育笔记资料（第四册清代部分）》，中国劳动出版社 1993 年版，第 79—80 页。
③ 秦毓钧：《锡山秦氏文抄（序）》，1930 年版。

如;嵇曾筠、嵇璜、嵇承谦。其他如祖孙进士、父子进士、兄弟进士者更是数不胜数。

作为江北文萃之地的学业重镇扬州,其士人除了于科举斩获不断,也产生了一些世代中举的门第家族。如扬州朱氏,有明一代,从八三公至朱纳夏的九代人中,考中进士 2 人,举人 2 人,贡生 2 人,而在清代,自朱纳夏之子朱尔远至朱学周的十代人中,亦出现了进士 5 人,举人 10 人,副榜 3 人,贡生至少 38 人。①

这些科举世家的成功并非偶然,除了江苏崇文的环境熏陶,更重要的是这些家族能主动地鞭策儿孙刻苦为学,形成了考业传承的家风,勉励子弟努力考取功名,以维持家族的科举传承。这些家族的长老们通过各种办法,资助扶持族中子弟攻读课业,参加科举。如《咸丰毗陵恽氏家乘》称常州恽氏致仕还乡后,"一切不与户外事,惟日课诸孙。诸孙早就外塾,每晚问候斋中,必令背诵所习经史,率以为常。"一些大家族还为子弟读书创造条件,如常州恽氏家族中富贵者为族中贫穷子弟创办义塾,并为他们支付参加考试的车旅费用。正是在这样的家族支持下,学习着家族的榜样,一代又一代的江苏学子造就了这样的科举世家奇迹。

① 刘建臻:《清代扬州朱氏家学述论》,《扬州大学学报(人文社科版)》2006 年第 5 期,第 95 页。

第四章　新式教育在江苏的揭幕

　　1840 年鸦片战争之后,中国社会性质发生了根本性变化。伴随着中国进入近代半殖民地半封建社会,传统教育体系也逐渐遭受冲击并发生动摇,西方教育模式开始在中国逐渐传播开来。由于此时传入我国的西方教育制度乃是西方近代教育的重要组成部分,而非传统中国教育老树上长出的新芽,故相对传统教育它被普遍称为新式教育或近代教育。江苏是我国中西文化接触得较早的地区,也是建立新式学堂最早的省份之一。

第一节　江苏推广新式教育的政策与制度

　　江苏地区教育政策的确立,主要取决于清政府的政策导向,以及该时期担任江苏地区行政与军事方面的地方封疆大吏如巡抚、两江总督对推动新式教育发展的态度。

一、清政府的近代教育政策

　　虽然自 1840 年鸦片战争后,帝国主义列强的军事、文化等侵入中国,但我国传统的教育体系并未发生根本性改变。清政府的新教育政策真正开始是始于"同治中兴"时期。

在第二次鸦片战争中,英、法、美、俄列强先后强迫清政府签订了不平等条约《天津条约》(1858 年)、《北京条约》(1860 年)和中俄《瑷珲条约》(1858 年)。通过这些不平等条约,列强不仅迫使清政府割地赔款,保护其在华利益,而且有些还获得了在北京常驻使节的权力。同时,清政府也开始派遣外交使臣出国。伴随着中西方政治、外交、商业等往来的大幅增加,咸丰十年十二月(1861 年 1 月),钦差大臣恭亲王奕䜣、大学士桂良、户部左侍郎文祥向远在热河的咸丰帝上《奏统计全局酌拟章程六条呈览请议遵行折》,首条便是鉴于"外国事务头绪纷繁",请求在京师设立总理各国事务衙门,同时提出"以王、大臣领之,军机大臣承书谕旨,非兼领其事恐有歧误,请一并兼管。"①由军机大臣兼领总理大臣,而当时的军机大臣便是恭亲王奕䜣。"总理各国事务衙门"成为我国近代第一个外交机构,也成为我国后来洋务运动的发动处和领导处。章程的第五条则是请求设立外国语言文字的学馆,因为"查与外国交涉事件,必先识其性情,今语言不通,文字难辨,一切隔膜,安望其能妥协?"为此,提出仿照康熙朝时便已设立的俄罗斯文馆的方法,"于八旗中挑选天资聪慧,年在十三四以下者各四五人,俾资学习。"②同时,要求广东、上海两地官员从专习英、法、美文字语言的商人中挑选诚实可靠者来京,担任教习。不过,广州、上海两地官员却以无合适人选为由不予推荐,由此学校迟迟未能建立。

1861 年 8 月,因英法联军攻入北京城而逃亡承德的咸丰皇帝病逝,年仅 5 岁的爱新觉罗·载淳继位,次年改年号"同治"。不过,同治初期政府政策的真正决定者是慈禧、恭亲王以及地方实力派曾国藩等人。由于这些掌权者具有一定开明思想,尤其是相对通晓洋务的恭亲王奕䜣成为权力中心的主要成员,故自同治开始社会近代化的改革启动,美国汉学家费正清认为"许多因素使得同治时代成为西方影响中国以及清朝'现代化'的第一个重要时代"③。

---

① 中华书局编辑部整理:《筹办夷务始末(咸丰朝)》,中华书局 1979 年版,第 2676 页。
② 中华书局编辑部整理:《筹办夷务始末(咸丰朝)》,中华书局 1979 年版,第 2679 页。
③ 罗威廉著,李仁渊、张远译:《最后的中华帝国:大清》,中信出版社 2016 年版,第 181 页。

同治元年(1862年)八月,奕䜣再上《奏设同文馆学习洋文拟章呈览折》,除建议将新式学堂定名为同文馆外,还提出"广东、江苏既无咨送来京之人,不得不于外国中延访"[1],聘请英人包尔腾担任教习,以解决师资短缺的问题,京师同文馆正式设立,成为我国近代第一所新式学堂。次年,清政府又对李鸿章提议仿照京师同文馆在上海、广州设立学习外国语言文字学馆一事,谕令地方官员"查照办理"。在给议政王军机大臣奕䜣的两份上谕中,还提出了办理过程中一些具体要求,如一方面提醒官员应严禁传教士利用教习身份暗中传教,另一方面要求地方官员必须实心办理,对于师生应严格挑选,"择其资质聪慧,年在十四岁内外,或年二十左右,而清、汉文字业能通晓,质地尚可造就者,一并拣选,延聘西人教习。兼聘内地品学兼优之举贡生员,课以经史大义,俾得通知古今,并令仍习清语。厚其廪饩,时加查考,一二年后学有成效,即调京考试,授以官职,俾有上进之阶。"[2]由此,同文馆的学生来源不再局限于八旗子弟。1863年5月,奕䜣等又上奏提议在同文馆中添设法文和俄文馆,获得批准。次年,又提议在广东同文馆也添设法文、俄文馆,亦获批。

1866年2月,鉴于洋人对我国各省情形颇为熟悉,"而外国情形,中国未能周知,于办理交涉事件,终虞隔膜"[3],奕䜣等奏派京师同文馆3名学生和1名"老成"山西知县斌椿随海关总税务司司长英人赫德前往英国考察山川形势、风土人情,"随时记录,带回中国",获得朝廷批准。

同治五年(1866年)十一月,奕䜣等基于洋人制造机器、火器等的基础是天文算学的认识,特别提议在同文馆中添设天文算学一馆,聘请洋人教习,"招取满、汉举人及恩拔岁副优贡,汉文业已通顺,年在二十以外者"[4],经总理衙门组织考试录为学生。甚至提出,对于愿意入馆学习的京外五品以下各官,均可一体与考。自此,京师同文馆成为一所综

---

① 中华书局编辑部整理:《筹办夷务始末(同治朝)》,中华书局2008年版,第342页。
② 中华书局编辑部整理:《筹办夷务始末(同治朝)》,中华书局2008年版,第613页。
③ 中华书局编辑部整理:《筹办夷务始末(同治朝)》,中华书局2008年版,第1621页。
④ 中华书局编辑部整理:《筹办夷务始末(同治朝)》,中华书局2008年版,第1945页。

合性学堂,而专以科甲正途出身者为学生,更是一大创举,不过也由此遭到了掌山东道监察御史张盛藻、大学士倭仁、候补直隶知州杨廷熙等保守人士的激烈反对。对于顽固派的指责,除奕䜣等数次上奏予以驳斥,朝廷也给出了明确的支持态度,如 1867 年 6 月发出的《驳杨廷熙折并谕倭仁恭王等》谕旨中,针对杨廷熙因天灾而归罪同文馆并提出取消同文馆的建议,直斥其"呶呶数千言,甚属荒谬",明示张盛藻、倭仁之流的意见,均为"见识迂拘"。①

　　1866 年 6 月,为增强海防能力,闽浙总督左宗棠上书朝廷,要求在福建开办船政局,聘请外国师匠,一方面监造轮船,另一方面培养制造和驾驶人才。左宗棠的提议,很快便获得朝廷认可,发布上谕强调:"中国自强之道,全在振奋精神破除耳目近习,讲求利用实际。该督见拟于闽省择地设厂、购买机器、募雇洋匠、试造火轮船只,实系当今应办急务。"②不久,在沈葆桢等人建议下,选定福州马尾为船厂建造之地。由于此时左宗棠即将调任陕甘总督,沈葆桢便成为主持该项洋务的继任者。同年 12 月,暂时留任的左宗棠再次上呈船政办理事宜奏折,要求开办"求是堂艺局","延致熟习中外语言文字洋师,教习英、法两国语言文字、算法、画法"③,挑选本地资性聪颖、粗通文字子弟入局学习,且同时附上一份详细的《艺局章程》。对此,朝廷在给军机大臣的上谕中,明确表示:"此次创立船政,实为自强之计,若为浮言摇惑,则事何由成?"④马尾船政学堂(求是堂艺局)成为我国最早设立的海军人才培养学堂。

　　此时,清政府不仅对新式学堂的开办予以支持,同时对派人游历国外也持支持态度。如在 1866 年初,奕䜣等上书选派官员斌椿、同文馆学生等随英人赫德前往欧洲多国考察其风土人情等,获得批准。这次游历活动的成功对后来的留学政策的确立起到了重要作用。1871 年 9 月,两江总督曾国藩、直隶总督李鸿章联名上《奏拟选幼童赴外国肄业章程呈览折》,提出在沿海各省选派聪颖幼童赴美国留学,计划每年 30

① 中华书局编辑部整理:《筹办夷务始末(同治朝)》,中华书局 2008 年版,第 2071 页。
② 中国史学会主编:《洋务运动(一)》,上海人民出版社 1961 年版,第 10 页。
③ 中华书局编辑部整理:《筹办夷务始末(同治朝)》,中华书局 2008 年版,第 1961 页。
④ 中华书局编辑部整理:《筹办夷务始末(同治朝)》,中华书局 2008 年版,第 1970 页。

名,四年共计 120 人,留学时间 15 年。曾、李的奏章得到了奕䜣的力挺,他在多次给朝廷的奏折中,肯定出洋学习较国内学堂学习的优势,并特别建议将幼童年龄控制在 12—16 岁之间,以利于学成归国时正当年轻。1872 年,第一批留美幼童启程前往美国,是近代官方留学教育的开始,曾国藩、李鸿章等也曾自豪地认为:"挑选幼童出洋肄业,固属中华创始之举,抑亦古来未有之事。"①1873 年 12 月底,沈葆桢等上书朝廷,要求从马尾船政学堂的前、后学堂中挑选部分学生分别前往法国、英国学习轮船制造、轮船驾驶。不过,最终成行是在光绪元年(1875 年)。

美国学者费正清基于"冲击—回应"模式,认为:受第二次鸦片战争影响,1860 年是充满希望的革新,之后又因为中外战事的停息,迎来了19 世纪七八十年代政策的收紧。这个时期自强努力的松懈,重要表现之一是自强运动遇到了难以克服的阻挠,"洋务之难,从派留学、遣使团、筑铁路、练海军等事上已显而易见。以上种种,对中国的发展都是不可或缺的,然而每办一桩事都要克服强大的阻力和惰性,于是取得实效又推迟了许多年。"②不过,费正清的观点并不准确,因为没有充分的证据表明 19 世纪七八十年代比 19 世纪六十年代在开放政策方面更趋保守。事实上,洋务运动(包括洋务教育)自启动之时便充满着争议,例如京师同文馆设立过程中所遭遇的取缔声浪,并不少于后来留学教育的反对声。同时,在洋务教育推行之初,几乎所有的洋务人士都是抱持"中体西用"的思维模式,这也是清政府对待新式教育总的教育政策,例如在终止幼童留美的问题上,曾经的积极支持者李鸿章在发现幼童忽视传统文化学习时,亦难敌外部压力而改变立场。光绪六年(1880 年)三月,他在回复驻美公使陈兰彬的信中说:"容元甫(注:中文教习)来谒,言学徒抛弃中学,系属实情,由于纯甫(注:容闳)意见偏执,不欲生徒多习中学,即夏令学馆放假后,正可温习,纯甫独不谓然。弟拟致函纯甫,属勿固执己见,尚祈执事便中劝勉,令其不必多管,应由子登(注:

---

① 中华书局编辑部整理:《筹办夷务始末(同治朝)》,中华书局 2008 年版,第 2426 页。
② 费正清、邓嗣禹著,陈少卿译:《冲击与回应》,民主与建设出版社 2019 年版,第 113 页。

吴子登)太史设法整顿……"①而在次年三月给总理衙门的函电中又说："迩年以来,颇有议纯甫(容闳)偏重西学,致幼童中学荒疏者,鸿章尝寓书诫勉,不啻至再至三……"②其态度立场虽有无可奈何一面,但对容闳的做法也是不满意的。

1875年1月,醇亲王奕譞之子,年仅4岁的爱新觉罗·载湉继位,年号光绪。由于此时朝廷大权事实上仍被两宫皇太后控制,故推进洋务的政策依然没有大的改变。1878年,曾纪泽接替郭嵩焘出任驻英法公使,临行前觐见慈禧太后时二人有一段对话可见政府洋务政策的倾向性:

旨:办洋务甚不容易。闻福建又有焚毁教堂房屋之案,将来必又淘气。

对:办洋务,难处在外国人不讲理,中国人不明事势。中国臣民当恨洋人,不消说了,但须徐图自强,乃能为济。断非毁一教堂、杀一洋人,便算报仇雪耻。现在中国人多不明此理,所以有云南马嘉理一事,致太后、皇上宵旰勤劳。

旨:可不是么。我们此仇何能一日忘记,但是要慢慢自强起来。你方才的话说得很明白,断非杀一人、烧一屋就算报了仇的。

对:是。

旨:这些人明白这理的少。你替国家办这等事,将来这些人必有骂你的时候,你却要任劳任怨。

对:臣从前读书,到"事君能致其身"一语,以为人臣忠则尽命,是到了极处了。近观近来时势,见得中外交涉事件,有时须看得性命尚在第二层,竟须拼得将声名看得不要紧,方能替国家保全大局。……③

正是由于清政府在光绪之后,对于地方督抚推动新式教育发展仍

---

① 中国史学会主编:《洋务运动(二)》,上海人民出版社1961年版,第177页。
② 中国史学会主编:《洋务运动(二)》,上海人民出版社1961年版,第178页。
③ 曾纪泽:《曾纪泽日记(中册)》,岳麓书社1998年版,第776页。

沿袭之前支持政策,故此时的新式学堂尤其是军事学堂不仅设立数量多,而且种类也远超同治年间。如在水师学堂方面,李鸿章于光绪六年(1880年)八月上书提议为北洋水师培养驾驶和管理轮机炮位人员,在天津筹办水师学堂,获得朝廷批准。次年,学堂建成招生,分设驾驶、管轮两班教学。最初以办理船政颇有经验的吴赞成、吴仲翔先后任学堂总办(校长),后以严复为总办;光绪十二年(1886年)九月,海军衙门总理醇亲王奕譞、帮办善庆一同上书慈禧太后,认为海军军权不能都操于汉人手中,"因思八旗之众,聪颖骁健者实不乏人,只为见闻所囿,虽其美质无可表见,亟当乘时教练,预储异日将材"①,要求在北京昆明湖设立水师学堂,专门培育满族海军人才。同年冬,校舍建成开始招生,1887年1月8日正式开学,学堂各种规章均援照天津水师学堂;光绪十三年(1887年)八月,两广总督张之洞上《奏创办水陆师学堂折》,建议在广州设立兼具培养水师和陆师人才的广东水陆师学堂,获得批准,其中水师分管轮、驾驶两科,主要以英国为师。陆师分马、步、枪、炮及营造两科,主要以德国为师。此外,张之洞1884年督粤时还创建了黄埔鱼雷学堂;1890年,海军提督丁汝昌建议在威海刘公岛设立威海卫水师学堂,次年招生;1890年,北洋旅顺口鱼雷学堂开学招生,特聘德国人为教官。

在武备学堂方面,最著名的莫过于由时任直隶总督兼北洋大臣李鸿章于光绪十一年(1885年)二月仿照西方军事学院创设的天津武备学堂(又称北洋武备学堂),也是我国最早的陆军学堂。学堂聘请数名德国军官为教习,学生主要从淮军中挑选"精健聪颖、略通文义之弁目,到堂肄业。"②学堂初设步、马、炮、工程四科,1890年后增设铁路科。课程设置分学、术两科,学科课程主要有中国经史、天文、舆地、格致、测绘、算学、化学、战法、兵器等;术科主要教授马、步、炮队操演阵式,枪炮技艺和营垒工程等,意在通过新式教育培养新型军事人才。由于受经

---

① 高时良、黄仁贤编:《中国近代教育史资料汇编(洋务运动时期教育)》,上海教育出版社1992年版,第464页。

② 高时良、黄仁贤编:《中国近代教育史资料汇编(洋务运动时期教育)》,上海教育出版社1992年版,第511页。

费制约,学制定为1年。

从19世纪70年代到甲午战争之前,清廷除办理军事学堂外,还有电报、铁路、矿务、医学等新式学堂。如电报是最早引进中国的现代通信技术之一,而电报人才的培养也成为洋务教育的重要内容之一。光绪二年(1876年)四月,时任福建巡抚丁日昌致函总理各国事务衙门,要求设立福州电报学堂,并聘请有业务往来的丹麦公司的技术人员担任教习,学制1年;光绪六年(1880年)九月,李鸿章在给朝廷的奏折中,基于电报为防务必需之物的理由,要求架设一条从京城到上海的电线,继而又提出了在天津设立电报学堂的建议。该学堂在同年十月开学招生,并聘一批丹麦人担任教习。此外,这个时期还创办了湖北矿务局工程学堂(1892年)、专门培养军医的北洋医学堂(1893年)等。

梁启超在《戊戌政变记》开首便言:"吾国四千余年大梦之唤醒,实自甲午战败割台湾偿二百兆以后始也。"[①]1894年爆发的甲午海战以及中日之间签订的《马关条约》,不仅加深了中国的半殖民地性质,而且洋务时期30余年的"应付式""自强""求富"新教育政策及其办学效果普遍遭受质疑和批评,接踵而至的维新变法运动在反思前期洋务教育不足时,提出了推动新式教育发展新思路,即改变洋务时期以创办军事或外交直接或间接相关学堂、培育技术人才为主的政策,转而强调政艺兼求,在广泛设立与民生有关的实业学堂、技术学堂的同时,特别注重国民素质的提升,重视面向全体民众(包括女子)的普通学堂、师范学堂的建设,即如一些研究者所言这个时期从"兵战"转为"学战"。康有为便认为:"泰西之所以富强,不在炮械军兵,而在穷理劝学。"[②]"日本胜我,亦非其将相兵士能胜我也,其国遍设各学,才艺足用,实能胜我也。"[③]

从甲午战争到戊戌变法短短几年时间,不仅清政府明显加强了对创办新教育、革新传统教育的支持力度,而且民间人士参与创办新式学堂的积极性空前高涨。这个时期不仅有江南储才学堂、杭州蚕学馆、直隶矿务学堂等实业学堂的创办,而且有培养政治人才学堂的建立,如

---

① 梁启超:《戊戌政变记》,岳麓书社2011年版,第3页。
② 汤志钧编:《康有为政论集(上册)》,中华书局1981年版,第130页。
③ 汤志钧编:《康有为政论集(上册)》,中华书局1981年版,第306页。

1897 年由湖南巡抚陈宝箴在长沙创设的湖南时务学堂便属这种性质的学堂,而由洋务派人物盛宣怀先后于 1896 年、1897 年创办的天津中西学堂、上海南洋公学则为分级设置的综合性学堂,如天津中西学堂划分为头等和二等学堂,其中头等学堂相当于大学,二等学堂相当于小学;南洋公学设置有上院(大学)、中院(中学)、外院(小学)、师范院,开启了我国师范教育的先河。1897 年,上海电报局长经元善联络其他民间士绅创办的经正女学,更是揭开了我国近代女子学堂建设的序幕。有研究者估计,从 1894 至 1898 年百日维新前,全国各地创办的较有影响的新学堂有近 30 所,超出前 30 余年所设新学堂的总和。[①] 此外,还有众多倡导新思想、传播新知识、培养新人才的学会设立,如上海新学会、湖南南学会、中国女学会等。

需要特别指出的是,即使是在新教育新学堂创办高潮时期,“中体西用”依然是政府与民间大多数知识分子的主流诉求,如光绪二十二年(1896 年)孙家鼐在《议复开办京师大学堂折》上说:“中国五千年来,圣神相继,政教昌明,决不能如日本之舍己芸人,尽弃其学而学西法。今中国京师创立大学堂,自应以中学为主,西学为辅;中学为体,西学为用;中学有未备者,以西学补之,中学有失传者,以西学还之;以中学包罗西学,不能以西学凌驾中学,此是立学宗旨。”[②]可见,“中体西用”当然也是这个时期教育政策的价值取向。

二、江苏新教育政策的建立

在近代行政区划中,明清时松江府下辖的上海县为江苏辖区,同时江苏有两个省会,这也是独一无二的,一个为江宁(南京),是总督常驻处,一个为苏州,是巡抚常驻地。

自近代以来,江苏新教育的推广和发展,江苏教育近代化的发展,与担任江苏巡抚和两江总督的地方官吏对新教育的态度是分不开的。

---

① 田正平主编:《中国教育史研究(近代分卷)》,华东师范大学出版社 2001 年版,第 102 页。

② 汤志钧、陈祖恩、汤仁泽编:《中国近代教育史资料汇编(戊戌时期教育)》,上海教育出版社 2007 年版,第 225 页。

江苏自 1860 年代至 1940 年代间数十位巡抚、总督中,曾国藩、曾国荃、李鸿章、丁日昌、马新贻、吴元炳、左宗棠、刘坤一、沈葆桢、张之洞等地方洋务派的代表人物,对江苏近代化的推进做出过重要贡献,其中曾国藩、沈葆桢、左宗棠、刘坤一、张之洞在江苏任职期间,重视新教育的推广,由此亦可一见当时江苏地区对待新教育的政策。

曾国藩(1811—1872 年)是洋务运动早期地方实力派的主要代表人物,与左宗棠、李鸿章、张之洞并称"晚清四大名臣"。曾国藩早年习读传统经书,年仅 28 岁时便中进士,选翰林院庶吉士。他是"同治中兴"的重要功臣,这不仅因其平定太平军和捻军而"功名盖世",而且反映了他对近代文明的敏感和对洋务事业的热情与推动,甚至早在 1853 年,他便意识到建立近代海军的重要性,为此上书朝廷。他的思想基本延续了魏源"师夷长技以制夷"的思想,如 1862 年 6 月 3 日的一则日记中记载了他与幕僚之间的一段谈话:"欲求自强之道,总以修政事、求贤才为急务,以学作炸炮、学造轮舟等具为下手工夫。但使彼之长技我皆有之,顺则报德有其具,逆则报怨亦有其具。"[①]

曾国藩曾先后三为两江总督,除了短期署理,自咸丰十年六月至同治七年七月(1860 年 8 月至 1868 年 9 月)、同治九年八月至同治十一年二月(1870 年 8 月至 1872 年 3 月)任职时间较长,且有推动江苏洋务教育事业发展的实绩。曾国藩对江苏教育近代化政策确立的贡献,其重要成就便是与李鸿章等一起筹办著名的洋务企业"江南机器制造局",以及促使我国近代最早官方留美教育的成行。

1865 年,江南机器制造局在上海建成。虽然从性质上看,它是一家制造枪炮、轮船的近代军事企业,但在曾国藩等人的设计中,除了有直接制造军事武器的作用,还应发挥其培养近代军事技术人才和翻译西方知识的洋务辐射源的作用。同治七年(1868 年),在徐寿等人的强烈建议下制造总局添设翻译馆,同治八年(1869 年),在新建的江南机器制造总局的厂区内,将原设有的上海广方言馆移入其中,虽然此时曾国藩已经调任,但其对于在制造局中设立新式学堂是持积极支持态度

---

① 曾国藩:《曾国藩日记》,宗教文化出版社 1999 年版,第 45 页。

的,在 1868 年离开两江总督位置不久呈上的《奏新造轮船竣工并上海机器局筹办情形折》中,除了汇报机器局的办理情形,特别提到:"另立学馆,以习翻译。盖翻译一事,系制造之根本。洋人制器,出于算学,其中奥妙,皆有图说可寻。特以彼此文义扞格不通,故虽曰习其器,究不明夫用器与制器之所以然。本年局中委员于翻译甚为究心,先后订请英国伟烈亚力、美国傅兰雅、玛高温三名,专择有裨制造之书,详细翻出……"①同治九年四月(1870 年 5 月)前后,时为直隶总督的曾国藩接到了上海制造局总办冯焌光、会办郑藻如有关制造局搬迁新址后办学开馆事宜的请示,五月初六(6 月 4 日)便兴奋地做出批示:"据禀,建造学馆已于八年十二月竣工……所定学馆事宜,规画既已周详,撰论尤为精凿,非于西人格致之学,精心研索,确有据依,安能指示途径如此明切? 以此提倡,诸生必有日新月异之教,何慰如之!"②按理曾国藩已离任两江总督一职近两年,学馆办理情形如何已与其无关,但地方官员仍重视其意见,故江苏巡抚丁日昌为此事曾在机器制造局情况汇报上批示:"据禀已悉,仍候曾中堂(曾国藩)、李中堂(李鸿章)、马都堂(马新贻)批示。"其原因无外乎作为朝廷重臣的曾国藩对江苏洋务事业发展的影响仍在,同时曾国藩自身对洋务教育尤其是上海机器制造局所办新学馆颇为留意。曾国藩对翻译人才培养和使用较为重视,早在第二次担任两江总督期间,因广方言馆遴选出的五位优秀毕业生为进入京师同文馆要赴京考试一事,专门以"咨文"形式与总理各国事务衙门沟通。

众所周知,我国最早官费赴美留学一事与容闳有着密切关系,但容闳当时为江苏候补同知,曾担任过曾国藩幕僚,其计划落实的真正推动者则是曾国藩。曾国藩、李鸿章曾于同治十年七月(1871 年 8 月)、同治十一年正月(1872 年 2 月)为选派幼童留美事宜先后两次上书朝廷,虽然具体实施计划源自容闳主张,但其陈说的理由则是自己对于办理洋务教育的心得,如对于国内已有方言馆、军事学堂等设立,何须出国留学的质疑,曾国藩与李鸿章的回答是:"设局制造,开馆西习,所以图振

---

① 曾国藩:《曾国藩全集·奏稿(第十册)》,岳麓书社 2011 年版,第 215 页。
② 陈正清标点:《广方言馆全案》,上海古籍出版社 1989 年版,第 134—135 页。

奋之基也；远适肄业，集思广益，所以收远大之效也。西人学求实际，无论为士、为工、为兵，无不入塾读书，共明其理，习见其器，躬亲其事……中国欲取其长，一旦遽图尽购其器，不惟力有不逮，且此中奥窔，苟非遍览久习，则本源无由洞彻，而曲折无以自明。"[①]虽然选拔幼童留美一事并非完全江苏教育事务，但作为时任两江总督的曾国藩而言，一方面体现了其对于办理洋务教育事业的态度，另一方面也对江苏留学教育有促进意义，在1872—1875年四期共120位留美幼童中，来自江苏的幼童有21位，仅次于广东。

曾国荃（1820—1890年），曾国藩九弟，晚清湘军主要将领之一，因平定太平天国有功而加太子少保，封一等伯爵。19世纪70年代曾先后任陕西巡抚和山西巡抚等，自光绪十年正月（1884年2月）署理礼部尚书、两江总督兼通商事务大臣，至光绪十六年十月（1890年11月）卒于任上，中间除了近2个月时间的离任，担任两江总督时间长达6年，任职时长仅次于曾国藩、刘坤一。

曾国荃的洋务事业开始于两江总督任期内。他上任之初恰逢中法战争，且首次作为全权大臣参与在上海与巴德诺的谈判，与此同时需积极筹办两江防务以免江南被侵犯。通过自己的亲身经历，曾国荃对发展近代军事工业较为热心。金陵机器局是同治四年（1865年）由时任江苏巡抚代理两江总督李鸿章兴建的一家生产枪炮弹药的军事工厂，其生产的军火曾在后来的中法战争中发挥了重要作用。虽然其前任左宗棠便提出了扩建工厂和建造洋火药厂的设想，但真正落实完成则是在曾国荃任上。1886年，曾国荃还从上海机器局抽调晚清著名科学家徐寿之子徐建寅来金陵机器局担任会办，为金陵机器局的发展贡献很多。在洋务学堂的兴办方面，曾国荃特别重视新式军事学堂的开办。同年，为加强江防建设，曾国荃向德国订购了20枚鱼雷和2艘鱼雷小艇。为培养人才，曾国荃特意在南京设立鱼雷学堂，招收学生和艺徒进堂学习，这也是江苏设立培养海军人才的新式学堂的开始。

1890年，为了加强海防建设，曾国荃建立了小规模的南洋海军舰

---

① 中国史学会主编：《洋务运动（二）》，上海人民出版社1961年版，第154页。

队。由于缺少驾驶和管轮人才,加之鱼雷学堂规模较小,鉴于李鸿章为北洋水师培养人才而创办的天津水师学堂的成功,曾国荃于是决心仿照天津水师学堂模式创办一所水师学堂,为此专门去函李鸿章讨教水师学堂创办事宜:水师学堂乃培养水师人才之处,朝廷要求各沿海省份一律创设,南洋自不例外。"惟此事必得条理精详,课程严密,方能奏效。敝处既无成法可循,亦惟有上为将伯之呼。尊处学堂经我公苦心缔造,已具成规,并祈俯赐饬局录示章程,俾得奉为前路之导。"①不久还为学堂确定了总办人选,规定了常年经费的数额等。虽然曾国荃于学堂竣工后开学不久便在任上去世,但继任者署理两江总督兼署南洋大臣安徽巡抚沈秉成并没有忘记曾国荃对水师学堂建立所作的贡献,在光绪十六年十二月二十日(1891 年 1 月 29 日)给朝廷《江南创设水师学堂工竣开课谨陈筹办情形折》中,特别肯定了曾国荃作为开创者的贡献:"当经前督臣曾国荃以南洋自筹办海防以来,只以经费未充,仅得先设鱼雷学堂、同文学馆,兹当整顿水师之际,创设水师学堂为筹防要务……据饬筹防局议拟咨复海军衙门备查,一面委派道员桂嵩庆切实筹办,大致甫就。"②

曾国荃主政两江六年,虽然其在洋务教育方面仅仅推动了两所军事学堂的设立,但并不像有研究者所认为的无所作为,此外,在思想上对洋务事业建设仍是热心,从某种意义上也影响了 19 世纪 80 年代江苏新教育政策的实施。

刘坤一(1830—1902)是晚清重要的政治家、湘军宿将,早年曾任广西布政使、江西巡抚等。不过,这个时期由于长期在较为封闭的内地为官,思想趋于保守,并不认可"师夷长技以制夷"洋务思想。同治十三年十二月(1875 年 1 月)以江西巡抚署理两江总督兼南洋通商大臣,但半年后实授两广总督。由于职处华洋交汇之地,与洋务事务接触更多,思想自此发生转变,开始重视洋务事业建设和洋务人才的培养。光绪五

---

① 高时良、黄仁贤编:《中国近代教育史资料汇编(洋务运动时期教育)》,上海教育出版社 1992 年版,第 484 页。

② 高时良、黄仁贤编:《中国近代教育史资料汇编(洋务运动时期教育)》,上海教育出版社 1992 年版,第 485 页。

年十一月(1879年12月)再任两江总督兼南洋通商大臣,但一年半后(1881年8月)因遭到弹劾而被免职。10年左右的乡居生活对其思想发生了极大影响,使其更趋于务实。光绪十六年十月(1890年11月),刘坤一再次被朝廷重新任命为两江总督兼南洋通商大臣,直至光绪廿八年九月(1902年10月)在任上去世,除1894年11月至1896年1月因被朝廷任命为钦差大臣去北方处理中日战事约一年不在位外,担任了长达10年两江总督,由此也开始了他在江苏洋务事业发展的鼎盛时期,19世纪90年代新教育政策的推动与刘坤一有着密切的关系。

刘坤一的新教育政策主要有以下几个取向。第一,关注新式学堂人才培养的实效与选用。刘坤一在对待洋务建设(包括洋务教育)的态度上,不保守,但较为审慎,他曾明确提出:"夫事必求实效,不可徒骛虚声;但期成功,不必拘守成法。"①在其第二次担任两江总督兼南洋通商大臣期间,他特别关心上海机器局内设广方言馆学生的学习与选用情况,在机器局总办上报的汇报材料上明确批示:"广方言馆选集生徒肄业,国家不惜经费,该道等大费心力,无非为西学人才起见。本部堂于西学属门外汉,而于此项人才,亟盼有成,以应时务。"②为广方言馆优秀毕业学生的京选,他多次与总理各国事务衙门等部门沟通,以免学生有才而不得其用或另图他业,造成人才浪费。在第三次任职两江总督兼南洋大臣期间,本着实事求是原则,鉴于新设不久的南洋水师学堂因北洋水师学堂婉拒南洋学堂学生实习或录用,加之南洋水师兵船老旧,势必导致学生将来毕业后无地安插,由是提出南洋水师学堂应适当裁减学生和教习人数,并确认:"该学堂名额虽减,规模具存,一俟南洋兵船购制齐全,再将水师学堂规复旧章,亦复易易。……去一分无用之费,留一分有用之财,迟之三五年,可得盈余购置各项兵船,炼成劲旅"③。刘坤一的主张是否合理姑且不论,但本着实事求是原则办理洋务教育

---

① 高时良、黄仁贤编:《中国近代教育史资料汇编(洋务运动时期教育)》,上海教育出版社1992年版,第489页。

② 陈正清标点:《广方言馆全案》,上海古籍出版社1989年版,第143页。

③ 高时良、黄仁贤编:《中国近代教育史资料汇编(洋务运动时期教育)》,上海教育出版社1992年版,第489页。

则是值得肯定的。正是因为强调实用人才的培养,故当戊戌政变后,朝廷处一片重开书院、停废学堂的叫嚣声中,刘坤一于这年的十一月份仍大胆上奏《书院学堂并行以广造就折》,认为书院、学堂都应讲究实学,不仅学堂不可废,书院亦不可专尚训诂、词章,"各书院肄业士子,自应讲习天文、地舆以及兵法、算法"①等实学。

第二,重视关乎民生、"求富"事业发展的新式学堂的创建。他认为"振兴庶务以植本为先,而本富大端以农学为要。"②为此,向朝廷提议在南京先设农务学堂一所,聘请种植物学、农艺化学领域的专家为教习,并拨付一些土地、购置一些机器供其试验,且筹措一定款项将上海的农学报馆改为"农务总会",加强与各省的联系。另外,刘坤一还注意利用军事学堂或企业的师资优势培养民用人才,如在光绪二十四年(1898年)将江南制造局中的炮队营与广方言馆裁并,改设工艺学堂,分化学工艺与机器工艺两科。

第三,强调从地方实际出发,开展地方普通学堂建设。1890年代兴起的维新变法运动,刘坤一虽然与康、梁较为"激进"的变法主张有一定距离,但并不反对变法改革。百日维新时期,他对朝廷下达的省府州县设立新式学堂的上谕曾积极响应,并上《创立江省郡县学堂折》,在这份奏折中,他一方面认为"学堂之设,为自强根本要图。我皇上作育人才,孜孜求治……谕令各省一体实力奉行,洵足立当代之楷模,新斯民之观听。"另一方面又强调新式学堂的建设必须循序渐进,"惟是造端伊始,考核不厌精详,经费有常,筹划尤须审慎。"③在他看来,纵使江宁府作为东南地区的一大都会,如果从省到县所有大、中、小学堂均为新建,经费也难以筹集。为此采取的办法是将原来的储材学堂改为省级高等学堂,并采取书院改学堂模式,将旧有的传统书院如钟山、尊经、惜阴、文正、凤池、奎光改为府县各学堂,同时地方各学堂的学额则应视地方

---

① 刘坤一:《书院学堂并行以广造就折》,陈代湘校点:《刘坤一集(第二册)》,岳麓书社2018年版,第59页。

② 刘坤一:《拟设农工商矿学堂片》,陈代湘校点:《刘坤一集(第二册)》,岳麓书社2018年版,第571页。

③ 刘坤一:《创立江省郡县学堂折》,陈代湘校点:《刘坤一集(第二册)》,岳麓书社2018年版,第569页。

广狭和经费优绌而定。在新式学堂的办理中,他对地方士绅自行办理者更是热情鼓励,如无锡俟实小学堂系由杨模等人筹款设立,特制"乐育英才"匾额予以鼓励。

张之洞(1837—1909),晚清洋务派主要代表人物之一,曾先后担任山西巡抚、两广总督、湖广总督、军机大臣等,官至体仁阁大学士。其在湖广总督任内,创办了多座新式工厂和新式学堂,对湖北早期近代化的发展作出了重要贡献。因张之洞先后两次以湖广总督身份署理两江总督,虽然两次任职时间都较短,且从未实任,但他对江苏近代教育政策的推行和新式学堂的创办依然有着较大贡献。

张之洞在光绪二十年十月至光绪二十一年十一月(1894 年 11 月至1896 年 1 月)代暂时北调主持军务的刘坤一以湖广总督身份第一次署理两江总督。虽然暂署时间仅短短的十几个月,但他对发展新教育政策的支持是明确的,对两江地区新式学堂的设计、规划极为热心,在其离任之际,曾先后两次向朝廷呈递设立新式学堂的奏折《创设储材学堂折》(1896 年 2 月 1 日)、《创设陆军学堂及铁路学堂折》(1896 年 2 月 2日)。尽管这些创设新学堂的奏折递呈之时他已经结束署理两江总督的工作,但其后续影响却真实存在,江南储材学堂、江南陆师学堂的先后建立,既得力于光绪帝的"着张之洞移交刘坤一委为办理"的朱批,当然也离不开后任者刘坤一的热心。此外,他还向朝廷上《请奖水师学堂出力各员折》,要求对江南水师学堂发展有功者予以褒奖。张之洞第二次署理两江总督是在原总督刘坤一去世后,虽然署理时间仅两三个月,但根据新政教育改革的大势,在此期间创办了三江师范学堂。

总体而言,这个时期的江苏教育政策与全国形势大致相似,但上海、苏州、南京等地经济发达以及与洋人接触更多,使得全省发展新教育的氛围远远浓于一般内陆省份,由此江苏也成为我国近代教育发展的重要地区。

第二节　新教育观念在江苏的传播

晚清时期,江苏是教育较为发达的地区,同时,由于较早接触西方文化和西方教育,因而也成为新教育观念最早的传播区域。新教育观念在江苏地区的广泛传播,为新式学堂的建立、新教育在江苏的发展,创造了良好的观念条件。

一、从"经世致用"到"中体西用"

"经世致用""中体西用"都体现的是一种经世观念,但前者主要是中国文化自身原有传统经世学风的重新呈现,而后者则是在"功利主义"指导下认识和处理中西文化关系时的思想原则和思维方式。从经世意识的广度和深度看,"中体西用"远较"经世致用"更为深刻,接受难度更大,引发的争议更多。

(一) 经世学风在江苏的兴起

所谓"经世致用"是指经书等学问的研究应有益于国家现实政治、经济等国事问题的解决,它体现传统士绅所抱有的经世意识。从思想起源看,"经世致用"的思想早在儒家创立之时便具有这种取向,可以说它是儒家士绅的传统精神,不过作为一种明确的口号或概念,则是由明末清初的思想家王夫之、黄宗羲、顾炎武等提出,他们强调实学,主张以治事、救世为急务,反对当时理学家们不切实际的空虚之谈,在学术界、教育界掀起了注重实学实用的经世致用思潮。然而,由于清政府在教育、学术界实行严苛的思想钳制政策,加之前朝遗民逐渐逝去,在清所谓"康乾盛世"及之后的嘉庆大部分时间,士绅为避时忌(文字狱)、厌空乏(理学),学术研究的风气大多沉浸于考据训诂之类"纯学术"研究中。官方意识形态提倡的程朱理学,虽然理论上应有经邦治国的目标,但实际更多的是专注个体修养和宇宙本体论的研究,故儒家知识分子原有的经世意识大多淡化。嘉庆后期,尤其是道(光)咸(丰)年间,由于社会矛盾的激化和西方侵略者的入侵,唤醒了儒学士绅阶层的经世意识,他们批评乾嘉盛极一时的"汉学"对现实的冷漠。从"纯学术"走向"致用之学",是乾嘉到道咸学术发展的趋势所向。① 关于嘉庆之后学风转变的原因,梁启超在《清代学术概论》一书中曾做过详细分析:"嘉道以还,积威日弛,人心已渐获解放,而当文恬武嬉之既极,稍有识者,咸知大乱之将至。追思根源,归咎于学非所用,则最尊严之学阀,自不得不首当其冲。……咸同之乱,江浙受祸最烈,文献荡然,后起者转徙流离,更无余裕以自振其业,而一时英拔之士,奋志事功,更不复以学问为重。凡学术之赓续发展,非比较的承平时代则不能。……'鸦片战役'以后,志士扼腕切齿,引为大辱奇戚,思所以涌拔,经世致用观念之复活,炎炎不可抑。"②

龚自珍、魏源等是晚清改革的先驱,是道咸经世学风的开拓者,但若对龚、魏等人经世思想追根寻源,我们可以发现,近代社会所具有的经世致用思想的兴起,并非完全是西方外来入侵"刺激"所带来"回应"的被动产物,而是传统儒家思想在新时期的"复兴",而这种经世意识的回归,又与今文经学派的兴盛有着密切关联。

常州今文学派无疑是近代经世致用思潮的直接思想来源。历史学家张舜徽认为:"感于乾嘉诸儒古音古训古礼之探究,无补于救危图存;穷则思变,而常州之学,继吴皖而起。刊落训诂名物,而专求微言大义,乃盛张公羊今文之学。……(庄)述祖有甥曰刘逢禄、宋翔凤,尽通其义,为发挥张大之。其学始见重于世。继刘宋而言今文者,有魏源、龚自珍,乃进而议及当时之政治,讲求经世致用,与常州诸儒但探索公羊义例者已有不同。"③

常州今文学派的开创者是与庄、刘两家有着姻亲关系的宗族。他们是明清时期常州府极具社会声望、拥有政治与学术影响力的书香世家。其中庄存与(1719—1788)是清嘉庆年间最早运用今文经学手段凸显经世意识的开拓者,是清代常州今文学派形成的先驱。26 岁时,庄存与以优异成绩考中进士并直接进入翰林院,后出任礼部侍郎、内阁学

---

① 葛荣晋主编:《中国实学思想史(下卷)》,首都师范大学出版社 1994 年版,第 19 页。
② 梁启超:《清代学术概论》,江苏文艺出版社 2007 年版,第 67 页。
③ 张舜徽:《爱晚庐随笔》,华中师范大学出版社 2005 年版,第 203 页。

士、京畿等地方学政等职。由于晚年目睹权臣和珅擅权及其对朝廷纲纪的破坏，促使其在经学研究方面脱离重古文考证的经学研究主流，热衷经书微言大义的阐发和今文经学的重建。不过，由于其著作在他去世 40 年后才由后人刻印传播，故影响更多地局限于常州庄氏一族之内。

将常州庄氏充满经世思想的今文研究尤其是公羊学研究发展到高峰并推向社会的是庄存与的两位外孙刘逢禄、宋翔凤。不过，刘、宋二位的思想传承并非直接来自外祖父，而是传自他们的舅舅庄述祖（1750—1816）。庄述祖在经学研究方面不同于其叔父庄存与，他在考据学方面颇有造诣，有《毛诗考证》《尚书今古文考证》等考证类著作问世。庄述祖在经学研究方面依然注重经世思想宣传，但其主要特点是运用汉学家的考证话语来研究今文经学。刘逢禄、宋翔凤二人在经学研究方面，吸取了庄存与、庄述祖的经验和教训，既关注以公羊学为核心的今文经学研究对现代问题解答的意义，同时又重视考证学的实证方法在补充、支持今文经学重建中的作用。

戴望师从宋翔凤学习《公羊春秋》，而龚自珍、魏源二人则师从刘逢禄学习《公羊春秋》，常州今文学由是通过戴望、龚自珍、魏源等走向社会，尤其是龚自珍、魏源更是运用常州今文经学派的观点、方法，探索经典的"微言大义"，并将其经世致用思想发扬光大，将今文经学研究与现实政治紧密结合。如龚自珍致力于研诸经史，揆诸时务，主张学用一致，将学术与政治事务结合，体现教育思想的经世致用特征。他说："自周而上，一代之治，即一代之学；一代之学，皆一代王者开之也。……是道也，是学也，是治也，则一而已矣。"①魏源大力提倡公羊学的通经致用精神，强调"以经术为治术"②，批评后世学非其用，用非其人，"其造之试之也，专以无用之画饼，无用之雕虫，不识兵农、礼乐、工虞、士师为何事，及一旦用之也，则又一人而遍责以六官之职，或一岁而遍历四方民夷之风俗；举孔门四科而不兼，唐、虞九官所不摄也，则又望之科举兔册

---

① 龚自珍：《龚自珍全集》，上海人民出版社 1975 年版，第 4 页。
② 陈景磐、陈学恂主编：《清代后期教育论著选（上册）》，人民教育出版社 1997 年版，第 31 页。

之人。"①

经世致用在江苏的广为传播,除了与常州学派的区域性辐射、全国经世学风形成的大环境影响有关,还与陶澍、林则徐、姚莹、贺长龄、梁章钜、李星沅、薛焕、李鸿章等诸多经世派人物先后担任江苏地方行政官员有着密切关联。如陶澍是嘉道年间经世派的重要代表之一,魏源曾作《陶文毅公行状》,称其"少负经世志,尤邃史志、舆地之学,所至山川,必登览形势,访察利病"。道光五年(1825 年)陶澍出任两江总督兼江苏巡抚,此后在江苏为官十余年,期间勤勉政务,面对淮河水灾多次亲勘灾情,悉心赈济,大兴水利,改革漕运以行海运,革除盐政弊端等。如林则徐早年便"以经世自励","究心经世学",道光二年至道光十九年(1822—1839)先后担任江苏按察使、江苏布政使、江宁布政使、江苏巡抚、两江总督等职。在任期间勠力于经世实务,针对江苏当时存在的社会问题,曾有推动农业改革,改良生产技术和农具,主持抗灾、赈灾工作,大兴水利、疏浚河道等具体举措。如《畿辅水利议》系林则徐在治水方面的专门著作,写作始于在京为官时,在江苏巡抚任上完成,前后20 年,该书是其早期所得文献经验、多年治水实际以及自己的反思总结的结晶;《江南催耕课稻编》系林则徐好友李彦章为论证江苏种植双季稻的可行性而作,林则徐不仅为该书作序以示支持,而且亲自在衙门后院进行种植试验。如贺长龄(1785—1848)虽科举出身,但在学术上却斥责科举之学"误子弟终身",而强调经世致用,倡导从经典中汲取经世济民的经验,为嘉道年间的经世大臣和学者。他在与朋友的信中说:"我辈读书非关身心性命,即系天下国家,余可概置弗阅,实亦无暇旁及。"②道光五年(1825 年)四月至次年十二月,贺长龄擢升江苏布政使,在此期间他主持并邀请幕宾魏源参与编选《皇朝经世文编》一书,该书以经世致用为宗旨,一经问世便风行海内几十年,后人称其为"晚清经世运动的宣言"。这也是贺长龄在晚清经世思潮中的主要贡献。再如薛焕,虽然其学术研究并无显赫建树,但却是道光同治年间的洋务重

① 陈景磐、陈学恂主编:《清代后期教育论著选(上册)》,人民教育出版社 1997 年版,第 33 页。
② 贺长龄:《与黄惺斋年兄书》,雷树德校点:《贺长龄集》,岳麓书社 2010 年版,第 562 页。

臣,是率先实践"师夷长技以制夷"的官员。道光二十四年(1844 年)中举后,于道光二十九年(1849 年)选任江苏金山县知县,后先后担任松江府知府、苏州府知府、苏松粮储道道员、上海道道员、江宁布政使、江苏按察使、江苏巡抚署两江总督,兼五口通商大臣。在江苏为官期间,他率先创建了第一支使用近代兵器的洋枪队;在国人尚将西方技术斥责为奇技淫巧时,他在上海已开始率先引进西方先进技术以图自强,成为中西文化冲突后最早秉持经世致用精神办理洋务的先驱者之一。

江苏许多地方官的经世、务实作风,对经世致用思潮在江苏地区的兴起无疑有着直接或间接的影响。

(二)"中体西用"思想的传播

"经世致用"是中国儒家传统"事功""济世"精神的具体表现。近代开始,前后出现的经世兴盛思潮,更多的是反映新的社会背景下中国文化内部不同学术流派、学术研究旨趣间争论中的结果,反映的是嘉道之后主流学风的转变趋势。但鸦片战争后随着中西文化的接触、碰撞的加剧,中国文化与西方异质文化之间的矛盾远远大于中国文化内部自身的矛盾,"中体西用"思想便是这种文化冲突背景下,基于"务实""经世"观念而寻找"师夷长技"的思维方式与理论依据。

江苏是近代初期接触西方文化较为频繁、开创洋务事业较早的地区,同时,"中体西用"思想也最早产生于江苏,著名早期改良主义者冯桂芬、薛福成、王韬以及知名洋务派盛宣怀等不仅来自江苏,而且江苏也是他们重要的活动区域,江苏由此成为洋务运动初期"中体西用"思想的宣传者、传播者以及实践者较多的省份之一。"中体西用"思想在江苏的传播主要是通过思想家相关著作的发行、报刊论文的发表、新式书院与学堂的思想传播等形式和途径来实现。

有研究者认为,"中体西用"思想最早滥觞于乾隆时期[1],当时《四库全书总目》的编纂者便宣称:"欧罗巴人天文推算之密,工匠制作之巧,实逾前古。……国朝节取其技能而禁传其学术,具存深意。"不过,从严格意义上讲,这段话语虽然表达了编纂者学习西学的态度,但并未真正

---

① 葛荣晋主编:《中国实学思想史(下卷)》,首都师范大学出版社 1994 年版,第 230 页。

从"体""用"层面思考中西文化各自的价值和地位。

从现有史料看,学术界大多认为思想家冯桂芬是近代最早提出"中体西用"主张的学者,对于江苏地区乃至全国由传统向近代转换具有开拓意义和深远影响。

冯桂芬(1809—1874),字景亭,号林一,苏州吴县人。早年就读于苏州当地著名的正谊书院,时任江苏巡抚林则徐在考核书院学生学业时,读到冯桂芬的制举之文,深为赏识,特将其招至抚署,请其编校自己所辑《西北水利说》,后来冯桂芬回忆二人之间的深厚情谊:"桂芬受公知最早,所以期之者甚厚,公驰驱绝域,犹手笺酬答无间,匠门弃材,累公之明。"[①]冯桂芬与另一位思想家魏源亦有深交,"桂芬在京时,曾与默深等修楔慈仁寺,在扬州,尝与默深、刘孟瞻诸子纵言河事"[②]。魏源曾请冯桂芬为其所撰《海国图志》一书提出修改意见并作跋语。冯桂芬在跋语中指出西方地理学著作确优于中国古书之处:"西人地理书皆著经纬度,真得地理要义。正恨中国古书无此,故并省沿革多所聚讼。魏氏不知,辄多删蘸。今以英人《地理全志》、米人祎理哲《地理说略》校之,多所不合。"[③]道光二十年(1840年),冯桂芬会试高中榜眼,授职翰林院编修,开始踏入仕途。不过冯桂芬在仕途上并不顺利。咸丰十年(1860年),太平军攻破江南大营,占领苏州城,冯桂芬避居上海。第二年受江苏巡抚薛焕之聘,主持上海敬业书院。在此期间,冯桂芬完成了他的重要著作《校邠庐抗议》。1862年,冯桂芬入李鸿章幕,为李鸿章政务工作出谋划策,同时也对李鸿章洋务思想的形成与洋务实践活动产生了重要影响。李氏早期倡办洋务、变法自强的言论,以及制洋器、改科举的具体主张,都能见到冯桂芬思想的印迹。如李鸿章向朝廷递呈的请求设立上海广方言馆的奏折,便是直接受到冯桂芬《上海设立同文馆议》的影响。同治二年(1863年),冯桂芬在上海创办的广方言馆担任

---

① 冯桂芬:《林文忠公祠记》,熊月之编:《中国近代思想家文库·冯桂芬卷》,中国人民大学出版社2014年版,第76页。

② 李柏荣:《魏源师友记》,岳麓书社1983年版,第10页。

③ 冯桂芬:《海国图志》,熊月之编:《中国近代思想家文库·冯桂芬卷》,中国人民大学出版社2014年版,第115页。

首任监院。他亲自为学堂拟定了总体规划、办学宗旨、教学方法等。

　　冯桂芬一方面是传统科举出身,对于儒家传统文化的价值有着充分的认识与肯定,另一方面身处深受西方文化影响的江浙一带,尤其是寓居上海期间,更是对西方文化有着进一步的认识和了解,故能较为冷静、客观地看待西方文化(不只是坚船利炮等物质文化方面)的长处。他的"中体西用"思想最早阐述在其代表作《校邠庐抗议》一书的"采西学议"中:

> 　　夫学问者经济所从出也。太史公论治,曰法后王(本《荀子》),为其近已,而俗变相类,议卑而易行也。愚以为在今日又宜曰鉴诸国,诸国同时并域,独能自致富强,岂非相类而易行之尤大彰明较著者。如以中国之伦常名教为原本,辅以诸国富强之术,不更善之善者哉?

　　在冯桂芬的思想逻辑中,今天向西方学习即所谓"鉴诸国",与传统文化中的"法后王"的变法精神是一致的,只不过传统思想是从时间维度论,行洋务是从空间维度言而已。在冯桂芬的思想中,具体的法可变,但根本的原则不能变,一如他在《校邠庐抗议》的自序中所言:"桂芬读书十年,在外涉猎于艰难情伪者三十年,间有私议,不能无参以杂家,佐以私臆,甚且屡以夷说,而要以不畔于三代圣人之法为宗旨。"[①]虽然这种表达有为自己在"采西学"方面较为激进的思想寻找保护的意味,但亦不可否认作为传统文化熏陶出来的晚清知识分子实际上确难以彻底转向传统文化的对立面。

　　与魏源相比,冯桂芬"师夷之长技"的范围并不限于坚船利炮等军事装备,还涉及政治、经济、文化、教育等诸多领域,他在《制洋器议》一文中指出:"人无弃材不如夷,地无遗利不如夷,君民不隔不如夷,名实

---

① 冯桂芬:《校邠庐抗议·自序》,熊月之编:《中国近代思想家文库·冯桂芬卷》,中国人民大学出版社2014年版,第256页。

必符不如夷。"①在对待西学问题上,坚持"实用主义"原则,他说:"法苟不善,虽古先吾斥之;法苟善,虽蛮貊吾师之。"他举例:"尝博览夷书而得二事焉,不可以夷故而弃之也。荷兰国有养贫、教贫二局,途有乞人,官若绅辄收之。……瑞典国设小书院无数,不入院者官必强之。"②

集中体现冯桂芬变法与"中体西用"思想的《校邠庐抗议》一书完成后,虽未正式刊行,但却以抄本的形式在友人、同僚之间流传,并得到了曾国藩及其幕僚的赞赏,当然也在上海及江苏其他地区有识之士之中传播。光绪十五年(1889年),翁同龢甚至向光绪皇帝推荐了该书,可见冯桂芬的变法思想影响了晚清变革几十年。

冯桂芬以"本辅"关系来评估中西学价值的表述,对后来人的影响较大。例如时任江苏巡抚兼署两江总督的李鸿章于同治四年(1865年)八月在《奏唐国华报效购洋人机器铁厂改名江南制造总局折》中,用"本末"关系来说明学习西学的正当性:"中国文物制度,迥异外洋獉狉之俗,所以致治保邦,固丕基于弗坏者,固有自在。必谓转危为安转弱为强之道,全由于仿习机器,臣亦不存此方隅之见。顾经国方略,有全体,有偏端,有本有末。如病方急,不得不治标,非谓培补修养之方即在是也;如水大至,不得不缮防,非谓浚川浍经田畴之策不可不讲也。"③这段话意思是说强调学习西学乃为应时之急,属于"治标",它不意味着否认中国文物制度作为"治本"的作用。后来,李鸿章又曾用"道器"来阐述中西学的关系。

沈毓桂(1807—1907),又名沈寿康,号赘翁,江苏吴县人,早年接受传统教育,后与西方传教士交往颇深,逐渐对西学发生兴趣。1882年协助林乐知编《万国公报》,后担任《万国公报》华文主笔,与林乐知一道在上海创办教会学校——中西书院,并亲任中西书院总教习。光绪十五年(1889年),针对中西书院出现的重西轻中现象,作为总教习的沈

① 冯桂芬:《校邠庐抗议·制洋器议》,熊月之编:《中国近代思想家文库·冯桂芬卷》,中国人民大学出版社2014年版,第326页。
② 冯桂芬:《校邠庐抗议·收贫民议》,熊月之编:《中国近代思想家文库·冯桂芬卷》,中国人民大学出版社2014年版,第302页。
③ 中华书局编辑部整理:《筹办夷务始末(同治朝)》,中华书局2008年版,第1469页。

毓桂以办院目的告诫学生："假西学为中学之助，即以中学穷西学之源。……西学自当以中学为本，而提纲挈领固亦有道也。务愿有志西学者勿视中学为具文，绅绎中国之文辞，以旁通西国之义蕴。"①在沈毓桂看来，中西学应该是"本末"关系。光绪二十一年（1895 年）三月，沈毓桂以"南溪赘叟"笔名在《万国公报》上发表《救时策》一文，文中明确提出中学、西学不可偏废，但二者是"体用"关系：

> 夫中西学问，本自互有得失。为华人计宜以中学为体，西学为用。目前中外使聘往来交涉等事，西学固为当务之急。然专讲西学者往往见异思迁，食用起居，渐染西习，遂至见弃士林。皆由鲜中学以为根柢之故。凡为弟子幼学壮行，皆当深明此意。凡于西学，又皆宜剥肤存液，师其所长。

这是最早明确以"中学为体，西学为用"话语论述中西学关系的论文。

盛宣怀（1844—1916 年），江苏武进人，字杏荪，号愚斋，晚年号止叟，晚清洋务活动中的实干家。同治九年（1870 年）入李鸿章幕，开始介入洋务运动。在 19 世纪 70 年代初到 19 世纪 90 年代后期的近 30 年间，他一直主持轮船、电报、铁路、纺织等大型企业的经营活动，如曾任轮船招商局会办、督办，中国电报局总办，华盛纺织总厂督办，汉冶萍煤铁厂矿公司总经理等。长期主持洋务企业的经营活动，使其对新式人才在近代科学技术发展和企业管理方面的急需与重要有着切实体会，而人才的来源是教育，"伏查自强之道，以作育人才为本，求才之道，尤宜以设立学堂为先。"②由此，他特别重视培养近代实用人才的学校的设立。

盛宣怀作为一位洋务运动时期的官商、企业家，活动遍及大江南北，但上海无疑是其重要的活动区域之一。例如他创办的轮船招商局、

---

① 沈毓桂：《西学必以中学为本说》，朱维铮执行主编：《万国公报文选》，三联书店 1998 年版，第516 页。
② 盛宣怀：《拟设天津中西学堂章程禀（节选）》，陈景磐、陈学恂主编：《清代后期教育论著选（下册）》，人民教育出版社 1997 年版，第2 页。

中国电报总局、中国通商银行等，总部均设在上海，即使如汉冶萍煤铁厂矿公司企业在湖北、江西，但包括盛宣怀在内的高层则主要活动在上海。不仅如此，他还在上海创办了上海电报学堂、商务学堂、南洋公学等近代新式学堂。简言之，盛宣怀是晚清时期上海乃至全国影响较大的著名洋务派人士。

盛宣怀与其他洋务人士一样，对待西学秉承冯桂芬"中体西用"的思维模式，例如在1896年在《筹集商捐开办南洋公学折》中，盛宣怀称赞南洋公学经理（校长）候选人何嗣焜"学术湛深，不求闻达，臣与纵论西学为用，必以中学为体"①。关于公学的设学宗旨，他明定："公学所教，以通达中国经史大义厚植根柢为基础，以西国政治家、日本法部、文部为指归，略仿法国国政学堂之意。而工艺、机器、制造、矿冶诸学，则于公学内已通算化格致诸生中各就质性相近者，令其各认专门，略通门径，即挑出归专门学堂肄习。"②虽然盛宣怀的"西学"所指远较冯桂芬以及早期洋务派的西学范围更为广泛，但中西学的"体用"关系原则依然是不变的。需要特别指出，盛宣怀的"中体西用"思想并非奏折中的官话，而是自己内心真正的价值取向，如他在1898年6月与他人的通信中同样表达了这种思想："朝廷锐意求治，第一在知人用人，否则虽百变其法，而一效难收。甚至求治太急，转为流弊。弟以为中国根本之学不必更动，止要兵政、商政两端，采取各国之所长，厘定章程，实力举办，此即足食足兵之道，无他奇巧。"③

光绪二十四年（1898年）三月，晚清洋务派的代表张之洞撰成《劝学篇》一书并付梓，该书核心便是详细阐述"中体西用"思想。他在该书的序中说："旧者不知通，新者不知本。不知通则无应敌制变之术，不知本则有非薄名教之心。"④中学为体，西学为用，就是要兼容中西，调和新

① 盛宣怀：《筹集商捐开办南洋公学折》，陈景磐、陈学恂主编：《清代后期教育论著选（下册）》，人民教育出版社1997年版，第10页。
② 盛宣怀：《筹集商捐开办南洋公学折》，陈景磐、陈学恂主编：《清代后期教育论著选（下册）》，人民教育出版社1997年版，第12页。
③ 夏东元：《1898年复陆伯葵阁学》，《盛宣怀年谱长编（下）》，上海交通大学出版社2004年版，第621页。
④ 陈山榜编：《张之洞教育文存》，人民教育出版社2008年版，第183页。

旧,以中学为内学,以治身心,西学为外学,以应世事。《劝学篇》出版后深得朝廷嘉许,光绪帝以圣谕形式下令军机处转发此书,给各省督抚学政人手一册,并要求各地广为刊布。梁启超说:"而其流行语,则有所谓'中学为体,西学为用'者,张之洞最乐道之,而举国以为至言。"①中体西用思想亦在江苏广为流播。

二、西方教育制度与思想在江苏的传播

近人张星烺在《欧化东渐史》一书中,将西学东渐的媒介分为三种:欧洲商贾、游客及军政界之东来,基督教传道师之东来,中国人留学及游历外国。② 西方教育思想在江苏地区的传播者也主要以这三种为主。此外,一些与西方人士有交往且有一定外语基础的中国人,常常通过阅读西方著作将西方教育思想和制度翻译、编译介绍给国人,也成为西方教育思想和制度的传播者之一。而通过出版西学译著、发行报刊等,则是西方教育思想和制度在江苏传播的主要途径与方法,其中广学会的创立,在西方教育思想和制度的传播过程中发挥着重要的作用。

1887 年 11 月 1 日,英国长老会传教士、法学博士韦廉臣(Alexander Williamson)等在上海创办了一个出版机构——同文书会,1892 年更名为广学会。英国的李提摩太(Timotny Richard)、慕维廉(William Muirhead)、艾约瑟(Joseph Edkins),美国的林乐知(Young John Allen)、李佳白(Gilbert Reid),德国的花之安(Ernst Faber)等传教士均为其中会员。广学会设有董事会,海关税务司司长英国人赫德(Robert Hart)为第一任董事长。韦廉臣为第一任总干事,1891 年10 月后由李提摩太继任总干事。韦廉臣为该机构确立的宗旨是传播合乎基督教原则的西方学术,以中国人的思维方式和立场著书立说,通过影响官绅阶层,从而引导和提升广大民众。③ 广学会除翻译出版著作

---

① 梁启超:《清代学术概论》,江苏文艺出版社 2007 年版,第 90 页。
② 张星烺:《欧化东渐史》,商务印书馆 2011 年版,第 4—49 页。
③ 李提摩太著,李宪堂、侯林莉译:《亲历晚清四十年——李提摩太在华回忆录》,人民出版社 2011 年版,第 201 页。

外,另编辑出版了《万国公报》《中西教会报》《成童画报》等多种中文报刊。广学会为扩大西学影响,采取的是"将各国生养之法择其有益中华富国利民之事汇为卷帙,或刊于《公报》或编辑成书。分散于各省,使明理人阅之,好择善而从。"①向各级政府机构(包括总理各国事务衙门)赠送广学会部分出版物的方式,显然有助于其扩大影响。

这个时期传播的西方教育思想和制度主要包括西方教育家的教育主张、西方流行的教育思想和理论、欧美国家的教育制度(包括学制、义务教育制度、女子教育、特殊教育等)等。

晚清时期关于西方学校教育制度的介绍,最早来自德国传教士花之安于1873年用中文撰写的《德国学校论略》,此书由广州小书会真宝堂刊行,该书全面、系统地介绍了当时德国的普通教育和专门教育制度。虽然该书常以中国传统名词概念翻译西式学校名称,但其层次、系统依然是清楚的。按照《德国学校论略》介绍,德国普通学校依次设有乡塾(初等小学)、郡学院(高等小学)、实学院(实科学校)、仕学院(文科中学)、太学院(大学),体现"无地无学"特点;专门类学校则有技艺院(工科学校)、格致院(理科学校)、船政院(航海学校)、武学院(军事学校)、通商院(商业学校)、农政院(农业学校)、丹青院(美术学校)、律乐院(音乐学校)、师道院(师范学校)、宣道院(神学院),体现出"无事非学"的特点;特殊类学校有女学院(女子学校)、训瞽目院(盲人学校)、训聋喑院(聋哑学校)、训孤子院(孤儿院)、废疾院(残疾人学校)、训罪童院(工读学校)、夜学(夜校),体现"无人不学"的特点。当时清政府无意建立近代学制系统,以致《德国学校论略》除了在部分学者之间流传,并无多大社会影响,直至1890年代维新思潮的风起云涌,模仿西方建立近代学制成为有识之士的共识,《德国学校论略》重新被人们重视,如1890年代初期出版的薛福成的《出使四国日记》、郑观应的《盛世危言》中关于欧洲学制均借鉴了《德国学校论略》中使用的教育术语与描述,尤其是《盛世危言》中《学校上》,更几乎是原封不动地照搬了花之安《德国学校论略》的相关描述。而《盛世危言》出版后的第二年(1895年),

---

① 广学会同人:《广学会序》,朱维铮执行主编:《万国公报文选》,三联书店1998年版,第263页。

江苏布政使邓华熙曾将其推荐给光绪帝,光绪下旨:"饬总署刷印二千部,分送臣工阅看。"各界人士对西方教育制度了解的渴望,使得《德国学校论略》一书变得广受欢迎,各种版本纷纷问世。光绪二十三年(1897年),武昌质学会编选的《质学丛书》中用广州刊本重新刊印了《德国学校论略》;同年,上海商务印书馆以《泰西学校论略》为题名刊印了该书;在这一年,《德国学校论略》还以另一题名《西国学校》的上海慎记书庄石印本、上海飞鸿阁书林石印本的问世;1901年,由清末袁俊德辑、小仓山房校印的《富强斋丛书续全集》将《德国学校论略》七卷收录其中;1902年,由东山主人编、上海鸿宝书局石印《新辑各国政治艺学全书》收录了《西国学校》。

京师同文馆总教习美国人丁韪良的《西学考略》是另一本在介绍日本和欧美国家教育制度方面影响较大的著作。1881年、1882年两年间,丁韪良应总理衙门之请,在回国探亲之际先后游历日本、美国、法国、德国、英国、瑞士、意大利,考察七国学术与学业,回国后用中文撰成《西学考略》,向总理衙门汇报。在书中,丁韪良认为各国学校名称立名有异,但大同小异,普通教育大致可分为五个层次:孺馆(幼儿园)、蒙馆(小学)、经馆(文科学校)/实学馆(实科学校)、书院(学院)、太学(大学)。专门学校有道学院(神学院)、法学院、医学院、工艺院(工业学校)、营造馆(建筑学校)、冶矿馆(矿业学校)、机器馆(电机学校)、农政馆(农业学校)、精艺馆(艺术学校)、船政馆(航海学校)、武学(军事学校)。特殊类型学校包括乡学(国民学校)、女学(女子学校)、聋聩学(聋哑学校)、师道馆(师范学校)、文艺会(民间会社)。与花之安的《德国学校论略》相比,丁韪良的《西学考略》学制介绍不局限于一国,且对于各种类型学校多有课程的介绍。

关于西方学制介绍的著作,除了上述两书,英国传教士李提摩太写于1889年的《七国新学备要》、1896年美国传教士林乐知与华人任廷旭(曾任驻美公使随员)合译的日本原驻美公使森有礼编选的《文学兴国策》等,当时均有一定影响,并被列入广学会出版丛书中。《七国新学备要》的作者李提摩太自称材料源自亲身考察、学习其他书籍的介绍等,介绍了英国、法国、德国、美国、俄国、日本、印度七国的教育状况,其将学校分为初学、中学、上学三等。《文学兴国策》的"文学"是指"文化教育"的意思。该书以美国政界、学界人士"复函"的形式介绍了美国学制。当时美国学制中包括的学校教育机构有察物学堂(幼儿园)、蒙馆或初学(小学)、文法学堂或中等学堂(类似初中)、高等学堂(类似高中)、大书院(学院)、普学院(大学)、师范学堂(师范学校),此外,为特殊人群也有特殊学校的设立,如聋哑院、盲人院、夜课馆(夜校)、约束馆(工读学校)等。

强迫义务教育制度是十九世纪欧美国家在教育制度建设方面的重要进步,也是晚清时期中国有识之士深为关注的教育制度。如丁韪良在《西学考略》中介绍了近代以来最早实施强迫义务教育制度的普鲁士的做法。第二次普法战争普鲁士战败,割地赔款,战后普鲁士国王认为初等学校的普遍设立是德国崛起的前提,为此于全国普遍设立国民学校(乡学),并规定"有不诵读者罪之"。如此五六十年后,最终成为欧洲强国,"其创成丕业,虽由振兴武备,实因首崇文教也。"①普鲁士的成功给其他欧美国家以极大影响,英、法等均通过立法规定"凡有子女而不读书者罪之"。《文学兴国策》中亦较为详细地介绍了美国的强迫义务教育制度:国家设立面向所有男女儿童的公办学校("公学"),无论何人来学均享受免费教育,无论何人孩童皆准入学,无论信奉何种宗教,学校均不另设课程教之等。②强迫教育制度对1890年代的维新人士影响较大,康有为提出的实施义务教育的改革主张,便是受德国教育制度的影响。

在教学制度方面,班级授课制最早通过京师同文馆被诸如上海广方言馆等新式学堂广为采用,这也是为国人最早知悉的近代教学制度。英国近代流行的贝尔-兰卡斯特制度,也通过丁韪良介绍而被国人所知。丁韪良在《西学考略》"师道馆"的介绍中,简要叙述了兰卡斯特在教学中的具体做法:"童蒙列为等第,每班或十数人或数十人,令前班之优者助教其师督率以勉励之,课读之时,令生徒齐声覆之,有问必众口

---

① 丁韪良著,赖其深校点:《西学考略》,岳麓书社2016年版,第80—81页。
② 森有礼编,林乐知、任廷旭译:《文学兴国策》,上海书店出版社2002年版,第56页。

回答,所教人虽多而教授之法甚简,童蒙乐其启迪者,因得事半而功倍云。"①

关于近代欧美教育家的思想介绍,当时似乎主要集中于初等教育领域的教育家,如瑞士教育家裴斯塔洛齐、德国教育家福禄培尔。国人最早接触裴斯塔洛齐教育思想是通过丁韪良的《西学考略》,书中将贝斯罗西(即裴斯塔洛齐)的教学方法简要归结为"以名实兼尽为重",即强调直观教学。光绪二十五年(1899年)正月、二月的《万国公报》上分两期刊载了江南机器制造总局翻译院译员英国人秀耀春(F. Huberty James)和中国人汪振声联合翻译的有关儿童教育的《养蒙正轨》一文,该长文又分《栢思大罗齐训蒙新法》《福若伯训蒙法》两部分。由此,中国人较为详细地了解了裴斯塔洛齐和福禄培尔的教育思想。

《栢思大罗齐训蒙新法》是介绍瑞士教育家裴斯塔洛齐的儿童教育思想。裴斯塔洛齐强调关心体贴儿童,提倡顺应自然,量天资高低,因材施教。顺从儿童好动不好静的自然天性,不可勉强压制。主张直观教学,这不仅有助于理解透彻,永记不忘,而且学生亦乐于受教。一切教学和教育工作都应从最简单开始(即"要素教育"思想),根据儿童心理发展顺序,循序渐进实施教育教学,"学生造诣由近及远,由浅入深。自耳目所能及,以至心思所能到,步步推之,由一类以例百千万类,总不外乎一理。由此可以贯通焉。"②此外,一切学问都需要出自自己的见识和领悟,此为实在根本。与中国传统教育以及当时流行的儿童教育方法相比较,裴斯塔洛齐的教育思想确实使国人耳目一新。

《福若伯训蒙法》是对德国教育家福禄培尔幼儿教育思想的介绍。作者重点论述了福禄培尔的幼儿教育思想:幼儿教育方法不可轻忽,"待学生不可过于严肃,不可视为轻貌,须察孩童嬉戏时最爱之事,即从此中引诱之。"③喜好游戏是儿童的天性,因而幼儿教育应注意"寓教于乐",在游戏中增加其学识,由此亦可使幼儿感觉学习有趣而不觉厌苦;幼儿的成长不仅与父母有关,更与社会关系密切,因而国家应重视孩童

---

① 丁韪良著,赖其深校点:《西学考略》,岳麓书社2016年版,第85—86页。
② 秀耀春、汪振声:《养蒙正轨》,朱维铮执行主编:《万国公报文选》,三联书店1998年版,第626页。
③ 秀耀春、汪振声:《养蒙正轨》,朱维铮执行主编:《万国公报文选》,三联书店1998年版,第632页。

院的设立。孩童院的教师依据儿童天性,步步引之前进,使其成为可用之材;孩童学习虽然离不开记忆,但不可专令强记;幼儿聪明才干各有长短,但就当下所能者步步引导,不必问其以后之学业;教育儿童,不仅要传递知识,还要懂得保养身体及练习身体的方法,尤宜练习目力手劲使其日渐强壮;教育幼儿,如学医一般,需要循序渐进,须用功久,不可躐等。

在新的教育思想和理念方面,除倡导因材施教、循序渐进以及自然主义教育思想外,特别重视"爱"的教育,反对体罚。如《万国公报》中介绍裴斯塔洛齐教育思想时,作者特别盛赞裴氏充满爱的教育精神,凸显其仁爱教育的特色:"善能诱掖奖励,不惮劳苦,且示厚爱于诸生。"[1]《文学兴国策》中介绍美国人教育理念时,同样强调爱的教育的价值:"为师者务求天资明敏,能知弟子之行为;质性仁慈,善体孩童之志意。至于夏楚示威,薄罚知警,远不及温和慈爱之能感人也。"[2]此外,基于男女平权的立场重视女子教育的价值,亦是这个时期传播较为广泛的思想之一,如《德国学校论略》在论及"女学院"的设立时,开篇便认为:"妇女为学是至要之事,盖妇女具有灵魂、才能与男子无异。男子需学道以明理,通书以增识,妇女亦然。"[3]而《文学兴国策》中同样强调女子与男子地位并重,因而"凡国之女学,必当与男学并重也。"[4]西方传教士传入中国的这些新思想和新理念,在20世纪初期的新政改革中都在一定程度上得到制度化规定。

第三节 清朝后期教会学校在江苏的建立

传教是所有传教士的主要事业,而兴办学校、传播西学则是传教士们借以扩大影响、进一步达到传教目的的重要手段。江苏是中西文化

---

① 秀耀春、汪振声:《养蒙正轨》,朱维铮执行主编:《万国公报文选》,三联书店1998年版,第624页。
② 森有礼编,林乐知、任廷旭译:《文学兴国策》,上海书店出版社2002年版,第23页。
③ 花之安:《德国学校论略·女学院第十六》,鄂中质社光绪二十三年印。
④ 森有礼编,林乐知、任廷旭译:《文学兴国策》,上海书店出版社2002年版,第51页。

汇集之处,也是教会开办学校的主要区域。

一、在华教会学校的开办

早在鸦片战争之前,英国传教士罗伯特·马礼逊(Robert Morrison)受基督教新教伦敦会派遣来华,悄悄进入广州城。后来以东印度公司译员的合法身份一直在广州、澳门及南洋一带传教20余年。为进一步扩大教会影响,马礼逊提议在马六甲设立学校,得到相关方面支持。1818年11月,英华书院(The Anglo-Chinese College)在马六甲正式开学,由另一位伦敦会派来的传教士米怜(William Milne)任院长,马礼逊任校监。在办学过程中,英华书院分成小学和中学及以上两部分组成,其中小学部分由英华书院主持的多所小学组成,中学及以上部分因年龄、程度等差异较大,人数较少。英华书院虽然不是办在中国大陆,但它是面向华人的第一所新式学校。鸦片战争后,英华书院迁至香港,后更名为英华神学院。

1834年8月,马礼逊在澳门去世。为纪念马礼逊的传教功绩,在澳门、广州的外国人成立了马礼逊教育协会(the Morrison Education Society),其宗旨为"以学校或其他方法促进或改善在中国之教育"。1835年,马礼逊教育协会筹设马礼逊学校,但最初并未独立建校,而是附设于德籍传教士郭士立(Karl Friedrich August Gutzlaff)的夫人温施娣(Mary Wanstall)于1834年在澳门创设的女塾中,当时招收男生两名,其中之一便是容闳。1839年11月,马礼逊学校独立建校,由美国传教士布朗(S. R. Brown)主持并兼任教师。1842年11月,随着中英签订《南京条约》,割香港岛给英国,马礼逊学校也迁往香港,成为香港开埠后第一所学校。课程包括中文科与英文科。其中英文科开设有天文学、历史、地理、算术、代数、几何、初等机械学、生理学、化学、音乐、作文等课程,全由英美人士授课。

中英鸦片战争后,中国被迫开放了广州、福州、厦门、宁波、上海作为通商口岸,其他西方列强也接踵而来,强迫清政府签订了一系列不平等条约。凭借不平等条约的保护,西方传教士纷纷来华传教、办学校。

到 1860 年,天主教耶稣会在江南一带已发展教徒 7.7 万余人,传教据点 400 余处,有天主教小学 90 所;基督教新教教徒约 2000 人,设于五口通商口岸的基督教新教小学有 50 所,学生 1000 余人。不过,这个时期教会所办学校主要是使学生成为教徒,成为传教士工作的助手,加快传教的速度,扩大教会的影响,故多以免收学费,同时额外提供食宿、书本甚至路费等优惠条件吸引贫苦子女入学,对他们进行基本的读写和宗教知识教育。最初这些学校程度低(绝大多数仅有小学程度),规模小,或附设于教堂,或仅为识字班,学生一般不超过 10 人,有的只有两三个学生。

第二次鸦片战争后,西方列强获得了自由向内地传教、通商、建教堂、办学校的特权,教会学校获得了进一步发展,到 1876 年,已有各类教会学校 800 所,学生 2 万人左右。不过,这个时期的教会学校仍然以小学为主,但已有少量中学甚至大学程度的教会学校出现。如山东登州文会馆于 1876 年宣布具有大学水准,成为最早的教会大学。

1877 年 5 月,基督教在华传教士第一次全国性大会在上海举行,这是原来分散的、各自为政的西方在华各差会和传教团体之间首次全国性聚集和传教经验交流与联合的大会。会上,美国北长老会传教士狄考文(Calvin Wilson Mateer)发表了《基督教与教育的关系》长篇报告,他说:"基督教与教育就它们本身说是截然不同的,但是它们之间有着自然而强烈的亲和力,使得它们能紧密联系在一起。"[1]狄考文的观点在会上引起了极大争议,并引发了人们对教会学校问题的关注。同时,应狄考文的建议,成立了"学校教科书委员会",负责教会学校教科书的编辑工作。1890 年,第二次基督教在华传教士代表大会召开,大会议决将"学校教科书委员会"改为"中华教育会",在华教会学校的联合组织从此形成。自此以后,由牧师兼职学校教师的现象开始改变,一批有较高学位和专业造诣的传教士成为教会学校的专职教师,教育对象也由贫家子女变为以富家子弟为主。教会教育逐渐实现了正规化与专业化,到 1900 年,全国教会学校总数达 2000 所,学生 4 万人,其中 90% 是

---

① 高时良主编:《中国教会学校史》,湖南教育出版社 1994 年版,第 13 页。

小学程度。① 简言之，1900 年前后，逐步形成了从幼儿园到大学的完整教育体系。

二、江苏境内教会学校的设立

1842 年，依据第一次鸦片战争失败后中英签订的《南京条约》规定，上海作为五口通商口岸之一向洋人开放。1858 年，第二次鸦片战争失败后，中英签订的《天津条约》又增开了南京、镇江等 10 地为通商口岸。随着通商口岸的开放，中国开始进入与外国大规模接触时期，西方的经济、文化、教育制度等开始进入这些地区，其中与宗教传播有着密切关联的教会学校也最早在这些区域设立。

上海是原江苏地区最早开放的口岸，教会学校也最早在这个地区设立。据史料记载，早在鸦片战争前的 1839 年，便有法国天主教在漕宝路设有读经班，是上海最早的教会学校。1846 年，美国圣公会传教士文惠廉（William Jones Boone）在上海虹口创办了一所男童学校，为上海近代较早的教会学校之一。不过教会学校的发展是在 1850 年代后，代表性的学校有徐汇公学、裨文女塾、清心书院、上海英华书院、圣约翰书院、中西书院等。

道光二十九年（1849 年）四五月间江南发生水灾，各地难民充斥，处境堪忧。徐家汇天主教堂意大利耶稣会士晁德莅（Angelo Zottoli）司铎借该地光启社设立读经班，收容难民子弟并施以教育。次年，扩充规模正式建校。② 为纪念耶稣会创始人原西班牙武士依纳爵，学校初名圣依纳爵公学，因地处徐家汇，故又称徐汇公学或徐家汇公学。学校创办初期极为简陋，仅茅屋数间，学生 12 名。此后，人数逐年递增，1879 年入学人数超过百人。早期学生主要来自上海、松江、海门、苏州、常熟、江阴、丹阳等地，既有教内的，也有教外的，贫富家庭出身均有，马相伯、马建忠兄弟便是该校早期学生。徐汇公学在教学方面的重要特点是

---

① 高时良主编：《中国教会学校史》，湖南教育出版社 1994 年版，第 58 页。
② 高时良主编：《中国教会学校史》，湖南教育出版社 1994 年版，第 51—52 页。

"中西并茂,文章科学俱全",课本多为自编,称为"汇学读本",内容涵盖自然科学、中外历史、地理、国文、外语、音乐、体育等,有《古文拾级》《通史辑览》《地理撮要》《圣教鉴略》《法文初范》《徐汇公学音乐课本》等。

1850年4月15日,美国基督教公理教传教士裨治文(Elijah Coleman Bridgman)夫人在上海创办了第一所教会女校"裨文女塾",后更名为裨文女子中学。这也是上海近代第一所女子学校。办学之初,由于中国传统文化的影响,校方招生十分困难,只得招收一些孤儿和穷人家的女孩来校读书,学生仅20余人。随着教学质量的提升,尤其是女孩毕业后前途较好,学校逐渐得到士绅家庭的关注,学校地位也得以提升,1900年开始,学校改变了免费就读的优惠而改为按月缴纳学费。

1860年,太平军东进,大批浙北、苏南的难民涌进上海城,美国长老会驻上海租界的传教士范约翰(Rev. Farnham. D. D)及密尔斯(Mills)通过教友募捐,购进城南原徐光启家族的桑园开办了一所学堂,招收难民子弟入学,后因在经济上得到了娄女士(Mrs. Lowrie)的大力支持,为表示纪念,学校创办初期被命名为娄离华学堂(Lowrie Institute)。1880年前后更名为清心书院,20世纪初期又改名为清心中学。

1865年,英国圣公会在上海创办英华书院,招收10—13岁男童,收取一定学费,在校学习7年,聘请英国传教士、教育家傅兰雅(John Fryer)担任学校首任校长,同时负责学校的英语教学工作。依据该校在《北华捷报》(North China Herald)和《上海新报》上刊登的招生广告:"目前中国人和外国人的交往已经很频繁了,要尽可能地促进和发展这种交往是极其重要的。考虑到英语教育将是高度有利的,有许多人表示为此目的希望能学习英语,但迄今还缺乏机会。因此,在沪外侨决定在英租界内开设一所高标准的、有才能和有效管理的学校。"可知,该学校重视英语能力的培养,是其重要的教学特点之一。当时开设的主要课程有英语语言、英文书信、中英文翻译、司账簿事、地理、算法、中文等。依照制定的规章制度,每日上午9点至下午1点,由英国教师教授英语课程,它也成为上海较早重视英语教学的教会学校,同时赢得了较好的社会反响。

1879 年,美国圣公会上海主教施约翰(S. J. Schereschewsky)意欲在上海创建一所教会大学,作为高等学术机构,同时作为研究神学的中心,向美国方面募捐,得到了美国圣公会的支持,由此得以在沪西梵王渡(今万航渡路一带)购得土地 90 亩,建成圣约翰书院,并将原来圣公会设立的培雅书院(Baird Hall,1865 年设立)和度恩书院(Duane Hall,1866 年设立)两校学生皆并入其中。不过,学校创办初期极为简陋。一方面学生人数较少,第一学期学生仅 49 人,第二学期才增至 71 人。另一方面设施设备极为简单,如学校的自然科学仪器标本付之阙如,冬日无取暖之炉,晚间燃烛读书。① 鉴于当时英语在社会交际中应用不是太广,故课堂教学用语最初用国语,但因学生多来自江浙一带,不会讲国语,只得改为当地方言讲授。总体而言,这个时期学生只有中学程度。1880 年,美国施女士始主讲英语课程,成绩显著,从者渐众。次年,全校完全用英语授课,这是中国首个用全英文授课的学校。学校最初由施约翰担任院长,1881 年华人牧师颜永京继任院长达 8 年,1888年,卜舫济牧师(F. L. Hawks Pott)接任院长。1905 年圣约翰书院升格为圣约翰大学。

1881 年,美国监理会传教士林乐知分别在上海法租界八仙桥和美租界虹口两地建立了中西第一分院和第二分院。两分院落成后,林乐知又购地建造大书院,于 1884 年落成,两分院合并迁入,合称"上海中西书院"。学校由于得到美国基督教在华监理会的经费支持,加之收取的学费和中外人士的捐赠,办学经费较为充裕。林乐知亲任书院监院(校长),沈毓桂为掌教(总教习)。根据林乐知 1881 年 11 月在《万国公报》上公布的《中西书院课程规条》说明:"凡诸生肄业,先在分院习学二年,然后选升大院习学四年。迨有进境,情愿再学,又准在院二年。前后八年,庶可造就人才,以备他日大用。"② 关于八年的学习课程,林乐知均有逐年安排。大致而言,虽然书院强调课程设置"中西并重",但事实上外语和自然科学课程占有重要地位,亦为学生所重,这并不难理解。

①陈学恂主编:《中国近代教育史教学参考资料(下册)》,人民教育出版社 1987 年版,第 141 页。
②林乐知:《中西书院课程规条》,朱维铮执行主编:《万国公报文选》,三联书店 1998 年版,第 493 页。

在《中西书院课规》中林乐知便声称:中国英才济济,但仅投身诗赋文章,博取功名而已,对于天文、地理、科技、哲学等考究者寥寥无几,中西书院设立的目的,便是引起知识阶层对学习西学的兴趣,培养有益于中国的人才。①

教会学校发展的早期,不仅在上海有众多学校设立,紧邻上海的苏州,以及南京、镇江等新的通商口岸亦有教会学校的设置。

1871年,美国基督教监理公会在苏州设立存养书院,1884年更名为博习书院。1896年3月,美国传教士孙乐文(David Laurence Anderson)开办宫巷书院(苏州中西书院),学生人数最初为25人。到1898年,宫巷书院注册学生人数超过100人。1899年,博习书院并入中西书院。同年10月下旬,美国监理会第十四届年议会在苏州召开,会上提出了在苏州设立一所大学的计划。1900年,成立了董事会,开始筹建东吴大学。年底,推举孙乐文为第一任校长。1901年3月,宫巷书院迁入原博习书院旧址,东吴大学堂开办,并在美国田纳西州申请注册,所用的英文校名为 Central University of China,后来更名为 Soochow University。1907年,始授学士学位。1911年,上海中西书院与苏州的东吴书院合并,组成东吴大学的文理学院,1912年,改称东吴大学。1914年,又在上海另设法科,1927年,成立法学院。

1902年,美国基督教监理会为纪念1900年去世的上海中西女塾首任校长海淑德(Laura Askew Haygood),在苏州天赐庄创办景海女塾(Laura Haygood School for Girls),取名"景海",便是景仰海淑德之意。女塾聘请在上海中西女塾任教的美国监理会女布道会传教士贝厚德任校长。女塾的办学宗旨,是对上层社会女子进行基督化教育,并授予职业知识和技能。女塾最初分初、高中二部,课程除了国文,其余科目全部采用英文讲授和美国式教学方法。1917年改为景海女子师范学校,为吸引更多女子入校就读,各科改用中文讲授,内部架构亦作改变,设立音乐师范、幼稚师范、高中师范三科。其中幼稚师范科是该校重点发展的学科,并附设有蒙养园和托儿所,教材、教法、设备等均仿照美国幼

---

① 林乐知:《中西书院课规》,朱维铮执行主编:《万国公报文选》,三联书店1998年版,第497—498页。

儿师范做法,各科教师多由美国传教士担任。1918年,增设附小一所,供师范生实习。

1902年10月,美国基督教圣公会在苏州桃花坞廖家巷附近租借民房两栋创立了圣公会中西学堂,美国传教士韩汴明任校长,另有两名中国教师。办学之初,与其他教会学校一样,办学规模较小,第一年仅4位学生。次年新校区建成后,学堂迁入新址,学生人数亦逐渐增加。1908年,学校正式定名桃坞中学,在校生过百人。1912年,无锡圣彼得学校并入该校,规模进一步扩大。学校初办时设有预科(高小)和本科(中学),学制均为4年。本科分为中文班和英文班课程,其中中文班以文史地课程为主,英文班以英语和数理化为主,学生需在两个班课程修业期满,方能毕业。1923年,预、本科制度取消,本科改为完全中学,预科改为完全小学。与其他教会学校相比,桃坞中学宗教色彩极为浓烈,注重宗教课程教学和宗教活动开展,开办之初,招生对象仅限教内学生,后才放宽招生范围。学校自有一套教学与管理制度,如特别注重英文教学,采用英文原版教材,高中英文教师均由外国人担任,课内课外均重视英文训练,这为毕业后学生谋职创造了较好的条件。1908年起,该校列为上海圣约翰大学附中,中学毕业可直升圣约翰大学。由于桃坞中学较高的教学质量,获得了社会各界的关注,然而也成为其藐视中国政府管理的"本钱",在1920年代中期中国政府要求所有私立学校必须申报立案的政策下,是极少拒不办理的教会学校之一。

1892年,美国基督教北长老会传教士海依士(J. N. Hayes)夫妇在苏州十全街租赁房屋创办男生寄宿制学校"萃英书院",当时只有学生5名,与当时其他教会学校一样,设有中学预科(高小)和本科(中学),后来学校经历多次搬迁,规模有一定发展,1904年迁至阊门外石牌巷中西学堂旧址。因经费原因,曾一度停办中学堂,改为两级小学堂。1911年复办中学,改名为萃英中学,以小学部为附小。1924年,依据新学制改为初高中两级,初中部实行学分制,文科课程相对学分稍多,反映初中重视文科的特色。高中实行学分制和选修制,分文理两科,除必修课程外,另设有文言文、社会、教育、商业等选修课程。学校招生要求较为严格,除了学历要求,还重视品行道德,凡是被其他学校开除或因过错而被退学者一律不收。

到 20 世纪初，江苏全省已有教会学校 63 所，其中小学 33 所，中学 25 所，大学 5 所。

第四节　各类新式学堂在江苏的创办

19 世纪 60 年代开始，晚清一些中央和地方官员启动了以学习西方练兵制器、科学技术和近代工业生产为主要内容的洋务运动。培养洋务人才，创办洋务学堂，引导士子们学习西方科学技术知识，成为这场近代化运动的重要内容和组成部分。1863 年，时任江苏巡抚的李鸿章奏准设立了江苏第一所新式学堂———上海广方言馆。1874 年，又创办了江苏第一所军事技术学堂———江南制造局操炮学堂。1882 年、1883 年，左宗棠则创办了上海电报学堂和金陵同文电学馆。至甲午战争之前，江苏共有 7 所新式学堂。

一、方言学堂：上海广方言馆

语言类学堂是中国近代最早设立的新式学堂的类型。1862 年，在北京设立了我国第一所近代新式学堂——京师同文馆。虽然这所学堂在设立过程中曾遭到多方质疑，但同时也鼓励了许多具有开明意识的学者和封疆大吏去尝试兴办新式学堂。上海是我国较早开埠的地方，是第一次鸦片战争后五口通商口岸之一。在学堂设立方面，也是江苏省最早设立近代学堂的地方。与全国新式学堂设立的路径类似，江苏最早设立的新式学堂也是语言学堂。

事实上在京师同文馆设立之前，苏州籍思想家冯桂芬在其咸丰十一年（1861 年）完成的著作《校邠庐抗议》"采西学议"中，便鉴于当时"通事"品性低下、见识浅薄等现状，提出由官方出面在广东、上海各设一所学习外国语言文字的学校——翻译公所，"选近郡十五岁以下颖悟文童，倍其廪饩，住院肄业，聘西人课以诸国语言文字，又聘内地名师，课以经史等学,兼习算学。"①当获悉京师同文馆设立的消息后,冯桂芬即刻便以幕僚身份向李鸿章提出了《上海设立同文馆议》,除学堂名称由"翻译公所"更名为"同文馆",关于设立此类新式学堂的价值和必要性、设立方式等基本重述了"采西学议"的主张。

冯桂芬关于设立外国语言文字学堂的建议,深得李鸿章的认可。同治二年(1863年)正月,时任江苏巡抚兼署五口通商大臣(后改称南洋通商大臣)的李鸿章上奏朝廷,希望仿京师同文馆之例,在上海增设一所学习外国语言文字的学馆,从附近选拔14岁以下聪悟端正的儿童作为生员。经费源自上海海关对往来外国船舶所征收的部分"船钞"(吨税)。李鸿章对该学堂设立后的价值颇有信心:"果有精熟西文,转相传习,一切轮船火器等巧技,当可由渐通晓,于中国自强之道似有裨助。"②有意思的是,对照冯桂芬的《上海设立同文馆议》和李鸿章的《署理南洋通商大臣李奏请设立上海学馆折稿》,除了个别文词,李的奏稿与冯桂芬《上海设立同文馆议》的内容基本相同。换言之,李鸿章的奏稿实由冯桂芬草拟。

李鸿章的奏请不久便获得朝廷批准。不过学堂的名称在李鸿章的奏折中是"外国语言文字学馆",批准设立的正式名称则是"同文学馆"(简称"同文馆")。

根据学堂创立之初由冯桂芬参与拟定的"同文馆试办章程十二条"规定,上海同文馆受两江总督和上海道管辖,并由上海道兼任学馆监督,首任为应宝时。学堂内部的管理机构及人员,设监院1人,相当于校长,由上海县学官选人担任,冯桂芬为首任院长。学堂具体事宜由总办董事(简称总董事)1人经理,另设有司事4人,分别负责管理学生名册、检查人员进出、管理房屋设备及日常用品、照料其他行政杂务;在教师队伍的构成上,延聘附近品学兼优绅士1人为总教习,英文教习2人(但相当一段时间实际只聘用了一位英文教习,即美国传教士林乐知),从举人、贡生、生员中选拔经学、史学、算学、词章方面中文教习各1人。

---

① 冯桂芬:《采西学议》,熊月之编:《中国近代思想家文库·冯桂芬卷》,中国人民大学出版社2014年版,第324页。

② 陈正清标点:《广方言馆全案》,上海古籍出版社1989年版,第108页。

另特别设有通西文、西语的董事 4 人,其任务是在西方教习授课时"传递语言,发明西教习意指,使学生易于领受"①,同时亦兼有督课的作用。

上海同文馆招生规模并不大,当时限额招收正式学生 40 名,另有"候补佐杂及绅士"中愿入馆学习者 10 名。

课程设置上,体现冯桂芬"以中国伦常名教为原本,辅以诸国富强之术"②的"中体西用"思想,一方面规定英文为全体学生的必修课程,另一方面亦重视中国文化的学习,中文分经学、史学、算学、词章四个专业,每个专业 10 人,由 4 位分教习分别主持教授。值得一提的是,学堂重视算学的学习,将其定为所有学生的必修课程,日日讲习。

按照最初同文馆试办章程的规定,为督促学生日常学习,学堂特别要求每月由总教习课试学生的西学、中文。学习年限定为 3 年,期满根据学业成绩尤其是西文水平确定其出路,或作为附学生身份应科举试,或作为通商、督抚衙门、海关监督承办洋务时所需翻译官的候选者,或"调京考验",授以官职。即使不能独立翻译全书者,也得以"佾生"③身份出馆。不过,由于各通商口岸的衙门不需要翻译人才等原因,学习期满的学生事实上难以按照原计划获得官职。④ 为此,同治六年(1867年),江海关道上书南洋通商大臣曾国藩,请求将学习期满且成绩优秀者送京城由总理各国事务衙门考试后授予官职,获得同意。同治七年(1868 年),经上海通商大臣、两江总督曾国藩推送,学堂中 5 位优秀学员至总理各国事务衙门参加算学、英文考试,成绩合格。其中 2 人被给予内阁中书衔,并可以附监生身份在京参加顺天乡试;其余 3 人被给予国子监学正职衔。

同治六年(1867 年),"上海同文馆"更名为"上海广方言馆"。同治八年(1869 年)江海关道涂宗瀛上书督抚宪通商大臣,认为 1865 年设立的江南制造局中设有学堂(译书馆),译习外国书籍,与广方言馆事属相

①陈正清标点:《广方言馆全案》,上海古籍出版社 1989 年版,第 111 页。
②冯桂芬:《校邠庐抗议·采西学议》,熊月之编:《中国近代思想家文库·冯桂芬卷》,中国人民大学出版社 2014 年版,第 324 页。
③佾生,是指清代科举考试"童生试"最后阶段的"院试"中成绩尚好,但因名额限制而未被录取为生员(俗称"秀才")者。获得"佾生"身份者,来年参加"童生试",可以免除县试和府试,直接参加院试。
④陈正清标点:《广方言馆全案》,上海古籍出版社 1989 年版,第 113—114 页。

类,提议将广方言馆归并制造局下,其师生人等亦一律移驻制造局学馆,但仍留广方言馆之名,经费来源不变。同年底新馆落成,同治九年(1870年)正月,广方言馆迁入制造局新址内后,规模、课程、管理等较原来有了一定充实和发展。

广方言馆学生分上下班(后改称正、附科),相当于两个年级。初进馆者先入下班,课程设有外国公理公法、算学、代数学、对数学、几何学、重学(即力学)、天文、地理、绘图等,若做翻译,再学习一种外语。一年后,下班学生经成绩考试合格者,察其性情相近并志趣所向,进入上班,专习一艺。上班分七门:辨察地产,分炼各金,以备制造之材料;选用各金材料,或铸或打,以成机器;制造或木或铁各种;拟定各汽机图样或司机各事;行海理法;水陆攻战;外国语言文字,风俗国政。① 为奠定坚实的学习基础,《广方言馆课程十条》还规定上班学生在学习各门之时,仍须兼习下班的课程。当然,经、史、词章之学仍是所有学生必须学习的内容。不过,由于学堂性质,课程其实是西学为主,据《万国公报》记载,"其经学、史学、算学、文学,则各因其质之所近,而各为专门之学,惟于西学则人人肄习之,而无少间焉。……如西学不能通晓,则斥退,另行保送考试,择文理优良者补之。"②

上海广方言馆在发展过程中,其专业、外语语种数量曾先后发生多次变化。据光绪五年(1879年)二月江海关道刘瑞芬禀复南洋通商大臣沈葆桢公文中言:上海广方言馆向有学习英文、法文、布文(即德文)生徒,由江南制造局翻译馆中的美籍林乐知、英籍傅兰雅、德籍金楷理分别兼任英文、法文、德文教习。不过,由于德文教习金楷理离开机器制造局较早,故德文馆相应被撤除。简言之,广方言馆当时存在时间较长的是英、法、算学三馆。又据光绪五年(1879年)被推荐赴京考试的原广方言馆法文学生吴宗廉后来回忆:"英文而外,并设算学、德文、法

---

① 陈正清标点:《广方言馆全案》,上海古籍出版社1989年版,第122页。
② 《万国公报关于上海广方言馆的记载》,高时良、黄仁贤编:《中国近代教育史资料汇编(洋务运动时期教育)》,上海教育出版社1992年版,第224页。

文三科,盖不仅课方言,亦兼课实学焉。"①大概便是就广方言馆初期情形而言,如在光绪十六年(1890 年)制造总局在给江海关道聂缉规的公文中,明确表示"查广方言馆并无肄业俄文、德文学生"②。

广方言馆中法文馆在合并于江南制造局译书馆后便开始设立,由译书馆的主持英国人傅兰雅担任法文教习。光绪七年(1881 年),广方言馆又添设天文馆,广方言馆也由语言学堂开始逐步转向综合性学堂。

需要特别指出的是,上海广方言馆中的教习,不仅经、史、词章等为中国教习,而且算学、外语也聘用了许多中国教习,如自同治十二年(1873 年)起便聘江苏兴化籍数学家刘彝程担任算学教习;由于林乐知、傅兰雅翻译馆事较多,为此,光绪三年(1877 年)聘留学美国十余年的浙江镇海人舒高第担任英文教习,舒在此执教 26 年之久;光绪五年(1879 年)又以曾在福建船政局法文堂任教多年的上海人顾文藻充任法文教习。此外,还注意从广方言馆毕业被推荐入京师同文馆学习的优秀学生中选聘各科教习,如严良勋、汪凤藻、朱格仁曾先后被聘为英文教习,吴宗濂被聘为法文教习,席淦担任算学教习等。

上海广方言馆(包括最初的上海同文馆)虽然在设立初期便有制定章程对毕业生出路进行了设计,办理过程中地方官员也颇为重视,但受制于体制等原因,实际上学生学习期满后顺利获任官职者极少。据统计,自同治初年上海同文馆开办至光绪二十二年(1896 年),先后仅有六次学生奉调赴京考试,最终有进入京师同文馆深造机会,而真正成行者不过区区 28 人。③ 正因如此,江海关道、江南制造总局在给南洋大臣刘坤一的公文中抱怨:"广方言馆之设,原系陶育人才备用起见,近年来总理衙门以同文馆学生较多,饬停送考,而广方言馆学生其才堪造就者自不乏人,往往学业有成,怀才莫试,徒留在馆。各学生年齿渐长,常此淹滞,或另图别业,良为可惜,且失当年设馆之本意。"④

① 吴宗濂:《上海广方言馆始末记》,高时良、黄仁贤编:《中国近代教育史资料汇编(洋务运动时期教育)》,上海教育出版社 1992 年版,第 218—219 页。
② 陈正清标点:《广方言馆全案》,上海古籍出版社 1989 年版,第 153 页。
③《广方言馆学生咨送京师同文馆表》,高时良、黄仁贤编:《中国近代教育史资料汇编(洋务运动时期教育)》,上海教育出版社 1992 年版,第 218 页。
④ 陈正清标点:《广方言馆全案》,上海古籍出版社 1989 年版,第 154 页。

事实上,毕业生任职的不顺当,严重影响着在校学生的学习积极性,光绪七年(1881年)江南制造局总办在回复南洋通商大臣刘坤一的信函中便反映,学堂中那些未获得奉调考试的学生由于找不到合适的工作,而仍然留在学馆之中。这些学生除了极少数继续坚持学习外语者,大多数人"敷衍岁月,多攻制艺,不复用心西学,故中学尚有可观,西学几同墙面,此何异内地书院,殊失设立方言馆之本意。"①本以培育西学人才为目的,但学生却以科举为念念不忘的追求,甚为可悲,甚至美国传教士潘慎文(A. P. Parker)1893年在《教务杂志》上撰文指出:广方言馆毕业生"不能取得固定的官位,没有提升的希望,在高级官员之间鬼混,没有指望,只有一个月三四两的津贴",丧失了学习的兴趣。②

光绪三十一年(1905年),陆军部将广方言馆定名为兵工专门学堂,广方言馆至此遂告结束。

二、军事学堂:江南水师学堂

洋务运动时期江苏地区的军事学堂主要分为军事工程类学堂和水师类学堂。

同治十三年(1874年),上海机器制造局设立了操炮学堂,学堂内容主要为汉文、外文、算学、绘图、军事、炮法等。

这个时期江苏最著名的军事类学堂当属江南水师学堂。

江南水师学堂的设立,与曾国荃的努力有着密切的关系。在江苏设立水师学堂之前,虽然已有左宗棠、沈葆桢创立的福建船政学堂和李鸿章创设的北洋(天津)水师学堂两所知名水师学堂,但是作为紧邻江海的江苏地区却缺乏此类学堂的设立,这对于海防的建设和海军人才的培养显然是个缺憾。1884年,曾国荃署理两江总督,期间恰逢法国军队入侵东南沿海,为此曾国荃在整顿海防、规划海防计划时,计划在南京建立水师学堂,培养海军人才,然因经费缘故而未能实施。光绪十

---

① 陈正清标点:《广方言馆全案》,上海古籍出版社1989年版,第142页。
② 转自毕乃德:《洋务学堂》,杭州大学出版社1993年版,第154页。

一年(1885年)五月,时值中法战争结束后不久,光绪帝便发布上谕,指斥海军建设不力,"海防筹办多年,糜费业已不资,迄今尚无实济,由于奉行不力,事过辄忘,几成锢习",同时表达了加强海军建设的指令:"现在和局虽定,海防不可稍弛,亟宜切实筹办善后……当此事定之后,惩前毖后,自以大治水师为主。"[1]并着李鸿章、左宗棠、彭玉麟、曾国荃、张之洞等督抚大臣就"海防筹议"各抒己见。为此,两江总督曾国荃在同年六月二日率先呈上《遵旨筹议海防折》,提出仿照西洋做法,"在金陵下关设立水师学堂,购买仪器图籍,广招粗通洋文之年少子弟,聘请英国水师解组半俸之大员来华,分科教授天算、地舆、测量、驾驶、布阵、攻坚、鱼雷各法。每六阅月,由教师带学生乘坐操练兵轮,放洋游历五大洲,操习风涛沙线;一遇泰西海上有争战之事,纵之使观。每届一年,由南洋大臣考试一次,分别赏罚。约计数年后,于驾驶各法自能通晓,拔其优者,派入各兵船充当管驾,庶水师足成劲旅。"[2]七月二日,直隶总督李鸿章亦上奏《复议水师事宜折》,提出中国军事学堂开办几十年未能培养出可用的军事将才,其原因在于自上至下对学习军事者持轻视态度,人们尊崇的依然是科举出身者。因而改良之策首在提高学生地位,吸引更多聪俊者报考,"诚使定以登进之阶,令学成者与正途并重,严以考核之法,俾贪惰者立予罢斥。又广募殷实清白之聪俊子弟,于津、宁、沪、浙、闽、粤分设官学以教之。"同时,鼓励自费出国学习海军,学成回国后经过考核,同样予以水师职衔。如此,"则官生无不奋勉,而绅民亦易信从……何患人才不日众哉?"[3]九月五日,两广总督张之洞上《筹议大治水师事宜折》,提出筹办学堂和出国学习两途并举的"练将"方式。光绪十二年(1886年)五月,担任新成立的海军衙门总理的醇亲王奕譞上奏,明确提出:"练陆军之人才,则以武备学堂为根本,练水师之人才,则以驾驶管轮学堂为根本。"[4]光绪十二年(1886年)八月,都察院左都

① 朱有瓛主编:《中国近代学制史料》,华东师范大学出版社1983年版,第497页。
② 高时良、黄仁贤编:《中国近代教育史资料汇编(洋务运动时期教育)》,上海教育出版社1992年版,第430页。
③ 朱有瓛主编:《中国近代学制史料》,华东师范大学出版社1983年版,第498页。
④ 朱有瓛主编:《中国近代学制史料》,华东师范大学出版社1983年版,第499页。

御史奎润代呈江西拔贡生候选教谕赵世骏的海防折,其中提及推广天津水师学堂、福建船政局的做法,"于沿江海各省分设学堂,择青年子弟之聪颖、通顺、忠信、廉洁者分习各艺,以备海军洋务之用。"①光绪十五年(1889年),詹事府詹事志锐、总理各国事务衙门大臣奕劻先后上奏朝廷,请求下旨令沿海闽、粤、江、浙各省广设海军学堂,"挑选学生,但择身家清白,体气壮健,文字通顺,不拘一格,难裔、兵丁、生监咸与挑选,教以海军诸学,以北洋练船为总汇之区。"②

由中法战争引发的朝廷上下的"海防筹议",也推动我国近代海军建设进入第一次高潮。如1887年6月两广总督张之洞以黄埔博学馆为基础创办广东水陆师学堂;1888年1月海军衙门总理大臣醇亲王奕谭在北京颐和园开办昆明湖水师学堂,专门教授满族子弟;1890年北洋海军提督丁汝昌在山东威海卫之刘公岛开办山东威海卫水师学堂等。

1890年,曾国荃决定仿照李鸿章所办北洋(天津)水师学堂创设南洋(江南)水师学堂,委派道员桂嵩庆具体筹办。由于在学堂大致完工之时,桂嵩庆调任府州道篆,故又选派办理江南机器制造局的道员郭道直兼办。9月,学堂正式招生开办。虽然该年11月曾国荃病逝于任上,未见学堂人才培养的具体运行,但继任者沈秉成依然重视水师学堂建设,完成了曾国荃的未竟之业。

江南水师学堂建在南京,由南洋水师办理,又称江宁水师学堂、南洋水师学堂,学堂位于南京下关挹江门附近。当时经费主要在南洋防费项下先行拨付,耗银六万七千两。学堂创办初始,便颇具规模,建筑面积达4790平方米,设有总办楼、英籍教学楼、轿厅、东西长廊等。

江南水师学堂参仿天津水师学堂章程并照英国训练水师办法,设立驾驶、管轮两堂(即两个专业),每堂60人,各分三班招考生徒。

---

① 高时良、黄仁贤编:《中国近代教育史资料汇编(洋务运动时期教育)》,上海教育出版社1992年版,第439页。

② 高时良、黄仁贤编:《中国近代教育史资料汇编(洋务运动时期教育)》,上海教育出版社1992年版,第440页。

按照《江南水师学堂简明章程》规定,考生来源不受省籍限制,但要求所有考生均具有一定中英文基础,由于学堂采用英文教材进行教学,对英文基础的要求尤为重视。考生年龄限制为 13 岁以上 20 岁以下,通过西医验明"气体结壮,身无隐疾",并由本人家属出具甘结和绅士出具保结,声明该生是清白家庭出身的俊秀子弟,亦不崇奉"异邪等教"。入学考试科目主要为英文、翻译、地理、算学四门。

学堂中教习有汉文教习 6 人,洋文汉教习 4 人,另有英籍水师教习 2 人。

学生入学之后,先入堂试习 4 个月决定其去留,后根据其英文水平和资质高低,分别进入头班、二班、三班,每班 20 人。为了使学生能安心学习,学堂为学生提供了较为优渥的条件。如三个班级学生除了均享受学堂免费提供的饭食,还有赡银的发放,只是头班学生的赡银每人每月 4 两,其他两班则分别为 3 两、2 两;学生无须缴纳学费,且教材、纸笔、灯油甚至夏天的澡水等均由学堂备办;学生遇疾病,由学堂官医诊治给发药费;等等。

学堂课程以西文、西艺为主,如驾驶门除了以精求英国文法为第一要义,还开设有几何、代数、平三角、弧三角、中西海道、星辰定位、升桅帆缆、划船泅水、枪炮步伐、水电鱼雷、重学、微积、驾驶、御风测量、躔晷、绘图诸法、轮机理要、格致、化学等,凡是兵船将领应知应能之事均要学习。管轮门除了精习英国文法,还需要学习较驾驶门学生更深的勾股算学,并加习气学、力学、水学、火学、轮机理法、推算、绘图诸法。此外,管轮门学生还需要在实地学习修理轮机器各项手艺,并最终通过试造机器以验证其学习成果。不过,与当时其他新式学堂一样,中国传统经史之学依然是不可少的,无论是驾驶门还是管轮门学生,均要分时讲授《春秋左传》《战国策》《孙武兵法》《读史兵略》诸书。除了知识技能学习,学堂还重视体能训练,按照规定,每日傍晚课后,均赴训练场练习西式跳跃、攀登各种武艺,以壮筋骨。

为激励学生在堂学习,入学半年后便要参加季考,位列前六的均有财物奖赏。入堂学习五年之内,不得私自告假回家完娶,亦不能参加童子试。

三、技术(实业)学堂

自 19 世纪 60 年代近代教育启动之后,江苏地区设置的新学堂中,技术(实业)学堂便是其中的重要类型。技术类学堂一般是指与军事工业有关的技术人才培养的学堂,实业学堂则是指与民用技术、实用技术有关人才培养的学堂。不过,由于这个时期如电报、铁路、矿务等军民用很难截然分开,故我们均以技术(实业)学堂表述之。这个时期洋务派所办军民兼用企业主要集中于电报、铁路、开矿、机器制造等方面,故所办技术(实业)学堂也主要集中这几个类型。

电报是 19 世纪 70 年代后传入中国的新型通信技术工具,出于军事和商用的考虑,洋务派引进西方技术的同时,还重视电报人才的培养,而江苏则是这个时期较早重视此类技术人才培养的地区之一。

光绪八年(1882 年),上海设立电报学堂,招收学生学习收发电码技术,成绩优秀者毕业后任职上海电报总局。不久,由于电报人才的急需,学堂扩大了招生规模,且分设按报塾和测量塾,并聘请当时在电报技术方面领先的丹麦人担任教职。光绪七年(1881 年)八月,自南京至镇江的电报线和机房开工架设,五个月后竣工。与此同时,同文电学馆(又称金陵电报局同文馆)在南京设立,招收幼童 20 名学习电报技术。

19 世纪末尤其是维新运动时期,风气渐开,一些有识之士“以开采矿产为拯救时艰之急务”①,时任两江总督刘坤一曾派人在南京郊区探采煤铁等矿,但所获甚少,究其原因乃在于缺少精通矿学之人,为此 1898 年在南京创办矿务学堂,学生招选 15 岁至 30 岁的生童,聘请西方著名矿师担任教习。课程以矿务为主,铁路为辅,西艺类课程主要包括格致、地学(即地质学)、金石学(即矿物学)、算学、历史、体操、绘图等。

江南储才学堂是 1890 年代江苏最为知名的非军事类实业学堂。该学堂的创办,最早源自当时署理两江总督的张之洞的动议。光绪二

---

① 高时良、黄仁贤编:《中国近代教育史资料汇编(洋务运动时期教育)》,上海教育出版社 1992 年版,第 591 页。

十一年十二月十八日(1896年2月1日),张之洞出于培养农工商业人才的目的,上《创设江南储材学堂折》,提出在南京创办一所非军事类高等学堂的建议。按照张之洞的设计,学堂分立交涉、农政、工艺、商务四门(相当于四个专业),各门之下又划分为四个子目(犹如四个方向),其中交涉之学主要是培养翻译人才,分律例、赋税、舆图、翻书;农政之学主要培养农牧业方面的技术人才,分种植、水利、畜牧、农器四个子目;工艺之学主要培养工矿机械等工业领域的技术人才,主要分化学、汽机、矿务、工程四个子目;商务之学主要培养熟悉国内外商贸的商务人才,分各国好尚、中国土货、钱币轻重、各国货物衰旺四个子目。由于张之洞的教学模式是强调聘请英、法、德籍教习用西语、西文进行教学,故外语基础在整个教育教学活动中的地位和作用便特别重要。救急之法是先招收"文义清通,能读华书兼通西文者四十名充高等学生",长久之法则是将原设金陵同文馆并入,设英、法、德三国文字方向,各40人,在语言学习过关后将升入高等学生专班。然而,储材学堂未及开办张之洞便已离职,后由继任者刘坤一于1897年完成了学堂的设立。不过,与张之洞的计划相比,开办后的学堂设置略有调整和充实,如外语学习扩展至英、法、德、日四个方向,学生各30人共120名。学生主要从南京、上海一带招选,进校学习有3个月的试习期。中外课程设置比例为4∶6,一般是上午安排西文课程,下午安排中文课程。由于张之洞强调采用原版教材进行教授,故学生的外语基础扎实是开展专业教育的前提,将基础教育与专业教育任务混在一起均由高等学堂承担,其弊端是明显的,故在光绪二十四年(1898年)七月,刘坤一鉴于储材学堂运行过程中存在的问题,以及当时朝廷已经发布各省设立学堂的变法诏令,上书朝廷建议将储材学堂更名为江南学堂(后正式名称为江南高等学堂),进行专门教育,而将外语等普通教育任务下放至省府县各学堂。刘坤一的建议被采纳,江南高等学堂于1899年7月开始招生开学。然而学堂开学两个月左右,由于戊戌变法的反对者刚毅以钦差大臣的身份来南方各省筹集军费,该学堂被裁撤。

四、普通学堂

所谓普通学堂是指非专业技术型学堂,包括基础教育、师范教育、女子教育以及普通高等教育等。

从 19 世纪下半叶江苏新式学堂的设置情况看,普通学堂始设于 19 世纪 70 年代,发展高峰则是 19 世纪 90 年代。

同治十三年(1874 年),晚清科学家徐寿上书李鸿章提出筹议在上海租界内通过中外士商捐资设立格致书院。书院管理采取董事会制度,以英国人伟烈亚力(Alexander Wylie)、傅兰雅,华人唐廷枢、徐寿等中外人士 8 位担任董事。从徐寿呈送的《格致书院章程六条》看,格致书院实际上是科技类的新型书院。在格致课程的设置上,在董事中选出精通格致之学者每月定期轮流讲授天文、算法、制造、舆图、化学、地质等,一切资性聪颖身家清白者,经登记来历后,概可入院学习(后规定每月需纳洋半元)。同时,"院中陈列旧译泰西格致书,各种史志,上海制造局新译诸书,各处旧有及续印新报,西国文字,各种格致机器新旧之书,格致机器新报,机器新式图册,以及天球地球各种机器小样,天文仪器,化学各器,五金矿石各样。"①又按照光绪元年(1875 年)《上海格致书院发往各国之条陈》的计划,格致书院由三部分组成:博物房(类似今天科技馆),内放置各种机器与器具,以及其产品,供人参观;格致房(即功能教室),讲授各种格致之学之处,且房内配置全副格致之器;书房(即图书馆,后更名为藏书楼),内备各种书籍。由于多种科技器具、图书主要采自西洋,故书院对外开放在 1876 年 6 月,但真正招生则是在光绪五年(1879 年)年底,当时书院设置两个方向供学生选择:或专习西方语言文字,或专门讲求格致之学,主要有六类:矿务、电学、测绘、工程、汽机、制造。这六类专业,皆以数学为基础课程,在精熟几何、代数、三角等学说的基础上,才可研习专门功课。格致书院在性质上不同于旧时书院,以讲求近代科技为主要内容,又不同于一般洋务学堂或教

---

① 朱有瓛主编:《中国近代学制史料(第一辑下册)》,华东师范大学出版社 1986 年版,第 166 页。

会学堂,它汲取了传统书院的考课方法,将讲演、实验、自学等结合起来,每季邀请地方官吏、书院山长、教习等命题,课以格致之论、时务之说,并予以评奖,诸如李鸿章、刘坤一、傅兰雅、盛宣怀、郑观应、薛福成等均参与命题。书院学制 10 年。不过,格致书院办学几十年,虽然在向民众传播科技知识和培养科技人才方面发挥了一定作用,但是人才培养的效果并不明显,究其原因,一如时人分析:"一由于风气未开,鲜知格致之益;一由于经费不充,推广良难;一由于寡乏名师,教授有志诸生。"①

光绪四年(1878 年),乡绅张焕纶联络同乡徐基德、沈成浩、张焕符等租赁民屋创办正蒙书院,"推本古人小学遗意,略参泰西教育之法"②,而"正蒙"二字,乃取"蒙以养正"之意。由于学生日众而校舍窄隘,光绪十年(1884 年)得人捐资购地建设新校舍,次年冬迁入新校舍。新校舍更具近代新式学堂特征,如除了教室,尚有游戏场、植物园的建设,增设有英文馆和法文馆,并以校址地名更学校名为梅溪书院。教育重德、智、体三育并举,文化类课程除了英法文,开设有国文、地理、经史、时务、格致、数学、诗歌等,体育方面则有击球、投沙囊、投壶、习射、蹴鞠、超距(跳跃)、八段锦等,德育方面除洒扫应对进退之节,还选古人嘉言懿行为常课。光绪二十八年(1902 年)朝廷下旨书院改学堂,梅溪书院由此更名为梅溪高等小学堂。

虽然自 1860 年代洋务运动兴办以来,尽管有同文馆、水陆师学堂、医学堂等军事、实学等学堂的开办,但收效甚微,晚清教育家、洋务人士钟天纬认为"皆因国家提倡于上,而百姓不响应于下也。"③改变此现象的方法,便是民间广设小学堂,使"家自为学、人自读书"。1896 年,钟天纬得洋务人士盛宣怀、电报局长经元善支持,借上海经正书院原校址创办上海三等公学,以新法教授,且在经费方面仍得电报局捐助。按照钟天纬的设计,三等公学分蒙馆、经馆两种,都属小学堂程度。其中蒙

---

① 栾学谦:《格致书院讲习西学记》,高时良、黄仁贤编:《中国近代教育史资料汇编(洋务运动时期教育)》,上海教育出版社 1992 年版,第 748 页。
② 朱有瓛主编:《中国近代学制史料(第一辑下册)》,华东师范大学出版社 1986 年版,第 569 页。
③ 朱有瓛主编:《中国近代学制史料(第一辑下册)》,华东师范大学出版社 1986 年版,第 577 页。

馆以识字明义为主,共习三年,经馆以读经为主,习西文为辅,另有算法、体操课程开设,共习三年。钟天纬特别强调经馆学习期间英文学习的重要,尤其重视英文的口语交际能力的培养。经馆三年学习后经考试合格可升入南北洋二等学堂。

南洋公学是甲午战争后江苏境内设立最早且影响最大的普通学堂。该学堂的创办人系洋务派人士、大理寺少卿盛宣怀。光绪二十二年(1896 年)春,盛宣怀禀明两江总督刘坤一,拟议通过集捐筹款在上海购置土地创办南洋公学,其规制参照其在天津所办中西学堂模式并加以损益之。继而,盛宣怀又将其筹设南洋公学的建议和情形上奏朝廷,获得允准,并被任命为南洋公学督办。之所以称"公学",乃是因为该学堂经费皆由官督商办的招商局和电报局众商捐资而成。南洋公学最早设立的是师范院,于 1897 年初招选学生 40 名,延请中外教习,课以中西各学,是我国近代最早设立的师范学堂。需要特别指出的是,当时师范院的学生都具备相当深厚的中文功底,"多系举、贡、生、监,而廪、增、附生为尤多。"同年秋天,又仿照日本师范学校附属小学的办法,设立外院(即小学院),选拔 10 至 18 岁聪颖儿童 120 名,分四班。派师范生轮流教之,类似今日实验小学,课程主要开设国文、数学两种,低班所用教科书系师范生朱树人编辑印行的《蒙学课本》。到 1898 年冬,由于外院生悉数升入中院,外院取消。1901 年春又开设附属小学。1898年春开设了中院(即二等学堂),最后于 1900 年秋,再设上院(即头等学堂),同时又有译书院设立,译印东西方教育、政治、经济书籍。根据1898 年奏请批准的《南洋公学章程》规定,中院、上院与外院一样,各设4 班(相当于四个年级),每班 30 人,共 120 人。上、中、外院教习俱来自师范院。南洋公学非常重视在学期间派遣优秀者出洋学习,如 1898 年冬,曾派师范院生章宗祥、雷奋,中院生杨廷栋、富士英、杨荫杭、胡礽泰留学日本。南洋公学不仅是我国近代普通学堂设置的有益尝试,而且是对普通学校系统的有益试验。

19 世纪 90 年代,无锡经济发展迅速。时值维新变法思潮流行,有识之士掀起兴办新式学堂的热潮,光绪二十三年(1897 年),无锡经济特科举人、教育家杨模联络同乡单毓德、秦谦培、高汝霖等集资,购得上寿禅院旧屋,经修理后作为校舍,创办了"俟实学堂","俟实"一词出自唐代韩愈《答李翊书》中"养其根而俟其实,根之茂者其实遂"一语,"俟"乃"等待"之意,"养根俟实"指教育也如培植果树一般,只有让根基得到足够的滋养,才能结出丰硕的果实,意谓小学教育的地位重要。次年2月学堂正式开学,招收 15 岁至 26 岁男生 21 人,根据文化基础分蒙馆、经馆两级,课程设有国文、算学、西文(英文),后又增加体操一科。同时,学堂聘请当地有学术造诣者如华蘅芳(数学)、秦宝钟(国文)、许士熊(英语)等担任教习,由杨模自任总理(校长),并推华蘅芳担任总教习(教导主任)。俟实学堂是无锡开办的第一所近代新式小学堂,也是我国近代最早由私人创办的新式小学堂之一。由于办学成效显著且开地方风气之先,光绪二十九年(1903 年),两江总督刘坤一奏请传旨嘉奖,并颁给"乐育英才"匾额,学堂亦更名为俟实高等小学堂。

1898 年戊戌新政初始,自幼居住无锡的吴稚晖与无锡籍人士俞复(曾参加公车上书)、丁宝书(画家)、杜嗣程(书画家)等同仁集资创办无锡三等公学堂。所谓"三等"是指仿照日本学校系普通教育划分为中学校、高等小学校、寻常小学校三级,三等即属第三级的寻常小学校。校舍系租赁古崇安寺一部分而成,教师由十余位同仁轮流授课,以俞复为在堂主事,学生免费入学。该学堂最大的特色便是自编教材,以问题教学等方式教授,半年后成绩显著。"俞氏等锐意编著,随编随教,以实地试验其合用与否。"[1]三等公学堂的经历使他们对蒙学教材的编写积累了经验。1902 年,曾参与康有为公车上书的廉泉集股在上海创办了我国最早的出版机构之一——文明书局,该书局是商务印书馆成立前我国近代编辑出版教科书最多的出版机构。书局聘请了俞复、丁宝书、杜嗣程等知名人士担任编辑,编印新式学堂教科书。开办之初便出版了无锡三等公学堂编写的《蒙学读本全书》七编(即 7 册),该教材由丁宝书等执笔,赵鸿雪绘图,杜嗣程缮写,有书画文三绝之称,是中国最早有插图的小学教科书。

南菁书院原系江苏学政黄体芳于光绪八年(1882 年)倡议在江阴

① 舒新城编:《近代中国教育史料》,中国人民大学出版社 2012 年版,第 332 页。

城内设立讲授经史词章之学的书院,光绪九年(1883年)落成,但1884年秋方才正式招生开课,分经学、古学两门(后发展为经义、词章、算学三门),选拔全省举贡生监各20名肄业其中。1898年8月,适逢朝廷提出了书院改学堂的规定,按照朝廷政策,只有处于省城的书院才能改名为高等学堂,但江苏学政瞿鸿机上书朝廷,以南菁书院学生来自全省各地,且院中事宜专由省学政管理为由,建议南菁书院参照省会书院之例改为南菁高等学堂,获得朝廷批准。不过,由于不久后发生的戊戌政变,该高等学堂并未开始教育之实。南菁书院真正完成书院改学堂是在清末新政开始后。

据民国时期编撰的《三续高邮州志·学校志》记载,光绪二十三年(1897年),高邮知州章邦直在兴办学堂的热潮中,在高邮卫旧址创建珠湖致用书院,内设学堂。此校分两次建筑,故形制上前段用考棚形式为书院,"月课士子坐处",后段的楼房与房间则专为学堂的教学处,可谓"一校两制"。后面的学堂又称为"高邮致用学堂",章邦直曾为其楼房亲题"淮海南来第一楼"匾额,以示其开兴办学堂风气之先,它确实也成为当时全省乃至全国最早设立的官办新式普通学堂。学堂只开设算学、英文两门课程,国文为兼修,不甚重视。共聘请教习3名,招收学生30名并分两馆教授,其中30岁以下为"大学生",专习算学,15岁以下为"小学生",专习英文。章邦直非常注重名教师的聘请,曾委托汪康年推荐算学教习,而当时精于天文算学、毕业于上海广方言馆的龚杰由此被聘为数学教习。龚杰在数学及其教学方面颇有造诣,他结合自己的心得,讲解时力求深入浅出,使学生能举一反三、触类旁通,增加学生学习数学的兴趣,他在课余之暇撰写的《读勾股六术》便是自己数学教学的心得,后由算学书局出版。1900年,为镇压义和团运动,地方知州汤华衮以筹办军费为由而停办致用学堂。

澄衷学堂(又称上海澄衷蒙学堂)是这个时期沪上一所知名学堂。1899年,宁波镇海籍实业家叶澄衷捐资在上海虹口张家湾购地28亩左右作为校址,另捐规银10万两作为经费。1901年2月建成开学,聘请江苏武进籍知名人士刘树屏(字葆良)担任首任校长。

经正女学是我国近代较早由国人创办的女子学堂之一。1897年底,我国近代民族资本家、上海电报局总办经元善基于"我中国欲图自强,莫亟于广兴学校,而学校中本原中之本原,尤莫亟于创兴女学"①的认识,提议建立女子学堂,得到郑观应、严信厚、陈季同、康广仁、梁启超等维新派人士附议,联名向时任两江总督刘坤一禀明事项,获得批准于1898年开办。

总体而言,在内外形势的压迫下,同时也在中西方各界人士的共同努力下,自19世纪下半叶始,江苏地区作为全国最早开放的区域之一,支持新教育发展逐渐成为政府政策取向的主流,各类新式学堂也逐渐在上海、南京、无锡、苏州等沿海都市创立起来,它标志着新教育的创建与发展在江苏地区已经正式拉开了帷幕。

---

① 朱有瓛:《中国近代学制史料(第一辑下册)》,华东师范大学出版社1986年版,第888—889页。

第五章　清末新政时期江苏新式教育的曲折发展

　　江苏是新教育发展最为活跃的地区,新式学堂开办的数量与质量都在全国占据着重要地位,这些成就都与江苏地区上自政府下至士绅阶层的努力是分不开的,尽管在此过程中由于诸多矛盾的纠缠、冲突,发展的道路并不一帆风顺。

第一节　新政时期江苏确立的教育政策与制度

　　自 1901 年清政府下令推行新政后,江苏新式教育的发展便逐渐为有识之士所提倡,多地也将新式学堂的开办作为近代教育推进的重要举措。1904 年《癸卯学制》颁布后,江苏新教育似乎将要进入发展的快车道。然而,由于各个利益群体的冲突、种种社会矛盾的显现,以及改革的仓促上马导致的政策与举措自身存在的缺陷,江苏新教育的发展并非一帆风顺。

一、江苏新教育政策的确立

　　1901 年 1 月 29 日,因八国联军侵入紫禁城而逃往西安的慈禧太后,一改几年前对维新变法镇压的态度,以光绪皇帝名义发布上谕,令督抚以上大臣"各就现在情形参酌中西政要,举凡朝章国故、吏治民生、学校科举、军政财政,当因当革,当省当并,或取诸人,或求诸己,如何而国势始兴,如何而人才始出,如何而度支始裕,如何而武备始修"①等问题详细议奏,宣告了清末新政的开始。

基于外部良好环境的形成,更由于20世纪初江苏督抚如刘坤一、张之洞、魏光焘、周馥、端方,以及恩寿、陆元鼎、陈夔龙等的倾心支持与力推,江苏延续了自19世纪下半叶以来形成的重视新式学堂建设的风气,确立了全面建设江苏近代教育体系的新教育政策。

早在光绪二十七年(1901年)五月至六月,为响应清政府令督抚大臣就变法事宜建言献策的召唤,刘坤一、张之洞联衔上书三折,这就是著名的"江楚会奏三疏"。在五月二十七日(7月12日)的第一折《变通政治人才为先遵旨筹议折》中,认为:"中国不贫于财而贫于人才,不弱于兵而弱于志气。人才之贫由于见闻不广,学业不实;志气之弱由于苟安者无履危救亡之远谋,自足者无发愤好学之果力。"②为此将"育才兴学"作为变法的首务,具体举措包括设文武学堂、酌改文科、停罢武科、奖励游学四条。"江楚会奏"对清末新政发挥了直接影响,而在教育方面的提议,更成为新政时期教育改革政策的主要内容。刘坤一时任两江总督,次年张之洞代任两江总督,二人对推行近代教育的态度,自始便奠定了江苏新教育政策的重要基础。事实上,在朝廷兴学诏令下达后,两江总督刘坤一便在1902年将南京文正书院改为上元、江宁两小学堂,钟山书院改为府中学堂,并创设高等学堂。不久刘坤一病逝,由张之洞署理两江总督,继续大办新式教育。

魏光焘(1837—1916)与李鸿章、张之洞、刘坤一等同为晚清重臣,虽非科举出身,但对地方教育事业颇为重视,担任新疆、陕西、云贵等地方官员时,便大力推广新式教育、广设新式学堂,以培养新式人才。光绪二十九年二月(1903年3月),受命署理两江总督。在代任的一年半

---

① 《光绪二十六年十二月初十日上谕》,朱有瓛主编:《中国近代学制史料(第一辑下册)》,华东师范大学出版社1986年版,第117页。

② 陈山榜编:《张之洞教育文存》,人民教育出版社2008年版,第323页。

左右时间内,教育政策基本取"萧规曹随"态度,但相比前任张之洞更加务实。[①] 他重视实业教育,在提议将江南格致书院改为江南实业学堂的奏折中便强调:"强国之道,首在富民,致富之方,不外实业,而振兴实业,莫大于农、工、商、矿四者。近年东西各国于振兴此等学堂孜孜不倦,故财力日雄,国势日盛。……两江虽夙称繁庶,而土旷民游、商疲工窳,多未讲求,非兴实业学堂,不足以陶冶人才,以为振兴富庶之基。"[②] 在关于三江师范学堂建设的问题上,他依照实际情况对张之洞留下的规划方案进行修正,一年之后整个工程竣工,学堂得以顺利开学。

周馥(1837—1921),于光绪三十年(1904 年)由山东巡抚升任两江总督兼南洋大臣,任上曾与湖广总督张之洞、直隶总督袁世凯联衔上奏,请定 12 年后实行立宪政体,并请派亲贵大臣赴各国考察政治。较为开明的新政思想自然影响着江苏新教育政策的制定与实施,大致而言,在其任上,基本延续了前几任两江总督对新教育大力扶持的做法,他亦曾助力私立复旦公学、安徽公学的开办。

端方(1861—1911)是晚清新式教育的重要创办人之一,早在 1904 年,先后短期代理江苏巡抚、两江总督之职,其中初抚江苏时,便在苏州设立江苏高等学堂。1905 年 12 月,清廷为"预备立宪"派遣载泽、戴鸿慈、端方、尚其亨、李盛铎五大臣分赴东西洋考察宪政。戴鸿慈、端方一行历访日本、美国、英国、法国、德国、丹麦、瑞典、挪威、奥地利、俄国 10国,于次年 8 月回国。回国后不久,即在光绪三十二年七月十四日(1906 年 9 月 2 日)朝廷宣布预备立宪的次日,端方便调任两江总督兼南洋大臣,两个月后到任。在两江总督任上,他积极推进新式教育,曾先后上奏《筹办南洋大学学堂折》《京口驻防学堂筹拨经费折》《水师学堂照案请奖折》《筹拨学务公所经费折》《遴充留学生监督折》《筹设暨南学堂片》《筹拨复旦公学经费折》《筹拨中国公学经费折》《选派学生留学折》等数十道有关筹办新学堂、拨付办学款项、选派学生留学等事关新

---

① 时有风评:"张之洞之署两江也,铺张扬厉,言大而夸,求其实际,无一可观。"(《张之洞、魏光焘、恩寿之特色》,《江苏(东京)》1903 年第 1 期,第 131—132 页。)

② 魏光焘:《江督魏奏改设江南实业学堂筹办情形折》,《北洋官报》1904 年第 442 期,(奏议录要)第 1—2 页。

教育发展的奏章,成为江苏新教育政策的重要制定者和实施者之一。

事实上,除了上述知名的两江总督,其他如两江总督张人骏,以及江淮巡抚恩寿,江苏巡抚陆元鼎、程德全等,虽然动机不同,但态度上对近代教育均持支持态度,如恩寿担任新设立的江淮巡抚一职时,有鉴于东西洋各国莫不以实业为重的事实,于光绪三十一年(1905年)三月上奏改设江北实业学堂;1905年陆元鼎任江苏巡抚时,重视基础教育,在苏州城区试办了10所小学,不收学费;1909年清政府发布了《简易识字学塾章程》,张人骏、程德全积极响应,支持民众普及教育工作的开展,并于1910年联名上《奏宁属各州县办理简易识字学塾成绩情形片》。简言之,正是由于历任江苏地方督抚的积极支持,加上得到了张謇等地方官绅的响应,故新政时期江苏地区的新教育政策得以顺利确立,并在艰难中得到了一定的落实。

二、江苏毁学风潮的兴起与平息

江苏新教育政策虽然得到了不少地方官绅的支持和响应,但由于其落实涉及诸多利益群体的纠葛,其贯彻落实并不一帆风顺。而仓促而行的新政改革,似乎并未考虑社会民众的承受力和接受力,既缺乏一定的财政准备,又轻视了社会转型中各类矛盾冲突的复杂性。仅就朝廷财政准备状况而言,当时对外巨额赔款和朝廷自我挥霍致使"帑项奇绌""库储一空如洗",以如此艰窘之财力,推行庞大的新政改革计划,势必捉襟见肘。为此,清政府采取的是将负担转嫁于地方绅民的办法。故清末最后十年的新政改革虽然意在救亡图存、收拾民心,以推进现代国家的政权建设,但这十年同时亦是民变爆发的高峰期。毁学风潮作为一种特殊的民变现象,同样处于集中爆发时期,据不完全统计,造成一定危害的毁学事件不下170次,遍及17个省,甚至经济较为发达的江浙地区,更是成为毁学事件的频发区。

江苏地区毁学事件发生地既有经济较富庶的苏南地区,亦有经济发展一般的苏北地区。苏南地区尤以1904年夏在无锡发生的毁学事件影响较大,当时《申报》《东方杂志》《大陆》等各地报刊均有详细报道。

事件起因乃是无锡城内的俟实学堂创办人杨模等因办学经费日见支绌,注意到地方上收捐最大的莫过于 120 家米行输纳的庙捐一项。于是思谋"化媚神佞鬼无用之财,为养士育材有用之费"①,将庙捐钱款用作学堂经费。所谓庙捐,是指按旧例米行买卖粮食,每石抽取 6 厘作为捐款,供城区各庙宇使用,全年共计约有 1 万多元。对于米捐拨入神庙,民间普遍认为这是世俗的狂欢,用铺张换来大众的欢快也是值得的,而"学界深以此举为靡费金钱,败坏风俗,群思设法禁止"②,提出假如能将庙捐用于发展新学,于米业无负担之增加,于风俗是陋习的纠正,于教育则是开源的大益。事实上这个想法早在 1901 年政府提倡开办新式学堂之时便有举动,当时邑绅王凤仪等递交《上抚院禀》,提出通过分摊部分米、丝、烟土等税以充学堂经费。次年,学董孙赞尧等又有《上锡、金二县公呈》,提出:"为学堂经费支绌,各项筹捐甚难。请改拨各庙米厘,永为学堂之用,以纾商力而济要公事。"③1904 年,孙赞尧再度联合陶世凤、杨模等上书县、府,呼吁落实办学经费,支持新学,形成较大的声势。为此,无锡、金匮二县知县邀米业界人士商议米厘办学,然遭到赵子新、张少和等为首的米业界商人的激烈反对,他们诬告杨模"借学敛钱"。在此情况下,杨模等联合其他热心新教育的士绅上书学台,再次要求改拨庙捐米厘充作学堂经费。当即学台便下文县衙,县衙于是将赵、张二名米董拘押。县衙此举遭到了米业商人的激烈反对,并通过散发传单鼓动各业罢市,纠集两千余名不明真相的百姓烧毁杨宅,捣毁俟实、三等、东林三所学堂,并波及北塘理化研究会。由于无锡、金匮二县知县未能及时制止,事态进一步失控。于是,杨模急电江苏巡抚端方,并亲赴省城。与此同时,无锡学董薛南溟、裘廷梁等一方面电告江苏总督、巡抚,另一方面电函外地锡、匮籍官员请求声援。鉴于无锡爆发的毁学事件已经成为一种社会群体事件,端方当即派出官员查办此案,除了对二知县撤职,还对肇事者进行严惩,同时,责成米业集资重修所毁学堂,并拨庙捐二厘、桥工捐一厘作办学专款,出资 2000 元建锡

---

① 《记无锡匪徒毁学始末》,《大陆》1904 年第 7 期,第 5 页。
② 《锡金迷信神权之积习》,《申报》1909 年 5 月 24 日,第 4 版。
③ 《学董孙赞尧等上锡金二县公呈》,杨模编:《锡金学校重兴纪事》上卷,文明书局 1904 年版,第 9 页。

金学务处房屋,并令米业主负责赔偿杨家全部损失。米业主同意自当年9月起将米捐作学堂经费,罢市、毁学风潮遂告平息。

然而,无锡毁学事件并非孤案,在此之后毁学事件在江苏其他地区依然频发。1906年6月,当时隶属扬州府的泰州发生了僧人毁学事件。受清末兴起的"庙产兴学"潮流的影响,曾自费东渡日本进行考察的王培芸,深知教育兴国的重要,回国后便联合同乡朱葆逵、谢述先、苏后卿(一作厚青),借地处泰州城西的因华庵庙产自筹经费创办"竞成学堂"(民间习惯称因华庵学堂)。然而在借租庙产兴学过程中却引发了部分僧众的不满,在6月底的一个夜晚,僧众海航、松月等纠集各处僧人百余人冲入学校,殴伤教员苏后卿、王培芸等,并毁学校,当地官员得知后即派兵捉拿犯事僧人心朗。孰料两日后寺僧又集合数百人将心朗劫走,且扬言焚毁学校创办人的住宅。事发之后,学、僧互为攻讦。僧界联络各地僧众,施压地方官府,直至影响好佛的江苏总督端方。他们指斥朱葆逵等有侵吞庙产之意,并将此事件上升到关乎寺庙存亡攸关的高度;学界则致函地方教育社团江苏学务总会(即后来的江苏省教育会)请求援助,学务总会接信函后便上书在宁的学务处,学务处作出批示:"如此暴动,于学界大有关系,请鼎力维持,余情续函。"然而由于没有具体举措,事件仍未得到处理。在此期间,学校主持地方公益事业的乡董,曾试图通过学校调查登记户口,推行地方自治,然受"户口被人查去,魂灵就要替鬼子抱桥桩"谣言蛊惑,愤怒的当地民众冲进学校,放火焚烧课桌、黑板等。[①] 为此,学务总会多次致函江苏总督端方,得到了其勉强支持,在宁学务处由此一方面批令从严缉拿犯事僧人,另一方面饬令僧界将原租厢房让出,以便能够正常开学,同时要求大殿中的佛像不能移动,一仍旧观。泰州毁学事件至此基本平复。后来,因华庵庙产全部充公。此外,通州如皋县石庄等地两月之内发生多起毁学、殴伤办学者之事。

清末江苏的毁学事件并不仅仅爆发在新学制实施初期,事实上

① 谢瀚东:《竞成学校话旧》,海安县政协文史资料研究委员会编:《海安文史资料(第1辑)》,出版者不详,1985年版,第51页。

1910 年前后在省内太仓、震泽、宜兴、如皋、镇江、扬州、海州、东台、盐城等地仍多有毁学、殴人事件发生,甚至发生次数也达到十年间的顶峰。特别值得一提的是,这个时期出现的毁学风潮,除了与教育经费摊派激发民变、"庙产兴学"引起信众不满有关,此时试行地方自治而开展清查户口的活动亦成为毁学风潮发生的重要诱因。1909 年 1 月,清政府仿日本做法,颁布了《城镇乡地方自治章程》《城镇乡地方自治选举章程》,尝试试行地方自治。因选举需要,当时统计人口工作多由学堂师生协助完成。宣传的缺失导致谣言四起,民众迁怒于新式学堂,致使学堂被毁,师生被殴伤。例如 1910 年出版的《教育杂志》报道:常州府下属宜兴县和桥乡一带,1910 年正月末民间忽然盛传谣言,诬称当时政府清查户口的工作,是将人名造具清册而售于洋人,埋于海中铺设三千里铁轨的桩基下以作镇符之用,导致乡民群情激愤。由于参与清查造册之人多半为学堂教师,故民众群聚学堂,将书籍、仪器等物聚而焚之,教师学生被殴辱,甚至一些地方绅士也遭到毒手。同时,宜兴其他乡镇如高塍、方桥、蜀山、杨巷、徐舍等地民众亦闻风响应、纷纷效尤,致使许多学堂被焚毁、人员被殴伤。虽然为避祸,一些乡镇的地方绅士将学堂校牌取下而悬挂书院匾额,户口册也尽数交出,但仍不能完全平息事态,最终由常州府和省里派员到宜兴查办此事,事件方才平息。

清末爆发的毁学事件是全国性的,江苏发生的次数和影响是全国较多和较大的。这一方面固然反映了社会转型时期江苏新教育发展过程中诸多社会矛盾交织与冲突的激烈程度,以及教育近代化推进的不易,另一方面也反映出江苏各方有识之士对新学堂的设立抱有极大热诚,在新学堂创立的时间和数量以及分布的区域上,在全国居于领先的地位。

三、江苏近代教育体系的初步建立

(一) 清末新教育体制的建立与新学制的颁布

1. 近代教育行政体系的建立

光绪二十四年(1898 年)维新变法时期,为推动新教育的创立,专门设立管学大臣,又称管理京师大学堂事务大臣,主要负责管理新成立的京师大学堂,同时节制各省新式学堂。虽然维新变法未及完全实施便告夭折,管学大臣一职也名存实亡。新政开始后,光绪二十七年八月二日(1901 年 9 月 14 日)发布谕令,除了恢复京师大学堂,还要求全国各地多设新学:"除京师已设大学堂,应行切实整顿外,着各省所有书院,于省城均改设大学堂,各府及直隶州均改设中学堂,各州县均改设小学堂,并多设蒙学堂。"①又在该年十二月一日(1902 年 1 月 10 日)谕令:"着派张百熙为管学大臣,将学堂一切事务责成经理,务期端正趋向,造就通才,明体达用,庶收得人之效。"②光绪二十九年底(1904 年初),署名张百熙、荣庆、张之洞所上《重订学堂章程折》后附有张之洞所上《奏请设总理学务大臣片》,张之洞提出专门设立学务大臣一职管理全国教育事务:"查现在管学大臣,既管京城大学堂,又管外省各学堂事务,目前正当振兴学务之际,经营创始,条绪万端。即大学堂一处,已属繁重异常,专任犹虞不给,兼综更恐难周。……臣之洞与诸臣商酌,拟请于京师专设总理学务大臣,以统辖全国学务。其京师大学堂,拟请另设总监督一员,请旨简派三四品京堂充选。俾专管大学堂事务,不教兼别项要差,免致分其精力。"③张之洞的建议获得批准,学务大臣代替管学大臣成为全国最高教育行政官员,但中央最高教育行政机构还有待设置。

光绪三十一年(1905 年),山西学政宝熙、翰林院编修尹铭绶先后奏请设学部,顺天学政陆宝忠奏请设立文部。该年 11 月,朝廷下诏成立学部作为中央最高教育行政机关,派荣庆为学部尚书,熙英为左侍郎,严修为右侍郎,将原国子监所掌事务归并于学部。次年闰四月,朝廷依学部所请,颁发了学部职守清单,确定了学部内部的组织系统。

清代省级教育行政官员原由学政负责,新政推行后,各省学务多由督抚办理。1904 年初,张之洞在《学务纲要》中提出:"各省府厅州县遍

①《光绪二十七年八月初二日上谕》,朱有瓛主编:《中国近代学制史料(第一辑下册)》,华东师范大学出版社 1986 年版,第 776 页。
② 朱寿朋著,张静庐等校点:《光绪朝东华录(四)》,中华书局 1958 年版,第 4798 页。
③ 舒新城编:《近代中国教育史料》,中国人民大学出版社 2012 年版,第 258 页。

设学堂,亦须有一总汇之处以资管辖,宜于省城各设学务处一所,由督抚选派通晓教育之员总理全省学务,并派讲求教育之正绅参议学务。"①不过,张之洞的各省设立学务处的建议似乎并没有得到很好的执行,"实际各省成立这类机关的很少,且组织亦各异"②,如直隶不称学务处而称学校司,光绪三十年(1904 年)八月,朝廷仍明令各省学政专负考核学堂事务。光绪三十二年(1906 年),直隶总督袁世凯奏请恢复提学道,云南学政吴鲁奏请裁撤学政。为此,朝廷在该年四月决定裁撤各省学政,设立提学使司,置提学使一员,统辖全省地方学务,归督抚节制。不久,详细官制公布,其下设学务公所,内分总务、专门、普通、实业、图书、会计六课(后改为科),其他有议长、议绅、视学若干人,至此,省级教育行政方才设立。

清末县级地方教育行政机关设立于光绪三十二年(1906 年)。该年四月,学部颁布了《奏定劝学所章程》,各厅、州、县劝学所依次成立。按照规定,劝学所以本地方官为监督,设总董一员(由县视学兼任),总体负责各区事务。所辖划分为若干学区,各学区设劝学员一人,负责本学区的劝学之责。宣统二年(1910 年),学部对《劝学所章程》又作了若干修订,主要是将劝学所降为地方教育行政的辅助机关,劝学所总董改称劝学所长,其任命由地方长官申请提学使派充。

2. 近代学制系统

我国由政府统一制定的近代学制系统,始于清末新政时期。光绪二十八年(1902 年)七月,管学大臣张百熙奉旨制订学堂章程,此次章程为近代学制系统建立之始,称《钦定学堂章程》,所制学制称为"壬寅学制"。该学制系统的要点是:全系统分初等、中等、高等三段七级,共20 学年。初等一段分为蒙学堂、寻常小学堂及高等小学堂,与高等小学堂并行的有简易实业学堂;中等一段不分级,共四年,主要有中学堂、师范学堂以及中等实业学堂;高等一段,分高等学堂及大学预科(各省单独设立的为高等学堂,设于大学之内的为大学预科)、大学堂以及大

---

① 舒新城编:《近代中国教育史料》,中国人民大学出版社 2012 年版,第 204 页。
② 罗廷光:《教育行政(上册)》,福建教育出版社 2008 年版,第 154 页。

学院 3 级。预科、大学堂均学制 3 年。与大学预科并行者,尚有高等实业学堂和师范馆。此外,教学机关兼有行政之权,如京师大学堂有权统辖全国教育,其余学堂以各等级负教育行政之责。

然而《钦定学堂章程》未及实行,朝廷于光绪二十九年(1903 年)闰五月应张百熙之请,派张之洞、张百熙、荣庆对学堂章程重新拟定。该年十一月二十六日(1904 年 1 月 13 日),清廷颁布了重订章程,是为《奏定学堂章程》,修正后的学制称为"癸卯学制"。该学制的要点是:全系统共分初等、中等、高等三段五级,共 21 学年。初等分初等小学堂、高等小学堂两级,共 9 年,与初等小学堂并行者有艺徒学堂,与高等小学堂并行者有实业补习及初等实业学堂;中等段学制 5 年,有中学堂、初级师范学堂、中等实业学堂;高等段主干有高等学堂及大学预备科、分科大学、通儒院,旁支有优级师范学堂、高等实业学堂等。

《癸卯学制》颁布后,一直沿用至清朝灭亡,先后近十年,期间有过些许修订、增删、调整等,主要有:1906 年,诏令各省尽全力办理师范学堂;1907 年,制定女子小学堂与女子师范学堂章程,由此对女子教育作出了正式规定;1909 年,颁布《简易识字学塾章程》,编定国民必读课本;1910 年,拟定试办义务教育章程。

(二) 江苏教育行政系统的建立与新式学堂的创办与发展

在全国统一的地方教育行政机构建立之前,江苏在地方教育行政管理建设方面有着自己的探索。1903 年,张之洞在南京设立了两江学务处,以布政使、督粮道、江南盐巡道三人为总办,以候补道为会办,以候补知府张预为总提调,负责全省教育行政事务。由于当时江苏省设有两个布政使:一个是江宁布政使,驻江宁;一个是江苏布政使,驻苏州。故两江学务处实际管理江宁布政使下辖的教育事务。1904 年,时任两江总督端方在苏州设立江苏学务处,以管理江苏布政使下辖的教育事务,并以布政使、督粮道为总办。1905 年,两江总督周馥又以江北地域辽阔、学务渐兴,在清江浦(今属淮安)设立江北学务处,以淮阳道总其事。如此,江苏省先后建立了三处省级新式教育行政机构,管辖全省的新教育事务。

1906 年,朝廷令各省裁撤学政,改设提学使司为全省最高教育行政机构,下设学务公所,为其赞襄议事部门。置提学使 1 人,总理全省学务。议长 1 人、议绅 4 人,佐提学使规划学务,并备督抚咨询。江苏省根据学部规定,一方面裁撤江北学务处,另一方面将学务处改称为提学使司,统辖全省教育事务。改制后的江苏省级教育行政机构仍有两个提学使司,并在南京、苏州各设一个学务公所。依照布政使的管辖范围,江宁提学使管辖江宁、句容、溧水、高淳、江浦、六合、江都、仪征、东台、兴化、泰县、宝应、高邮、南通、海门、如皋、泰兴、淮安、淮阴、泗阳、涟水、阜宁、盐城、铜山、丰、沛、萧、砀山、邳、宿迁、睢宁、东海、赣榆、沭阳、灌云等 35 县的教育事务;江苏提学使管辖吴、常熟、昆山、吴江、松江、上海、南汇、青浦、奉贤、金山、川沙、太仓、嘉定、宝山、崇明、武进、无锡、宜兴、江阴、靖江、丹徒、丹阳、金坛、溧阳、扬中 25 县的教育事务。不过,两江学务处是在 1906 年底提学使到任后方才裁撤,原因是时任两江总督端方认为:两江统辖三省(苏、皖、赣),将来苏、宁、皖、赣四位提学使所办之事,均须听候两江总督核夺,自然不可无总汇之地,如此学务处不可即刻裁去。

根据 1906 年学部奏定劝学所章程,全国各府、厅、州、县皆设劝学所,每所置总董 1 人,由县视学兼任,负责管理教育行政事务,劝导当地人士兴办学校。又划分各州县为若干学区,每区设劝学员 1 人,负责该区学务之推广。江苏各州县的教育行政机构早在 1904 年便已创立,名为"学务公所",如江阴县在 1904 年创立学务公所,昆山县在 1906 年创办学务公所,主要管理本县学务。学部劝学所章程颁布后,江苏各州县或新成立劝学所,如六合县、铜山县均在 1907 年成立劝学所;或将原学务公所改建为劝学所,如昆山县、镇洋县(隶属太仓)均在 1907 年将学务公所改建为劝学所。到 1909 年,江苏 60 个州县设有 57 个劝学所,各级教育行政系统基本设立。

四、江苏教育总会与基础教育改革

江苏教育总会是清末江苏省推动新教育发展的主要社团之一。它的前身是江苏学务总会。1905 年 9 月,张謇、恽祖祁、许鼎霖等开明士绅、教育精英发出倡议,提出全省士绅会商兴办学堂之事。之后,常州府属阳湖县士绅恽祖祁发起、成立了江苏学会,得到了张謇、唐文治、许鼎霖等的响应和支持。10月初,江苏学会在上海愚园召开成立大会,张謇、恽祖祁分别当选为正副会长。不久,黄炎培、张謇、沈恩孚、袁希涛等在上海集会,商议在江苏学会基础上筹建江苏学务总会。12月,成立学务总会的建议得到了江苏巡抚和两江学务处的首肯,于是当月便在上海召开总会成立大会,公推张謇担任会长,恽祖祁任副会长,王同愈、李平书、刘树屏、许九香为会董,此外还设有评议员、各部办事员若干人等。成立大会时签名入会者90余人。江苏学务总会实际成为当时全国第一家省级教育团体。根据《江苏学务总会暂定章程》的规定,江苏学务总会的宗旨是"专事研究本省学务之得失,以图学界之进步,不涉学界外事";入会资格为"发明教育或推广教育者","或者关系学务上经济问题之能力者"。然而需要特别指出的是,学务总会的设立宗旨虽按章程规定是专注研究教育事务,"不涉学界外事",但事实上在许多会员甚至总会高层人士心目中仍然注意发挥其政治功能,尤其是为当时朝廷提倡的地方自治运动的开展提供服务,如当时驻会书记沈同芳便认为:"今朝廷锐意更新,将有事于地方自治,夫发扬自治之原理者,非学会之责而谁? 故记者以为,学会者地方自治之雏形,江苏学会者尤全国社会之雏形也。"①

1906年11月,依照学部制定的《各省教育会章程》之规定,江苏学务总会更名为"江苏教育总会",会所地址仍设在上海,并由张謇担任会长(1908年下半年唐文治被推举继任会长)。总会特别强调学会的主要任务包括"注意教育普及,以预储立宪国民之资格;注意政治上之教育,以养成议院及本省咨议局、各地方议事会、董事会之人才;注意实业教育,以农工商三业其实力足以内各种机关之发达而立富国之基本;注意尚武教育,使地方人民皆有军国民之精神,以立强国之基本;辅助本省之教育行政,以期各厅州县之学务办法归于统一;联络各省教育会,

---

① 沈同芳:《江苏学会文牍初编叙(代论)》,《申报》1906年9月27日,第2版。

以期共同进化合于国民教育之宗旨"①。由此可见,与江苏学务总会相比,江苏教育总会在性质上具有更浓厚的官方色彩,从其承担的任务看,总会甚至发挥了半官方的职能。其实在会员资格的规定方面,就透露出其"半官方化"的倾向,按照规定,江苏教育总会会员由各厅州县劝学会总董或教育会会长、学堂监督或堂长,以及志愿入会的劝学会或教育会或学堂职员、中等以上学堂毕业者、士绅中与教育业务有关者、兴办实业能助教育之发达者组成。基本上是教育官员、教育士绅和重视教育的实业家的联合组织。同时,由于江苏教育总会强调其政治功能的发挥,故其性质上具有双重色彩,一方面是江苏教育性的核心组织,但另一方面又成为"政治性的江苏中心组织"②。

第二节 清末江苏的私塾改造

自1901年新政开始,书院改学堂成为清廷兴学诏令的重要内容后,传统私塾的改造逐渐被人们关注。江苏地区的私塾改造问题,是在全国对于私塾改良积极探讨的形势下开始的,并曾一度引领着全国部分地区私塾改造的方向。

一、私塾改良政策的出台

清末私塾改良政策的确立,经历了一个自下而上的过程。早在近代引进西方新式教育之时,便有有识之士指出传统私塾在人才培养方面存在的弊端,并将其与中国社会的落后联系起来。启蒙思想家宋恕在1891年成稿的《六斋卑议》"塾课章"中便指斥:"民间塾课,专锢聪明,墨守是督,博览是戒。有好读古书者,父兄以为大戚。有稍讲世务

①《江苏教育总会章程》,朱有瓛主编:《中国近代教育史资料汇编(教育行政机构及教育团体)》,上海教育出版社1993年版,第271页。
②黄炎培:《八十年来——黄炎培自述》,文汇出版社2000年版,第75页。

者,庠序以为大怪。连上犯下,销磨锐气;细腰高髻,挫折英才。"①维新
派梁启超在 1896 年完成的《变法通义》中也论及乡塾的危害:

> 吾向者观吾乡塾,接语其学究,蠢陋野悍,迂谬猥贱,不可向
> 迩。……既而游于它乡,而它县,而它道,而它省,观其塾,接语其
> 学究,其蠢陋野悍,迂谬猥贱,举无以异于向者之所见。退而瞠然
> 芒然皇然曰:中国四万万人之才、之学、之行、之识见、之志气,其消
> 磨于此蠢陋野悍迂谬猥贱之人之手者,何可胜道,其幸而获免焉
> 者,盖万亿中不得一二也。②

在梁启超看来,乡塾学究的存在不仅戕害人才,甚至足以亡天下。
当然,梁氏的断语带有强烈"污名化"的情绪色彩,但将传统私塾及其塾
师完全置于新教育对立面的思维与判断则是维新派人士的共同认知。

不过,相对于民间对待私塾的激烈态度,朝廷高官对于私塾的态度
则相对审慎与温和,如 1901 年两江总督刘坤一与张之洞一道上奏朝廷
的兴学折中曾说:"臣等谨参中外情形,酌拟今日设学堂办法,拟令州县
设小学校及高等小学校。童子八岁以上入蒙学……家塾、义塾悉听其
便,由绅董自办,官劝导而稽其数,每年报闻上司可也。"③这也成为后来
政府制订私塾政策的基调。

1902 年朝廷颁布的《壬寅学制》中虽未明确提及私塾改造,但改良
传统私塾教学已逐渐成为当时民间的一个热点话题,如 1902 年浙江石
门县学界人士组织教育集议处,讨论改良私塾问题;1904 年 7 月,江苏
川沙龚镇人士沈戟仪商请上海名人李平书、张乐山等人,开办川沙私塾
改良会;12 月 16 日,天津《大公报》发表了署名张蔚臣的《拟整顿蒙塾
议》,文中提出整顿蒙塾是发展新式教育的基础,"若夫中国开智兴学之

① 宋恕:《六斋卑议》,"贤隐篇"第二章"塾课",永嘉黄氏 1928 年校印。
② 梁启超:《变法通议·论幼学》,陈景磐、陈学恂编:《清代后期教育论著选(下册)》,人民教育出版社
　1997 年版,第 450 页。
③ 刘坤一:《变通政治筹议先务四条折》,陈景磐、陈学恂主编:《清代后期教育论著选(上册)》,人民教
　育出版社 1997 年版,第 324 页。

策,虽在广设学堂以立之基,尤宜整顿蒙塾以正其本,故海内志士倡为整顿蒙塾之议者,鲜不谓为当务之急也。"而整顿的做法"在甄别塾师以免滥竽"[1];12 月 18—20 日,该报连载了未署名作者的长文《整顿家塾议》,作者认为在当下政府财政拮据情形下,遍设新式小学堂并不现实,而通过整顿、改造蒙塾则不失为事半功倍之举。为此提出了六条整顿的方法:奖励绅商以立义塾、甄别塾师以免滥竽、严定罚例强迫入塾、明定课程使共遵行、限定时刻使共遵守、派遣专员随时督责。1906 年,学部转发了江苏省颁发的《私塾改良法章程》,表达了朝廷对地方和民间组织推动私塾改造的合法性认可。宣统元年十二月二十八日(1910 年2 月 7 日),学部《奏京师试办私塾改良办法情形折》获得了朝廷批准,宣统二年二月十三日(1910 年 3 月 23 日),学部发布了《通行京外学务酌定办法并〈改良私塾章程〉文》,三月二十六日(1910 年 5 月 5 日)学部发布《通咨各省督抚改良私塾办法文》,谕令全国各地方官和劝学所遵照办理,按照初等小学简易科课程教授,遵用部颁课本。不久学部又颁行了《京师劝学所改良私塾办法》,将京师改良私塾办法推向全国。这是中央教育行政机关颁布的较早的系列私塾管理文件,同时亦开启了官方引领全国性的私塾改造进程。按照《改良私塾章程》规定,私塾改良的工作主要由劝学所负责,工作方式由劝学所进行劝导而不是强迫,改良方法是分初等、高等两种,以能达到初等小学教科程度者为改良初等私塾,合于高等小学程度者为改良高等私塾。然不久因清政府倒台,其私塾改良政策与举措也戛然而止。

二、江苏私塾改造的举措

江苏是全国最早由民间通过设立私塾改良会形式推动私塾改造,并由地方政府出台改造政策的省份之一,在全国发挥着开风气之先的作用。

1904 年 7 月始,设立私塾改良会这一方法最早试行于江苏上海川沙的龚镇等乡镇,主要推动人为沈戟仪。是年十一月,沈戟仪前往苏州

---

[1] 张蔚臣:《拟整顿蒙塾议》,《大公报(天津)》1902 年 12 月 16 日,第 1 版。

成立私塾改良社,并得到当地部分士绅的赞助,公推彭颂田为领袖董事,沈戟仪为会长,又举陈星昭等 10 人为干事。改良私塾的做法是按月会考各私塾学生于苏州元妙观,每次参与者不下 300 人,且秩序井然、精神抖擞,于是闻名遐迩。与此同时,还设立师范讲习所,利用夜晚闲暇时间对私塾教员补习科学,来者不拒,且免学费。苏州私塾改良成效显著,不仅使苏州教育之风为之一变,而且也影响到周边苏松太道下辖各县,甚至江西、浙江、福建诸省也多有照章仿办。1905 年 2 月 8 日,时任苏州高等学堂教习的沈戟仪在《明报》上发表了私拟的《私塾改良会章程》,同年 3 月 30 日以原拟定的章程为基础,略加修改后又在《东方杂志》上以《江苏私塾改良会章程》题名重新发表,引起了人们的较大关注。章程首先强调了私塾改良的宗旨:"各教习照常各自收徒教授,馆室照旧,修金照旧,惟教授悉用新法,重讲解不重背诵,先求讲明蒙学新书,然后教授四书五经,由浅入深,实事求是,务求到馆一日即获一日之进益。"[①]对现有塾师生活并不采取颠覆性改造的前提下,只是在内容、方法方面进行改良,如此较为和缓的改良举措,乃在以此争得更多塾师的支持,减少反对的阻力。其次,就每日功课安排、所使用的教科书均作统一规定,在教学内容方面虽然并不排斥经书的学习,但显然已不是重点。章程中还强调了按照学生的水平分班教授的方法,以及体操课的开设,并以会课、查课等形式评定等第予以嘉奖,以此激励师生教、学新知识。此外,对于私塾改良会在经费的筹措、使用等方面均有具体的规定。这年春季,江阴学界也组织私塾改良会,通过组织私塾学生会考修身、国文、中国历史、地理等科,举行体操、唱歌展示等活动,"全邑轰动,诚江阴第一创举也"。

苏州私塾改良社的成功,同样引发了上海绅商、学界的极大兴趣。1905 年 6 月,应上海绅商邀请,沈戟仪又在上海创办了私塾改良总会,下设会课处和讲习所,劝导私塾渐弃旧习而以新法教授。凡品行端正、有志于改良教育者均可入会,由会员公举总理学务一人,审定会中之课程;推举干事员四五人或十多人不等,担任该会考课事务及劝导、调查、

---

① 《江苏私塾改良会章程》,《东方杂志》1905 年第 2 期,第 24 页。

演说各事宜。私塾改良总会同仁还共订《上海私塾改良总会章程》。同时，沈戟仪还毅然辞去苏州高等学堂教员一职，专心办理私塾改良总会之事。上海总会成立不久，沈戟仪又先后参与了上海地区的周浦、法华、虹桥等乡镇私塾改良分会的设立。之后，沈戟仪前往浙江等江南诸地进行联络，开办分会。与此同时，江苏各地绅学纷纷效仿，如镇江热心教育者"拟仿照上海川沙等处章程，设立私塾改良会，俾墨守旧法之私塾一律改良"①。光绪三十二年(1906年)正月，上海私塾改良总会内又设立了沪上私塾改良会，广招城内外及英法美租界中的私塾教员入会，并设立师范讲习所，"风声所及，城内外、租界等处之塾师，渐知激励，改变方针，会中以来者日众。"②到1906年，上海城内私塾入会者达40余所。又据江苏私塾改良总会己酉年(1909年)报告，上海城厢内外、英美法租界及乡镇，改良私塾65所，考取学生合格给奖者共计520余人，达到私立小学资格者14所；浦东私塾改良会共有学堂12所，学生230余人，其中改为公立或私立小学5所；苏州私塾改良社当年入会者14所私塾。1910年合春夏两季，上海、浦东、苏州三分会合计入会私塾86处，学生1882人。③ 江苏私塾改良总会所办师范讲习所自光绪三十三年(1907年)至宣统二年(1910年)共四届，共有211人接受过师范训练，其中发给毕业文凭者有42人，另有11人获得师范修业证书。为检查督促私塾改良情况，私塾改良会还专门聘请一位调查员，调查各私塾功课是否改良、教学与管理是否得法，同时兼查学生成绩，给予等第，量予惩劝。

江苏地区在清末的私塾改造风潮，虽然主要为民间力量推动，但事实上，当时江苏官员一方面有意推动地方士绅出面主导私塾改良，以免与普通民众发生冲突。④ 另一方面官方也有意亲自介入，甚至推动此项活动的开展。同样，民间也期望借助官方力量推行私塾改良。如1905

---

① 《仿设私塾改良会》，《时报》1905年10月12日，第6版。

② 《私塾改良总会甲辰乙巳两年会事概略》，《江苏江西私塾改良总会文牍(第二册)》，出版者不详，1911年版，第2页。

③ 《江苏私塾改良总会庚戌年报告》，《江苏江西私塾改良总会文牍(第二册)》，出版者不详，1911年版，第21页。

④ 左松涛：《多面的弄潮儿：沈戟仪与清末民初的私塾改良》，《中华文史论丛》2011年第3期，第195—219页，第393—394页。

年冬,初等小学堂总办李江宁、观察何颂圻上书两江总督周馥,请求政府通饬各州县一律仿办私塾改良会,获得周馥的支持。同时沈戟仪也通过劳乃宣与廉惠卿的介绍,到南京拜见周馥,陈述其私塾改良行为,周馥对其大为褒许。次年春天,两江学务处特委派沈戟仪至江宁省属各府县劝办私塾改良会,为此,沈戟仪到宁(南京)、镇(镇江)、淮(淮阴)、扬(扬州)四属,劝办分会多处。又如光绪三十三年(1907年)正月,两江总督端方札饬江苏提学司,对于上海私塾改良会董事陈作霖上呈的私塾改良总会立案申请及所拟章程"详加批阅,甚属妥善,准予立案"①,并要求将私塾改良会章程印刷一百部,下发各府州县道一律仿办。同时令江苏、安徽、江西各州县设立私塾改良会分会,并资助经费以推广。1910年,鉴于部分地方州县官员对于改良私塾的消极态度,上海私塾改良总会上书两江总督,要求将上海私塾改良总会更名为江苏私塾改良总会,并颁给大印,派遣职员,使其成为拥有实权的官方或半官方机构,同时特别强调:"如欲改变全省私塾之陋习,提倡城镇乡村之教育,万不能一无正当之款,而可垂诸久远也。"②要求改变原依靠捐款的筹资模式,由政府拨付固定经费。此外,请求下令江宁、江苏两提学司,札饬省视学员兼负改良私塾的责任,请求札饬各州县筹款设立私塾改良分会,并严定考核,等等。简言之,希望借助官方权力推动私塾改良事业。当时上海私塾改良总会的请求获得了端方的全力支持,要求各相关机构鼎力协助,并确定每月筹助经费200两以资办理私塾改良之用。

第三节 江苏乡土教材编撰的尝试

乡土教育是一种"地方性知识",但由于"乡土"一词的模糊性,对其

---

① 《两江督宪札苏提学司文(光绪三十三年正月)》,《江苏江西私塾改良总会文牍(第一册)》,出版者不详,1911年版,第4页。

② 《呈江督请定名江苏私塾改良总会拨款补助事》,《江苏江西私塾改良总会文牍(第一册)》,出版者不详,1911年版,第12页。

确切的内涵长期以来并无一致的看法。大致而言,乡土教育就是让学生了解、认识其所居住地的历史、地理、经济、人文等文化,使他们能认同与热爱自己的乡土,以激发他们改善家乡的意愿及能力。当一个完全异质的文化教育体系被移植于中国的土壤后,如何处理外来文化与本土文化之间的关系,便不仅是个理论问题,更是个实践问题,如此一来,象征着传统的乡土文化与代表着现代的西方课程体系之间的矛盾便凸显出来。清末新教育制度建立时期,随着乡土教育的鼓吹,我国在部分地区包括江苏地区便开始了乡土教材的编撰。

一、乡土教育的政策

我国近代教育制度完全移植于国外,在复制西方近代教育制度的同时,也将包括"乡土教育"在内的教育理念带入国内。一则被普遍征引并被作为概念来源证据的史料,是修于 1907 年的江西《新修建昌县乡土志》中由该县知事所作的序言,文中提及自身"丙午(1906)春遣小儿光藻游学东瀛,万里邮函,得询悉日本小学校儿童教授要法,皆从乡土入手为多",由此一些研究者推定:"德国和日本是清末'乡土教育'概念的重要来源。"①虽然这种推定有孤证之嫌,但虑及清末学制蓝本源自日本,故这种结论仍有一定的可信度。恰因如此,注意到地方性知识在现代教育知识体系中的一席之地,也是始自我国 1904 年颁行的近代第一个学制——《癸卯学制》。在该学制的《奏定初等小学堂章程》的"学科程度及编制章第二"中,提出在诸如历史、地理、格致等普遍学科知识教学中注意对乡土内容的渗透,以历史科目为例,"其要义在略举古来圣主贤君重大美誉之事,……尤当先讲乡土历史,采本境内乡贤名宦流寓诸名人之事迹,令人敬仰叹慕,增长志气者为之解说,以动其希贤慕善之心。"②然而,对于仓促而成、囫囵吞枣式移植而来的这个近代学制,学制制定者们是否在设计之初便敏锐地意识到地方性知识的价值则是

① 程美保:《由爱乡而爱国:清末广东乡土教材的国家话语》,《历史研究》2003 年第 4 期,第 70 页。
② 张百熙著,谭承耕、李龙如校点:《张百熙集》,岳麓书社 2008 年版,第 144—145 页。

值得怀疑的。不过,学制的有意无意之举,引发了部分教育界人士对乡土教育的热情。

虽然《奏定初等小学堂章程》开启了我国近代教育体系下对乡土教育关注的序幕,但对于学校中如何进行乡土教育,该学制最初并无详细规定。为此,1905 年,担任京师编书局监督的著名学者黄绍箕根据《癸卯学制》要求编订而成《乡土志例目》一书,并由学部下发各地,要求"各省督抚发交各府厅州县,择士绅中博学能文者按目考查,依例采录"①。并规定各地在接文后的一年之内将编纂完成的乡土志提交学部审核。《乡土志例目》发行的目的是以官方名义为全国各地编纂小学教学用乡土教材提供一个明确的指导方案,包括乡土教材编写内容的采录范围、编写框架等,毕竟在清末新政之前,全国大多数教育工作者并未真正了解西方课程体系,更遑论参与编纂新式教科书。然而值得注意的是,该书所提供的乡土教材框架格局并未采用西方近代教科书所惯用的课目体例和知识分类方法,而是沿袭中国原有方志编纂体例和内容分类方式,一方面将乡土("本境")的区域范围确定划分为本府、直隶州、州、县四层,另一方面将乡土内容分类为历史、政绩录、兵事录、耆旧录、人类、户口、氏族、宗教、实业、地理、山、水、道路、物产、商务 15 门,而在各门之下具体所含内容均有明确提示。乡土教材编写"模板"的提供以及国家的强势推进,带动了我国地方性知识教育的发展,以 1905 年《乡土志例目》下发为标志,形成了我国近代编写地方乡土教材、实施乡土教育的第一次高潮。清政府借助行政力量大力推进乡土教育的目的,虽然不排除某些研究者所提出的,乃是通过爱乡进而达到爱国教育情感的培养,但更重要的目的恐怕是与其确定的"中学为体,西学为用"教育宗旨一致的。清末"西学"已成显学,而"中学"地位则岌岌可危。在清政府看来,"中学"地位的沉浮既关乎中国传统文化价值的认同,更波及对政体合法性的认可。按照张之洞等人的观点,所谓"中学",既包括语言文字、四书五经、中国历史、政治制度,还涵盖山川地理、风俗习惯等。

①《学务大臣奏据编书局监督编成〈乡土志例目〉拟通饬编辑片》,《东方杂志》1905 年第 2 卷第 9 期,第 217 页。

因而,强化乡土教材的编写和教学其实便是强调"中学"在现代教育知识体系中的应有价值和地位,它与开设读经讲经课程的目的有着共同之处。正因如此,作为一次自上而下的教育改革,清政府需要牢牢把握教育新政路径方向上的权力,尤其要控制中小学各类教材的编写,使其成为国家意志的体现,乡土教材的编写当然也不例外,故学部当时明确规定无论官编还是私修均须经过学部从内容、结构、编排等方面进行严格审核,如学部对由广东南海县附生蔡铸编纂呈送的《广东乡土地理教科书》,便以该书存在"多随意掇拾,或漏或伪,不可枚举"等问题,裁定"毋庸审定",不予批准采用;[①]而对浙江东阳县吴允让编辑的乡土历史地理教科书,学部以该书"多叙事实,少所发明,以之训授儿童微嫌干燥少味"为由,要求修改后再行送审[②]。可见,官方掌控乡土教材的审核权,既有把握教材质量的考量,同时也不排除政府通过掌握教材话语权以充分彰显国家守护传统文化意志的意图。在1904年1月清廷发布的《学务纲要》中曾提出:"戒袭用外国无谓名词,以存国文,端士风。……大凡文字务求怪异之人,必系邪僻之士。文体既坏,士风因之。夫叙事述理,中国自有通用名词,何必拾人牙慧。"[③]因此,在清末编写的大量乡土教材中,官方主编的教材多以"乡土志"名之,而外来语"乡土教材"则多为民间教育界人士编纂地方教材的名称。

1909年,学部颁行《改订初等小学堂章程》,取消了历史、地理、格致课程设置,而要求将其相关内容编入《中国文学》读本中教之,这对乡土教材的编写和实施产生一定消极影响。不过,第一次的短期"勃兴",使得地方性知识的价值几乎为教育界人士普遍认可,乡土教育也成为我国一个教育传统而被后世承袭,到民国初期一些学校的有识之士甚至仍然开设专门的乡土教育课程传播地方性知识,如费孝通曾忆及民国初年在苏州吴江一所初等小学读书时,四年级开设有《乡土志》的课程,由当时的校长亲自执教,他讲的"都是些有关我们熟悉的地方,想知

① 《学部审驳广东南海县附生蔡铸呈编辑广东乡土地理教科书批》,《浙江教育官报》1910年第19期,第70页。

② 《学部审驳浙江东阳县附生吴允让呈乡土教科书批》,《浙江教育官报》1910年第21期,第75—76页。

③ 张百熙撰,谭承耕、李龙如校点:《张百熙集》,岳麓书社2008年版,第45—46页。

道的知识。他讲到许多有关我们常去玩耍的垂虹桥和鲈鱼亭的故事"①。

二、江苏乡土教材的编纂

1905 年,受张百熙指令,编书局监督、翰林院候补侍读学士黄绍箕编撰的《乡土志例目》出版,给乡土教材的编写提供了一个规范。据此,清政府对乡土历史教科书的编写的体例做了明确的统一规定,通常分 4 册,每册 18 课,为适用小学低幼年级学生,每篇课文均以 150 字为限,同时在语言叙述上,要深入浅出、简明扼要。不过,在实践中乡土教材除了志书形式,尚有民间团体或个人的新式教科书等不同形式的编写。

江苏是清末乡土教育开展得较为活跃的省份之一,而由江苏编纂出版且留存下来的乡土教材有 23 种,虽数量居全国第 9 位,但质量则位列前茅。江苏是全国乡土教材编写时间较早的省份之一,在《乡土志例目》出版之前,便有多部乡土教材的编写与出版,如 1902 年出版的《最新通州地理教科书》,1904 年由袁国钧、杨世祯修纂的《徐州府铜山县乡土志》,无锡新学倡导者侯鸿鉴编纂的《锡金乡土历史》《锡金乡土地理》也完成于 1904 年。这个时期编写的乡土教材并无政府的统一要求,故编纂形式、体例呈多样化,如《徐州府铜山县乡土志》体例基本采用传统志书编纂方式,分类与《乡土志例目》极为相似,列有形势说、历史、政绩录、兵事录、耆旧录、户口、宗教、地理、山水湖沟、乡镇、塾堡、学堂、工艺、古迹、祠庙、土产、商务共 17 类,并有县城、全境、学官、官署、云龙山等多幅插图,但每类文字长短不均,长的达数千字(如历史、政绩录等),短的不足百字(如户口、宗教等),并不适宜小学教学。由翰墨林书局印行的通州《乡土历史地理教科书》,采取课目体,共 42 课,每课正文一般在 90 字以内,个别在 120 字左右,内容涉及建置、沿革、地理环境、物产、经济作物、轻工业、历史事件、历史名人、文化场所等,以及当地特有的抗倭史事。在编纂体例上,每一课后都列有思考题,以加深学

---

① 费孝通:《忆小学乡土教育》,傅国涌编:《过去的小学》,同心出版社 2012 年版,第 219 页。

第五章　清末新政时期江苏新式教育的曲折发展

243

生对课文的理解。例如第九课《倭寇一》正文："明嘉靖三十三年,倭兵犯通州,州城被围,参将解明道夜宿城上,纠集民夫,勉以大义,人皆感愤,助兵抗拒,倭兵攻城,城上发火铳击之,倭兵乃退至狼山,后复由海道遁去。"课后列有三问:"倭为现今之何国? 当时州城未破是何人之力? 何为大义?"侯鸿鉴编纂的《锡金乡土地理》,采用课目体,但分类方面似乎又部分吸取了传统方志的分类,分建置、山、水、城、河道等类。教材分上下卷,其中上卷42课,下卷35课,对于一些文字较长的主题则拆分为若干课,故实际上卷含有31个主题,下卷有27个主题。正文外对一些内容还采取夹注方式进行解释,如第一课"建置与疆界":"我无锡之建置始于汉高帝之五年,迨清雍正四年分无锡县之东境置金匮县,至今为无锡、金匮两县(地在常州府之东南全境,面积约三千九百二十五方里,城境约七方里有奇)。县之东南接常熟疆界,略接长洲,北与东北接江阴界,西北至西南接阳湖界,此两县之全境也。"

1905年《乡土志例目》出版后,江苏陆续有多部乡土教材问世,如《江苏乡土历史教科书》(刘师培,1906)、《江苏乡土地理教科书》(刘师培,1906)、《江宁乡土历史教科书》(刘师培,1906)、《江宁乡土地理教科书》(刘师培,1906)、《上海乡土志》(李维清,1907)、《最新通州历史教科书》(陈罗孙,1907)、《昆新乡土地理志》(顾国珍,1908)、《泰州乡土志》(马锡纯,1908)、《常昭乡土历史教科书》(丁祖荫,1908)、《扬州历史教科书》(汤寅臣,1908)、《奉贤乡土地理》(裴晃,1909)、《上元江宁乡土合志》(陈作霖,1910)等,由国学保存会组织编写的一批乡土教材,更是在全国产生巨大影响,其中江苏地区的乡土教材由江苏仪征籍学者刘师培编纂,包括《江苏乡土历史教科书》《江苏乡土地理教科书》《江宁乡土历史教科书》《江宁乡土地理教科书》,由国学保存会于1906年出版,由上海乡土教科书总发行所发行。

刘师培编著的这些教科书每册18课,在编撰中特别注重历史考据,将各地的历史沿革与地理变迁脉络清晰呈现,且发掘其人文内涵。如《江宁乡土地理教科书》内容包括江宁的沿革、总论、区划、海岸、山脉、河流、人文地理、交通,并分述江宁府、扬州府、淮安府、徐州府、海州、海门厅,且附有全省地图。在人文地理学方面,从地理地形特征阐述该区域经济社会发展、民众习尚形成的原因,如吴中地区古称泽国,沟渠水网纵横,故土地肥沃,同时引述英国教育家斯宾塞的观点为依据,认为"水国之民,思想敏锐,不滞于见闻"①。因而编写此书的目的在于激发学生对家乡的热爱。刘师培在为教材所作"叙"中,论述了该乡土教材的编写目的:虽然苏省民富而士文是江苏的一大特色,但却因民富则习于奢侈,士文则习于虚浮,民众而趋于怯弱,"今编此书,于苏省武功文化记述特详。学者观于此而知古代吴民以尚武立国,而先贤学术亦与近世之所尚殊途,则文弱之风庶可稍革乎。"②

在诸多江苏乡土教材中,质量上乘者大多体现出几个特点:

第一,注重儿童的学习心理和接受能力,教材文字通俗易懂、言简意赅,且多用故事、插图或叙述儿童身边事,每课文字为一百五十字以内。例如李维清 1907 年编纂出版的《上海乡土志》,在"编辑大意"中便称:"儿童心理宜从近处入手,书中之语大致故事十之三,近事十之七,庶学生易于吸收。"③如第 51 课"名宦",不足 120 字的课文中便叙述了多个故事:"战国时楚之黄歇开凿黄浦,以兴水利;晋之虞潭修沪渎垒,以防海抄;袁山松与孙恩战死,以卫海疆;明之夏元吉引黄浦通吴淞江,以疏淤塞;国朝之阎绍庆力争屠城,以保阖邑。"刘师培编纂的《江宁乡土历史教科书》第一册的"编辑大意"中,除了强调每课"例必插图",提出"每课以一百五十字为率,无使过多。庶初等小学生徒,取便记忆"④。他编纂的四本教科书,课文正文都不长,均不超过 150 字。马锡纯的《泰州乡土志》中更是编有"地理教授法",提出地理教学应注重自然地、注重实地观察、令儿童习绘地图。

第二,教材主题与文字虽有历史溯源内容,但更关注当下现实。例如《上海乡土志》共 160 课(每周授四课,供一年之用),其所采掇"详近略远",主要为 40 年来之世事变故,内容虽然有建置、历史沿革、疆域、道里等

① 刘师培:《江苏乡土历史教科书叙》,邓实辑:《光绪丁未政艺丛书》,出版者不详,1907 年版,"湖海青镫集(丁未上)"第 15 页。
② 刘师培:《江苏乡土历史教科书叙》,邓实辑:《光绪丁未政艺丛书》,出版者不详,1907 年版,"湖海青镫集(丁未上)"第 3 页。
③ 李维清编:《上海乡土志》,时中书局 1907 年版,"编辑大意"。
④ 万仕国辑校:《刘申叔遗书补遗》,广陵书社 2008 年版,第 465 页。

内容中穿插历史追溯,但更多是近代以来的史地知识,如庆祝立宪、劝学所、宣讲所、中学、小学等课目,此外内容还涉及体育会、运动会、学会、招商局、工部局、制造局、铁路、银行、保险行、邮政、报馆、火政、自来水、电灯、电车、赛马、彩票等新兴名词。又如《常昭乡土历史教科书》,是常熟最早的乡土历史教科书,全书60课,其中最后一课《近时之新政》:"昔时科名极盛,学校制度荡然无存。戊戌后始有学校,庚子以后废科举、奖游学,邑中士夫航海求学者渐多(近岁苏省办征兵,应征者甚少),劝学所及教育商会亦于近岁相继成立。异时教育普及,民智日开地方自治之基,其在是乎?"

第三,注重爱国情感的培养。乡土教育的终极目的便是由爱乡而爱国,因而通过教材进行思想教育是乡土教材的应有之义。不过,由于江苏乡土教材多为私家修撰,立场不同,教材中所渗透的思想观点亦不尽一致,但"爱国"是所有江苏乡土教材的共同主题。如经史与地方志专家陈作霖纂修的《上元江宁乡土合志》,体例上采取的是章节体,共6章,其第五章第一节开篇便言:"金陵为节义之乡,自明以上为国捐躯一暝不复顾者,散见于世族仕宦诸考中矣。"《上海乡土志》第六课"形势"更是将激发儿童的爱国之情表达得异常明确:"吾邑雄峙一方,为东南大埠。……自通商以来,外洋船舶出入自如,门户洞开,毫无险要可守。故上海一隅,几为万国公共之地,而外人势力范围,日渐膨胀,吾侪生于斯,长于斯,聚族于斯,去此其将安适? 能无触目惊心乎?"

第四节　师范教育制度的建立与施行

江苏是我国师范教育较为发达的地区,早在清末新政开始之前,便在部分有识之士的推动下设立了师范学堂,《癸卯学制》颁布后,师范教育制度也在全省稳步建立起来,并取得了一定成果。

一、师范学堂的设立

1896年,时任《时务报》主笔的梁启超发表了《变法通议》一文,文中明确提出师范教育为"群学之基"，认为"欲革旧习，兴智学，必以立师范学堂为第一义"。^① 在这种思想的感召下，江苏有识之士得风气之先，率先在全国开始了师范教育的实践。

1897 年，官办商人、洋务派代表人物盛宣怀在上海创办的南洋公学中设立了师范班，是我国师范教育的开始。新政开始推行后，江苏师范教育进入了发展的快速期。

1902 年 2 月，张謇与罗振玉、汤寿潜等东南精英一同筹划在通州自立师范学堂，并以自己在通州所办大生纱厂的部分收益为学堂建设经费。6 月，择定南通城东南千佛寺为校址开工建设，翌年通州师范学堂正式开学，这是中国第一所独立设置的师范学堂，它的建设标志着中国专设师范教育机关的开端。

与此同时，被誉为"如皋第一地方名贤"、曾任翰林院编修的沙元炳（字健庵，1864—1927）秉持其强烈的教育救国思想，决心从创办师范学堂入手，解决师资问题。为此在 1902 年三至五月间，两次赴南通与张謇等研究办理公立师范学堂办法和章程，并邀请张謇来如皋商讨有关事宜。经他四处奔走，延聘教师，筹措经费，勘探校址，规划校舍，1902 年 9 月，如皋公立简易师范学堂正式开学授课。如皋公立简易师范学堂是全国公立师范学堂中最早创办的一所。需要特别指出的是，沙元炳为提高师范学堂的办学质量，从福建、直隶、浙江、安徽等省延揽算学、英文、体育、乐歌等专业教师，同时选派教师和优秀学生到日本进修数理化、世界史地、教育学等科目，还从日本聘请了片山环等 4 名教师。

1902 年 4 月，刘坤一邀请社会名流张謇、缪荃孙和罗振玉等商议筹办学堂事宜，并在是月 23 日向朝廷上奏《筹办学堂折》，呈请在督署所在地江宁（南京）开办师范学堂。并在发布的《延致教员示文》中，认为：师范学堂是教育的"造端之地"，与中小学堂发展关系尤为重要。而两江总督所辖江苏、安徽、江西三省，此三省各府州县应设中小学堂为数浩繁，需用教员不可胜计，若以未受师范教育者充任中小学堂教员，"必

---

① 梁启超：《变法通议·论师范》，陈景磐、陈学恂主编：《清代后期教育论著选（下册）》，人民教育出版社 1997 年版，第 446 页。

致疏漏凌躐,枝节补救,徒劳鲜功"。[1] 为此提出在省城南京创建三江师范学堂一所,凡江苏、安徽、江西三省士人皆可入学堂受教。该年9月,刘坤一病逝于任上,继任者张之洞于1903年2月继续按照原督刘坤一的设计思路上奏《创建三江师范学堂折》,同年获准。1902年12月8日,魏光焘奉调补两江总督兼南洋大臣,但未立即赴任,仍由张之洞署理两江总督,直到翌年二月(1903年3月)魏光焘才到江宁履任。1903年6月,开始"鸠工建造",9月,我国近代最早设立的高等师范学堂之一——三江师范学堂正式挂牌,校址定为南京城内北极阁原明朝国子监旧址。1904年10月,三江师范学堂开始招生,由江苏补用道杨觐圭、刘世珩总办堂务,以江苏试用知府夏敬观任堂提调,江西候补知府汪文绶任学务处提调,江苏候补知州张浍任事务处提调。按照张之洞的设计规划,前三年主要培养面向小学堂的师范生,分为一年制的最速成科、二年制的速成科、三年制的本科,并附设小学堂一所。第四年开始设置面向中学堂师资的高等师范本科。学生定额900人,其中江苏省定额500人,安徽和江西两省定额各200人。同时规定所有师范生均由地方官出具印结,且由该生亲族邻居作保,"保送考选入学"。不过,鉴于张之洞对师范学堂的设计规模过于宏大,耗银在数十万两以上,魏光焘便以"民间无此财力,即公家亦无此巨款可供挪凑"为由,上《建江南三江师范学堂经费折》,对张氏建设计划进行若干修正,建议学生分三班招收入学,学堂分期建设,房屋依次增添,择其必不可少之房屋先行建造。魏光焘的奏请获得朝廷批准。1906年1月,时任两江总督周馥以"三江即是两江,两江总督兼辖江南、江西(江南兼辖苏、皖)"为由,将三江师范学堂更名为两江师范学堂,以名实相符。

1904年1月13日,《奏定学堂章程》正式颁布实施,该学堂章程包括《奏定初级师范学堂章程》《奏定优级师范学堂章程》。初级师范学堂为培养小学堂教员而设,学制5年。按照《奏定初级师范学堂章程》规定,"初级师范学堂为小学教育普及之基,须限定每州县必设一所。惟

---

① 《署江督刘创建三江师范学堂延致教员示文》,朱有瓛主编:《中国近代学制史料(第二辑下册)》,华东师范大学出版社1989年版,第349页。

此时初办,可先于省城暂设一所;俟各省城优级师范学堂毕业有人,再于各州县以次添设。"①优级师范学堂的招生对象的学历要求是初级师范学堂毕业生及普通中学堂毕业生,其以造就优级师范学堂及中学堂之教员和管理者为宗旨,学制3年。按照《奏定优级师范学堂章程》规定,"优级师范学堂,京师及省城宜各设一所。"②《奏定学堂章程》的颁行推动了包括师范学堂在内的各类新式学堂的普遍建立。自此之后,江苏境内的师范学堂尤其是初级师范学堂在更广的区域设立起来。

学堂章程颁布之后设立的师范学堂,大致可以分为两类:一种是由旧时书院或新式普通学堂改造而成,如苏松太道立师范学校、江北初级师范学堂等;另一种是根据形势发展需要而新建立的师范学堂,如江苏师范学堂、徐州初级师范学堂等。

苏松太道立师范学校由原上海龙门书院改造而来。上海龙门书院是上海开埠后由国人较早设立的新式书院(学堂)之一,最初由当时的苏松太兵备道丁日昌于1865年捐银建设,1867年后由巡道应宝时拨银一万两,在位于城西的藏书家李筠嘉别业"吾园"基础上进行增建,龙门书院始成规模,待名儒刘熙载任书院主持时,"通经砥行,尤极一时之盛","颇称人文渊薮"。③ 1904年秋,苏松太道巡道袁树勋基于"兴学必先师范,师范必先初级"的认识,加之朝廷颁布书院一律改为学堂的诏令和《奏定学堂章程》发布后的大势,采用书院主持汤寿潜的建议上书督抚,请求将上海龙门书院改为初级师范学校,获得批准。次年工竣,四月开学。依照1905年制订的《龙门师范学校暂定章程》,学校定名为"苏松太道立师范学校",以培养高等小学、初等小学教员及管理员为目标。学校分设本科、简易科(分理科、文科),其中本科学制3年,入学年限为18—24岁,并须有高等小学堂毕业程度;简易科学制1年,入学年限为25—30岁,并须算术已习除法。学生主要来源苏松太道辖地,少数来自属地之外。1907年,学校停办简易科,专办本科,同时根据实际需要附设手工专修科(分正科、选科,均半年毕业)。次年,本科分甲、乙

① 朱有瓛主编:《中国近代学制史料(第二辑下册)》,华东师范大学出版社1989年版,第222页。
② 朱有瓛主编:《中国近代学制史料(第二辑下册)》,华东师范大学出版社1989年版,第247页。
③ 朱有瓛主编:《中国近代学制史料(第二辑下册)》,华东师范大学出版社1989年版,第326页。

两部,其中甲部学制3年,乙部学制4年。1909年,又将乙部学制改定为5年,甲部改为甲部简易科。第二年,苏松太道立师范学校经省议改称为"省立第二师范学校"。特别需要指出的是,龙门师范学校在建设发展过程中,为提升师范学校的办学质量,早在1902年师范学校创立之前,曾有意识地选送项文瑞等4人赴日本宏文书院学习速成师范,归国后在学校任教。1904年为即将开办的师范学校准备师资,巡道袁树勋又遴选沈恩孚、袁希涛、叶景沄、夏日璇赴日本考察师范规制数月,这为后来师范学校的发展奠定了良好的基础。

江北初级师范学堂系江北较早设立的新式师范学堂,由江北高等学堂改造而来。江北高等学堂原名江北大学堂,由当时漕运总督陈夔龙于1902年3月创办,校址在漕运总督所在地淮安府下的清江浦西门内(今淮阴中学北院)。1904年1月《奏定学堂章程》颁布后,学堂亦依照规定更名为江北高等学堂,这实为苏北第一所新式高等学堂。1905年漕运总督机构被裁撤,淮安府的政治、经济地位从此日益衰落。1906年,两江总督周馥、江北提督刘永庆上奏朝廷提出将江北高等学堂改为江北初级师范学堂,获得批准。当时提出更改学堂性质的理由有二:一是科举停废后,新式蒙小学堂需要大量添设,而合格师资奇缺,"若不急谋师范,将迁疏谫陋之徒,皆得滥竽充数,自误误人,为害殊深。"[①]二是江北的高等学堂虽早在朝廷学堂章程颁布之前便已设立,但管理规制不严,课程参差不齐,导致教育质量不高。

1904年,调任江苏巡抚不久的端方热心兴学,依照《癸卯学制》关于师范学堂设立的规制以及经费紧张的现实,便先于苏州城内开办两级师范学堂(正式名称为"江苏师范学堂")。所谓"两级师范学堂"是端方参照《奏定优级师范学堂章程》中关于由低至高的建设建议,在师范学堂设立模式中略作创新的一种办法,即将师范初级科与优级科合在一校,把学生分为初级、高等两班。端方聘请曾参与考察日本教育的学者罗振玉担任江苏师范学堂监督(校长),而罗振玉推荐日本人藤田丰八为学堂总教习(教务长),学者徐宾华担任学堂监院。为应对新式学

---

① 朱有瓛主编:《中国近代学制史料(第二辑下册)》,华东师范大学出版社1989年版,第432页。

堂对新型师资的迫切需求,江苏师范学堂在培养对象方面采取了逐年递进的方式,即在当年十月开学时只招短期性质的师范讲习所学生,一年后再招初级师范本科学生,以培养小学堂完全之教员。之后,再设优级科,以培养中学堂及初级师范学堂之教员。同时,还先后设立附属小学堂和附属中学堂。

清末自新政开始后,依靠行政动员而使各郡县名义上均设有新学堂,但因新式学堂合格师资的严重缺乏,制约着新学堂的创建与发展,这在江苏北部地区尤甚。1905年,徐州道员袁大化上书两江总督,反映"各州县所设小学堂虽然开办,而囿于闻见,或学课未全,或讲授非法"①,提出创设徐州初级师范学堂,获得批准。次年,学堂得以建立。按照制定的学堂章程,徐州初级师范学堂修业年限仿照三江师范学堂和通州师范学堂章程,分设本科师范生、最速成科师范生,其中本科师范生40名三年毕业,最速成科40名一年毕业。一年分为两学期,每学期结束时,将各学生学级等第报给学务处,以备查考。学生毕业后即可为各级小学堂教员。本科师范生毕业,然后从中选拔优秀者添设优级师范班,以备中学堂教员之选。由于当时尚无高等小学堂毕业生,故规定初级师范学堂学生为徐属八州县举贡生员年在二十岁以上三十岁以下、有讲求教育之志、平日并无不端行止及一切病患嗜好者,考取入堂试习。为保证培养质量,章程规定初考取的师范生只是"试习生",经过三个月后的认真复核,只有那些志向坚定、品行端正、确能养成完全师范品格者方可转为学堂正式学生。学堂开设科目包括修身、教育、文学、历史、舆地、数学、理化、博物、图画、农桑、法制经济、体操、英文13类科目,其中"教育"包括教育史、教育原理、心理学、伦理学、教育法令、学校管理法、实地练习等课程。对照朝廷颁布的《奏定初级师范学堂章程》所规定的完全科科目设置,徐州初级师范学堂略有改造,突出体现在未设读经讲经科,其次是根据地方情形增设了农桑和英文科目。在学期间的考试分为学期考、年终考、毕业考,均包括口答、笔答两种方法。为了节省开办费用,甚至提出学堂监督、监学,英文、算学、绘图、体

---

① 朱有瓛主编:《中国近代学制史料(第二辑下册)》,华东师范大学出版社1989年版,第430页。

操、中文各教习及校医,亦可由旁边设立的中学堂人员兼任。

二、中小学师资短期培训机构的广泛设立

虽然清政府通过颁布法令制度要求各地开办师范学堂,但由于办学经费支绌已甚,大学堂或中学堂学生毕业尚需时日,而各地中小学堂所需教员数量庞大,且规模有限的师范学堂又难以在短时间内培养出中小学所需数量的合格师资,师资短缺已成为当时新式学堂发展的瓶颈。

为了尽快满足新式学堂的师资需求,清廷一方面采取开办"简略版"师范科形式以缩短培养年限,如在颁发的《奏定初级师范学堂章程》《学部订定优级师范选科简章》(1906 年)中规定,在两级师范学堂以完全科为正办外,还出于"一时权宜之计"在初级师范学堂设置学制较短的简易科(即最速成科),在优级师范学堂设置选科。另一方面通过开设临时性的短期培训机构,对在职教员(主要是塾师)进行近代教育理论培训,以扩大中小学师资来源。这些培训机构一般由地方行政机构(如劝学所)或士绅、地方教育会等设置,有的附设于师范学堂之中,有的则独立设置。如小学师范讲习所便是附设于初级师范学堂中,专门面向未受过近代教育的传统塾师,以及虽然接受过师范传习所培训但仍希望进一步提高学力者。入学后主要教以普通知识和教授管理法。根据《奏定初级师范学堂章程》第一章第五节规定,在不具备开设初级师范学堂条件的州县,宜急设师范传习所。可见,师范传习所是独立于师范学堂之外而设立的短期培训机构。教学场所一般借旧时书院、寺院等,学生主要为在乡村市镇开设蒙馆的执业塾师中品行端正、文理平通、年龄在 30 岁以上 50 岁以下者(师范简易科一般不超过 30 岁);虽然师资规定以省城初级师范学堂简易科毕业的优等生充之,学生毕业后可给予充任小学副教员的凭照,但由于各地师范传习所与普通初级师范学堂创设时间几乎相同,缓不济急,故早期师范传习所的教员,多为一些具有海外学习、考察背景的新知识分子担任,如山东各州县的传习所多以留学日本研修师范者充任教员,江苏宝山等县也有一些毕业

于日本师范专科学校者参与了当地师范传习所的创办。关于修业年限朝廷章程限定 10 个月为期,但各地情形不一,一个月(如浙江象山县师范传习所)、四个月(如广东开办的番禺师范传习所)、六个月(如云南、贵州一带开办的传习所)、九个月(如山东蓬莱师范传习所)都有,不过一般不超过一年期。

宣统元年(1909 年),学部通饬各省停止办理师范学堂简易科,但不久便感到对于师资数量满足情况过于乐观,为此在宣统三年闰六月(1911 年 8 月)学部奏拟订的《临时小学教员养成所暨单级教员养成所简章折》中,便认识到"现在初等小学堂亟待扩张,临时教员动虞缺乏,历年各省初级师范学堂及初级师范简易科,虽已次第毕业,可以派充小学教员,然合之纵见其多,分之仍觉其少",为此希望通过开办临时小学教员养成所、单级教员养成所的方式,以应急需。需要特别指出的是,虽然教员养成所制度未及实施清廷便已倒台,但此项规定发表之前,已有某些省份如江苏便已实践。

江苏当时是新式学堂设置较多的区域之一,也是各级师范学堂尤其是初级师范学堂设立数量较多、各类师资短训机构设置较多的地区。据 1909 年的统计,全江苏省(含江宁、江苏)有初级师范学堂(含完全科、简易科)13 所(总数仅少于人口较多的如直隶、山东、河南、湖南、四川、云南等省份),学生总人数 1363 人,而师范传习所、讲习科等短训机构 9 所,学生人数共 466 人。[1] 以上数据反映传习所等速成机构在培养初等师资方面发挥着重要的作用。

江苏地区师范传习所的创办有的是应地方官员的行政命令。光绪三十一年(1905 年),两江总督周馥令在三江师范学堂旁另建房屋,增设师范传习所,额设 100 人,不仅免收学费,而且每月给予每名学员膏火费白银二两,根据学业成绩另有奖赏。每五天由教习登堂开讲一次,经费则自原拨给书院的膏火费中支出。同年,又谕令江宁的尊经书院和凤池书院二处仿照山东办法。1906 年,太仓学务公所设立一师范传

---

① 陈翊林:《最近三十年中国教育史》,上海太平洋书店印行 1930 年版,第 150 页。

习所，录取下属乡镇中有志教育者入堂肄习，以养成蒙小学之教员。①

有的传习所则为地方士绅自发捐赠而成。光绪三十年(1904年)，上海籍人士项文瑞、曹棣、杨保恒、贾丰臻从日本速成师范科毕业回国后，便在上海创设了速成师范讲习所，以半泾园为课堂，半年毕业；次年八月，复设初等小学堂师范传习所于龙门精舍，四个月毕业。又设师范补习科于蕊珠书院，每晚授课两小时。1906年学务公所成立后，为加强管理，将上海这三处师范传习所改为第一、第二、第三师范传习所，其中除第一师范传习所为半年毕业，第二、第三师范传习所均一年毕业。②又如光绪三十一年(1905年)，寄籍于盐城县的绅士五品顶戴候选、训导薛铭恩，与花翎同知衔国子监典簿张祜共同捐资大洋5000元，创设师范传习所于原北闸甘棠精舍，二人同时参与校务，薛铭恩更是亲任传习所监督(校长)，毕业生一期。对于二人在推动新教育发展中的贡献，1908年，江宁提学使陈伯陶通过江苏督抚上书朝廷请求对二人或其后人家属予以奖赏，以表彰其对兴学的热心，获得批准。又如1906年扬州卢晋恩自筹款项，在城内设立师范传习所，学额60名，以为推广小学教育服务。

江苏的师范传习所除了上述独立设立或附设于师范学堂，有的还附设于小学堂，如1905年，常州府于武阳高等小学堂东、先贤祠内特设师范传习所，"专为各私塾教习之有志教育者而设"，聘请教习讲授教育学以及与初等小学有关的各种科学，定额40名。教授的课程包括教育学、教授法、管理法、历史、地理、算术、理科等。为了便于日间尚有教学任务的塾师参与学习，该传习所将授课时间均安排为每日五点至晚上九点(周日听课)，且由传习所提供免费的晚餐。修业年限为1年，届时通过官方组织的考试，成绩合格者给予文凭，派充所在区域的初级小学堂正教员或监督，及高等小学堂副教员。③

与传习所相类似的还有小学师范讲习所。如1905年，上海商务印书馆新设一速成小学师范讲习所，学额60人，以简易方法教授教育学、

---

① 《各省教育汇志》，《东方杂志》1906年第6期，第136页。
② 吴馨等修，姚文楠纂：《上海县续志》卷十一，南园志局1918年版，"学校下"第8页。
③ 《武阳高等小学堂附设师范传习所略则及课程(光绪三十一年)》，《南洋官报》第11册。

国文、历史、地理、理化、算术、图画、体操、唱歌各科，以养成小学教员。[①]
著名川沙籍建筑大师杨斯盛热心兴学，1904 年捐款在上海公共租界的
爱文义路开办广明小学，次年又在学校左侧设立一所师范讲习所，以培
养小学教员。[②] 光绪三十二年（1906 年），上海私塾改良会还筹集经费
租赁法租界八仙桥街附设师范讲习所。[③]

当然，新师资培养机构设置的过程并非一帆风顺。例如在将书院
改为师范传习所过程中便遭到了部分传统知识分子的反对，1905 年 3
月，江宁士子便以改书院为师范传习所事而哄闹罢考。[④]

第五节　义务教育的推行与江苏小学堂的广泛设立

自康有为提出学习德国推行强迫义务教育制度后，大多数有识之
士均将小学教育视为最基本的教育，具有国民教育的性质，认为小学教
育的普及有助于民众素质的提高。1904 年 1 月 13 日清政府颁布的《奏
定初等小学堂章程》中，借外国推行强迫义务教育的做法，提出："中国
创办伊始，各地方官绅务当竭力劝勉，以入学者日益加多，方不负朝廷
化民成俗之至意。"[⑤]1906 年，清政府预备立宪改革，加速了义务教育在
我国的推行。新成立不久的学部基于"现在预备立宪，非教育普及不足
以养成国民之资格"的考虑，特制定《强迫教育章程》10 条颁行各省，条
文包括"各府州县须设蒙学四十处，学额以二千名为率""幼童七岁须令
入学""幼童及岁，不令入学者，罪其父兄""各府厅州县长官不认真督率
办理，徒以敷衍了事者，查实议处"[⑥]等规定。这一切举措，大大推进了
新式小学堂在我国的设立。

①《各省教育汇志》，《东方杂志》1905 年第 11 期，第 290 页。

②《各省教育汇志》，《东方杂志》1906 年第 1 期，第 26 页。

③ 吴馨等修、姚文楠纂：《上海县续志》卷十一，南园志局 1918 年版，"学校下"第 7 页。

④《光绪三十一年二月中国事纪》，《东方杂志》1905 年第 3 期，第 40 页。

⑤ 璩鑫圭、唐良炎编：《中国近代教育史资料汇编（学制演变）》，上海教育出版社 1991 年版，第 292 页。

⑥《学部咨行各省强迫教育章程》，李桂林、戚名琇、钱曼倩编：《中国近代教育史资料汇编（普通教育）》，上海教育出版社 2007 年版，第 36—37 页。

一、江苏义务教育的兴起

　　清末的预备立宪改革与地方自治运动是密切联系在一起的。江苏作为清末地方自治运动的发源地，①早在1904年，南通、上海、苏州等地便有试办地方自治之举。不久，出洋五大臣之一的端方继任两江总督兼南洋大臣，作为清末地方督抚中立宪派的代表人物，他通过出洋考察的收获，强调施行立宪政治必须以地方自治为根基，并认为推广义务教育是政治改革的重要基础。他在归国不久上奏朝廷的《考查学务择要上陈折》中，强烈要求效仿欧美特别是德国模式推行义务教育："臣等游历欧美，见其国势隆盛者，无不由于普及教育之功，而教育之秩序，则首先师范，次即两等小学……夫两等小学者，即各国所谓义务教育。全国之民无人不出于其中，政府以强迫之法干涉之，其所注意在国民之资格与其谋生之技能，西人称之为庶民教育。"②1906年，时任工部左侍郎、江苏学政唐景崇在《奏预筹立宪大要四条折》中的第三条便认为"国民普及教育，所以造成立宪资格"，即国民普及教育是实施立宪的基础。又说："今者我国之人民程度智识犹未大开，公德犹未尽立……试询以宪法成立后，百姓之对付于国家当有如何关系，如何担负，如何责任，则蚩蚩未必尽有此政治思想也，亦何取是组织宪法为哉。故今日而不行宪法则已，其必行宪法也，应以普及教育为入手之方。"③1909年1月，清政府颁布的《城镇乡地方自治章程》规定：城镇乡均为地方自治体，地方自治以专办地方公益事宜，辅佐官治为主，自治范围包括学务、卫生、道路工程、农工商务、善举、公共营业及筹集款项等。其中学务主要有中小学堂、蒙养院、教育会、劝学所、宣讲所、图书馆、阅报社等本地各类学务之事的设立、开办。

　　江苏作为较早实施地方自治的地区，地方政府和士绅都采取了比较积极的态度推动自治机构"咨议局"的建设，早在光绪三十三年（1907

① 刘正伟：《督抚与士绅——江苏教育近代化研究》，河北教育出版社2001年版，第177页。
② 端方：《端忠敏公奏稿》卷六，刻印单位不详，1918年版。
③ 故宫博物院明清档案部编：《清末筹备立宪档案史料》，中华书局1979年版，第115—116页。

年)底便积极筹备咨议局,宣统元年九月初一(1909 年 10 月 14 日),江苏省咨议局正式开局,张謇当选首任议长。推动地方自治区域教育尤其是义务教育的发展是咨议局的重要职责,如在第一届咨议局常年会通过的有关教育的议案有 14 件之多,占议决案总数的 12.8%。又如当月 30 日召开的第 12 次议事会上宣布了谭庆藻提出的《实行劝学案》、请议审查会报告提出的《普及教育分期办法案》、林可培提出的《试行普及教育方法案》等。宣统二年(1910 年)九月二十三日召开的第三届第二年度常会上,通过了《推广初等教育方法案》。根据该案规定,城镇乡自治公所是义务教育创办及经费筹集的主体;初等小学之年限为义务教育之年限;城镇乡所设初等小学名额在 60 人以内,应用单级编制法;简易识字学塾和改良私塾均为补助教育,城镇乡自治公所不得因此妨碍其筹设初等小学之本务。

宣统三年(1911 年),张謇召集南通的 21 个乡绅董齐集劝学所开会讨论制定了全国较早的县级义务教育计划——《南通州教育普及之计划》,该计划按照每 16 方里之中设一所初等小学进行规划,全境需设立初等小学 332 所,当时已设 87 所,剩下的需要各区按照应设之校数次第筹办,每年年终由教育会、劝学所对各区兴办学校进行考核、分别等第,上报地方长官,以为奖惩的依据。按照计划,全境应设学校到 1915 年一律办完。为了解决义务教育的师资问题,该计划还决定每区每年选派 2 人进入师范学校学习,其学费、膳食费由各区自治公所补助。虽然该计划因清政府被推翻以及经费等多方面因素的掣肘,该计划搁浅,但其推动义务教育的热情、计划的缜密性等对后世都有影响,事实上民国时期《南通县义务教育计划书》便是在此基础上的继续。

江苏在积极推进全省义务教育改革和发展的过程中,引入、推广单级教授法,不仅促进了江苏的初等小学堂的教学改革,而且对全国初等教育的改革和义务教育的推行均发生了积极影响。后人又称单级教授法为"复式教学",其主要特点是将年龄不同、程度不一的学生混合编为一级,由一位教师在同一教室内进行教学。单级教授法最早源自日本,是日本明治维新时期推广普及教育的重要手段。这种教学形式的最大优点是能够在一定程度上缓解师资缺乏的问题。

宣统元年(1909年)二月,上海龙门师范学校教员兼附属小学校办事员杨保恒、川沙青墩小学教员俞子夷、通州师范毕业生周维城三人受江苏教育总会派遣赴日考察单级小学编制、设备情形及教学方法,以期回国后办理单级教授练习所训练单级教员。经过三个月"理论与事实互相印证"的深入考察,考察组收获满满。归国不久,江苏教育总会便就单级教学这一主题邀请考察组成员分别就单级教学某一方面作演讲报告。同年,江苏教育总会还先后主办了两期单级教授练习所的课程培训。学员除了本省,还招收了部分外省市的学员。其他地区的教育机构也积极借鉴江苏办学经验,开办单级教授练习所,培养单级教法教员。于是,江苏推行单级教授的经验很快在全国许多地区得以传播,甚至学部也发文提倡。1911年学部通令全国,在初等小学大力推广单级教授,在各省初级师范学堂加授单级教学法,并颁行《单级教授、二部教授办法》《临时小学教员养成所暨单级教员养成所章程》,使单级教授在全国许多地方推广,成为清末新式学堂中最有影响的教学组织形式和编制方式。

二、普通全日制小学堂的设立

清末新政时期,江苏是新式小学堂设立较早、开办数量较多且成效较好的省份之一。如早在1902年,淮安府于府署西十王堂设公立山阳县高等小学堂;江宁府在南京创办了江宁第四模范小学堂(现大行宫小学)、上元高等小学堂。1903年,江浦县令邝兆雷依《壬寅学制》改珠江书院为高等小学堂,后更名为高、初两等小学堂。

当时江苏小学堂的设办形式多样,从开办主体与资金来源主体主要可分三种:官立、公立和私立。

所谓官立,是指由官方拨付官款出资兴办的学堂,上自督抚下及州县大令均有此行为。由于资金款项来源不同,故官立学堂中又有省立、县立之分。

端方是晚清新政时期推动江苏各类新式教育发展的重要人物。早在光绪三十年(1904年)九月底,朝廷任命周馥担任两江总督,同时任命时为江苏巡抚的端方在周馥到任之前暂署两江总督。就在这短短的三个月左右的暂时代理两江总督期间，端方便有多篇兴学建议上奏朝廷，其中《省城设立小学片（光绪三十年十月）》阐述了他关于在省城发展初等小学的计划："初等小学为养正始基，东西各国均任为国家之义务教育，其政令凡儿童已及就学之年，无故不入学者，责其家长，用使全国人民无不具有普通知识技能，其驯至富强，殆非无故。"①他以湖北武昌省城初等小学的创设成绩为例，认为江宁、上元两县官立、公立的蒙小学堂"寥寥无几"，而作为江宁省会的南京小学数量也不多，为此提出将江宁省城（南京）划为东、南、西、北四区，每区设初等小学 10 所，共 40 所的计划。这些当然都属官立性质。为节省开支，甚至提出将过去合乎办学条件的地方公所、寺观改为校舍。虽然后来因诸多原因该计划未能完全实现，但仍有上元树声学堂、第二模范小学（现秣陵路小学）、江宁公学（现夫子庙小学）、北区第十二小学堂（现天妃宫小学）等近 20 所小学建立。

依照《癸卯学制》的规定，官立小学堂开办的主体是州县，但由于地方教育机关及相当一部分官员对于新式学堂的设置毫无经验，为此，许多省均有在省城设立一批模范学堂举动。鉴于当时江宁府官立、私立小学数量虽然不少，但"形式、精神大多未臻完备"，为提升中小学教学质量，光绪三十二年十二月（1907 年 1 月）起，先后得到两位两江总督周馥、端方支持的南京城内的 4 所两等小学堂先后开学，并作为全省各小学的模范。端方在朝廷的《模范小学办理情形片（光绪三十四年八月）》中说："设立模范小学以为标准，则已有学堂之地可望改良，未有学堂之区更易仿立，其学舍之建造，期合于管理及卫生事宜，教授训练方法则师日本寻常高等小学堂之所长，而参以本国道德及地方风俗人情之所宜，校长及教员以留东速成师范毕业生为合格。"②为提高教师的教学能力，还在第一所模范小学中设立教员研究所，作为四所模范小学教员共同研究教学的场所。

① 端方：《端忠敏公奏稿》卷四，刻印单位不详，1918 年版。
② 端方：《端忠敏公奏稿》卷十二，刻印单位不详，1918 年版。

自清廷发布学制令后,江苏各地方官无论出于自觉还是被动,均有推动新式学堂尤其是蒙小学堂设立之举。这些开办的新式蒙小学堂虽多设在府州县城,但也有设于乡镇,如1902年,孙乐皆在淳化镇下王塾村创办了江宁县县立王塾小学,这是江宁县最早的新式农村小学。1904年,江宁县令曾连日传见22个镇的董事,令各镇赶紧兴办蒙学堂(即小学堂),且限当月办成。有的如上述学堂系新创办,但也有的是遵朝廷谕令由旧时书院改建而成,如1902年,上海知县汪愁琨就敬业书院院舍改设敬业学堂,曾延请张焕纶为总教,课业以读经与中文为首要,其时书院课程仍在讲授。三年后,科举废除,书院完全停课,学堂乃更名为官立敬业高等小学堂,遵学部章程规定年级。

在诸多官立小学堂中,另有师范学校附属小学值得关注。这类学堂主要供两级师范学堂毕业学生短期实习、参观之用。1905年12月,时任江苏巡抚端方在苏州文庙对面原紫阳书院旧址创办了官立江苏两级师范学堂附属两等小学堂(今苏州实验小学前身),这是我国近代最早设立的官立示范性的实验小学;1906年1月,官立两江师范学堂附属小学校在南京城内的两江师范学堂西昭宗祠开办,设有中学预科、高等小学、初等小学等,学生人数200人;光绪三十二年(1906年)七月,成立公立如皋初级师范学堂附属高等小学,学级两级,学额211人。不过,在师范附属小学中亦有私立(民立)性质的,如通州光绪二十九年(1903年)四月开办的民立通州师范学堂附属初等小学。

所谓公立,是指由公众团体、行会等利用公共资产或集资开办而成的学堂。在所有开办的小学堂中尤其是完小性质的两等小学堂中,公立和私立性质的数量是较多的。这与江苏经济发展状况以及长期以来形成的重教传统有着密切关系。

由于苏南一带经济较为发达,商会、行会组织发展较好,而这些经济组织对兴办学堂颇为积极。由各类经济组织设立新式小学堂,是江苏这个时期教育发展的特点之一。如1904年川沙厅商务分会总理潘守勤等提议利用商会的公用经费开办小学堂"商会公立初等小学";镇江机业行会董事张广源等向同业提议兴办学堂,经大家认可,当即禀报丹徒县立案开办,名曰"机业公立两等小学堂",借城南严氏宗祠为校舍。又如 1905 年，上海金业董邀集同业人士筹集巨资，开办金业小学堂；理发业向被视为"下九流"行业，但随着朝廷对其管制的放宽，上海理发匠也获得了开办学堂的权利。

私立学堂系由个人出资设立的新式学堂。如 1903 年，留日归国学生柳诒徵等得到知名学者陈三立襄助，以陈氏让出的住宅为校舍创办了思益小学堂，柳诒徵、王伯沆、顾石公、梁公约等担任教师，开设英语及数、理、化新课目，注重德、智、体、美全面发展，还废除八股文和跪拜礼节，禁止死背课文及体罚学生，创新式学校的先例。由于思益学堂办学颇有声誉，先后得到地方官员魏光焘、张之洞、端方的嘉奖和资金资助。又如苏州乡绅罗诒独自在洞庭西山为村民子弟设立 10 所初等小学，对学习中等以上成绩的学生均有纸笔、图画等奖励。

总体而言，清末新政时期江苏小学堂一方面建设数量是可观的。光绪三十三年（1907 年），清政府学部总务司第一次统计，江苏八府三州一厅全日制小学堂（不含女子学堂）合计有 1413 所，其中独立设立的初等小学堂数量最多，为 1105 所，而完小性质的两等小学堂仅 216 所。[①] 另一方面教学质量也颇有声誉，他们在小学教育教学形式、方法等方面的有益试验、探索，为近代江苏初等教育的发展作了重要贡献。

三、社会教育性质的启蒙学堂的设立

虽然清末有推行义务教育的制度设定，但无论是经费还是师资，依靠正规全日制初等小学堂开启民智、完成全国义务教育工作显然是不现实的。为此，各级官绅均将社会教育机构作为推行义务教育的重要补充，借鉴中国传统与西方近代社会教育的形式与经验，广泛设置宣讲所、阅报社、图书馆，以及属于"准学校"性质的半日学堂、简易识字学塾、简字学堂等，成为该时期社会教育的新举措，故民众教育家俞庆棠将晚清自光绪二十一年（1895 年）至宣统三年（1911 年）称为民众教育演进的"简易识字学塾时期"。

---

① 学部总务司编：《第一次教育统计图表》，出版单位不详，第 445、475 页。

（一）半日学堂的创设

半日学堂，顾名思义系每日半天学习、半天谋生的教育机构，主要面向贫民阶层失学子弟而设立，从性质看，它并未被纳入学制系统，属于学校教育与社会教育之间一种较为正规化的社会教育机构。此类学堂最早设立于1903年，当时如天津、河北保定、湖南长沙等地均有设立。由于当时官方对于此类学堂并无统一章程标准，是否设立及重视程度完全取决于各地自觉。同时，上课时间长短不一，有的每日每班两小时，有的三小时。设立者，有官立也有私立。1905年学部成立后，半日学堂方才进入快车道。1905年12月，给事中刘学谦上《奏请饬广筹经费设立半日学堂片》，认为各省设立的学堂，能入学者多系富家子弟，贫家子弟因忙于谋生，难有机会入学。为此，他请求朝廷颁布诏令，令各州县"广筹经费立半日学堂，专收贫寒子弟，不取学费，不拘年岁，使之无所借口，无所畏难。延请教习，勤为讲解，俾略识道理，渐能养成人格"①。1907年1月，刘学谦的请求获得朝廷批准，并由学部发文要求各省照办。

江苏是较早响应设立半日学堂的省份之一。1905年4月3日，宝山县城内民间人士筹款借城隍庙为校舍，设立半日学堂，学生专收贫寒之家的年轻子弟，年龄12岁至20岁，学额20人，教员由县学堂教师义务任之，学习内容主要为文字、算学、书信等。进入1906年，江苏多地均有设立半日学堂之举，如江苏学务公所总理王胜之、太史章式之主政时，计划在苏州设立半日学堂，招收各业学徒和贫寒子弟入学，课程开设有修身、国文、习字、联句、珠算、体操六门，而辅以德育、体育，学制四年。学习所需书籍、石板、纸张、笔墨等均由学堂提供，每人每月缴费1角；泰州姜堰镇的乡绅曹焕春等借当地寺庙创办半日学堂，额设40人，不收学费，得到地方官批准立案。课程设有修身、国文、历史、地理、音乐、图画、算术、体操八门；②镇江地方官亦有筹款在多处开办半日学堂的计划，并设立半日学堂教员研究所；③江苏学务公所经理彭颂田太

---

① 学部总务司编：《学部奏咨辑要》，宣统元年印，第1页。
② 《泰州创设半日学堂》，《四川学报》1906年第12期，第27页。
③ 《创设半日学堂教员研究所（镇江）》，《申报》1906年6月6日，第9版。

守拟用所管恤孤局每年公款进项的余款设立四所半日学堂,每区一所,午前、午后班各 50 人,共计 400 人。彭氏等提议获得时任江苏巡抚陈夔龙的允准,并暑期后开办,所需师资悉以师范传习所速成毕业生充当;苏州府下属长(洲)元(和)吴(县)学务公所绅董王同愈等商议在苏州城内添设半日学堂四处,专收各业学徒中的贫寒子弟,年龄为 7 岁至 16 岁,分上下半日为两班,每班 50 人,共 100 人。每人每月需缴费大洋 1 角,课程开设有修身、国文、习字、联句、珠算、体操等,四年毕业。

据 1907 年各省向学部呈报开展新教育情况,半日学堂开办数量居前三位的省份分别为直隶、四川、江苏(含江宁),其中江苏(含江宁)共有半日学堂 123 所,有在校学生数为 2080 人,居全国首位。1908 年,江苏在学堂数和学生数方面仍居全国第三位。

(二)简易识字学塾

这是清末推行普及教育的一种民众补习教育机构,其设立与预备立宪有关。简易识字学塾在性质上与半日学堂相似,都是以识字扫盲教育为主,只不过半日学堂最初是由民间设立、推动,后有官方介入的支持,而简易识字学塾则主要是由官方发起。此外,上课时间略有不同,半日学堂上下午均可,有时也晚上上课。简易识字学塾一般开设在下午 4 点至晚上 9 点间,星期日及假期亦可上课。按照光绪三十四年八月初一日(1908 年 8 月 27 日)宪政编查馆制定的九年预备立宪的筹备清单,规定在筹备立宪的第一、二年,学部须编定和颁布简易识字课本、国民必读课本;第二、三年创设、推广厅州县简易识字学塾;第四、五年创设、推广乡镇简易识字学塾。同时,计划到第七、八、九年,人民识字义者分别达到 1%、2% 和 5%,并规定所有设立学塾工作均由学部和各省督抚共同办理。[①]

宣统元年十一月(1910 年 1 月)学部颁布了《简易识字学塾章程》,指出此类学塾主要针对年长不能就学者和贫寒子弟无力就学者而设,

---

① 《宪政编查馆资政院会奏宪法大纲暨议院法选举法要领及逐年筹备事宜折》,《清末筹备立宪档案史料(第二编)》,文海出版社有限公司 1981 版,第 61—67 页。

"欲以辅小学教育之不及,而期以无人不学为归。"①教学内容主要是《简易识字课本》《国民必读课本》以及浅易算术。学制1—3年,每日授课时间2至3小时,不收学费,经费由各地方自筹,分为官办、公办、私立三种,可附设于各类学堂之中,亦可租借祠庙或公共场所独立开办。

不过,早在学部章程颁布之前数月,便有部分省份自觉启动创办简易识字学塾的工作,其中江苏便是较早设立的省份之一。宣统元年八月十一日(1909年9月24日)时任江苏巡抚瑞澄同意苏州提学使樊恭煦开办简易识字学塾片的建议,上奏《开办简易识字学塾片》,认为"简易识字学塾一项,在学务中关系宪政,至为重要"②。虽然学部尚未有章程、教材等发布,但仍提出依照省会议厅议决案先行办理,并由教育主管部门酌设章程。设办顺序先通都大邑,后推至穷乡僻壤。由此,在8月底前在省城(指南京和苏州)创设10所模范学塾,9月成立1所塾师补习所,学塾教材暂用山东辑本。不久,江苏提学司又禀明江苏巡抚,拟在苏州城内先设简易识字学堂5所,以为各属模范,每塾学额50名,并在12月一体开学。③

自学部《简易识字学塾章程》颁布后,江苏各地有所响应,如1910年上半年,常州武阳劝学所便依城厢各学堂先后办起了6所简易识字学塾,在四五月间依次开学,上课学生少则十余人,多则三十余人。④ 据当时报纸介绍,由于此项学塾尚属首次办理,民众心存疑虑。为了招生,不仅劝学所遍贴传单广告,绅商学界人士分头热心劝导、保送,而且地方官员还亲自到学堂宣讲就学的好处,如此报名者方始踊跃。又如1910年下半年,在江苏兴化县经过劝学所、教育会、自治会等同仁宣传动员,于城内办起了第一所简易识字学塾,开学第一日县令陈廷英便亲自来校进行演说,他从知识、权利、交通、国际关系等诸多方面论述简易识字之益。⑤ 虽然据1911年学部调查统计,江苏与四川、直隶、山东等

① 学部:《奏拟简易识字学堂章程折》,陈学恂主编:《中国近代教育史教学参考资料(上册)》,人民教育出版社1987年版,第751页。
② 《苏抚瑞奏开办简易识字学塾片》,《教育杂志》1909年第1卷第10期,(章程文牍)第37页。
③ 《简易识字学塾开学》,《教育杂志》1909年第1卷第12期,(记事)第96页。
④ 常州通信:《简易识字学塾开学》,《时报》1910年05月18日,第3版。
⑤ 《开办简易识字学塾开学演说》,《南洋官报》1910年第128期,第34—36期。

省数以千计的数量相比设立较少，仅有简易识字学塾 200 所左右，[①]但这与江苏私塾较为发达有一定关系。

（三）简字学堂的创办

所谓"简字"即拼音字母，简字学堂即学习拼音字母的学堂，它是清末部分官绅以拼音代替汉字，以加快推进下层民众识字、读报及扫除文盲所进行的文字拼音化的一种初步尝试。

晚清对于推广拼音文字最为积极者非王照莫属。王照（1859—1933，字黎青，号小航）是我国晚清时期著名的语音学家，他创造的"官话字母"，开注音符号之先河。当时，他借日本片假名和汉字偏旁，创编官话（即北京话）合声字母，著有《官话合声字母》一书。他的合声字母包括音母（即声母）50 个，喉音（即韵母）12 个，总共 62 个音符。王照创造的官话字母，不仅可用来拼音，还可代替汉字，因此，又有人称之为"简字"。王照通过开办义塾、出书出报予以宣传合声字母，同时由于得到了张百熙、袁世凯等官员的支持，合声字母一度风行京师、保定等地，直隶各州县推广设立"字母学堂"约五十所。1905 年，两江学务处提出仿照直隶做法，以原为江宁县考场的下江考棚房舍开办字母学堂，获得了时任两江总督周馥的批准。这个时期，音韵学家劳乃宣鉴于王照京音官话字母专用官音，不能推行于南方，于是在其基础上根据南方发音特点增加声母、韵母，编有《增订合声简字》。1905 年，劳乃宣陈请两江总督周馥在江宁（南京）设立"简字半日学堂"，主要教育贫苦百姓，获得批准，在音韵学方面颇有造诣的江宁人程先甲（1874—1932，字鼎丞，又字一夔）被任命总理其事。程先甲认为师资问题是推行简字学堂的关键，为此提出从养成简字师范生入手，选择部分师范生分班讲授"简字"。[②] 简字半日学堂先教宁音，后学京音，4 个月毕业。简字半日学堂开办年余后，先后有多期学生毕业，周馥又下令苏、皖各属州县一律仿办，"以期统一语音，普及教育"。[③] 1908 年，端方继周馥任两江总督，继续予以支持，并在江宁设"简字学堂"和"简字高等小学堂"。1906 年，

---

① 关晓红：《学部与预备立宪》，《中山大学学报论丛（社会科学版）》2000 年第 3 期，第 114 页。
②《各省教育汇志》，《东方杂志》1906 年第 1 期，第 25 页。
③《各省教育汇志》，《东方杂志》1906 年第 9 期，第 233 页。

第五章　清末新政时期江苏新式教育的曲折发展

苏州讲报社在城内乌鹊桥附近设立一所"简字传习所",定额 40 名,3 个月毕业。① 同年,盐城陶鸿庐等筹款设立一所简字学堂,实行半日上课半日营生的半日学堂制度,以教授贫寒子弟。又在初等小学堂中添设简字一科,为将来推广简字打好基础。② 1907 年,通州养正初等小学堂附设简字速成馆一所,招生人数为 30 人,专门学习简字(拼音),每晚 7 点至 9 点授课,3 个月毕业。③ 1908 年,两淮运司赵渭卿都转提请江宁提学使将扬州安定、梅花两校士馆改设为师范学堂,获得上级批准。后又建议在师范学堂内附设简字一科,"俾资传习"。④ 这类学习机构不仅针对男子,还有专门面向女子的学习机构,如 1907 年,南洋简字毕业生程锡麟在苏州开设有女子简字传习所,分甲、乙二班,学额不限,以一个月毕业。⑤

第六节 中等及以上学堂的设立

按照《癸卯学制》的设计,除了师范学堂,中等及以上学堂的类型主要包括普通中学堂、中等实业学堂、高等学堂和大学堂。但是由于清末《奏定大学堂章程》规定,大学堂由国家设立,虽然在 1907 年、1909 年端方等先后上奏朝廷希望在江苏创建南洋大学堂、工科大学,但因诸多原因而未果,故整个晚清时期仅有国立大学堂三所:京师大学堂、北洋大学堂和山西大学堂。就江苏而言,这个时期的中等及以上学堂除了师范学堂,其类型主要指普通中学堂、中等实业学堂、高等教育机构(含法政学堂、专门学堂、高等学堂、文科/理科高等学堂等)。

---

① 《各省教育汇志》,《东方杂志》1906 年第 10 期,第 278 页。
② 《各省教育汇志》,《东方杂志》1906 年第 10 期,第 371 页。
③ 《各省教育汇志》,《东方杂志》1907 年第 3 期,第 58 页。
④ 《各省教育汇志》,《东方杂志》1908 年第 6 期,第 136 页。
⑤ 《各省教育汇志》,《东方杂志》1907 年第 9 期,第 221 页。

一、普通中学堂

1901 年,清政府发布书院改学堂诏令,要求省城书院改设大学堂,各府及直隶州改设中学堂,各州县改为小学堂,并多设蒙养学堂。但这个规定随着《癸卯学制》的颁布发生了一些改变,因为依照 1904 年 1 月颁布的《奏定中学堂章程》规定:各府或直隶州由官筹费必设一所中学堂,以为模范,名为官立中学。若州县有能力设办中学堂,亦可。

1820 年后,江苏设有八府三直隶州和一个直隶厅:江宁府、扬州府、淮安府、常州府、镇江府、苏州府、松江府、徐州府,通州、海州、太仓州,以及海门厅。据学制规定,江苏至少需要开办 12 所官立中学堂。事实上,各府或直隶州立中学堂创办时间各有先后,有的朝廷章程公布之前便有设立,有的则是响应诏令后开始建设;这些中学堂多由书院改建而来,少数由其他教育建筑改建或圈地新建:江宁府官立中学堂系光绪二十八年(1902 年)十二月由文正书院改建而成,地址在江宁府城内(今南京)中正街,初期招生 110 余名,课程设有修身、国文、经学、历史、英文、算术、理化、地理、生理、法制、琴歌、体操、图画。有堂长等 5 人负责行政管理,另有教员 15 名;1903 年,端方奏办江苏省中学堂(公立),校址为原正谊书院旧址,由江衡担任第一任监督(校长),不久更名为苏州府中学堂;1903 年,原南濡书院更名为镇江府中学堂;1904 年,在原丽正书院旧址上新建淮安府中学堂;1902 年,松江府知府余九谷、华亭县知县林丙修、娄县知县屈泰清商议,将原府属云间书院改建为松江府书院,1903 年上半年动工兴建,1905 年正月正式开学;1906 年,由徐州道台袁海观、知府桂中行创设徐州府中学堂,由王琴堂任监督;1906 年,时任知州张景祜应朝廷兴学之诏令,将原石室书院改建为海州中学堂,沈云沛为首任监督;1905 年,新任太守许星璧、乡绅恽祖祁等开始筹建常州府中学堂,1907 年建成并开始首次招生;1907 年,在当时社会贤达提议下,将原太仓州试院改建为太仓州属中学堂,第一任校长为袁观澜,之后校长每年一换,由一州四县(太仓州、镇洋县、宝山县、崇明县、嘉定县)轮流;扬州府中学堂于 1908 年设立。

由于江苏经济相对较为发达,加之部分地方官员和士绅对开办新学具有较高热情,故在新政时期,江苏各府治或直隶州治所在地常常有多所中学堂的设立,有的县亦设有中学堂。例如光绪三十四年(1908年),江宁府城内除了有江宁府官立中学堂,尚建有 4 所中学堂:光绪三十一年(1905 年)正月设立的公立钟英中学堂、七月开办的培光中学堂,光绪三十二年(1906 年)正月设立的公立达材中学堂、光绪三十三年(1907 年)正月设立的官立暨南中学堂。又如苏州府也有多所中学堂设立,至宣统三年(1911 年),苏州共有官立中学堂 10 所、公立中学堂2 所,而位于城内的中学堂除了官立苏州府中学堂,尚有公立第一中学堂的设立。其中公立第一中学堂由主持江苏学务处的王同愈等于 1907年发起创办,因学校位于玉带河上草桥畔,俗称"草桥中学",学校经费主要来自社会公款。①

这个时期设立的中学堂除了官立、公立,还有民立中学堂的设立,如在上海便有两所较为知名的民立中学堂:南洋中学和浦东中学。

南洋中学,其前身为王维泰创立的育材书塾。1900 年由王植善(字培生)接办,次年,响应朝廷"书院改学堂"新政号召,改育材书塾为育材学堂,并定为中学堂程度,课程设有中文、英文、算学、历史、地理、化学。1904 年,又将学堂更名为南洋中学堂,并在两江学务处立案。1904 年 1 月《癸卯学制》颁行后,创办者王植善偕务本女塾创办人吴馨一道前往日本考察,归国后便开始对南洋中学堂进行改革。在 1905 年由王植善亲自拟定的《民立南洋中学堂章程》中,明确规定学堂以兼顾升学与就业为宗旨:"务使幼年子弟研究必需之高等普通科学,以能用世及进专门为归。"②学堂以中学普通科为本科(正科),并附设小学预备科,其年岁过幼(13 岁以下)在本科不能及格者入预备科,修业年限分别为五年和两年。中学本科课程开设有修身、国文、历史、地理、数学、图画、理化、英文、日文、体操。在所有课程中,学堂特别注重英文和数学两科,其中一至三年级时,英文每周课时 12 节,四、五年级时,英文每

① 王国平、唐力行主编:《苏州通史(清代卷)》,苏州大学出版社 2019 年版,第 454—455 页。
②《民立南洋中学堂章程》,《教育杂志(天津)》1905 年第 18 期,第 56 页。

周课时分别为6节和3节;数学在五年之中每周课时均为6节。英文、数学两门学科的总课时位居所有学科的前两位,甚至超过了国文。此外,学堂内部还采取了较为严格的管理制度。

上海浦东中学为上海川沙籍商人杨斯盛于1905年底独立捐助兴建,1907年初建成开学。学校科目设置遵照《癸卯学制》规定,设有修身、经学、国文、历史、地理、算学、博物、理化、图画、体操、法制、经济、外国文。学生定额200人,入学时需要保人具结保证书。每学期学费银15元,另有膳宿、学习用品费30元,入学时还需缴纳校服(含衣、鞋、帽)费10元(多退少补),暑假年假前,各缴纳给仆费1元。学校实行较为严格的日常规范和教育教学管理制度,如在制订的《私立浦东中学校暂定章程》中规定:起居容服必朴雅整洁;公物毁失必认赔;课业外勿看无益闲书;教员就坐离坐,均行敬礼;教员宣讲时勿搀问;非学习必需用品勿带入;勿做课业以外事;当食勿谈笑;骨壳勿弃于地;等等。杨斯盛亲自宣布以"勤""朴"二字为学校宗旨。学校另有附属高等小学与初等小学各一所。

据学部光绪三十三年(1907年)统计,江苏普通中学堂有23所(其中江宁省11所,江苏省12所),学生人数共计2602人。[①]

二、中等实业学堂

按照清廷颁布的《癸卯学制》规定,实业学堂分三种:初等实业学堂、中等实业学堂和高等实业学堂,其中中等实业学堂与中等学堂同等,招收高小毕业生,预科二年,本科三年毕业。中等实业学堂又划分为农业、工业、商业、商船四种,各种类中等实业学堂又有分科,如农业分为农业、林业、兽医业、水产业;工业分为土木、金工、造船、电气、木工、矿业、染织、窑业、漆工、图稿、绘画;商业不分科;商船分为机轮、航海。不过,考虑当时社会经济形势,以及各省财政状况,事实上全国中等实业学堂开办规模有限,数量较少,很难有省份将各类中等实业学堂开齐备。

① 学部总务司编:《第一次教育统计图表》,出版地不详。

据学部总务司所编《第一次教育统计图表》光绪三十三年(1907年)统计,全国中等实业学堂共计41所,其中江苏有中等实业学堂8所左右①,另有2所实业预科。次年,增加1所,有9所左右,数量仍居全国首位。宣统元年(1909年),从统计数据看,中等实业学堂数有所下降,有5所左右,学生总数为291人。另有实业预科5所左右,共有学生494人。不过,这个统计数据有可能不准确,尚有江南官立中等商业学堂(张謇创办并任校长)未统计在内。

中等实业学堂类型主要有农业、工业、商业三类,且以农业和商业为主。据《前清学部核准有案各中等实业学校一览》说明,清末经学部备案的江苏中等实业学堂为5所:苏州府中等实业学堂、江南农桑中学堂、中等公业学堂、上海中等农业学堂、江苏省铁路学堂(苏州)。江南官立中等商业学堂,课程开设商业道德、商业地理、法学、商业要领、英文、商业历史、笔记、体操等。

总体而言,江苏与全国其他省份类似,无论是从数量还是质量上看,中等实业学堂均不理想。

三、高等教育机构的设立

1. 高等学堂

根据《钦定学堂章程》,各省大学堂改为省立高等学堂,仿照大学预科例,招收普通中学毕业生或同等学历者,修学3年,为升入分科大学堂打基础。课程分两类:第一类政科(文科),包括经、法、文、商等门;第二类艺科(理科),包括理、工、农、医等门。据统计,光绪三十三(1907年)全国高等学堂有13所,学生2838人;次年学堂增至19所,学生4492人;宣统元年(1909年),学堂增加到24所,但学生人数则减少为4127人。此时,江苏省(含苏省、宁省)高等学堂在光绪三十三年时有2所,次年学堂数没有变化,但学生人数则从111人增加到173人。宣统元年高等学堂有4所,居全国首位,不过学生人数却仅有244人,在全

---

① 有中等工业学堂学生数118人,但无学堂数统计,故以1所计算。

国排名靠后。

江苏省高等学堂中,最为知名的有江南高等学堂、江苏高等学堂和南菁文科高等学堂。

江南高等学堂,清末时曾有两所学堂有此名称。一为戊戌变法时期由两江总督刘坤一将江南储材学堂更名而来,但不久便又更名为格致书院。另一所系光绪二十九年四月(1903年4月)在原钟山书院旧址上创建而成,此处便是指此而言。因当时无合格学生,江南高等学堂于是便从江苏、安徽两省廪膳生、增广生、附学生中考选,进入高等预科学级,补习普通各项科学。由于学堂开办时《癸卯学制》尚未颁行,故当时学堂仿照山东办法开课。光绪三十三年(1907年)添办高等正科一个班,员额40名。学堂管理规制、课程等均谨遵《奏定学堂》规定。[①] 由翰林编修吴县籍的蒋炳章(字季和)任监督。

江苏省高等学堂,其前身为苏州中西学堂。光绪二十四年(1898年),时任江苏巡抚奎俊上奏请求设立苏州中西学堂,获批;光绪二十六年(1900年)正式招生开学,巡抚鹿传霖亲自延聘中西教习分班授课;次年十一月,新任巡抚聂缉规遵旨改设学堂,为此将中西学堂改为苏州大学堂;光绪三十年(1904年)更名为江苏省高等学堂,1906年开办高等正科,招收第一类、第二类文理两科学生,学制三年。

南菁文科高等学堂,其前身为南菁书院,校址在江苏江阴。1898年,江苏学政奏请将书院改为学堂,试办农学;1902年,江苏学政李殿林遵旨将学堂改名为"江苏全省高等学堂",进士出身的丹徒籍人士丁立钧、丁立瀛堂兄弟二人先后为学堂总教习,宝钺、宋育仁先后任学堂监督。当时学堂设有备斋、正斋、专斋,分政艺两科。普通科目设有伦理、经史、诗文、词章、西文、算学等,专斋政科分经史、掌故,艺科分算学、测量、东文等;1903年,唐景崇任学政,按照通行章程规定,改定校内管理人员职名,设监督、教务长、庶务长,对课程进行增减,增设理化、舆地(地理)等课程。此年由江苏宝应籍人士刘奉章继任总教习;1906年4月,所

---

① 《江督端奏江南高等学堂中学堂等学生毕业并管理教员请奖折》,《四川教育官报》1908年第6期,(奏议)第5—6页。

有各斋学生照章作为高等学堂预科生,修业满 4 年者,举行第一次毕业,共计 49 人,其中有 27 人升入本堂本科。1907 年,江苏省教育总会以江苏全省高等学堂的程度不符,为此具呈学部,提出将江苏全省高等学堂更名为"南菁文科高等学堂",将原高等学堂预科停办,获得批准。课程参照高等学堂章程第一类(即文科),并参酌文科大学主要科目办理。设预科 2 年,本科 3 年。本科设哲学部与文学部。1910 年,改办中学班,课程照文科中学章程办理。1911 年,地方多事,学堂遂暂时停办。

2. 高等实业学堂

这个时期,江苏地区最为知名的高等实业学堂主要有三所:邮传部上海高等实业学堂、江南高等实业学堂、南洋高等商业学堂。

邮传部上海高等实业学堂,其前身是南洋公学。光绪二十九年(1903 年)春,将原南洋公学中的政治科改为商科。是年 8 月,盛宣怀上奏朝廷,请求将校名改为上海商务学堂,以名符其实,获允准。1904年,招商、电报两局改隶商部,因学校经费均出自两局,于是清政府将南洋公学划归商部,并更名为商部高等实业学堂。1906 年,招商、电报两局又改隶邮传部,于是将学校又划归邮传部,学校改名为邮传部上海高等实业学堂。当年 7 月,学堂首开本科,内设航海、轮机两科。1906 年春,设商务专科,但不久又停办。是年秋,将铁道工程班改设为铁路专科。1908 年,学堂监督唐文治致函邮传部,报告增设电机、邮政两专科,其中电机专科聘请美国人谢尔屯为科长,课程开设数学、物理、化学、电机学、热力学等 14 门课程,学制 3 年。宣统元年(1909 年)夏,增设航政科,培养航海驾驶人才。1911 年 8 月,航海专科独立出去成立吴淞航船学堂。武汉起义爆发后,学堂更名为南洋大学堂。学堂开办之初(1906 年)由杨士琦任监督,但次年春天辞职;三月,邮传部便派杨文骏继任,未几,杨文骏又辞职,复派著名教育家、国学大师、曾担任过农工商部左侍郎的唐文治接任,时在 1907 年 9 月。

唐文治(1865—1954),字颖侯,号蔚芝,晚号茹经,江苏太仓人。早年读清初理学家陆陇其、汤斌、张履祥著作,遂有"必为圣贤之志"[1]。中

---

[1] 唐文治著,文明国编:《唐文治自述》,安徽文艺出版社 2013 年版,第 3 页。

年后读湘军首领罗泽南、胡林翼、曾国藩以及左宗棠等人年谱,慨然"以建功立业为事"。唐文治的科举与仕途均较为顺畅,16岁入州学,18岁中举人,28岁中进士,常熟籍考官翁同龢给其评语是:"经生之文,必有静穆之气,此作是也。经艺渊雅,不使才锋,策赅博。"①之后授职户务部主事,后改外务部主事。39岁升任外务部员外郎、外务部郎中,改任商部右丞,升左丞。42岁时,担任农工商部左侍郎,署理尚书,诰封光禄大夫,不久,因母去世而离职。次年9月,邮传部尚书陈玉苍奏请派唐文治为上海实业学堂监督,因念父亲年事已高,思乡情切,唐文治于是应允。唐氏接任后,勤恳工作,常驻校办事,学校进入了发展的鼎盛时期。学堂办学过程中,注重向西方学习,如电机科创办初期,其专业课均由外籍教师授课。1911年电机科第一届学生毕业时,科长美国人谢尔屯介绍了8位毕业生前往美国电厂实习,开学校派毕业生赴外国实习的先河。在教学过程中,以"尚实"为理念,注重实用人才的培养,学校建有电机厂,购置了直流和交流发电机、电动机、电表等,以为电机科学生实验、实习之用。

1896年,经张之洞的奏请,在原金陵同文馆的基础上创办了江南储材学堂。1898年戊戌变法时期,两江总督刘坤一奏请将储材学堂改为江南高等学堂,然不久变法失败,新学堂遭到了守旧势力的强烈反对。次年,刘坤一为减小办学阻力,将已撤江南高等学堂改设为江南格致书院,但仍行学堂之制。新政推行后,朝廷要求所有书院均改为学堂,1904年1月颁行《癸卯学制》,将实业学堂作为重要的旁支系统。为此,时任两江总督魏光焘基于"强国富民"的出发点,提出:"两江虽夙称繁庶,而士旷民游,商疲工窳,多未讲求,非兴实业学堂,不足以陶冶人才,以为振兴富庶之基。"②于1904年奏请朝廷改格致书院为实业学堂,获得批准。不过,在魏光焘的奏折中,提出改设的江南实业学堂,其程度仅为中等实业学堂,但实际规划则较为专门,有高等教育之实,其学堂初名为江南农工格致实业学堂,后又更名为农工矿实业学堂、农工矿

① 唐文治著,文明国编:《唐文治自述》,安徽文艺出版社2013年版,第21页。
②《前两江总督魏奏江南格致书院改为实业学堂折》,璩鑫圭、童富勇、张守智编:《中国近代教育史资料汇编(实业教育 师范教育)》,上海教育出版社1994年版,第67页。

商实业学堂,最终定名为江南高等实业学堂,学堂分设农、工、商、矿四科,学额 120 人,并备有各科标本、仪器、材料,校址在南京城内三牌楼和会街。江南高等实业学堂是南京最早设立的高等职业教育机构。

南洋高等商业学堂,又称江南高等商业学堂,是清末在学部立案的唯一一所高等商业学堂。光绪三十四年(1908 年),两江总督端方在南京城内创办南洋高等商业学堂,聘请东京高等商业学校毕业的商科人才陈福颐负责具体筹办事项,包括校址选择、规章撰拟、课程审定等,开办后又由陈福颐担任教务长。按照规划,学堂先开设高等预科,为商业本科之预备,另设银行、税关、保险各专科。为尽快培养出实用人才,1909 年,将原南京城内的江宁中等商业学堂并入,改名为江南高中两等商业学堂,兼办教员讲习所,修业 3 年。

3. 法政学堂

法政学堂系培养法律和政治人才方面的学堂。新政初期,颁布的《壬寅学制》和《癸卯学制》都对该类学堂的设办进行严格管控,《学务纲要》更是明令"禁止私立学堂专习法政",公立数量也极少,到 1905 年,直隶总督袁世凯开办了直隶法政学堂,我国才有了第一所真正意义上的法政学堂。光绪三十一年九月(1905 年 10 月),清政府派载泽、端方、戴鸿慈、李盛铎、尚其亨五大臣出洋考察宪政。同年 11 月,又命设立考察宪政馆。1906 年 8 月,出洋考察的五大臣经由欧美各国及日本考查后归国,拟出立宪方案。光绪三十二年七月十三日(1906 年 9 月 1 日),清廷颁发了《宣示预备立宪谕》,"预备立宪"由此开始。基于"预备立宪,必须法政思想普及国民,然后方无扞格之患"[①]的认识,朝廷要求各省三个月内建起法政学堂,地方官员和士绅开办此类学堂的积极性开始提高,官立、公立、私立法政学堂陆续建立起来。据统计,1907 年,有法政学堂 26 所,学生 5480 人;次年,学堂数增至 36 所,学生人数9260 人;1909 年,学堂数为 46 所,学生人数为 11688 人。[②] 又根据1907 年学部对法政学堂学制规定,学堂中可设预科、本科、别科和讲习

①《各省教育汇志》,《教育杂志》1906 年第 3 卷第 12 期,第 370—371 页。
②《各省专门学堂统计表》,潘懋元、刘海峰编:《中国近代教育史资料汇编(高等教育)》,上海教育出版社 1993 年版,第 351—356 页。

科。预科学习两年,毕业之后方可升入本科再学习。本科招收的学员是有相当学识之人,经入学考试,或者经过预科两年的学习而录入的学员,三年学制,分为政治、法律两门,入学后由学生自行选定。别科主要针对那些候补官员、官学中年龄较长的学生入堂学习,他们不必由预科升入,采取速成方式,以应急需。讲习科主要是对于没有时间学习、正在任期内的官员,采取的一种灵活学习方式。后来,学部对法政学堂学制进行了修订,废止讲习科,将正科修业年限延长至 4 年。

江苏省法政学堂的建立也始于朝廷开始预备立宪后,其学堂数与学生数逐年递增,如 1907 年,江苏全省有法政学堂 3 所,学生 267 人;1908 年,学堂数仍为 3 所,但学生人数增至 458 人;1909 年学堂数增至 6 所,学生人数更是达到 1009 人,学堂数居全国首位。学生人数仅次于直隶、四川两省,列全国第三位。

晚清时期江苏最为知名的法政教育机构有江苏官立法政学堂、两江法政学堂、江南法政讲习所。

1906 年,漕督陈夔龙将设于苏州海红坊巷的仕学馆改建为江苏官立法政学堂,计划分本、选两科,本科三年毕业,选科一年半毕业,不收费、不寄宿,仅免费提供中餐一顿。但因经费支绌,暂收学生 50 名,一年毕业。征得江苏巡抚同意,在学堂内附设讲习所,又依照朝廷 1908 年颁布的《切实考验外官章程》规定:"凡捐纳保举之道府同通州县及佐杂各员,除正途出身及本系高等以上学堂毕业学生外,无论月选分发到省一律俱入法政学堂。"[1]可见,此时江苏法政学堂在性质上属短期、速成性的教育培训,主要是针对候补官员中学历程度不够者或在职官员需要补习者进行法政培训。1908 年,因江苏法政学堂招生规模不能适应庞大的需求,江苏巡抚陈启泰便上书请求扩充校舍,调拨银两扩充法政学堂,同时对法政学堂学员人数进行限制,暂定每期招收 200 名,待法政学堂扩充后,再增加名额。简言之,江苏法政学堂虽然规划时对官员培养分为长期和速成两班,但实际培养时侧重后者,招生也主要针对

① 陈启泰:《奉遵章考试职官令入法政学堂学习折》,潘懋元、刘海峰编:《中国近代教育史资料汇编(高等教育)》,上海教育出版社 1993 年版,第 160 页。

官员,对平民阶层没有给予足够重视。

自政务处发文给各省督抚要求各地须办法政学堂一所后,时任两江总督周馥便委派新上任的仕学馆负责人张道预总办其事,并令"从候补道起,至州县佐贰止,均须按期入堂讲习,概不得托故规避"①,时在1905年,校舍附设于仕学馆内,但事实上并未开学。为普及法律知识,陶保晋、王光燮、钟福庆、徐荫阶、夏仁沂、陆维李、卢重庆7人创议,上海预备立宪公会会长郑苏龛大力提倡,并获得江苏教育总会会长张謇、江宁教育会会长宗子岱等赞助,创办江南法政讲习所,两江总督端方拨江宁城内上元县署后娃娃桥官房作为教学场所以为支持,讲习所于1907年5月26日开学。根据《江南法政讲习所章程》规定,该所设所长一人,全面负责所内一切事宜,当时由主要发起人、毕业于日本法政大学的陶保晋亲任所长,又在教员中推任一人负责教务,教员7人担任教学,法政学堂教师王光燮、徐荫阶、何国琦等也在讲习所担任教员。讲习所分昼、夜两班,其中昼班每日从下午3点至6点止,一年毕业,分为两个学期,每学期6个月;夜班每日晚上7点至9点止,半年毕业,分为两个学期,每学期3个月。后据部章规定昼班调整为一年半毕业。讲习所开设科目有法学通论、经济学、宪法、国际公法、刑法、行政法、民法、商法、民刑诉讼法、财政学、国际私法、地方自治制。两班课程名称大致相同,只是昼班多开设商法、民事诉讼法、刑事诉讼法、国际私法四门。此外,昼班每周上课时间18个钟点,夜班每周上课时间12个钟点。讲习所入学门槛较低,并不需要通过入学考试,仅仅要求年龄在20岁至50岁、文理清通、不染嗜好者,修业完毕每门功课平均60分、每门不低于40分便为及格,可发给讲习所文凭。这其实反映了当时社会急需法政人才的一个普遍现象。为提高学习者的积极性,同时也为了更好地为向学习者提供升级通道,1907年10月初,陶保晋上书两江总督端方,请求在江南法政学堂特设补习科(法政学堂原只设有正科和预科,其中正科学制一年半,预科半年),由讲习所将一年班毕业学员升送补习科,对照法政学堂正科课程,将讲习所未设科目

---

① 《江宁特设法政学堂》,《教育杂志(天津)》1905年第15期,第47页。

重新补习一年,最后由法政学堂颁发文凭。该请求得到了端方的批准。

光绪三十四年三月(1908 年 4 月),两江总督端方上《创办法政学堂折》,认为:"治端赖乎得人,而吏材尤资于培养。政治、法律之学非讲求有素,不足以深明原理、措注咸宜。"提出将原江宁省城(南京)旧有仕学馆改为两江法政学堂。最初遴选曾随五大臣出洋考察且有留日背景的田吴炤为学堂监督,不久由于田氏被学部派充留日学生监督,而改由江苏试用道吴瑑接任。学堂规章参照直隶和学部先后开办的直隶法政学堂与京师法政学堂两校章程,并根据江南地方情形进行变通,学堂分设正科、别科两个层次,相当于长期、速成两类,其中正科以造就"完全法政人才"为目标,先修习预备学科 2 年,再学习专门学科 3 年,共计 5 年毕业。每年招生 100 名,名额分配为苏属 20 名,宁属 60 名,皖、赣各 10 名,且各省对每名学生补助学费 100 元。招生对象不分官绅,但均须有中学根柢且考试合格,毕业后发归各省任用。别科是专为宁属各州县培养"佐理新政人才"而设,学制 2 年,凡宁属 36 州县举、贡生员以及宁属候补人员均可通过考试取入。宣统元年(1909 年)夏,遵学部新的章程规定,将别科学制延长为 3 年,同时对于原预科学生加增功课,匀配课时,使其符合预科不得少于 3 年的新规定。别科中如有欲进入正科学习者,只要年富力强、文理较优,均可缴费而附入预科。此外,还购置新地、扩充校址,增新葺旧,且仿照日本学堂管理方法,租赁房屋供学生集中住宿,以便管理。1910 年,两江总督张人骏提出在学堂开办补习科,获得朝廷批准。

4. 其他专门学堂

这个时期江苏开办的高等教育机构,除了上述几类,还有存古学堂、高等巡警学堂、方言学堂的设立。

存古学堂顾名思义是为保存"国粹"而设立的专门学堂。1904 年开始,湖广总督张之洞便开始筹划在原经心书院旧址创办湖北存古学堂,1907 年正式开学,为全国此类学堂之首创。因张之洞的影响,加之停废科举带来的震荡,使得一些对"中学"日益衰微深感痛惜的地方官绅纷纷仿效,提出设立存古学堂的建议。如 1906 年,河南巡抚陈夔龙与学政王堉,湖南巡抚庞鸿书与学政支恒荣等,先后上书朝廷,要求设立尊经学堂或存古学堂。不过,有意思的是,张之洞在1907年7月给朝廷的《创立存古学堂折》中,一方面请求朝廷下旨学部,"核定通行各省,一律仿照办理,以延正学而固邦基。"①但另一方面针对河南、湖南官员以仿照湖北存古学堂为由而强调开办存古学堂的说法,明确指出两省存古类学堂章程与湖北存古学堂的办法截然不同,"毫不相涉",且指斥他们的存古学堂与传统书院考课相仿。

江苏是在湖北存古学堂之后较早设立存古学堂的省份。1908年5月,发布招生简章——《江苏存古学堂现办简章》,当月24日便开学。6月,巡抚陈启泰上《奏仿设存古学堂折》,请求立案,两日后获得批准。学堂系以黄彭年在苏州所办学古堂旧址为校址,仿湖北存古学堂规制而创办,但以经费支绌为由,将湖北存古学堂的7年学制缩短为3年,不过对于特别好学而不安小成者,亦允许再留堂学习4年。学堂以"保存国粹,成就通儒,俾此后中学师资可有取求之地"②为宗旨,课程开设有修身、经学、国文、历史、地理、算学六门,学生不拘年龄但须在20岁以上、中文素有根柢者为合格,凡举人及贡、廪、增、附生均可参加考选,但国子监学生及童生除非中文特别优秀,一般不得录取。礼聘曹元弼、叶昌炽、王仁俊分别担任经、史、词章三门总教习,同时延聘兼通中西学者为各门教授。1910年,江苏省咨议局在审定1911年苏属地区行政经费岁出预算案时,提出将存古学堂裁撤。鉴于学部并未强令各省开办存古学堂之令,加之财政支绌,该学堂于1911年下半年停办。

光绪三十二年九月十八日(1906年11月4日),民政部向朝廷提出了在京师开办高等巡警学堂的建议,获得批准。1908年10月,民政部颁布《奏定各省巡警学堂章程》,要求各省城须设一处高等巡警学堂,府、厅、州、县须设一处巡警教练所,并规定高等巡警学堂须三个月之内设立,巡警教练所六个月内设立。由此,各省开始了改设高等巡警学堂的行动。

---

① 张之洞:《创立存古学堂折》,璩鑫圭、童富勇编:《中国近代教育史资料汇编(教育思想)》,上海教育出版社2007年版,第117页。

② 《江苏存古学堂现办简章》,潘懋元、刘海峰编:《中国近代教育史资料汇编(高等教育)》,上海教育出版社1993年版,第246页。

巡警学堂分为两种：高等巡警学堂和巡警教练所。光绪三十二年（1906 年）八月，时任两江总督周馥曾创办江南警察学堂，光绪三十四年（1908 年）四月，两江总督端方将江南警察学堂改为江南巡警教练所，学额 240 名。宣统元年（1909 年）五月，端方上《改设高等巡警学堂折》，在江宁城内（南京）将原巡警教练所改设为高等巡警学堂，定名为江南高等巡警学堂，学额暂定为 50 名。又在学堂内附设巡警教练所，定学额 150 名。学堂参照部章拟定各项章程，并选派年仅 30 岁毕业于京师大学堂仕学馆的包发鹤（字荃孙）担任学堂监督，其余如教务提调、庶务提调、学监、舍监、教习等教职均选拔深通警学的专业人士担任。

光绪三十三年（1907 年）八月，在两江总督端方的指令下，江宁提学使陈伯陶于南京城内创设南洋方言学堂一所，开设有德文和法文两个班，每班各 60 人，主要培养办理交涉与教授外语的人才。招生对象以年龄在 16 岁至 20 岁，国文通畅、口齿清晰、品行端正者为合格，考试成绩较优者列为甲班，修业年限 5 年，其余分作乙班。每一学期大考，准许乙班学员升级。若不能推升者，毕业时再定年限令其补习普通学，学科包括人伦道德、中国文学、历史、地理、算学、博物、物理及化学、图画、体操，另还需补习专门学知识，学科包括交涉学、理财学、教育学。由此可见，南洋方言学堂强调中学基础知识的牢固。学堂各种办学费用均由江南财政局提供。1908 年增设英文班，学生 60 人。1911 年辛亥革命爆发，学堂停办。

第七节　女子学堂的创办

女子教育的发展状况，反映了一个社会文明与开放的程度。虽然我国历朝历代也有"才女"的出现，但女子学校教育始终没有成为社会话题，更多展现的仅仅只是王室、官宦或士绅之家的教育个案。相反，明清之时"女子无才便是德"的话语倒是成为民间的主流取向。进入近代社会之后，在教会女子教育的示范下、社会中有识之士的大力提倡中，近代女子教育开始在我国蹒跚起步。江苏是晚清时期我国女子学校发展的重镇,不仅女学创办的时间早、数量多、分布广,而且是近代女学思想最主要的传播地。女子教育的发达,是江苏晚清时期教育发展的重要成就之一。

一、近代学制颁行前江苏女子学堂的创办

江苏尤其是所辖的上海、苏州、南京等地是近代以来我国中西文化交汇的重要区域,不仅有各类教会学堂(包括女子学堂)的广泛设立,更有各种近代教育思想的传播,相对其他地区,江苏地区的开明士绅与官员在对待女子教育的问题上有着更加积极的态度。

江苏地区最早设立的近代女子学堂,是 1897 年正月由出身书礼之家的江漱芳(1867—1928 年,字兰陵)在苏州因果巷创办的兰陵女校(又称兰陵两等女学堂),它也是我国第一所由国人自办的女子学堂。江漱芳虽未接受过系统的知识教育,但对女子教育颇为重视,后来她追忆自己办学的初衷:

> 是时,欧风东渐,文化日新,有志之士,提倡女学及女子放足,以开通风气。嗟乎! 我女界沉沦于黑暗中数千年矣! 今既有此一线曙光,正可振兴女学,俾为女子者,皆知书达礼,有自立之志,无依赖他人之心,不致为人玩物,拔出于苦海之中。乃决意兴学,以提倡吴中教化。[①]

学堂以"委治家政,改良母教"为宗旨。办学经费无所筹措,乃典质自己的首饰以为办学资金。主要以家庭房屋为教室,课程开设有国文、历史、英文、音乐、图画等。为鼓励女子入学,她特备奖品吸引女童报考。入学条件之一是放足或不缠足。因风气未开,办学初期报考学生较少,应试者仅 12 人,来校读书者只三四人,后来才逐渐增加到七八十

---

① 江漱芳:《兰陵自传》,政协苏州市委员会文史资料研究委员会编:《苏州文史资料(第 15 辑)》,内部资料,1986 年版,第 156 页。

人。江漱芳不仅主持校务,而且亲自任教。为了集中精力于学堂管理,她甚至将出生不久的幼女寄养于他人,她认为"我不亲自抚育此女,可以专心于教授,培植多数之青年女子,即是改良多数母教,可以造福于社会"①。由于不肯请求官款资助,办学经费一直支绌,为此一切因陋就简,"不图外观,只取实在而已。"因学堂教学、管理严谨,颇得社会好评。1909年因江氏移居上海,学堂关闭。

相对于兰陵女校规模不大、教学质量有限,以及办学者的籍籍无名,经正女学实际成为19世纪90年代后期影响最大的国人自办女校。1898年5月,上海电报局总办、具有资产阶级改良思想的民族资本家经元善(1841—1903,字莲珊)联络梁启超、郑观应、汪康年、严信厚等人在上海创办了中国女学堂(又名经正女学)。学堂的建立,旨在通过培养近代意义上的贤妻良母,进而达到强国保种目的。为此,学堂开设了中西两类课程:中文重女德教育,授《女孝经》《女论语》《女诫》《内则衍义》及女红、绘画、医学等;西文设英文、算术、地理、体操等。学堂初有16人,不久增至20人。然因女学创办不久便遭朝廷部分朝臣抨击,使得盛宣怀、郑观应等原支持者发生动摇,导致学堂经济困难,更因为1900年初经元善领衔通电反对慈禧太后"改元立储"计划遭到通缉而亡命海外,女学堂被迫关闭。女学堂虽然关闭,但其影响是巨大的,一如经元善后来回忆:"丁酉戊戌间,沪上初倡女学,是下第一粒粟之萌芽,迩闻八闽两粤继起叠兴,是栽种一握稻子时代矣。"②

戊戌变法失败后,包括女子学堂在内的新学堂的创办遭受到打击,一度处于低迷状态。1901年新政开启后,江苏的有识之士重燃起开办女子学堂的热情。苏州兰陵女校(1901年)、上海爱国女学(1902年)、上海务本女塾(1902年)等相继建立。

1902年4月13日,蔡元培、蒋智由、黄宗仰、林少泉、陈梦坡、吴彦复在上海发起组织爱国女学,同年10月24日女学成立,12月2日正式

---

① 江漱芳:《兰陵自传》,政协苏州市委员会文史资料研究委员会编:《苏州文史资料(第15辑)》,内部资料,1986年版,第157页。

② 经元善:《在上海女学会第一次会议上的演说》,虞和平编:《经元善集》,华中师范大学出版社1988年版,第379页。

开学。① 女学初公推蒋智由担任经理(校长),未几,改由蔡元培接任经理(校长)一职。女学堂经费初由上海犹太富商哈同的夫人妻子罗迦陵女士资助,此外中国教育会会员既分担募集工作,也积极参与捐款,如蔡元培便不间断地为学堂捐款。学堂初期以"教育女子,增进其普通知识,激发其权利义务之观念"②为宗旨,1904 年 8 月经修订后将宗旨确定为"增进女子之智、德、体力,使有以副其爱国心"③。无论哪个章程,与经正女学相比,爱国女学更强调女子权利意识和国民意识的养成,目标不再是培养相夫教子的女性。按 1904 年修订后的章程规定,爱国女学开设预科、本科。预科分初级、二级两个学级,初级两年毕业,二级一年毕业。本科学制两年,分文科与质科(理科),其中文科开设课程有伦理、心理、论理、教育、国文、外国文、算学、历史、地理、法制经济、家事、图画、体操;质科开设课程有伦理、教育、国文、外国文、算学、博物、物理、化学、家事、手工、裁缝、音乐、图画、体操。学堂对学生有着较为严格的言行规范管理,如在"规约"中便规定不得缠足、不得涂脂抹粉、不得穿戴华丽的服饰及首饰等。招生对象为 12—20 岁女性。开办初期学生人数较少,次年人数逐渐增多。学堂教员多由中国教育会会员义务担任,性别不论,如王小徐担任数学教员,叶浩吾担任历史教员,吴稚晖、蒋维乔教国文,等等。

1902 年 10 月,曾就读于南洋公学师范院的吴馨(?—1919,字畹九,号怀疢)在家塾的基础上开办务本女塾,对外招生。校名"务本"之意,乃是认为"女子为国民之母,欲陶冶健全国民,根本须提倡女教"。办学经费,均由吴馨独自筹措。办学之初设寻常科和高等科,分甲、乙两级,另有"特班"设立。从日本考察归来后,自 1903 年起对务本女塾进行了多次改革,总体趋势更加接近教学制度的"近代化"。1905 年后,学堂以"改良家庭习惯,研究普通知识,养成女子教育儿童之资格"

---

① 宋培基、钱斌:《爱国女学成立时间考辨》,《史林》2006 年第 3 期,第 73—78 页。
② 《爱国女校章程》,陈学恂主编:《中国近代教育史教学参考资料(中册)》,人民教育出版社 1987 年版,第 36 页。
③ 《爱国女学校补订章程》,朱有瓛主编:《中国近代学制史料(第二辑下册)》,华东师范大学出版社 1989 年版,第 618 页。

为宗旨,分设预科(学制 2 年)、本科(学制 3 年)、师范科(学制 2 年)与选科。其中预科、本科、师范科课程基本没有差别,主要开设有修身(或伦理)、国文、外国文(或和文)、理科、算术、地理、历史、教育、图画、唱歌。选科的性质类似后来的最速成科,修完 5 门课以上即可(修身、国文必修)。与此同时,务本女塾还开设初等、高等女子小学,其中初等小学学制 3 年,高等小学学制 2 年,高等小学毕业生可以升入本校本科。可见,务本女塾其实是一所综合性学校。与其他女学一样,开办之初学生较少,仅 7 人入校就读,后来逐渐增多,第二年在读学生已超过 40 人。校舍不够用,便租借民房以为校舍,1905 年,学生在校人数达 155 人,教职员工 55 人,不久他又筹集资金异地新建校舍,1909 年竣工。

除了上述列举的几所女子学堂,还有多所女子学堂在各地设立起来,如光绪二十八年(1902 年),何承燕、顾实等创办争存女子学校于常州,有小学部和师范班;光绪二十九年(1903 年),胡和梅创办胡氏女子小学于无锡。此外还有史量才先生于 1903 年创办的上海女子蚕业学堂,杨白民于 1903 年在上海创办的以美术、刺绣见长的城东女学(初名女子苦学社)、陈婉衍、童同雪等于 1903 年创办宗孟女学堂于上海等。有学者统计,在 1901 年至 1903 年间,全国有国人自办女学堂 17 所,江苏省占到 10 所,仅上海一地便有 5 所。

二、《癸卯学制》颁行后各种类型女子学堂的兴办

1904 年 1 月,学部颁行《癸卯学制》为各类新学堂设计了完整的系统结构,唯独对女子学堂的规定阙如,因为在学制制定者看来,"惟中西礼俗不同,不便设立女学及女师范学堂"[①],但又在《奏定蒙养院章程及家庭教育教育法章程》中规定将女子教育合并于家庭教育之中。学部对女子教育所持立场透露出两个重要信息:一是官方对于兴办女子学堂持消极、不参与的态度,二是对于女子教育并不反对,对于民间开办

①《奏定学务纲要》,璩鑫圭、唐良炎编:《中国近代教育史资料汇编(学制演变)》,上海教育出版社 2007 年版,第 497 页。

女学堂并没有绝对禁止。恰是官方在女子教育问题上的模糊及不作为态度,在《癸卯学制》颁行后引发的兴办新学堂热潮激起了民间力量开办女子学堂的积极性。就江苏地区而言,《癸卯学制》颁布后,女学堂发展明显提速,不仅反映在数量的快速增加,而且体现在女子学堂的种类和层次呈多样化特征,在设学的区域上也更加广泛。

这个时期设立女子学堂的区域除了上海、苏州,南京、无锡、常州、南通、泰兴、泰州、兴化、阜宁等地均有女子学堂的设办。如旅宁粤绅沈风楼、杨金龙与湘绅张通典、闽绅沈荜庆等于 1905 年在南京创设了旅宁第一女学堂(后更名为公立粹敏第一女学);留学日本的著名教育家侯鸿鉴与夫人夏冰兰(务本女学师范毕业)一道于 1905 年在无锡创办了私立竞志女学;著名实业家张謇兄弟于 1905 年在家乡南通创办了通州女子师范学校;社会贤达庄先识、刘德孙等人于 1906 年在常州创办了私立粹化女学;士绅沈文翰于 1906 年在泰兴设立泰兴女子师范学堂;此外,1906 年朱德薰在泰州创办培英女学堂;阮性存 1906 年在兴化创办惜阴两等女学堂;1906 年,李鸿钧在阜宁创办养正女学塾;等等。在学堂种类方面,除了普通小学堂,还有专科类学堂的设立,如 1904 年秋,毕业于浙江杭州蚕学馆的史量才创办了上海女子蚕桑学堂,自任校长,分预科、本科、选科。这是上海第一所女子职业学校,也是我国女子蚕桑教育之嚆矢;1905 年,上海制造局提调李平书与来沪行医的广东番禺籍西医张竹君女士在租界创办上海女子中西医学校,招生 40 名,分授中西医及各学科。张竹君亲任校长,并授西医课程。

重视女子师范教育,是这个时期江苏在女子学堂开办中体现出的一大特色。江苏女子师范教育机构的设办,当时主要采取了附设和单设两种方式,其中前一方式占主流。事实上早在经正女学、务本女塾时期,女学堂中便附设有师范科,之后兴办的旅宁第一女学堂、私立竞志女学、上海城东女学、私立粹化女学,以及苏州于 1905 年设立的苏苏女子两等小学堂、元和县于 1906 年设立的私立振华女学堂和私立大同女学堂、江宁县于 1906 年建立的公立毓秀女学等,均是采取附设师范科(班)的办法发展师范教育。1905 年,太仓设立了公立毓娄女子师范学堂,这是苏州也是江苏最早独立设置的女子师范教育机构,之后如通州女子师范学校、苏州私立女子师范学堂、泰兴女子师范学堂,无疑采取了独立设置专门性的女子师范学堂的办法培养师资。

三、女学开禁后女子教育的发展

1907 年前,虽然清政府并未赋予女学堂合法地位,但民间设办的女子学堂已呈燎原之势,一如时人所言:"近年朝野上下,始从事于女子教育问题。通都大埠之间,女校相继成立,虽规模未备,甫具雏形,较诸东西女界,瞠乎其后。然就吾中国论之,不可谓非为吾女学界开一新纪元也。"①将发展女子教育的主导权完全放给民间,无论是对于政府权威的维护还是对于女子教育发展总路向的把控,显然是清政府必须正视的问题。1906 年 2 月 21 日,慈禧太后面谕学部,谈及振兴女学问题。于是,女学逐渐开禁。

1907 年 3 月,清政府颁布了《学部奏定女子小学堂章程》和《学部奏定女子师范学堂章程》,首先规定女子学堂的宗旨:"女子小学堂以养成女子之德操与必须之知识技能并留意使身体发育为宗旨。"②"女子师范学堂,以养成女子小学堂教习,并讲习保育幼儿方法,期于裨补家计,有益家庭教育为宗旨。"③同时,还详细规定了女学堂的入学资格、课程及程度要求、教学时数、教师及内部管理等,并要求各地州县政府筹设官办女子师范学堂一所,初期可暂于省城及府城由官筹一所,其他有条件的地方可逐渐添设。女子小学堂与女子师范学堂均允许民间禀报地方官同意后开办。然由于兴办女学章程发布后没几年清朝便灭亡,且当时受财政境况影响,各州县筹设一所女子师范学堂的规定只是具文而已。事实上,江苏地方士绅依然是兴办女学堂的主力。此时有无锡杨玉如女士创办翼中女学于无锡东门,吴县王谢长达夫人创办振华女学

① 炼石:《发刊词》,《中国新女界杂志》1907 年第 1 期,第 2 页。
② 《学部奏定女子小学堂章程》,舒新城编:《中国近代教育史资料(下)》,人民教育出版社 1981 年版,第 792—793 页。
③ 《女子师范学堂章程》,舒新城编:《中国近代教育史资料(下)》,人民教育出版社 1981 年版,第 803 页。

于苏州十全街,张炳生偕夫人倪氏创办大同女学于苏州旧学前街,嘉定黄守恒、黄守孚兄弟二人创办女子普通学校,且由务本女学师范毕业的两位女儿主持校务。又有侯鸿鉴为培养中学理科教员,特创办无锡女子理科研究会,专门教授高等物理、化学及博物、数学等科,等等。即使如两江总督端方在 1908 年于官署设立的女学,虽名为官立,但其实乃端方以私款筹建。

　　虽然 1907 年学部颁布的两个女学堂章程仅仅只承认了女子小学堂和师范学堂开办的合法性,但官方对于女学堂开办的介入以及对民间办学的肯定,使得清末江苏女学发展进入了快车道。据统计,1907 年全国除了甘肃、新疆、吉林,其他各省均有女子学堂设立,其中江苏有 96 所女学堂,学生人数 4198 人;到宣统元年(1909 年),江苏则有女子学堂 116 所,学生 5139 人,学堂数与学生数均列全国前茅。[①] 同时,开办女学堂的区域更加广泛,如宣统元年(1909 年)地方士绅韩元方与其从日本留学归国的长女韩中英一道在徐州开办了坤成女学堂,由韩中英担任堂长,按照《学部奏定女子小学堂章程》中有关女子初等小学堂的教科规定,课程开设有修身、国文、算术、女红、体操、音乐、图画。1911 年,沭阳兴办了仿兰女校(又称私立胡仿兰女子小学校),教师、校长来自南京。该校办学资金来自胡仿兰案中的罚没所得,事件起因是 1908 年宣传反对缠足的胡仿兰遭到婆家忌恨,被逼自杀,为此其兄长联络当地社会开明人士一道向上伸冤,得到时任两江总督端方支持,罚没婆家部分家产。遵胡仿兰遗愿,将罚没款项作为兴办女学堂之用。[②]

　　女子师范教育的发展依然延续其良好势头。1907 年,江宁建立了民立初级女师范学堂;1909 年,吴江的丽则女学堂、上海的高等女子艺术学校等也设有师范班。[③]

　　虽然清末江苏女子教育的发展在全国处于领先地位,但女学堂的分布在区域上又极不平衡。有学者综合各种资料后统计得出,清末江

---

① 陈翊林:《最近三十年中国教育史》,上海太平洋书店印行 1932 年版,第 97—100 页。
② 杨鹤高整理:《"国香"仿兰与仿兰女校》,政协淮阴市委员会文史资料研究委员会编:《拳拳爱国心(淮阴文史资料第 6 辑)》,内部资料,1987 年版,第 129—135 页。
③ 王骅书:《清末民初社会新万象》,苏州大学出版社 2011 年版,第 151 页。

苏女子学堂共有 176 所,其中苏属 135 所,占比 76.7%;宁属则仅 41 所,占比 23.3%。[1] 这种南多北少的特征,在民国初年官方进行的统计调查中同样有所反映,如截至 1912 年 6 月全省女子学堂的数据统计,全省共有各类女子学堂 157 所,女学生人数 7985 人。其中建有 8 所以上女学堂的县份计有江宁(8 所)、吴江(8 所)、华亭(10 所)、上海(10 所)、武进(9 所)、无锡(13 所)6 县。但江浦、六合、溧水、宝应、高邮、川沙、太平、萧、沛、丰、邳、铜山、阜宁、安东、砀山、宿迁、睢宁、东海、灌云、沭阳、赣榆、桃源、清河等 20 余县未有一所女学堂的设立,而这些县基本处于宁属的苏北地区。[2] 这个统计调查虽然时间节点是到民国初建半年时,期间存在部分学堂因战争或其他原因而停办,或统计调查舛误(如沭阳的仿兰女校没有被统计在内)导致部分数据不准,但总体而言还是能够反映清朝灭亡前后江苏女子学堂兴办的区域分布特征。

① 王树槐:《中国现代化的区域研究(江苏省:1860—1916)》,“中央研究院”近代史研究所 1984 年版,第 583 页。

②《江苏各县女学一览表》,《江苏教育行政月报》1913 年第 4 期,(调查)第 10—14 页。

第六章　从南京临时政府到北京政府前期江苏教育的变革

辛亥革命胜利后，革命军在南京组成临时政府时，即改原清学部为教育部。南北统一后，中央政府亦由南方迁往北方，仍定都于北京。蔡元培担任民国时期第一任教育总长，得蔡氏推荐，共和党人范源濂担任次长。在学部改为教育部之时，省级教育行政机构亦由省提学使司改为教育司，总管全省教育事务。由此开始了由南京临时政府到北京政府时期的教育改革，其中由于五四运动对社会文教事业带来的巨大冲击，我们将1912年到五四运动前夕（1918年）称为北京政府前期。

中华民国成立之后，江苏行政区划制度略有变革。1914年5月23日，江苏分为金陵道、沪海道、苏常道、淮扬道、徐海道共5道60县，其中金陵道治江宁县等11县，苏常道治吴县等12县，沪海道治上海县等12县，淮扬道治淮阴县等13县，徐海道治铜山县等12县。

第一节　政体转向后教育政策与制度的转轨

辛亥革命胜利后，国家政体由封建皇权政府变为共和政体。政体的根本性转向，势必带来教育性质的根本性改变，反封建倡共和是改革的核心精神。

一、新教育方针的确立

教育部成立不久,总长蔡元培在初次就职时便发表了他的教育主张,提出了军国民教育、实利教育、公民道德教育、美感教育及世界观教育的"五育并举"的教育方针。在这五育之中,蔡元培尤为注重后面二育,也是其特有的主张,他在 1912 年 2 月发表了《对于新教育之意见》中说:"满清时代有所谓钦定教育宗旨者,曰忠君、曰尊孔、曰尚公、曰尚武、曰尚实。忠君与共和政体不合,尊孔与信教自由相违,可以不论。尚武即军国民主义也,尚实即实利主义也,尚公即吾所谓公民道德,其范围或不免广狭之异,而要为同意。惟世界观及美育则为彼所不道,而鄙人尤所注重,故特疏通而证明之,以质于当代教育家,幸教育家平心而讨论焉。"①不过,在 1912 年 9 月 2 日由北京政府教育部公布的教育宗旨则将"五育"变为了"四育":"注重道德教育,以实利教育、军国民教育辅之,更以美感教育完成其道德。"②尽管如此,但基本延续了蔡元培的民主教育思想。然而,1915 年袁世凯以大总统的命令颁布了具有复古主义色彩的新的教育宗旨,共有"爱国""尚武""崇实""法孔孟""重自治""戒贪争""戒躁进"七条。不过,1916 年随着袁氏政权的垮台,这个带有复古色彩的教育宗旨也被废除,恢复 1912 年的教育宗旨。

二、义务教育政策的制定

我国近代以来义务教育政策的制定,始于清末,在宣统三年(1911年)全国教育会联合会议,曾有"实行义务教育之预备方法"一案,但未及实行清政府便已倒台。1912 年 9 月,以教育部名义颁布了《小学教育令》,其中规定:"儿童自满 6 岁之翌日起,至满 14 岁止,凡八年为学龄。学龄儿童保护者,自儿童就学制始期,至于终期,负有使之就学之义

① 高平叔:《蔡元培教育论著选》,人民教育出版社 2017 年版,第 7 页。
② 第二历史档案馆:《中华民国史档案资料汇编(第三辑 教育)》,江苏古籍出版社 1991 年版,第 22 页。

务。"在同月 3 日颁布的学校系统内,规定:"初等小学校四年毕业,为义务教育。"1913 年 9 月,辞去教育总长不久的范源濂著文从革新人民公私家国观念、增强法律实施力、追先进挽国势三个方面呼吁将"义务教育规定于宪法"。① 范源濂的提议在 1915 年 4—5 月间召开的全国教育会联合会获得诸多教育界代表的响应,通过了《请将义务教育列入宪法案》,该议决案要求通过联合会具书陈情宪法起草会和国民会议批准。

1915 年 1 月 1 日,袁世凯以大总统名义发布命令,定初等小学 4 年为义务教育年限;22 日又颁布《教育纲要》,其中规定:"施行义务教育,宜规划分年筹备办法,务使克期成功,以谋教育普及。"义务教育具体实施办法开始列入议程。同年 4 月,教育总长汤化龙会同部员,"拟定义务教育施行程序三十一条,内分两期办理。"②5 月 2 日公布了该方案。按照汤化龙总长的设计方案,自本章程颁布之日起至当年 12 月底止为第一期,所办事项重在筹备,具体包括颁布各项规程(如修正小学校令、拟订地方学务委员会及劝学所规程、拟订检定小学教员规程等)、调查各地教育现状(如全国小学校数、未入学儿童数、现有小学教员数、小学经费数等);自前项规程、表册颁布之日始,至 1916 年 12 月为第二期,所办事项重在设施,具体包括地方和中央两部分,其中地方有师资培养、经费筹集、学校推广,中央有核定各地陈报办法、通筹全国义务教育进行的程限。

教育部关于义务教育推进的计划公布后,不久因袁世凯复辟帝制失败,汤化龙的义务教育计划不了了之。

三、《壬子-癸丑学制》的制定

教育部从南京迁往北京之初,蔡元培便召集各省教育界人物,召开了中央教育会议,制定了一个学制系统,并于 1912 年 9 月颁布,谓之壬子学制。其后,自 1912 年到 1913 年,陆续颁布了各种学校令。综合起

① 范源濂:《论义务教育当规定于宪法》,《新闻周报》1913 年第 19 期,(言论)第 5—6 页。
② 陈元晖:《中国近代教育史料汇编(学制演变)》,上海教育出版社 2007 年版,第 780 页。

来，合成《壬子-癸丑学制》。该学制虽然在 1914 年、1917 年有两次小修改，但基本精神未变，直至 1922 年新学制的出台，前后施行了 10 年之久。

按照《壬子-癸丑学制》，整个学制系统分为三段四级。分别为初等教育段、中等教育段、高等教育段。其中初等教育段分为初等小学堂、高等小学堂两级，共计 7 年；中等教育段不分级，年限 4 年或 5 年；高等教育段亦不分级，但内分预科、本科，共计 6 年或 7 年。此外，在最下面有蒙养园，最上面还有大学院，都不规定年限。

《壬子-癸丑学制》除了规定了直系各学校系统，还设置了师范教育和职业教育两个旁枝系统。其中师范教育主要由 1912 年 9 月颁布的《师范学校令》规定，包括男女师范学校及男女高等师范学校等种种纲要，同年 12 月，颁布了《师范学校规程》，成为此时办理师范学校的标准。大致而言，师范教育分为师范学校和高等师范学校两级，对应于中等学堂和大学堂。师范学校以培养小学教师为目的，女子师范学校则以培养小学校教师及蒙养园教师为目的。为了加快中小学师资的培养，在师范学校这一级还设立了水平更低的小学教员讲习所，1915 年 11 月，又更名为师范讲习所。师范学校内编制又分为本科与预科，其中本科又有第一部（相当于原来的完全科）和第二部（相当于原来的简易科）之分。预科 1 年毕业，本科第一部 4 年毕业，本科第二部 1 年毕业。此外，师范学校内可以附设师范讲习科；高等师范学校的相关法令，除了 1912 年 9 月的《师范学校令》，尚有 1913 年 9 月颁布的相关规程。高等师范学校以培养中学和师范学校教师为目的，分预科、本科和研究科。修业年限规定：预科 1 年毕业，本科 3 年毕业，研究科 1 年或 2 年毕业。本科设置有六个不同专业方向，主要包括国文部、英文部、历史地理部、数学物理部、物理化学部、博物部。高等师范学校内除了本科，还可以设立师范专修科，修业年限定为 2—3 年，其入学资格与预科相同，以中学毕业生为原则。为了加强对师范生专业能力的提升，此时学制还特别规定高等师范学校必须设立附属小学及中学，女子高等师范学校除了附属小学、中学，还须设立附属蒙养园。

在职业教育学制体系中，分为甲、乙两个层级，其中甲种实业学校相当于中学程度,"施完全之普通实业教育"。乙种实业学校相当于高等小学程度,"施简易之普通实业教育"。根据 1913 年 8 月颁布的《实业学校令》的规定,乙种实业学校以县立为原则,但城、镇、乡及私人亦可设立。该层级学校又分为农业、工业、商业、商船四种学校,各以 3 年毕业;甲种实业学校以省立为原则,亦分为农业、工业、商业、商船四种学校。每种学校都有预科及本科,预科不分科,1 年毕业,本科又分数科,3 年毕业。此外,《实业学校规程》第 49 条规定,为"已有职业或志愿从事实业者,授以应用之智识技能,并使补习普通学科"①,特设立实业补习学校,包括农业、工业、商业等种类,程度与乙种实业学校相同。此类学校可附设于小学或实业学校内,而不必单独设立。不过,从后来的情况看,由于各省主政者及大多数教育者的忽视,举办者绝少。另外,在 1915 年又设立了实业教员讲习所。

四、教育政策制度的实施

自民国初年教育方针(宗旨)颁行后,不仅直接影响了教育思潮的兴衰,而且影响了实际教育活动。

从教育思潮看,这个时期主要有军国民教育、国民教育和实利教育。"由第一种教育,派生而为勤劳主义;由第二种教育,派生而为公民教育;由第三种教育,派生而为职业教育……这三大教育思潮,虽起伏前后不一,但每一主义之发生,全国上下莫不群相注意,发而为议论,施之于运动。"②其中军国民教育思潮自清末便已兴起,蔡元培、范源濂两任教育总长对军国民教育均持提倡态度,第一次世界大战爆发(1914年),更激发了国人尚武的热情。1915 年四、五月间,第一届全国教育会联合会议在天津召开,会议议决了军国民教育实施方案,该议案分为"教授者"与"训练者"两项。其中"教授者"包括小学生宜注重打仗游戏,各学校增授中国传统武技,教科书应宣传古今尚武之人物及国耻之

---

① 陈元晖主编:《中国近代教育史资料汇编(实业教育 师范教育)》,上海教育出版社 2007 年版,第 238 页。

② 陈青之:《中国教育史(下册)》,福建教育出版社 2009 年版,第 691 页。

事项,中等及以上学校教授兵式体操,中等以上学校体操取"严格锻炼主义"等。"训练者"则包括要求小学生应养成军国民之"性资"(禀性与资质)以及从军的志向,中等以上学校学生宜具有服兵役的身体素质,高等小学以上学生应一律穿制服,中等以上学校管理参用军用规制,各学校应养成学生粗衣淡食之习惯等。[①] 不过,1917 年后,该种思潮逐渐低落,第一次世界大战结束后,军国民教育思潮彻底消失。

民国初期的义务教育政策虽然自袁世凯政权垮台后,地方已无来自上层的行政压力,但推行义务教育毕竟于国于民有利,故部分省份的有识之士开始注意自订本省义务教育计划,甚至开始试办,如山西省在 1918 年 11 月拟订了本省义务教育施行程序,教育厅还另订了义务教育施行规程三十条。按照山西省的施行计划,义务教育自 1918 年起开始分区域、期限推进,如各县城限至 1919 年 2 月办理完竣;各县乡镇及三百家以上的村庄,限至 1919 年 8 月办理完竣;五十家以上村庄及不满五十家毗连之村庄能联合设学者,限于 1921 年 2 月办理完竣,这也是全省各村镇义务教育办理完竣之日。为使工作有序推进,明定了各级行政机构施行义务教育之责任。如造就师资,由省公署督促县知事办理;调查学龄儿童,由县知事令各区长督令各街村长副办理;筹款设学,由县知事令各地劝学所会同各区长督饬各街村长副办理;劝导入学,由劝学所及宣讲员、各区助理以及各街村长副分别切实办理;强迫就学,由县知事令各区督令各街村长副办理。

山西省分区筹办的方法,"自民国七年起筹备施行"[②]。1919 年,当时教育部下属的重要咨询机构教育调查会召开第一次会议,提出了"实施义务教育建议案",建议教育部呈请总统"明令各省,参照山西办法,酌量本省情形,分年分区筹备次第施行"。[③] 不久,教育部接受教育调查会的建议,仿山西省施行义务教育的办法,令各省分期筹办,八年内全国完成义务教育任务。不过,由于中央政府赢弱、腐败,内战不息,各省

---

①《全国教育联合会议决案》,《教育杂志(安庆)》1915 年第 1 期,第 80—94 页。
②《改订山西全省义务教育施行程序》,《来复》1918 年第 15 期,(政闻)第 3 页。
③《教育调查会第一次会议报告:实施义务教育建议案》,《教育杂志》1919 年第 5 期,第 21 页。

情形差异较大，"虽有试办，也先后不齐"①，故最终事实上教育部的义务教育计划未能如期实施。

虽然这个时期制定的义务教育规划未及完成，但仍有部分印迹留下。最突出的是汤化龙作为教育总长时于 1915 年颁布的《国民学校令》和《高等小学校令》。这两个小学法令相比于民国初年制定的《小学校令》更加完备，且自此之后，全国的初等小学均以"国民学校"为名称了，并以此为办学标准。根据《国民学校令》的规定，国民学校以"施行国家根本教育、以注意儿童身心之发育、以施适当之陶冶、并授以国民道德之基础及国民生活所必需之普通知识技能"②为宗旨。国民学校勿论男女，均以 4 年毕业。就读允许男女同校，但仅限于一、二年级可以同级授课。课程包括修身、读经、国文、算术、手工、图画、唱歌、体操，女子加设缝纫。1916 年 10 月初，教育总长范源濂令教育部颁布了《修正国民学校令》，删除了读经课程。又，高等小学规定以"增进国民学校之学业，完成初等普通之教育"③为宗旨，并以县立为原则，3 年毕业，课程包括修身、读经、国文、算术、本国历史、地理、理科、手工、图画、唱歌、体操；男子加课农业，女子加课家事。1916 年 10 月对高等小学校令进行修正后，读经一科被删去。

《壬子-癸丑学制》颁行后，民国初期各层级学校大多获得了一定发展。据教育部 1916 年的统计，全国小学校数量最多的为四川省，其次为直隶、河北、山东等省；全国有中学校 403 所，其中省立中学占 50%，县立中学占 40%，私立中学仅占 10%。省立中学最多的为直隶、河南两省，县立中学则以湖南省为最多，而私立中学最多的是经济较为发达的江苏、浙江两省为多。当时全国中学生人数约 6 万人，与 1911 年相比，人数约增加一倍。由于《壬子-癸丑学制》对于高等教育设立权限的放宽，除了师范类学校，一律允许私人开办，故在民国初期，私立大学或专门学校风起云涌，据当时统计，1912 年、1913 年两年间递交到教育部

---

① 陈青之：《中国教育史（下册）》，福建教育出版社 2009 年版，第 726 页。
② 陈元晖主编：《中国近代教育史资料汇编（学制演变）》，上海教育出版社 2007 年版，第 790 页。
③ 陈元晖主编：《中国近代教育史资料汇编（学制演变）》，上海教育出版社 2007 年版，第 787 页。

请求立案的不下 60 处。①

　　与清末学制相比,《壬子-癸丑学制》扩充了女子学校的层级,即允许女子中学、女子职业学校的设办。不过,有女子中学设立的省份较为有限,主要在江苏、福建、湖北、黑龙江等省。

第二节　《壬子-癸丑学制》下的江苏基础教育

　　江苏是辛亥革命后较早成立新政府的省份之一。自辛亥武昌首义后,江苏各地在同年 9 月便相继光复,不久便成立江苏督导府,制订《江苏暂行小学校令》,开始进行反封建的教育改革,如规定"小学校以留意儿童身体之发育,而授以共和国民道德之基础,并其生活所必须之智识技能为宗旨"②。此外,还将初等小学 4 年确定为义务教育阶段。虽然随着南京临时政府的设立,省都督府制订的《江苏暂行小学校令》未及实施便被作废,但其基本精神和规定则被后来由南京临时政府颁布的《小学校令》所继承。

一、初等学校的发展

　　自民国成立后,江苏即全面规划地方教育,尤其是初等学校得到了较大发展。当时,初等学校主要分为省立、县立、乡镇立和私立几类。

　　省立小学,当时主要是指师范学校附属小学。其设立最早者为清末时期在苏州设立的江苏两级师范学堂附属小学,不久后在上海设立龙门师范学堂附属小学堂。民国建立后,由于学制变更,师范学校获得了较大发展,这个时期共有各类师范学校 13 所,因此附属小学亦有 13 所,它们是:东南大学附属小学 1 所,男子师范学校附属小学 9 所,女子师范附属小学 3 所。这个时期的附属实验小学,不仅仅是供师范生见

---

① 陈青之:《中国教育史(下册)》,福建教育出版社 2009 年版,第 720 页。
② 郭孝成:《中国革命纪事本末》,商务印书馆 2011 年版,第 149 页。

习、实习的场所，而且更加注重教育实验的开展，如分团教学、设计教学之推行，道尔顿制之实验、课外活动与补充科、选修科制之倡导等，无一不兴起于这类小学，后人称赞此时的附属实验小学"在小学教育上，可谓发一异彩。所以树实验教育之基础者，发轫于此时"①。其中，东大附小在教育实验改革方面尤为著名。

清末书院改学堂，各县有书院者多改为县立高等小学堂，无书院者亦由地方人士筹集地方公款设立初高两级或完全小学堂。民国建立后，依照《高等小学校令》规定，高等小学校以县立为原则，各县高等小学堂改为县立高等小学校。史称"民元以来，小学踊兴，各县公私小学以在民四（1915年）、五（1916年）至民七（1918年）、八（1919年）最为整齐而有精神。"②这个时期，由于江苏地区政局较为稳定，小学数量逐年增加，在全国位列前茅。据统计，1912年有县立小学5283所，次年增至5515所，1914年为5920所，到1915年，县立小学数量已达到6241所，短短四年间，县立小学数量便增加了958所，增幅在18%左右，其发展速度在全国引人注目。

1913年元月，教育部公布了视学规程，将全国视学区划分为八个，其中安徽、江苏、浙江合为第三区。1914年，教育部派出视学对第三区进行视察后撰写了学务视察报告，其中对江苏58所小学进行视察后，评为优秀等第的主要有江宁的第一高等小学、师范附属小学及城内第二、第一两等小学四所学校；吴县的师范附属小学，县立第一、第二高等小学三所学校；无锡的县立第二、第一高等小学两所学校；上海的万竹小学及县立第一高等小学、工业附属小学三所学校。同时，对23所女子小学亦进行了视察，其中列为优秀等第的有江宁的师范附属小学，吴县的大同女学，无锡的竞志女学，上海的万竹小学女子部、务本女校、爱国女校。③ 由上可见，被评定为优等的小学，基本属于省立或县立高等小学校。江苏这个时期不仅优质小学的数量多，而且入学人数也逐年增加，居全国前列，如1912年，县立小学在校学生数为231578人，1913

---

① 周邦道等：《第一次中国教育年鉴》，开明书店1934年版，丙编424。
② 周邦道等：《第一次中国教育年鉴》，开明书店1934年版，丙编424。
③ 舒新城编：《中国近代教育史资料（上册）》，人民教育出版社1981年版，第318—319页。

年增至 234839 人,1914 年为 260494 人,1915 年达到 292433 人,短短四年仅县立在学人数便增加了 6 万余人,其在校学生数的增长较为迅速。此外,就学生的发展情形论,官方给出的评价是:"上海为最,无锡次之,江宁、吴县又次之。推原其故,上海交通便利,无锡亦得风气之先,不似旧时省会观感太杂,间有阻碍,此其大概也。"[1]

由乡镇设立的公立小学一般为初等小学校。自 1915 年教育部公布《国民学校令》,规定初级小学为义务教育年段,学制 4 年,学校名称更名为国民学校。其中乡镇设立的为乡(镇)立国民学校,私人设立的为私立国民学校。江苏是较为注重义务教育的省份之一,因而其初级小学的发展也较为蓬勃。自 1912 年后,学校数和入学人数逐年增长。据记载,1912 年有初级小学数为 4716 所,在校学生人数为 200456 人;1913 年增长至 4959 所,学生人数达 201567 人;1914 年,有学校数 5368 所,在校学生数 229761 人;1915 年达 5834 所,在校学生数为 260876 人;1916 年,初级小学学校数为 6157 所,在校学生达 264809 人;1918 年,初级小学校数达到 6469 所,在校学生数 322991 人。

在初级小学学校数和入学儿童数量增加的同时,初级小学教职员队伍也在不断扩大,校均教职员数逐年增长,如 1912 年,初级小学教职员总数为 9312 人,平均每所初级小学有教职员约 1.97 人;1913 年教职员总数为 9992 人,平均每校教职员数为 2.01 人;到 1914 年,总数为 10925 人,平均每校教职员约 2.04 人;1918 年,初级小学教职员总数为 13704 人,平均每校教职员数为 2.12 人。

初等学校除了公立,另有私立小学的设立。据 1913 年 7 月统计,全省 60 县绝大多数县份均设立了私立小学,共计 879 所。不过,多数私立学校的层次为初小,少数为高小,其中独立设立的初级小学 736 所,初高级小学 114 所,独立设立的高级小学仅 29 所。[2]

---

[1] 舒新城编:《中国近代教育史资料(上册)》,人民教育出版社 1981 年版,第 319 页。
[2] 江苏省行政公署教育司编纂:《江苏省教育行政报告书(上编)》,江苏省行政公署教育司 1914 年版,第 266 页。

二、省立中学制度的建立

1912 年 9 月 28 日,教育部公布《中学校令》,其中第三条规定:"中学校定为省立,由省行政长官规定地点及校数,报告教育总长。"[1]同时,江苏也"抱定中等教育为省所直接担荷之责任"[2]。省立中学制度在民国建元之后,便在江苏得以建立。

根据《中学校令》确立的省立中学制度,江苏根据行政区划,基本采取将前清府或直隶州中学堂一律收归省有的办法。当时共改立或新立 12 所省立中学,具体是:清末江宁中学堂原由江宁、句容、溧水、高淳、江浦、六合六县联合设立,1913 年经费由江宁县拨款补助,改称县立江宁中学校,1913 年 6 月改归省立,定名为江苏省立第一中学,校址在江宁;江苏省立第二中学,1912 年由清末苏州长(洲)元(元和)吴(吴县)公立中学堂改名吴县立第一中学校,1913 年收归省有,地址在吴县;江苏省立第三中学,1912 年由清末松江府中学堂改名而称县立松江中学校,由华亭、上海、南汇、青浦、奉贤、金山、川沙七县联合设立,1913 年后改归省立,校址在华亭;清宣统元年(1909 年),太仓直隶州及下辖镇洋、嘉定、宝山、崇明四县五属人士发起创建的太仓州中学堂开学。1912 年 4 月恢复开学后,更名为太嘉宝崇县立中学校,1913 年改归省立,改名为江苏省立第四中学校,校址在太仓;江苏省立第五中学,1912 年由清末常州府中学堂改名为县立常州中学校,原由武进、无锡、宜兴、江阴、靖江五县联合设立,1913 年 6 月后改为省立,校址在武进;江苏省立第六中学,1912 年由清末镇江府中学堂改为县立镇江中学校,由丹徒、金坛、溧阳、丹阳、太平五县联合设立,后又改名为江苏省立第六中学,校址在丹徒;江苏省立第七中学,1913 年由清末通州直隶州通海五属公立中学改名而来,由南通、泰兴、如皋、海门四县联合设立,旧南通的静海乡别为一区,故沿称五属,校址在南通;1912 年由清末的扬州两

---

① 宋恩荣、章咸选编:《中华民国教育法规选编》,江苏教育出版社 2005 年版,第 317 页。
②《江苏省教育行政报告书总说》,《江苏教育行政月报》1914 年第 9 期,第 2 页。

淮中学堂与扬州府中学堂合并改称县立淮扬合一中学校,不久又改为江苏省立第八中学,校址在江都;1912年,清末淮安府中学堂更名为县立淮安中学校,由山阳、盐城、阜宁、清河、安东、桃源六县联合设立,1913年7月改归省有,更名为江苏省立第九中学,地址在山阳;江苏省立第十中学,即今徐州第一中学前身,系1917年11月创办,建校初期系租赁石牌坊街(今中枢街西段)吴姓住宅40余间,后屡有搬迁;江苏省立第十一中学,系1917年由清末海州直隶州的海州公立中学堂更名而来,即今江苏海州高级中学;江苏公立南菁学校,系1912年由清末文科高等学堂更名而来。

由于民国初期规定中学遵行省办为主的原则,这种政策规定虽然有助于模范中学的树立,防止中学设立的泛滥,但同时也在相当程度上阻碍了中学教育的发展,省立中学制度的建立导致江苏"在各县除几所私人设立者外,几无所谓县立中学者"①。据江苏省教育司在1913年7月的统计,全省60个县中仅有县立中学3所:吴江县立中学校、如皋县立中学校、阜宁明达中学校。另有私立中学9所(男校7所、女校2所),男子中学主要集中于上海(5所),其次江宁、宜兴各有一所,两所女子中学均设立于宜兴。

第三节　实业教育在江苏的发展

"实利主义教育"是民国初期教育方针的主要内容之一,其源头可溯至晚清时期"尚实"主义的教育思潮。江苏作为我国对外交流较为频繁、近代工业较为发达的省份之一,虽然在清末实业教育便得到一定程度的发展,但无论是与普通教育的数量和质量相比,还是从人们思想意识中对实业教育的认可程度看,依然不容乐观。进入民国之后,基于"实业救国""教育救国"思想成为诸多有识之士的共识,加之当时江苏教育界数位领军人物对于实业教育的青睐,使得江苏实业教育一度有

---

① 周邦道等:《第一次中国教育年鉴》,开明书店1934年版,丙编197。

了较大发展,甚至影响着全国实业教育的发展路向。

一、张謇实业教育的思想与实践

在我国近代教育史上,最早且影响最大的实业教育的提倡者非张謇莫属。张謇(1853—1926)字季直,号啬庵。作为江苏南通海门的著名教育家、实业家,他不仅有着发展实业教育的理论,更有着丰富的实践,对江苏乃至全国实业教育的推进做出过重要贡献。

张謇的实业教育思想和实践开始于清末。早在中法战争后,便萌生出实业救国的思想。1895年甲午战争失败后,给不久前才考取状元的张謇以极大刺激。他认为教育失败是导致战争失败的根本原因,为此,决心自办新学以育人材。

张謇怀抱强烈的实业救国、教育救国的思想,投身实业教育事业。秉持"父教育,母实业"或"实业与教育迭相为用"的认识,他从创办以大生纱厂为核心的企业集团入手,继由企业的成功而为实业教育的发展筹措资金。1912年4月,他以企业之资创办纺织印染传习所(1913年更名为南通纺织专门学校),这是企业创办高等职业学校的开始,不久各省来入学者日益增多,它也成为当时中国独一无二的学校。事实上,在企业中附设实业学堂,是张謇作为实业家办理实业教育常用的模式,是对其"以实业辅助教育、教育改良实业"理念的践行。从1895年开始投身实业,到1925年的30年间,先后共建成各类企业几十家,用企业所获得的利润创办了几十家教育机构和学校,其中相当一部分便是采用了这种模式。

在实业教育思想与实践上,张謇提出"首重道德,次则学术"[1]的观点,强调养成社会公德和职业道德的重要性。他曾电函通州师范附设测绘科的学生:"诸生在事,务须习练知识,忍苦耐劳,以养成公德,名誉第一。"[2]也以此鼓励商科学生:"诸君既习商业,总期无负于学,有所贡

---

① 曹从坡、杨桐主编:《张謇全集》卷四,江苏古籍出版社1994年版,第110页。
② 李明勋、尤世玮主编:《张謇全集》卷二,上海辞书出版社2012年版,第231页。

献社会,而服苦耐劳,尤为必不可缺之美德。"①他以商业为例,认为中国商业不发达的原因之一,便是商人缺乏信义,所以,"学术不可不讲,而道德尤不可不讲。中国商人之道德,素不讲求,信用堕落,弊窦丛生,破产停业,层见叠出,况银行员日与金钱为缘,更非有优美之道德,不足以恢宏信用,扩张营业。"②

道德之外,必要的实业知识、技能亦不可少,"学生入学校,以求知识为目的。如入校数年,于知识上一无所得,其个人将来之知能,何从发展？社会将来之幸福,何从创造？"③他对一所商业学校银行专修科的学生谈道:"近几年来,我国银行事业,不能谓之绝无进步,然而尚在幼稚时代。将来逐渐扩张而改革之,势必胥赖于新进之人才。故诸生所学,当患应用之不敷,毋患时世之不用。但用人必择其优,庶几任事而事治,画策而利害得,不致有敷衍溺职之弊。"④

学以致用,理论与实践相结合应是实业教育必须遵守的原则。实业教育的目的在于能够切实服务社会,因此,教育内容需要适合当地实情,"课程之订定,既须适应世界大势之潮流,又须顾及本国之情势,而反复斟酌损益,乃不致凿圆而枘方。"⑤大到国家,小到地方都是如此,"在南通讲教育,先要想什么是南通需要的,什么是适合南通的"。教学过程和教学方法必须注重实习、实践,为此他特意为师范学校、医校、农校、纺校、银行专修学校等配备了实习基地,如纺织专门学校在 1914 年扩建了实习工厂,并向国外定制了实习纺织机械,建成了纺纱、铁织机、木织机、漂染、电动五个实习车间和一个染色实习所。

张謇以其当时所处特殊的教育与政治地位,以及在实业教育实践上的成功,使其实业教育理论与实践在全省乃至全国产生极大影响,对晚清至民国初期江苏实业教育的倡导与支持发挥着积极作用。

---

① 李明勋、尤世玮主编:《张謇全集》卷四,上海辞书出版社 2012 年版,第 575 页。
② 沈行恬编注:《张謇教育文论选注》,南京师范大学出版社 2016 年版,第 230 页。
③ 李明勋、尤世玮主编:《张謇全集》卷四,上海辞书出版社 2012 年版,第 462 页。
④ 沈行恬编注:《张謇教育文论选注》,南京师范大学出版社 2016 年版,第 229 页。
⑤ 曹从坡、杨桐主编:《张謇全集》卷四,江苏古籍出版社 1994 年版,第 148 页。

二、江苏实业教育的规划与发展

1912 年国民政府成立后，黄炎培担任了江苏省第一任教育司司长和江苏省教育会副会长。黄炎培是学者办实业教育的代表之一，也是我国近代职业教育的有力推动者。

黄炎培（1878—1965），字韧之、任之，号楚南，江苏川沙县人，职业教育的重要开拓者。1913 年 1 月，黄炎培担任江苏省教育司司长仅两个月后，便在《江苏教育行政月报》上发表了《江苏今后五年间教育计划书》，对江苏未来五年间从小学、中学、师范学校、实业学校乃至留学教育均作了具体规划，其中关于实业教育方面，对农业学校、工业学校、商业学校和女子职业教育等发展，作了具体阐述，如规定农、工、商教育应尽先筹设甲种学校。对于农业学校，认为"与其悉全省财力设一高谈学理之高等农业学校，何如分其财力先设若干趋重实验之甲种农学校"[①]；对于工业学校，则是甲种工业学校与专门工业学校同时并举。而就江苏地理形势，治水专门人才为第一需要；江苏是商战中心，商业教育不可忽视，设立学校地点无疑是在上海，设立商业学校的顺序应该是先筹办甲种商业学校。此外，法政专门学校和医学专门学校宜先各设立一所。关于女子职业教育，黄炎培明确表示"吾所绝对主张者也"，提出在设立女子师范学校外，还可设立女子蚕桑学校、女子艺术学校等。又根据其"寓职业教育于初等教育"的思想，提出在师范学校中加设农商科，要求学生必修。又令甲种农工商学校最后一学年，为自愿为教员者设立农工商业教员讲习所，由是将来而能推广各种初等农工商学校，也由此能开展工商业补习教育。这个设想与 1922 年新学制在职业教育领域的改革不谋而合。黄炎培发展实业学校的计划，对民国初期江苏实业教育发展产生了相当影响。

这个时期江苏实业学校的种类有省立、县立和私立。省立实业学校设有 7 所，其中为农者 5 所，为工者 2 所。具体情形如下：

---

① 黄炎培：《江苏今后五年间教育计划书》，《江苏教育行政月报》1913 年第 1 期，（宣言）第 4 页。

1912年11月,江苏省议会议决,设立甲种农业学校3所。其中,规定省立江宁第一农业学校设立于南京,校址为原江南高等实业学堂旧址及附近江南农务局试验场合并为一,校园面积共计300亩左右,学校分设农、林两科。1915年遭兵灾后得到部分修复,仍分设农、林两科,其中有本科六级,预科两级,另开职工班一级;1912年7月,经江苏临时省议会议决,在苏州设省立吴县第二农业学校,校址借前清苏州农业学堂旧址,主要设置的是农科、蚕科。学校最初招农预科40人,蚕预科30人,农本科34人。1916年,筹办设立农产制造讲习科,"以提倡农村家庭工业,增进生产价值为宗旨"[1];省立清河第三农业学校,校址淮阴,系1913年由前清农业学堂更名而来,主要设立的是农科和畜牧科。学校最初仅设预科、讲习科各一级,1914年开始设立农本科。1915年将讲习科改为农业别科,后又更为农蚕别科。1918年又添设畜本科;1912年11月,借上海江苏教育会及求志书院为临时校舍,创办江苏省立水产学校,不久迁入上海吴淞炮台湾新校舍(故又称吴淞水产学校)。作为甲种实业学校,开设有渔捞、制造两科,学制4年(其中预科1年,本科3年)。江苏省都督程德全任命毕业于日本农林省东京水产讲习所水产专业的张镠为校长;1912年秋,原设于上海的苏省女子蚕业学堂,迁到苏州浒墅关,更名为江苏省立女子蚕业学校(又称浒墅关女子蚕业学校),照甲种实业学校规程,初期设养蚕科一科,定修业年限为4年(其中预科1年,本科3年),委任毕业于杭州蚕学馆(即浙江蚕业高等学校)的章孔昭为第一任校长。1917年秋,章孔昭辞职后,由省教育厅委派近代著名教育家、时任江苏省教育厅视学的侯鸿鉴兼任校长,半年后,即1918年元月,得黄炎培、史量才推荐由郑辟疆担任校长。

　　郑辟疆(1880—1969),字紫卿,江苏吴江人,蚕桑学家。早年毕业于浙江蚕业高等学校,曾前往日本考察蚕业教育,他是在蚕业领域颇有造诣的教育家,同时又怀抱实业救国的理想,曾任教于山东青州蚕丝学堂、山东高等农业学校。在教学过程中,他不断学习日本蚕丝科技的新成就,结合我国实际情况,编纂有《桑树栽培》《蚕体生理》《养蚕法》《蚕

---

[1]《江苏省立第二农业学校十年概况录》,(校史纪要)第2页。

体解剖》《制丝学》《蚕丝概论》等教科书。在担任江苏省立女子蚕业学校校长后,以"施行女子蚕业教育,以改进蚕业"为目标,提出学校的任务"在培养女性蚕业人才,并促进蚕丝业之改良,以增加社会富力"[1]。并亲自制定女蚕校发展的新方针:"1.启发学生的事业思想;2.树立技术革新的风尚;3.以自力更生和节约办法充实实习设备,提高教育质量;4.坚决向蚕丝业改进进军,使学生有用武之地。"[2]学校以"诚、谨、勤、朴"为校训,办学过程中坚持理论与实践相结合,先后在校内创办蚕桑试验场、原蚕种部、蚕丝推广部、制丝实习厂,校外村、厂也建立多处实习基地,如在吴江震泽开弦弓村、无锡堰桥、吴县光福等地设育蚕指导所。

1918年,省立女子蚕业学校增设短期培训性质的甲、乙两种传习科。1919年又增设原种制造组,并决定扩充改良蚕种生产,以增强改良蚕种的基础。

1912年经省议会议决,决定将前清江南高等实业学堂农工科分设,其中以工科为基础在南京独立设立江苏省立第一工业学校,并委任日本东京高等工业学校电机科毕业生童世亨负责筹办,预备次年正月正式开学。学校开设有机械、电机、木工三科,1917年后又有小学校木工教员养成科设立;1912年,将前清官立中等工业学堂与苏省铁路学堂合并,改建为江苏省立第二工业学校,设有染色科、机械科、土木科。校址在苏州,校长为日本京都高等工艺学校机织科毕业生、曾获工科举人衔的刘勋麟。

事实上,按照原定设计,还有1所农业学校、1所工业专门学校以及1所商业学校的设立,皆"款绌未及办"[3]。

---

① 郑辟疆:《省女蚕所负时代之任务及今后之改进》,《江苏教育(生计教育专号)》,1933年第2卷第5期,第36页。

② 中国科学技术协会编:《中国科学技术专家传略(农学编·养殖)》卷一,中国科学技术出版社1993年版,第4页。

③ 江苏省教育司:《江苏省教育行政报告书总说》,《江苏教育行政月报》1914年第9期,第7页。

第四节　各类教师教育机构的广泛设立

江苏是我国近代教师教育的发源地之一,清末时期已有各级师范学校6所。民国建立后,视师范教育"至重且急",颁布了《江苏暂行师范教育令》,一方面为整顿旧有师范学堂秩序,另一方面为谋师范教育之扩张。简言之,"师范教育者,虽谓为本省教育行政精神之集中点可也。"[①]1917年,全省有各类师范学校17所,居全国第3位,仅次于奉天(23所)和浙江(18所),但无论是在校班级数、学生人数,还是毕业学生数,均居全国第一位,尤其是学校经费总数,约占全国师范学校总经费15%,经费数超过第二位浙江经费数1倍有余。[②] 除了长期性的正规师范学校,这个时期的教师教育机构还包括短期的师范讲习所,以及面向在职教师的暑期讲习会等。

一、师范学校的设立与发展

依照1912年12月教育部公布的《师范学校规程令》,师范学校学科分本科与预科,其中本科又分为第一部和第二部,第一部修业年限4年,第二部修业年限1年,不过第二部可以视地方情形决定是否设立。预科修业年限1年,是为准备入本科第一部者实施必要之教育。另外还有讲习科之设立,它是为已获得小学教员许可状,但求讲习者而设,类似今日在职进修的机构。遇特殊情形,亦可为欲担任初等小学校教员者设立讲习科,讲习期1年以上。师范学校的创办主体,主要有省立、县立与私立之分。

就省立师范而言,至1913年7月,江苏全省设有中等教育层级的省立师范学校共10所,他们分别是:江苏省立第一师范学校,1912年由

---

① 江苏省行政公署教育司编纂:《江苏省教育行政报告书》下编,江苏省行政公署教育司1914年版,第1页。
② 中国第二历史档案馆编:《中华民国档案资料汇编(第三辑 教育)》,江苏古籍出版社1991年版,第348—349页。

清末江苏两级师范学堂更名而来,设有本科、预科、讲习科,校址在苏州吴县城内三元坊;江苏省立第二师范学校,由省立第二师范学堂(原名苏松太道立龙门师范学校)改名而来,校址在上海县尚文门内,有本科四个年级;江苏省立第三师范学校,1912 年设立,有本科、讲习科和补习科,校址位于无锡县城内学前街;江苏省立第四师范学校,1912 年设立于江宁县城内门帘桥,原名江苏官立第三师范学堂,有本科、预科,1913—1915 年,各添设讲习科一班,1918 年添设本科第二部;江苏省立第五师范学校,原名两淮师范学堂,1912 年设于扬州江都县城内左卫街,仅有甲、乙两级讲习科;江苏省立第六师范学校,原名江北师范学堂,1912 年设于淮安清河县西门内,仅设有预科、讲习科;江苏省立第七师范学校,原名铜山师范学堂,1913 年 1 月开办于徐州铜山县城东门内,有预科、讲习科;江苏省代用师范学校(后据省教育厅令更名为江苏省第一代用师范学校),由原为张謇所设私立南通师范学学校于 1912 年 11 月改为"代用",一切规程、待遇与省立师范学校等同,学校设办于南通县城南门外濠河东南,有本科、预科,江谦为代理校长;江苏省立第一女子师范学校,1912 年设立于江宁县城内中正街,有本科、预科;江苏省立第二女子师范学校,1912 年设于苏州吴县盘门内新桥巷,有预科,讲习科甲、乙两级。

1913 年之后,根据省行政区划,省立师范学校设置范围有所扩大。1914 年夏,江苏省立第八师范学校设立于灌云县板浦镇陶公祠,设置有预科、本科和讲习科,主要服务于徐海道属五县;1918 年 8 月,江苏省教育会、教育厅应镇江人士之建议,提交省议会讨论通过,设立江苏省立第九师范学校于镇江,设有预科、本科。

由于在各省立师范学校学习的学生,毕业时将服务于各县小学,故来自某县生员多少,势必影响将来县小学教育的发展。为此,当时教育行政当局已发现各县学生人数严重不均由此可能带来的隐患,特别要求各县知事于各省立师范学校招考时,广泛推荐合格学生分别保送,特别是那些人数过少甚至无一学生的县份,"严饬速送"。

民国初年,县立师范学校所设不多,计有男子师范 2 所,女子师范 5 所。其中如皋县立师范学校系 1912 年将清光绪三十一年(1905 年)创办的如皋初级师范学堂改制而来,有本科设立;武进县立师范学校,系根据 1912 年 12 月武进县议会议决,将原附设于常州府中学堂的简易科划出创立专门的师范学校,翌年 3 月开学,只招男生。

该时期江苏的县立女子师范学校数量相对多些。女子师范学校除了上述列举的两所省立女子师范学校,还有多所公私立女子师范学校的建设。到 1913 年 7 月,共有 5 所县立女子师范,它们是:如皋县立女子师范学校,有讲习科设立,学生数 15 人,地址在如皋;武进县立女子师范学校,系 1912 年由原武进粹化女子学校更名而来,有讲习科设立,学生人数有 51 人,地址在武进;太仓县立毓娄女子师范学校,有本科、预科设立,学生总数 28 人,校址在太仓;无锡县立女子师范学校,有本科设立,学生人数 38 人,校址在无锡;南通县立女子师范学校,有本科设立,学生人数仅 11 人,地址在南通。

女子师范学校除了官办,此时期还有数所私立女子师范学校创办,但都位于经济较为发达、风气已开的苏南一带:私立淑琴女子师范学校,设有本科和补习科,学生人数共 146 人,地址在常熟;私立爱德女子师范学校,有本科设立,学生 14 人,地址在吴江;私立丽则女子师范学校,有本科设立,学生 5 人,地址在吴江。

二、师范讲习所

师范讲习所之设,本为小学教员缺乏时的暂时救济方法。早在光绪三十一年(1905 年)八月,督宪袁世凯曾令学务处速议普及初级师范学堂以及小学教员讲习所章程,要求各州县于初级师范学堂尚未齐设时,宜急设师范传习所(即后来的讲习所),强调"各府直隶州有表率之责,应速设初级师范学堂并照章除完全科及简易科外,添设预备科及小学师范传习所,暨设置旁听生,以期多获教员,成就寒士"。[①] 为响应号召,江苏武阳高等小学堂在同年附设的师范传习所开学,它是专为塾师中有志教育者而设立,聘请教师讲授教育学、教授法、管理法、历史、地

① 朱有瓛主编:《中国近代学制史料(第二辑下册)》,华东师范大学出版社 1989 年版,第 404 页。

理等课程。

1912 年 11 月，教育部颁布了甲、乙种师范讲习所规程，要求自 1913 年开始举办，强调这是县的教育事业之一。其中甲种程度稍高，三年毕业，乙种程度较低，一般为一年甚至半年毕业。据省教育司 1913 年 7 月统计，自 1912 年 8 月以来，全省 60 县中设立师范讲习所者仅半数，共计 32 所，另有一所私立讲习所的设立。然而，随着天灾人祸导致各地经济状况日渐恶化，以及师范学校中设置讲习科数量增加，独立设置的师范讲习所数量逐渐减少，据 1918 年 1 月教育部普通教育司的统计，仅有师范讲习所 6 处，在校学生数 231 人。

三、暑期讲习会

利用暑期培训教师的活动，在我国是伴随着新式学堂的大量开办而出现的。如在 1906 年，清末较为知名的私立学堂务本女塾便曾开办暑期体操传习会，为各地女学和小学培养体育教员；1909 年，锡金（无锡）教育会劝学所曾开设暑期单级教授讲习会。民国之后，暑假依然是中小学教师培训的重要时期，就江苏而言，这项工作主要由江苏省教育会主导。

江苏省教育会是我国近代影响最大的省级教育会社，系由清末江苏学务总会、江苏教育总会发展而来。民国建立之后，制定了《江苏省教育会章程》（1916 年重新修订），确定教育会宗旨有二：审民国之前途以定方针；察本省之现状以求进步。而教育会的研究事项包括"关于学校教育、社会教育、家庭教育各事项，力图教育发达，并联络本省、县、市、乡教育会暨各省省教育会，以期同轨之进行"①。

民国初年，由于中央政府权力的羸弱，地方军阀专注于各种利益的争夺，无暇顾及教育事务，加之经济形势的掣肘，推动在职中小学教师的进修事务，事实上主要由省、市、县"教育会"来承担，如江苏省教育会在 1914 年 7 月 12 日举办第一次暑期讲演会，邀请德国专家演说德国

---

① 《江苏省教育会章程（民国五年八月重订）》，《都市教育》1917 年第 1 期，（调查）第 1 页。

小学之教授法,留美学生穆藕初谈美国农业状况与自己的留学感受,教育会副会长黄炎培报告考察皖、赣、浙三省教育状况。同月 27 日又举办第二次暑期讲演会,邀请郭秉文、陈容、俞子夷演讲欧美教育;1916年 7—8 月间,江苏省教育会设立面向小学教员的暑期补习学校,聘请在教育学以及国文、算术等小学主要学科颇有精心研究者讲授。与此同时,市、县教育会也积极承担教师暑期培训工作,如 1915 年,江苏宝山县教育会决定暑期组织近 20 日的短期讲习会,"以教授麦秆细工为主,兼及游戏、体操。"听讲学员共 80 人,其中 20 人为来自私立学校的教师及个人。次年,又组织了为期三周的"私塾改良讲习会",学员90 人。[1]

由各地教育会主导设立的暑期讲习会,其运作方式一般是聘请会中某一骨干或社会贤达担任主任,负责整个暑期培训的运行。如 1916年江苏省教育会开办小学教员暑期补习学校时,便聘请清末时曾任江苏省学务总会会长、时为驻会干事沈恩孚为主任,聘请曾任江苏省民政司教育科长的张志鹤为副主任。

由于民初颁布的《教育会规程》中规定"教育会得以研究所得建议于教育官厅","教育会得以处理教育官厅委任事务"[2],事实上赋予了教育会一定的官方权力,教育会似乎成为领导地方教育发展的主要力量。与其他省教育会相比,江苏各级教育会不仅数量多(1925 年各级教育会总数达 188 个),而且性质上"半官方"色彩似乎更加凸显,这是因为江苏省教育会的核心圈成员多为政治精英、社会名流。从 1915 年改选后的人员组成来看,正会长张謇,曾在南京临时政府时期担任实业总长,在北洋政府时期担任农商总长兼全国水利总长;副会长黄炎培,民国初年曾担任江苏省教育司司长、省议会议员;学校教育部干事员沈恩孚,辛亥革命后曾入江苏都督府,任副民政长,旋任江苏省公署秘书长,1913 年主持江苏教育,后担任上海市议会议长;干事员庄俞,著名教育家,1912 年曾担任商务印书馆附设尚公小学校长,兼教科书编辑工作,

① 朱有瓛等:《中国近代教育史资料汇编(教育行政机构及教育团体)》,上海教育出版社 1993 年版,第346 页。
② 宋恩荣、章咸主编:《中华民国教育法规选编(1912—1949)》,江苏教育出版社 1990 年版,第 71 页。

曾担任常州武进教育会会长。此外,学会聘任的评议员多为全省各县知名人士、社会贤达。

由于江苏省教育会所具有的"半官方"身份和拥有的社会政治资源,故操作暑期讲习会一类教师短期培训项目时,便能充分利用其畅通的行政渠道、丰富的社会关系开展工作,这实际也成为"会社主导型"暑期讲习会的重要特点之一。

以江苏省教育会1916年开办的小学教员暑期补习学校的运作为例,为了吸引更多学员参加培训,教育会并不通过刊登广告的方式进行招生,而是采取极为"官方"的一套做法,直接给各县政府(知县署)和教育会发送公函,而且语气较为强硬,要求他们"通知各学校、市乡查照章程,酌选学员,如期来会听讲……事关补助教育进行,敬祈察核,迅赐照办"[①]。需要特别指出的是,为了加强行政的权威性,教育会在举行此类活动时,还常极力争取地方势力的支持。如1915年教育会开办小学教授法讲习会之前便"陈请钧署",得到了时任江苏巡按使(次年改称省长)齐耀琳的支持,最终得以"通饬六十县知事推送听讲人员"[②]。此外,教育会还通过社会关系扩大培训人员范围,以增强其影响,如1916年的暑期补习学校开办时,教育会曾通过时任中华基督教青年会全国协会演讲部主席(后任协会总干事)余日章的关系,函请在沪教会各学校,请其亦派人来听讲。

暑期讲习会的培训时间长短不一,短的仅1天,长的40天左右。一般而言,"通识性"和"主题式"的演讲会、讲演会、讲习会之类的培训时间相对不长,如1916年7月15日,江苏省教育会开讲演会,请马君武讲"中国教育重要问题"。8月5日开讲演会,请知名人士章太炎讲教育。1917年7月25日开讲演会,请蒋倜卿讲"西人在吾国兴办教育之状况"等,时间均为半天。当然,"主题式"培训时间也有稍长的,如1915年7月开设的小学教授法讲习会,会期15天。1918年7月1日,"童子军讲习所"开课,时间为18天。相比较而言,"学科性"暑期补习学校之

---

① 《致各县知事署、教育会请酌选学员听讲书》,《教育研究》1916年第28期,(会报)第30页。
② 《致齐巡按使报告小学教授法讲习会经过情形书》,《教育研究》1915年第25期,(会报)第6页。

类时间较长,例如 1916 年开设的小学教员暑期补习学校,分设国文、算术、教育三个学科,由学员根据自己任职情况自愿选择,其中国文学科开设有声音学、文字形体学、读文教授法、缀文(即作文)讲授法等课程,算术学科则开设了算术教授法;教育学科设有儿童心理学概要、各科教授法概要等,时长六个星期。

按照教育部制定的《教育会规程》第 11 条规定:"教育会不得拨用地方公款,但经地方议会议决,由行政官厅给予之补助金,不在此限。"[1] 换言之,教育会没有从官方获得财政支持的政策保障,然教育会作为一个非营利组织要履行培训在职教师的"准教育行政"职能,经费显然是制约工作开展的主要因素之一。虽然教育会可以依靠会费和社会人士捐赠暂时维持社团的运行,但对于诸多收入颇低又想参加暑期培训的中小学教师(尤其是小学教师)而言,不菲的食宿及培训费用却是个不小的负担。与其他省教育会相比,江苏省教育会针对中小学教师的暑期培训较有成效,利用其与政府建立的良好关系而争得经费的资助,是个不可或缺的因素。如江苏省教育会 1916 年为开办小学教员暑期补习学校给各知事的信函中,要求各县"学员中若经济困乏,其学费等尽可由地方公费支给"[2]。

第五节　社会教育专业化在江苏的萌芽

虽然社会教育之事实早在商周时期便已有实施,但"社会教育"作为一个固定的名词概念则是 20 世纪初期由日本传入。民国建立之后,社会教育的政策制度相继建立,社会教育逐步进入专门化实施、专业化建设时期。民国后由于民间士绅对社会教育的热心,加之多位行政官员如齐耀琳、蒋维乔等对社会教育的关注,江苏社会教育专业化的推进一度领跑全国其他省份。

---

[1] 宋恩荣、章咸主编:《中华民国教育法规选编(1912—1949)》,江苏教育出版社 1990 年版,第 72 页。
[2]《致各县知事署、教育会请酌选学员听讲书》,《教育研究(上海)》1916 年第 28 期,第 30 页。

一、社会教育政策制度的建构

　　民国初期江苏社会教育政策制度的建构，一方面系受教育部社会教育政策制度的引领亦步亦趋，另一方面则受民间社团尤其是江苏省教育会的推动，规划社会教育的发展方案，确立社会教育发展政策。

　　在蔡元培的关心下，教育部在设部之初便成立了社会教育司，这是我国近代以来有中央一级独立的社会教育行政机构的开始。据此，江苏也在教育司(后改教育厅)下设立第三科(后改为第二科)，专门掌管礼俗宗教及社会教育事项。1915 年后，各县设劝学所，负责全县教育事务，其中便包括社会教育中施设事项。1918 年，江苏各县依照教育部部令公布的《县视学规程》，于每县设县视学一至三人视察全县学务，其中县视学的任务之一是视察社会教育及其设施状况，由此完成了省、县二级社会教育相关行政机构和人员的设置。

　　江苏社会教育方面的政策规定，当时主要以"训令""规程""议决案"等形式呈现。大致而言，与教育部在社会教育领域的作为相似，1915 年前制定颁布的社会教育法令、规章、规程等较少，虽然 1912 年9 月江苏第一次教育行政会议通过了《社会教育施行方法议决案》，特别规定省行政机关编制第二年省预算时为社会教育开列专款，同时需要省行政机关直接设立通俗教育图书馆编辑所和教育品制作所，要求县、市、乡直接或间接设讲演会、改良戏曲及其他滩簧小曲、推行改良画纸以及推行各种青年读物等，但一如 1916 年 11 月江苏教育司在给全国教育行政会议的报告所言："地方收入一缩减而计划销，迁延复迁延，至近二年间，仅乃有此少数之社会教育事业。"[①]

　　1915 年 2 月，袁世凯发布了具有复古色彩的《特定教育纲要》，7 月，教育总长汤化龙在给袁世凯关于设立通俗教育研究会的呈文中说："考求教育普及之方法，学校而外，尤借有社会教育以补其所不

[①]《江苏省教育司在全国教育行政会议上关于近五年间教育概况汇报》，中国第二历史档案馆编：《中华民国史档案资料汇编(第三辑 教育)》，江苏古籍出版社 1991 年版，第 648 页。

逮……吾国学校教育既远不逮各国,而一般人民未尝学问,毫无训育者实居多数,其所需于通俗教育者自视他国为尤急……故通俗教育实为现今刻不容缓之图。"①获得批准,并拨款予以支持。10月,教育部公布了多项社会教育规程,如《通俗图书馆规程十一条》《通俗教育讲演所规程十六条》《通俗教育讲演规则九条》等,并对社会教育设施提出了规范化的硬性指标规定,如"各省治、县治应设通俗图书馆,储集各种图书供公众之阅览"②,"通俗教育讲演所在省会地方须设置四所以上,在县治及繁盛市镇须设置二所以上,在乡村各地方由地方长官酌量推行"③等。在教育部的带动下,全国各省社会教育机构陆续建立。同年11月20日,江苏巡按使公署便即刻进行了转发,且要求各县知事"遵照办理"。同年12月,江苏巡按使公署发布饬令,要求各县特就县文庙设立通俗教育馆,按提供的《筹设通俗教育馆办法》办理,且规定文到三个月内须将筹办情形上报。

自1915年后,江苏省教育厅或省政府发布了诸多有关社会教育的政策法规,内容涉及社会教育行政管理与经费拨付,社会教育开展的形式、内容、方法,社会教育设施的管理,等等。如1916年,江苏省政府公布《江苏省立通俗教育馆规程》,规定"参照部颁社会教育各项规程,以谋一般社会道德、知识、体力之增进"为宗旨。④ 所需经费编制预决算,在省教育费中支给;为规范讲演内容,1918年1月,教育厅发布训令第52号《转饬讲演机关采用通俗教育用书》,要求各县知事令各讲演机关采用经教育部通俗教育研究会审定的通俗教育用书及讲演参考用书清单所列各书,因为这些书"均以劝导社会、阐明学理为本旨,用之讲演机关,尚称合宜"⑤;为了解决社会教育推行中的财力和人力短缺问题,江苏省教育厅于1918年发布第213号训令,要求各县重视通俗讲演,并通令各县知事转饬各小学校长、教员,于星期休假时兼任讲演员,按照

① 中国第二历史档案馆编:《中华民国史档案资料汇编(第三辑 文化)》,江苏古籍出版社1991年版,第101页。
②《社会教育各项规程》,《江苏省公报》1915年第708期,(附录)第7页。
③《社会教育各项规程》,《江苏省公报》1915年第708期,(附录)第8页。
④《江苏省立通俗教育规程》,《江苏教育行政月报》1916年第2期,(规程)第1页。
⑤《江苏教育厅训令第五十二号》,《江苏省公报》1918年第1476期,第4—5页。

通俗教育讲演规定切实办理,且于每学期末将办理情形上报备查。为加强社会教育的实施,1918年8月初,教育厅长符鼎升先后以训令形式公布了由第三次教育行政会议议决的《推广通俗夜学校案》和《规划社会教育进行案》,要求全省各县知事厘订社会教育推行计划,将社会教育所需款项列入县教育费预算,邀请国民学校教师介入社会教育工作等。

总体而言,江苏民国初期支持社会教育政策的制定和出台,既有教育部的指令和示范,也有一批热心社会教育的民间人士和组织的推动,同时与部分执政者对于社会教育的关注也是分不开的。如1916年,曾出任江苏教育司长的黄炎培赴美考察时,巡按使齐耀琳便委托黄炎培调查美国的通俗教育,后来黄炎培为此专门撰写了考察报告书。

二、以通俗教育为核心的社会教育专业化的萌动

江苏省的社会教育事业开展虽然早在清末时便已启动,但真正社会教育的专业化则始于民国建立初期,其主要标志便是研究与推广社会教育专门性组织的建立。值得一提的是,由于这个时期的社会教育(或称民众教育)的主要内涵与方法是通俗教育,故通俗教育与社会教育是同义词,民众教育大家俞庆棠便曾将民国元年(1912年)至民国七年(1918年)称为民众教育发展的"通俗教育时期",而学者许公鉴从目标角度将其称为"培养公民的社会教育",因为这种新的社会教育"着眼于一般民众文化水准的提高,国民必备知能的增进,以养成共和国家的健全公民。施教的内容主浅易通俗,适合一般民众的程度,所以也可以称为通俗教育时期"。①

虽然南京临时政府教育部设部时便特别设立社会教育司,然因临时政府迁往北京等诸多原因,通俗教育研究会一类全国性官方组织一直未设立。1912年4月28日,江苏籍人士伍达(1880—1913)、史成多方联络,得黄炎培、沈庆鸿、杨择支持,邀集张謇、程德全(苏省都督)、唐

---

① 许公鉴:《中国社会教育新论》,中国文化服务社1948年印行,第50页。

文治、蔡元培、袁希涛、章太炎、宋教仁、于右任、马君武、庄俞等各界领袖与社会名流 70 余人组成通俗教育研究会发起人、赞成人,借上海江苏教育总会场所召开第一次谈话会,推黄炎培、沈庆鸿、杨择、伍达、史成为理事。由于黄炎培有事不能驻留,推姚文楠为理事,筹备研究会进行事宜。后定上海为研究会事务所驻地,每周日开会讨论一次,讨论事宜包括发行《通俗教育研究录》月刊;筹办通俗教育讲演练习所;组建模范讲演团;选择各剧场有益社会的新旧戏剧,编辑说明,随时发行;刊行小本歌辞图说等。同时,这次会议还制订了《通俗教育研究会章程》,明确研究会宗旨为"研究通俗教育设施方法,为普通人民灌输常识、培养公德,并启发有关社会教育各事物"①,通俗教育的理论性研究似乎是该会最初设立的主要工作。研究方法分集会研究和通信研究两种。

1912 年 6 月,《通俗教育研究录》正式发行,由伍达任主编,分寄各省教育机关及海外侨胞,该刊物成为通俗教育研究会宣传通俗教育思想理论,交流各地通俗教育经验、信息的重要阵地。为吸引更多人士关心通俗教育,也为解决通俗教育实施过程中的问题,《通俗教育研究录》还向社会广泛征集通俗教育方面的意见和建议。同年 7 月召开第二次谈话会,会上议定推选时任江苏教育总会会长的唐文治为主持者,并将该会所拟的办法通告各省教育会总会,引导各省酌量筹办。7 月 30 日,教育部临时教育会议在京召开,会议间隙,黄炎培、伍达等邀集来自全国各地的与会代表、在京研究会会员、教育部相关机构部员(包括教育总长范源濂)召开社会教育讨论会,介绍、宣传通俗研究会的历史、宗旨、做法等,并期望大家"将规划之意见及筹办之经验互相发表商定大纲,以为全国社会教育进行之标准"②。与此同时,参加临时会议议员多以个人名义加入研究会。不久,通俗教育研究会在京会员又两次召开谈话会,主要讨论了各省提倡通俗教育的办法,明确施行通俗教育方针宜注重"卫生、谋生、公众道德、国家观念"。会议讨论将通俗教育研究会更名为通俗教育会,将设于上海的通俗教育会定为总会,设通信总机

---

① 《通俗教育研究会章程》,《通俗教育研究录》1912 年第 1 期,第 27 页。
② 《本会北京社会教育讨论会纪事》,《通俗教育研究录》1912 年第 3 期,(纪事)第 11 页。

关,北京设通信处,各地设通俗教育会或通俗教育研究会等。上海的通俗教育会与各地通俗教育会并无直接的隶属关系,而是平等的互为联络的社群关系。10月20日,通俗教育研究会召开第三次谈话会,通过《通俗教育研究会进行宗旨议决案》,确定研究会进行之宗旨:"甲,筹备施行通俗教育应用材料,以应各地之需要及本身实施之用。乙,协助各地发生(展)通俗教育各事业,联络各地有关通俗教育各团体。"①可见,研究会宗旨开始由侧重通俗教育的理论研究,转向推动通俗教育的实施。12月1日,通俗教育研究会更名为上海中华通俗教育会,并公布了新拟定的《中华通俗教育会章程》,特别强调"本会联络全国同志,提倡通俗教育"的性质。

1913年后,由于政局动荡,经济困难,行政机关人事更迭,伍达代表通俗教育会北上向教育部筹款无着,即使原本有江苏教育会议案议决补助该会5000元社会教育费,也因7月后南北战事复起,省议会被解散,预算案失效。不久,因通俗教育会运行经费枯竭,加之核心人物伍达因病去世,导致中华通俗教育会最终停摆、解散。需要特别指出的是,虽然该会属于全国性通俗教育研究会民间组织性质,但因其总部设于江苏境内,其核心人物多为江苏人士,故其对江苏社会教育的专业化推进是有积极意义的。

在推动江苏省社会教育发展和专业化推进方面,江苏教育总会(后更名为江苏省教育会)是一股非常重要的力量。1912年6月22日召开江苏教育总会第八次常年大会上成立了社会教育部,具体规划教育会内通俗教育事务,社会教育部成员有伍达、王引才、杨择、史成。不久,在当年9月召开的江苏教育行政会议上,江苏教育会便提出了包括要求省行政机关编列社会教育经费专款、省教育行政机关设立通俗教育图书编辑所、教育品制作所,以及县、市、乡行政机关直接或间接办设讲演会、改良戏曲等有关通俗教育议案,均获得通过。

在省政府的政策支持下,江苏各地通俗教育实践别开生面。当时全国开展通俗教育的方法与场所主要有宣讲所、夜学校、星期学校、半

---

① 《通俗教育研究会进行宗旨议决案》,《通俗教育研究录》1912年第4期,(主张)第1页。

日学校、贫民学校、白话报、通俗教育学校、通俗图书馆、通俗教育讲演所、通俗教育馆、巡回演讲团、巡回文库、博物馆等,而江苏通俗教育最初特别重视巡回讲演的开展。

早在 1913 年,南通县教育会评议会召开,议决发展通俗教育以讲演入手,而讲演由行政机关及相关民间团体分别提倡。县级行政机关的措施包括"学务课附设专职巡回宣讲""各市乡公所每月定期讲演一次以上"。事实上,江苏省教育会社会教育部在会内发展通俗教育,最初也是集中于讲演等实际工作的开展,如 1914 年,接受会长张謇的建议,组织陆规亮、庄俞、杨同颖、袁希涛等拟订筹办通俗教育办法,并请专人编印讲演稿本。1916 年 3 月,江苏巡按使通饬各县举办巡回讲演团。1916 年 4 月,教育会向江苏巡按使署建议并受其委托,办理教育讲演练习所,培植讲演人才,经过一月培训,毕业学员 40 人,并发放证书。这批学员以江苏籍学员为主,另还有来自北京、直隶、浙江、山东等地学员。来自江苏省学员由省派任巡回讲演团讲员,赴各地开展通俗讲演。[1] 此外,1918 年 3 月,江苏省教育会发起演说竞进会,在江苏中等以上学校的学生中提倡讲演并培养讲演人才,前后共举行了 8 届类似的演讲比赛。据俞庆棠统计,1916 年江苏组织的巡回演讲团,分 10 组出发,听众达 16 万人以上。[2] 又据教育部 1918 年公布的各种通俗教育讲演所概况,在列出的全国 25 个省份中,江苏有 39 处通俗教育讲习所,并列全国第 14 位,从数量看属于较少的省份之一,但拥有巡行讲演团数量为 59 处,列全国第 3 位,仅次于湖北、直隶。[3]

设立综合性的通俗教育机构通俗教育馆,是这个时期江苏最具特色的社会教育举措。1915 年 5 月,江苏巡按使齐耀琳委任教育科科员濮祈筹办省立通俗教育馆。1916 年 2 月 6 日,馆成开幕。开幕日,巡按使齐耀琳亲自到馆致辞,致辞中特别强调社会教育尤其是通俗教育馆的价值,认为"他日社会程度之如何,握其枢者实在此馆","他日各县社

---

① 《江苏省教育会二十年概况》,《江苏教育公报》1926 年第 7 期,(调查)第 13 页。

② 俞庆棠:《民众教育》,正中书局 1935 年版,第 64 页。

③ 《教育部公布全国通俗教育讲演所概况》,中国第二历史档案馆编:《中华民国史档案资料汇编(第三辑 教育)》,江苏古籍出版社 1991 年版,第 563—565 页。

会程度之如何,开其先者实在此馆",“他日全省学校、家庭教育之如何,总其成职者实在此馆",为此,倡导全省各县均应重视社会教育。① 事实上,在1915年12月,巡按使曾下文令60县知事各就本县文庙处设置县立通俗教育馆,次年9月,再次发文督促未有及时上报材料的句容、松江等县知事将筹设县立通俗教育馆情形上报。

江苏省立通俗教育馆系以省款在南京城内半边街韬园建立,该馆作为全省各县社会教育事业学习的楷模,其章程、规则等均为各县立馆所模仿,故其创立被视为“江苏各县社会教育之嚆矢也"②。按照《江苏省立通俗教育馆规程》规定,馆长由巡按使委任(第一任馆长为濮祈)。各部主任则由馆长延聘,其余如讲解员、管理员亦由馆长酌量任用。教育馆内分图书、博物、讲演、体育、音乐五部。其中图书部主要发挥小型图书馆的功能,收藏通俗图书,提供设备、场所供人借阅,所备图书大致分科学、杂志、小说、杂书等,不适于通俗之用者则不置备。图书部设有男子、女子、儿童三个阅览室。博物部类似小型科学展览馆,汇集或定制各种仪器、标本、模型、图表等,并加以简要说明,供大众观览。陈列室有三个,分别是第一室,列有修身类、历史类、地理类、天文地文类、理化类;第二室,列有农业类、工业类、商业类、医学类、水产类;第三室,列有生理卫生类、动物类、植物类、矿物类。讲演部主要是选择有益于社会的各种内容、主题对听众开会讲演,分定期讲演、临时讲演、巡回讲演三种,讲演者除了本部常任演讲者,还可随时聘请名誉讲演员,如教育馆开幕之日,便临时邀请了余日章讲“完全教育"。体育部类似小型体育馆,主要通过提供体育器具和场所供人练习,体育项目主要有普通体操、器械体操、球部运动、弹子运动四项。音乐部因诸多原因并未建立起来。在此之后,到1918年前,受政府政策指令以及省立通俗教育馆示范的影响,吴县、无锡、武进、海门、丹阳等县均有县立通俗教育馆的设立。

通俗教育除了讲演和设立通俗教育馆,开办各类通俗教育学校也

---

① 《齐巡按使致江苏省立通俗教育馆开幕日训词》,《江苏教育行政月报》1916年第2期,(宣言)第2页。

② 《江苏社会教育谈》,《教育杂志》1916年第8期,第51页。

是推广通俗教育的重要形式,而这些学校的类型包括公众补习学校、半日学校、简易识字学校等。据统计,到 1918 年,江苏有公众补习学校 9 所,每校 3 个班,每班平均 40 人,学校数和班均数均列全国前茅。此外,尚有半日学校 17 处,简易识字学校 33 处。①

虽然在官方与民间推动下,以通俗教育为核心的社会教育在江苏一度在表面呈现兴盛之势,但受社会动荡、经济困难的影响,不久便陷入低潮。

---

① 《教育部公布一九一六至一九一八全国通俗教育各项学校概况》,中国第二历史档案馆编:《中华民国史档案资料汇编(第三辑 教育)》,江苏古籍出版社 1991 年版,第 569—572 页。

第七章　北京政府后期江苏教育的发展

1919 年五四运动后,人们的思想发生了巨大变化,民主、科学逐渐成为社会思想的主流。为此,我们将 1919 年五四运动作为北京政府划分前后时期的界限。

受社会政治、思想、文化各方面变化的影响,教育领域在教育民主化和科学化影响下发生着巨大的转变,江苏成为教育改革主要的推进者、实验者之一。

第一节　新思潮影响下江苏教育政策的形成

五四运动后,一方面北洋政府日趋政治腐败、财政枯竭,政府更迭频繁,教育更是被视为可有可无之物,最高教育行政机关已失去其管理权威,对全国教育的发展无力掌控,故就教育政策而言,官方自身已难以单纯依靠行政权力手段独自制定出广为认可的教育政策,而呈现出各地各自为政的现象;另一方面基于"大社会小政府"局面的形成,各民间教育社团、教育派别在新传入的欧美教育思想理论的影响下,纷纷探究教育改革的路径方案,提出自己的教育政策设计,教育界出现"百家争鸣"的态势,这不仅自下而上地影响着全国教育政策的取向与厘定,而且对各地教育政策的改革发挥着直接的作用和影响。

一、自下而上形成的民主化、科学化教育政策

"教育政策"有广义和狭义之分。从广义看,教育政策制定的主体包括官方主体和非官方主体,其中非官方主体包括各种利益集团、在野政党、大众传媒组织等。我国一般取狭义解释,将教育政策视为"一个政党或国家为实现一定历史时期的教育任务而制定的行动准则。……是由政党和国家制定的,而不是由个人制定的"①。然而,无论广义还是狭义的教育政策,均非面壁虚构,都是历史的产物,受到诸多因素影响,其中包括社会诉求的不断牵引、知识分子及教育团体的持续呼吁、大众传媒组织的影响等。

五四运动后,北洋政府对教育的有效控制力度急速减弱,相反各类民间教育社团、基层士绅、各种教育思潮与教育运动、各类教育实验活动等异常活跃,他们对各级政府教育政策的确立产生重要的影响。"民主"与"科学"是五四时期的两大旗帜,也是这个时期在教育政策取向上的重要共识。

针对北洋政府时期教育界出现的尊孔复古逆流,以及对民初教育方针的背叛,早在新文化运动兴起之时,人们便将批判封建教育思想与制度作为思想启蒙的重要内容,如陈独秀 1915 年便在《新青年》第 1 卷第 2 号上发表了《今日之教育方针》一文,强调教育民主化。1919 年 4 月,在教育调查会第一次会议上,沈恩孚、蒋梦麟二人联名提出了《教育宗旨研究案》的议案,主张以"养成健全人格,发展共和精神"为教育宗旨。会议通过了这一议案,请求教育部予以公布。1919 年 10 月,在全国教育会联合会第五届大会上,讨论通过了议决案——《请废止教育宗旨宣布教育本义案(呈教育部)》,认为:"从前教育只知研究如何教人之问题,不知研究人应如何教。今后教育,应觉悟人应如何教,所谓儿童本位教育是也。施教育者,不应特定一种宗旨或主义以束缚被教育者,盖无论如何宗旨、如何主义,终难免为教育之铸型,不得视为人应如

321

---

① 李德龙主编:《简明教育法学教程》,辽宁大学出版社 2010 年版,第 6 页。

何教之研究。故今后之教育,所谓宗旨,不必研究、修正后改革,应毅然废止。"[1]并认为沈、蒋二人提出的教育宗旨适合教育本义。议决案虽然未被教育部直接采纳,但其基本精神对后来制定的新学制产生了影响。

民国建立之初,女子教育、男女同校便被视为反封建教育的重要举措,新文化运动时期,提倡男女平等、提高女子受教育程度和男女同校等更是成为教育民主化的重要象征,女子教育渐成当时一种重要教育思潮。应民间的强烈呼声,当时北洋政府在五四运动后发布了一系列有关改革女子教育的政策法规,如《教育部令各省女子中学校得设简易职业科》(1919 年 5 月 22 日)、《教育部训令各省女子中学校应注意家事实习》(1919 年 5 月 23 日)、《教育部规定女子中学课程及女子师范学科文》(1919 年 5 月 24 日)、《教育部通咨各省区应设法筹办女子中学校》(1919 年 5 月 24 日)、《教育部训令速设女子中等学校》(1921 年 7 月 21日)。可见,此时政府确立的发展女子中等学校的教育政策,很大程度上来自下层的压力。

自 1915 年后,教育界民间人士、教育团体、学校知识分子等纷纷对学制改革开展讨论,提出了诸多新学制草案,1921 年前后更是达到高潮。鉴于民间关于学制改革的讨论如火如荼,为抓牢控制全国教育的权力,北洋政府教育部在 1922 年 9 月于北京举行全国学制会议,出席会议的人员有各省区的教育会代表、省教育厅代表、国立高专以上学校校长以及部聘专家等。会议对第七届中国教育会联合会通过的《新学制系统草案》稍作修改后,又交同年 10 月召开的第八届全国教育会联合会讨论,并于 11 月 1 日以大总统的形式,公布了《学校系统改革案》,即《壬戌学制》,并以七项标准代替了民初的教育宗旨。七项标准是:(1) 适应社会进化的需求;(2) 发挥平民教育精神;(3) 谋个性发展;(4) 注意国民经济力;(5) 注意生活教育;(6) 使教育易于普及;(7) 多留给地方伸缩余地。这七项标准,从某种意义上讲,便是此时教育发展的政策。其内容反映了五四新文化运动以来新教育思潮对于教育改革

---

[1]《第五届全国教育会联合会议决案:(一) 请废止教育宗旨宣布教育本义案(呈教育部)》,《教育杂志》1919 年第 11 期,第 47 页。

民主化、科学化、个性化、多样化的基本要求。

清末民初官方制定的教育政策的主要取向是取法日本,但在五四运动前后,自下而上受欧美新教育思想尤其是以杜威为代表的美国实用主义教育思想的影响,教育政策的制定开始转向效法美国,教育民主化色彩日渐鲜明,这不仅仅体现在制定学制的依据(七项标准)方面,而且在课程改革、教材改革、教学方法的实验等诸多方面均有反映,如中学采用学分制、选科制、分科制,根据儿童之生活需要编订教材,小学试验设计教学法等。此外,政府制定的小学教科书政策亦深受民间力量的推动,如小学教科书改用白话体,便受到民间呼吁统一国语、用白话文编辑小学教科书建议的影响,初小教科书材料、体例、内容呈现的儿童化趋势,便是受到杜威"儿童本位"思想影响。

二、新思潮影响下江苏教育政策的拟定

江苏是近代以来各种新教育思想兴起较早、传播较为广泛的地区,也是各种教育社团、教育报刊等极为活跃的区域,五四运动后,江苏尤其南京、苏南、上海一带,教育传播媒介极为发达,以杜威实用主义教育思潮为代表的欧美新教育理论得以在江苏地区迅速传播和试验。同时,受新思潮影响,新教育社团纷纷设立,教育界各方人士积极开展新教育理论的宣传与实践研究。依靠张謇、黄炎培等知名官绅人物的加入与支持,有着半官方背景的江苏省教育会更是成为直接或间接影响江苏教育政策制定的重要力量,此外,江苏省市县的一些教育行政部门管理者多为教育专家或知识精英,使得江苏教育政策的确立更具专业性。简言之,由于诸多因素的加持,江苏成为引领我国教育发展风向的重要省份,其确立的教育政策更具科学性和民主化色彩。

职业教育兴起于民初,19 世纪 20 年代开始兴盛。江苏作为职业教育思潮的重要发源地和主要倡导者黄炎培的主要活动区域,自然也是职业教育思想和实践也极为活跃的地区,早在 1918 年底召开的江苏省议会上,黄炎培提出的《江苏职业教育进行计划案》顺利获得通过。民间的热烈回应,在教育政策制定上也多有体现,尤其是 1922 年新学制

对职业教育的倡导,在江苏省之后的教育政策中亦有呈现和加强。如1923 年 1 月下旬在上海召开的江苏省教育实业联合会会议上,江苏省政府主席韩国钧亲任联合会主席,教育、实业两厅长,以及教育、实业两领域代表人物邹秉文、刘钟璘、郭秉文、黄炎培、卢殿虎、何尚文均对如何加强教育与实业的联合提出了具体建议和原则,这些多获得政府认可。

乡村教育运动起于五四运动时期,而江苏是主要的策源地之一,尤其是伴随着义务教育计划的制订,乡村教育广受关注。1922 年至 1924年,为培养乡村小学教师,同时也为培养乡村改进人才,江苏省率先设立了 5 所乡村师范分校。江苏的做法获得了好评,以致 1925 年中华教育改进社召开的第四届年会上,出现了请教育部通令师范学校增设乡村分校提案,并要求征集江苏乡村师范分校的组织及其办法,以供教育部参考;1923 年 3 月,教育厅针对兴化县教育会议议决乡村小学加授农业一案,指令县知事,认为"事属可行,应予照准"[①];1924 年 8 月,由半官方机构江苏义务教育期成会牵头组织召开"江苏乡村小学组织及课程讨论会",规定了乡村小学课程、设备等基本标准,教育厅派章慰高、陆规亮等 4 位省视学与会;1925 年 6 月,江苏县立师范联合会致函省教育厅,请求由江苏义务教育期成会、东南大学农科与教育科联合开办"乡村教育暑期讲习会",获得批准,并由省厅发文通令各县派员参加,赵叔愚、傅葆琛、马客谈、俞子夷等江苏知名乡村教育专家参与讲座;1926 年,中华教育改进社去函省长,提出拟设乡村幼稚园于滨江乡之燕子矶,获得省长支持,并允助 500 元开办费;1926 年 5 月,由中华职业教育社、中华教育改进社、中华平民教育促进会、国立东南大学农科与教育科合作成立"联合改进乡村生活董事会",以试验改进乡村生活,黄炎培、陶行知分别担任正副会长,赵叔愚、徐养秋、邹秉文、顾述之等江苏教育界知名人士与会;1926 年 9 月,江苏试办乡村标准学校筹划委员会拟订《试办乡村标准学校计划书》,报送教育厅,获得批准。该计划要

---

① 《令兴化县知事:呈为转呈县教育会议议决乡村小学加授农业案祈鉴核由》,《江苏教育公报》1923年第 6 卷第 3 期,第 84 页。

求划定区域,设立标准学校开展实验,然后普及到其他区域。简言之,加强乡村教育建设是此时江苏重要的教育政策举措。

自民国建立以来,江苏地区对于科学教育十分重视。江苏不仅成为中国科学社迁址归国后的重要基地,而且在民国建立之初便在省教育会下设立了理科教授研究会,推广中小学理科教育。随着科学教育思潮在全国的兴起,江苏地区的科学教育(尤其是中小学的理科教育)广为教育界、科学界人士关注,加强科学教育也成为此时期的重要教育政策之一。1922 年 11 月,为落实新学制对理科教育的规定,江苏省教育会理科教授研究会特在数日内连续发布了《征集各中小学校理科学程草案》《寄各会员询各县理科教育进行状况》《小学自制理科教具展览会筹备会通告》三则通告,以督促各县改进理科教育。鉴于江苏省教育会的半官方性质和重要地位,事实上它对于理科教育的态度,从某种程度上也反映了当时省教育厅的教育政策取向;1923 年 7 月暑期,应江苏省教育会提议,以省教育厅名义委托东南大学聘请美国科学教育专家推士(G. R. Twiss)博士主办科学教育讲习会,对 50 余位中学科学教师进行了为期两周的培训,以促进本省中小学科学教学法的改进。讲习会开会之日,推士便提出了数条改良科学教学方法的建议,后由省教育会转呈省教育厅采择施行。推士认为,改良科学教学办法,重在增加学生实验时间,筹列各校科学设备经费,一改之前重理论之弊。[①] 教育厅不仅同意了教育会的提议,而且发布训令给上海县知事,要求所属小学亦一体比照办理;1924 年,中国科学社受省教育厅委托拟订了《推行江苏科学事业计划书》,其中包括对江苏中学与师范学校的科学教育现状(设备、人员、教学等)调查、改良中学科学教育的计划等。同年 4 月,省教育厅还应第九届全国教育会联合会议决的提倡科学教育案,同意省教育会所拟办法,会同中国科学社理科研究会和教育厅理科指导员,以教育厅名义发起组织江苏科学教育实施委员会,并拟定组织大纲。

五四运动时期是倡导白话文的鼎盛时期,江苏省也紧跟形势,不仅中小学教科书改用语体文,同时重视相应的师资队伍建设。1918 年 12

① 《改良科学教学法》,《时事新报》1923 年 7 月 24 日,第 4 版。

月,经江苏省第三次教育行政会议议决令各县组织国语讲习会案,同时将计划呈送省长,拟委托南京高等师范学校举办 60 县国语讲习科,获得省长批示。1920 年 11 月,遵教育部指令,教育厅在筹设省国语统一会时,还训令各县知事筹设国语统一分会,且在后来通过的国语统一方法案中,要求各县分会设立国语讲习所,并设立国语巡回指导员。之后,江苏省还将白话文的使用从学校推向社会,如 1921 年 2 月,以省长名义发布公告,要求各县机关的政府文告批示使用白话文,同时设立国语讲习所,以培养各级政府的办事人员。

简言之,这个时期江苏拟订的教育政策,一方面是顺应全国兴起的各类教育思潮和教育运动的大势,另一方面则是根据江苏自身社会和教育发展需要,在一定程度上体现了新文化运动给江苏教育发展带来的民主和科学的风尚。

第二节 《壬戌学制》下各级各类学校教育的发展状况

1922 年,北京政府颁布了新学制——《壬戌学制》,引起了我国各级各类学校从教育思想、教育目标、教育性质、教育年限到教育管理、教育内容、教育方法等诸多方面的巨大改变,当然也直接影响着江苏地区各级各类学校的发展。

一、小学教育的改革与发展

《壬戌学制》的基本精神,是强调民主化、个性化,注重职业教育,使教育易于普及。体现在小学教育方面,便是规定小学分初、高两级,其中初级小学为前 4 年,高级小学为后 2 年(较原学制减少 1 年)。初级小学、高级小学可以单设,亦可合并设立完全小学;义务教育年限暂定4 年;小学课程可在高年级斟酌地方情形,增设职业准备之教育。在小学课程标准方面,取消修身科,加设公民、卫生科,国文改为国语,手工改为工用艺术,图画改为形象艺术,等等。

毫无疑问,《壬戌学制》直接影响着江苏小学教育的发展,但特别需要指出的是,江苏小学教育的改革与发展过程并非完全亦步亦趋被动因应变化,而是有着自己的探索经历。

这个时期江苏小学教育的发展,首先体现在小学校数量和入学人数的增加。民国建立之后,江苏小学教育尤其是初级小学学校数量有了较大的增长,如1912年度,江苏各县初级小学学校总数为4716所,到1916年度,初级小学校数量便增至6157所,比1912年度增加1441所,1921年度更增至7401所,比1916年度增加1244所。不过,1926年度初级小学数为6862所,比1925年度减少1211所,根据1927年中央大学区公布的相关资料,全省有小学校数8780所,小学生数522700人,其中大多数为初级小学校及其学生。

虽然初级小学校数总体而言呈增长趋势,但并非逐年匀速增加,而且在与上年比较时,各县之间存在着升或降的差异,如1921年度总体虽然比1916年度校数有所增加,但仍有高淳、松江、奉贤、金山、吴、丰、沛、邳、砀山等9县有所减少。

在学校数量增加的同时,教师数也在逐年增加。如1912年度初级小学教师数为9312人,1916年度增至12787人,1921年度为16075人,1926年度为16236人。同样,学生在校数也在逐年增长,如1912年度,总计初级小学学生200456人,1916年度增至284809人,短短四年便增加了8万余人;1921年度,初级小学学生人数为399751人,1924年度人数为474426人,但1926年度,初级小学在校学生数则减少为395922人。[1]

1926年度无论是学校数量、在校学生数等均较上一年有较大幅度降低,其可能与发生的战争冲突有着一定关系,这一年的教育经费也比上一年减少245481元。

江苏除了地方设立诸多公立和一般私立学校,据中华教育改进社调查,1925年尚有国立小学2所,即国立东南大学附属小学校、南洋大学附属小学校;省立小学5校,均附设于省立师范学校或省立中学中。

---

[1]《江苏各县二十年来初等教育之统计种种》,《江苏教育通讯》1931年第2期,第32—37页。

特殊的私立学校 14 所，均附设于私立师范学校或中学校中，教职员 104 人，学生 3292 人（女生 1333 人）；教会立者 18 校，皆为附设于大学或中学中，教职员 147 人，学生 2005 人（女生 1111 人）。

江苏小学教育的改革，第二方面体现在课程设置上勇于进行探索。民国初年的基础教育，最大的问题便是与现实需求的脱节。早在 1917 年，江苏省立第一师范附属小学便针对大量辍学的现象，开展了职业教育的试验。一方面开展以职业为目的的职业教育，添设商业班，以一年为修业期，后又拟添设徒弟班、女子职业班各一级。另一方面对其他儿童进行职业陶冶。"职业陶冶者，不以将来之就职为直接目的，而以使儿童熟悉本地本国职业状况之真相，养成其爱好尊重职业之倾向为目的。"[1]具体做法便是初等阶段课程以乡土为中心，而以各科联络教学，而乡土科之材料，则以本地本省之职业为主。与此同时，教育家贾丰臻对于在小学修身、国文、算术等各科教学中如何渗透职业教育，曾提出自己见解。[2]一师附小的职业教育探索、贾丰臻实施职业陶冶的主张，与后来《壬戌学制》的改革精神是一致的。

江苏省小学教育改革的第三个方面，便是教学方法的实验，其实验所取得的成效，一度引领着全国小学教育教学方法改革的趋势，其中影响最大的莫过于由南高师附小与江苏一师附小分别自 1920 年前后开始的设计教学法实验。他们开展的实验，并不是简单地去印证国外理论的正确，而是在吸收国外先进的教育理念与教学方法的前提下，结合我国小学教育的国情，通过较为严谨的教育科学的实验研究，得出一个"中国结论"。此外，从严格意义上，他们所施行的并非"原汁原味"的美国设计教学法，而是经过自身理解而改造过的"新设计教学法"。

二、中学教育的大变革

1912 年，民国建立之初，由教育部公布的《壬子-癸丑学制》中，普

---

① 俞子夷:《江苏省立第一师范附属小学关于职业教育之过去未来》,李桂林、戚名琇、钱曼倩编:《中国近代教育史资料汇编(普通教育)》,上海教育出版社 2007 年版,第 618 页。
② 贾丰臻:《今后小学教科之商榷》,《教育杂志》1917 年第 9 卷第 1 期,第 24—32 页。

通中学修业年限为 4 年,同年《女子中学章程》颁布,各省有女子中学自此始。不过,由于将原府立中学堂收归省办,事实上普通中学数量较少,曾一度是江苏基础教育发展过程中的一个短板。同时,原《中学校令》规定的中学科目,以"完足普通教育为宗旨",使其与社会发展需求相脱节,1915 年之后,中学改革呼声渐起。

江苏是这个时期中学教育改革的先锋省份之一,"江苏国立、公立、私立、教会立中学甚多,以不受各方面之束缚,可保持改革之自由,而试验理想之教育,故常为改革之先进,而作他校之模范。"[①]1916 年,教育部鉴于各地职业教育呼声渐高,遂酌定中学增设"第二部",江苏随即响应,在省立四中、六中两校开设"商业"第二部试验。1918 年 10 月,教育部拟召集全国中学校校长会议,为此预先交议了中学科目增减、教材改良、教学方法、理科教学等 7 个讨论问题。同年 9 月 15 日,江苏各中学校便在教育厅召开预备会议,就其中科目之增减、学生的妥筹出路、课程之衔接、成绩之增进优良 4 个问题进行了讨论,通过了南高师附中主任陆规亮所拟办法:对于志愿升学的学生,分设文、实两科,明定主次科目;对于不升学而从事职业的学生,设第二部职业科,如农、工、商之类,亦分主次科目。江苏方案虽然未被完全采纳,但其基本主张后来在新制定的学制中得到了一定体现。

需要特别指出的是,江苏中学教育改革的举措,大多出自江苏中学教育发展过程中出现问题后的应对体会。自 1917 年开始,江苏省教育会每年都会公布中学毕业生出路的统计数据,例如 1919 年全省有毕业生的公私立中学 15 所,中学毕业生共计 423 人,其中升学者 198 人,占总毕业生的 46.81%;就业人数为 81 人,占 19.15%;其他人数为 144 人,占 34.04%。[②] 1921 年有毕业生的中学 25 所,共计毕业生 973 人,其中升学者 379 人,占比 38.95%;就业人数为 283 人,占比 29.09%;

① 陆殿扬:《江苏省立中学学制变更的历史观》,《教育研究》1922 年第 14 期(号外),第 1 页。
②《江苏省各中等学校毕业生出路统计表(八年度)》,《江苏省教育会年鉴》1920 年第 5 期,第 83—85 页。

其他人数为 311 人,占比 31.96%。[1] 1922 年全省有毕业生各类中学27 所,有毕业生 940 人,其中升学者 444 人,占比 47.23%;就业者 157人,占比 16.70%;其他人数为 339 人,占比 36.07%。[2] 从以上所举三年的中学毕业生出路看,虽然升学依然是毕业生的主要出路,人数占比最多,但并不超过 50%,如何解决大多数非升学者的出路,是中学教育改革必须面对的现实问题。故 1920 年 6 月,江苏省议会提议,关于中学校增加职业教育性质,设立选科,请省长召集全省各中学校长出席省议会说明,并筹划兼顾学生升学与就业方法。之后省教育会召集全省中学校长、部分教育学专家等经过近一年时间讨论,先后就选科制、学分制向教育厅、教育部提出了江苏方案。

　　1922 年 11 月,教育部公布新学制系统(《壬戌学制》),中学施行三三分段制,即划分为初中和高中,初高中应并设,但视特殊情形亦可单设,修业年限各 3 年。同时,规定初级中学实施普通教育,但视地方需要,兼设各种职业科,高级中学须附设普通、农、工、商、师范、家事等科,但可视地方情形,单设一科或兼设数科。自此,师范教育的独立系统被打破。由于该学制为男女并用,故男女兼招的中学数量日渐增多。总体而言,《壬戌学制》公布后,"各省中等学校变更极大,初中多归县立,县立中等学校之数量顿增"[3]。各中学大多附设有职业科或师范科,其中以县立为主的初中,间或附设有师范讲习所、职业班。同时,由于初高中分设,也使得中学数量增加较快,1922 年中学校数 547 所,为民国以来中学数量最多的时期,此后,逐年仍然有着大幅增加,如 1925 年为687 所。

　　《壬戌学制》颁行之初,江苏中学教育便得到了较大发展。就普通中学数量而言,有国立中学 3 所,均附设于高校:国立东南大学附属中学、国立暨南学校中学部、南洋大学中学部,这些都实行新制三三初高

① 《江苏省各中等学校毕业生出路统计表(十年度)》,《江苏省教育会年鉴》1922 年第 7 期,第 84—92 页。

② 《江苏省各中等学校毕业生出路统计表(十一年度)》,《江苏省教育会年鉴》1923 年第 8 期,(江苏省教育会各项调查表)第 1—7 页。

③ 周邦道等:《第一次中国教育年鉴》,开明书店 1934 年版,丙编 189。

级中学。又有省立中学 15 所,其中有 4 所为附设者,即公立苏州工业专门学校中学部、省立第五师范中学部、省立第一女子师范中学部、省立第二女子师范中学部。省立中学有教职员 350 人,学生人数为 3663人;县立中学 5 所:松江初级中学校、崇明县立中学校、震(震泽)属公立初级中学校、吴江县立中学校、徐州中学校,有初中学生 669 人,教职员 70 人。私立中学 43 所,其中有 12 所附设于大学中:南方大学中学部、大夏大学中学部、国民大学中学部、远东大学中学部、光华大学附属中学、东华大学中学部、群治大学中学部、宏才大学附属中学、持志大学中学部、复旦大学中学部、同济大学中学部、私立南通农科大学中学部。附设于大学的中学部多为新制三三初高级中学,部分为独立的初中或高中。有教职员 853 人(女性 100 人),学生 7271 人(女生 463 人)。有教会学校 25 所,其中有附设于大学 2 所,即金陵大学附属中学、圣约翰大学附属中学。教会中学共有教职员 409 人(女性 107 人),学生 3730人(女生 737 人)。

　　这个时期江苏的中学教育变革与发展主要体现在两个方面。第一方面是实施中学教育的学校数量激增。数量急剧增加的原因是多方面的,例如有的是通过省立师范学校纷纷进行改革,加设中学科,增加实施中学教育的机构。如江苏省立第一女子师范学校,1921 年时便增设中学科,1923 年,中学设初高中各三个年级,校舍也逐渐扩充;1927 年试行大学区制之际,学校改名为南京女子中学,原附属的小学和幼稚园独立办理。有的是通过中、师合并方式,建设新制中学(初高中)或综合中学,或由原中学改制为初中、高中或初高中并设的完全中学。例如1923 年,遵行新学制,江苏省立第五中学停招旧制中学生,改办初级中学,1925 年,添设高级中学,1927 年进行改组,校名多次改易,1929 年改称省立常州中学;又如苏属省立第一师范学校、省立第二中学和苏州工业专门学校附属中学合并,改为省立苏州中学。其中以省立第一师范学校、苏州工业专门学校附中为高中部,以省立第二中学办初中部;1925 年江苏省立第三中学添设高中,1927 年国民革命军定松江后,改名为省立松江中学;1927 年合并江苏省立第五师范学校、省立第八中学为江苏省立扬州中学,分设初高中两部,其中以第五师范学校校址为高中部,省立第八中学校址为初中部。

当然,这个时期江苏中学在数量上有较大增长,最主要还是体现在县立中学的扩张。因为根据《壬戌学制》的规定,中学改为三三制,分初高中两级,仍以省立为原则,但在附带说明中又云:"凡各县如经费充裕,设备完全,并有相当之校舍、师资,亦得设初级中学。"于是,江苏各县纷纷请求设立初级中学,到1924年,新核准获得试办初中的县份已达14个,包括江宁、盐城、高邮、南通、上海、淮阴、如皋、青浦、阜宁、涟水、沛县、高淳、宜兴、睢宁。此后,由于各县教育经费增加,县立初中相继成立,除少数经济困难的县外,多有县立初中设办。

江苏中学第二方面的变革,便是在课程与教学方法等方面的变革。1922年新学制无疑深受美国教育思想和制度的影响,此次学制系统改革令中规定的适应社会进化之需要、发挥平民教育精神、谋个性之发展、注意国民经济力、注意生活教育等七项教育标准,均反映了美国民主主义、实用主义、自动主义等思想观念的影响。为此,在中学教育方面,不仅通过选科制、学分制等满足个性发展和社会发展需要,而且在课程和教学方法方面亦通过多种改革以期达到目标。如课程方面,因职业科、师范科等设立,设立了诸多职业指导、职业教育类课程,普通课程中也将"国文"科改为"国语"科,将"修身"改为"公民";在教育教学方法方面,特别强调学生的自动、自治。盛极一时的道尔顿制便是在1922年前后输入我国,最先仿行的是位于江苏吴淞的中国公学中学部,后来又在东南大学附属中学开展实验。对于道尔顿制宣传最力者是教育家舒新城,他曾著有《道尔顿制概观》《道尔顿制讨论集》等,并在《教育杂志》还常有宣传道尔顿制的论文发表。不到一两年,道尔顿制便传遍全国的中学。时任北京大学教授高仁山在1925年创办了私立艺文中学,便是专为试行这种教学法。

1926年1月底,鉴于社会形势的发展变化,江苏省教育行政委员会认为江苏中等教育有重新进行规划的必要,为此专门成立了黄炎培、朱经农、刘永昌、陆规亮、杨鄂联五人组成的江苏中等教育计划委员会,同时吸收袁希涛、江恒源、程湘帆等专家参与讨论。通过对中等教育发展现状的调查,重新规定中等教育目标:培养青年期内应具之知能,增进身心健康,施行公民训练,施行职业准备。为了使学生获得应有的知识技能,特别提出"以严密训练,继续小学基本学业而增进之",要求严定考试方法和考勤制度,详订各科成绩最低标准。"以科学方法研究文化概要",要求加强图书馆、实验室建设,组织音乐、图书、文艺等学生社团。"以自动教育养成创造能力",要求采用切实有效的教学方法,并鼓励种种课外作业,使学生思想有感发,言语行为有表现。对于中等学校在设科方面出现的问题,委员会特别建议:就普通中学而言,所设选科应有一定限度;就师范学校与职业学校而言,教育目标、教育方法应力求切合实际,加强本业应有的知能。此外,附设的初中与六年制中学无需扩充。[①]

"六三三学制"在中学方面的改革,旨在使中学能充分发挥其在提升国民素养、升学和就业三方面的职能,同时初高中的"三三"分段,以及给地方一定的办学自主权,都促进了我国中学教育的发展,但受到政治、经济、文化等因素影响,改革的愿望并未能完全达成,一如后人对"中、师合并"做法的评价:"过去主张合并设立之理,以为中学并设职业科及师范科,学生通转较易,适于发展个性,所谓纵横活动之制。但按诸实际,职业技能既未充分培养,师范教育亦未能专业训练,驯至程度日益低落,其结果使谋生、任教、升学三者之目的,均不能达。"[②]

三、高等教育的增速与管理模式改革

清末新政时期,高等教育方面主要有大学堂、高等学堂、高等实业学堂、法政学堂、优级师范学堂等。民国建立后重建学制系统,高等教育方面主要有大学、专门学校、高等师范学校,各有预科、本科。专门学校又分为农业、工业、商业、法政、医学、药学、商船、外国语等。1922年学制改革后,高等教育发生变化,主要有三:可以设立单科性质的大学;高等师范学校改为师范大学;大学采用选科制。此外,大学仍有国立、

---

① 《江苏中等教育计划委员会之报告》,《申报》1926 年 4 月 29 日,第 2 版。
② 廖世承:《十年来之中国中等教育》,《光华大学半月刊》1935 年第 9/10 期,第 38 页。

省立(公立)、私立之分。新学制施行后全国专门学校、高等师范学校，纷纷改为大学，大学数量一时激增。这个时期全国高等教育发展缺乏统一规划指导，处于自由生长期。

自清末以来，江苏一直关注高等教育发展，是全国高等教育机构设立最多的省份之一。据中华教育改进社调查科所作的1925年"全国中等以上学校统计"，江苏有国立大学5所，仅次于北京，他们分别是国立东南大学、河海工程大学、国立东南大学分设上海商科大学、国立暨南学校、南洋大学。共有教职员工427人，其中女教职员工22人；共有在校学生2193人，其中女生66人（都在国立东南大学）。有省立大学2所：江苏法政大学、江苏医科大学，共有教职员工78人（女性4人），在校学生300人。此时江苏大学类型中最多的为私立大学，共有16所：南方大学、大夏大学、国民大学、运东大学、光华大学、东华大学、上海群治大学、宏才大学、持志大学、上海法治大学、上海艺术大学、南洋医科大学、中国公学大学部、复旦大学、同济大学、私立南通农科大学。私立大学共有教职员工608人（其中女性31人），在校学生5079人（含女生201人）。[1] 此外，另有教会设立的大学5所（含未在政府备案、未被政府认可者）：金陵大学、金陵女子大学、圣约翰大学、震旦大学院、东吴大学，教职员共311人（含女性35人），在校生共1733人（含女生153人）。

高等教育中，除了大学，尚有专门学校的设立。在1925年，江苏有省立专门学校2所：公立南京工业专门学校、公立苏州工业专门学校。私立者则有3所：南京美术专门学校、南京女子美术专门学校、上海美术专门学校。

民国建立之初，便有增设大学之议，且南京为适中地点，但因绌于经费，暂时作罢。1920年4月，南京高等师范学校校务会议议决筹备国立大学，经各方面赞助，该年11月获得国务会议通过，同意设立国立东南大学。1921年6月，学校董事会成立。不久，教育部核准了筹备处拟定的组织大纲和大学简章，国立东南大学于1921年9月宣告成立，1923年秋，南京高等师范学校并入。著名教育家郭秉文被聘为国立东

---

[1] 这个统计并不完整，1922年11月立案的私立大同大学尚未被统计在内。

南大学的首任校长。学校最初设立文、理、教育、农工四科,另外在上海设立商科,但后来又与暨南学校合办上海商科大学于上海。1922 年新学制颁行后,由于大学设立门槛的降低,原合办的商科大学改名为东南大学分设上海商科大学,暨南则自行开办暨南商科大学。

国立交通大学(上海),系由晚清南洋公学发展而来。光绪二十九年(1903 年)秋后,先后更名为上海商务学堂、商务高等实业学堂、邮传部高等实业学堂。民国元年(1912 年)改名为南洋大学堂,未及一年又改名为交通部上海工业专门学校。1921 年夏,合并唐山工业专门学校、北京邮电学校、交通传习所,更名为交通大学。1922 年秋,唐山、北京两地学校分别组成交通部唐山大学和唐山大学分校,而在上海的学校则改名为交通部南洋大学。1927 年夏,上海、唐山、北平三校又更名为第一、第二、第三交通大学。

国立同济大学,其前身最早可溯至清末光绪三十四年(1908 年)德国人宝龙设立的同济医院附设德文医学校。1917 年因欧战关系,该学校被法国解散且没收。为此,北京政府教育部应该校华籍董事会及学生吁请,自设同济医工专门学校,聘请毕业于柏林大学工科的阮介藩为校长,设医科、工科、德文科、机师科,校址在上海吴淞。1923 年改称同济大学,并改德文科为中学部及德文补习科,又先后改机师科为附设中等机械科、附设机师学校。1927 年 3 月,校长阮介藩因学潮辞职,由国民党在上海的权力机构上海政治分会接收,改称国立同济大学,任命张仲苏为校长。

私立上海美术专门学校,其前身是创办于 1912 年 11 月的上海图画美术院,后经过多次更名和专业科系调整,于 1920 年 1 月更名为上海美术学校,计划开办中国画、西洋画、工艺图案、雕塑、高等师范、普通师范六科,其中先办西洋画和普通师范两科,兼收女生。1921 年 7 月改名为上海美术专门学校,同时开办高等师范科,次年加设中国画科。1925 年 1 月改定学制,学校设造形美术院(含中国画系、西洋画系)、师范院(含图画音乐系、图画手工系),学制均为 3 年。同时又设立了图音专修科、图工专修科,学制均为两年。在这一年又添设工艺图案系。学校实行校董会领导下的校长负责制。

不过,教育改进社对江苏地区中等以上学校的统计并不完整,在大学中,尚有由 1912 年立达学社胡敦复等在上海创设的大同学院发展而来的大同大学。在专门学校中,尚有设在苏州的中山体育专门学校、设在上海的东亚体育专门学校、设在无锡的国学专修馆等。其中中山体育专门学校前身系 1924 年 9 月成立的中国体育专门学校,1927 年春,更名为中山体育专门学校;私立东亚体育专门学校创办于 1918 年 8 月。上述两所体育类学校都曾先后接受政府委托,开设童子军教练员训练班。无锡国学专修馆创办于 1920 年冬,由施省之和陆勤之等捐资,唐文治筹建,1921 年 2 月 27 日开馆,唐文治任馆长。1927 年 7 月,改名为无锡国学专门学校,学制 3 年。1929 年 12 月,又改名为无锡国学专修学校。

这个时期,江苏高等教育在管理体制方面最有影响的探索莫过于由东南大学开启的国立大学董事会制度。1921 年东南大学筹备之时,校长郭秉文便有意移植美国的大学管理模式,希望通过有影响的董事,为大学发展寻求社会舆论与经济方面的支持。根据 1921 年东南大学董事会章程,其职权为扶助学校事业之进行,保管私人捐助之财产,均属于议事、咨询性质,并不干涉学校内部事务。1921 年 6 月 6 日,第一届董事会正式成立,聘请的 17 位董事均是当时社会名流、商业巨头,如北京大学校长蔡元培、教育部代部长袁希涛、外交部长王正廷、江苏省教育会会长沈恩孚、江苏省教育司司长黄炎培、江苏省财政厅厅长严家炽、上海工商巨头穆藕初、上海总商会会长聂云台等等,这些理事利用其影响和资源,为东南大学发展争取到诸多精神与物质的支持。1924 年,在郭秉文的提议下,修订了《国立东南大学校董会简章》,将校董会职权扩大为:决定学校大政方针;审核学校预决算;推选校长于教育当局;决定学校科系之变更;保管私人所捐财产;议决学校其他重要事项。① 新的董事会似乎已经取代原有评议会的功能。由于 1920 年代初期全国各大学都身处争取教育独立运动的热潮之中,东南大学董事会

---

① 《令国立东南大学校董会:呈一件送修正国立东南大学校董会简章由》,《教育公报》1924 年第 7 期,第 21—22 页。

的"成功",引得国内其他大学也开始尝试这种制度,如北京高等师范学校便在筹办北京师范大学时,成立了董事会,而对董事会赋予的职权,几乎与东南大学一样。1924 年 2 月,教育部重新修订并颁布了《国立大学校条例》,第十三条明确规定:"国立大学校得设董事会,审议学校进行计划及预算决算暨其他重要事项。"[1]董事会制度得到了官方的认可与推崇。

1926 年 7 月,教育部公布了全国已在部正式立案且开办了的公立私立专门以上学校名单,全国共有专门以上学校 92 所,其中江苏便有 17 所,数量仅少于北京而位居次位。具体为国立专门以上学校全国共有 20 所,设在江苏的有东南大学、东南大学分设上海商科大学、暨南学校、同济大学、政治大学 5 所,数量仅次于北京,位列第二;全国公立专门以上学校 48 所,设在江苏的有交通部南洋大学、全国水利局河海工科大学、中法工业专门学校、江苏法政大学、江苏医科大学、苏州公立工业专门学校 6 所,与山东省并列首位;私立专门以上学校共 24 所,设在江苏的有金陵大学农科、大同大学、复旦大学、中国公学大学部、南通医学专门学校、南通纺织专门学校 6 所,数量仅次于北京,位列第二。[2] 从建设的数量看,江苏地方财政和民间资本对办理专门以上学校颇为支持。

四、职业教育的扩展

提高职业教育地位,加速职业发展,是《壬戌学制》的主要导向之一。1922 年学制颁布后,职业教育体系发生了变化,改变了原来自成旁系的做法,将职业教育与普通教育结合,其中原甲种实业学校改为独立设立的职业学校或高级中学中设置的农、工、商等科,原乙种实业学校酌改为职业学校,招生对象为高级小学毕业生,亦可接受相当年龄修习过初级小学的学生。小学高年级课程中,可以视地方需要增置职业

① 《国立大学校条例》,《安徽教育月刊》1924 年第 358 期,(法规)第 2 页。
② 《教育部公布全国公立私立专门以上学校一览表》,中国第二历史档案馆编:《中华民国史档案资料汇编(第三辑 教育)》,江苏古籍出版社 1991 年版,第 199—203 页。

准备课程;初级中学亦可视地方需要兼设各种职业科;职业学校的期限及程度,可以酌量依据各地情形自定之。

江苏是全国职业教育最为发达的省份,据孙祖基统计,1926年全国各省份职业教育机构设置数量中,江苏高居首位,达337个,比第二位山东(146个)还多一倍有余。[①] 即使在女子职业教育方面,江苏也走在全国前列,如1922年全国有女子职业学校76所,名列前三位的省份分别是江苏(20所)、湖南(18所)、安徽(6所)。[②] 就省立职业学校发展而言,江苏职业教育延续了之前职业教育发展的态势而有进一步的提升,如江苏省立第三农桑学校在1918年后,因应地方需要科系设置更为丰富,在农本科、农蚕别科的基础上,1918年添设畜本科;1920年添设农畜职工科;1921年农、畜两本科三年级又分为作物、园艺、畜牧、兽医四系;1923年秋,将农、畜两本科改为畜牧、兽医、麦作三系;1926年秋,将麦作系改名为农艺系,添设蚕桑系,至此,学校共有畜牧、兽医、农艺、蚕桑四系。

据中华教育改进社统计,1925年有省立职业学校6所:省立第一农业学校、省立第二农业学校、省立第三农业学校、公立商业专门学校、省立水产学校、省立女子蚕业学校,共有教职员249人,学生1137人(女生136人);私立者9所,其中有3所附设于大学或中学之中:同济大学中等机械科、南京五卅公学高中职业科、澄衷中学职业科。私立教职员140人,学生1120人(女性76人);教会中学东吴第四中学也有高中职业科设立。职业专修学校中私立有13所(含附设1所),涉及体育、国语、商业、医学等领域,教会设立的有2所。

1924年9月,苏州工业专业学校设置建筑科,在国内首开近代建筑科学的教育事业。同年底,徐州私立艺术专科学校成立,发起人为张金石、阎咏百、王琴舫、王继述、肖龙士、王子云、王寿仁。

简而言之,这个时期江苏职业教育初步显现学校数量、学校类型、专业设置等逐渐增多的特点。

---

① 孙祖基:《十年来中国之职业教育》,《时事新报(上海)》1927年2月19日,第4版。
② 杨鄂联:《中国女子职业教育之经过及现况》,《教育与职业》1922年第35期,第62页。

五、师范教育的多元并举

(一)各类师范教育机构的设立

1922年新学制颁布后,师范教育发生较大改变,最主要体现在以下几个方面:一是师范教育内容得到充实,提高学生程度,并给地方以伸缩余地。如师范学校修业年限改为前期3年、后期3年,6年毕业;二是高级中学得设师范科,同时得设一年、二年、三年之师范学校,以补小学教员之不足。由此,师范学校与普通中学渐有合并之趋势。

1923年,江苏省在省立师范学校设农村师范分校,以为培养乡村初级小学教师之所,修业年限一年、二年、三年不等,其他各省纷纷效仿,"是为我国乡村师范教育发轫之始。"[①]当时主要是省立第一、二、三、四、五师范学校分别在吴江、黄渡、洛社、栖霞、界首设立了农村师范分校。

这个时期的师范教育,除了学制系统规定的各级各类师范学校,为推动义务教育的施行,培养国民学校任教者,设立师范讲习所被重新强调。

1922年,在江苏义务教育期成会召开大会时,会员崔毓麟提出议案,要求督促尚未开办甲种师范讲习所各县,限期成立,后得大会通过,并呈请省长及教育厅长,"令未办甲种师范讲习所各县,即日委员筹备,并先将筹备员之姓名、资格呈报,尽十一年八月始业时,各县须完全成立,不得再敷衍塞责"[②],对于已经设立的师范讲习所,应由教育厅随时派遣省视学严加考察,务期名实相副。这个提案得到省教育厅的支持并通过,下令各县限期开办。据1922年统计,已有24处师范讲习所设立,其中有3所甲种女子师范讲习所,另有3所处于筹备和计划近期开办中。在这些已经开办师范讲习所的县份,其中14所是在1921年及之后设立的,可见,在省教育厅的严厉督责下,师范讲习所的设立有一

---

① 周邦道等:《第一次中国教育年鉴》,开明书店1934年版,丙编306。
②《呈省长文(三)》,《义务教育》1922年第7期,(会牍录要)第3页。

定增长,到 1924 年,已有 49 县开办师范讲习所,开办县份达 80％以上。不过仍有 11 县因经费困难而无开办计划,而且即使开办了的某些县,也存在着举办一期后便停办的现象。

据中华教育改进社统计,1925 年江苏有省立师范 14 所(含附设者 2 所),其中附设者为省立第四中学高级师范部所设三年制高级师范和省立第四师范农村分校,其余均为原来的师范学校省立第一、三、四、五、六、七、八师范学校,以及省立第一女子师范学校、省立第一女子师范幼稚师范科、省立第二女子师范学校、省立第三女子师范学校、第二代用师范学校,学校多为新制六年师范,且附设小学部。全省省立师范学校共有教职员 400 人,在校学生数 3232 人(含女生 776 人)。另有旧制县立师范学校 2 所:崇明县立师范学校、无锡县立女子师范学校;私立师范 7 所(含附设者 2 所),附设者为群治大学高级二年级师范、竞志女学师范部,其他有南京女子体育师范学校、勤业女子师范学校、常熟私立淑琴女子师范学校、江南专科师范学校、私立母里师范学校。私立师范校有教职员 71 人,学生人数 275 人(其中女生 181 人)。另外,短期性质的师范讲习科及专修科有国立暨南学校师范专修科一校,省立师范附设三校:省立第四师范师范专修科、省立第五师范师范专修科、第二代用师范师范讲习科;县立一校,即奉贤县立师范学校;私立为南京东方公学师范国文专修科。

(二)以暑期学校为代表的在职教师培训

暑期学校是在之前对在职教师开展培训的暑期补习学校、暑期讲习会、暑期演讲会等基础上发展而来,其组织形式、管理模式、教育教学内容设计等更加规范化、专业化。

作为一种新的教育机构,"暑期学校"(Summer School)名称来自国外,其源头有二:一是哈佛大学,二是英国教友派由周末针对成人开办的讲演学校发展而来。"暑期学校"传入我国的确切时间不可考,但从现有史料看,在 1920 年代之前并无"暑期学校"名称出现。据杨贤江的说法,我国最早的暑期学校是 1920 年由南京高等师范学校开设。[①] 有

---

① 杨贤江:《世界教育新潮:美国暑期学校之发达》,《教育杂志》1922 年第 14 卷第 5 期,第 1 页。

证据显示,南高师暑期学校的开办,与陶行知和当时担任南高师校长郭秉文的大力推动有着密切的关系。他们认为,暑期学校的优点主要有四:为学业有困难的学生补习功课;为实行选科制的学校中的学生,提前加读几门课程,早些毕业;帮助在职教师专业进修;将各地各有所长的教师聚在一起,彼此交流。① 南高师 1920 年 10 月编印的《南高师第一届暑期学校概况》记载,本次活动组织严密,规模宏大,学员来自江苏、浙江、江西、广西、云南等 17 个省,共计 1041 人,年龄最大 59 岁,最小 16 岁。由于该次暑期学校的培训对象以小学教师为主,另有部分中学教师、师范学校教师、职业学校教师和教育行政人员的参加,故所开设的多为小学教学法、儿童心理学、教育社会学等教育类课程,共有 25 门之多,另有专题演讲 32 次,以及展览会、游艺会 9 次,经济上也有 1600 余元盈余。

南京高等师范学校暑期学校的成功,极大地刺激了国内各类教育机构、社会团体以及教育行政部门兴办暑期学校的热情,兴办主体多元。公私立大学无疑是当时影响最大的举办暑期学校的组织,如北京大学、浙江大学、大夏大学、南开大学、复旦大学、金陵大学、圣约翰大学等知名大学均从服务社会角度纷纷加入兴办暑期学校的队伍。同时,也有许多公私立中等教育机构如江苏省立上海中学、圣约翰青年中学等也受经济利益驱动或基于服务社会立场开设暑期学校,不过其性质主要局限于补课。

在暑期学校管理方面,大学一般成立专门委员会负责其事,下分教务、庶务、斋务三部,另有女生指导员 1 人。从课程设置看,大学为中小学教员培训开设的课程呈现较为鲜明的"学术化"倾向。如 1920 年南高师第一届暑期学校开设的课程有白话文法、注音国语、小学组织法、小学教学法、中国古代哲学史、儿童心理学、英语语音学、社会问题、教育社会学、实验教育心理学、英语教授法、文学概论、近代西洋哲学史、团体游戏及竞技运动、青年心理学、近世欧美文学趋势、高等数学、个人及公众卫生、天演学说等。1921 年第二届暑期学校的课程为普通心理

① 南京高等师范学校:《南高师第一届暑期学校概况》,内部资料,1920 年版,(发刊词)第 2 页。

学、心理测验、教育统计学、学务调查及报告、卫生学、医药常识、历史教学法、注音国语、国语教学法、国语文法、英文修辞法、实用英文法、阅书英文、英语教学法、英语语音学、语音学大意等。

大学为暑期学校配备的讲师,一般以本校教师为主,同时还根据需要聘请其他学校的学者和社会名流参与讲演或教学。以南高师举办的第二届暑期学校为例,当时培训课程包括正课、讲演。其中正课讲授者主要由本校知名教授担任授课教师,同时还外聘了部分教师。本校教授有陈鹤琴、张士一、梅光迪、俞子夷、廖世承、郑宗海、陆志韦、杨杏佛等,此外还聘请了许多本地、外地甚至国外的学者和名流,如胡适(北京大学)、竺可桢(武昌高等师范学校)、江亢虎(旅美学者)、黄炎培(江苏省教育会副会长)、陈衡哲(北京大学)、穆藕初(上海企业家)等。

除了许多正规学校开设暑期学校,各种社团组织主办的暑期学校也在其中占据相当份额,如中华武术会自 1921 年开始便设立暑期学校,最初仅有体育一科,1923 年后又增加音乐科。而昆山花园中华卫生教育会更是在 1923 年于济南、庐山、广州、上海四地开设暑期学校四所。

由于暑期学校开办者鱼龙混杂,故暑期学校质量参差不齐,其中最大的问题是相当一部分暑期学校的逐利性,1922 年 9 月 1 日,《上海民国日报》刊载评论《商品化的暑期学校》,文章提到南京的一个补习班,竟然能在那年暑假收到 1200 名学生,每名学生收三块大洋的补习费,另加三块大洋的住宿费、伙食费、门锁费、证书费,利润非常可观。当时便有人批评这类暑期学校"似乎甚少表见其学校的功效于社会之上",开办者"只在望着想着那学生们的荷包里的白亮亮的银洋和花绿绿的钞票"[1]。

除了逐利性给在职教师培训带来的消极影响,暑期学校聘请的主讲教师队伍的结构也不尽合理,教授内容常脱离实际需求,也在一定程度上影响着暑期学校的教育效果。如省级以上学会、教育行政机关以及大学举办的暑期学校中,多以知名学者、大学教授为暑期学校授课和

---

[1] 且夫:《暑期学校》,《时时周报》1931 年第 24 期,第 374—375 页。

演讲主体,而过于迷信"大家"却存在着培训"不接地气"的风险,当时教育家俞子夷便提醒暑期学校组织者,暑期学校聘请教师应"以有经验能实地教小学生而亦研究理论的人顶合宜。小学教员不明白理论,固然是个缺点;然而明白了理论,不会实地应用,却也是一个最大的难点……名人讲演,最好不请……老实说,一二时的名人讲演,得益不一定是很多的"①。又如大多数暑期学校设计的讲演主题和课程,虽然考虑到社会政治变化和学校教育教学的需求,但对学员现有水平和需求并未做深入调查,培训内容多由少数专家精英、上层组织者自行决定,一如一些学者所批评:暑期讲习会的课程、讲题,大都是主持会务的人主观拟定,他们期望在短时间里把教育上所有的问题都讲到,所以拟定的讲题都是大而无当的,其结果是讲授者虽然是鼎鼎大名的人物,但受时间的限制,加之不了解学员的需求,只管滔滔不绝大讲理论和原则,"可怜的只懂教学实际事实的小学教员,听得莫名其妙,或以为高不可攀,不合实际,因此不能发生兴趣。"②

六、以平民教育为主要内容的社会教育

五四运动后,伴随民主思想的盛行,社会教育日益受到人们的关注,尤其是五四时期各学校学生纷纷举行露天讲演、创办夜校,以启发民智而提高其觉悟,加之在欧洲从事华工教育并取得一定成绩的晏阳初等回国,提倡中国平民教育运动,以"除文盲,作新民"为口号与目的,数年间平民教育运动推及全国,平民教育代替之前的通俗教育,成为这个时期社会教育的主要内容与重要特色。

江苏延续着对社会教育发展的支持政策,一方面根据教育部指令,丰富社会教育内容,如1919年4月14日,教育部训令各省教育厅推广体育,为此江苏省厅要求各县通俗教育馆等加强公共体育场所的建设。另一方面对于一直存在的某些县区对省厅发出的训令、政策"知而不

---

① 俞子夷:《我对于办暑期学校的一点小意思》,《教育杂志》1923 年第 10 期,第 2 页。
② 储子润:《一个试验的"小学教员暑期学校"——无锡县教育局小学教员暑期学校》,《教育杂志》1928 年第 10 期,第 3 页。

第七章　北京政府后期江苏教育的发展

343

行"的现象,加大了检查、监督与指导力度。如省教育厅依照第二次教育行政会议议决,曾下令全省各县筹办社会教育事宜,但各地发展极不平衡,繁盛之区大半已经兴办,偏僻之地尚有未进行者,为此1919年2月2日,教育厅从调查社会教育情形入手,下令各知县知事文到一日之内须将下发的6种表格详细填报,以凭稽核;1921年9月,根据省教育行政第四次会议议决,教育厅遵省令下文60县知事,要求上报各地社会教育促进情形,包括半日学校、露天学校、夜校的举办情况,公园、图书馆、博物馆、公共体育场筹办情形等。为使督促、指导落到实处,省教育厅于1923年7月11日,建立通俗教育指导员制度,委任原宿迁视学张世毅为社会教育指导员,前往各地视察、指导社会教育实施,并及时撰写出视察报告。例如张世毅于1923年9月初赴上海县视察,除了写成报告上呈教育厅,还给出视察评语,由厅以训令形式反馈给上海县知事:"该县县立公共体育场办理合法,成绩卓著。私立少年宣讲团热心讲演,始终不懈,均应由该知事传知嘉奖,以资鼓励。至通俗教育馆有名无实,殊属不合,应即遴委相当人员切实整顿。"[1]1924年7月,因张世毅另有他任,教育厅又延请金坛通俗教育馆馆长陈家凤续任指导员一职。

平民教育问题虽然早在民国成立之前便已有学者关注,如1911年浙江绍兴胡剑吟在《学生文艺丛刊汇编》第3卷第1期上曾发表《青年和平民教育》一文,1912年南京临时政府教育部曾批准高观潮等人提出的创设平民公学的立案呈请,1915年时任教育总长汤化龙也曾大谈平民教育,但并未在全国引起太多反响,且多昙花一现。1920年上海中华基督教青年会曾成立平民教育科,聘刚归国的晏阳初为总干事,借着晏阳初等的热情宣传,平民教育渐为人知,如1922年晏阳初抵达长沙与各界举行全城平民教育运动,开办平民60余处;1923年2月,晏阳初抵烟台,与青年会同人举行大规模平民教育运动,同时嘉兴也有同样运动。总体而言,1923年后,通俗教育逐渐转向平民教育。

---

① 《训令第117号》,《江苏教育公报》1924年第1期,第26页。

"苏省平民教育运动,以南京为策源地,故其进展,亦以南京为中心。"①江苏社会教育由通俗教育转向平民教育始于 1923 年,其重要标志便是南京平民教育促进会的成立。1923 年 6 月 20 日,朱其慧、陶行知等发起并组织的南京平民教育促进会成立,推举袁希涛、蒋维乔为正副会长,王伯秋为总干事,当时经费主要来自各军政官长及其他社会名流的捐助。同时,为加快工作开展,组织了各种委员会如招生委员会、教师委员会、校舍委员会、教务委员会、经济委员会等,分头进行,办理平民学校,以 4 个月为毕业期限。相对于通俗教育对象的全民性,以及以启导国民、改良社会为宗旨,平民教育对象更为明确、集中,根据晏阳初的观点,"所谓'平民教育'的'平民'是指一般已过学龄时期而不识字的男女,或一般已识字而缺乏常识的男女。所谓'平民教育'的'教育'共分三步:第一步是'识字教育',第二步是'公民教育',第三步是'生计教育'。'平民教育'的最后目的,是在使二百兆失学男女皆具共和国民应有的精神和态度。"②同年 8 月 22 日,中华平民教育促进总会在北京成立,推举朱其慧为董事长,晏阳初为总干事。鉴于南京平民教育促进会主要倡议者将工作重心转向全国性平民教育的推广,且为联络全省各县行动一致起见,需要一个统一机构以资策应,而具有良好工作基础的南京平民教育促进会理应扩张范围,于是 1923 年 12 月经第七次省教育行政会议议决,原南京平民教育促进会改组为江苏平民教育促进会,经费不再由捐赠维持,改由省署拨付,并纳入年度经费预算。不过,根据《江苏平民教育促进会章程》规定:江苏平民教育促进会的任务中除了调查实况、物色教员、筹措经费、研究教育等,还须"赞助全省各县平民教育之进行计划,本会以南京为实施区域,凡南京地方之平民教育,由本会特组各项委员会办理之。"③换言之,改组后的江苏平民教育促进会一方面需要统筹、协助各县平民教育事业的发展,但另一方面仍然需要负责实施南京地区平民教育,江苏平民教育促进会与南京平民

---

① 庭彦:《苏省平民教育运动之发展(上)》,《申报》1924 年 3 月 9 日,第 2 版。
② 晏阳初:《平民教育的真义》,宋恩荣主编:《晏阳初全集》第一卷,湖南教育出版社 1989 年版,第113 页。
③《南京平民教育促进会将改组为江苏平民教育促进会》,《通俗旬报》1924 年第 10 期,第 15 页。

教育促进会乃是两块牌子一套人马。关于推行办法,决定由各县教育局组织平民教育委员会,参酌《南京平民教育促进会组织大纲》办理。

江苏当时实施平民教育的办法,先是在省会南京试行,具体是通过借用公私立学校或其他各机关空闲房屋,设立平民学校,教员多由小学教师及部分中学生义务兼任,招生则由招生委员会巡游演讲,或挨户劝导,各区警察尽力辅助。到 1923 年底,南京平民学校共有学生 5000 余人,在 1923 年 12 月 22 日举行的第一届毕业礼,计有 608 人毕业;次年 1 月 26 日第二届毕业礼有 308 人毕业,4 月 15 日第三届毕业礼有 200 人毕业。在短短 4 个月左右时间,便有 1100 余人毕业,扫盲成绩可谓昭著。当时除了平民学校,还广泛设立了更加简便易行的平民读书处,"务使南京全城四十万市民,人人能晓文义,略具知识,而后平民教育,始收完全之效果。"①1924 年 5 月 1 日,由南京平民教育促进会创办的平民工余读物《平民旬报》创刊,同年 6 月 29 日,由陶行知创办的《平民周刊》作为《申报》的副刊创刊。两刊文章都以短小精悍为特点,主要面向平民。7 月 4 日,全国教育展览会、全国平民教育展览会在南京举行,这是一次具有较大规模和影响的对教育事业成就的集中检阅,对南京乃至全省平民教育事业推进的影响是毋庸置疑的。不过,1924 年 9 月爆发的江浙战争,祸及全境,平民教育一时难以开展。1925 年 3 月初,南京继续开办平民教育,至 6 月初,已设立平民学校 41 所,其中男校 30 所,每校学生 40 人以上,女校 11 所,每校学生 30 人以上,共计学生 1600 多人。学生中女生有少量 15 岁以下者,男生基本在 15 岁以上。

在南京平民教育的带动与影响下,热心人士奔走提倡,各县多有响应,"如涟水由该县公立初中校长朱轶人暨教育局长郑寅伯等发起,先行开办二十班,招生千余人,经费均由私人筹垫;如皋平民教育运动,由该县平民社发起,先通函该社在籍社员,各就所在地筹办……共计去年成立数十校,皆出该社推行之功。"②其他诸如昆山、淮阴、淮安、金山、崇明、吴县、邳县、丹徒、兴化、苏州、上海、宝山等地,或由教育局发起,或

---

① 蒋维乔编:《江苏教育行政概况》,商务印书馆 1924 年版,第 69 页。
② 庭彦:《苏省平民教育运动之发展(上)》,《申报》1924 年 3 月 9 日,第 2 版。

由中小学教职员提倡,纷纷建立平民学校,成立平民教育促进会等。据统计,1923年8月至12月,已有平民学校126余所,学生5024人,其中女生约占五分之一;1924年3月至7月,共设94校,学生3555人,其中女生约占四分之一;该年8月至12月,受战争影响未推广;1925年度分春、秋两季推广,共设85校,学生3704人,女生约占四分之一;1926年春季,共设45校,学生1674人,其中女生约占四分之一,预计8月份全部毕业。为推广普及起见,除了设立平民学校,在商业繁盛处还设立平民读书处146处,平民阅报处9处,平民问字处11处。[①]

1926年后,江苏平民教育从最初关注扫盲识字教育,开始转向生计教育,曾令各县建立职业传习所,与兴起的乡村教育、职业教育相结合。

第三节　教会教育在江苏的扩张

20世纪初,清政府在新政开始后便宣布,外国人在内地开设学堂"亦无庸立案",这一政策使得教会办学有了更快的发展。由此,20世纪初到20世纪20年代是传教士大肆向内地传播教义、发展教徒的兴盛时期,也是在华教会学校发展的繁荣时期,1920年中国基督教教育会关于中学及高级小学的调查报告中所载的264所学校中有74%是1900年以后创办的。[②] 到1926年,教会学校总数约15000所,学生共约80万名。[③] 到1927年上半年,全国共有基督教教会小学6599所,学生184481人;中学校291所,学生15213人;大学共17所,单科大学11所,学生4256人。[④] 同样,江苏地区的教会事业也得到了迅速发展,如1907年,江苏省计有天主教徒136096人,仅次于直隶,占全国总数的

① 《江苏平民教育推行概况》,《新闻报》1926年7月29日,第4版。
② 中华续行委办公调查特委会编,蔡咏春等译:《1901—1920年中国基督教调查资料(上卷)》,中国社会科学出版社1987年版,第135页。
③ 顾长声:《传教士与近代中国》,上海人民出版社2013年版,第279页。
④ 杨名声:《中国基督教育最近之趋势》,《中华基督教会年鉴》1927年第9卷,第50—56页。

13％。而耶稣教(新教)则主要以上海为其活动中心,1908 年江苏各地之教会计有 88 处,其中苏属地区有 54 处,宁属地区有 34 处。[1] 这个时期也是江苏教会学校大肆扩张阶段,不仅学校体系较为完整,学校数量上得到了迅速增加,而且教育质量得到了极大提高,甚至一度成为部分精英家庭子女就学的首选目标。

一、普通中小学

基础教育阶段的学校(普通小学和中学)是这个时期教会学校数量增长较快的部分,其中尤以小学为多。到 1920 年,全省有初级小学 354 所,学生 11550 人(其中女生 4067 人),居全国第 5 位,但升学率则高达 44％,位列全国各省之首。高级小学 120 所,学生人数 5015 人(其中女生 1429 人),列全国各省首位。全体小学生中,女生占 33％,男生占 67％,而在高级小学中,有 50 所为女校,这个数字相较国人所办学校比例显然是较高的。同时,依照当时中国基督教调查资料显示,"内地会、女公会、济良所、基督复临安息日特别重视女子教育。浸信会、美圣公会、美以美会、监理会、贵格会等对男女教育则一视同仁。"[2]

这个时期,全省共有教会中学 51 所,学生总数为 3323 人,居全国首位。其中女子中学 20 所,学生 618 人。

教会学校的分布在全省并不均衡,主要设置于大城市中,如根据当时统计,扬州有初高级小学各 6 所、中学 4 所,南京有中小学 20 所,苏州有中小学 20 余所,无锡有初级小学 4 所、高级小学 3 所,上海则有初级小学 43 所、高级小学 34 所。

这个时期的教会中小学,除了少数为天主教会创立,主要为美国基督教会创办,但教派各异,如上海的徐汇公学、启明女学校等为法国耶稣会(天主教)经营,沪江大学附中、崇德女中为美国南浸信会创办,圣玛利亚女学校为美国圣公会开办,清心中学、清心女中为美国北长老会

---

① 王树槐:《基督教与清季中国的教育与社会》,广西师范大学出版社 2011 年版,第 124—125 页。
② 中华续行委办公调查特委会编,蔡咏春等译:《1901—1920 年中国基督教调查资料(上卷)》,中国社会科学出版社 1987 年版,第 384 页。

开办;苏州的东吴大学附中、振声中学及小学、乐群中学及小学、英华女中、景海女子师范附小等为美国监理公会所办,崇道女中及小学、萃英中学及小学、思杜小学、益民小学、启明女子小学等属中华基督教会办理,晏成中学、慧灵女中及附小、新民小学等为浸礼会所办,桃坞中学及小学、显道女子小学等为圣公会办理;扬州的美汉中学、信成女子中学、培根女学堂由美国圣公会创办,慕究理女子学校为美国基督教南浸信会西差会所办,崇德女子学堂为英国内地会传教士创办,震旦中学由法国天主教会所办;南京的汇文女中、金女大附中、卫理斯小学为美国卫理公会开办,金陵中学、明德女中、明德小学、育群中学、益智小学等由中华基督教会办理,道胜小学、育才小学等由美国圣公会办理;镇江的崇实女中为美以美会创办,润州中学则为美长老会开办;无锡辅仁中学为美国圣公会办理。

这个时期的教会中小学,每一所学校基本都由一个教派独立创设,尤以美国各差会办理的学校为多。所有教会学校其创校目的之一便是配合和推动传教工作,教育目的"是在培养学生,授以相当知识,使他们对于个人和社会,均有所贡献,而尤在使他们的生活,都有基督化的精神;这种精神即是基督教教育本身的主动力"[1]。1900 年之前,教会学校的教育对象主要是信徒儿童,但到本时期范围则大多了,且教外学生不在少数,甚至"扩大到全国普通生活之中。"[2]中学以上学校基本采取英语授课,是这个时期教育工作的重要特点。同时,教师的教学水平有了较大程度提高,教学效果良好。在课程设置方面,除了重视宗教课程开设,还非常重视体育课程的开设,建体育场,开展各种体育活动。

二、教会大学

在清末新政大举推动新学发展的热潮中,因在教会大学接受教育

---

① 《教会学校的特性》,李楚材编著:《帝国主义侵华教育史资料——教会教育》,教育科学出版社 1987 年版,第 54 页。
② 中华续行委办公调查特委会编,蔡咏春等译:《1901—1920 年中国基督教调查资料(上卷)》,中国社会科学出版社 1987 年版,第 134 页。

可以有助于留学,或者借助在教会大学获得的语言特长、科学知识在洋行等地谋到薪水不低的差事,故教会大学一时成为诸多官绅家庭送子女就学的首选之地。教会大学声誉的渐起对社会影响日深,由此教会大学开始进入了高速发展期。1926 年,全国共有 19 所外国教会大学(天主教 3 所,基督教 16 所),①其中有 6 所建在江苏,主要分布在上海、南京、苏州三个大都市,它们是苏州东吴大学、上海震旦学院、上海圣约翰大学、南京金陵大学、南京金陵女子大学、上海沪江大学。

东吴大学是我国创办最早的教会大学,创办方为美国监理会。早在 1870 年,监理会便在苏州传教。传教期间,监理会在苏州创办了十全街主日学校,不久发展为存养书院,后更名为博习书院;1889 年,又在申衙前(今景德路)设立教会小学,后发展为长春学堂;1896 年,美国监理会传教士孙乐文(1850—1911)在宫巷创办了宫巷中西书院。这些书院和学堂是后来东吴大学的前身。1899 年 10 月,美国监理会在苏州第一教堂举行第十四届年会,会上上海中西书院监院潘慎文等对将宫巷中西书院迁至博习书院的天赐庄校区,并计划在此创办一所大学乃至中小学达成一致意见,并获得了美国监理会的同意,且在 1901 年给学校注册立案。1900 年 11 月,监理会在上海制定了《东吴大学校董会章程》,拟定在东吴大学暂先设立文学系、神学系、医学系,日后视情形再行开设其他系科。这年 12 月,孙乐文被选为东吴大学第一任校长。东吴大学在创办过程中不仅获得了教会的支持,也得到了江苏省包括省巡抚鹿传霖在内的大小地方官员的极大援助和支持,办学资金较为宽裕,并得以扩充校园、建设校舍。在创办过程中,东吴大学的师资队伍逐渐增强,从创办初期的 6 名专任教师,到 1903 年增加到 14 名教师,其中美籍教师 7 人,主要负责英文、医学、格致、体育等学科教学,7名华人教师主要负责中文学科教学。当时最有特色的学科是生物学和法学,其中生物学的发展得益于美籍生物学家祈天锡的研究和其对团队的领导,不仅建起了当时中国最先进、最完善的生物实验室,而且使东吴大学的生物学研究和教学在国内高校名列前茅。法学院的建设得

---

① 顾长声:《传教士与近代中国》,上海人民出版社 2013 年版,第 279 页。

到了中美两国司法界官员、学者的支持,一些知名法学家常来学校授课,而且法学院招生门槛相对较高,课程设置方面不仅有着国际眼光,同时特别强调本土化,注重中国法的教学与研究。1910 年后,东吴大学的学科门类逐渐齐全,涵盖文、理、医、神学、法科等学科,并拥有中学、小学、实业学校、吴语方言学校、圣经学校等多类学校,形成了庞大而完整的"东吴体系"①。办学地点跨越苏州、上海、湖州等地。

震旦学院,系天主教徒马相伯于 1903 年 3 月租赁徐家汇原天文台空置房屋,为安置部分因"墨水瓶事件"从南洋公学退学的学生,创办了震旦学院。"震旦"是印度人对中国的一种称呼,有东方光明、前途无量之意,也是中国的代名词之一。办学之初,马相伯规定办学方针:注重文艺,崇尚科学,不谈教理。可见,最初学校并非教会大学性质。随着学生人数增加,马相伯便向耶稣会发出求助,获得回应。1905 年,耶稣会欲将震旦学院改造为教会大学,委派来自法国的神父南从周担任总教习,并"劝退"马相伯(仅保留董事长头衔),而由耶稣会全面接管震旦学院,使其成为真正意义上的教会大学,学制两年。1908 年,校址迁至卢家湾吕班路。与其他许多教会大学不同,震旦学院是以法国的学士学位为培养目标,并设置了三年制预科课程和三年制高级课程,其中高级课程以培养取得相当于法国硕士学位证书为目标,分文、理两部分。1912 年,孔明道(J. de Lapparent)担任学院院长,并依照法国体制,改称震旦大学院,并明确为天主教大学,在罗马教廷立案登记。震旦大学院在发展过程中,曾获得了法国政府和上海法租界当局的经济支持,使其具有较为鲜明的宗教和外国政府背景,1915 年起,甚至规定校长必须由罗马耶稣会总部任命。震旦大学院的医学和法学较有特色,其中早在 1909 年,震旦学院便在圣玛利亚医院(即广慈医院)设置了两年制医学预科,1912 年又制定了五年制医科教学大纲,1917 年授予了第一批医学博士学位。震旦大学医学院参照法国优秀医学院的标准来要求学生,因而淘汰率较高,从而也保证了其毕业生的优秀率。该校法学院主要以比较法学为主要教学内容,同时更加突出法国法律的教学。自

① 王骅书:《清末民初社会新万象》,苏州大学出版社 2011 年版,第 121 页。

1917 年起,开始授予法学硕士学位,1920 年起,授予法学博士学位。

圣约翰大学是由美国圣公会在沪设立的最早的教会大学,其前身是 1879 年创立的圣约翰书院,它是当时国内第一个全部用英语授课的书院。1905 年 11 月,圣约翰书院正式更名为圣约翰大学,在美国华盛顿注册成功,并获得学位授予权,其学历也得到美国一些知名大学如哈佛大学、耶鲁大学、芝加哥大学等承认。1913 年,设立大学院,招收硕士研究生。自 1888 年始直至 1941 年,圣约翰书院/圣约翰大学的院长/校长,一直由美国传教士卜舫济担任。在卜舫济的领导下,圣约翰大学不仅重视英语教学,还重视宗教和体育课程的教学,把体育列为学校教学的重要内容,引导学生树立体育健身的观念。

金陵大学,由美国基督教美以美会、基督会、长老会于 1910 年在南京创办,其前身之一是美以美会于 1888 年创建的汇文书院,内设博物馆、医学馆、圣道馆。1891 年、1894 年,美国的基督会、长老会分别在南京创办了基督书院和益智书院。为扩大办学规模、改善办学条件,1907 年基督、益智两书院合并为宏育书院。1910 年,汇文书院与宏育书院合并,定名为金陵大学,推举美国传教士包文(A. J. Bowen)为首任校长。大学部沿用原汇文书院校址,附中沿用原宏育书院校址,附小则沿用原益智书院校址。为了协调三个不同教会背景的书院合并后的运转,托事部在美国纽约成立,作为金陵大学最高权力机构,学校所有人事、财务等等权力全部归托事部。又在南京成立董事会,具体负责与托事部的沟通联系,并负责对学校各事项的监察、审批、审议等。1911 年4 月,金陵大学在美国纽约州立案,对口学校是纽约大学,金陵大学毕业生颁发该校的毕业证和学位,被称为"美国在中国土地上的附属学校"。学校初设文科,1914 年创办了中国最早的四年制农学本科,次年设林科,1916 年合并为农林科,1921 年改文科为文理科。课程设置方面,金陵大学特别重视西洋科学与文化的学习,教材、图书、教学仪器等均来自美国,除了国文和经史课程,课堂教学用语为英语。

金陵女子大学,由美国基督教浸礼会、监理会、美以美会、长老会、基督会、圣公会、伦敦会、复初会等于 1913 年在南京筹办,1915 年正式成立并招生,为我国第一所本科层次的女子大学。学校最初租南京城南绣花巷李鸿章故居为临时校舍,1923 年迁入宁海路随园永久校址。首任校长为德本康夫人(Mrs Laurence Thurston)。金陵女子大学的发展经历了一个由小到大的艰难过程。创办之初,仅有 6 位教员,教学设备也较简陋。由于大学招收女生并不多见,加之学费昂贵(每年 200元),第一期仅招收了 11 名学生,1919 年最后完成学业毕业者只有 5 人(以金陵大学名义授予的学位),这是第一批在中国高等学校中获得学士学位的女大学生。作为一所教会大学,金陵女子大学的建校目的便是促进中国基督教事业的发展,为培养女性基督教领袖提供更高深的教育。因而在金陵女大教育、教学和管理中无不渗透着基督教信仰,其校训"厚生"便体现了这种精神。同时,金陵女子大学特别注重学生均衡、和谐发展,格外关注身体和道德,如为每位学生建立健康档案,重视膳食营养均衡,定期组织体育活动。在办学标准上,坚持精英主义教育取向,以英美高等教育为参照,所用教科书亦为英美大学教材,采用的教学方式也是英美开放式,重视师生互动。早期在课程设置方面,力求门类齐全,提倡文理兼修的博雅教育,学生进校后不具体划分专业,只设文理两科,哲学、英国历史、化学、数学科目学生都要学习。1922 年开始分系后,一方面依然延续通识教育传统,另一方面实施主辅修制度,到 1925 年时,主修课开设国文、英语、宗教、历史、教育、化学、数理、生物、音乐、体育,辅修课有地理、卫生、心理、天文、法文、德文等。课程设置也分为必修与选修,但一年级课程均为必修,选修提倡文理渗透,规定文科生一定要选修一定学分的理科课程,理科生同样需要选修一定学分的文科课程。同时,将教育学列为必修,表明金陵女子大学对师范教育的重视。此外,与其他教会大学一样,特别重视英语教学,将其视为基础教育,大多数课程都采用英语授课的方式,不仅教科书用英文原版,而且参考书也多是英文原著。学校还定期召开英语演讲活动和口语课,上演英语剧等,提高学生英语口语表达能力。

沪江大学,原名上海浸会大学。美国基督教南北浸礼会于 1906年达成共识开办浸会神学院,院长是美南浸信会传教士万应远博士(Dr. R. T. Bryan);1909 年开设浸会大学堂,校长由美北浸礼会传教士柏高德博士(Dr. J. T. Procter)担任。首次招生时,仅录取中学生 45 人,大学生 4 人。1911 年两部分合并为上海浸会大学,次年由美北浸礼会传教士魏馥兰(Francis John White)接任辞职的柏高德为校长,董景安为副校长。1915 年,经学校董事会决议,改校名为沪江大学。在由魏馥兰担任校长的 17 年中,校园面积由 160 余亩增加到 380 余亩,建有大小校舍 30 余座,各类球场(包括足球、篮球、网球、棒球等球场)19 个,游泳池 1 个,以及图书馆、健身房等,成为一所规模巨大、设备齐全的高等学府。1917 年,学校在美国弗吉尼亚州注册立案,由其颁发学位。1920 年,学校决定兼收女生,这年便有 4 名女生考取,由此开在华基督教大学男女同校的先河。学校自创办之始便开设有文学、社会科学、自然科学、教育、商业等科,校训为"信、义、勤、爱"。

三、其他类型的教会学校

这个时期的教会学校,除了普通中小学和大学,还创办了诸多幼稚园、师范学校、特殊学校、职业教育等类型教育机构。

19 世纪教会在中国设立的幼教机构,大多是在普遍设立的孤儿院基础上创设起来的,但进入 20 世纪后,幼教机构开始了世俗化、科学化的转向,此后设立的"小孩察物学堂"或"幼稚园"更多是移植了西方幼稚园的课程、教材、教法与教育理念。1905 年,著名教育家、美国传教士林乐知在《万国公报》上发表《论中国亟需设立幼稚园》一文,提出:"吾党传道之士,苟知劝道华人之法,惟幼稚园之收效为最大。吾知其必置他事于缓图,而以是为先务,非吾之过甚其辞也,幼稚园之设,即以道德救儿童者也。"[1]鼓励以"教育"为核心的幼稚园的开办。

江苏是全国较早开展幼儿教育师资培养和幼稚园设立的省份之一。早在 1892 年,美国南方妇女监理会女传教士海淑德(L. A.

---

[1] 林乐知:《论中国亟需设立幼稚园》,李楚材编著:《帝国主义侵华教育史资料——教会教育》,教育科学出版社 1987 年版,第 215 页。

Haygood)于上海中西女塾开办了幼师培训班,招收已在教会幼稚园担任教职者进行业余培训,每周六下午上课,当时招到学生 20 名;1898年,美国卫理公会传教士金振声(V. M. Atkinson)女士在苏州城内慕家花园先创办英华女塾,1910 年前后,学校派遣两位女生赴美,专门学习幼儿教育,学成回国后,即于女校内增设了幼稚师范科,培养幼教人才;1902 年,美国监理会在苏州创办了景海女校,又称景海女塾。取名"景海",意在纪念、景仰海淑德。学校开设初中、高中课程,全英文授课,学费较昂贵。1917 年 9 月,学校更名为苏州景海女子师范学校,开设音乐师范科、高中师范科、幼稚师范科,以培养小学及幼稚园师资为主,用中文授课。学生不仅有来自苏南地区如苏州、无锡、常州,还有来自内蒙古、新疆、宁夏等边远地区,甚至还有来自朝鲜、南洋地区的学生。此外,金陵大学、震旦学院、沪江大学等大学也重视对幼稚园师资的培养。为提高学生的幼稚园的教学实践能力,各幼儿师资培养机构多附属幼稚园,供实行和研究之用。如苏州慕家花园幼稚园,设在英华女塾附近,课程有手工、唱歌、游戏、谈话、图画、识字等。教学过程充分尊重儿童,强调教师与儿童的亲近,如在手工课上,"一任其心之所好者,随意为之。俾各自运用其心思,教育者并不为之规定。……保姆杂坐其间,与儿童共同制作,既以防止儿童不良行为之发生,尤以助长儿童学业上之兴趣。团坐矮桌,不取学校内桌椅排列之制,亦所以免至拘束其身心也。"[1]此外,1915 年基督教会还在上海创建了"中华基督教女青年会体育师范学校",是中国最早的体育专科学校之一,旨在女青年中培养体育师资,堪谓开风气之先。

虽然小学是教会学校的主体,但教会对师范教育重视程度远远不够,据中国基督教调查资料对 1920—1921 年全国基督教学校调查,在全国 6599 所两级小学约 9000 名教师中,即使是最好的省份,其接受过师资培训的教师也不到 2%,同时对师范教育经费的投入也过少,导致教学质量参差不齐,培养中小学和幼稚园师资的学校数量也较少。据

① 杨芳:《参观苏州慕家花园幼稚园记》,李楚材编著:《帝国主义侵华教育史资料——教会教育》,教育科学出版社 1987 年版,第 216 页。

《中国基督教调查资料》显示,到 1921 年,江苏省的基督教男子师范教育,设有大学教育科的学校有金陵大学、圣约翰大学、东吴大学三所,而每所学校每年招生人数不超过 20 人;设有中学师范科的大学有金陵大学、东吴大学两所,各年级学生总数分别为 25 人、50 人。女子师范教育情况大致类似:招收中学毕业生主要培养小学教师高等师范学校有美国基督会创办设在南京的基督会女校和美国监理会创办设在苏州的景海女子师范学校两所;招收幼儿师范的学校仅有景海女子师范学校一所,且招生人数仅 12 人。[①] 不过,这个统计并不完整,例如沪上有名的教会女学圣玛利亚女校在 1908 年便添设了师范科,但人数不多,1910年第一届师范科毕业者仅 10 人。

特殊学校主要是指面向聋、哑、盲等残障人士开设的学校。教会在华开办第一所特殊学校是由苏格兰圣经公会牧师穆威廉(William Hill Murray)1874 年在北京开设的盲人学校"瞽叟通文馆",期间创制的"康熙盲字"直接影响着我国盲人教育的发展。1890 年 5 月,来华基督教会在上海召开第二次代表大会,特殊教育问题首次列入大会议程,会议关于特殊教育的成果之一便是成立了盲聋哑福利委员会,支持开展特殊教育。天主教于 1893 年 12 月在上海徐家汇设立徐汇圣母院聋哑学校,这是上海地区第一所拥有系统课程体系教学的特殊教育学校。设立初期主要是面对圣母院育婴堂内收养的弃儿中的聋哑学龄儿童,由专门修习过聋哑教育专业的法国姆姆马尔塞担任教师。后来其他孤儿院和其他非天主教徒人家的聋儿哑女也陆续送过来,学生人数逐渐增加。学校采用翻译过来的法国聋哑学校的课本,引进法国聋哑学校的教学方式,成立专门教学班对聋哑儿童进行教学。由于学校并没有面向全社会招生,故其影响有限。到 1900 年,教会至少建有 11 所盲校和2 所聋哑学校。[②] 但此时学校规模普遍较小。自此之后,教会特殊教育开始进入"专业化深入发展时期",学校数量增长较为迅速。1907 年 4月下旬至 5 月上旬,来华基督教会第三次代表大会在上海召开,大会对

---

① 中华续行委办公调查特委会编,蔡咏春等译:《1901—1920 年中国基督教调查资料(下卷)》,中国社会科学出版社 1987 年版,第 1100—1107 页。

② 左芙蓉:《华北地区的圣公会》,宗教文化出版社 2017 年版,第 107 页。

中国特殊教育问题进行了广泛研讨,特殊教育的重要性获得了普遍认同,尤其是关于推进盲童教育中诸如盲文统一等问题有了较为深入的研究。1912 年,英国圣公会传教士、著名翻译家约翰·傅兰雅(John Fryer)在上海创办了一所具有近代残障教育意义的正规化的盲人学校"上海盲童学校",由其子傅步兰(George Brown Fryer)主持校务。为扩大影响,学校力邀孙中山、王宠惠、魏荻先等列名董事。学校开设科目分人事、工艺、体育、文学和音乐五类。其办学目的在于"视察盲徒能力所及,施以完善之教育,俾其卒业后,纵不足自赡,亦得为一部分生利之事业不致在仰给于人,于是知自尊而人亦尊之,得独立于社会中也。"[①]据调查统计,到 1922 年,教会至少建有 35 所盲人学校,5 所聋哑学校,在校盲人学生至少 794 人,聋人学生 60 人。[②]

这个时期教会开办的实用型职业教育主要包括农业、工业、商业和手工业教育等,但从类型上看,除了神学和医学,各差会似乎对设置独立的职业学校、工业学校或实业学校并不积极。当时的职业教育的实施大致可以分为三类:一类是教会大学中开设面向社会实践的职业教育科系,一类是男子学校或女子学校(一般为中学程度)中设置的职业课程,一类是特殊学校中开展的工艺教育。

就大学而言,1914 年金陵大学教授裴义理在金陵大学内创设农科,采用半工半读制度,以培养实用人才。农学成为金陵大学的最具特色的专业之一,到 1926 年,学院已有 109 人毕业,差不多一半人当教师,三分之一从事农业工作;东吴大学法学院是学校最具优势专业,为社会培养了大批法律精英人才;沪江大学在 20 世纪 20 年代开设有商科,课程突出实用性。其他有金陵大学的园艺和汽车修理、圣约翰大学的机械制造、东吴大学的化学工艺、金陵女子大学的家政服务等。这些职业科的开设不仅适应了当时社会的发展,为社会培养了一些专业急需人才,同时还使得教会大学改变了自身的困难处境,得到了中国政府和社会的认可和支持。

---

① 傅兰雅:《盲童教育》,李楚材编著:《帝国主义侵华教育史资料——教会教育》,教育科学出版社 1987年版,第 299 页。

② 顾明远主编:《中国教育大百科全书》卷四,上海教育出版社 2012 年版,第 2450 页。

据 1907 年报告,当时教会女校中有 55%,男校中有 40%都设有职业课程,不过只有女校中的职业训练具有实用价值。另青年会在教育方面已将普通中学课程改为商业教育以适应社会需要。① 1916 年,有学者通过函调方式调查各处教会关于工艺教育开设情形,得知有五分之二教会没有开设此类课程,有五分之二办有简单工艺教育,另有五分之一则每会仅有一门正式工艺教育。各处教会学校开设的职业科目呈现多样化特点,有木工、铜工、洗衣、织布、造毯、编席、制褥、刺绣,以及花园工作、家庭役使等科。女子学校中的职业教育主要在幼教、小教、护士、工艺、家政等领域。如上海圣玛利亚女校 1903 年设立琴科,1908 年添设师范科;上海徐汇女中创办之初不仅附设医科,培养为教区病人服务的护士,同时还注重手工,如中西裁缝、刺绣、扎花等。此外,诸如南京等地孤儿院中也有工艺科目的开设,一边读书,一边学艺。

职业教育(或称工艺教育)是当时教会开设的诸多特殊学校的重要教育内容,美国传教士浦洛克认为:"残疾学校,专以一种独一无二之手工,作为主要之教授,如以缝纫、针刺、雕刻、竹木等工,操练手眼,利用五官,审其全能及缺能之点,施以适宜之工作。嗣则辅之以简明算术,通俗之辞字,然竟能于盲、哑、愚笨残疾之人收得良好效果。"②在傅兰雅开办的上海盲童学校中,其工艺类科目从训练手巧的诸如折纸、裁纸、穿玻璃球等手工活动开始,由大到小、由粗及精,循序渐进,最后授以编芦帘、结绳索等应用工艺。上海盲童学校的工艺教育得到了教育界的好评。1916 年 8 月,著名教育家杨贤江曾随江苏省教育会暑期补习学校 20 余位同学参观该校,并记录其闻见:"既至,校长傅步兰先生(傅兰雅博士之公子),降阶相迎,引道入室,则见手工成绩,盈案满架,检其种类,有折纸、组纸(与普通小学初步制作相同)、藤篮、短裤(校中有缝纫科)、草帽缠、线带等。其中又以藤篮为最多,形状大小,亦不一种,实最适于实用者也。闻其制品为参观人购去者,已不少云。其时,适有一生

① 中华续行委办公调查特委会编,蔡咏春等译:《1901—1920 年中国基督教调查资料(上卷)》,中国社会科学出版社 1987 年版,第 136 页。

② 浦洛克:《论工艺教育》,李楚材编著:《帝国主义侵华教育史资料——教会教育》,教育科学出版社 1987 年版,第 291 页。

编篮底,用手甚为熟巧。室内并悬一木板,制亚洲地图,陆面略高洋面分许,以别海陆之界,洲中各国疆界,以连续凸点为记。重要地点,亦置一凸点,如是可一摩即知。……谁谓盲人不能博古通今哉?"①

传教无疑是教会学校的终极目标,但无论是出于吸引更多人才进入教会学校,还是提高教会在中国社会民众中的声誉和美誉度,当时在华教会学校非常重视其教育质量的提升。事实上,诸多教会学校客观上扮演着传递西方近现代先进教育理念、示范近现代学校教育制度的"先行者"角色,在我国近现代教育发展史上产生过积极影响。

第四节　五四运动前后各种教育思潮与运动在江苏的兴起与发展

新文化运动时期是思想大解放的时期,各种新思想、新运动广泛传播、蓬勃兴起,而且许多新思想、新运动与教育有着密切的关系。江苏由于其地处中外文化交流十分活跃的地区,加之近代以来新人物、新思想的涌现,诸多不断出现的新教育思潮与运动,都能在江苏看到它的热烈响应,有的思想或运动的策源地便在江苏。

一、平民教育思潮与运动

新文化运动时期流行的平民教育思潮,是民主思潮在教育上的反映,其流行与当时知识分子期望通过实现平民主义政治达到社会改良的目标有着密切的关系,而平民主义政治的建立,无疑是以实行平民主义教育为基础。1915 年,陈独秀在《今日之教育方针》一文中,基于以人民为主,以执政为公仆的取向,提出教育的"惟民主义",要求使"引车卖浆之徒,瓮牖绳枢之子"能够进学校读书受教育;1919 年,胡适在《杜威的教育哲学》一文中,明确提出"现代的世界是平民政治的世界",

---

① 杨贤江:《参观上海盲童学校记》,《中华教育界》1916 年第 8 期,第 6 页。

"平民主义的教育的第一个条件,就是要使少年人能自己用他的思想力,把经验得来的意思和观念一个个地实地证验,对于一切制度习俗都能存一个疑问的态度";"平民主义的社会是一种股份公司,所以平民主义的教育的第二个条件,就是要使人人都有一种同力合作的天性,对于社会的生活和社会的主持都有浓挚的兴趣。"①杜威来华后,平民主义教育思潮的宣传更是达到高潮。杜威在华的诸多演讲中,总是表达出"平民主义与教育"的立场和观点,如他强调只有实行平民教育,才算得是教育,才能适用于社会。

不过,由于平民主义以及平民主义教育内涵的复杂性,不同时期、不同立场的知识分子对此理解亦不尽相同,有时甚至对立。大致而言,此时平民教育思潮的主流认知和做法包括:1. 强调教育平等。基于"劳工神圣"的观点,认为广大劳工阶层是社会财富的创造者,但极少有接受教育的机会,"中国自正式建设学校以来,都偏重在贵族方面,很少顾及平民,所征收的学费及一切杂用,往往当一家中下人的财产,那末,一般贫无立锥的子弟,安有这许多'阿睹物'用在读书上面呢?"②知识分子对底层劳工阶层民众应抱有极大的尊重,使劳工阶层享有平等受教育的机会与权利;2. 重视教育普及。认为"共和国家以平民教育为基础。平民教育,普及教育也"。为此,针对平民采取诸如讲演、夜校等多种形式进行识字扫盲的教育、生产生活知识的传授,以及自觉心的唤起等。此后不久开始的乡村教育实验,其实是平民教育在农村的延伸。此外,汉字改良与白话文提倡,也与平民教育思潮中对底层民众进行文化知识普及有关;3. 重视男女平等的教育,使女子享有与男子一样受教育权利,"女子占人类全体的半数,她们是改进社会文化的重要分子,那么女子与男子在教育上当然须绝对平等,要是不平等,就不得谓之'平民教育'。"③大力开办女子学校和强调男女同校是当时普遍的做法。

江苏是全国平民教育思潮的重要发源地之一,曾任中华平民教育

---

① 胡适:《杜威的教育哲学》,《新教育》1919 年第 1 卷第 3 期,第 307—308 页。
② 杜元载:《五四以后中国的平民教育运动》,《平民教育》1923 年第 68/69 期,第 34 页。
③《女子教育的解放就是"平民教育"的第一步》,中共中央马恩列斯著作编译局研究室:《五四时期期刊介绍(一)》,三联书店 1955 年版,第 34 页。

促进会总干事的汤茂如先生说："在中国提倡平民教育最早的，算是上海全国青年协会，由晏阳初先生主持。"[①]平民教育运动在江苏的兴起与发展，首先体现在组织具有较强烈官方色彩的平民教育机构。1923年6月20日，江苏省军政官长及其他官员，和朱其慧、晏阳初、陶行知等提倡平民教育的知识分子，在南京大行宫东李英威祠内，设立南京平民教育促进会，拟订组织大纲，推选江苏教育会会长袁希涛为会长，江苏省教育厅长蒋维乔为副会长，国立东南大学政治经济科主任王伯秋为总干事，并组织经济、招生、校舍、教师、教务、公布等委员会，其所需经费主要由各方捐助和省政府少量拨款。南京促进平民教育发展的工作，引起了全省其他地区有识之士的关注。1923年12月，在江苏省第七次教育行政会议上，江苏省教育行政长官、60县教育行政人员代表与朱其慧女士商定，将南京平民教育促进会更名为"江苏平民教育促进会"，并有将来在北京设立全国平民教育促进会总部的计划，以期由一省推行全国。为此，将章程加以修改，以便扩大平民教育促进会的影响，协助各县平民教育的推进，故确定其宗旨为"除与中华平民教育促进会联络外，复协助本省各县，用最短时间、最少经费，使全省不识字人民，皆得受共和国民不可少之基本教育"[②]。各县平民教育促进会组织大纲便是由省平民教育促进会拟订。此后半年时间不到，便有松江、嘉定、宝山、昆山、如皋、泰兴、淮安、涟水、盐城、江都、高邮、睢宁等县组织或计划组织平民教育促进会或委员会。

实施平民教育，不可不先筹划经费。江苏虽然较全国其他多数地区较为富庶，但对平民教育经费的投入仍显不足。据时任江苏省教育厅长蒋维乔回忆：1923年度省教育厅联席会议上，曾议决将省补助各县小学经费拨作补助平民教育之用，后遭到教育行政会议否决，强调各县平民教育经费仍由各县教育费内酌拨。而关于1924年度教育经费预算编制，要求省教育费预算应将补助各县平民教育费每县2000元列入，省长以"碍难准行"而否决，依然强调各县平民教育经费不由省库拨

① 汤茂如：《组织中华平民教育促进总会的经过》，《新教育评论》1927年第7期，第6页。
②《南京平民教育促进会将改组为江苏平民教育促进会》，《通俗旬报》1924年第10期，第15页。

充,而归各县负担。江苏省内各县经济发展的极不平衡,势必导致平民教育推行的兴废不一。

平民教育思潮与运动在江苏的发展,第二个特点体现在将平民教育主阵地引向农村,开展乡村教育试验。1926 年后,江苏平民教育运动从聚焦城市平民的文化扫盲,开始发生转向以教育改造为主要手段的农村社会改造试验。

1926 年春,教育家陶行知与赵叔愚、邵仲香等共同调查了沪宁铁路沿线乡村学校现状,包括对南京燕子矶小学和尧化门小学考察,以研究乡村教育的改进。这年秋天,陶行知以中华教育改进社名义在南京栖霞明陵小学召开乡村教育研究会,会上陶行知发表了《我的信条》,其实是他的乡村教育宣言:"我们深信乡村学校应当作改造乡村生活的中心。""我们深信乡村教师应当作改造乡村生活的灵魂。""我们深信乡村教师必须有农夫的身手、科学的头脑、改造社会的精神。"为了发展乡村教育,必须培养一支合格的乡村师资队伍,因而创办乡村师范学校是当务之急。同年 12 月 31 日,教育改进社设立试验乡村师范学校计划得到江苏省教育厅赞助。1927 年,陶行知放弃大学教职,在南京郊外小庄创办了试验乡村师范学校,亲自培养乡村师资,开展乡村教育运动。1927 年元旦这天,陶行知主持召开试验乡村师范筹备会议,会议决定在晓庄试验乡村师范暂设小学师范院第一院、幼稚师范院第二院,分别由赵叔愚、陈鹤琴担任院长。据试验乡村师范学校发布的招生广告,培养目标是"农夫的身手;科学的头脑;改造社会的精神"。考试科目为农务或木工操作一日、智慧测验、常识测验、作文一篇、五分钟演讲。同年 3 月 11 日正式举行考试,有来自江苏、上海、安徽、江西、湖北、浙江等地 13 位有志青年报考,成为晓庄试验乡村师范的首批学生。3 月 15 日,晓庄试验乡村师范在南京劳山(原名老山)脚下的晓庄(原名小庄)举行开学典礼,学校聘请蔡元培为学校董事长,教员有陈鹤琴、朱葆初、许士骐、陆静山等。在开学典礼上陶行知发表了热情洋溢的讲话:"要知道我们的校舍上面盖的是青天,下面踏的是大地,我们的精神一样要充溢于天地间,所造的草屋,不过避风躲雨之所。本校只有指导员而无教师,我们相信没有专能教的教师,只有比较经验稍深或学识稍好的指导。所以农夫、村妇、渔人、樵夫都可做我们的指导员。"[1]陶行知在晓庄的乡村教育的试验,成为我国 20 世纪二三十年代乡村教育的一面旗帜,深受各方关注。教育家梁漱溟曾先后两次访问晓庄试验乡村师范学校,认为晓庄学校有合于教育道理、有合于人生道理、注重农村问题,把晓庄学校办成了改造社会的中心,深合其意。陶行知在其间形成的生活即教育、社会即学校、教学做合一的"生活教育"主张更是成为那个时代重要的思想理论。

二、职业教育思潮与运动

五四运动时期形成的职业教育思潮与运动,是清末民初实业教育思想或实利主义教育思想的接续与发展。"职业教育"一词早在 20 世纪初便已被使用,1904 年山西农林学堂总办姚文栋在《添聘普通教习文》中使用了"职业教育"这个概念:"论教育原理,与国民最有关系者,一为普通教育,一为职业教育,二者相成而不相背。……本学堂兼授农林两专门,即是以职业教育为主义。"其后"职业教育"一词逐渐被认可,如 1911 年,陆费逵在《教育杂志》发表《世界教育状况序》一文,便同样使用了"职业教育"一词:"我国今日虽然亟宜注意国民教育,但是国民生计之赢绌,恃职业教育。而国势之隆替,教育之盛衰,厥惟人才教育。"[2]由此可见,早在清末职业教育被有识之士关注。进入民国之后,陆费逵、陈独秀、蔡元培、张謇、穆藕初、蒋梦麟、郭秉文、黄炎培、俞子夷等人纷纷撰文、演讲,提倡职业教育。1917 年 5 月,经蔡元培、马相伯、严修、伍廷芳、张元济等 48 位教育界、实业界名人发起,在上海成立了中华职业教育社,组织创办的中华职业学校于 1918 年 10 月开学,全国职业学校联合会于 1921 年 8 月成立。与此同时,《教育与职业》《教育杂志》《中华教育界》等期刊也大量刊发介绍国外职业教育的论文;中华书局 1917 年出版了由顾树森编写的《德美英法四国职业教育》,商务印

---

[1] 陶行知:《在试验乡村师范学校开学典礼上的讲话》,华中师范大学教育科学研究所主编:《陶行知全集》第二卷,湖南教育出版社 1985 年版,第 10 页。

[2] 吕达:《陆费逵教育论著选》,人民教育出版社 2002 年版,第 89 页。

书馆 1917 年出版了由朱元善编写的《职业教育真义》,1918 年中华职业教育社与江苏教育会共同发行了徐甘棠编译的《职业教育》。1922 年 2 月,第一次职业学校成果展览会在上海举办,同年 7 月,全国职业教育会议和全国农业问题讨论会在济南召开。中华职业教育社的会员人数由 1917 年的 786 人增至 1922 年的 5661 人。1922 年,全国职业学校的数量达到 1353 所。1922 年颁布的新学制更是为职业教育谋得了广泛的地位,这一切标志着职业教育思潮与运动渐入高潮。在此之后,有关职业教育的理论研究成果也逐渐增多,如商务印书馆 1925 年出版了教育杂志社编写的《职业教育之理论与职业教育之调查》,1926 年出版了庄泽宣所著《职业教育概论》等。此外,各种职业教育机构也获得较快发展,到 1925 年全国有各类职业教育机构 1518 所。

在发展职业教育方面,江苏与全国其他地区一样,虽然清末民初已有倡导职业教育的呼声和实业教育制度的建立,但总体而言,职业教育并不被社会所关注。江苏地区职业思潮与运动的兴盛,开始于 1917 年前后。这个时期之所以职业教育在江苏渐成主流教育思潮,直接原因有二:首先与黄炎培、蒋维乔、陈宝泉、郭秉文等 1917 年 1 月至 3 月间前往日本、菲律宾考察职业教育之行动有关。考察团回国后,成员在江苏等地进行了考察讲演,如在该年 4 月 13—14 日,应江苏省公署教育科邀请,黄炎培、蒋维乔、郭秉文连续两天在南京通俗教育馆作讲演,其中蒋维乔讲《菲律宾教育行政》,郭秉文讲《菲岛学校编制教授训练》,黄炎培则先后作了《菲律宾之教育行政》和《菲律宾职业教育概况》报告。官方通告要求省立各学校教职员,以及各道、各县视学近 300 人均须来省城听讲,大小学校放假两天。期间,黄炎培还携有菲律宾关于教育实业以及华侨情状的参考书籍、杂志数十种,最近各种教育统计图表数十种,实业手工物品及土产原料数十种,日本大阪、长崎高等小学校统计表数种,一一陈列,供众人阅览研究。此后,黄炎培仍然在不同场合,利用不同机会,介绍菲律宾职业教育的情况,这一切举动对江苏职业教育的推动无疑有着积极的作用;其次是黄炎培等于 1917 年 5 月 6 日在上海召开中华职业教育社成立大会,发布宣言,制定章程,推定王正廷、黄炎培等 9 人为临时干事,其中黄炎培被举为办事部主任,聘蒋梦麟为总书记。这个全国性职业教育组织的章程揭示其任务在于：（甲）推广职业教育，（乙）改良职业教育，（丙）改良普通教育，俾为适于生活之准备。具体工作是：第一，调查研究、劝导、指示、讲演、出版、表扬、通讯答问；第二，设立职业学校、教育博物院等机构；第三，组织职业介绍部。职业教育社办公机构设在江苏（上海），最初其成员主要来自江苏，如据 1920 年统计，国内计有社员 1377 人，其中江苏社员便达 852 人，超过其他省人数总和。活动地点也多选江苏，黄炎培曾说："江苏对于职业教育，夙所注重……况中华职业教育社，虽范围属于全国，而机关设在江苏，对于苏省职业教育，尤应有特别之赞助与贡献。"[1]如在 1920 年 4 月召开的中华职业教育社社务报告中，列出 1919 年 5 月 1 日至 1920 年 3 月 31 日所作 8 次讲演，地点为厦门、苏州、常熟、南翔、奉贤、青浦、当涂等处，除了厦门、当涂，均在江苏境内。

与全国其他省市相比，受五四运动前后职业教育思潮与运动影响，江苏职业教育在清末民初发展的基础上，有了更进一步的提升，具体体现在各级职业教育组织领导机构的设立、全省职业教育工作计划的拟定、各类实施职业教育机构数量的增加与质量的提升等方面。

早在 1916 年 9 月，为了推动江苏职业教育发展，江苏省教育会常年大会提出提倡实施职业教育方法案，并议决在江苏省教育会中设立职业教育研究会，黄炎培、童世亨（地理学家与实业家）、周厚坤（留美航空工程硕士，中文打字机发明人）等被列为发起人。研究会宗旨是"专事研究各种职业教育之设施以及提倡推广方法"。不过由于次年中华职业教育社的成立，且研究会大多数成员又是教育社的会员，鉴于工作重复过多，故研究会存在时间不长便自动解散，但在全国仍属较早成立的推动职业教育的民间机构。1922 年，鉴于教育行政与实业行政有联络之必要，教育厅与实业厅共同组成官方的职业教育协调机构——江苏教育实业行政联合会（简称"江苏教实联合会"），会员由 16 人组成，其中省长、政务厅长、教育厅长、实业厅长、省公署第三科长、省公署第四科长为当然会员，另聘请教育实业方面专家 10 人为会员，如在第一

---

[1] 黄炎培：《职业教育论》，商务印书馆 2019 年版，第 130 页。

次常年大会上便聘请郭秉文、袁希涛、黄炎培、何尚平、卢殿虎、穆藕初、邹秉文、阮尚介、荣德生、韩安等教育界、企业界知名人士 10 人为会员。联合会设会长 1 人，由省长担任，副会长 2 人，分别由教育厅长、实业厅长担任。联合会的职权是规定建设之方针、指导进行之方法、审核实施之结果。① 不久又在联合会下设立职业教育委员会，由中华职业教育社代办。教企行政联合的做法，不久便被其他诸省学习。

1923 年 8 月中旬，因全省职业学校增多却无联络研究之机构，在教育会下又成立了江苏职业学校联合会（后来全国性的中华职业学校联合会也是受此启发而设立）。特别值得一提的是，中华职业教育社因地理之关系，与江苏省关系非常紧密，对于江苏职业教育发展的指导、帮助非常大，有时俨然成为江苏职业教育的组织机构，如至 1924 年，中华职业教育社在江苏区域内召开年会 6 次，全国职业学校出品展览会 1 次，本省出品展览会 2 次，职业学校联合会 3 次，上海及其他各县演讲数十次。省立各校均以团体会员身份加入职业教育社，个人身份入会者人数占全社社员二分之一。②

江苏为了推动职业教育发展，对于现状的调查、职业教育的实地指导、职业教育工作计划等颇为重视。自 1921 年度开始，江苏省公署利用中华职业教育社在江苏（上海）的便利，连续多年委托中华职业教育社办理江苏教实联合会职业教育委员会事，对江苏地区职业教育发展状况调查、实地指导等工作实际呈递报告，同时为下一年度职业教育发展制订工作计划。如《中华职业教育社代办江苏职业教育十三年度报告》便是中华职业教育社受江苏省委托而对 1924 年度职业教育工作所做的总结，内容包括实地指导职业学校、协助教育厅办理乙种实业校长会议、举行职业教育讲习会、劝办平民职业教育、试办职业指导、调查毕业生出路、南京女子职业传习所办理报告、继续调查各县职业状况等，如"实地指导职业学校"项，"其办法为参观、研究、讨论，由本社办事部主任黄炎培暨前江苏职业教育指导员杨鄂联、教实联合会办事员黄懋

---

① 《江苏教育实业行政联合会之简章》，《江苏教育公报》1923 年第 11 期，(法规)第 8—10 页。
② 中华职业教育社：《江苏职业教育推行计划书》，《广州市市政公报》1924 年第 120 期，第 2—7 页。

勋,分赴吴县、无锡、武进、江宁、铜山、丹徒等县职业学校、贫儿院等参观,并与职教员共同讨论对于各校所感困难,虽未能立予消除,但经彼此交换意见,或有解决之希望。"① 而《代办江苏职业教育十四年度计划》则是中华职业教育社受江苏省委托拟定的 1925 年职业教育发展计划,该计划包括巡回指导、组织审订教材委员会、推行职业指导、续开职业教育成绩展览会、宁沪两地各设职业学校出品介绍所、调查各县改组后之职校、调查平民生活状况、调查毕业生出路、发行周刊、办理南京女子职业传习所等 10 项工作。如"巡回指导"方面,其计划"即续上年度实地指导职业学校之后,分期分地行之,期以一年周历全省职业学校所在地,其指导之法仍分参观、研究、讨论、讲演等数种,先由本社通函各校询其有无困难及是否需共研究,得复同意,依次派员前往,此事即于秋季开学时入手办理。"② 恰是由于得到了中华职业教育社长期的专业指导,不仅使得江苏各地职业教育工作有计划地向前推进,而且各类职业教育机构设立的数量也大幅增加。如据 1922 年对江苏职业教育发展情况所作的调查,江苏有各类职业学校、女子职业学校,以及慈善性质的孤贫儿院计 196 所,数量上居全国之首。此外,职业教育的范围、种类也更加丰富,既重视独立的职业学校设立,也关注在普通高中办理职业指导和在小学附设职业科等,还特别强调地方慈善团体、农场、工场、商店附设的教导职业或补习职业机构等均归属职业教育机构范围。据江苏省教育会调查统计,1922 年 10 月至 1923 年 9 月,全省农、工、商、家事类职业学校及旧制甲、乙种实业学校计 531 个,职业传习所 1 个,设有职业科的初高级中学 6 个,设有各种职业准备的小学 3 个,设有各职业专修科的大学与专门学校 2 个,各种职业补习学校或补习科 53 个,职业教师养成机构 1 个,实业机构附设的职业教育 3 个,慈善或感化性质的机构附设的职业教育 14 个,军队附设的职业教育 1 个,总计各类职业教育机构 615 个。③ 可见,当时江苏职业教育无论是机构种类

---

① 《中华职业教育社代办江苏职业教育十三年度报告》,《江苏教育公报》1925 年第 11 期,(附录)第 1 页。

② 《代办江苏职业教育十四年度计划》,《江苏教育公报》1925 年第 11 期,(附录)第 5 页。

③ 《江苏教育状况报告(续)》,《新闻报》1923 年 10 月 3 日,第 15 版。

还是机构数量在全国均名列前茅。

三、科学教育思潮

　　"科学"一词系由日文翻译而来,在此之前多以"格致"或"声光化电"等指称自然科学技术,或者以"西艺"概括自然科学与社会科学。自新文化运动时期陈独秀、胡适等人对科学的大力宣传,以及留美学生在美国发起中国科学社,任鸿隽、赵元任、杨杏佛等留美学生为向国内介绍科学,于 1915 年 1 月创办《科学》月刊,鼓吹科学方法,研究各种科学。正是由于诸多有识之士的倡导,"科学"逐渐成为显学,以致人们感叹:"现在的世界是一个科学的世界。整个中国必须受科学的洗礼,方能适于生存。"①从热议"科学",到"科学教育"成为流行思潮,不能不提到任鸿隽,他曾在《科学》第 1 卷第 12 期上发表《科学与教育》一文,论述科学与教育之关系,主张应用科学于教育,他说:"科学于教育上之重要,不在于物质上之知识而在其研究事物之方法;尤不在研究事物之方法,而在其所与心能之训练。……此等心能,凡从事三数年自然物理科学之研究,能知科学之真精神,而不徒事记忆模仿者,皆能习得之。以此心能求学,而学术乃有进步之望。以此心能处世,而社会乃立稳固之基。此岂不胜于物质智识万万哉。吾甚望言教育者加之意也。"②后来新文化运动将科学教育的提倡作为目标之一,更将科学教育思潮推向高潮。不过,科学教育思潮真正对我国基础教育产生直接影响,则是1921 年 5 月美国教育史专家孟禄来华调查教育,以及美国科学家推士来华调查科学教育后,如舒新城所言:"至民国十年(1921 年)因美国孟禄应实际教育调查社之聘来华调查教育,力言中国科学教育之不行,而于翌年由教育改进社聘美人推士来华指导科学教育,科学教育四字始通行于教育界。"③需要特别指出的是,科学教育与西艺教育虽然同源,

---

① 陶行知:《从五周年看五十周年》,华中师范学院教育科学研究所主编:《陶行知全集(第三卷)》,湖南教育出版社 1985 年版,第 513 页。
② 樊洪业、张久春选编:《科学救国之梦——任鸿隽文存》,上海科技教育出版社 2002 年版,第 67 页。
③ 舒新城编:《近代中国教育思想史》,福建教育出版社 2007 年版,第 199 页。

但五四时期兴起的科学教育思潮并不同于之前的西艺教育思想，它更多地强调科学观的树立、科学精神的培养、科学方法的应用等，强调以科学的直接应用为目的，既指科学教育化，也指教育科学化。

江苏是深受新文化运动时期科学教育思潮影响较大的区域之一，甚至是发源地之一，这既是近代以来江苏注重科技教育的传统延续和发展，也和当时科学教育提倡者与江苏联系紧密有关。此外，孟禄、推士等在江苏地区开展的科学教育的宣传，也助力了江苏科学教育思潮的兴起与发展。与其他省份相比较，江苏特别重视通过官方与半官方的专业机构指导中小学科学教育的实施，同样是科学教育思潮得以迅速兴起不可忽视的动力。

在 1920 年代前后，南京高等师范学校（后更名为东南大学）曾是中国科学社的大本营，校长郭秉文便是中国科学社社员，学校中理、工、农科教授几乎多为中国科学社社员，文科汤用彤、陈衡哲、杨杏佛、梅光迪、陆志韦、柳诒徵等，教育科陶行知、陈鹤琴、廖世承、郑宗海、程其保等人，以及商科胡明复、孙本文等也是科学社社员。① 中国科学社与江苏的密切关系，对江苏科学教育的推动、科学人才的培养，以及科学教育化与教育科学化的实践无疑有着积极的作用。

20 世纪 20 年代初，美国学者孟禄、推士等先后来华，是我国科学教育中的一件大事，而江苏又是他们考察中国教育现状、宣传科学教育的重要地区之一。如孟禄在 1921 年 9 月应范源濂等实际教育调查社邀请来华调查科学教育的实际情况后不久，便先后到江苏所属的上海、苏州、无锡、南京、南通等地教育机构参观、调查、讲演，与教育界、政界等各界人士广泛交流，发表其教育见解，并多次对我国教育尤其中学科学教育提出批评和改进意见：1921 年 10 月 19 日在南京公共演讲厅的演讲中，他批评中国过去的教育是一种不动教育，而科学是培养活动精神的主要工具，"我们研究科学，要能了解科学的意义，非自己去做，自己经过这种历程不可。"② 同年 11 月 27 日其在无锡与校长、教员的座谈会

---

① 李喜所主编：《留学生与中外文化》，南开大学出版社 2005 年版，第 307 页。
② 周洪宇、陈竞蓉主编：《旧教育与新教育的差异——孟禄在华演讲录》，安徽教育出版社 2013 年版，第 47 页。

中,认为中学教育的精髓全在科学,但中国的中学教育差不多全是书本教育,因而"做教员的,应该养成学生做天然的主人翁,能够去利用它、去控御它。并且种种政治、水利、医学、工业,没有不依科学的方法去解决。没有科学的方法,只可拿不了了之。……中国要有独立的国家,当然要有科学的精神,它的基础,全在中学时代培养的。"[1]在 1921 年 12 月 19—21 日由实际教育调查社在北京召开的由各省代表 70 余人参加的中国教育讨论会上,更是直言中学教育是中国教育最薄弱的部分,尤其是科学教育存在诸多问题,而"中国中学科学教学之不良,有二原因:一个原因,就是令学生背名词、重分类。殊不知科学的目的,在于使学生应用。科学的教学,最重要的,就是实验。中国中学之科学,教学不给学生实验的机会。"[2]1922 年 1 月 4 日,孟禄在东南大学召开的座谈会上发表演讲,再次指出中学是中国教育最薄弱之点,其教育质量难以满足高一级学校对学生的要求,"究其弊,在教授方法不善,不能使学生应用。而课程中亦未尽以科学为最要之点。"[3]事实上,关于中小学科学教育中存在的问题,在此之前中国学者并非没有思考,如在孟禄来华之前的 1921 年 5 月,南高师教授张准在南京高等师范教育研究会讲演《近五十年来之中国科学教育》中便提出:"欲言教育,必从科学的方法上着手,凡各种科学,不可全恃他人已得之结果,必自己加以研究试验;此盖真正的科学教育,开端之时也。然从事科学的教育,有两大要点,不可不注意者:(一) 要有研究科学之人……(二) 要用科学方法解决困难问题。"[4]孟禄以其巨大的名望,4 个月奔波于 9 省 18 市 200 多处教育机构和设施的考察,以及 60 余场演讲,其关于科学教育思想的传播速度、广度和深度,均非一般中国学者所能比拟,其对江苏中学科学教育的影响是直接和巨大的。

---

[1] 周洪宇、陈竞蓉主编:《旧教育与新教育的差异——孟禄在华演讲录》,安徽教育出版社 2013 年版,第 65 页。

[2] 周洪宇、陈竞蓉主编:《旧教育与新教育的差异——孟禄在华演讲录》,安徽教育出版社 2013 年版,第 92 页。

[3] 周洪宇、陈竞蓉主编:《旧教育与新教育的差异——孟禄在华演讲录》,安徽教育出版社 2013 年版,第 123 页。

[4] 张子高:《科学发达略史》,上海书店 1989 年影印版,第 255—256 页。

得孟禄推荐,受中华教育改进社邀请,美国俄亥俄大学教授推士1922年6月30日来到中国,考察科学教育和讲学,在此之后的两年左右时间里,推士到访过中国10个省24座城市,调查访问了248所学校,讲演276次,并草拟了《考察及改进中国自然科教学之计划》,且将考察所得写成《中国之科学与教育》,1925年由商务印书馆出版。期间曾直接参与指导过江苏的科学教育,如曾到访南京、无锡、苏州、上海、南通等地中小学教育机构;曾于1923年暑期为国立东南大学暑校开始"科学教授原理"课程,直接面向学生授课;应江苏教育会和省教育专员的邀请,为全省58位科学教育教师进行了两个星期的培训;就江苏中小学科学教育中存在的问题,提出了数条建议拟请江苏教育会代请教育厅加以考虑。这些建议包括:改变中小学科学教育中普遍采用的讲演法,使其仅占该科学教学时间的20%或10%;教授科学必须有学生个人的实验练习;学生实验时间须占学科教学时间的40%,或至少每周1次且每次2小时;物理、化学的实验课程应有多个学生实验,使学生获得数与量的观念,教授生物也须有实验课程与采集训练;教授科学课程,应将50%时间用以讨论式、问答式、解决问题式之课堂研究,并且师生共同参与;教育行政部门设法筹措购置实验设备的经费等。[①] 受其影响,当年秋季开始便要求科学课程教学采用问答法和实验法。

　　1914年11月22日,江苏省教育会下成立理科教授研究会(后更名为理科研究会),主要对中小学、师范学校及实业学校理科教学现状进行调查、研究、指导等。不过,那时对中小学的理科教育目的、内涵的理解尚存偏狭,如在理科教授研究会第一次研究报告中,就教授理科的目的提法是:"小学校教授理科之目的,有知识的陶冶与感情的陶冶二种。"[②]其中知识方面的陶冶,包括通过理科教学使儿童了解自然现象,获得正确的知识,以及通过直观教学养成儿童精密之观察力、发达各部之感官;感情方面的陶冶,是指通过接触自然,养成热爱自然物和真理之感情。这种对于理科教学目的的理解,固然较仅重视理科知识传授

---

① 《江苏科学教育研究会建议案》,《思益附刊》1923年9月23日,第3版。
② 《江苏省教育会理科教授研究会·理科教授研究会第一次研究报告》,《教育研究》1915年第23期,(专件)第12页。

的理科教育观相比有着较大的进步,但仍缺乏对于科学观树立和科学方法获得的关注。不过,随着科学教育思潮的逐步兴起和发展,尤其是人们对于科学教育的理解更加深入,理科研究会对科学教育的指导工作亦更加广泛和具体,如不仅通过开办讲习所、传习会、讲演会、展览会,以及从事于出版"理科丛刊"图书工作以推进科学普及以及科学教育工作,而且在 1923 年至 1924 年间,还先后在上海、苏州、南京三地举行理科实验竞赛会。如在上海举行首届竞赛会时,竞赛要求非常严格,小学必须是所辖道区内学校,竞赛内容也相当丰富,参与者众多。当时仅上海、苏州两届竞赛获奖学校就多达 123 个。竞赛会的召开,培养了学生的科学实验技能,推动了全省理科教育的发展。

1924 年,中国科学社受江苏省教育厅委托拟订的《推行江苏科学事业计划书》中的"改良科学教育计划",提出设立科学教育讲习会、编定中学科学实验课程。其中讲习会的讲习应注重研究各科学课程的教学方法、补充最新的科学发明材料等,而编定中学科学课程则包括编定中学科学教师应有的参考书目、中学各科学学程应有的实验目录、说明科学仪器的购置法与自制法等。可见,此时的科学教育强调科学方法(实验法)的应用等。

为提高对全省中小学科学教育指导的专业性,1924 年 4 月 4 日,江苏省教育厅邀集中国科学社、理科研究会等科学团体,讨论科学教育实施方法,并决定组织江苏科学教育实施委员会。根据委员会组织大纲规定,该委员会是由省署教育厅发起组织,并函请各科学研究团体参加的具有官方性质的全省实施科学教育的合作机关,由教育厅长任委员长,第三科长为副委员长。委员会的任务有二:关于全省科学教育实施中的共同问题,由委员会议决办法,并向教育厅建议实行;关于本省科学教育中的特殊问题,由委员会议决办法,委托科学研究各团体分别担任。[1] 可见,此时江苏官方十分注意利用民间专业人才力量,指导科学教育的实施工作。

---

[1]《苏教厅拟订江苏科学教育实施委员会组织大纲》,《新闻报》1924 年 4 月 21 日,第 4 版。

四、女子教育思潮

新文化运动时期兴起的女子教育思潮，并不是简单地接续着晚清以来兴女学的潮流，而是在新文化运动高扬的"民主"旗帜下兴起的民主教育思潮的反映。

众所周知，自19世纪90年代以来，受教会在华创办女学与日本因教育发达而强的种种刺激，一些维新人士开始提倡女学，其中尤以梁启超为代表。他在其主办的《时务报》上发表《变法通议》，其中"女学章"中说："居今日之中国而与人言妇学，闻者必曰天下之事，其更急于是者不知凡几。百举未兴而汲汲论此，非知本之言也。然吾推及天下积弱之本，则必自妇人不学始。"为此，他从多个层面论述了建立基于贤母良妻、强国保种目的的女学的必要性。事实上，梁启超等人所持守的贤母良妻主义取向的女学思想，在相当长的一段时间成为社会上人们的"共识"，即使是1907年后官方对创办女学予以了合法性认可之后相当长一段时间，这种思想趋向亦未得到根本性改变。如在1917年，有女子投稿《新青年》，一方面主张女子教育要与男子平等，另一方面又主张女子教育以贤母良妻为主义："夫贤母良妻，乃教育之指归，而教育自身，则为其途术，固未有受高深教育，不能为贤母良妻者也。且正以受高等教育之故，思想高超，见解精确，益以知贤母良妻为人类之所急耳。"①虽然贤母良妻主义的女子教育较"女子无才便是德"的封建传统女教观有极大进步，但其根本上仍是一种服从主义的女子教育思想。

真正从妇女解放、从男女平等、从女子健全个性养成的角度论述女子教育，并逐渐形成一种新的女子教育思潮，开始于新文化运动时期。《新青年》杂志于1917年开始讨论女子问题，对旧日女子道德进行抨击，对从前贤母良妻的女子教育从理智上加以反抗。1918年9月，在第五卷第三号上发表了胡适的《美国的妇人（在北京女子师范学校讲演）》一文，文中胡适对美国妇女所具有的"超于良妻贤母"的人生观特别推

---

① 梁华兰：《女子教育》，《新青年》1917年第1期，（女子问题）第12页。

崇,而所谓"超良妻贤母"的人生观,便是一种"自立"的观念,"美国的妇女大概以'自立'为目的。'自立'的意义,只是要发展个人的才性,可以不依赖别人,自己能独立生活,自己能替社会作事。"这种谋自由独立的精神全靠教育养成,因为在美国不仅公立小学全部是男女共同受教育,即使是大学也有男女同校的。正是因为"美国的少年男女,从小受同等的教育(有几种学科稍不同),同在一个课堂读书,同在一个操场打球,有时同来同去,所以男女之间,只觉得都是同学,都是朋友,都是'人';所以渐渐把男女的界限都消减了,把男女的形迹也都忘记了,这种'忘形'的男女交际,是增进青年男女自治能力的唯一方法。"①基于民主平等而论述女子教育,胡适并不孤单。1919 年 3 月 15 日,蔡元培在北京青年会所的《贫儿院与贫儿教育的关系》演讲中,认为外国小学和大学都是男女同校的,美国的中学也多数是男女同校的。中国除了国民小学是男女同校,还没有这种组织,为了试办,可以从贫儿院入手。现在的贫儿院虽然男女生都有,但在课程设置上则男女有别,男生专做木工、毡工,女生专做烹饪、裁缝,这"不是男女同校的真精神。最好破除界限,不论何等工作,只要于生理上、心理上相宜的,都可以自由选择,都可以让他们共同操作"②。正是由于有一大批知识分子对妇女解放和女子教育的提倡和对重重阻力的克服,才使得大学、中学相继解除了"女禁",并实现了男女同校、男女同学。

　　江苏尤其江南地区,自明清以来便是经济富庶、人文荟萃之处,不仅男子读书者多,富贵之家女子读书者也较他省为多。如由江苏近代女诗人、曾任清末崇明尚志女校校长的施淑仪编撰的《清代闺阁诗人征略》,辑录了清顺治至光绪末年闺秀诗人 1200 余人姓名、里居、著述、事迹,其中江苏籍 475 人,仅次于浙江(522 人),而江苏居前三位的地区分别是苏州府、常州府和松江府,可见苏南地区女子读书之盛。同时,由于上海是近代开埠较早的地区,江苏地区中西文化交流频繁,教会女学较为发达。据史料记载,早在咸丰十一年(1861 年)美国北长老会便于

---

① 胡适:《美国的妇人》,《新青年》1918 年第 3 期,第 214 页。
② 高平叔编:《蔡元培全集》卷三,中华书局 1984 年版,第 266 页。

上海设立清心女学;后来如上海的圣玛利亚女学、苏州的景海女学等,均为教会所设,所授科目皆注重宗教、英语、数学、琴歌等科,次及中文、历史、地理、手工等。到辛亥革命前,江苏共有教会女校 31 所,其中上海地区有 16 所,南京 7 所,苏州 3 所,无锡(江阴)2 所,常州、镇江、宿迁各 1 所。

　　教会女学的设立,客观上推动了江苏地区女子教育的发展。清末时已有百余所女学的创办,民国元年(1912 年)后,江苏女子教育依然保持增长的势头,特别是在女子师范学校、女子职业学校和女子中学设立方面。如在民国初年,南京都督府教育科黄炎培特定省立女校制度,由省里拨经费设立。当时在省立女子师范制度方面,开办了第一女子师范于南京,以吕惠如女士为校长;设第二女子师范于苏州,以务本女学师范毕业的杨达权女士为校长。在省立女子职校制度方面,则在苏州浒墅关设立省立女子蚕业学校。以县经费设立的学校,则有无锡县立女子师范学校、常熟县立女学、武进县立女师(由原粹存女学改办)、宜兴县立女子师范学校等设立较早、声誉较著者。1915 年,教育部召开全国师范学校校长会议,江苏代表侯鸿鉴、杨达权与湖南代表朱剑凡、马晋羲等提议在京城设办国立女子高等师范学校,为各省女中及女师升学地,此提议获得通过。1917 年,呈请政府改组原北京女子师范学校,并于当年增设教育国文专修科一班,设立附属中学,预备改组事宜。次年,又开办手工图画专修科一班,为改建高等师范做了较充分准备。1919 年 4 月,经教育部批准正式将北京女子师范学校更名为"北京女子高等师范学校"。北京女高师成立,不仅使女子受教育程度提高,而且引发了各地设立公立、私立女学的积极性。为适应女学发展的需要,江苏诸县开始注重女校师资培养,如高邮、宝应、铜山、宝山、松江等县女学中,均有短期师范讲习科的设立。有鉴于此种讲习科时间短且成效低,江苏省政府于 1918 年在徐州设立了省立第三女子师范学校。值得一提的是,民国之后女子学校发展的总体趋势是,在公立女子学校发展之时,私立女学同样得到发展,如民国元勋黄兴曾提倡私立女学,在宁每校捐银 200 元以奖励之,当时有 6 所女校受奖,尤以吴木兰女士所办女子职业学校成绩最佳。当时私立女学上海居多,且有各校发展重点与特色,如南洋女子中学注重普通教育科目,爱国女学注意文科,中国女子体育学校注重体育等。在教育宗旨方面,民国之后的女子教育逐渐摆脱了贤母良妻主义束缚,开始注重女子的独立和女权的发展,从这个时期女子师范学校和女子职业学校的创办与发展可见一斑。

教育解放是五四运动后妇女解放的先声。受新文化运动女子教育思潮的影响,自1915年后,江苏女子教育发展呈现出两个特点:一是开始建立省立女子中学制度,二是男女同校的实施。

新文化运动之前,虽然曾有女中设立,但凤毛麟角,整个社会对女子中学发展不甚注意。1919年,江苏省议会议决省立女中制度,但因尚未有公立女中开办,更因教育经费支绌,决定选择私立女子中学成绩较优者,政府予以补助经费,作为江苏省立代用女子中学的变通办法,遂以竞志女学为全省私立女中最优者学校,特给予补助费,并改竞志女学中学部为江苏代用女子中学;1921年,上海爱国女学亦受省款补助;1922年,江苏省公署以松江景贤女学为江苏第二代用女中,以竞志女学改称为江苏第一代用女中。1923年后,由于政府教育经费短缺,公立女学没有进展。

男女同校、男女共学,涉及男女教育平等问题,"要教育平等,便是不问男女,都受一种'人的教育',不应把男女教育分开"。[1] 清末宣统三年(1911)有初等小学可男女同学的规定,民国四年(1915年)颁布的《国民学校令》更规定小学一、二年级可以男女合班上课,而高年级男女只可同校,不可同班。可见,此时规定的男女同校,多因为小地方不能举办女子小学,出于学校管理便利的无奈之举,并非源于男女接受相同教育的考虑。真正小学男女同学是在五四运动之后,1920年时,男子小学容纳女生,女子小学容纳男生,几乎全国都有了。[2] 大学开放女禁,实行男女同校,也是在这个时期。这年5月19日,甘肃女子师范学校毕业生邓春兰给蔡元培寄出《春兰上蔡校长书》,请求进入国立大学受教。6月间,邓春兰又发出了《请报界诸先生转全国女子中学毕业暨高

---

① 陈东原:《中国妇女生活史》,商务印书馆2015年版,第293页。
② 陈东原:《中国妇女生活史》,商务印书馆2015年版,第294页。

等小学毕业诸位同志书》，呼吁知识女性自身奋斗，争取进入大学。邓春兰的两封信均在北京《晨报》、上海《民国日报》刊出，引发多方关注和争议，蔡元培也表达了他的支持态度，而江苏无锡女青年王兰则成了第一个进入北京大学就读的女生，她托在北京大学就读的弟弟王昆仑，要求入校读书，蔡元培欣然准允，因为已过了招生时间，所以先在一年级旁听，时间是 1920 年 2 月中旬。消息传出，又有江苏的奚浈、查晓园两名女生进入北京大学成为旁听生，至 3 月中又增加了 6 名女生。这年秋季，这 9 名女生被正式录取，成为北京大学正式学生。

特别值得一提的是，北京大学无疑开启了我国男女同校的先河，厥功至伟，但国立东南大学作为"同谋者"的功绩亦不可忘记。事实上，1919 年 12 月 7 日召开的校务会议上，陶行知提议南高师宜首破禁区，招收女生，便获得了校长郭秉文等人的认同，开始着手招收女生的计划，决定在次年暑期开始招收女生。不过，这个决定立刻引发了轩然大波，包括思想比较开明的张謇和南高师原校长江谦都明确表示反对。为减少阻力，分散攻击者的注意力，南高师校长郭秉文与北京大学校长蔡元培商定，南北一致行动，共同开放"女禁"。至 1920 年夏，因多种原因北京大学并未发布招收女生计划，南高师决定按计划实施，向社会发布了兼收女生的消息，有 100 余位接受过中等教育的女性报名参加考试，最终录取了 8 名女生，她们是：李今英、陈梅保、黄淑班、曹美恩、吴淑贞、韩明夷、倪亮、张佩英。另外，又有 50 余名女生获得了旁听资格。北大、南高师（后来的东南大学）率先开女禁的举措，引发了诸多学校的效仿，并在全国逐渐兴起了男女同校的高潮。据中华教育改进社调查，1922 年度全国在高等院校接受教育的女子（除了教会学校）已有 665人，其中国立大学有 214 人，省立大学 45 人，私立大学 406 人。其中国立东南大学有 44 人，人数仅次于北京女子高等师范学校；私立高等学校中，属于江苏管辖的有上海南方大学、上海美术专门学校、上海公学，其中上海美专女生人数（52 人）又居全国私立高校首位。虽然总体而言，女子进入高等学校接受高等教育的人数较少，仅占当年大学在校学生数的 2.1%，但毕竟使女子获得了与男子平等接受高等教育的机会，并促进了中学阶段男女同校的实施，1922 年，江苏省立一中、东南大学附属中学、南京暨南学校都招收女生了。在教育宗旨方面,逐渐从"女权发展"时期,进入"科学竞争、经济独立"时期。

值得一提的是,近代以来江苏不仅承继了重视女子教育的传统,在女子教育数量和质量方面居全国前列,而且也是男女平等新思想最早的传播处。早在 1901 年,蔡元培等创办爱国女学于上海,其宗旨提倡女权之发展;1903 年,寓居上海的苏州吴江人金天翮(1874—1947)以"爱自由者金一"笔名撰成《女界钟》一书。在书中,金天翮明确提出女权的概念,认为"民权与女权,如蝉联跗萼而生,不可遏抑也"①。他批评从前的教育是奴隶的教育,而女子是奴隶的奴隶,连奴隶之教育也不与闻。为此,他提出:"教育者造国民之器械也。女子与男子,各居国民之半部分,是教育当普及,吾未闻有偏枯之教育而国不受其病者也。"②在此基础上,金天翮力主男女平等、婚姻自由、女性参政等,书中"'天下兴亡,匹夫有责',岂独匹夫然哉,匹妇亦与有责焉耳"③成为轰动一时的名句。该书被认为是"中国近代第一部阐发女权理论的专著",而金天翮则被誉为中国女界之卢梭。

第五节　各种示范性的教育实验

教育科学化与科学教育化是新文化运动时期科学教育思潮的一个重要体现。大批留学生尤其是留美学生归国,他们不仅积极引进欧美国家先进的教育理念,同时还热衷通过科学方法开展教育研究实验,以对西方教育学说进行验证、修正,或进行现代教育中国化道路的初步探索。

一、南高师-东南大学附小与设计教学法实验

1902 年三江师范学堂创办之时,便开始筹办附属小学。张之洞在

---

① 金一:《女界钟》,上海爱国女学校 1903 年版,第 3 页。
② 金一:《女界钟》,上海爱国女学校 1903 年版,第 36 页。
③ 金一:《女界钟》,上海爱国女学校 1903 年版,第 5 页。

《创建三江师范学堂折》中便提出设立附属小学堂一所,招生学额 200 名。1905 年所设附属小学建成,校长为周维城,是清末较早设立的大学附属小学之一。附小当时招有中学预科一级(即一个班)、高等小学三级、初级小学一级,学生 200 人。附属小学堂的定位是供师范生实验之地,因而"注重实验"是其办学方针。同年,随着三江师范学堂更名为两江师范学堂,附小亦因而改为两江师范学堂附属小学堂。辛亥革命后,师范学堂一度停办,1915 年两江师范学堂又改名为南京高等师范学校,附小由此也更名为南京高等师范学校附属小学(简称南高师附小),周维城任主事(校长)。1918 年秋,南高师教育科教授俞子夷开始主持南高师附小工作,继续在课程、教材、教法等方面进行教学改革,他在回忆实验教材中心联系法时说:"那时实验,以一个生活方面的问题做中心,其余有关事项一一归纳在里面。就实际情形说,中心问题,大多发生于乡土一科中,其余文艺、唱歌、游戏、美术、工艺等科教材的去取,都以和中心问题有没有联络关系做标准。"[1]

1919 年秋,南高师附小开始进行设计教学法实验。设计教学法在我国的移植、模仿,最早开始于 1914 年夏,之前南高师附小做的教学中心联络法其实便属于设计教学法的特色。不过正式的研究和实验阶段是以 1919 年秋为开端。南师附小的课堂教学"研究材料,由学生中领袖或教师提出。上课情形,和现在的幼稚园大概相仿佛。不过那时儿童作业非常自由。"[2]1920 年秋,为了提高实验的效果,南高师附小对设计教学法做了改进,开始试行"分析设计法",把学科性质相同或相近的几门学科组成混合科,如语言、文字、故事等合成一系,史地、公民、社会常识等合成一系,自然、卫生、园艺、算术等合成一系,音乐、体育合成一系,美术、劳作合成一系,便有学生提出问题。同时,将学校中进行实验的低年级教室称为"杜威院",包括游戏室、音乐谈话室、读书室、工作室。中年级教室称为"维城院",包括三下、四上、四下、五上 4 级,有工作场、议事厅、图书馆、研究所。不同年级的学生在一起过团体生活,形

---

[1] 国立中央大学实验小学编:《一个学校十年努力记》,中华书局 1928 年版,第 9 页。
[2] 国立中央大学实验小学编:《一个学校十年努力记》,中华书局 1928 年版,第 9 页。

成特别的环境和气氛。学生所学功课,由他们自己决定,自由选择,自由支配上课时间,学生只知道把自己设计的工作向前推进,而不知道有科目。在教材方面,由于认为原用的教材是基于成人的立场编写的,于是学校便从儿童视角出发编写新的教材和辅助读本,如常识类的有《好国民读本》《每天实行的卫生法》等。简而言之,这个时期试行的设计教学法,"虽然还不是完全意义上的设计教学法,但普遍更接近设计教学法的真义。"①换言之,南高师附小开始实验的设计教学法,并不是简单的移植,而是试图进行中国化的一种探索。1921 年,南高师附小开始在全校各年级进行设计教学法实验。该年 10 月,第七届全国教育会联合会决议案《推行小学校设计教学法案》,决定在全国推行设计教学法。由此,南高师附小的设计教学法实验及其成果,一时引得省内外诸多教育界同仁来校参观访问,报载:"一时,参观南高师附小的,络绎不绝,做南高师附小参观笔记的,也不知有多少,中国小学教育界的出版物上,到处都有他们的教学概况了。"②南高师附小成为设计教学法在我国传播的重要推动力量。俞子夷后来回忆:"那几年里,暑期讲习会、暑期学校很盛行,我每任讲教学法。虽不限用设计教学法名称,但讲来讲去,总宣扬设计教学法最新,亦最好。这并非空话,有南高师附小实际情况为证。这样宣传,号召力真不小。……南高师附小参观人络绎不绝。杭州女师附小教师分批轮流,住在校内,作长期参观。后成惯例,他处来者同样欢迎。苏州二女师校长要求派师范生四五人来实习,我们仍同样欢迎。"③

　　1922 年秋,南高师附小改革更加大胆激进,开始试行"混合设计法",废除课表,打破学科界限,全靠学生在环境中、活动中发现问题,引起设计的动机,然后全体讨论、确定目的。1923 年,随着南高师并入国立东南大学,附小也改名为东南大学附属小学(简称东大附小)。1924 年后,设计教学法外部环境恶化,自身存在理论不足,导致教学质量上的尴尬,实验也步入低潮。不过,一如俞子夷由设计教学法实验而

① 吴洪成、张媛媛等:《中国近代中小学教学方法史论》,知识产权出版社 2016 年版,第 282 页。
② 沈百英:《参观南高附小杜威院、维城院记略》,《教育杂志》1923 年第 15 卷第 11 期,第 1 页。
③ 董远骞、施毓英:《俞子夷教育论著选》,人民教育出版社 1991 年版,第 491—492 页。

发出的感慨：“翻译借材的时代、东拼西凑的时代，可以说是过去了。中国人根据自己的实验建设的方法略有些基础了。中国人能自己成立自己的设计教学法。”①

二、江苏省立第一师范附属小学教学法之实验

江苏省立第一师范学校附属小学（简称一师附小），原名江苏两级师范学堂附属两等小学堂，建于清光绪三十一年（1905 年）十一月，校址在苏州。初由江苏师范学堂监督（校长）罗振玉兼任堂长，设初等、高等两级。辛亥革命后，学堂更名为江苏省立第一师范学校附属小学校，由一师校长杨保恒兼任校长，聘周维城任附小主事（即主任，相当于执行校长）。1913 年 8 月，俞子夷接任主事。自民国之后，一师附小便进行新教学法——“自学辅导法”实验。“自学辅导（Supervised Study）”，亦称“研究法”或“自学教学”，在中国又被称为“自学辅导主义”，它是指学生在教师指导下通过自学掌握知识，培养自学能力和习惯的一种教学模式。它在中国的传播与实验，既与儿童中心主义教育观影响有关，更是为了解决我国小学单级教学中存在的学生自动作业问题的需要。特别值得一提的是，杨保恒、周维城、俞子夷三人便是清末时受江苏省教育会派遣赴日本考察单级教授法的代表，是我国单级教授法的积极宣传者。

早在 1910—1911 年间，俞子夷曾在日本购得日本学者所著《自习主义》一书，内容着重在复试、单级、二部编制下，高年级学生自习国语、历史、地理、理科各科的问题及其解决的方法。过了一两年，俞子夷又从日本购得《自学辅导的教授法》，该书专从教法本身谈“自学”与“辅导”，成为俞子夷在一师讲授教学法课编写讲义时的重要参考。不过，自学辅导法向国内传播大概是在民国初年，1913 年，时任一师附小教员的杨鄂联曾在《教育研究》杂志第 5 期上发表《自学辅导主义之教授法》一文，这是中国学者较早介绍自学辅导法的论文，文中提出：“今兹

① 董远骞、施毓英：《俞子夷教育论著选》，人民教育出版社 1991 年版，第 124 页。

所谓自学者，非放任之谓也，亦非听儿童之喧扰涂抹而不加校正也。谓儿童固有之天性，而使之发表，使之自动而自进也。"①关于自学辅导的方法，特别从儿童自学方面，提出是发表、练习、应用；从教师辅导方面，则是矫正、补成、整理。1913 年秋冬之际，俞子夷与在美国留学的郭秉文等一道组成赴欧美教育考察团赴美考察教育，接触到当时美国教育界对传统自学方法进行改进的研究与理论，如马克马利（McMurry）的《怎样自学与怎样教自学》一书。1914 年 12 月，俞子夷在《教育研究》杂志第 18 期上发表《教授法上之动机（自学辅导教授法之基础）》一文，为一师附小开展自学辅导法实验进行理论说明。

1915 年 2 月，江苏省教育会出版发行了《国文科读法研究》一书，该书由江苏省立第一师范附小国文科读法研究部根据本校几年的实验成果编写。据书中《国文科读法教授顺序说明书》介绍："本校读法教授，以自学辅导主义为经，而以教授顺序为纬，教授顺序者，因经立纬，盖自学辅导主义之实施法也。"②早在 1912 年春，学校便"草创各科教案准绳"，读法教案的形式也由此初定。4 月，学校设立了"实地教授研究会"，每周由一人教授，其他人观察和评论，不过此时的研究过于琐屑，9 月后则集中于读法教授顺序之研究。1913 年初，将数月来研究成果编纂成初稿，并明确了教学中"采自学辅导主义，都为教案例五则，各级试行之"。同时，派人前往他校参观读法教授，记录其所得，回来后对原教案例进行修改，最终完成"国文科读法教授顺序"。③ 为了汲取更多人的智慧，在 1913 年 12 月，一师附小读法研究部还联络二师附小同仁以及其他小学相关教师，组成"读法教授商榷会"于校内，对实验进行批评，同时，在全校国文教学中进行实验。到 1915 年初，才将自己的研究成果外推。从各学级实验要点看，"初等一二年以自学之基础，三年以上方完全入于自学之时。"可见，三年级以上中高学段学生才是施行自学辅导法的重点对象，其目的在于养成儿童有判断、有条理思考的能力，顺其本性而发挥其自动的能力，使儿童通过理解练习而能娴熟应用。

---

① 杨鄂联：《自学辅导主义之教授法》，《教育研究》1913 年第 5 期，第 13 页。
② 省立江苏第一师范学校附属小学：《国文科读法研究》，江苏省教育会 1915 年版，第 2 页。
③ 省立江苏第一师范学校附属小学：《国文科读法研究》，江苏省教育会 1915 年版，第 1 页。

不同年级学生开展教学的顺序及要点并不完全一样,如初小三、四年级读本教学的顺序依次为指示目的、预习、订正预习、质问应答、指名音读、发问文字语句之意义笔顺、指名分段读、指名讲全课、朗读、练习读讲笔述、深究文字内容、整理、应用。虽然各年级教学顺序不完全相同,但基本属于五段教学法下的自学,大致模式是:教师规定好教材启发学生学,学生去预习;教师评价预习的成绩,学生自己修改;教师指导学习的步骤,学生互助练习;教师判断学生学习的结果,学生摘记要点。[1]

由江苏一师附小对于读法教授的实验研究过程看,中国人对于自学辅导主义的采用,完全出于解决教学实际中出现的问题,而并非简单的国外教学法的移植,其实验过程也是自己探索教学方法的过程。俞子夷曾说:"同是主张自学辅导,出发点不同,目标各异。一种用以防止教师包办一切,旨在发展儿童的积极性。另一种恰相反,用以减少学生暗中摸索的困难与浪费。严格言,自学辅导仅是一种补偏救弊的方法,不能作为独特的教学方法。"[2]当然,国外教学思想对于一师附小施行自学辅导法也提供了一定的理论支撑。通过实验,国人对于自学辅导的优缺点有着自己的看法。几年后,吴研因、沈百英曾对此有过评价,大意是:其不足在于自学只是形式的自学,是受支配的自学;学习的材料和步骤都由教师支配,难合个性的发展。优点是有助于学生自学习惯的养成,教师研究增加自学的效率,可以促进在教材、设备上有改良。[3]

1918年吴研因继任一师附小校长后,依然重视教学法改革实验。1920年初,江苏一师附小便有进行设计教学法实验的计划,为实验的严谨性考虑,决定在该年秋季新一年级入学后施行设计教学法实验,由沈百英、赵欲仁、丁晓先三位男教师与顾西林、李振枚、吴文杰三位女教师共同组成"设计教学法研究会"专门进行研究,后又有其他教师的加入,并聘请已赴南京高等师范学校附小任校长的俞子夷做顾问,每逢开会,校长吴研因都积极参与。

---

① 吴研因、沈百英:《小学教学法概要》,《教育杂志》1925年第1期,第1—19页。

② 俞子夷:《现代我国小学教学法演变一斑——一个回忆简录(三)(四)》,《华东师大学报教育版》1988年第1期,第77页。

③ 吴研因、沈百英:《小学教学法概要》,《教育杂志》1925年第1期,第1—19页。

实验过程由沈百英担任教员,顾西林为音乐专科教员。实验开始时,首先对实验对象(一年级新生)通过比奈量表进行智力测试,排除特别低能儿童,人数控制在 25 人以内,年龄在 5 至 7 岁半间。其次,对教室进行初步布置,起初是教师做,后来和儿童共同设计变更,最后由儿童随意变化。准备的设备器具包括运动器具、园艺器具、美术工艺用具、图书、算术用具、卫生清洁用具、玩具等。再次,教学实施上明确:教学的目的是发展个人本能,扩张经验,适应社会需要;教学材料是儿童所需要的;教学方法用设计法,且由各个而共同;文字要迟些教;算术记号和算式要迟些教;修身、文艺、卫生、社会等多用故事;自然研究和园作、饲养相连教学;卫生注重实做,以养成习惯;各科用混合联络,不重中心联络,注重学习的大单元;日常的教材,就取儿童日常生活中较有价值的问题做开始等。不过,由于实验仓促上马,缺乏理论准备,其结果是"上课情形,和现在的幼稚园大概相仿佛。不过,那时儿童作业,非常自由。教师看见儿童能够自由活动,以为已达实验目的,表示过分的满意。因此,儿童作业,因无确定目的,工作结果,往往今天和明天,前月和后月,常在同一水平线上,没甚进步发展可说"。后来,沈百英等一师附小的同仁对设计教学法的实验又进行了若干改进。数年后,沈百英等依然认为它是比较完善的教法,是各教法熔为一炉的教法,好处有:学习的知识是整体的、一贯的;使学生养成好的学习态度,一切由自己计划、实行、判断;这种教育能实现现在儿童的需要,也能预备将来的生活;教法含有社会性的活动,适合现代的思潮。

三、东大附中与道尔顿制实验

道尔顿制又称道尔顿实验室计划,是由美国实用主义教育家海伦·帕克赫斯特创立的一种由学生自学和教师辅导相结合的教学组织方法。由于这种教学方法最早是在美国马萨诸塞州道尔顿市的道尔顿学校进行实验,因而被称为道尔顿制。道尔顿制的具体做法,一般过程是:按学科性质设立作业室(又可译为实验室)取代教室,在作业室内陈列该学科参考书和实验仪器,供学生自由阅读和实验。教师按照各科学习内容按月制定作业大纲,学生按照大纲要求在规定时间内完成规定的作业量。教师与学生之间订立学习公约,学生按照公约规定在作业室内自主学习和自主作业。学生的学习进度,由教师和学生记入学习进度表。根据学习进度表随时调整学习公约,伸缩毕业年限。作业室、专科教师、作业纲要、成绩记录表是实施道尔顿制的四个方面。

道尔顿制传入我国的时间是大约是 1921 年,这年《教育杂志》第 13 卷第 8 期"欧美教育新潮"栏目以《道尔顿制案》将道尔顿制以简短信息的方式传递给中国教育界。不久,身在英国留学的余家菊在接触到伦敦的道尔顿制实验后,在《中华教育界》第 12 卷第 1 期上发表了《道尔顿制之实际》。其后,介绍道尔顿制的文章逐渐增多。1922 年 10 月,在舒新城等人的指导下,上海吴淞中学(中国公学中学部)开始试行道尔顿制,成为我国最早进行道尔顿制实验的学校。

1923 年初,由于种种原因,舒新城从吴淞中学辞职,迁居南京。时任东南大学附中校长的廖世承早有实验道尔顿制的想法,随即邀请舒新城主持学校研究工作,开始全面负责主持实验道尔顿制的筹划和实施工作。

东南大学附中以科学的态度开展道尔顿制的实验。实验前有手续方面的筹备:如选择喜欢研究新方法的老师参与实验;选择初一、初二各两个班开展实验,其中一个班为实验班,另一个为比较班;确定实验学科为国文、英文、数学、混合地理、混合理科;其他科如图画、体育、乐歌、手工等仍采用常用的方法;确定实验周期 1 个学期,因为"在半年以后,学生各科进步的数量,大致可以看出。再长,别的情形不易控制,反而得不到真相了"[1]。

工具方面的筹备,如编制测验量表,其要求是有前后一致的标准,且尽量与本校教材接近;编制五种实验用的记录表格;搜集教学材料拟定学期学习计划。搜集的教学材料包括商务印书馆、中华书局及其他书局编印的初中一、二年级教科书,选择几所著名学校初一、初二的各科教学讲义,以及报刊上有关讨论新学制、道尔顿制方面的文章等。而

---

[1] 廖世承编:《东大附中道尔顿制实验报告》,商务印书馆 1925 年版,第 93 页。

各科学期学习计划（即学程）又可以划分为几个大的段落，即形成一个月的学习安排，再将每个大段落分成四个小段落，形成该科每周学习安排，即每周学生的作业细目；编写《学生须知》，"初行道尔顿制，一切规则学生都不熟悉，所以特别编印《学生须知》分给道尔顿制组的学生，使他们知道各种表格是如何用法，参考书如何用法，在作业室内应该怎样，等等"①；添置图书仪器，布置作业室。当时东大附中开展道尔顿制教学实验的科目有国文、英文、数学、混合地理、混合理科，以及初二实验班的国语或英语选修课，为此，预备了三个作业室，即国文、地理作业室，数学、理科作业室，英文作业室。每个作业室包括添购图书、理科仪器、学生作品陈列柜，以及桌椅的多少与排列等；为使教师对于道尔顿制的操作尽快熟悉，还进行了一次预试，即选择补习班的部分学生进行两个星期的实验。

1923年秋季开学，东大附中正式在初一、初二年级开始了道尔顿制教学与普通教育学法的比较实验。先通过测验然后进行科学分组，记录他们的初试分数（相当于前测）。科学分组后，各班学生按照教学计划安排实施教学，其中实验组在实验过程中还要不断克服因新方法带来的诸如纪律、自动力等新问题。对于学生成绩的考查分为平时考查、月考、期末考，其中平时考查包括学生读书笔记、练习题答案、实验记录、调查及参观笔记、手工制品、口试及作文；月考及期末考则使用标准测验试题。按照实验计划，在学期结束后，对学生学习情况进行测验（即后测），通过前、后测成绩的统计、分析，比较出两种教学方法的优劣。

东大附中根据道尔顿制实验的结果，得出结论，认为道尔顿制和普通班级教学各有优缺点，没有能够通过实验证明它确实比班级教学先进，如通过道尔顿制可以使个人得到自由发展，但自由进行后，班级中学生仍然差异大，教师难以应付。又如在道尔顿制中，教师可以早些指定功课，使学生准备研究，但这一点非道尔顿制班也可以做到。东大附中道尔顿制的主要主持人廖世承便认为："提倡道尔顿制的人，在理论

---

① 汤才伯主编：《廖世承教育论著选》，人民教育出版社1992年版，第122页。

上常过于夸张,说得有百利而无一弊,其实我们相信无论什么制度,都有他的限度和缺点,挨守一种制度是不成功的……个人觉得道尔顿制有供试验的价值,不过试验时总宜审慎。"①东大附中对于道尔顿制的严谨、科学的"实验"态度,以及得出自己的"失败"结论,很快影响到当时全国中小学 100 余所实验道尔顿制学校对于实验道尔顿制的态度,非理性对待道尔顿制的态度在喧嚣之后渐趋于沉寂。

四、陈鹤琴与鼓楼幼稚园实验

近代以来,中国幼稚园机构或抄袭福禄培尔、蒙台梭利的一套,或为教会垄断,而痴迷于灌输宗教信仰。对此,东南大学教育科儿童心理学教授陈鹤琴期望通过创办幼稚园,建立中国化的幼稚教育,并推动中国家庭教育的发展。1923 年春,陈鹤琴在鼓楼头条巷廿五号自己家的客厅里办起了一所幼稚园,他聘请留美回国在东南大学附中教授音乐的甘梦丹为幼稚园教师,同时聘请东南大学美籍讲师洛林斯(Helen M. Rowlings)为顾问,这是他创办鼓楼幼稚园的前奏。当时第一批只招收了孩子 12 人,主要是东大教师的子女,此外,还有日本儿童 2 人。陈鹤琴的实验举动,得到了东南大学教育科和以陶行知任主任干事的中华教育改进社人力上的支持和经济上的资助,他开办的幼稚园也被视为东南大学教育科实验幼稚园。

1925 年初,陈鹤琴有感于家庭幼稚园空间有限规模较小,教育实验也受到限制,于是便发动东南大学教授成立董事会,董事会由东南大学教授 11 人组成,发起募捐,并得款 3887 元,即在陈鹤琴住宅旁购地 3 亩,为幼稚园建园舍一座,并利用空地开辟游戏场、草坪、菜园、小动物园等。陈鹤琴被董事会推选为园长,又增聘了教师,鼓楼幼稚园正式诞生。这年,东南大学教育科毕业生张宗麟被聘为研究员,协助陈鹤琴开展幼稚园实验工作。

自 1925 年开始,陈鹤琴主持的鼓楼幼稚园教育实验主要是课程实

---

① 汤才伯主编:《廖世承教育论著选》,人民教育出版社 1992 年版,第 131—132 页。

验和读法实验。其中课程实验的目的是研究幼稚园应当选取什么教材,采用什么方式方法对幼儿进行教育。这项实验分三期进行。第一期是"散漫期",实验时间主要是 1925 年秋冬。其特点是无固定的教育计划,对儿童也不作限制,任凭儿童自由活动,教师只布置环境和从旁指导,但强调必须从儿童的兴趣和经验出发。最初的意图是由此使儿童的个性得到充分自由发展,适合儿童需要,不料实验的结果却证明这样的课程设置无法有效地对儿童进行教育,反而养成了儿童的不良习惯,如注意力不集中,产生了无所作为、倔强、不听话等现象。教师辛辛苦苦布置的环境,儿童常常置之不顾,而儿童临时发生了什么兴趣,出现了什么活动时,教师因未作准备,无法应付。这种一味追求儿童兴趣的课程,显然是不可取的。第二期是论理组织期,实验时间是 1926 年春夏。其实验特点是教师把幼稚园的课程事先编制好,按计划、有系统地上课。其课程编订是根据一年中的时令季节,从各种自然现象和社会生活中选取材料,循序渐进地进行教育。实验的结果虽然完成了预定的课程计划,但课程安排得太呆板,忽视了儿童的兴趣,儿童完全处于被动地位,变成了注入式教学。第三期是设计组织期,亦可称中心制期,实验时间从 1926 年秋冬开始。其特点是课程内容按时令季节,从儿童生活中所直接接触到的自然、社会的事物中选取材料,预定一周或几天为一个中心,通过常识、故事、音乐、游戏、工作等活动进行教育。这样既可以围绕一个中心把各项活动联系起来,又可以将各项活动独立取材自成系统,使课程既有其计划性,又有其灵活性。编订中心制课程,由于包括的活动多,必须事先考虑儿童的能力、经验、兴趣以及与实际有关的内容,从而要求教师必须熟悉儿童发展的特点,了解儿童生活的周围环境,才能准备得恰到好处。

鼓楼幼稚园课程实验成果,被陈鹤琴以《我们的主张》为题发表在 1927 年 3 月由其主编的《幼稚教育》创刊号上。其主张包括 15 条:幼稚园要适合国情;幼稚园应与家庭密切合作;凡儿童能够学的而又应当学的,我们都应当教他们;幼稚园的课程应以自然和社会为中心;课程和教法应实行计划性和灵活性相统一;幼稚园首先要注意儿童的健康;幼稚园应注意帮助儿童养成良好的习惯;幼稚园应特别注意音乐教育;幼稚园要有充分适宜的设备;应采用游戏式的教学法;儿童的户外活动要多;幼稚园应多采用小团体的教学法;幼稚园的教师应当是儿童的朋友;幼儿教师应有充分的训练;幼稚园应当有种种标准。

鼓楼幼稚园的读法实验,是由当时社会和家庭中争论要不要教幼儿识字的问题引起的。陈鹤琴认为,识字一事应当成为使儿童快乐而不是痛苦的事。他指导教师在儿童年龄较大的班级中进行读法训练,并在实验中采取多种方式方法教儿童识字,如借助识字工具(如用骨牌刻字、小圆球上写字等),通过游戏、竞赛的方法进行,儿童感到快乐,也容易记住。此外,还实验了用歌谣、儿歌、故事等方式方法,使儿童逐渐熟悉字和字句。他亲自编写的《幼稚园课本》是一本具有综合性内容的教材,图文并茂,很受儿童喜爱。经过几年的实验,陈鹤琴作出了"幼稚园大班儿童(年龄足五岁的)可以教识字,但教法要好"的结论,但特别强调,幼稚园读法不是要幼儿死记符号,而是为了适应幼儿的兴趣和需要而教的,绝对不是为强制幼儿去学才教的,读法不是符号的熟记。此外,鼓楼幼稚园还进行幼稚园的设备实验研究。

鼓楼幼稚园早期的教育实验,是在陈鹤琴"幼儿教育必须适合中国国情"的指导思想下进行的,他们的研究成果推动了 20 世纪 20 年代中国化的幼儿教育事业的探索,当时教育界普遍认为:"怎样办好幼稚园?就去南京参观鼓楼幼稚园,还要请教陈鹤琴。"[1]鼓楼幼稚园课程、读法等研究成果,直接在 1929 年国民政府教育部制定和颁布的《幼稚园课程暂行标准》中得到体现。

第六节　江苏重要的教育会社与教育刊物

自古以来中国知识分子就有结社爱好,然清代有鉴于明末党社运动带来的弊端,更为钳制思想起见,实行党禁。19 世纪 90 年代中后期

389

---

[1] 南京市鼓楼区政协文史资料委员会、南京市鼓楼区文物事业管理委员会:《鼓楼文史(第 1 辑)》,内部资料,1988 年版,第 34 页。

尤其是戊戌时期,党禁有所松动,强学会、南学会、苏学会、算学会等政治性或学术性学会相继成立,借学会谈论国事。1904 年清廷解除部分党禁后,各类会社大兴。到辛亥革命前,全国已有各类会社 668 个,其中教育类 103 个。江苏省内会社达 112 个,教育性质的会社有 9 个,主要分布在上海、苏州、扬州一带。由统计可见,清末会社中以商会、教育会居多,究其原因,乃是因为教育兴国、实业兴国成为许多人士的共识。民国建立初期,政治类会社迅速增加,其他类尤其是教育类迅速减少,如在 682 个会社中,政治类为 312 个,而教育类则仅为 28 个。江苏有会社 269 个,其中非政治类会社迅速增加,为 162 个,而教育类会社则为 11 个,约占全国总数的 39.3%,地域主要分布在上海、苏州、南京、武进、镇江。[①]

在党禁松动的同时,报刊的发行也成为这个时期宣传各种新教育思想的重要阵地。1919 年五四运动时期,是民国会社机构和报纸期刊发展最为兴盛的时期,同样也是江苏教育会社创立和教育刊物创办的兴盛期。

一、各种教育会社的创办与运行

(一) 江苏省教育会

江苏教育总会是清末全国影响最大的地方教育会。1912 年,南京临时政府成立后,教育部开始修改教育会章程,把教育会分为省教育会、县教育会、城镇乡教育会。同年 11 月,遵照部令将江苏教育总会易名为江苏省教育会,并修改会章。随后,各地教育会也相应更名,县市乡教育会纷纷设立,1915 年,县市乡教育会有 88 个。[②] 到 1925 年,江苏省各县市乡教育会共有 188 个,其中乡教育会 59 个。[③] 会员人数也迅速增加,1926 年已有会员 1328 人。

民国时期江苏省教育会会长自 1912 至 1921 年一直由张謇担任,

---

① 张玉法:《民国初年的政党》,岳麓书社 2004 年版,第 32—34 页。

② 《江苏各县市乡教育会地址一览》,《江苏省教育会年鉴》1916 年第 1 期,第 1—7 页。

③ 《江苏各县市乡教育会地址一览》,《江苏省教育会年鉴》1926 年第 11 期,第 1—6 页。

1912—1913年副会长为王同愈，1913—1927年副会长为黄炎培。教育会内设学校教育部、社会教育部、调查部、庶务部，各部均设干事员若干人，各司其职，同时由干事员及正副会长一起组成干事员会，作为教育会决策的执行机构。其中学校教育部干事员有沈恩孚、庄俞、朱亮、吕侠，他们的职务与权限包括编集各处关于学校教育一切所调查及报告的事件，提倡或成立讲述各项学术的研究、讲习等会；社会教育部干事员沈颐、凌昌焕、包公毅、张世鎏，他们的职责是编集各处关于社会教育一切所调查及报告的事件，审查各处行用的社会教育品物等类，实行社会教育事务，开通地方风气，以促社会进步；调查部干事员王朝阳、郭秉文、陆裕楠，他们的职责主要是负责调查地方县市各学校的建筑及教授管理，调取各处编行的教科书以备检查；庶务部由书记员、会计员组成，其中书记为蒋炳章、杨锦森，其职责负责处理会内外友人往来的书札以及官场往来的文牍。会计为吴家煦，主要经收捐费公款，核算出纳细数，随时登记。另有唐文治、穆藕初等46人出任评议员，评议员通常由各县会员公开选举产生，每县1—2人，其权限主要是讨论全省、本地教育事务，以及核议教育会每年经费收支款项之预决算的权利。1921年，因身体等诸多原因，张謇辞去会长一职，经选举由袁希涛继任会长，直至教育会解散的1927年。

1914年、1915年江苏省教育会先后附设英文教授研究会、小学教育研究会、理科教授研究会、师范教育研究会、体育研究会。

（二）中华职业教育社

1914年秋，黄炎培考察京津教育时，便深感中国自兴学以来存在的"毕业即失业"现象的危害。1915年4月，黄炎培参加游美实业团，在美国停留了两个多月时间。期间考察了美国25座城市的52所学校，收获颇丰，尤其是美国的职业教育给他留下了深刻印象，联系国内的教育，深感"不能不认识职业教育为方今之急务"，回国后便大力宣传职业教育。1916年5月，在江苏省教育会内设职业教育研究会，以"研究职业教育之设施以及提倡推广方法"为宗旨。不过，最初研究会仅有会员148人，对于推进职业教育来说力量明显不足。1917年1月，黄炎培、蒋维乔、郭秉文、陈宝泉等6人赴日本、菲律宾考察。他对菲律宾的教育制度非常推崇："教育所重者三项：一普通教育，二职业教育，三体育，而职业教育尤为重。"而该国职业教育的目的是辅助教育和发展经济。由此，黄炎培更加坚定了"提倡爱国之根本在职业教育"的信念。1917年5月，在黄炎培的号召下，中华职业教育社召开成立大会，伍廷芳、梁启超、张謇、蔡元培、严修、唐绍仪、汤化龙、范源濂、袁希涛、张元济、江谦、陈宝泉、陆费逵、蒋梦麟、沈恩孚、郭秉文等政、经、文、教等社会各界知名人士48人列名为发起者。提出职业教育的目的是"谋个性之发展，为个人谋生之准备，为个人服务社会之准备，为国家及世界增进生产力之准备""使无业者有业，使有业者乐业"。成立大会后，中华职业教育社依规定向江苏省长公署、北京政府教育部签核备案。次年1月获得备案批准，称该社"欲从教育上解决生计问题，热心毅力，实堪嘉当"。

中华职业教育社成立后，吸引了越来越多的人加入推动职业教育的队伍。以会员人数的增加为例，1917年社团成立时仅有会员786人，但1926年会员人数发展到6758人，[①]成为当时全国颇有影响的社团之一，同时也为职业教育在中国的推广作了重要贡献。

根据中华职业教育社的章程规定，其目的有二："一为推广职业教育，另一为改良职业教育以及改良普通教育，俾为适于生活之准备。"为此，社团开展三个方面的工作。

第一方面是宣传、指导，包括调查、研究、劝导、指示、讲演、表扬、通讯。如中华职业教育社社章中将讲演列为其事业之一，既有定期讲演，也有临时讲演；既有学校讲演，也有社会讲演；既有社内会员讲演，也有邀请的社会名人讲演。同时通过出版定期刊物如《教育与职业》宣传职业教育思想，传播国内外先进的职业教育理论与实践案例，发表各种调查报告。此外，在各地举办各种性质与主题的职业教育成果展，使全社会感受职业教育的价值和意义。

第二方面是介入职业教育实践，如设立职业学校、设立教育博物院、设立其他实施职业教育的机关。1918年6月，中华职业教育社在上

---

① 孙祖基：《十年来中国之职业教育》，《时事新报（上海）》1927年2月19日，第4版。

海陆家浜创办了中华职业学校,开设有木工、铁工、珐琅、纽扣四科,附设机器、木工、珐琅、纽扣工场,后又添设土木、留法勤工俭学、染织师范、商业等科。为加强乡村职业教育,1926年5月,中华职业教育社联合中华教育改进社、中华平民教育促进会、东南大学农科和教育科,决定试办农村改造,选定江苏昆山徐公桥开办农村改进试验区,后来成为全国知名的乡村改造试验点之一。

第三方面是加强职业指导。职业教育社在成立之初便设立职业教育介绍部,黄炎培、邹韬奋、潘文安等人为委员;1923年,中华职业教育社又设立了职业指导部,由刘湛恩、邹韬奋负责,主要成果是编译了10余本有关职业指导的书籍;1924年,邹韬奋、杨鄂联等在上海、南京、武汉、济南等发动"一星期职业指导运动",轰动一时。①

南京国民政府建立初期,以江苏省教育会为学阀巢窠而将其强行接收,因中华职业教育社设在教育会内,受到牵连而一度被勒令停止活动。

(三)中华新教育共进社

1918年,江苏省教育会、北京大学、南京高等师范学校、暨南学校、中华职业教育社鉴于世界教育发展趋势,希望联合中外各教育机关和教育家共谋教育改造,为此倡议组织"中华新教育共进社",先组织编辑部出月刊一种,共推蒋梦麟担任主任。其后又有北京高等师范学校、中国全国青年会协会、上海交通工业专门学校、上海复旦大学、上海大同大学、天津南开大学、中国科学社、南京河海工程专门学校、吴淞同济医工学校等加入,1919年10月,这些机关派出代表在位于上海的江苏省教育会集议,通过共进社简章,1920年1月,依会章选出黄炎培为共进社主任,郭秉文、蒋梦麟为副主任,沈恩孚为会计,聘请陈鹤琴为英文书记,沈肃文为中文书记,并设交际部,推余日章为主任,张伯苓、陶孟和、朱友渔、阮尚玠为干事,设办事处于江苏省教育会内。至此,中华新教育共进社正式成立。

依据中华新教育共进社社章,其建社宗旨为"集合国内教育团体或

① 张礼永:《民国教育社团研究》,湖南教育出版社2018年版,第108—109页。

教育家,以联络国外教育团体或教育家,输入新教育,共同研究推行,并宣布国内教育状况于国外",该宗旨所言追求与最初仅注重西方学理输入有所不同。新教育共进社对近现代中国教育发展的贡献,主要体现在以下几个方面:通过编辑出版《新教育》月刊,宣传西方教育家新思想、新理论;1919年与其他单位合邀美国教育家杜威来华讲学,《新教育》也适时刊发诸如《杜威先生略传》等介绍实用主义思想的文章,并曾出版杜威、孟禄专号,介绍他们来华讲学情况和内容。

1921年12月,中华新教育共进社、实际教育调查社、《新教育》杂志社三大教育社团共同改组为中华教育改进社,总事务所设在北京。

(四) 江苏义务教育期成会

早在1915年,北京政府便计划在各省成立义务教育期成会,以促进普通教育的发展,但由于政府更迭频繁,这种计划只能束之高阁。事实上,北京政府时期的教育发展主要依靠地方官绅力量的支持和发动。

1921年7月,江苏省举行第五次省教育行政会议,主要讨论实行江苏省颁布的《施行义务教育计划》相关问题,邀请全省各县教育行政人员与会讨论。曾任教育部次长、时任江苏教育会会长的教育家袁希涛,时任江苏教育会副会长的教育家黄炎培均与会讨论,会议决定组成永久性的推动义务教育团体——江苏省义务教育期成会,电邀张詧、张謇、韩国钧、张一麐、庄蕴宽、段书云、黄以霖、王清穆、唐文治、马士杰、沈恩孚、张孝若、穆湘瑶等省内政商及文化名人为发起人,均获赞成。该会于该年7月28日在南京召开成立大会,通过会章和支会组织法,并公推袁希涛为会长,黄炎培、张孝若为副会长。又由会长推荐吴士翘、朱步兰、刘琴生、仇亮卿、章伯寅、邹霁澄、凌琢之、孙阆仙为干事员,并推仇亮卿为常务干事,驻会办事。后增补郭秉文、俞鹿笙、赵颂周、谭静渊为干事员。干事员会是江苏义务教育期成会决策的执行机构。期成会下辖书记部、调查部、研究部、出版部、公布部、庶务部、会计部。其中章伯寅、邹霁澄为调查部干事,郭秉文为研究部干事,吴士翘为出版部干事,等等。由此,江苏省成为全国最早设立义务教育期成会的省份。

江苏省义务教育期成会的创立,旨在"依据省政府颁行计划,期于八年之间,现普及之实。其方法则筹款方面,对官厅为适法之请议,对社会为同情之联络;处务方面,对学校为相当之赞画,对家庭为必需之劝导"[①];其宗旨则在"集合同志力谋发展江苏省义务教育"[②]。期成会的工作主要在三个方面:筹划义务教育经费、研究义务教育方法、督促义务教育开展。对于会员的接纳较为开放,仅需会员两人以上介绍,同时具备有学识资望者、有教育职务者、热心赞助义务教育者三种条件之一便可成为会员。事实上较为开放的会员制度使得会员来源较为多元,从职业看,虽以教育界人士(含校长、教员、教育行政人员、校董等)为主要,但也有议员、政府官员、企业家等身份人员参与。

  会员大会是江苏义务教育期成会的最高权力机构。根据会章规定,期成会每年召开一次大会,遇必要召开临时会议,可由会长定之。省义务教育期成会曾要求各县在 1921 年内均成立支会,不过,受诸多因素影响,最终全省 60 县中仅有 37 县设有支会。又,根据《江苏省义务教育期成会各县支会组织法》规定,组织支会须依据《江苏省义务教育期成会总则》办理,各县支会由劝学所所长、县视学、第三科主任,会同县教育会,并联络地方团体重要分子组织之。但同时,教育厅也发出要求各县支会成立仍须呈报备案的训令,"苏省义务教育期成会各县组织支会,诚为义务教育之助,其组织方法苟于法令上无所抵触,自应照准备案,予以提倡。"[③]由此,江苏义务教育期成会形成了自省到县乡的会员网络,并得到了一定制度保障,呈现出半官方色彩。1927 年,随着南京国民政府成立自中央到省的各级义务教育委员会,江苏义务教育期成会便于无形中被解散。

  江苏义务教育期成会在其存在的 6 年左右的时间里,对推动江苏义务教育的发展发挥过一定作用,主要体现在三个方面。第一,积极推动扩大义务教育师资培养的途径。1921 年 11 月出版的江苏义务教育期成会的会刊《义务教育》第 1 期上,发表了副会长张孝若的《论义务教育书》一文,文中专门论及"培养师资"问题,提出解决义务教育师资不

---

① 《江苏义务教育期成会宣言》,《义务教育》1921 年创刊号,第 1—2 页。
② 《江苏省义务教育期成会总则》,《义务教育》1921 年创刊号,(会章录要)第 1—4 页。
③ 《江苏教育厅训令第一千九百三十四号》,《江苏省公报》1921 年第 2789 期,(训令)第 3 页。

足的方法:权宜之计可以采取增加省立师范学校班级数、各县自办甲、乙种师范讲习所等方法;根本大计则是增设师范学校和女子师范学校,同时多方造就中学生及高小毕业生,为师范学校提供合格的生源。1922 年,期成会还通过提案方式,敦促省政府和教育厅采取行政手段令各县开办甲种师范讲习所,使得江苏各县师范讲习所在数量上获得一定增长。第二,力促农村教育发展。1922 年,江苏义务教育期成会在《义务教育》上极力鼓吹省立师范学校添设农村分校,农村分校设在农村、招收农村的学生,养成其刻苦耐劳的习惯,以服务乡村教育。在江苏义务教育期成会的推动下,1922—1924 年江苏省五所师范学校分别添设了农村分校。而与省教育厅合作出版的《小学教育月刊》更是成为探讨农村小学教育的重要阵地。第三,通过公开演讲、考察、出版刊物等方式宣传义务教育理念、经验。如在《义务教育》中不仅有对西方发达国家义务教育推行情况、做法的介绍,更有对山西、浙江等地义务教育的推行方法较为详细的介绍。

(五) 通俗教育研究会

1912—1927 年,江苏出现过两个通俗教育研究会。一个是以伍达等为核心的宣传通俗教育的全国性民间通俗教育组织,参与者并不限于江苏人士;另一个附属于江苏省教育会下,主要会员为江苏境内官方和民间热心人士。

自 1917 年教育部内设立通俗教育研究会后,各省类似机构竞相设立,到 1918 年全国各省通俗教育会达 23 个。江苏通俗教育的开展虽然较早,但专门的省级研究会的设立则较晚。1920 年 8 月 20 日,江苏省教育会召开干事员常会。来自金坛的会员陈志群(时任金坛县通俗教育馆主任)提议由江苏省教育会组织通俗教育研究会,获得通过,后又于该年 10 月由省教育会及陈志群个人发信函给各县通俗教育机关征求意见,获得各地一致赞成。陈志群等在各地代表来宁参加国语讲习之际,于 1921 年 1 月 5 日下午三点,借国语讲习所召开江苏省通俗教育研究会成立大会,到会者 40 余人,会议逐条宣读、讨论会章,选举陈志群为研究会主任,徐不更(时任崇明县通俗教育馆主任)为副主任,朱慰元、朱赟、朱而圭、王从礼、施祖恒等当选编审员,又公推黄炎培、沈恩孚二人为名誉赞助员。会议确定研究会宗旨为"研究通俗教育设施方法，以期促进社会之程度"。会员主要为各县视学、劝学所所长及办理通俗教育的相关人员，以及一些研究通俗教育者。通俗教育研究会每年开常会一次，通过提交通俗教育议案的方式建言于相关政府机关，"亦多数得到政府的回应。"①提案主题主要涉及社会教育经费的保障、通俗教育机构的设立与监管、通俗教育有效方法的推广、通俗教育内容与形式的改良与规范等。

经费问题是通俗教育研究会特别关心的问题之一，1921 年 8 月召开第一届常会时，主任陈志群等便有"规定社会教育经费案"，议决各地照原定经费按年增加四分之一。以后历届年会，几乎都有涉及通俗教育经费问题的提议，如 1923 年常会上，有"请教育厅补助本会经费以利进行案""请教育厅通令各县按年递加通俗教育经费案"等，虽能得教育厅等相关机构回复，但多以"请各县查酌办理"答复，最终不了了之。

加强通俗教育界与社会各方尤其是政府机关的联系，争取得到他们的支持，是江苏通俗教育顺利开展的保障。在 1921 年第一届常会上，便有人提出"实施通俗教育宜与官厅联络进行案"，1923 年第三届常会上，有"请官厅奖义务讲演人员案""请教育厅设立社会教育讲习会案""请设各县社会教育指导员案"等，1924 年第四届常会有"请各县取缔贩卖不良小说书籍案"，1925 年第五届常会有"请省厅令各县教育会组织通俗教育研究会案"，等等。可见，通俗教育研究会一直非常注意借助官方力量推行通俗教育议案的落实，曾将前任、现任官员如黄炎培、蒋维乔、袁希涛等列为名誉赞助员。事实上，通俗教育研究会还注重提升在政策制定和执行过程中的话语权，自 1924 年电影与戏剧审查委员会陆续成立后，对电影、戏剧、图书等教化形式十分注意，委员会先后有"请省公署通饬各县教育机关及警察所协同切实取缔戏剧及电影""凡有伤风化之图书及言情片宜请各县取缔""有碍风化之图画宜请官厅取缔"等议决案。

① 马春霞：《形塑国民：近代江苏通俗教育实践研究(1905—1929)》，博士学位论文，扬州大学中国史学科，2021 年，第 72 页。

关于通俗教育的内容的规范以及方式方法的改良等,更是通俗教育研究会的重要议题,从历届常会提交并或通过的议决案可见一斑:"通俗教育宜改用国语案""各县通俗教育馆增设改良书场案""演讲题旨道德宜与常识并重案""各县通俗教育馆陈列品应取流动性质以期普及案""办理通俗教育宜注重演讲案""联合中华国民拒毒会一致实行拒毒运动案""劝导人民破除迷信如觋乩坛等案""请议编辑国耻小说案""注意公民教育案"等等。

附设于江苏省教育会的通俗教育研究会提出的诸多议案,借助教育会的强大力量,常常能上达于教育厅等教育行政机关,并以命令形式得以发布。虽然有经费等诸多因素掣肘,地方政府普遍存在"知而不行"的情况,但其对于通俗教育的专业探究,对于推进通俗教育理念与实践的深入,仍然有开创之功。

1927年,随着江苏省教育会被国民政府明令解散,通俗教育研究会也随之解体。

(六)江苏省师范附小联合会

江苏省师范附小联合会原附属于江苏省教育会。1915年,由东南大学附属小学牵头,联合全省师范附小成立江苏省师范学校附属小学联合会,会员中除了绝大多数为省内各师范学校附小,尚有少数知名小学(如尚公小学)也加入其中。联合会一方面通过暑期设计教学法讲习会等传播新的教学方法与教学理论,另一方面借助每年常会,交流各自的新经验。如1925年12月1日、2日两天,在无锡三师召开第十三届常会,由施仁夫(省一师附小主事)担任主席,代表来自25所学校。会上便有教材调查会报告,测验委员会报告(东大附小),暑期讲习会报告(南通一代附小、南通女师附小、南京四师附小等、清江六师小等),儿童图书研究部报告(尚公小学),实际教育调查委员报告(二女师小),乡村教育研究部主任报告(三师小),推行语体文委员报告(旦华),玩具研究部报告(三女师小)等等。同时各学校还就实践中的问题提出改革议案,如当时有标准测验宜设法改良案(二女师小)、请中等学校入学试验根据新学制课程草案里的最低限度并且废除考试英语案(东大附小)、前期小学是否授外国文案(二代师小)、请求中等学校免除英语科入学试验案（一代师小、通女师小），本会当继续提创推行国语并设法请教育行政机关停止审定或保护推销文言文的小学校各种用书（东大附小）等等。

1923 年 4 月，苏省师范附小联合会联络浙江、安徽两省同仁，在浙江省教育会召开了苏、浙、皖三省附小联合会成立大会，签到的会员代表来自 38 所学校，计 103 人。会议确定以年会形式开展活动，每年将一年中三省研究的结果互相讨论，交流经验，并将自编教材、自制教具，以及各种图表等，举行分科展览，以供研究。1925 年 12 月 3 日，在无锡召开的第三届大会，到会代表增至 42 所学校，由著名小学教育家、苏省九师附小校长马客谈任主席。会议通过议案中，主要有：小学教育以"基本的养成健全的中华民国国民"为宗旨；儿童读物的编集办法；小学教师的待遇；初等教育复古潮流的取缔；等等。1926 年 4 月在杭州召开的第四届大会上，对编辑发扬国民性教材、优待小学教师、推广女子小学教育以及建议教育部根据毕业标准打破学年学级制等进行了研究。

二、江苏省的教育刊物及其影响

（一）《教育研究》

《教育研究》，是江苏省教育会于 1913 年 5 月在上海创办的会刊，编辑部主任由常熟教育会会长、江苏教育会教育研究部负责人王朝阳担任。刊物以研究教育实际问题为主旨，"不尚空谈"；取共同研究，不重一家之言。教育会会长张謇在《发刊辞》提出："有良社会乃有良政府，有良教育乃有良社会……欲求社会之改良，必须谋教育之统一，而教育之统一，必借人材，人材之肇兴，端资研究。"编辑该刊旨在凝聚众力开展教育研究，提升师资水平，明辨、互竞以得教育之真谛。栏目主要有时论、研究、学说、译著、史传、调查、杂纂、会报等。其中"时论"主要发表有关学校教育、社会教育的理论论述，如第一期便发表了王朝阳的《师范教育之精神》《现在青年心理上之缺陷及补救策》；"研究"主要刊发一线教学实践中各科教学法的研究心得，如第一期刊载了江苏省立第一师范附小教授法研究会《小学国文科读法教授之研究》；"学说"

主要介绍国内外流行的新的教育思想、思潮、主张等,如第一、第二期该栏目刊发了闲云《算术教授之新潮》,第二期刊载了王朝阳《活动主义之教育》等;"译著"主要发表国外教学法研究的新成果,如第二期刊发《实验小学校行政法》《新式十五分间体操法》;"史传"主要介绍国内外古今教育名家,如第二期有《胡安定先生教育事略》《荦克毗学校与妥玛司阿拿尔特》①;"调查"刊有各省教育及国外教育现状的调查报告,如第一期刊有《日本广岛县师范学校教育状况》;"杂纂",发表有关教育一些细小问题的感想、意见、看法等;"会报"主要是登载教育会的文牍、报告等会务资料。1916 年 8 月停刊,共发行 28 期,初为月刊,后改为季刊。

(二)《义务教育》

《义务教育》系江苏省义务教育期成会会刊,由江苏义务教育期成会编印,1921 年 10 月发行创刊号,次月正式发行第 1 号,至 1925 年前后共发行 27 期。《义务教育》办刊宗旨是"宣传本会之消息""审察各县之地方情形""考证世界各国施行义务教育之方法及状况"。依照这种办刊思想,该期刊设置的栏目虽不固定,但经常设置"借鉴录""义务教育之言论""调查报告""各县计划""支会消息""会牍录要""会议月表"及"会员录"等。其中"借鉴录"主要刊载介绍国内外发展义务教育方面的经验、规章、做法等;"义务教育之言论"主要发表会员对于义务教育方面的论说、意见、看法等;"调查报告"则主要刊发由期成会调查部组织成员对各地义务教育开展状况调查的结果报告;"各县计划"则主要是各县介绍本地义务教育的开展计划;"支会消息"主要是各县支会会员发展情况;"会牍录要"主要是刊载期成会给上级相关义务教育开展事项部门或官员的建议等函件;"会议月表"主要是刊载每月各地支会举行有关义务教育会议的通报。《义务教育》通过上述各栏目的设置,确实在宣传新的义务教育的经验、做法,沟通省内各地会员,敦促上级主管部门关注义务教育发展等方面发挥着积极的作用。由于该期刊为免费赠阅,即免费向期成会会员、政府相关机构等赠送,故其经费来源

---

① 荦克毗学校(Rugby School),今译作拉格比公学,英国九大公学之一;妥玛司阿拿尔特,今译作托马斯·阿诺德,拉格比公学校长,英国现代公学模式的创立者。

基本为期成会的拨付,每年经费大致需要 800 元,这也成为最终刊物难以为继的原因之一。

(三)《小学教育月刊》

1925 年,江苏省教育厅公报处与江苏省义务教育期成会合组江苏小学教育月刊社,办公地址在南京门帘桥江苏义务教员期成会内,遴聘专门人员负责编辑《小学教育月刊》。该刊物"专为一般小学教员,自行研究教学,予以适当之指导",其指导思想是"为多数计,不主张高谈学理,而专注于实际;为积极计,不主张多所批评,而专注于指导"。刊物栏目虽不固定,但基本从以下主题中选取:小学教师人格修养问题、小学教师各科自习门径、小学教学法、小学测验法、小学调查法、小学设施要项、优良小学实例、小学教师之心得、乡村教育特性、本省教育概况、国内小学教育概况、世界小学教育概况、国内大事记、世界大事记、书报介绍。

《小学教育月刊》于 1925 年 6 月出版第 1 期,每月 1 期,每年 10 期,二月、八月停刊。刊物采取向社会发行的方式,虽然为地方性杂志,但因其严格按照办刊指导思想而关注小学教育实践的"真问题",专注于解决问题的指导,故在省内外产生一定影响,发行范围达 14 个省。

(四)《教师之友》

《教师之友》于 1920 年创刊,原名《小学校教材教法之研究》,由南京高等师范暨南学校附属小学出版,1921 年 2 月出版的第 2 期(总第21 期)开始更名为《教师之友》,并由江苏第一师范附小、江苏第二女子师范附小、南京高师暨南学校附属小学(后更名为东南大学附属小学)共同出版。刊物出版宗旨为"发表三校的实地经验,并把小学教育上的新学说编辑成实地可用的设计介绍给全国小学教员。"期刊没有明确的栏目设置,但内容门类包括新学说新主张的实施法、实验研究、教材教法、通信研究等。半月刊,每年出版 20 期,二、八月休刊。1925 年 4 月停刊,自创刊至停刊共编辑发行了 76 期。

《教师之友》虽然只是三所小学共同编辑出版的省内刊物,但由于切合小学教育实际,故曾行销省内外,在小学教育界产生一定影响。

(五)《中等教育》

《中等教育》于 1921 年 12 月创刊,初由国立东南大学(南京高师)附属中学编辑,上海中华书局发行,但自 1923 年第 2 卷第 1 期开始改由中国中等教育协进社主持编辑兼发行工作,并由商务印书馆印刷。杂志主要探讨中等教育方面的理论研究成果,发刊启事中宣称"很希望

成为中等教育界一个公开的言论机构"。时任东南大学附中校长的廖世承在《发刊辞》中从三个方面阐述了办刊动因和目的:"教育的事业是一种实验的事业,要用科学的精神、科学的方法,把教育原理时常去应用,时常变通,才有改进的希望",通过这个期刊,可以将每个人的经验、见闻相互交流,共同研究;"教育的事业,是一种共同的事业。学校的组织,课程的编制,固然当使社会需要,随时随地而异;但原理没有什么两样。一校所感受的困难,也须同为他校所感受",通过这个期刊,发表各校的研究成果,互通信息,既减少尝试的时间,还能增强各校之间的友谊;"教育的事业,是一种永久的事业。现时所受的果,便是以前所种的因",使这个期刊在中等教育史研究方面发挥作用。该刊物主要面向的读者群体是教育界人士和中学教师,在内容上则注重中学教育研究理论文章的刊载,包括中学教学中教师需要注意的事项,教育方法的改进、推广,以及各学科具体的教学研究等,此外,还刊有教育界会议记录、社务报告以及社员消息等内容。作为一份研究中学教育的理论刊物,《中等教育》内容充实、学术含量较高,成为当时中学教育研究的重要期刊。1925 年后停刊。

(六)《教育汇刊》

《教育汇刊》于 1921 年 3 月创刊,为南京高等师范教育研究会会刊,由南京高等师范教育研究会出版,上海中华书局发行,自第 5 期开始由于南京高等师范学校并入东南大学,故由东南大学高等师范教育研究会出版,上海商务印书馆印行。刊物主要发表南京高等师范教育研究会(后更名为东南大学高等师范教育研究会)会员的研究成果。栏目设置并不固定,但一般包括论著(或论述)、研究、译述、测验(或辩论)、调查报告、讲坛、余载、插图等。初为半年刊,1924 年 3 月发行的第 2 卷开始改为季刊。刊物撰稿人多为南高师(东南大学)教育科颇有学

养的知名学者,如陶行知、陈鹤琴、吴俊升、郑晓沧、罗廷光、陆志韦、程其保、杨效春、徐养秋、邰爽秋、陈启天等等都是该刊物的作者。因较高的学术性,从某种意义上讲,它代表着当时东南大学教育科教育研究的水平,故当时在全国教育理论界产生了相当影响。1926 年出版第 2 卷第 3/4 期后便停刊。

第七节　江苏留学教育及其影响

江苏近代新教育的发展,离不开一批深谙西方教育制度和教育理论的留学生,他们归国后直接参与、推动着江苏新教育的发展。

一、清末江苏留学教育与新教育的推动

(一) 清末的江苏留学教育

江苏是我国近代留学教育较为活跃的省份之一。

中国近代官费留学开始于 19 世纪 70 年代,留美归国的容闳是该项事业的主要推动者。然而无论是留学教育计划的提出者容闳,还是最终促成留学教育计划的丁日昌、曾国藩等封疆大吏,当时他们都任职于江苏。1868 年,容闳通过拜见江苏巡抚丁日昌,陈述了自己的留学计划,得到丁日昌的赞赏,并将容闳的留学计划转呈当朝权臣文祥。1870 年,容闳又向两江总督曾国藩提出派遣幼童赴美留学计划,得到曾国藩的赞许。1871 年 9 月 3 日,曾国藩、李鸿章再次上《选拔幼童留美学习折》,拟定《挑选幼童前赴泰西肄业章程》12 条,朝廷批准了这个留学计划。不久,在上海设立留美学生预备学堂,主要对留美幼童进行中文、英文培训。1872 年 8 月,詹天佑、容尚谦、梁敦彦等第一批 30 名幼童开始赴美。到 1875 年,前后陆续 4 批共 120 名幼童相继赴美留学,其中江苏籍儿童 22 人,占 18.3%,在各省留美幼童中人数仅次于广东,位列第二。1881 年由于诸种原因,留美幼童在没有完成学业之时全部撤回国内,留学事业进入低潮。

19世纪90年代中后期,留学教育逐渐回暖,尤其是中日甲午战争之后,留学日本人数逐渐增多,在20世纪初期开始的新政改革运动中,朝廷不仅鼓励留学,甚至鼓励官绅走出国门,专门制定了《奖励官绅游历章程》,由此官绅留学日益增多,日本一度成为这个时期留学的主要目的国,而江苏也是清末留日学生人数较多的省份之一。

中国首次的官费留学日本是在光绪二十二年(1896年),仅13人,1898年朝廷开始令各省选派学生留学日本,留学人数逐渐增加,日方还专设预备学校——日华学堂,为留学生解决语言文字问题、提供大学预科知识。当年便有26名学生入校,其中来自江苏有6名:杨荫杭(无锡)、杨廷栋(苏州)、雷奋(上海)、富士英(浙江,上海长大)、章宗祥(浙江,上海求学)、胡礽泰(太仓),他们均来自南洋公学。1901年,留日学生增至274人,其中江苏籍留日学生46人,人数稍少于湖北省(49人),位居第二;1902年留日学生达到570多人,其中江苏籍留日学生也增至115人,人数位列全国各省份之首。该年日本学者嘉纳治五郎还专门设立宏文学院,接受中国留学生。1904年留日学生人数增为2400人左右,其中江苏籍学生280人,留日人数少于人口大省湖南(363人)、湖北(341人)和四川(321人)三省,位列第四。1905年上半年统计的除军校外的留日学生为5418人,其中江苏籍558人,人数仅次于湖北(1366人)和湖南(589人)。① 不过,关于留日学生的准确人数,学术界一直存在较大争议,但人数在逐渐增多,且到1906年前后达到高峰则成为大多数学者的共识。又据《清末各省官自费留日学生姓名表》的不完全统计,1896年至1911年,江苏籍自费和官费的留日学生总共有583人。

从留学专业的选择看,江苏籍留学生主要选择的是医科和工科,师范、教育专业人数相对较少。曾任留日学生监督的陆瑞清(1869—1956,号规亮)在1916年8月对清末至民国初年的江苏省省费留学生做过小样本调查,共调查自清末光绪二十九年(1903年)至宣统二年(1910年)省费留学人员41人,其中选择医(药)科人数最多,如果加上

---

① 李喜所:《中国留学史论稿》,中华书局2007年版,第248—252页。

预科,有 20 人左右,其次为工科,也有 10 余人,师范人数则较少。① 不过,在一些短期速成类留学或自费留学的学生选择中,宏文学院的师范科则是许多立志教育救国学生的首选。

在这数万人的留学生群体中有不少女性留学生。例如 1901 年,上海曹汝锦与其丈夫曾志忞(号泽霖)一道自费留学日本,进入日本女子实践学校学习绘画和音乐,成为我国早期留学日本学习小提琴的女留学生。1904 年进入日本女校的中国女留学生为 14 人,来自江苏、浙江、安徽、湖北、湖南等省,其中来自江苏有 3 人。②

1908 年 5 月 25 日,为吸引更多中国人留学美国,美国国会正式通过了退还部分庚子赔款给中国的议案,同意将该款作为"广设学堂,遣派游学之用"③。为此,清政府制定了《遣派学生赴美办法大纲》,规定在北京设立留学预备学校(即后来的清华学堂);每年从 15 岁以上学生中选送 200 名留学美国(称为清华毕业生),名额按各省庚子赔款分摊的多少分配;每年从 15 岁至 20 岁中英文水平达到直接进入美国大学学习程度的学生中选拔 100 名留美(称为甄别生)。此外,给予自费留美学生一定补贴。宣统元年(1909 年)清政府设立游美学务处、肄业馆,标志着庚款留学正式启动。

由于江苏在庚子赔款各省每年分摊中的数额居全国各省之首,达白银 250 万两,比第二位的四川还多 30 万两。同时,江苏新教育较为发达,尤其是优质的教会学校数量较多,故通晓中英文的学生人数比例相应也较高,在庚款留学生中,事实上江苏在两类留美学生的人数比例都较高。如 1909 年 9 月初,游美学务处通过考试选拔的方式从报考者中录取了甄别留学生 47 名,而来自江苏省的就有 21 名;在 1910 年 8 月举行的第二次招考中,共录取 70 人,其中来自江苏的有 29 人;在 1911 年 8 月第三次招考中,共录取 63 人,来自江苏的有 15 人。简言

---

① 陆规亮:《江苏留学日本省费学生调查表(五年八月调制)》,《江苏教育行政月报》1916 年第 9 期,(调查)第 1—18 页。

② 《留学人数》,《女子世界》1904 年第 7 期,(记事·外国)第 2 页。

③ 《北洋大臣袁世凯致外务部函》,清华大学校史研究室:《清华大学史料选编》,清华大学出版社 1991 年版,第 78 页。

之,从 1909 年至 1911 年三批庚款留美学生共 180 人,其中江苏籍学生 65 人,占总数的 36.1%,位列各省之首。[①]

1911 年清华留美预备学堂设立后,第二年才有第一批毕业生,故 1912 年开始才有清华学校派出的庚款留美学生。自此美国取代日本逐渐成为中国人官费留学的主要目的国。

晚清江苏庚款留美学生在留学经历与专业选择上,与早几年留日学生大有不同,一方面他们进入的大学多为美国知名学府如哈佛、康奈尔、哥伦比亚等大学,且学习期限较长,几无留日时期的速成性留学。恰因此缘由,庚款留美学生归国服务多在民国建立后。另一方面在专业选择上偏重理工,三批 65 名江苏籍甄别生中,选择机械、化工、采矿、铁路工程等理工科的至少有 50 名,比例高达 76% 以上,与全国三批甄别生的专业选择趋向总体相同,其实这也与外务部、学部联合设计的留学方案中"以十分之八习农、工、商、矿等科,以十分之二习法政、理财、师范诸学"[②]的规定是一致的。

特别值得一提的是,在庚款留学之前的 1907 年,两江总督端方便在江南各学堂挑选了一批优秀学子官费留学美国,这是继 19 世纪 70 年代第一次派遣留美幼童后,江苏省第二次有规模的官派留美活动,此次总共选拔了 11 位男生和 4 名女生留学美国,开了我国近代女性官费留学西洋的先河。这 4 位女性是:胡彬夏、曹芳云、王季茝、宋庆龄,都来自江苏。其中胡彬夏系江苏无锡人,曾于 1902 年在日本实践女子学校学习;曹芳云系苏州人,曾于 1897 年自费赴美哥特学院学习,后因家庭变故而中途归国;王季茝系江苏苏州人,其母谢长达为苏州振华两等小学堂的创办人;宋庆龄生长于上海,其父是具有留学美国背景的传教士。

在官派留美教育之外,江苏还有许多人(包括女性)是通过自费途径赴美留学,如 1901 年 8 月,毕业于上海中西女塾的舒仁厚夫人自费赴美,进入位于弗吉尼亚州的斯图亚特霍尔学校(Stuart Hall School)

① 姜新、小雨:《江苏留学教育史稿》,吉林人民出版社 2006 年版,第 31 页。
② 外务部、学部:《会奏为收还美国赔款遣派学生赴美留学办法折》,陈学恂、田正平编:《中国近代教育史资料汇编(留学教育)》,上海教育出版社 1991 年版,第 172 页。

学习音乐;1903年,上海育才学堂学生朱葆分、王弼自筹资金赴美留学;1904年7月,宋嘉树送宋霭龄进入美国佐治亚州的威斯里安女子学院(Wesleyan College)学习;等等。据统计,自甲午战争结束到1905年这10年间,赴美留学者中大多数为自费留学者,以1905年为例,当年有留美学生144人,其中自费者即达122人。[①]

(二)晚清时期留学生群体对江苏新教育的贡献

随着大批官私费留学生归国后,这些眼界开阔、接受过"正宗"西式高等教育的知识分子,不仅为国内传递最新的外国教育制度和教育思想,而且直接或间接介入我国新教育的发展。江苏籍留学日本和留学欧美的新知识人,便成为推动江苏新教育发展的主要活跃者。

留学生群体对新教育发展的影响,首先是积极充当新教育的鼓动者、宣传者。他们中的一部分人或通过自己掌握的政治资源,或通过影响其他掌握话语权的官员,推动新学堂的建设。如毕业于日本宏文学院师范科的侯鸿鉴,回国不久不仅自己创办新式学堂,而且在1906年应江苏提学使的聘请担任江苏省视学,"周视各县学校之优劣,开会宣布,对于苏州、上海、常熟、江阴等县批评尤严……靖江学潮积案三十余件,查视结果,著《学务箸谋》一册,檄令劝学所长刘庭炽实行。"[②]又以各校褒贬实例及视察所见写成《视学报告》和《教育镜》。清廷开始预备立宪之时,毕业于日本法政大学的江苏籍留学生管尚勖便在1906年上书江苏巡抚陈夔龙,陈述推广法政办法。他认为,自强之策首在立宪,而立宪千头万绪不外"法政"二字,以江苏为例,"苏省究为海疆重镇、财赋名区,非无财之为患,实无才之为患;非无办事之才为患,实无晓事之才为患。方今新旧两界正在过渡时代,沟而通之,实在法政。"[③]推广法政的办法,重点在法政知识的普及和法政人才的培养。为此,建议全省中学堂以上添设法政科、设法政研究所、通饬各府属官倡绅办公立法政学堂、仿办法政学报等。

---

① 留美学生编:《美洲留学报告》,开明书店1906年版,第29—30页。
② 转自尚小明:《留日学生与清末新政》,江西教育出版社2002年版,第59页。
③ 《江苏留学日本法政大学毕业生管尚勖禀苏抚陈条陈推广法政办法文》,《北洋官报》1906年第1215期,(文牍录要)第3—4页。

当然,更多的留学生是通过创办期刊,撰写、译介国外新教育思想和近代学校制度来影响政府或其他知识分子。1900年10月,江苏籍留日学生杨荫杭、杨廷栋、雷奋等在日本创办《译书汇编》月刊,虽然主要译介国外政治学、法学、历史学、经济等方面的著作,但也发表了有关教育的论文,如《小学闻见录》一文提出应借鉴欧美与日本经验,在小学施以德育、智育、体育,并以小学教育为国民教育,"以道德、国民、智能三者之教育比较言之,则国民教育最重。但言国民教育,而智、德亦可包含在内。故日本小学国语读本或曰国民读本,而德国小学,直曰国民学校。……我国第一弱点,在国民思想不见发达,造端伊始,其惟小学教育乎?"①清末民初兴起的国民教育思潮,便是因应这种呼吁;又如发表在该年第二卷第七、第八期上的《日本学校系统说》一文,其实是译自《速成师范讲义录》的一部分,文章介绍了日本学制主干中的幼稚园、寻常小学校、高等小学校、中学校、高等女学校、高等学校、大学校、大学院,以及医学校、高等商业学校、高等工业学校、音乐学校、美术学校、外国语学校、徒弟学校、实业补习学校、师范学校等旁支的入学资格、修业年限等规定。这些对于引介日本学制,以及为后来我国《壬寅学制》与《癸卯学制》的制定提供了有益的借鉴。

1901年5月,曾赴日本考察教育的罗振玉在上海发起创办和出版了我国最早的教育刊物《教育世界》,后来由曾留学日本的王国维任主编。该杂志刊发了大量译介自国外学人在教育学、哲学、文学、美学等领域的著作,其中不少为留学生的作品。如留日学生田吴照曾随五大臣出洋考察,特留心于西方教育,回国后在《教育世界》发表了《游历欧美考察教育意见书》一文,不久任职两江总督署文案兼南京暨南学堂总理(校长)。翻译家沈纮,虽然系浙江人,但事业起步于江苏,1898年与王国维等一道求学于罗振玉开办的上海东文学社学习日语,由此开始他的翻译生涯。他在1904年前,便译出多部日本学者的教育学类著作如《内外教育小史》(原亮三郎)、《家庭教育法》(峰是三郎)、《社会教育法》(佐藤香治郎)等,并有百余篇译介日本学制规章、管理条例的文章

①《小学闻见录》,《译书汇编》1902年第2卷第3期,第9页。

发表于《教育世界》。1904 年留学法国后,他开始转向对法国教育制度、学校规章等的介绍、翻译,仅在《教育世界》上便有数十篇介绍法国教育制度的论文,如 1907 年便先后发表了《法国教育杂谈》《法国小学建置表》《法国学官俸制》《法国小学强迫制度述略》《法国公学课目》《巴黎大学讲座表》《法国学部改制令》《法国农业学校述略》等 12 篇相关文章,为中国教育界了解欧洲尤其是法国教育制度提供了最新的资料,同时也有益于当时中国新式学堂的建设与管理。

当时相当一部分江苏留学生抱有强烈的"教育救国"理想,国外发达的教育制度促使他们回国后积极利用经济资本和社会资本开办新式学堂,直接扮演新教育的创办者和教育者角色。例如上海杨保恒 1902年 6 月被选派日本宏文学院师范科学习,毕业回国后便在二十二铺创办小学堂,该小学堂有模范小学之誉,后又设立上海速成师范学校,1906 年后,在家乡浦东兴办了震修小学、社庄小学;无锡侯鸿鉴 1903 年留学日本宏文学院师范科,次年回国后担任俟实学堂教员,不久便任校长,1905 年创办竞志女学,西城速成师范学校,中学、小学、理科研究所,幼稚园等教育机构;上海杨白民初名士照,后以字行,商人家庭出身,很早就对教育事业情有独钟,认为中国近代之所以衰败,就是因为教育落后,1902 年自费赴日本考察教育,次年回到上海,在自己家辟出一地充作学校,自任校长,这所学校就是后来颇有名气的城东女学(初名女子苦学社),他嗜爱绘画,于校中特开设国画专修科,聘名师分门授课,聘有吴梦非、李叔同、张聿光等任教素描、木炭、石膏、静物水彩、油画写生、图案画等;无锡胡雨人,原名尔霖,后以字行,毕业于南洋公学,1902 年留学日本宏文学院师范科,回国后与兄胡壹修共同创办胡氏公立蒙学堂(后改为胡氏公学),并附设女学,同时又在尤家坦设立师范传习所,以培养师资,他首创单级独教的复式教学方法,提倡每一个村都办一所单级学堂,学校设备及办公费由胡氏义塾及地方支援,1908 年前后主持创建上海中等商业学堂;浙江籍徐一冰,又名益斌、逸宾,1905年留学日本,在大森体操学校专攻体育,1907 年回国后与友人徐傅霖、王季鲁等在上海共同创办了我国近代第一所体育专业学校——中国体操学堂,1908 年秋增设女子部,正式招生后更名为中国女子体操学堂。

当然,并非所有留学生均有创办新式学堂的资本和实力,进入新式学堂担任教师则是更多留学归国人员的重要选择。同时,新学堂创办初期,因师资缺乏导致步履艰难。早在 1902 年,四川学政吴郁生便言:"学堂兴设之难,一曰无款,一曰无师,二者相衡师范较难,而通知西学者尤难。蜀地偏僻,乏才更甚,自去岁奉旨选派学生出洋,风气渐开,士知墨守为非,各属举贡生员等于省城创设游学公会,拟集资斧就学东瀛,期于速成师范为学堂教习之用。"[①]江苏尤其是苏南一带虽然中西文化交流较为频繁,新式学堂开办相对较早且多,但在新政之后新教育大发展的潮流中,依然存在因师资缺乏给新学堂创办带来的困窘,同样通过选聘大批留学归国人员解决各级各类学堂师资紧缺问题。当时在江苏各地开办的各级各类新式学堂中均有留学归国学生加入教师队伍,尤其是中等以上学堂,这种比例更大。

江苏省专门实业学堂教员资格表[②]

学堂年份	专门学堂				实业学堂				在外国毕业者人数全国排名
	在本国毕业者	在外国毕业者	未毕业未入学堂者	外国人	在本国毕业者	在外国毕业者	未毕业未入学堂者	外国人	
1907	28	16	32	11	39	13	52	2	2
1908	41	26	38	12	60	29	50	11	1
1909	48	45	52	21	90	32	53	11	1
合 计	117	87	122	44	189	74	155	24	1

新式学堂的建设和发展,除了需要高质量的师资队伍,还特别需要适用的教科书。由于我国当时缺乏编撰新式教科书的人才,所以晚清新式学堂的教科书大部分从国外翻译而来,而相当一部分江苏留学生便扮演着教科书译介者或编撰者的角色。如留学日本的王国维曾将日本藤泽利嘉太郎所著《算术条目及教授法》上下二卷译出,在《教育世

---

① 《四川学政吴奏陈筹款派生出洋游学折》,陈学恂、田正平编:《中国近代教育史资料汇编(留学教育)》,上海教育出版社 2007 年版,第 13 页。

② 参见《各省专门实业学堂教员资格表》,潘懋元、刘海峰编:《中国近代教育史资料汇编(高等教育)》,上海教育出版社 2007 年版,第 366、368、370 页。

界》连载;毕业于早稻田大学政治科的无锡张肇桐编写了《中外故事读本》,供高等小学堂使用,由上海文明书局 1902 年出版;毕业于宏文学院师范科的无锡侯鸿鉴编译《初等理化教科书》一册,由上海文明书局出版;毕业于早稻田大学政治科的上海曾志忞曾进入东京音乐学校学习,他将日本高等师范学校铃木米次郎教授由英文翻译的《音乐理论》从日文译补为《乐典教科书》,由上海广智书局 1904 年出版,供我国师范学堂、中学堂及女学堂使用;毕业于日本东京工业学院应用化学科的苏州王季点翻译的《小学理科新书》《中学矿物界教科书》先后由上海商务印书馆出版,同时他还翻译了日本学者本多光太郎与田中三四郎合著的《新式物理学教科书》,由上海商务印书馆 1910 年初版后,曾多次重版发行。此外,田吴照译有中岛半次郎的《普通教育学要义》、斋田功太郎的《生理卫生学》,编译《有益游戏图说》等,多在光绪、宣统年间由商务印书馆出版。

江苏留学生以自己对外语的精通和对相关学科知识的掌握,译介的国外教科书确实满足了省内外新式学堂兴办初期的急需,但由于各自为政,无论是科学技术专业名词的翻译,还是具体教科书内容与国情的契合度,均存在一定问题,尤其是某些"直译"的教科书,其译介的水平更是直接影响着教学的质量。故自 1905 年学部成立后便在总务司下设审定科,由其代表学部对各地送审的教科书进行处理,"凡私家著述呈请审定者,无论或准或驳,皆几经核阅,然后定稿,批示一秉至公,毫无迁就。"①如江苏留日学生唐人杰等将所译的《手工》教科书呈送学部审核,学部审定意见虽肯定该教科书颇合初等小学堂程度,且译笔也较通顺,但也特别指出:"惟有泥于原书之处如日本国旗、富士山等课,未合吾国之用。又岛居福助等类,皆非吾国所有,他类此者不一而足,应行删节,俟修改完善,再行呈部审定可也。"②

---

① 《学部札行各省查禁伪造学部审定教科书文》,《教育杂志》1910 年第 2 卷第 12 期,第 54 页。
② 《江苏留学日本学生唐人杰等呈所译手工教科书请审定禀批》,《学部官报》1907 年第 31 期,第 41—42 页。

二、民国前期的留学教育与江苏教育的新发展

(一)民国前期江苏留学教育的发展概况

民国建立之后,政府在政策上继续支持留学教育。1912 年 8 月,临时稽勋局提出资送有功于民国人员分期出国留学一事,获得批准。原计划分三期派遣,后因经济原因,只有前两期成行。成行的 88 位留学生留学目的地主要是美国、法国、日本、德国等地。其中第一期 35 名留学生中,来自江苏的有王传熊和朱葆康两位,均留学美国。1913 年 4月,江苏省政府公布了《江苏省费派遣留学欧美日本学生规章》,"以养成专门人才,供给地方需要为目的。"特别规定接受省费者,不得中途改去他国、他校、他科(有特别允许除外);留学期间除非重病,不得辍学回国,若回须请假。学成归国六年以上服务期 6 年,三年以上不足六年服务期 4 年,留学不满三年服务期 2 年。1913 年 11 月又颁行《江苏省立专门学校派遣欧美留学生规程》,由各校校长在在职教员中选派 1—2人呈请民政长批准,留学期间可获取本人工资的二分之一或三分之一,但归国后服务期应倍于留学期。

1913 年 10 月后,教育部鉴于"目前财政困难已达极点",加之留学教育管理规章的缺失,认为"各省纷纷派遣学生往东西洋各国留学,人数既多,程度参差不一,以致派往各国,非特不能径行考入专门学校,并须预备言语及普通等学,需时久而成效少"[1]。为此多次下文要求各省暂停派遣学生出国。不过,教育部的文件并未能完全阻止各省留学教育事业的推进,事实上在教育部颁布暂停派遣公费留学生文件至 1916年 10 月颁行《选派留学外国学生规程》期间,留学教育从未中断。据统计,1913 年教育部及各省派出留美学生近 300 人,[2]留学日本的有 1824人,留学欧洲的有 242 人;1914 年留欧公费学生 218 人,留美 510 人,留日学生更多达 1107 人;1915 年,留学日本有 1200 人,留学欧洲的有

---

① 《通咨各省东西洋各国留学生以后暂停派遣文》,李滔主编:《中华留学教育史录(1840—1949)》,高等教育出版社 2005 年版,第 242 页。
② 钱文选:《环球日记》,商务印书馆 1920 年版,第 149 页。

184人，留学美国的为130人，其中有不少来自江苏。以1913年留学欧洲为例，当时有28人来自江苏，总人数仅少于湖南的30人。[1] 1917年，范源濂担任教育总长，重视留学教育，增加留学经费。各省共派出公费留学人员1131人，其中江苏124人，仅次于湖北（182人）、湖南（166人）两省，居全国第3位。

不过，1930年江苏省教育厅曾调查统计自1920年至1929年10年间公费留学国外人数，从统计数据发现，每年派遣的公费留学人员数量较少，均不超过90人，其中1920年至1927年间江苏共派出公费留学人员455人（含女性22人），主要流向英、美、法、德、日、比诸国。[2] 这种现象的出现既与政府经济窘迫有关，同时与1918年后政府出台系列鼓励津贴自费留学的政策不无关联。

民国建立之后，自费留学人数不断增加，其总数已超过公费留学人数，并逐渐成为留学生群体中的大多数。以留学美国为例，在1914年至1915年留美学生总共1248人，由庚款派遣者约320人，各部各省派出者约160人，余下自费者为768人，远超该年度各类公费留学生总数。[3] 又据《留美中国学生之调查》统计，1924年留美生已达1637人，其中自费生为1075人，占留学人数的半数以上。从各省所派公费留学美国人数看，江苏有29人，仅次于河南（30人）。[4]

留法勤工俭学是这个时期留学教育的重要事件，它不仅改变了中国人留学欧洲尤其是留学法国的人员比例和留学兴趣，而且也改变了留学人员的成分构成和留学活动的安排，而江苏则是积极推动勤工俭学留法活动的省份之一。

舒新城在《近代中国留学史》一书中认为："勤工俭学在民国八、九年间始盛为国人注意，但其起源则在民国元年。与勤工俭学最有关系的组织有三：即留法俭学会、勤工俭学会与华法教育会。"[5] 俭学会是一

① 李滔主编：《中华留学教育史录（1840—1949）》，高等教育出版社2005年版，第382—384页。
② 《苏省十年来公费留学生统计》，《中央日报》1930年3月7日，第4版。
③ 黄炎培：《1914年至1915年留美学生统计》，李滔主编：《中华留学教育史录（1840—1949）》，高等教育出版社2005年版，第277页。
④ 《留美中国学生之调查》，《教育杂志》1925年第17卷第3期，第13页。
⑤ 舒新城：《近代中国留学史》，中国书籍出版社2022年版，第85页。

个为欲自费留学者义务提供信息服务的松散性民间机关,早在1912年,曾有法国勤工俭学经历的吴稚晖、李石曾、张静江等人率先在北京发起成立留法俭学会,并得到蔡元培支持而设立了预备学校。不久,吴稚晖、俞复、张静江等又发起上海留英俭学会,并附留法俭学会招待所,照顾留学欧洲勤工俭学学生的衣食住行。1915年6月,蔡元培、汪精卫、李石曾等以在法工人中有求学者,于是迁移其方法,以学生做工,工作之余暇及工资所得用以求学,为此组织勤工俭学会,以"勤以工作,俭以求学,以进劳动者之智识"[1]为学会宗旨。一战爆发后,法国政府在1916年有来华招募工人的计划,当时在法的留法俭学会书记李石曾便建议由俭学会代为招募,但要求中国工人与法国工人享受同等待遇,并开展工人教育等,双方达成一致。由于在法华工人数增多且其中有求学意愿者不少,为此李石曾等在法开展了华工教育。为推动勤工俭学运动,勤工俭学会一方面决定与法方共同建立华法教育会,为学生出国学习和工作提供便利,另一方面勤工俭学会在国内设立预备学校。1917年,来自江苏的俭学会成员华林回国后,便积极筹备建立华法教育会,重组留法预备学校,并撰写《与全国各县筹派公费留法商榷书》一文,大力宣传勤工俭学,呼吁各县积极支持勤工俭学活动。文中特别强调:

> 二十世纪之文明,在各地方平民之自觉,力求自治之时代也。按俭学会简章所规定,每人每月赴法俭学,只需四十五元,而农工实习学校为尤廉。倘中国各县筹派男女数人,在内地筹备一年赴法求学,每六年或八年为期,归中国本地方上振兴教育,扩充实业,则东亚不数十年,必能使全局改观,发扬固有之文明,产生特异之光彩也。谅各县关心教育,不乏明哲,倘能鼎力提倡,照本国学生补助费办法,选派品学兼优之男女各生,少则一二人,多则三四人,每月补助留学费,每人五十元,以全国各县及学校特派与自费留学计之,可得万人,数十年中地方自治之发展,自不难日臻完善。况

---

① 陈学恂:《中国近代教育史资料(留学教育)》,上海教育出版社1991年版,第434页。

中国共和再造,尤以民智民德先进之国为宜,而平民教育,更以法国为特长。①

华林及勤工俭学会的宣传、呼吁得到了社会各界的支持。1918年3月,热心勤工俭学人士建立了上海华法教育会,并推举张继(前参议院议长)、魏武达(Vérondart,法国领事)为正副会长。该年底,一战结束,法国因战争而人口锐减,故稍有工作能力者均可在法谋生,这为留法勤工俭学的开展带来了极好的机遇。因而,在1919—1920年勤工俭学运动发展到高潮,数以千计的学生赴法勤工俭学,其中上海是他们乘船前往法国巴黎、马赛等地的最主要出发港。在这个庞大的勤工俭学人群中,与动辄数百人的四川、湖南、广东等省相比,来自江苏的学生大概有八九十人,②所占比例不高。不过,相比其他省份,江苏籍学生出国前的平均学历较高,到达法国后相当一批学生进入了法国的高等学校,震旦大学出来的学生大部分进入了巴黎大学及图卢兹农业专门学校、巴黎土木工程专门学校等大专院校。

(二) 留学生群体与江苏新教育的大发展

民国建立之后,归国留学人员对江苏新教育的发展所发挥的作用,与晚清相比越来越大。

留学生群体在促进江苏新教育发展方面的贡献,首先体现在以新知识人身份进入高等学校,成为学校教师队伍的中坚力量,并支撑起新学科的建设与发展。与晚清时期相比,这个时期回苏(或来苏)发展的留学人员数量大为增加,其中许多是接受了欧美高等学校多年系统教育的高质量毕业生(不乏硕士、博士学位获得者),作为国外知名大学教育学、心理学及其他文理科毕业生,其掌握的近代教育理论水平绝非清末时期从日本速成学校毕业的留学生所能比的。与此同时,政府在开办大学的门槛政策上更为开放,中等以上学校特别是大学进入了迅速

---

① 华林:《与全国各县筹派公费留法商榷书》,《新青年》1917年第3卷第6期,第94页。
② 由于统计资料残缺,留法勤工俭学的江苏籍学生数量记载不一。如《申报》(1922年6月20日)记载为73人;《安徽教育月刊》(1922年第53期)记载为63人;张允侯等《留法勤工俭学运动》(上海人民出版社,1980年)则记载为85人。

增长时期,而大批留学国外知名大学的归国人员加入教育界,不仅有助于江苏整体学校教师素质的提升,为江苏教育界带来了新的思想观念、科学的教育方法和研究方法,而且也为新设立的高等学校设置、发展新学科提供了强有力的智力资源。

南京高等师范学校,是民国初年创办最早的四所高等师范学校之一。学校于1914年在原两江师范学堂旧址筹办,1915年开学招生,原江苏教育司司长江谦被任命为校长,江谦上任后,便聘请留美博士郭秉文担任教务主任,留美教育学学士陈容担任学监主任,与此同时,大力吸纳留学人员尤其是留美学生来校任职。据统计,在1918年,全校共有教员54人(含主任教员6人、专任教员38人、兼任教员10人),其中外国大学毕业、肄业经历者达32人,占比近60%。这些具有留学背景的教师成为学校的学术骨干,6位专修科主任教员中,有4位为留学归国者:张准,麻省理工学院毕业,担任数学理化部主任教员;邹秉文,美国康奈尔大学农学学士毕业,担任农业专修科主任教员;陶行知,美国伊利诺大学硕士毕业,担任教育专修科主任教员;贺懋庆,美国麻省理工学院毕业,担任工艺专修科主任科员。其他一些留学归国者也主要担任自然科学和一些新型学科的教员,如:朱进,美国哥伦比亚大学哲学博士,担任伦理学、社会学教员;刘伯明,美国西北大学哲学博士,担任伦理学、哲学、言语学教员;吴家高,美国伊利诺大学毕业,担任数学教员;徐甘棠,美国西北大学硕士毕业,担任物理学和天文学教员;郑晓沧,美国哥伦比亚大学硕士毕业,担任教育学、心理学教员;姜琦,日本东京高等师范学校毕业,担任教育史教员;董常,日本东京帝国大学毕业,担任地质学教员;等等。1921年,国立东南大学建成开学后,继续重视留学生群体在大学发展中的不可或缺作用,如教育科下设的教育系、心理系主任分别由徐养秋(哥伦比亚大学教育学硕士)、陆志韦(美国芝加哥大学哲学博士)教授担任。在1923年,全教育科教师34人中,曾获得国外博士、硕士学位的有13人;在本国籍教授17人中,也多有留学背景,如徐养秋、陈鹤琴、陶行知、陆志韦、廖世承、郑晓沧、孟宪承、朱君毅等均为留学归国者。从国立东南大学在1923年1月所制教职员一览表看,全校绝大多数系科主任或教授,均有留学背景,例如:王伯秋,日本早稻田大学和美国哈佛大学毕业,担任政法经济系主任兼教授;王琎,美国理海大学毕业,担任化学系主任兼教授;竺可桢,美国哈佛大学地理科博士,担任地理系主任兼教授;胡先骕,美国加利福尼亚大学农科毕业,担任生物学主任兼教授;胡刚复,美国哈佛大学博士,担任物理系主任兼教授;熊庆来,法国蒙彼利埃大学理科硕士,担任数学系主任兼教授;茅以升,美国卡耐基理工学院工学博士,担任工科主任;涂羽卿,美国麻省理工学院硕士,担任工科教授兼建筑部主任;张巨伯,美国俄亥俄州立农科大学昆虫科硕士,担任病虫害系主任兼昆虫学教授;张士一,美国哥伦比亚大学硕士,担任英文系主任兼教授;梅光迪,美国哈佛大学硕士,担任西洋文学系主任兼教授;秉志,美国康奈尔大学哲学博士,担任农学教授;段子燮,法国里昂大学数科硕士,担任数学系教授;汤用彤,美国哈佛大学硕士,担任哲学教授;吴宓,美国哈佛大学硕士,担任西洋文学教授;等等。据 1920 年《国立东南大学教员履历》统计,在全校 222 名教员中,留学出身者有 143 人,占 64%以上,其中理工科教授几乎全是归国留学生,且大部分拥有硕士、博士学位。毫无疑问,恰是由于国立东南大学广泛吸纳优秀的留学毕业生加入教师队伍,才使其能在短时期内一举成为国内知名大学,尤以理工科突出。

　　归国后的留学生群体对江苏教育发展的贡献,其次是体现在开展近现代学术研究、教科书的编撰方面。与晚清留学生不同,这个时期进入教育界的留学人员不仅注重对国外文献、教科书的翻译,同时关注将国外所学理论与中国国情结合,写出国人自编的教科书和学术研究著作,这些成果对我国新学科专业化建设和教育科学化的推动发挥着重要作用。例如当时南京高等师范学校及后来的国立东南大学教育科的教育系和心理系,之所以在极短时间内成为当时全国教育学科建设与发展的重镇,与诸多优秀的教育学、心理学领域留学归国者的加入,有着直接的关联。

　　陆志韦从美国哥伦比亚大学获得哲学博士归国进入南京高等师范学校工作后,便潜心致力于实验心理学、教育心理学、社会心理学以及比纳测验等研究,出版了《中国比内-西蒙智力测验》(1924 年)、《社会心理学新论》(上海商务印书馆,1924 年)等著作,提出了很多新见解,受到中外心理学界的重视。同时,他还翻译了美国心理学家桑代克的《教育心理学概论》(上海商务印书馆,1925 年)和美国心理学家亨特的《普通心理学》(上海商务印书馆,1926 年),向我国读者介绍了西方心理学各个流派的理论和方法。此外,他还为高中、师范学校编写了教科书《心理学》(上海商务印书馆,1924 年)。陆志韦因其在心理学方面的贡献,被公认为我国现代心理学的开创者和奠基人之一。

418

    廖世承 1919 年获得美国布朗大学教育心理学博士学位回国后,便进入南京高等师范学校和国立东南大学教育科任教授,致力于教育科学实验,参与创建中国最早的心理实验室之一,即南京高等师范学校心理实验室,1921 年,廖世承翻译出版了美国心理学家哥尔文(Colvin)与裴葛兰(Bagley)合著的《教育心理学大意》(上海中华书局,1921 年)。1924 年,廖世承编撰出版了《教育心理学》(上海中华书局,1924 年),这是第一本国人自编的高等师范学校使用的教育心理学教科书。他还与陈鹤琴一起开展心理实验研究,在实验的基础上,编著了《智力测验法》(上海商务印书馆,1924 年)一书,列有实验方法 35 种,是我国最早的智力测验专著。1925 年廖世承与陈鹤琴合编了《测验概要》(上海商务印书馆,1925 年),该书对推广教育测验和心理测验发挥了一定的作用。廖世承还把当时只用于个人的中小学测验发展为用于团体,并丰富了测验内容,《团体智力测验》(上海商务印书馆,1923 年)一书,便是为初小三年级至初中二年级编制的测验试卷。此外,廖世承还结合担任南高师-东南大学附中主任的经历为南高师学生开设了"中学教育"课程,"一面教学,一面研究,自己的主张,也逐年变迁,教材的内容,也时时修改。"[①]为我国高等师范学校编写出第一本中学教育教材——《中学教育》(上海商务印书馆,1924 年)。

    1919 年,陈鹤琴在美国哥伦比亚大学获得教育硕士学位后,应郭秉文之邀回国担任南高师教育科儿童心理学和教育学教授。1920 年以长子一鸣为研究对象进行儿童身心发展的观察和文字、摄影记录,共808 天,开创了我国幼儿研究的新范式。他还把研究所得参照西方儿

---

① 廖世承:《中学教育》,商务印书馆 1924 年版,(自序)第 1 页。

童心理学家的研究成果,写成《儿童心理之研究》一书。又以其子女为对象,研究家庭教育,撰写出《家庭教育》一书。两书均于1925年由上海商务印书馆出版发行,并列入大学丛书。1923年,陈鹤琴在东南大学兼任教务主任,同年为研究儿童心理,在自己家中创办幼稚园,自任园长,1925年该园被定为东南大学教育科实验幼稚园,是为我国第一所幼稚教育实验中心。他在园中开展了幼稚园的课程、设备、故事、读法等实验研究,并在此基础上,于1927年发表了《我们的主张》一文,提出了适合我国国情、儿童心理的15条办园主张。

郑宗海(字晓沧)先后在美国威斯康辛大学、哥伦比亚大学获教育学士学位、教育硕士学位,1918年自美返国后进入南京高等师范学校-东南大学担任教育学教授,他曾为高等师范学校先后翻译、编译了诸多美国学者的多种教材,如与俞子夷合作编译了杜威弟子米勒(I. E. Miller)的《(米勒氏)人生教育》(上海商务印书馆,1921年)、翻译了美国教育心理学家韦伯尔(A. M. Whipple)的《修学效能增进法》(上海商务印书馆,1921年)、吉特(C. H. Judd)的《教育之科学的研究》(上海商务印书馆,1924年)、教育家杜威的《儿童与教材》(上海中华书局,1925年)、与沈子善合作翻译了美国哥伦比亚大学师范学院教育学教授庞锡尔(F. G. Bonser)研究小学课程之名作《设计组织小学课程论》(上海商务印书馆,1925年)等,同时编纂有《修学指导》(上海商务印书馆,1923年)、《英美教育书报指南》(上海商务印书馆,1925年)等著作。

除了上述列举的知名学者,当时南高师(东南大学)教育学科领域还聚集有许多学有造诣、术有专攻的学者,他们为学科专业化建设作出了巨大贡献,如获哥伦比亚大学博士学位的朱君毅,在教育统计学等领域深有造诣,是民国时期教育统计学领域的领军人物;获哥伦比亚大学硕士学位的徐养秋,对中学教育尤其是中学历史教育颇有研究;在东南大学担任教育科教授的孟宪承(毕业于华盛顿大学获硕士学位),对我国教育哲学和教育社会学学科建设进行了有益探索;毕业于美国哥伦比亚大学获硕士学位的程湘帆专攻教育行政学,进入东南大学后讲授"教育行政学"这门课程,苦于中国没有一本切合实情的教材,而"西文书籍本来很多,但里面的材料,完全不合我们的用处。从前在外国所学的,亦不过一些空疏不切实际情形的原理和研求的方法而已"①。于是亲自到教育行政机关服务一年,经过多年的反复修改,1926 年著成《中国教育行政》一书。该书是教育行政学本土化的产物,对我国教育行政学学科建设研究发挥了重要作用。

留学群体服务于江苏教育的第三个途径,是通过组织学会、创办期刊,宣传新科学、新知识、新教育,鼓励探索新教育发展的中国道路。1914 年,留学美国康奈尔大学的中国学生任鸿隽、赵元任、杨杏佛、秉志、胡明复等发起成立科学社,创办《科学》杂志。1918 年前后,随着大批科学社骨干归国,中国科学社也迁回国内,南京、上海成为科学社社员较为集中处,南高师-东南大学更是成为中国科学社的"大本营"。当时在南京各高等学校的科学社社员共有 30 人,其中在南京高等师范学校的便有 16 人。1918 年至 1923 年,一些科学社的骨干成员如化学家任鸿隽、王琎、张准、经济学家杨杏佛,物理学家胡刚复,动物学家秉志,植物学家钱崇澍,农学专家邹秉文,气象学家竺可桢等,均先后加入南高师-东南大学的教师队伍。科学社的会员除致力于高等学校科学人才的培养工作,还积极参与面向社会的科学讲演活动,《科学》杂志在第 8 卷(1923 年)第 6 期还特别出版"通俗科学演讲"专号,赵承嘏、杨杏佛、茅以升、钱天鹤、陆志韦等科学家纷纷参与撰文。与此同时,中国科学社在注重传递科学知识、宣传科学精神和科学方法外,还积极推进中小学科学教育改革,针对美国学者孟禄提出"中国科学教育不良"的批评,1922 年《科学》杂志在第 7 卷第 11 期专门出版了"科学教育"专刊,发表了《中学之科学教育》《美国中小学之科学教育》《科学之教授》《算学教授法》《美国大学之化学教育法》《植物学教学法》《地理学教学法之商榷》《地质学教学法》等有关科学教育的论文。兼任编辑部主任的化学家王琎在《科学教育号发刊词》中特别论及科学与教育相结合之必要:

　　自十九世纪科学昌明以后,教育之方法焕然一新,凡所以启发

---

① 程湘帆:《中国教育行政》,商务印书馆 1930 年版,(中国教育行政序)第 2 页。

学者之道,皆求其合乎科学原理,所谓心理测验,所谓设计教育,所谓自动主义等等,无不以科学为依归,惟教育学之兴盛虽赖科学方法,而科学之传布亦不可违背教育原则,盖教育方法即科学方法,若科学方法,为一般言教育者所采用,而真从事于科学者反不自行研究其教授之方法,墨守成规,阻滞进步,必渐至谈教育者将越俎代庖,斥授科学者为不谙教育原理,言科学者斥谈教育者为崇尚高调,不求切实,先因误解,渐至背驰,科学教育前途,遂难祈坦荡矣。①

中国科学社组织的活动,天时、地利、人和的江苏无疑能首得其益。

除了中国科学社,有留学背景的江苏学者还积极参与发起、组织新教育共进社及后来的中华教育改进社,从事编译新教育丛书和为《新教育》撰文,介绍欧美新教育思想、观念等,在第一届新教育共进社的 10 位董事中,便有 4 位是有留学背景的在苏者,即郭秉文、余日章、刘伯明、李敏孚,另外黄炎培、沈恩孚亦有出洋考察教育的经历。

留学生群体除了通过亲自介入江苏新教育的发展,还通过学缘等邀请国外知名教育家、心理学家来华特别是来南京、苏州、上海一带访问、调查、讲演等,如杜威、孟禄、推士、麦柯尔、柏克赫斯特、克伯屈等的江苏之行,均有着郭秉文、陶行知、陈鹤琴、廖世承、郑晓沧等留学归国人员的身影,他们或为邀请人,或为翻译者,或为思想推介人,一起为推动江苏教育特别是江苏基础教育的改革与发展发挥着积极的作用。

---

① 王琎:《科学教育号发刊词》,《科学》1922 年第 7 卷第 11 期,第 1119—1120 页。

第八章　南京国民政府时期
江苏教育的发展

　　1927 年国民政府定都南京后,对江苏地区行政区划制度进行了调整,其中析江宁县设立南京特别市,析上海县、宝山县设立上海特别市。1933 年,江苏境内设立 9 个行政督察区和 2 个省直辖市,下辖 61 县 1 设治局,省会所在地为镇江。

　　南京国民政府时期,在以"规范化"为核心、以"专业化"为诉求、以"党化"或"三民主义化"为目标的新的教育政策实施背景下,江苏各项教育事业都有一定的变化。省级层面的教育行政体制的变化也直接影响着江苏各地教育事业的发展。

第一节　新教育政策与行政教育体制的建立与变迁

　　1927 年 10 月,大学院成立。1928 年 5 月,第一次全国教育工作会议在大学院的主办下召开,这次会议最重要的内容就是修正了 1922 年的学制(《壬戌学制》),推出《戊辰学制》。11 月 30 日,国民政府教育部成立。随后,制定了一系列新的教育政策。

一、新教育政策的变迁

（一）以"规范化"为核心的教育政策的变迁

在对新学制进行调整的基础上,国民政府开始对整个教育事业实施规范化的改造,其相关政策主要围绕着以下几个方面展开:

一是确立教育事业发展的指导方针及学制、通则等。1929 年,国民政府颁布教育实施方针,公布《专科学校组织法》,正式将专门学校改为专科学校,规定此类学校以教授应用学科、养成技术人才为目标。1929 年 8 月 19 日,颁布《专科学校规程》。9 月 10 日,教育部通令全国各公私立农工商等专门学校,依法变更名称组织。1931 年,国民政府颁布了《中华民国训政时期约法之国民教育专章》,将三民主义确立为中华民国教育的根本原则,并对涉及国民教育、中等教育、社会教育、蒙藏教育、华侨教育、派遣留学生等方面的教育基本问题进行了规范。1932 年,行政院颁布训令《整顿教育令》及《小学法》《中学法》等。1935 年,陆续颁布了《实施义务教育暂行办法大纲》《学位分级细则》《学位授予法》等。1936 年 5 月 5 日,公布了《中华民国宪法草案》之《教育专章》,提出教育宗旨在于发扬民族精神,培养国民道德,训练自治能力,增进生活知能,以造就健全国民。1948 年,还颁布了《大学法》《专科学校法》等。

二是规范各类教育事业发展的组织制度类政策。在组织类法律法规方面有 1928 年出台的《教育部组织法》;1929 年公布《大学规程》《大学组织法》《宗教团体兴办教育事业办法》;1945 年公布《教育部国民体育委员会组织条例》《教育部教育研究委员会组织条例》《教育部医学教育委员会组织条例》《教育部训育委员会组织条例》《教育部国民教育辅导研究委员会组织条例》等。在教育机构的规程方面有 1929 年的《私立学校规程》;1933 年的《中学规程》《小学规程》等。章程则有 1937 年教育部颁布的《农业教育委员会章程》《全国义务教育委员会组织规程》,1938 年的《工业教育委员会章程》《教科用书编辑委员会章程》,1940 年的《边疆教育委员会章程》等。对教育机构的改革法规有 1934

年的《限制宗教团体设立学校令》,1937 年的《改良私塾办法》等。

三是规范各种有关教育事业发展的配套性法律法规。如在经费领域,有 1929 年的《各省教育经费须保障其独立》,1931 年的《地方教育经费保障办法》,1935 年的《各省县市等筹集义务教育经费暂行办法大纲》,1941 年的《稽核各省市国民教育经费暂行办法》等。再如在校园建设领域,有 1931 年的《各省市对于中学教育设施之纲领》,1936 年的《学校卫生设施标准》等。

(二)以"专业化"为诉求的教育政策的确立

南京国民政府希望通过教育政策,提升教育事业发展的专业化水平,制定了一系列以"专业化"为诉求的教育政策。

这些政策涉及对各类课程标准、教育方案及教育评估方案的制定,包括 1929 年的《高中以上学校军事教育方案》,1932 年的《中小学毕业会考暂行规程》等。各种课程标准则有 1929 年的《小学课程暂行标准》,1932 年的《幼稚园课程标准》《幼稚园小学课程标准施行办法》《小学课程标准总纲》,1937 年的《二年制短期小学课程标准总纲》,1938 年的《国立中学课程纲要》等。1940—1941 年,国民政府教育部对很多初、高中课程标准进行了修订,如《修正初级中学国文课程标准》《修正高级中学公民课程标准》《修正高级中学生物课程标准》《修正高级中学物理课程标准》等。

这些政策还包括各类教职员资格、检定、训练条例等方面。如 1930 年考试院公布的《检定考试规程》,1931 年的《教育部督学规程》《省市督学规程》,1935 年的《高等考试教育行政人员考试条例》《普通考试教育行政人员考试条例》,1936 年的《各省市义务教育师资训练班办法》,1937 年的《县市义务教育视导员规程》,1938 年的《中等以上学校导师制纲要》《实施导师制应注意之各点》,1942 年的《中等学校导师制实施办法》,1944 年的《专科以上学校导师制实施办法》等。

(三)以"党化"或"三民主义化"为目标的教育政策的推行

"党化"成为国民政府教育政策的目标是有一个过程的。从国民政府在广州成立至北伐成功前,其内部对于新的教育宗旨的争论就一直存在。1918 年,第一次世界大战结束,民国学界有感于奉行军国民教育的德国战败于主张平民主义教育的协约国,遂有树立新教育宗旨的要求。南京国民政府在全国统治的不断稳固给了"党化教育"成为全国教育政策目标之一的契机。1925年,一些教授为东南大学郭秉文被教育部免去校长一职而发声时,首提"党化教育"一词。1926年前,"党化教育"一词虽未见于国民党官方文献,但已流行于政府内外。国民党在逐渐取得全国统治地位的过程中,认识到不仅需要依靠武力,还需要教育上的成功,才能取得全国政治的成功。"自从革命军出师北伐……属于国民政府治下的各省,省政府,有党化教育的计划。大中小学校有党化教育的准备,党化教育的呼声一天高一天了。"[1]北伐前,"党化教育"主要是作为一种对民众宣传的手段而存在,北伐成功后,"党化"则逐渐开始作为一种教育政策的目标而付诸实践。

　　1926年3月,广州国民政府教育行政委员会对新教育宗旨展开了讨论。随后,时任国民政府教育行政委员会委员、广东教育厅厅长的许崇清、教育行政委员会委员韦悫先后提出相关草案。1927年,南京国民政府教育行政委员会通过《国民政府教育方针草案》,其中有对"党化教育"的说明:"就是在国民党指导之下,把教育变成革命化和民众化。换句话说,我们的教育方针要建筑在国民党的根本政策之上。国民党的根本政策是三民主义、建国方略、建国大纲和历次全国代表大会的宣言和决议案。我们的教育方针应该根据这几种材料而定,这是党化教育的具体意义。"[2]

　　由于"党化教育"一词指向性过浓,极易引发舆论攻讦,在国民党内部,也有很多反对意见。1928年5月,大学院召开第一次全国教育工作会议,通过了《废止党化教育名称代以三民主义教育案》,明确"党化教育"一词不再使用,并确立了三民主义教育的宗旨:"所谓三民主义的教育,就是实现三民主义的教育;就是以实现三民主义为目的的教育;就是各级行政机关的设施,各种教育机关的设备和各种教学科目,都是以实现三民主义为目的的教育。"但这一决议遭到国民党中央执行委员会

① 徐蔚南:《党化教育》,世界书局1927年版,第1页。
②《"党化教育"之意义及其方案》,《教育杂志》1927年第8期,(教育界消息)第1页。

训练部的反对,理由是:"对于三民主义教育之真谛,既无所阐明,而于教育与党之关系,尤乏实际联络。"①该委员会设计有《党义教育大纲提案》,称:"中华民国之教育,以发扬民族精神、提高民权思想、增进民生幸福、促成世界大同为宗旨。"在国民党中常会上,两个提案正面交锋。争论激烈。作为"党化教育"的重要内容,党义课程受到了国民党中央政府的重视。1928年8月,国民党中央常务委员会颁布《各级学校增加党义课程暂行通则》,规定:"为使本党主义普及全国,并促进青年正确认识起见,各级学校,除各种课程内融会党义精神外,须一律按本通则之规定,增加党义课程。"②该通则规定了各级学校的党义课程:小学校为孙中山先生革命史实、三民主义浅说、民权初步演习等;中等学校为建国方略概要、建国大纲浅说、五权宪法浅释等;专门学校及大学为建国方略、建国大纲、三民主义之理论与实际、本党政纲及重要宣言与议决案、五权宪法之原理及其运用等。同时要求"各级学校党义课程之教授时间,每周至少以两小时"③。

1929年4月26日,国民政府公布教育宗旨:"中华民国之教育,根据三民主义,以充实人民生活,扶植社会生存,发展国民生计,延续民族生命为目的,务期民族独立,民权普遍,民生发展,以促进世界大同。"④同时颁布了八条实施方针。

虽然国民政府以三民主义教育代替了党化教育的提法,但实质上,此时的三民主义教育已与孙中山当初所提以三民主义宣传、引导民众的内涵有很大不同,是变相以"党化"为目标的教育,并且随着南京国民政府教育政策体系化的进程,而逐渐法制化与强制化。

与教育宗旨同日颁布的《教育实施方针》,规定:"普通教育须依据总理遗教,以陶融儿童及青年'忠孝仁爱信义和平'之国民道德。"⑤1931年6月,在《确定教育设置之趋向案》中规定:"各级学校之训育必须根

---

① 周邦道等:《第一次中国教育年鉴》,开明书店1934年版,甲编10。

② 《各级学校增加党义课程暂行通则》,《大学院公报》1928年第9期,第7页。

③ 中国第二历史档案馆编:《中华民国史档案资料汇编(第五辑第二编)》,江苏古籍出版社1994年版,第1074页。

④ 周邦道等:《第一次中国教育年鉴》,开明书店1934年版,甲编8。

⑤ 原春辉编:《中国近代教育方略》,台北兴台公司印刷1963年版,第160页。

据总理恢复民族精神之遗训,加紧实施,特别注重于刻苦勤劳的习惯之养成,与严格的规律生活之培养。"①6月1日,《中华民国训政时期约法》颁布,将三民主义作为中华民国的教育根本原则。9月3日,国民党第三届中央执行委员会通过了《三民主义教育实施原则》,具体规范了各级各类教育实施训育的目标、课程、教学等各个环节,使"三民主义化"目标深入教育事业发展的各个方面。此后,遵循着"三民主义化"的目标,国民政府不断出台相关教育法律法规,逐渐形成比较完备的"三民主义化"教育制度体系。如对中学,相关的配套政策法规有《学生自治会组织大纲》《高中以上学校军训管理办法》《战时各级教育实施方案纲要》《中等以上学校导师制纲要》《训育纲要》等。这些以"三民主义化"为目标的教育政策在国民党政权退出大陆前,一直影响着教育界。

二、江苏教育行政体制的变迁

民国初年,江苏的省级教育行政体制先后经历了提学使司、教育司、学务司等机构的变动。南京国民政府成立后,在江苏等省份试行"大学区制"实验,数年后,又恢复教育厅制,使得全省教育行政时有翻篇之感。

(一) 大学区制时期的江苏教育行政体系

晚清时期,即有人提出了大学区制改革的方案。"大学区制能在中国有一大规模的试验,是国民政府教育行政委员会多年怀抱着的一种理想与企求。"②南京国民政府时期所试点施行的大学区制是参照法国的相关制度进行的。为了解决以往教育厅长多为行政官僚出身,做事难免官僚化,且多注意中小学教育,忽略高等教育,也不利于中央教育集权等问题而产生的。以蔡元培等人为代表的大学区制倡导者们以为通过这种机制,"由大学校长兼管本区的中小学及其他特殊教育,教育

---

① 《确定教育设施之趋向案》,《教育部公报》1931年第8/9期,第56页。
② 孟宪承:《大学区制在江苏的试验》,《第四中山大学教育行政周刊》1927年第1期,第22页。

行政都归大学教授组织,并且有研究院担任种种计划"①,不但可以解决以上教育行政中的弊端,还可以通过教育行政机制的一体化,使大中小学的课程发生密切的联络,从而使教育行政走向学术化。

1927年6月,国民党中央执行委员会政治会议决定,成立中华民国大学院,以蔡元培为院长,在江苏、浙江等省开展大学区制试验。根据《大学区组织条例》等法令,按照各地教育经济及交通状况,将全国分为若干个大学区,每个大学区设大学一所,大学设校长一人,综理此大学区内的一切学术与教育行政事项。大学区设评议会为审议机关;设秘书处辅助校长办理本区行政上一切事务;设研究院为研究专门学术之最高机关,院内设设计部,凡区内关于教育事业发展的一切问题,随时可以提交研究。大学区还设高等教育处、普通教育处、扩充教育处②,对应管理区内的高等教育、普通教育、扩充教育等一切事宜。

1927年7月7日,根据在江苏实施大学区制试点试验的计划,第四中山大学行政部(后改为第四中山大学教育行政院)在东大附属小学旧址上成立。8月,东南大学、河海工程大学、上海商业专门学校、南京工业专门学校等9所高校被合并为第四中山大学,以张乃燕为校长,设立第四中山大学区,同时裁撤江苏教育厅。"所有前厅职掌,统由本大学接管。"③该大学区名称还曾改为江苏大学(区)、国立中央大学(区)④。

在制度设计中,大学区的评议会是十分重要的一个机构,也是大学区的立法机关。根据《第四中山大学评议会组织大纲》的规定,该大学区的评议会成员分为四类来源⑤:

> 甲:中华民国大学院代表一人,第四中山大学校长、秘书长、高等教育部长、普通教育部长、扩充教育部长、研究院长、大学本部各

---

① 蔡元培:《中国新教育的趋势——在暨南大学演说词》,中国蔡元培研究会编:《蔡元培全集》卷六,浙江教育出版社1997年版,第99页。

② 原为部,后改为处。

③《改组第四中山大学情形》,《江苏省政府公报》1927年第2期,第51页。

④ 根据1928年1月27日公布的《修正大学区组织条例》,各地大学区以所在地命名。后为照顾江苏诉求,改为中央大学区。

⑤《第四中山大学评议会组织大纲》,《江苏省政府公报》1927年第4期,第25—26页。

学院院长。

乙：大学本部各学院教授代表共五人。（由教授会公推）

丙：其他大学校长一人，教授二人，中等学校校长五人，教员五人，各县教育行政人员三人，小学校长教师各五人，法定教育团体代表三人，扩充教育团体代表三人。（以上各员推举之法，由各级团体指定，某项团体未成立之先，暂由校长指定。）

丁：江苏人民负学术界之声望，热心教育者五人。（由校长延聘。）

评议会的职责包括：议订学制建议于大学院；议决本区教育方针；筹划本区教育经费；审查本区各级学校预算决案；审查公私立学校之教育基金；议决各项建议案；关于本区教育之重要事项；会查大学教员资格；审查中小学校课程及教员资格等。每年五月、十一月要召开评议会的常会，平时也可以由中山大学校长视情势之需要召集，或评议员十人以上之请求，召集临时会。该会分设研究组、高等教育组、普通教育组、扩充教育组各组，可以议决关于各组有特殊关系的事项，然后上报，由大会通过。

1927年11月18日，大学区评议会选举办法八条印发，通令各县教育局长，函选投票，互选5人，以得票多的当选。又委任江宁、无锡、上海、江都、宿迁五县教育局长，充任金陵、苏常、沪海、淮扬、徐海五区司选委员，办理各区中小学代表选举事宜。但江苏大学区评议会迟迟难产，尤其是丙项议员的选举一直没能顺利完成。此外，第四中山大学区还成立了学务调查会、研究院、军事教育科等机构。

在更名江苏大学区后，视察委员会成立，由校长聘请杨孝述、程柏庐、俞庆棠、胡刚复、孟宪承、郑宗海、王琎为视察委员。并以任诚、顾倬、薛元鹤、易作霖为本大学区常设视学，分区视察江苏大学区普通教育及社会教育。

在大学区制试验期间，也成立了一些大学区内的教育研究机构。如江苏大学区地方教育研究委员会等，该委员会成立初衷是"谋本大学区内地方教育之发展"①。以江苏大学行政院为总机关，在各分区设研

---

① 《江苏大学区地方教育分区研究委员会暂行规程》，《无锡教育周刊》1928年第38期，第4页。

究分机关,称江苏大学区地方教育第几分区研究委员会,各县还设有分会组织。这些分区教育研究会的委员由各分区内大学直辖的中学师范科、乡村师范科、实验小学校推举产生。其各分区及主持研究机关如下表①:

区别	研究区域	主持研究机关
第一分区	江宁、句容、溧水、高淳、江浦、六合	南中师范科、南女中师范科、南中乡村师范科、南中实小、本大学公共体育场、南女中实小、本大学实小、本大学通俗教育馆
第二分区	丹徒、丹阳、金坛、溧阳、扬中	镇中师范科、镇中实小
第三分区	武进、无锡、宜兴、江阴、靖江	锡中师范科、锡中实小、锡中乡师
第四分区	吴县、常熟、昆山、吴江	苏中师范科、苏中乡村师范科、苏中实小、苏女中师范科、苏女中实小、本大学苏州图书馆
第五分区	松江、南汇、青浦、上海、奉贤、金山、川沙	上中师范科、上中乡村师范科、上中实小、松女中师范科
第六分区	太仓、嘉定、宝山	太中师范科、太中实小
第七分区	南通、如皋、崇明、海门、启东	通中师范科
第八分区	江都、仪征、东台、兴化、泰县、高邮、宝应、泰兴	扬中师范科、扬中乡村师范科、扬中实小
第九分区	淮阴、淮安、泗阳、涟水、阜宁、盐城	淮阴中师范科、淮阴中实小
第十分区	铜山、丰县、沛县、萧县、砀山、邳县、宿迁、睢宁	徐中师范科、徐中实小、徐女中师范科、徐女中实小
第十一分区	东海、灌云、沭阳、赣榆	东中师范科、东中乡村师范科、东中实小

---

①《江苏大学区地方教育分区研究委员会暂行规程》,《无锡教育周刊》1928年第38期,第5—6页。

按照计划,这些大学区地方教育研究分会每年应定期开会,各县都有出席代表。主要职责包括研究本区学校及社会教育计划、教育经费及师资培养问题、主持师范生在本区教育实习事项、本区之教育指导事项、本区之民众学校教材课程及教学问题、假期演讲或用他种方式谋本区教师之进修事项、受省教育行政机关之委托谋本区各县教育局长、县督学、教育委员、社会教育机关主管人员及小学校长之联合研究事项、编造本区学校及社会教育之统计等。

1927年,在苏州召开了国立第四中山大学区实验小学校联合会成立会议,第四中山大学直辖各中学之实验小学校,为当然会员,其他各小学校,及其他小学校所组合之研究会,经大会之同意,也可以入会,共谋研究改进区内的初等教育。

再如1928年4月10日,江苏大学区中小学校长会议成立。该会以研究本大学区直辖各中等学校及实验小学校实际问题,改进普通教育为宗旨。由江苏大学校长召集,负责讨论中小学校的行政、经费、教学、课程、训育、设备、成绩考查等事项。各校提出议题,须先期送到江苏大学审核,编入议事日程。每次开会讨论时,江苏大学行政院之各处处长、秘书、课长,亦须列席,其有关系之课员,得列席与议。议决案则由江苏大学分别采择施行。

大学区制的施行改变了当时的教育行政结构与高校的职能,在整顿部门办学、规范高校发展等方面有一些积极的作为。但大学区制下的校长职责过于集中,个人精力有限,很难承担全省教育行政全部,导致教育行政效率降低。且校长不可能完全独立于当时复杂的政治博弈之外,加上经费分配不公,大学开支超过中小学经费;很多政策违背平民化原则,助长了贵族式教育之风;行政效率降低;制造学阀等原因遭受到江苏各界的诟病。1928年6月,中央大学区中等学校联合会呈文,提出"大学区制之弊害既目击心伤"[1]"何独

---

① 中国第二历史档案馆:《关于试行大学院与大学区制的一组史料》,《民国档案》1988年第2期,第7页。

以江苏省之教育事业借作大学区试验之牺牲品？"[1]这些观点代表了当时江苏教育界的主流意见。综合各方面情势，考虑到大学区制的实际弊端，国民政府教育部终于下令江苏等省停止大学区制试验，复行教育厅制。

(二) 教育厅制时期的江苏教育行政体系

1929 年 8 月，江苏大学区制停止试验。9 月 11 日，江苏教育厅在镇江省政府成立，陈和铣为厅长。时江苏教育厅编制内设厅长 1 人；秘书 2 人；秘书室科员 1 人；书记 1 人；编审 3 人；督学 4 人；第一至五科科长各 1 人，科员、办事员、书记若干人；小学教员检定委员会干事 3 人，书记 1 人。其中第一科负责高等教育、职业教育、留学事项以及学术机关；第二科负责幼稚教育、小学教育、小学教员的检定等事项；第三科负责社会教育以及其他文化事业。

江苏教育厅的行政人员多为教育界专业人士，不少人具有海外教育相关专业的留学经历，其中不乏俞庆棠、易作霖等知名的教育理论与实践家。

江苏省教育厅主要职员表(1930 年)[2]

姓名	职务	性别	年龄	履历
陈和铣	厅长	男	38	法国巴黎大学法学博士
黄绍鸿	秘书	男	42	湖南高等学堂文科毕业
姚鹓雏		男	39	京师大学堂毕业
任振予	秘书室科员	女	29	北京师范大学教育学士
赵令煦	书记	男	30	
吴芙	编审	女		
钱用和		女	31	美国芝加哥大学教育学院毕业
陈时枭		男	43	日本东京帝国大学农科毕业

---

① 中国第二历史档案馆：《关于试行大学院与大学区制的一组史料》，《民国档案》1988 年第 2 期，第 8 页。

② 《江苏省教育厅职员一览表》，《江苏教育厅公报》1930 年第 1 期，(附录)第 1—4 页。

姓名	职务	性别	年龄	履历
薛钟泰	督学	男	36	南京高师教育科毕业
易作霖		男	34	
周毓莘		男	39	日本东京高等师范毕业
曹书田		男	32	南京高师教育科毕业
段育华	第一科科长	男	44	美国加利福尼亚大学硕士
杨乃康	第二科科长	男	47	日本早稻田大学毕业
俞庆棠	第三科科长	女	34	美国哥伦比亚大学教育学院毕业
李家瀚	第四科科长	男	40	日本中央大学毕业
韩寿晋	第五科科长	男	36	北京大学毕业

1931年后,江苏省教育厅制日趋完善。经过改组后的江苏省教育厅有了新的机构变动。秘书室负责全厅机要文件、文稿复核、法规拟定等,有秘书3人、科员7人、办事员4人、书记13人,临时书记3人。其余各科职权如下:

科别	负责
第一科	高等教育、留学教育、学术机关、师范教育、中等教育、职业教育等事项
第二科	幼稚教育、小学教育、地方教育之设置变更、小学教员之检定、私塾取缔及改进、学龄儿童等事项
第三科	民众教育、补习教育、识字运动、图书馆、公共体育场、卫生教育、各科社会教育等事项
第四科	省立各教育机关预算编制、省立各教育机关收支审核、地方捐资兴学、教育财产保护等事项
第五科	全厅经费预决算、现金出纳等事项

江苏省教育厅还设有督学室,视察指导全省教育事业。有编审室负责编辑、审核、调查、统计及图书馆保管等事宜。教育厅的职能不断扩展,几乎涉及教育事业的各方面,并有江苏省义务教育委员会、小学

教员检定委员会、识字运动宣传委员会、教育法规审查委员会、强迫识字教育委员会、中等师范教育研究委员会、初等教育研究委员会等机构。1933年,裁撤了第四科、第五科,其职能由秘书室承担,增设了经费编核委员会。1937年,随着日军入侵江苏,教育厅迁出镇江,转移迁徙,其职能实际上名存实亡。

434

第二节　中等及以下各级各类教育的变革

南京国民政府时期,教育政策与机制的变化层出不穷,江苏的学前教育、小学教育、中学教育、职业教育、师范教育在数量与质量上都有很大的进步,走在了全国前列。

一、幼儿教育

南京国民政府时期,在学界的热烈呼吁与社会发展的现实需求下,政府对于民众识字程度、儿童受教育机会等领域有一定的关注。江苏教育厅也顺势而上,采取了一些措施,有一些作为。在江苏学前教育事业上,也有明显的体现。

1928年召开的全国教育会议提出全国的小学、附属小学都应该设立幼稚园。当年6月,中央大学教育行政院筹备设立幼稚园师资养成所,附设于省立南京女子中学师范科内,同时将该校实验小学幼稚园改为中心幼稚园,作为该师范科的实习场所。1929年夏,幼稚园师资养成所被并入省立南京女子中学。该所中心幼稚园时有主任1人,教员2人,年经费149元,保育幼儿33人。

江苏省教育厅于1930年要求各县教育局筹备设立幼稚园。1932年,民国教育部公布相关法令,规定师范学校内得附设幼稚师范,招收初级中学毕业生,学制二年或三年。1933年,又规定了二年制及三年制幼师课程。在这些政策的助推下,江苏各省立中学实验小学附属幼稚园与各县立、私立幼稚园的数量有了很大的提升,总量超过百所。

江苏部分县份县立、私立幼稚园幼儿生均经费数及每保姆照顾幼儿数(1933年)①

县名	生均经费数(元)	每保姆照顾幼儿数	县名	生均经费数(元)	每保姆照顾幼儿数	县名	生均经费数(元)	每保姆照顾幼儿数
江宁	11	42	江浦	15	33	镇江	20	20
丹阳	19	13	金坛	12	20	溧阳		12
太仓	13	20	吴县	18	21	常熟	18	17
昆山	8	24	吴江	11	16	武进	11	24
江阴	19	13	靖江	16	12	南通	13	16
如皋	21	13	盐城	12	12	宝应	30	11
宿迁	6	69	灌云	14	16	沭阳	15	7

江苏部分县份学前教育状况(1933年)②

县名	经费数(元)	在园儿童数	保育期满人数	县名	经费数(元)	在园儿童数	保育期满人数
江宁	1472	127	70	江浦	521	33	
镇江	1709	83		丹阳	3292	167	84
金坛	788	62	34	溧阳		90	90
太仓	828	61	58	吴县	6592	350	146
常熟	3245	173	233	昆山	1308	148	121
吴江	2764	244	148	武进	561	48	
江阴	1080	55	84	靖江	754	48	15
南通	2082	160	144	如皋	2462	116	28
盐城	500	37	20	宝应	700	23	15
宿迁	449	69	13	灌云	900	64	55
沭阳	2100	14					

第八章 南京国民政府时期江苏教育的发展

①《江苏省立及县、私立幼稚园各项平均数比较图》,《江苏教育(苏州)》1933年第10期,第1页。
②《江苏省各县幼稚园比较图》,《江苏教育(苏州)》1933年第10期,第1页。

　　1933 年,江苏各省立中学实验小学附属幼稚园保育幼儿的生均经费数并不统一。除了省立苏州中学实验小学、省立苏州女子中学实验小学西校附属幼稚园的数据不详,最高的省立淮阴中学实验小学附属幼稚园生均经费数为 115 元,最低的省立南京女子中学实验小学附属幼稚园为 12 元,相差接近 10 倍。其余部分省立中学实小附属园的生均经费分别为:省立徐州女中实小附属园 41 元、省立太仓中学实小附属园 40 元、省立镇江中学实小附属园 39 元、省立扬州中学实小附属园 32 元、省立无锡中学实小附属园 24 元。[①] 但这一数据并不能真实反映各学校对幼儿园的重视程度与经费投入水平,因为各园实际保育儿童数量的差距也是巨大的。在这些省立中学实验小学附属幼稚园中,每个保姆所负责的幼儿数也不尽相同。省立南京女中实小附属园,每个保姆需要照顾 41 名幼儿,而省立淮阴中学实小附属园的保姆每人仅需看护 7 名幼儿。[②]

　　在省教育厅的安排下,一些小学与幼稚园还积极开展了幼稚园课程标准的设计工作。1934 年,省教育厅要求把幼稚园课程编制作为该厅的重点工作加以实施,要求各校编订教材要目及教学案例,汇送教育部审查,分发全省各县应用。1935 年,省立扬州实验小学幼稚园设计课程编制计划,提出课程要采取“中心单元编制法”,不分科别,以适合幼儿的整个生活,不使之割裂,同时尽量与低年级联络沟通,“以期幼稚园教育阶段能与小学低年级的教育阶段,打成一片。”[③]幼稚园大、小班应分别设计,免得实施同一设计,使得活动程度的深浅,不易把控。各科活动分为音乐、故事和儿歌、游戏、社会和自然、工作;还有生活习惯等方面的内容。1936 年,省立南京实验小学完成了幼稚园课程的编制。他们坚持“幼稚园的课程内容,应以幼儿实际生活的各种活动为标准,而加以分析和联络,使成为整个单元,绝非以各种固定的科目和教

---

① 《江苏省立及县、私立幼稚园各项平均数比较图》,《江苏教育(苏州)》1933 年第 10 期,第 1 页。

② 《江苏省立及县、私立幼稚园各项平均数比较图》,《江苏教育(苏州)》1933 年第 10 期,第 1 页。

③ 杨骏如:《联络低年级的幼稚园课程编制:江苏扬州实小幼稚园设计课程编制计划》,《河南教育月刊》1935 年第 4 期,(专著)第 1 页。

材,不问幼儿的需要如何,而强使接受的"①。江苏的一些幼稚园还在内涵建设上有了一些新的进步,如南京市立马道街小学幼稚园自行设计了园旗、园歌,称:"旗子是代表一个团体精神的"。② 这也是当时江苏幼稚园建设的积极表现。

二、小学教育

省教育厅恢复后,不断出台有关小学教育的相关法规。1930年5月16日,江苏省颁布《江苏省改进私立小学暂行办法》,包括对办学优良的学校实行褒奖以及各种改进私立小学的办法,涉及组织、教育方法、训育方法、课程编制、教材研究、经费支配、设备配置等方面。12月23日,江苏省通过《江苏省各县中心小学设立办法》,对全省各县中心小学的设立进行统一规划,暂以每一学区设立一所中心小学为原则,其成立次序以乡村为先,渐及城市。1931年,江苏省教育厅制定了三年的教育事业发展计划,提出普及义务教育。1933年后的数年间,省教育厅又展开了对全省小学教育事业的系列调整,以推动小学教育发展。1937年,江苏教育厅还开始着手进行在全省全面推行义务教育,但由于抗战的影响,这个计划无疾而终。

1927年后,省教育厅厉行整顿,将各所省县公立学校的校产,一律收归教育局所有,实行统收统支的经费制度。1912年,全省小学教育经费为13894元,而到1928年,这一数字已经飙升到42498元(不含南京特别市),增加了28604元。1931年度,虽因水灾影响政府财政收入,但教育经费减至不满万元者,仅有高邮(1540元)、扬中(6996元)两县。从具体学校观察,1929年,吴县初级小学经费增至362900元。1931年度,如皋初级小学经费为66996元,较之1912年,增长了5倍。虽然存在着教师收入不高、部分年度教费拖欠、教育经费不敷使用等问题,但

---

① 省立南京实验小学:《幼稚园课程编制的报告》,《江苏省小学教师半月刊》1936年第7期,第8页。
② 何竞:《南京(特别市)市立马道街小学幼稚园实况》,《首都教育研究》1930年第1期,第61页。

这一时期,江苏省的小学教育经费投入有巨大的提升,仍是客观的事实。

对于省立、县立各小学校长的任职资格,江苏教育厅也有明文规定,除了政治、学历和资历方面的要求,还有对其业务的各种考评要求。凡是违背教育厅教育方针,治校不力,改进无方,操守不谨,侵吞校款,行为不检、人格堕落,身心缺陷而不能执行职务的校长,也随时会被撤换。

为了改善江苏小学师资结构和办学水平,1933年,江苏省教育厅出台了《江苏小学师资训练办法》十一条,强调对小学教师进行在岗训练。其中在开设短期师资训练班一项中,布置了党义(三民主义)、建国大纲、民族独立运动史、教育理论(教育原理、教育方法、近代教育思潮、乡村教育)、学校行政及组织(设备、课程编制、行政之处置、训管问题、成绩考察、学校卫生)、各科教学法(各科教学之目的、各科教材之研究、各科特殊教学制方法)、教育心理(学习心理、测验统计)以及其他基本学科(国语、算学、社会、自然、艺术、体育)等课程的学习。同年3月7日,江苏省政府通过《江苏省县立小学教员聘任及待遇暂行规程》,明确了小学各部教师的入职资格要求。如应聘小学高级部教师的要求为师范本科或高中师范科毕业者、高级中学以上学校毕业曾任小学教员二年以上者、高级中学毕业后曾肄习教育学科一年以上者、检定合格者。1934年,省教育厅还指定省立无锡、太仓、如皋、淮阴、东海师范等学校,附设小学师资训练班。这项工作取得一定成效。

这一时期,江苏小学教师数量快速增加。1912年,江苏初级小学教师总数不满百人的有32个县。到了1931年,江苏省初级小学教师数不满百人的县,仅余扬中、宝应、泗阳、江浦、东海、邳县、赣榆、仪征、高邮、江宁等10县。溧水县的初级小学教师从1912年的6人增加到1931年的107人,几乎增加了18倍。增加幅度最少的邳县,其初级小学教师数也从53人增加到81人。增加两倍以上的为句容、高淳、江浦、六合、镇江、丹阳、溧阳、扬中、海门、靖江、南通、如皋、泰兴、涟水、阜宁、盐城、兴化、泰县、铜山、丰县、沛县、萧县、砀山、宿迁、东海、灌云、赣榆、睢宁、沭阳等29县。

教职员数	学校
10 人以下	栖霞乡师附小、黄渡乡师附小
10—20 人	东海中学附小、徐州女中附小、洛社乡师附小、吴江乡师附小、灌云乡师附小
20—30 人	南京中学附小、南京女中附小、无锡中学附小、苏州中学附小、苏州女中附小、太仓中学附小、徐州中学附小、南通中学附小
30—40 人	镇江中学附小、扬州中学附小、淮阴中学附小

与小学教学相关的研究与实验工作也被列为各级教育机构、小学的重要内容。一些学校的教师也联合起来共同开展对小学教育的研究,交流教学经验。1927 年,由江宁十五市乡区各小学教职员联合组织了江宁乡区小学教职员联合会。1930 年,江苏省开始在各省立中学建立附设实验小学制度。"省立各实验小学之使命,一方为新教育方法之试验,一方为地方小学之指导,及其固有之专职为供各师范生之实习。"②江苏教育厅所直辖的省立中学附设实验小学还联合组织了江苏省立实验小学联合会,互相观摩切磋。

1930 年 8 月 19 日,江苏省政府委员会第 324 次会议通过《江苏省立中学实验小学组织暂行规程》,规定各实验小学以实验新教育法,培养国民之基本职能,指导地方小学之改进,供应中学师范生实习为宗旨。每校分初高两级,并可以附设幼稚园。校内设教育、训育、总务三系,设地方教育指导员,掌理巡回指导本区内地方教育事宜。在校长之下设教职员会议,下分全校环境设备组、各种特设委员会、教务系(编审股、各科成绩股、各科研究股、测验统计股)、训育系(舍务股、监护股、自治指导股、训导股)、总务系(图书股、出版股、学籍股、文书股、会计股、庶务股)等机构,各系有各自的系务会议。实际上,在具体组织中,并非所有的机构设置都严格按照这一规程,各校也根据各自校情实际有一些变通。如江苏省立南京中学实验小学就设有总务、训育、教务、研究、指导、娱乐六个系。前四系各设系主任一人,综理各系事务,指导系主

---

① 《江苏省省立小学比较图》,《江苏教育(苏州)》1933 年第 10 期,第 1 页。
② 《江苏各实验小学概况》,《江苏教育季刊》1930 年创刊号,第 1 页。

任由校长自兼。其娱乐系的设置目的是为调剂教职员生活,以增加工作效率,系务则由总务系兼理。这些实验小学在省教育厅的指导下,陆续开展了一些教学实验工作,为江苏小学教育事业的发展增加了很多鲜活的内容。

江苏省立扬州中学实验小学教学实验项目①

项目	内容
课程之改革	1. 低级部不设列科名,采用混合设计。 2. 高中级工作只有工艺一项,余均分配于市政,或其他选科中。 3. 高中级社会,试行混合教材。 4. 试行选修科。 5. 试行特殊班。 6. 拟定新课程标准的实验计划。
教材之研究	1. 设立分科研究会以资研究。 2. 编订各教导周的整个教材。 3. 高级社会教材体裁,采用歌曲或剧本,以引起兴趣,并传布到民间去。 4. 编订社会、自然之参考资料。 5. 编订社会、商业等科教学研究片。
教法之实验	1. 设计教学法。2. 问题教学法。3. 分团教学法。
实验之科目	各科均有实验事项,重要者有高级社会及各种选修科。
实验之学校	全上,重要者为五年级之社会及高中级之选修科。
实验之效果	社会及各种选修科,已得有相当效果。教材教法,均在整理编订中。

限于当时的种种环境,这些实验小学在办校过程中也遇到了一些实际困难。如省立苏州中学实验小学常为经费不足而困扰,也缺少较大的礼堂以举行公共活动,教室环境与教师待遇都不甚理想。省立南京中学实验小学则面临着待遇无法挽留优秀教师、首都物价高昂导致办公经费不敷使用、校舍维修耗资巨大等困难。部分学校校址偏僻导致学生上学不便,设备简陋导致很多教学实验无法开展,教室不足导致教学环境拥挤等现象很突出。

自省立中学实验小学陆续成立以后,全省各县教育局亦群起效从,纷纷将各县规模比较完备的小学改设为实验小学。一时间,实验小学之名遍及全省。其中固然有促进小学教学试验的目的,但也有一些变

---

① 《江苏各实验小学概况》,《江苏教育季刊》1930 年创刊号,第 4—5 页。

换名目浑水摸鱼以骗取经费的想法，以致省教育厅不得不专门开展了相关的整顿工作。

经过数年的发展，江苏小学数量有了极大的提升，见下表：

江苏各县小学数量(1936 年)①

小学	各县情况	总数
完全小学	镇江 27 所、江宁 8 所、句容 8 所、溧水 3 所、高淳 3 所、江浦 5 所、六合 4 所、丹阳 7 所、金坛 10 所、溧阳 11 所、扬中 3 所、太仓 9 所、启东 9 所、海门 25 所、吴县 51 所、常熟 28 所、昆山 15 所、吴江 20 所、武进 55 所、无锡 63 所、宜兴 22 所、江阴 22 所、靖江 8 所、南通 37 所、如皋 25 所、泰兴 16 所、淮阴 22 所、淮安 14 所、涟水 10 所、阜宁 26 所、盐城 31 所、江都 21 所、仪征 3 所、东台 26 所、兴化 7 所、泰县 25 所、高邮 9 所、宝应 8 所、铜山 21 所、丰县 13 所、沛县 12 所、萧县 8 所、砀山 16 所、邳县 12 所、宿迁 22 所、睢宁 12 所、东海 6 所、灌云 19 所、沭阳 11 所、赣榆 7 所	855 所
高级小学	海门 1 所、江都 1 所	2 所
初级小学	镇江 100 所、江宁 79 所、句容 116 所、溧水 42 所、高淳 82 所、江浦 12 所、六合 83 所、丹阳 152 所、金坛 97 所、溧阳 118 所、扬中 31 所、太仓 111 所、启东 110 所、海门 192 所、吴县 155 所、常熟 143 所、昆山 120 所、吴江 161 所、武进 319 所、无锡 341 所、宜兴 207 所、江阴 211 所、靖江 93 所、南通 323 所、如皋 242 所、泰兴 150 所、淮阴 137 所、淮安 100 所、涟水 190 所、阜宁 168 所、盐城 346 所、江都 86 所、仪征 37 所、东台 99 所、兴化 78 所、泰县 117 所、高邮 68 所、宝应 59 所、铜山 170 所、丰县 117 所、沛县 126 所、萧县 127 所、砀山 81 所、邳县 64 所、宿迁 136 所、睢宁 171 所、东海 25 所、灌云 95 所、沭阳 78 所、赣榆 56 所	6521 所
简易小学、短期小学、代小、义小等	江浦 6 所、太仓 4 所、吴县 2 所、常熟 27 所、淮阴 50 所、淮安 20 所、涟水 2 所、铜山 19 所、砀山 15 所、宿迁 5 所	150 所
合计		7528 所

江苏各县初级小学在学儿童数 1912 年为 200456 人。1926 年为 399751 人。1931 年为 624240 人。数量增加很明显。

① 许晚成编：《全国大中小学调查录》，龙文书店 1937 年版，第 7—65 页。不含上海诸县。

江苏省省立小学学生数(1933 年)①

学生数	学 校
100 人以下	黄渡乡师附小
100—200 人	吴江乡师附小、灌云乡师附小、界首乡师附小
200—300 人	南通中学附小
300—400 人	苏州女中附小、徐州中学附小、徐州女中附小、栖霞乡师附小
400—500 人	太仓中学附小、东海中学附小、洛社乡师附小
500—600 人	南京中学附小、镇江中学附小、无锡中学附小、苏州中学附小、淮阴中学附小
600—700 人	扬州中学附小
700—800 人	
800—900 人	南京女子中学附小

由于江苏教育的经费还不足以应付全部学龄儿童接受小学教育所需,所以私塾教育在江苏仍旧存在。省教育厅也采取了一些改良私塾的办法,对塾师进行培训,收到了一定效果,使私塾教育成为当时小学教育的一个补充。

三、中学教育

1927 年,江苏省通过合并重组,建立了一批省立中学。如省立扬州中学由省立第五师范、第八中学两校合并而成。省立苏州中学由省立第一师范、第二中学、工业专业附属中学三校改组而成。在大学区制实验中,江苏各地中学纷纷采用大学区立冠名。大学区制实验取消后,复又改为地方冠名。

根据省教育厅编定的省立中学组织规程,江苏各校完善了组织机制。以省立南通中学为例,该校分设初级中学及高级中学,修业年限各三年,另设实验小学。该校校长秉承教育厅长命令,统理全校用人行政。下设教务主任、训育主任、事务主任、普通科主任、高中师范科主任

---

① 《江苏省省立小学比较图》,《江苏教育(苏州)》1933 年第 10 期,第 1 页。

各一人。每同一年级设首席导师一人,每级设导师一人,由首席教员专任教员充任之。该校为各学科教学上的联络改进,设有各学科首席教员,分别为:国文(包括国语、国文、国学等学程)、外国语学科(包括外国语言及文学等学程)、自然学科(包括生物、理化、算学等学程)、社会学科(包括党义、社会、政治学、经济、史地等学程)。同时,还设有各种会议组织,承担相应职能。

省立南通中学校务、教务、事务会议组织①

会议名称	参加者
校务会议	校长、教务主任、训育主任、各科主任、事务主任、实验小学校长、各学科首席教员、体育主任、专任教员代表
教务会议	校长、教务主任、训育主任、各科主任、事务主任、各学科首席教员、体育主任、图书馆主任、军事教官
训育会议	校长、训育主任、教务主任、各科主任、事务主任、体育主任、首席导师、导师
事务会议	校长、事务主任、教务主任、训育主任、庶务员、会计员、校医
各学科会议	各学科全体教员分别组织之,首席教员为主席
师范科会议	教务主任、师范科主任、教育学科教员及实验小学校长
体育委员会	教务主任、体育主任、体育教员、校医
军训委员会	校长、教务主任、军事教官、童子军团长、童子军教练、体育主任
经济稽核委员会	全体教职员票选五人组成

省立苏州中学在校长下设校长办公处(初中部校长主任室),有教导处(初中教导处),包括教务股、训务股、女生训务室、二院训务室、军训股、体育股、图书股、化工科务股等。事务处(初中庶务室),包括卫生股、庶务股、会计股、保管股等,另设招生委员会、经济稽核委员会、校舍修建委员会、其他委员会等机构。②

①《江苏省立南通中学组织规程》,《江苏省立南通中学校刊》1932 年第 5 期,第 15—16 页。
②《江苏省立苏州中学行政组织系统图》,《苏中校刊》1937 年第 2 期,第 3 页。

江苏的一些省立中学规模宏大,建筑众多,尤以省立扬州中学、苏州中学、镇江中学三校为最,其余则相伯仲。

部分江苏省立中学情况(1936 年)①

校名	面积(亩)	学级数	学生数	教职员数	经常费(元)
扬州中学	260	23	952	99	134836
苏州中学	152	21	937	92	126099
镇江中学	850	22	951	77	116504
南京女中	20	14	559	52	65517
徐州中学	90	11	480	45	62423
南通中学	35	12	511	45	61738
常州中学	56	10	334	35	51892
淮安中学	35	9	388	41	48751
江宁初中	100	5	193	25	30000
南菁中学	37	12	648	35	44850

省立苏州中学校有六院设置,其第一、第二院在苏州城内三元坊,一院系前清紫阳书院旧址,二院系前清中西学堂旧址,仅此两院即占地110 多亩。这些学校的教学社会也有很大提升,普遍设立了图书馆、实验室、体育馆等场馆。

这些学校的教师学历与资历水平较之民国初年,也有很大提高。有些省立中学中,教员具有高等教育学习经历的超过了半数,如 20 世纪 30 年代初期,省立苏州中学教职员的资格如下:

	国外大学毕业	师范大学毕业	高等师范毕业	大学毕业	专门学校毕业	曾任大学教员	曾任中学教员	其他	合计
职员(人)	1			2	3			26	32
教员(人)	1	1	6	11	12	1	10	5	47
教员兼职员(人)				15	6	1	7	3	32
总数(人)	2	1	6	28	21	2	17	34	111

①《江苏省立中学之概观》,《江苏教育(苏州)》1937 年第 1/2 期,第 328 页。

省立中学名师辈出，教学优良，声誉日隆。很多学校教师自编教材，并公开出版。省立苏州中学教师的教材就在中华、商务、世界、大东、北新、开明等各大书局出版，部分出版教材如下：

教师	书　名	教师	书　名	教师	书　名
钱穆	《国学概论》	夏蕴文	《中国文学史》	张圣瑜	《儿童文学研究》
周侯于	《文学基础》	沈问梅、吕叔湘等	《高中英文选》	吕叔湘译	《人类学》《初民社会》
沈同洽、汪毓周等	《初中日用英语》	史乃康	《英语教学论文集》	杨罗蔓	《高中外国史》《世界文化史》《法国大革命史》
吴子修	《高等生物学》	王葭舲	《日用化学》	王刚森	《科学论 ABC》《相对论 ABC》《电学》
顾欣伯	《天文学》	张贡粟	《教育心理学导言》《中小学训育实施录》	沈荣龄	《小学国语教学法》

除了省立中学，各县县立中学也有较大规模的发展，学校数与招生数都有明显提升。至 1930 年，全省已有各县立中学 50 所。

江苏省各县县立初级中学情况（1931 年）①

学校	学级数	学生数	学校	学级数	学生数
句容县立初级中学	3	102	高淳县立初级中学	3	71
丹阳县立初级中学	3	69	金坛县立初级中学	4	145
太仓县立初级中学	6	172	吴县县立初级中学	5	226
常熟县立初级中学	9	339	昆山县立初级中学	8	320
吴江县立初级中学	3	153	武进县立初级中学	6	326
无锡县立初级中学	9	469	江阴县立初级中学	4	197

①《江苏县立中学学级与学生数》，《湖南教育》1931 年第 24 期，第 13—14 页。

学校	学级数	学生数	学校	学级数	学生数
靖江县立初级中学	3	169	南通县立初级中学	3	123
如皋县立初级中学	5	238	泰兴县立初级中学	2	76
淮安县立初级中学	7	350	泗阳县立初级中学	3	124
溧水县立初级中学	3	112	阜宁县立初级中学		199
盐城县立初级中学	6	245	江都县立初级中学	7	323
仪征县立女子初级中学	2	55	东台县立初级中学	2	80
兴化县立初级中学	3	149	高邮县立初级中学	3	96
宝应县立初级中学	3	114	沛县县立初级中学	2	87
邳县县立初级中学	2	95	睢宁县立初级中学	1	42
灌云县立初级中学	4	122	溧阳县立初级中学	1	45
启东县立初级中学	3	98	铜山县立师范学校初中部	1	62
海门县立女子初级中学	1	35	无锡县立女子初级中学	5	269
宜兴县立女子初级中学	4	161	高邮县立女子初级中学	2	74
武进县立女子师范学校初级部	3	205			

四、中等师范教育

1927年至1932年间,江苏的省立师范教育是与中等教育合并在一起办学的。除了原有的师范学校与中学合并重组,一些中学设立师范科,还创办了一批县立师范学校与乡村师范学校。1927年,全省有句容、高淳、丹阳、沭阳、太仓、高邮、宝应、铜山、丰县、沛县、萧县、砀山、江阴、吴县、常熟、昆山、武进、海门等县立师范学校18所;溧水、江宁、淮安、泗阳、涟水、阜宁、盐城、东台、邳县、东海、睢宁等县立甲种师范讲习所11所;溧阳、泰兴县立师范讲习科2所;武进、无锡、宜兴、太仓等县立女子师范学校 4 所。虽然大部分的县立师范学校受制于经费等原因,几年后即遭停办,但仍有少数师范学校得以保留。1931 年,江苏有县立师范学校有 30 多所,学生近 3000 人;县立乡村师范学校 6 所,学生 500 多人。

由于省立师范教育经费不独立,招生指标数量下降,师范教育与中学教育合并办学的弊端日益显现,师范教育的质量日益下滑。在多方呼吁下,1932 年江苏省教育厅决定全省师范教育恢复独立,陆续完成了省立师范学校的独立分设工作,其中包括省立镇江、太仓、无锡、淮阴、东海、如皋师范学校,省立徐州、苏州女子师范学校,省立洛社、栖霞、吴江、黄渡、界首、灌云乡村师范学校等校。但一些省立中学仍保留师范科设置,数年后方取消。1933 年,省立石湖、草堰乡村师范学校也相继成立。至1935 年,全省各类师范教育学校共有教职员 800 余名,在校生 4800 余名。

在教育部《师范学校法》《师范学校规程》等法规指导下,江苏省颁布了《江苏省立乡村师范学校组织暂行规程》等文件,对全省的师范教育进行规范管理。各师范学校的课程主要有党义、帝国主义侵略政策、国文、代数、几何、三角、本国史、本国地理、外国史、外国地理、生物学、物理、化学、论理、教育概论、教育心理、教育测验与统计、教育行政、各科教学法、艺术、音乐、教育原理、实习等。

1931 年,江苏省教育厅制定了《改进全省师范教育计划》,后又颁布《改进江苏全省师范教育计划大纲》,将全省分为六个师范区。各师范区内以省立师范学校为主持机关,乡村师范学校也同样负有指导职责。各师范区组织区师范教育改进研究会由省立师范学校及区内其他各种师范学校及附属小学、实验小学、各县教育局联合组成。

江苏师范区分区情况(含上海诸县)[①]

师范区	指导学校	负责县
第一师范区	省立镇江师范学校	镇江、丹阳、江宁、江浦、句容、六合、高淳、扬中、溧水、江都、仪征等 11 县
第二师范区	省立无锡师范学校	无锡、武进、宜兴、溧阳、江阴、靖江、金坛、吴县、吴江、常熟等 10 县

①《改进江苏全省师范教育计划大纲》,《无锡教育周刊》1932 年第 211 期,第 14—15 页。

师范区	指导学校	负责县
第三师范区	省立太仓师范学校	太仓、昆山、嘉定、上海、松江、南汇、奉贤、金山、宝山、青浦、川沙、崇明等 12 县
第四师范区	省立淮阴师范学校	淮阴、淮安、泗阳、涟水、沭阳、宿迁、高邮、宝应、阜宁等 9 县
第五师范区	省立东海师范学校	东海、铜山、沛县、丰县、萧县、砀山、邳县、睢宁、赣榆、灌云等 10 县
第六师范区	省立如皋师范学校	如皋、南通、泰兴、泰县、东台、兴化、盐城、海门、启东等 9 县

五、中等职业教育

早在 20 世纪 20 年代初,江苏的职业学校就有了很好的基础,全省公私立职业学校有 100 余所。至 1925 年,全省各类职业教育学校达到了 332 所。

大学区制实验期间,江苏省立第一工业学校、省立第一农业学校被并入国立第四中山大学区南京中学;省立第二、三农业学校分别改设为国立第四中山大学区苏州农业学校、淮阴农业学校。大学区制撤销后,分别成为省立苏州农业学校与省立淮阴农业学校。

在南京国民政府通令全国各普通中学设立职业科后,江苏省也遵照执行。

省立宜兴中学校于 1930 年添办职业科,当年秋招收陶工科一年级乙班。1931 年秋,改名为江苏公立宜兴职业学校,将原有高中普通科一、二、三年级学生分送各省校继续学习,另招高中农林科一年级一班,并添招陶工科一年级一班。

1931 年起,省立扬州中学添设高中工科土木工程组,每年招生一班。必修课程注重理论与实践并重,课程设计由工程学专家茅唐臣、庐孝侯拟定,呈报教育厅转教育部核准实施。教材由本校教师采用西文教本之所长,并结合当时中国实际需要,自编而成。包括党义、国文、工程书法、英文、三角、几何、高等代数、初等数学解析、物理、化学、水力学、制图、平面测量、大地及水文测量、本国地理、工用地质、工业概论、工业经济、应用力学、图解力学、材料力学、材料学及实验、热机大意、电机大意、结构理论及设计、土石工学、道路工学及设计、河海工学、市政卫生工学、铁道测量及实习、铁道学大意、估计及工程合同、钢筋混凝土及设计、房屋建筑、木架屋顶设计、暑期测量实习、体育、军事训练等。1932年春,该科师生曾为宝应测量河堤及施工计划,暑期则分赴各县建设局开展实地工作,秋季又为本校及教育厅测绘了平面图,还为江都县测绘了由城厢直达平山堂的公路。

设于省立苏州中学的化工职业科,经费并不独立,但每年有职业科附加费六千元,专供购买设备所需,历年尚有临时设备费可拨用。化工职业科在省立苏州中学二院的旧址上,成立了皂烛工场、皮革工场、油漆工场、印染工场、粉笔工场、机械工场、小工艺品工场等。装置各项机械,划成工场及实验室区域,供学生们轮流实习。课程包括公民、体育、国文、外国语、算学(平面三角、立体几何、高等代数、解析几何)、化学、化学实习、物理、物理实习、历史、地理、生物学通论、机械学、机械图、分析化学、制造化学(酸碱肥料、油脂烛皂、皮革胶质、香料家庭工艺、油漆颜料、纸、糖、酸、醛)、制造实习、有机化学、漂染学、经济原理、工业薄记、工场管理、金木工、军事训练等。

1932年,国民政府颁布《职业教育法》。同年,《江苏职业教育办法》出台。要求各地教育局针对各自环境条件,增加小学高级职业科目。同时宽筹经济,添设初级职业学校,或于初中内增设职业科。凡各县初级中学如办双轨者,则须以一级改办职业科。各县初级中学应按照部颁课程标准,于二年级添授职业科目。各县教育局应组织职业指导所,联络地方职业机关,随时提倡指导。在这些政策推动下,江苏的职业教育事业又有了新的发展,各项指标继续居全国前列。

由于近代工商业的发达,江苏私立职业学校也蓬勃发展。仅在1931年,镇江一县就增加了江苏省立助产学校、私立镇江初级职业学校、私立江苏初级职业中学、私立京江初级职业学校等数校。至1935年,仅无锡即有私立中等职业会计、商业、护士等学校9所。

江苏职业学校实施情况（1934 年）

区域	校名	科别	学生数
苏州	省立苏州中学	高中化学科	86
	省立苏州农业学校	农艺科、蚕桑科、园艺科	186
	省立女子蚕业学校	初级养蚕科、初级蚕丝科、高级养蚕科、高级制蚕科	187
	省立苏州工业学校	土木科、纺织科、机械科	257
	昆山县立女子初级刺绣科职业学校	刺绣科	38
	私立实用初级商科职业学校	初级商科	62
	私立江苏女子职业中学	商科、打字科、裁缝科、美术科、文书科、家事科、刺绣科等	134
无锡	省立宜兴农林科职业学校	初级农林科、高级农林科	77
	省立宜兴初级陶瓷科职业学校	初级陶瓷科	38
	私立启明初级商科职业学校	初级商科	386
	私立锡光初级商科职业学校	初级商科	250
	私立疏雪女子初级普通商科职业学校	初级商科	126
常州	武进县立女子初级蚕桑科职业学校	蚕桑科	67
镇江	私立镇江中学初级职业学校	商科、绣缝科	296
	私立东南初级职业学校	商科、园艺科	74
	私立镇江女子初级职业学校	蚕桑科、家事师范科	280
	私立正则女子职业中学	绘画科、绣缝科、师范科、蚕桑科、雕塑科等	11
扬州	省立扬州中学	工科土木工程组	96
	江都县立初级女子缝纫科职业学校	缝纫科	23
	江都县生活学校	酿造、腌制、制罐、营业、种植	96

区域	校名	科别	学生数
南通	南通县立女子职业补习学校	刺绣科、缝纫科	53
	私立南通学院纺织科附设高级纺织职业学校	纺织科	40
	私立南通学院农科附设高级植棉职业学校	植棉科	50
	私立敬业初级普通商科职业学校	初级商科	185
泰州	泰县县立初级普通商业职业学校	普通商业科	40
盐城	阜宁县立明达初级农科职业学校	初级农科	40
	盐城县立初级普通农作科职业学校	普通农科	30
徐州	砀山县立初级普通农作科职业学校	农作科	25
淮安	省立淮阴农业学校	农艺科、蚕桑科、畜牧科	237
	涟水县立张贾烈士初级职业学校	编工科	26
宿迁	省立宿迁玻璃科职业学校	初级玻璃科、高级玻璃科	48
盐城	省立盐城高级应化科职业学校	应用化学	39
连云港	省立连云初级水产科职业学校	渔村师范科	115

有的学校在教学之余,还创造了不错的经济效益。省立浒墅关女子蚕业学校建有新式饲蚕室四座及一切饲蚕应用器具,有桑地 176 亩,桑树 27810 株。"该校每年所制蚕种,品质优良,极易推销,往往为求过于供之情形。据该校二十二年度生产登记簿所载,共售去蚕种洋一万八千三百七十余元,除去各项开支及补助推广部费用外,尚获盈余二千二百六十余元。"[1]

① 唐道海:《浒墅关女子蚕业学校视察报告》,《江苏教育(苏州)》1936 年第 8 期,第 172 页。

这些职业学校较受家长与学生的青睐,如省立连云初级水产科职业学校第一届水产科招收 45 人,在本校及镇江两处设立考点,报名火热,有 200 多人。但职业学校的毕业生就业仍面临着很大的阻碍。

据统计,1931 年,全省高中所设的职业科毕业生中,不能获得相应职业就业的毕业生占比达到了 44%。各校为此想方设法解决这些学生的就业问题。

第三节　高等教育的政治化与规范化

南京国民政府时期的高等教育机构,包括大学、独立学院、专科学校三种。相对于中小学和职业教育等,江苏的高等教育事业至抗战爆发的前十年稳步发展,在突出政治化的前提下,各类高校正趋于规范化。抗战开始之后,江苏的高校与全国其他国立院校一样西迁,抗战胜利后才回归正常。

一、南京国民政府高等教育政治化与规范化的政策规定

1929 年 4 月,国民政府在公布的《中华民国教育宗旨及其实施方针》中,规定大学及专科学校应遵守的方针是:"必须注重实用科学,充实科学内容,养成专门知识技能,并切实陶融为国家社会服务之健全品格。"[1]强调了高等教育的社会服务职能。1931 年 9 月,在国民党第三届中央执行委员会第 17 次常务会议通过的《三民主义教育实施原则》中,对高等教育目标、课程、训育、设备等诸多方面,都强调了党化或三民主义化。如关于高等教育的目标规定有:"学生应切实理解三民主义的真谛,并且有实用科学的知能,俾克实现三民主义之使命。""训育应以三民主义为中心,养成德、智、体、群、美兼备之人格。"[2]高等教育的设

---

[1] 宋恩荣、章咸选编:《中华民国教育法规选编(修订版)》,江苏教育出版社 2005 年版,第 36 页。
[2] 宋恩荣、章咸选编:《中华民国教育法规选编(修订版)》,江苏教育出版社 2005 年版,第 41 页。

施方针均以三民主义为本,"此乃一大特点,而与已往显著不同者。"①

　　停止大学院制后,为整顿高等教育发展的规模、速度、质量等,国民政府制定和发布了一系列相关规章制度。在专科学校方面,1929 年 7月,国民政府公布了《专科学校组织法》,规定专科学校"以教授应用科学养成技术人才"为培养目标,根据设立主体可以划分为国立、省立、市立、私立四种。1931 年 3 月,教育部公布了《专科学校规程》,对专科学校的种类、修业年限、入学资格、办学经费、考试及成绩等均作了详细规定。如专科学校分为工业、农业、商业以及不属于上述三类的医学、音乐、体育专科学校。同时规定需要设立规定的两种专科以上者才能称工业或农业或商业专科学校。抗战时期,又由教育部先后于 1941 年、1944 年公布了《专科以上学校学生学籍规则》(1947 年重新修正)、《专科以上学校导师制实施办法》等。抗战胜利后,国民政府在 1948 年 1 月公布了《专科学校法》。

　　关于大学管理的规范,国民政府于 1929 年 7 月公布了《大学组织法》(1934 年 4 月修正),规定大学"以研究高深学术,养成专门人才"为培养目标,又依据开办主体将大学划分为国立、省立、市立和私立四种。同时规定大学分文、理、法、教育、农、工、商、医学院,具备三院以上者始得称大学,不具备者为独立学院。大学各学院或独立学院各科下可设若干学系,可以附设专修科。大学修业年限以医学院五年,其余均为四年;1929 年 8 月,教育部公布了《大学规程》,特别强调"大学教育注重实用科学"的原则,规定大学所具备的三个学院,其中必须包含理学院,或者农、工、商学院之一。此外,对各学院学系及课程、经费及设备、试验及成绩等亦作出了明确规定。为了保证大学的研究性和学术性,大学得设研究院,教育部特为此在 1934 年 5 月公布了《大学研究院暂行组织规程》,规定研究院可分文、理、法、教育、农、工、商、医等研究所。凡具备三个研究所以上者,始得称研究院,否则只能称某科研究所,如理科研究所、教育研究所等。各研究所依其本科所设备系分若干部,如理科研究所物理部。研究院各所或各部依规定招收研究生,研究生不得兼任校内职务。同时,教育部还参照国外大学实行学位制,在 1935 年

① 陈东原主编:《第二次中国教育年鉴》,商务印书馆 1948 年版,(第五编)第 2 页。

相继公布了《学位分级细则》《学位授予办法》。此外,关于大学教员的资格、待遇、人数标准等,教育部均制定了相应的规章。

南京国民政府通过一系列有关高等教育规章制度的颁行,初步完成了我国近代高等教育的制度建立。

依照南京国民政府有关高等教育的政策规定,江苏省亦步亦趋地遵照执行。当国民党中央提出党化教育时,时任江苏省教育厅长的国民党籍人士张乃燕便在1927年5月提出了《革新教育十大原则》,第二条便是"发扬三民主义",认为"吾党既居民众指导地位,应使吾党主义深入人心,然后革命势力可以扩大。其实施之法,当就本党政府统属下之各学校,加以三民主义之教材,除公民科中为有系统的教学以外,并当有适合三民主义训练之设施,务使民众了解三民主义为唯一救国之方法。"①虽然党化教育的提法遭到诸多反对,后改用三民主义教育,但在高等教育界,这种凸显政治化的决策方针一直伴随国民党政权。

二、江苏高等教育的整顿与发展

(一)1927—1937年的江苏高等教育

1927年6月,国民党中央执行委员会决定组织中华民国大学院为全国最高学术教育机关,并由行政院在7月公布了《中华民国大学院组织法》。与此同时,蔡元培以国民政府教育行政委员会的名义,草拟了《大学区组织条例》,经国民党中央政治会议通过,交由国民政府核议实行。同年7月,江苏、浙江两个省便相继开始试行大学区制。就江苏而言,在大学区制正式试行前,先对原国立东南大学进行了改组,合并了河海工程大学、江苏法政大学、江苏医科大学、上海商科大学、南京工业专门学校、苏州工业专门学校、南京农业专门学校、上海商业专门学校8所高校。并将江苏教育厅并入,改名为第四中山大学,张乃燕担任校长。学校设立文学、哲学、自然科学、社会科学、工学、教育学等6个学院,校址在南京四牌楼(现东南大学校址)。同时设立农学院于城内三

---

① 舒新城:《近代中国教育史料》,中国人民大学出版社2012年版,第618页。

牌楼，又分设商学院、医学院于上海，上述 9 个学院组成大学本部。另设教育行政院，代行原教育厅的教育行政事务。1928 年 3 月，依照大学委员会的决定，学校又更名为国立江苏大学，两个月后仍依大学委员会决议，正式定名为国立中央大学。该校随之进行了一系列的学科调整工作。原哲学院改为哲学系，并入文学院；自然科学学院改名为理学院；社会科学学院改称法学院；原社会科学学院史地、社会两学系并入文学院；理学院的生物学系分为动物学系和植物学系；教育学院的艺术专修科改为艺术教育科、体育专修科改为体育科。1929 年春，教育行政院迁至江苏省府所在地镇江。同年 9 月，大学区制停止试行。

由于 1927 年 4 月南京国民政府成立后，原上海城区成立特别市，从江苏省划出，加之南京国民政府鉴于北洋政府时期高等学校过多过滥的问题，开始对高等学校实施合并、降格、撤销等整顿举措。江苏地区与之前相比，高等学校数量大幅减少。到 1936 年，江苏共有国立大学 1 所，省立学院 2 所，准予立案的私立大学及学院 4 所，省立专科学校 1 所，私立专科学校 3 所。

江苏仅有的 1 所国立大学是设于首都特别市（南京）的国立中央大学。大学区制废止后，原国立中央大学教育行政院随之脱离，并入省教育厅，大学本部之名也随之取消。大学内部的院系设置略有调整，如教育学院教育学系分教育心理、教育行政、教育社会学三系，同时自 1930 年度开始恢复原有的师资科。此时的国立中央大学院系架构有文、理、法、教育、农、工、商、医等 8 个学院，其中文学院 5 系，理学院 8 系，法学院 3 系，教育学院 4 系 2 科 2 专修科，农学院 8 科，工学院 5 科，商学院 5 科，医学院 2 系，另设有军事教育科和普通军事教育科。1930 年 12 月张乃燕辞职，朱家骅继任校长。仅两年后，又由著名学者罗家伦接任，直至 1941 年夏。1932 年秋，原设于上海的商学院、医学院各自独立成校。

20 世纪 30 年代，南京国民政府教育部开始对各大学进行整顿。国民政府教育部在 1930 年 3 月颁布的《改进全国高等教育计划》中，要求在未来训政六年内，高等教育"作质量的改进，不再作数量的扩充"[①]。

---

① 《改进全国高等教育计划》，《教育部公报》1930 年第 13 期，第 71 页。

这次大学整顿也波及国立中央大学,1935 年 5 月 10 日,国民政府教育部在致中央大学训令中,指出中央大学存在诸如"教职员人数过多""财务制度不够严密""课程设置不够合理""课堂纪律有待改进""理工科试验设备有待添置及利用""农学院农场过于分散""高等医学教育机构亟待设置"等九大问题。次日,中央大学便对此作出回应。关于人员裁减一事,虽然承诺"尽量裁减",但同时申述"本校院系较多,课程齐备,各项人才,均须罗致,教员总数,遂觉稍多。"①关于医学性质高等教育机构缺乏问题,表示将添办医学院,并聘请中央医院内科主任戚寿南博士为院长。事实上,后来还在医学院附设有牙医专科学校。

1928 年 3 月,江苏大学民众教育学校创立,6 月,随着江苏大学改称国立中央大学,试行大学区制,于是更名为中央大学区立民众教育学院,先后聘请民众教育家俞庆棠,乡村教育专家赵叔愚、高阳担任校长或院长。该年 10 月,开始筹设劳农学院。1930 年 6 月,奉教育部整顿大学指令,民众教育学院与劳农学院合并改组为江苏省立教育学院,定院址在无锡。学院设有民众教育学系、农事教育学系两系,另附设民众教育、农事教育两专修科。1936 年秋,增设了电影播音教育专修科,并扩充农事教育专修科,改称劳作师资专修科。

1934 年 5 月,江苏省政府筹设江苏省立医政学院,聘胡定安为筹备处主任。学校校址选定镇江北固山麓大校场,同年 9 月学校成立。学校初设卫生行政、医、卫生教育三科,并开设多种培养卫生服务人员的训练班。除医科按部颁学制标准办理外,卫生行政、卫生教育两科学制均为 1—2 年。

江苏 4 所私立大学及独立学院为教会所办的东吴大学、金陵大学、金陵女子文理学院,以及由张謇兄弟创办的南通学院。东吴大学在 1929 年 8 月由教育部准予立案,学校设文学院、理学院和法律学院,其中文、理学院设在苏州,而法律学院设在上海。文学院分文学、历史、经济、政治、教育、体育各系,理学院分生物、物理、化学、数学各系。金陵

---

① 中国第二历史档案馆编:《中华民国史档案资料汇编(第五辑 第一编)》,江苏古籍出版社 1994 年版,第 207 页。

大学于1928年9月由大学院准予立案,1930年改文、理二科为文、理二学院,农林科为农学院。金陵女子文理学院原名金陵女子大学,1928年春,原校长德本康夫人辞职,董事会聘请吴贻芳继任。1930年,遵《大学组织法》,改校名为金陵女子文理学院,是年冬,经教育部核准立案。学校文科设有中国文学、英文文学、历史、政治、社会学、哲学、经济学、教育学、音乐九系,理科有生物学、化学、物理、地理、体育五系,另有体育专修科。南通学院由张謇兄弟在南通设立。1928年,农科大学、医科大学、纺织大学三校合组为南通大学。1930年8月,教育部批准以南通学院名称立案,校长为张孝若。学院分设农、医、纺织三科:农科分农艺、畜牧、农艺化学三系,附设农场及推广部;医科附设医院;纺织科附设实习工厂。

其时,江苏有省立专科学校1所,即创办于1935年8月的江苏省立蚕丝专科学校。有私立专科学校3所:中山体育专科学校(苏州)、苏州美术专科学校(苏州)、无锡国学专修学校(无锡)。但缺少能够促进江苏区域经济社会发展的农业、工业、渔业等专科学校的设置,是这个时期江苏高等教育发展中一个明显的不足。

(二)战时与战后江苏高校的西迁、重建与发展

1937年,抗战全面爆发,江苏高等教育深受战争影响和破坏,但在十分艰难的形势下,经历了西迁、重建与发展的江苏,高等学校仍然得到一定程度的发展。据《第二次中国教育统计年鉴》统计,到1947年,江苏高校数量较战前有较大增长,其中国立大学2所,私立大学3所,国立独立学院2所,省立独立学院2所,私立独立学院3所,国立专科学校4所,省立专科学校2所,私立专科学校4所。原有的高等学校在数量和质量方面均有一定提高。

卢沟桥事变后,针对日益险恶的局势,为躲避战火,江苏高校与全国其他教育机构一样,纷纷做出了西迁的决定。西迁的学校之中不仅仅有公立院校,也包括诸多私立高校。西迁后的原江苏高校不但努力维持正常的教学工作,而且还根据国家需要以及高校发展的趋势,适时作出调整、改善。抗战胜利后,这些学校迅速回迁,在较短时间内得到恢复与发展。

1937 年 9 月，国立中央大学便作出了西迁四川的决定，除医学院及畜牧兽医系迁至成都外，其他院系均迁重庆沙坪坝。12 月南京城破之时，中央大学师生已在临时校舍开学。1938 年夏，该校教育学院奉令改为师范学院。又在离总校三十里处建立柏溪分校，作为一年级学生校舍。学校同时扩大招生，学生人数从一千余人增至四千余人。抗战胜利后，中央大学行动颇为迅速，当年 10 月便派人回宁接收校产，同时扩建校舍。将文、理、法、师、工五院及农学院一部分与附属医院设于四牌楼，称为学校第一部；将医、农两院及一年级与先修班设于丁家桥，称为学校第二部。到 1947 年度第一学期，全校共有学生 4068 人，其中研究生 47 人、专修科学生 116 人、大学生 3905 人，有教职员 1299 人。战后，学校设有 7 个学院（文、理、法、师、农、工、医）、6 个专修科（俄文、体育、畜牧兽医、牙医、护士师资、高级医事检验职业），以及 23 个研究所（包括中国文学、外国文学、历史、哲学、数学、物理、化学、生物、地理、心理、法律、政治经济、教育、农艺、森林、农业经济、畜牧兽医、土木工程、电机工程、机械工程、生理、公共卫生、生物化学）。此外，还有 1 个先修班的设置。与战前相比，该校在学科门类、师资队伍、招生层次、招生人数等方面均有了较大发展。

为躲避战火，金陵大学于 1937 年便迅速西迁至四川成都华西坝。当时包括金陵大学在内，燕京大学、齐鲁大学、金陵女子文理学院、华西协和大学等几所教会大学也齐集此处。在川期间，金陵大学设立社会服务部，积极开展社会服务。同时加强与政府合作，培养社会急需人才，如 1938 年秋，学校与教育部电影教育、播音教育两委员会合作，设立电化教育专修科；1939 年春，又受教育部委托开办了汽车专修科、园艺职业师资科；1940 年，在文学院增设图书馆学专修科；1942 年奉部令与华西大学、齐鲁大学、金陵女子文理学院等校合作开办了英语专修科；1943 年，接受教育部委托开设建设人员训练班，扩充电机工程学系，并增设园艺专修科。1946 年，学校回迁南京原址，9 月 30 日开学。到 1947 年时，共有教职员 296 人，学生 1084 人。学校设有文、理、农三个学院，另设国文、电化教育、农业、园艺四个专修科。

东吴大学的校舍、设备在抗战时期遭到极大破坏，一再迁校。1937

年8月,在校长杨永清等的带领下迁往浙江,在湖州复学,不久又转迁上海。1941年太平洋战争爆发后,日本侵略者抢占租界,学校被迫停办。1942年4月,学校部分师生先是前往福建邵武,后至广东曲江,建设简易校舍,并于1943年春于曲江第一次招生百余人。1944年夏,日军迫近曲江,学校只能忍痛解散,许多教授、学生纷纷前往重庆。抗战胜利后,为能及时复校,校务委员会派出钱长本先生等一面筹措经费修理校舍,一面准备入学招生考试,计划录取文、理学院学生126人,选读生40人,于12月12日正式开学上课。[①] 到1947学年第一学期,文、理、法三个学院共有学生1626人,教职员190人,学校工作步入正轨。

由于南京临近淞沪,故淞沪抗战爆发后不久,金陵女子文理学院便开始拟订迁校计划,分多路西迁至成都办学。到成都后,学校师生运用自己的专业特长一方面开展战时服务,如慰劳将士与抗属、保育儿童、救护伤员等,另一方面服务当地民众,如设立乡村服务处,提高乡村妇女的思想觉悟、知识水平和生活水平。在学科方面,添设家政系、儿童福利实验所。抗战胜利后,金女院便通过多种途径筹措经费以修理校舍、添置设备,1946年9月开校复学,是复学各校中开学最早的高校之一。至1947年,金陵女子文理学院在院科系设置方面,设有文、理两科,其中文科有中文、外文、历史、社会学、音乐、体育等6系,以及体育专修科;理科有生物学、化学、地理、家政等4系。政治、经济、哲学教育、心理、数理等5系暂不招生。全校共有学生440人,教职员104人。

抗战时期,不仅有西迁高校在坚持复学,同时政府和教育部门还根据抗战和社会需要而设有新的高校,其中与江苏有关的便有两所独立学院的建设。

国立社会教育学院是抗战时期设立的培养社会教育高级人才、训练社会教育干部人员的高等教育机构,也是民国时期唯一一所独立设立的培养社会教育专门人才的国立高校。1941年1月,教育部派知名学者陈礼江、吴俊升、刘季洪、邵鹤亭、高阳、相菊潭、钱云阶、马宗荣、王

---

① 杨恒源:《抗日战争时期的东吴大学》,《苏州大学学报(哲学社会科学版)》1988年第4期,第49—53页。

星舟等9人组成筹备委员会,以陈礼江为主任委员,8月筹备成立,以陈礼江为院长,9月正式开学,院址暂设在四川璧山县。1944年8月,该校增设国语教育专修科,1945年8月后,又相继增设了新闻系、电化教育系。学校工作自始便以研究、教学、推广三者并重,对于研究尤为关注,特设有研究部,开展研究设计、编辑出版与搜集资料工作,如举办学术讲座、编辑发行社教丛刊、民众读物等。此外,还通过设立多个民众教育实验区、实验校等,开展民众教育实验。抗战胜利后,学院于1946年9月迁址南京栖霞山,一部分暂借苏州拙政园为临时校舍。学校成立之初设有社会教育行政、社会事业行政、图书博物馆学等3系,以及社会艺术教育、电化教育两专修科。到1947学年第一学期,学校共有教职员190人,学生720人。

1938年8月,国立江苏医学院在湖南沅陵成立,系奉教育部令将西迁而来的江苏省立医政学院及南通学院医科合并改组而成。因军情紧急,同年12月,学院暂转至贵阳。一月后又奉部令,再迁至重庆郊外的北碚,4月,师生克服重重困难抵达北碚校区开学。学校除设医科外,为应战时需要,还增设了一些相对短期的专修科、训练班等,如一年制的护士助理职业训练班、三年制的卫生教育专修科、医学专修科等,此外还附设有公共卫生事务所、高级护士职业学校等。抗战胜利后,在镇江复校。

在抗战时期及其战后,国民党政府除了重视专业人才培养,还特别注重政治人才的培养,如在抗战时期,国民政府教育部曾颁行《游击区域及接近前线各省设立临时政治学院办法》,据此在1940年9月于福建崇安设立了苏皖联立临时政治学院,以顾祝同为院长。又如国立政治大学是唯一一所专为国民党培育政治人才的大学,成立于1946年2月,校址在南京。学校由中央政治学校和青年团中央干部学校合并改组而成,初由蒋介石任校长,后由顾毓琇接任校长一职。

受区划调整和高等教育政策影响,南京国民政府前期江苏高校数量之少与江苏经济大省的地位极不相称,过度"规范化""科学化"的高校整顿,事实上严重影响着包括江苏省在内的高等教育的良性发展。

同时,高校设置的区域不平衡性并没有因为整顿而有所改善,例如江苏高校主要集中在南京、苏州、无锡、南通、镇江一带,尤其是南京、苏州占据着江苏高校的大部分。此外,实科性质高校数量有限,也是当时江苏高校事业发展的重要缺陷之一。不过,南京凭借区位优势,拥有着较多的政治、经济和文化资源,使国立中央大学较易聚集起众多优秀知识分子,成为教育质量和社会声誉不逊色于北京大学的名校,是这个时期江苏高校的一面旗帜。同时,江苏高等学校中一大批对教育忠诚、对国家社会热爱的师生,在颠沛流离、艰难困苦的战争岁月里,一方面积极投身人才培养和社会服务,另一方面根据社会形势和学科发展需要,改善科系设置,抗战胜利后,他们又创造一切条件迅速复校,使得江苏教育文脉得以赓续。

第四节　乡村教育运动在江苏的开展

20世纪二三十年代开始,中国掀起了一场复兴农村的建设运动,一批学者、团体在中国开展了乡村建设的试验活动。江苏作为这场乡村建设运动的核心地区,以陶行知的晓庄学校、中华职业教育社的昆山徐公桥试验区,以及江苏省立教育学院的无锡试验最为典范。

一、陶行知与南京晓庄试验

陶行知(1891—1946),安徽歙县人,中国现代著名教育家、思想家、民主主义战士,中国人民救国会、中国民主同盟主要领导人之一。陶行知早年毕业于金陵大学文科,后留学美国,在美国伊利诺伊大学获得政治学硕士学位,后在哥伦比亚大学攻读教育,曾师从杜威、孟禄等知名教育家,1917年获哥伦比亚大学都市学务总监文凭,旋应聘于南京高等师范学校、东南大学。陶行知提出了"生活教育"理念,认为中国教育改造需要从农村入手,从而积极投身平民教育运动。他创办了南京晓庄试验乡村师范学校①（下称晓庄学校），与蔡元培等人一起发起成立中华教育改进社。主编《儿童科学丛书》，出版《中国教育改造》《知行书信》等。陶行知为晓庄学校付出了一生的心血，他曾坚辞冯玉祥邀请其任河南省教育厅长一职，回电称："晓庄事业，我要用整个身子干下去。"②1929 年 12 月，为表彰其在教育普及及教育改革方面的贡献，上海圣约翰大学特授予其科学博士荣誉学位。

1926 年，陶行知开始筹办试验乡村师范。1927 年 2 月 5 日，在南京老山小庄举行晓庄学校奠基仪式，陶行知改"老山"为"劳山"，"小庄"为"晓庄"（取有朝气的意思）。晓庄学校吸引了来自全国各地的优秀青年，甚至包括清华大学学生报名入学。陶行知为该校董事会秘书兼学校校长。3 月 15 日，晓庄学校正式开学。以蔡元培为董事长，陈鹤琴、黄齐生、朱葆初、许士骐、陆静山等为教师。因为校舍尚未竣工，学校曾在燕子矶小学、黑墨营、晓庄小学等地过渡办学。1928 年 8 月 1 日，改称晓庄学校。

晓庄学校是一所与当时其他学校完全不一样的学校，是一所推行"生活教育""教学做合一"的学校。陶行知最初提出以"农夫的身手""科学的头脑""改造社会的精神"作为晓庄学校培养学生的目标。1929年，又增加了"康健的体魄""艺术的兴趣"两条要求。为了培养"活"的乡村教师，晓庄学校努力做到"使学者与人民万物亲近"③，"俾能实施乡村教育并改造乡村生活。"④

陶行知十分重视师范生教育，坚持"行是知之始，知是行之成""教学做合一"以及"社会即学校""生活即教育"等教育理念。晓庄学校与中央大学合办实验民众学校，建立了中国第一个乡村幼儿园——南京燕子矶中心幼稚园；创办了吉祥庵中心小学、劳山中学及民众学校等一大批学校作为学生教学实习的场所。在具体的教学实践中，晓庄学校将"教学做"作为课程设置与教学的核心宗旨，"我们的实际生活，就是

---

① 1928 年 8 月 1 日，改称晓庄学校。
② 陶行知先生纪念委员会编：《陶行知先生纪念集》，三联书店 1946 年版，第 303 页。
③ 陶行知：《第二年的晓庄》，《地方教育》1929 年第 5 期，第 1 页。
④ 陶行知：《陶行知全集》卷二，四川教育出版社 1991 年版，第 326 页。

我们全部的课程；我们的课程，就是我们的实际生活"，以生活作为课程的全部。课程学习也与实践的操作同时进行的，实践则多以研究、参观、讨论等为主。教师为指导员，与学生共教、共学、共做、共生活。1929年，晓庄学校开始试行学园制，将各个小学改为学园，进行具体试验，开展了大量的乡村课题调查与研究。

晓庄学校积极引领周围乡村的教育活动，改变乡村的社会生态。晓庄学校还与燕子矶小学等学校联合招收艺友，推广艺友制。一方面派出学生去农村进行交流，一方面邀请农民来学校为师生讲解农学技艺。该校所办的平民学校、民众夜校，使用陶行知率领全校师生编写的《三民主义千字课》为教材。学校还成立了乡村妇女学工处，在农闲时招收青年乡村妇女做缝纫、烹饪等工作，不但使其有收入，还可以获得学习的机会。

在乡村治理层面，晓庄学校也有很多成绩。学校组织了晓庄农民协会、军事训练委员会、联村自卫团等组织，维护了乡村秩序。学校成立了联村法律政治讨论会，向周围的村民进行法律知识的普及。晓庄学校与中华职业教育社合办佘儿岗中心茶园，使村民们逐渐改变聚赌吸毒的习惯而转为读书读报，改变了周边乡村的风气。还建有联村消费合作社、联村救火会、联村修路会、晓庄商店、中心木匠店、石印工厂、农艺陈列馆、晓庄剧社、乡村艺术馆、晓庄国术分社等一批为乡村服务的机构，完善了当地农村的治理功能。

1930年，因师生积极参加反帝爱国运动，晓庄学校为国民党当局所不容，被勒令停办，由教育部派员接管。陶行知成为政府通缉犯，被迫远走日本避难。在陶行知办校的短短数年间，晓庄学校培养了一批优秀的教育人才，建设了一批乡村教育事业，受到了广泛的赞誉，以致美国教育家克伯屈在参观晓庄学校之后，作出如此评价："恐一百年以后，大家都要回过头来纪念晓庄、欣赏晓庄！这就是教育革命的策源地！"[1]

---

[1] 陶行知：《陶行知全集》卷二，四川教育出版社1991年版，第469页。

二、中华职业教育社与昆山徐公桥试验

中华职业教育社是一个专门研究、倡导、试验与推广职业教育的机构，起初主要研究城市工商领域的职业教育，如其在《宣言书》所说："今吾中国至重要至困难问题尚有过于生计者乎？"①该社从1920年开始专注于农村职业教育问题。1925年，黄炎培提出选择一处试验区，进行乡村职业教育的试验。

1926年，中华职业教育社经过综合考虑，联合中华教育改进社、中华平民教育促进总会、东南大学等机构，选择在苏州昆山县徐公桥设立了乡村第一试验区，以贯彻"生计教育"的理念。徐公桥乡村建设试验区设徐公桥联合改进农村生活事务所，试验面积初为14方里，后扩大到40方里。1928年后，随着其他联办机构的退出，试验区由中华职业教育社单独承办，成立了徐公桥乡村改进会，专门负责试验事宜。1926年10月至1927年春，为徐公桥试验区的试办期，1928年4月至1934年6月为正式试验期。徐公桥试验区按照"富教合一"的宗旨，通过使人致富的方法，以物质生活为保障，使人得到人生实用知识和道德行为的训练。

徐公桥乡村改进会为普及教育，提高娱乐，促进健康，增进经济能力，设有总务、建设、农艺、教育、卫生、娱乐、宣传等7部。各部设部长，下有若干干事。徐公桥改进区主要在文学教育、生计教育与道德教育等方面开展了一系列的改革措施，促进了当地的社会经济发展。其具体业务有农事（农场、鱼池、苗圃、养鸡、养蜂、推行新农具、农产展览、耕牛比赛、合作社、公共仓库、测候所、农事电影、合作秧田、刺绣训练班、果园、农事试验场），建设（筑路、修桥、整理市政、美化环境），教育（兴校、民众教育、民众演讲团、婚嫁改良会、省节会、民众体育场、民众公园、通俗演讲、常识展览），保安（公医诊所、保卫团、消防队、公渡、警察训练）等。

---

① 黄炎培：《中华职业教育社宣言书》，《环球》1917年第1期，第7页。

改进区开展了各种农业知识的传授与推广，以提升农事技术。改进会积极推广农作物良种，将金陵大学的改良麦种输入耕种；选择本地的良种，在试验场开展选种试验；采购外地良种，以优惠价格销售给当地农民，建立了一批农事试验田，通过"划区指导""定格悬赏"等方式，鼓励农民实现农业技术的改良。采用各种办法更新、提档当地农民的农具，采纳新式耕作技术。这些方式使得改进区内的麦种质量不断改良，亩均产量不断提高。

试验区建立了借贷合作社、信用合作社等3所合作社，通过这些合作社解决农民的生产资金问题以及培养他们的合作意识与能力，促进乡村其他合作组织活动的开展。

试验区推行各种文化教育，努力提高农民的文化水平。试验区以多种形式的劝学活动，劝导当地农民增强学习意识。1931年，改进会制定了《普及义务教育办法大纲》，规定试验区内30岁以下的男女民众都必须就近入学，接受教育，违反者将受到一些强制性的惩罚。在普及教育工作中，改进会采取了多样化的教学方法，设计了全日制、半日制、晚间制等多种学习模式。改进会还和当地的中心小学联合开办了三所民众夜校。除了进行识字教育，还对农民开展公民常识、农民常识、乡村信条等方面的教育。

为改变农村风气，试验区实施了多种生活教育。改进会的卫生部负责督促改善试验区内的卫生工作，制定了《卫生公约》，在村民中广泛宣传、推广卫生工作。试验区内的每个村子被要求每周扫除一次，春天布种牛痘、预防传染病，夏天进行防蝇灭蚊的处理，改良用水水质与厕所环境。1931年4月，试验区专门举办了卫生运动周。改进会还对各种婚丧嫁娶中的不良风俗进行了改良，禁止赌博，强制戒烟。

1934年7月，徐公桥试验区正式移交给地方接管。经过大约7年的努力工作，在村民的配合下，徐公桥试验区取得了突出的成就。当地农村的经济得到了持续的发展，建筑了石路6里，泥路11里，修理石桥7座、木桥24座。新式农具、农业耕作技术被大量采用，农作物亩产量提升，几乎家家都开展了养殖业副业。区内小学数量从试验前的2所增至6所，并另有2个流动教室，入学学生数量增加10倍，全区人口识字率达到了一半以上。村民卫生意识大大提升,各个村的卫生条件得到改变,吸毒赌博几乎绝迹。

虽然徐公桥的试验还存在很多不足,如良种分给农民后,缺乏细致的技术指导;农民的副业品种比较单一等,但是作为一次实施短短六七年的农村职业教育试验,可以说是成功的。

三、江苏省立教育学院的无锡试验

江苏省立教育学院迁址无锡后,在俞庆棠、高阳等教育专家的主持下,于1929年至1932年,以民众教育的模式,在无锡设立了黄巷、北夏、惠北三个试验区。同期还开展了丽新路工人教育试验区、江阴巷实验民众图书馆、无锡实验民众学校、南门棚户区民众教育实验等计划,因其皆在无锡,故统称为无锡试验。

1929年春,设于无锡的江苏省立教育学院筹设黄巷试验区,赵步霞、俞庆棠先后为总干事,后增加张锡昌、黄凤祥等为专任干事。黄巷是无锡城郊的一个自然村,有500余人,大多务农。江苏省立教育学院期望以此打造一个村建成自治事业的典范,作为全国推广的基础。1932年8月,江苏省立教育学院又设立北夏普及民众教育试验区,设总、副干事各一人及总务、政治、经济、文化四股。该区主要重视金融流通与合作社、区乡街道、民众学校等方面的建设。同期,作为该校学生实习民众教育的场所,惠北民众教育实验区成立。该区不但为学生提供实习场地,也以实验各种民众教育事业,提升农民自治意识与能力为目的。1932年秋,黄巷试验区结束,改为黄巷辅导区,移交给地方人士办理。1937年,抗战全面爆发,北夏试验区的工作被迫结束。

虽然各个试验区的具体实施目标各有侧重,任务的文字表述不尽相同,但总体来看,江苏省立教育学院的无锡试验主要开展了生计教育、健康教育、公民教育等方面的工作。

(一)生计教育

江苏省立教育学院的专家们组织试验区内的民众建立服务于具体环境与需求的信用合作社、运销合作社、灌溉合作社、储蓄会、米粮储押所、贷款所等经济合作组织。"本院各项事业,完全视当地环境上及需要上之不同,分别提倡,固无划一之方式及办法,合作社之组织,不过其一例也。"[1]通过这些合作组织,试验区内的民众不但可以解决生产资金短缺的问题,还可以有效地增强抗风险与提升盈利能力。各种农事改良工作也在试验区广泛的得到开展,无论是新式农具的使用、病虫害的防治、副业的发展,还是优良种子的选用、农产品加工工艺的提升,都有了很大的改善。

(二) 健康卫生休闲教育

在试验区设有民众医院分诊处等医疗服务机构,为村民提供门诊服务。试验区也经常举办各种清洁运动,宣传公共、家庭、个人卫生知识,监督区内民众养成卫生习惯。区内办有运动场等各类体育场所,以供举办小型运动会及民众锻炼使用。组织有民众俱乐部、农民音乐团、农工业余剧社、乒乓球会等文体团体,不定期放映电影,举办中秋赏月会、元旦联欢会等活动。兴办了托儿所,举行儿童幸福展览会。这方面的工作还包括对试验区内交通设施的改善,兴修了一批道路与桥梁,栽种树木以及禁止赌博吸毒以改良风俗。

(三) 公民自治教育

民众教育的目的之一就是实现乡村自治,所以江苏省立教育学院的无锡试验也在多个领域推动着区内的公民自治教育。试验区在公民自治教育方面的目标包括健全区内公民的品格,完善区内各级自治机关的组织,民众有自行解决人事纠纷、改进风俗的能力,建立合法有力的自治组织,完善救火恤难的组织,改进卫生及地方风景的设施等。在无锡试验区内,江苏省立教育学院推广识字教育,建立民众学校,提升当地民众文化水平,如黄巷试验区通过了《黄巷强迫识字办法》,要求12—18岁的区内民众一律须入民众学校学习。建立了乡村改进会、自治协进会等组织来具体推进区内的民众自治活动,举办了乡村建设讲习会等,帮助建立保甲制度,甚至还开展了模范家庭的评选。

---

① 章元善、许仕廉:《乡村建设实验(第二集)》,中华书局 1935 年版,第 166 页。

第五节　各种形式的社会教育

在国民政府的社会教育体系中,民众学校作为一种综采传统文化教育与西方成人教育的教育模式,以识字教育为主要教育内容,以训政时期国民义务为激励,以培养"明了国家大事,报效国家"的"新国民"为主要目标,得到了迅速的发展。

一、民众学校

民众学校是为了地方上成年不识字者而设。20 世纪 30 年代初期,全国失学人数约为 2.43 亿人,[①]文盲比例高达 80%。经济较为发达的江苏地区,失学人数也约有 2600 万人[②],即使是作为首都的南京也有约三分之一的民众不识字。1933 年的数据显示,南京市有文盲 220503 人,占全市人口的 36.8%,[③]为此,民众教育的主要任务仍是教学汉字。

南京国民政府成立后,社会教育事务一度属于社会教育处等分管。1928 年 6 月,"励行识字运动"开启,各省市县识字运动宣传委员会纷纷成立,民众学校纷纷建立。1928 年底,社会教育司负责主管社会教育事务,此后略有调整,并在各省市设社会教育科(课)。江苏教育厅第三科负责民众教育事务,但江苏各县的社会教育事务行政主管机构有所不同,无锡、宜兴等县为教育局下属社会教育课主管;溧阳、丹阳等县为教育局长派掌学校教育行政专员兼办;萧县、启东等县则是由县政府的社会教育科员管理。[④]

---

① 顾良杰:《根据"二十年度各省市民众学校概况的比较"商榷关于民校的十大问题》,《民众教育》1932年第 2 期,第 21 页。

② 参考《各省市民众学校概况之比较(一)(二)》,《教育部公报》1932 年第 35/36 期,第 53 页中的数据。

③《南京市普及民众学校计划纲要》,中华教育界 1935 年第 7 期,第 154 页。

④ 陈礼江编著:《民众教育》,商务印书馆 1936 年版,第 423 页。

1929 年 1 月 22 日，国民政府教育部发布《民众学校办法大纲》《识字运动宣传计划大纲》，要求 12—50 岁失学民众都应进入民众学校接受补习教育。《民众学校办法大纲》提出："以根据三民主义授与年长失学者以简易之知识技能，使适应社会生活为宗旨。"①要求各地以民众学校为中心来推行识字运动，对民众进行教育，普及文化，增进认识和运用四权的知能。6 月，《训政时期约法》颁布，其"国民教育"第 51 条规定："未受义务教育之人民，应一律受成年补习教育。"1930 年 4 月，全国第二次教育会议通过了《改进全国教育方案》，明确将青年补习学校和职业补习学校划归为高级的民众学校。② 7 月，国民政府教育部公布了《民众学校规程》。12 月 25 日，国民党第 120 次常委会通过《市县党部设立民众学校办法大纲》。1931 年 9 月，国民党第三届中央执行委员会通过《三民主义教育实施原则》，其中对民众学校的课程、训育、设备进行了专门的规定。1934 年 4 月，中央民众运动指导委员会要求各省市党部切实推进民众学校，并附举办《简易识字学校办法》12 条，以招收成年失学男女，授满 20 小时为原则。6 月 26 日，教育部颁布《民众学校规程》，"民众学校遵照中华民国教育宗旨及其实施方针，授予年长失学者以简易之知识与技能。"③民众学校成为失学民众补习"简易知识与技能"的学校式社会教育代表机关。

江苏各地也纷纷出台了民众学校的相关政策。1930 年，江苏陆续制定了《江苏省行政机关及学校附设民众学校办法大纲》《江苏省政府直辖各机关民众学校推广委员会章程》等相关文件。并由省教育厅召集省政府直辖机关组织民众学校推广委员会，推举教育厅第三科科长俞庆棠为常务委员，主持开展工作。1931 年，江苏省政府出台了《江苏省奖励办理民众学校办法》，要求各县从速设立民众学校，提出"捐资举办民众学校者"与"办理民众学校著有成绩者"能够获得相应的嘉奖、奖状。④各县政府也有相应政策，如南京市教育局出台了《第六届民众学

---

① 《民众学校办法大纲》，《教育部公报》1929 年第 2 期，第 97 页。
② 因为经费没有着落，没有施行。
③ 《部颁民众学校规程》，《教育周刊》1934 年第 198 期，第 21 页。
④ 《江苏省奖励办理民众学校办法》，《江苏省政府公报》1931 年第 723 期，第 5 页。

校办法》《第六届民众学校筹设人申请书》，指出："除指定委办外，其余未曾创设民校区域，拟征求熟识地方情形，洞悉民众需要，热心民教人士，分地筹设。"①江阴县教育局制定了《江阴民众学校简章》，规范该县民众学校的发展。

1932年9月，江苏省教育局局长会议通过了《三年推行民众学校大纲》，拟定了《江苏省各县三年内推设民众学校具体方案》，要求各县教育局应照各县教育经费之总数，酌情设立民众学校。这一方案将全省596个自治区分为甲（48个）、乙（41个）、丙（185个）、丁（322个）四个等类，拟在1932年增设民众学校共635所。

为加快全民识字启蒙教育步伐，1932年11月18日，南京市民众教育委员会第一次会议通过《南京市普及民众学校计划纲要》，决定对该市16岁至35岁者优先进行识字教育，提出市立、私立学校一律兼办民众学校；工厂商店照章办理职工补习学校；利用自治组织推设民众学校；协助党部及各机关团体办民众学校；奖励私人设立民众学校。此后两年内，江苏省及南京市还陆续出台了《南京市社会局民众学校教师惩奖规则》《江苏省各县民众学校设立办法》《江苏省各县民众学校教员人数及经费数暂行标准》《修正南京市社会局监督公私立民众学校规则》等文件，进一步对民众学校事业进行了规范。

1935年3月，教育部修正并试用经过中国社会教育社第三届年会通过的《民众学校课程标准草案》。1935年6月，江苏省强迫识字委员会成立，出台了《江苏省各县实施强迫识字教育初步办法》《各县办理强迫识字教育人员奖励办法》，以各县县长、教育局长、公安局长为各县强迫识字教育的具体负责人。1936年，江苏省出台《江苏省民众补习教育六年实施计划大纲》，以镇江为试点区，提出三年内实现镇江文盲全部扫除的目标。同时，制定了《江苏省第二区视察民众学校暂行办法》等配套的法律法规。1936年2月18日，《南京市已立案市私立中等学校设立民众夜校办法》得到核准。1937年8月，江苏省颁布了《江苏省各县民众学校巡回施教办法》，"特采巡回施教办法，附设巡回施教处，

---

① 《第六届民众学校筹备之先声》，《民众教育通讯》1931年第6期，第79页。

分别就地实施训练。"①

从民众学校设立的数量上来观察,1928 年,全国有民众学校 6780 所,经费 466562 元,教员 8827 人,学生 206021 人。1929 年全国民众学校总数达到 28383 所;1930 年达到 29302 所;1931 年达到 31293 所;1932 年达到 34141 所;1933 年达到 36929 所。② 1927 年,江苏就创设了民众学校,在全国属于较早设立民众学校的省份③。1927 年,江宁全区已有 17 所民众学校。1928 年 5 月,盐城县教育局第十六次局务会议决定在县中、县职中、县女中、城中小学等学校各设城乡民众学校。同期,无锡已有民众学校 18 所,灌云县已有民众学校 16 所。太仓县教育局制定了民众学校筹办计划,组织了民众教育筹备委员会,设立调查股、设计股、经济股、研究股等机构,分头进行,初步拟设立实验民众学校 4 所。

江苏各地的民众学校大多只服务于本地户籍民众。省政府曾尝试打破这一限制,筹备成立苏州民众教育学校。1928 年 4 月 1 日,苏州民众教育学校开学,有仪征、泰县、赣榆、启东等地学生 140 余人。金坛县县长等一批地方官员因为设立民众学校而受到江苏省政府嘉奖。

1929 年,南京开办了民众学校 92 所,入学学生 4396 名④。至 1930 年,南京已办两届民众学校,"毕业者已达五千余人。"⑤1931 年,南京共有 43 所民众学校,有男生 2285 人,女生 746 人。

① 《江苏省各县民众学校巡回施教办法》,《社教通讯(上海)》1937 年第 10 期,第 70 页。
② 周慧梅:《"新国民"的想象:民国时期民众学校研究》,北京师范大学出版社 2013 年版,第82—83 页。
③ 浙江省(1919 年)、山西省(1919 年)、四川省(1924 年)、察哈尔省(1924 年)、绥远省(1925 年)、甘肃省(1925 年)等省区创办民众学校较早。(参考《各省市民众学校概况之比较(一)(二)比较报告(一)(二)》,《教育部公报》1932 年第 35/36 期,第 52—55 页。)
④ 《十八年度各省市民众学校调查(四)》,《广东省立小学教员补习函授学校月刊》1932 年第 4 期,第 66 页。
⑤ 《第三届民众学校开学》,《首都市政公报》1930 年第 56 期,(纪事)第 6 页。

南京民众学校概况(1—3 届)[①]

届期	时间	具体情况	学额
1	1928.12—1929.6	48 校,另办暑期补习班(1929.7.10—1929.9.10)学生 358 人	2005 人
2	1929.9—1930.1	共计 48 校,除了普通民众学校,还创设高级民众学校 7 所	2292 人
3	1930.3—1930.7	除了高级民众学校,还创设实验民众学校 1 所	2104 人

1930 年,江苏省教育厅下文,饬令所属各校在该年 9 月底之前,一律成立附属民众学校。该年,全省有民众学校 1416 所,其中公立 1384 所,私立 32 所。[②] 当年,江苏省政府各直辖行政机关也开始附设民众学校,第一批有江苏省政府附设民众学校、教育厅附设民众学校、农矿厅附设民众学校、民政厅附设民众学校、建设厅附设民众学校、财政厅附设学校等 6 所。江苏各县国民党县党部也依据相关要求,附设民众学校。如 1931 年盐城县、镇江县党部就各附设民众学校一所。

江苏各县兴办民众学校的积极性较高。1931 年,镇江教育局实施该县第六届民众学校案,将全县划分为 7 个民众教育区,分设 28 所民众学校。[③] 即使遭受了水灾,在其他教育实施计划暂缓进行之时,考虑到民众教育的重要,涟水县仍然在本年度推设民众学校 35 所。[④] 丰县教育局则拟开设巡回民众学校 7 处,附设民众学校 40 余所。[⑤] 1933 年,无锡县建民众学校 27 所。[⑥] 吴县有民众学校 29 所,入校学生 1277 人。[⑦] 1934 年 9 月,全省共有民众学校 1425 所,学生数 59990 人。其中超过 50 所民众学校或学生数在 2000 人以上的有邳县、萧县、铜山、泰县、涟水、泗阳、宜兴、无锡、常熟、江宁等 10 县。[⑧] 1935 年,铜山县有

---

① 《本市历届民众学校概况》,《首都市政公报》1931 第 87 期,(纪事)第 12—13 页。

② 《各省市之民众学校》,《民报》1934 年 4 月 29 日,第 6 版。

③ 《镇江教育局举办第六届民众学校》,《民众教育通讯》1931 年第 8 期,第 119—120 页。

④ 《涟水民众学校纷纷开学》,《民众教育通讯》1931 年第 9 期,第 150 页。

⑤ 《丰县教育局规划巡回民众学校》,《民众教育通讯》1931 年第 7 期,第 124 页。

⑥ 《教育局积极推设民众学校》,《人报(无锡)》1933 年 3 月 3 日,第 2 版。

⑦ 《本局二十一年度下期民众学校一览》,《吴县教育》1933 年第 4 期,第 18—19 页。

⑧ 《江苏省各县民众学校概况表(廿三年九月调制)》,《江苏教育(苏州)》1934 年第 9 期,第 1 页。

民众学校 65 所,学生 2502 人。① 高邮县在 8 个社教区开设了民众学校31 所。②

1940 年江苏部分县立民众学校统计③

县名	校数	县名	校数	县名	校数	县名	校数	县名	校数	县名	校数
靖江	2	江都	1	常熟	1	无锡	2	江阴	2	金坛	1
吴县	5	太仓	7	武进	4	句容	1	丹阳	3	丹徒	6

江苏民众参与民众学校的意愿很强烈。1930 年南京举办第四届民众学校时,报名人数"已达五千余人"④,只有一半能够如愿入学。1935 年,全国"民众学校设于城镇者,占 59.03%,设立于乡村者,占40.97%"⑤。然江苏的民众学校不但在城镇,在农村亦广泛建立,也是其一特色。

二、民众教育馆

江苏是全国最早建立民众教育馆的省份。1928 年 5 月,全国教育会议通过了《实施民众教育案》。不久,江苏就率先行动,通过将原有的通俗教育馆进行改建或新建的两种方式,在全省广泛建立了民众教育馆,并要求各县建立农民教育馆(即乡村民众教育馆)。1929 年 1 月,江苏出台了《中央大学区各县通俗教育馆暂行规程》(后改为《中央大学区各县民众教育馆暂行规程》),指导各地的民教馆建设与运营工作。

南京国民政府希望通过民众教育塑造新国民,使其"具备近代都市及农村生活之常识,家庭经济改善之技能,公民自治必备之资格,保护公共事业及森林园地之习惯,养成恤贫防灾互助之美德"⑥。同时也对

① 《铜山县民众学校概况表》,《铜山教育》1935 年第 13/14 期,第 11 页。
② 《各民众学一览》,《高邮教育》1935 年第 4 期,第 79—80 页。
③ 《江苏各县县立民众学校统计表》,《新江苏教育》1940 年第 10 期,第 120 页。
④ 《本市民众学校发达》,《首都市政公报》1930 年第 68 期,(纪事)第 9 页。
⑤ 黄裳:《民众学校招生暨留生问题的研究》,广州国立中山大学 1935 年版,第 504 页。
⑥ 《确定教育宗旨及其实施方针案(1929 年)》,中国第二历史档案馆:《中华民国史档案资料汇编(第五辑 政治二)》,江苏古籍出版社 1991 年版,第 101 页。

民众实施意识形态教育,进行"训政",但限于国民党基层党部实际权力与工作能力的薄弱,难以承担起民众教育工作的开展,需要有新的平台来承担这份责任。而且,因为民众教育事业的逐渐开展而兴立的各种民众教育机构纷乱零散,也需要有一个统筹协调的机构。在 1930 年 4 月召开的第二次全国教育会议上,提出了以民众教育馆、农民教育馆为实施民众教育的中心。民众教育馆在民众教育中的地位得到上升,超越了民众学校、图书馆等民众教育机构。6 月,江苏省政府明确以民众教育馆或农民教育馆为实施民众教育的指导机构。1932 年 1 月,江苏省教育厅发布《江苏省各县划区推行民众教育办法大纲》,规定各县分区施教,并在每区中心地点设置 1 所民教馆或农教馆。10 月,又颁布了《江苏省各县县立民众教育馆组织暂行规程》,规定各县分区设立民众教育馆,负该区社会教育推广的全责。

在 1929 年 7 月前,江苏已有丰县、淮阴、昆山、太仓等县农教馆。1929 年 7 月 20 日,江苏省立农民教育馆在汤山成立,设总务、成人、妇孺、农业推广四部,次年改为总务、教学、农事、推广、编辑等部。该馆后迁至南通,称为省立南通民教馆。10 月,江苏省通俗教育馆改名为省立民众教育馆①,是为全国第一座民众教育馆。该馆设有图书、科学、艺术、推广及事务等部。1930 年,省立镇江民教馆在省会镇江开馆,设有总务、推广、展览、编辑、教导等 5 部。后曾将推广、编辑两部改为委员制,增设实验部,不久取消。江苏省立教育学院也在无锡开办了实验城市民教馆。此后,徐州、清江、东海、俞塘等地的省立民教馆也相继成立,百余个县立民教馆、农教馆也普遍建立起来。至 1935 年 1 月,江苏各地的县立民教馆、农教馆计有 200 余所,形成了以省立民教馆为核心,以县立民教馆为基点,遍及全省的民教馆网络。在民教馆的数量及民教馆的经费上,江苏都是位居全国前列的。江苏民教馆不但在城市广为设立,而且在乡村的场馆数量甚至超过了城市,堪为全国表率。

1933 年,江苏省开始实行辅导区制度,即将全省分为若干个民众教育区,每个民众教育区由一所省立民教馆或省立教育学院负责辅导。

---

① 1930 年 8 月,改名为省立南京民众教育馆。

1933 年 7 月,《江苏省省立民众教育馆及教育学院辅导各县社会教育办法》出台,全省被分为 6 个民众教育区。各省立民教馆及省立教育学院的辅导工作为调查、统计区内的社会教育基本状况,讨论区内社会教育的基本问题,编印辅导刊物,斟办各种巡回活动,举办试验区等。1933 年 8 月,江苏民教馆还实施了基本施教区与推广区制度,要求城镇以 1 至 2 里、乡村以 3 至 5 里为界,区内住户 200 至 500 户为基本施教区,并按照地区的经济能力,将该民众教育区内的其余区域分为若干的推广区,其区域大小与户口数与基本施教区相同。

江苏省各省立民众教育馆及教育学院辅导各县社会教育分区表(1933 年 8 月)[①]

名称	辅导机关	辅导区域
第 一 民 众教育区	江苏省立镇江民众教育馆	镇江、丹阳、扬中、江都、泰兴、泰县、崇明、海门、启东、如皋、南通等 11 县
第 二 民 众教育区	江苏省立南京民众教育馆	江宁、江浦、六合、仪征、句容、金坛、溧水、高淳等 8 县
第 三 民 众教育区	江苏省立徐州民众教育馆	铜山、萧县、砀山、丰县、沛县、睢宁、邳县、宿迁、东海、赣榆、灌云等 11 县
第 四 民 众教育区	江苏省立清江民众教育馆	淮阴、淮安、泗阳、涟水、阜宁、盐城、宝应、兴化、东台、高邮、沭阳等 11 县
第 五 民 众教育区	江苏省立教育学院	无锡、武进、吴县、昆山、溧阳、江阴、靖江、常熟、吴江、宜兴等 10 县
第 六 民 众教育区	江苏省立俞塘民众教育馆	上海、松江、南汇、青浦、奉贤、金山、川沙、宝山、嘉定、太仓等 10 县

1934 年,因省立民众教育馆进行了增设和调整,全省民众教育区又进行了重新划分,分为 8 个民众教育区,新增加了省立东海、南通民众教育馆承担辅导任务。1937 年 5 月,相关划分再次进行了调整。

民众教育馆的活动是非常丰富且多元的,各馆内一般设有文化教育、生计指导与公民训练等方面的设施。在文化教育方面,有各类识字班、补习学校、民众学校、图书借阅、文化科普展览、音乐戏剧演出等活

---

① 参考朱煜:《民众教育馆与基层社会现代改造(1928—1937)——以江苏为中心》,社会科学文献出版社 2012 年版,第 105—106 页。该表中还含有上海区域的数据。

动;在生计指导方面,有各种借贷组织、各种合作社的组织、职业指导所、工艺传习所、作物选种、栽培、家畜饲养、改良土布、农民副业经营等服务;在医疗服务方面,有诊疗所、健康指导等设置;在公民训练方面,有集团训练、倡导新生活运动、妇女会、游艺会、少年会、教育电影等内容。民众教育馆还开展识字运动、民众游历团、职业运动指导周、流动教学、家庭访问、发放民众教育读物等不定期的馆外活动,成立了保卫团、消防队、拒毒会、新生活促进会、农民生活学校等组织。

这些民教馆以"力谋民众生活的改造,促成地方自治"为原则,积极进行城乡社会改造的实验,开辟了各种城市及乡村民众教育的试验区,如省立南京民教馆的大中桥、西善桥、下蜀试验区;省立镇江民教馆的城西、高资试验区;省立徐州民教馆的坝子街、下淀、石桥、王庄、八里屯等试验区;省立东海民教馆的新浦试验区;省立教育学院无锡实验城市民教馆在炒米浜、灰场浜的蓬户教育试验区等。在这些试验区中,各民教馆举办了民校、晨校、识字处等机构,以提高民众的文化水平;兴办了特约茶社、民众诊疗所等场所,以改善民众的生活条件;组织了同学会、联欢会等活动,以满足民众的娱乐需求;建立了信用合作社、消费合作社、储蓄会等平台,提供改良种子等服务,以帮助民众实现经济上的合作与进步。

第九章　江苏革命根据地的教育事业

江苏革命根据地的教育事业是中国共产党根据地教育事业的重要组成部分,在抗战与解放战争时期,江苏根据地教育事业在艰难的发展环境中,虽屡受挫折,但不断成长,在干部教育、群众教育、学校教育等领域都书写了值得记录的业绩。

第一节　抗日根据地的教育事业

1938 年春夏之交,新四军与八路军一部在江苏建立起革命根据地。皖南事变前,先后开辟了苏南茅山、路东和丹北游击根据地,豫皖苏边区,苏中、苏北淮海、盐阜抗日根据地等。皖南事变后,新四军在盐城重建军部,在苏中、苏北地区广泛建立了根据地。抗战胜利后,中共苏中、苏北、淮南、淮北 4 个抗日根据地被合并为中共中央华中分区,设立苏皖边区。

一、抗日根据地的教育政策

抗战时期,中国共产党的教育方针与政策是为抗战服务的,是抗战教育,在教育工作中实行最广泛的统一战线,这也是中国人民取得抗战胜利的重要保障之一。中共中央提出"坚持教育为抗日民主斗争服务，实施民族的、民主的、科学的、大众的文化教育"的教育方针。1937年5月，毛泽东同志在《中国共产党在抗日时期的任务》报告中指出："政治上、军事上、经济上、教育上的国防准备，都是救亡抗战的必需条件，都是不可一刻延缓的。"①中共中央在1937年8月25日公布的《抗日救国十大纲领》中提出抗战的教育政策是："改变教育的旧制度、旧课程，实行以抗日救国为目标的新制度、新课程，实行普及的、免费的教育方案。提高人民民族觉悟的程度。"②在中共中央的教育方针、政策的指导下，江苏抗日根据地积极开展了教育实践。

江苏的各级党组织也十分重视教育工作，如1941年11月22日出台的《苏中军政党委员会关于坚持苏中长期斗争的决定》就明确要求："各级政府必须以最大注意来维持和发展根据地的教育。"③盐阜区就规定："今后的文教总方针就是培养为新民主政治服务的干部和适用于新民主政治的新公民。又以培养民族精神，民主思想，集体意识和劳动观点为主。"④江苏各抗日根据地党和人民政府有关教育的指导方针与政策在具体表述上略有不同，但皆是为普及新民主主义思想，培养新公民及各种专门人才，为根据地经济社会建设服务。"以进步服务的教育观、抗日民主立场和学用一致的精神"作为彻底改造根据地教育的指导思想。具体来说，包括坚持人民的民族的立场，开展教育文化界的统一战线；大力发展干部教育、成人教育与妇女儿童教育事业；对私塾及旧制中小学进行改造，建设新的国民教育体系等方面。

---

① 毛泽东：《毛泽东选集（第一卷）》，人民出版社1952年版，第247页。
② 邱平、宋学文：《华中抗日根据地的教育·抗日战争史事探索》，上海社会科学院出版社1988年版，第218页。
③ 中共江苏省委党史资料征集研究委员会编：《苏中抗日斗争》，江苏人民出版社1987年版，第356页。
④ 中共江苏省委党史工作委员会、江苏省档案馆：《苏北抗日根据地》，中共党史资料出版社1989年版，第444页。

二、干部教育

干部教育在抗日根据地教育中最为重要。1938 年,毛泽东同志说:"有计划地培养大批新干部,就是我们的战争任务。"[①]1940 年 1 月,《中央关于干部学习的指示》提出:"必须在各级党的组织中和党所领导的军队、政权与学校中,吸收足够的在文化上和理论知识上有相当准备的知识分子党员,参加干部的自习和教育工作。"新四军教导总队是新四军干部教育的主要领导负责机构。

1940 年 11 月,在江北军政干部学校、苏北抗日军政学校的基础上,新四军在盐城创办抗大五分校,陈毅任校长、政委。抗大五分校的学生除了以前两个干校的学生,以部队中的基层干部及青年学生、爱国华侨青年为主。抗大五分校共举办了两期,学员 3000 余人。1941 年 12 月,抗大五分校改组为抗大华中总分校,陈毅仍为校长。新四军各师各自建立抗大分校,在统一的军事学校教育制度下,接受抗大华中总分校的领导。1942 年 5 月,在启东市海复镇,新四军一师成立了抗大九分校。1943 年初,该校转移至溧水县活动,计有校部、党训队及 3 个大队,合计1200 人,新四军第一师师长粟裕兼任该校校长。经过一系列艰苦战斗后,1943 年夏,该校又重新返回苏中地区,继续办学。抗大学校主要对学员进行政治教育、军事教育以及文化教育。政治教育主要是结合学员具体的思想与工作情况,进行马列主义基本知识教育、党性教育、中国革命历史、国内外时事教育、政治工作教育、群众工作教育。军事教育主要是以毛泽东同志的军事著作及战术课为学习内容,包括日常的操练。文化教育主要是针对一些文化水平较低的学员进行补习学习,使其具备基本的阅读、写作、数学及常识能力。抗大在课程设置上少而精,要求学员学与做一致,特别注重理论联系实际,将学习的知识运用于实际工作中。各根据地还建立了鲁迅艺术学院华中分院、华中局党校、苏中区委党校、苏南区党委党校、盐阜区党委党校等干部教育学校,

---

① 毛泽东:《毛泽东选集(第二卷)》,人民出版社 1991 年版,第 526 页。

这些学校在干部教育方面,都有相当的贡献。如 1942 年 12 月中旬成立的中共苏中区委党校,校长由苏中区党委书记刘炎兼任,主要为了对县区以上级干部进行整风学习。1942 年 12 月至 1944 年,粟裕兼任该校校长。1944 年 5 月底,这所学校结束办学前,已先后培养了 1500 多名干部学员。

着眼于根据地的各项事业建设和发展,江苏各根据地还建立了一批行政干部学校。1940 年,在苏中根据地所办的青年干部训练班、行政干部训练班的基础上建立了苏中行政学院,院长为管文蔚。该校办了 4 期,共有学员 2500 多人。课程包括游击战争、军队政治工作、政权建设、党的建设、马列主义基本原理、社会发展史等。1994 春,随着敌我力量对比的转换,为了培养大批干部以适应新的局势,由抗大九分校改组而来的苏中公学成立了。新四军一师师长、苏中军分区司令员粟裕兼任苏中公学校长,苏中行政公署主任管文蔚兼副校长。该校办学两年,培养了 4000 多名干部学员。1944 年 2 月 12 日,《苏中报》对苏中公学的筹备作了详细报道,并对苏中公学的创办给予了高度评价,指出了苏中公学创办的重要意义:"第一是为了培养抗战建国专门人才;第二是为了创造教育经验,以为改造各地学校教育之参考;第三又是为了救济失业失学青年,谋取青年出路。"①1945 年初,华中建设大学成立,该校不久迁往山东。这类学校还有盐阜行政学院、淮海区抗日军政干部学校、苏北公学、苏北青年干部训练班、苏中一分区建设专门学校、苏中三分区联合专门学校、苏中四分区专门学校、苏皖边区教育学院等。如 1945 年春创办的苏中一专署建设公学(后改为建设专门学校)是培养建设根据地中级专门干部的学校,招收文教科、财经科学员,年限为预科 1 年,本科 2 年。除了公共课的学习,财经科学员需要在会计、贸易、合作社、粮赋、税务、财经等课程中选修 2—3 门;文教科学员则需要在群众教育、农村文娱、儿童教育、教育行政、艺术等课程中选修 2—3 门,两类学员都有实习的要求。根据地各个部门还举办了各种干部轮训班、集训班,时间不统一。如 1940 年,为了培养急需的民运干部,中

---

① 《创办苏中公学的意义》,《苏中报》1944 年 2 月 12 日,第 1 版。

央盐城县委在 4 个月内，举办了两期民工干部训练班。1943 年，苏中抗日根据地就举办了 163 次训练班，受训干部达到 6178 人。其中"区员以上干部训练班共办 25 次，训练了 379 人；乡保级及办事员训练班共办 116 次，训练了 4292 人"[①]。此外，在根据地的部分小学、中学中，也设有干部班，直接为培养后备干部而服务。仅 1943 年，苏中抗日根据地就办理了小学教师、塾师、社教人员训练班 22 次，受训人员达 507 人。

1942 年开始的整风运动，以理论联系实际的原则，清算了根据地教育系统的主观主义、宗派主义和党八股主义，也是江苏抗日根据地干部教育的重要内容。

三、群众教育

江苏抗日根据地坚持走群众路线，以工农为主要教育对象，广泛积极地发动群众参加学习。群众教育的内容为适合抗日战争需要与根据地人民生活及政治、军事、经济建设等服务的，也包含减少文盲的任务。1941 年，在苏北文协代表大会上，陈毅就苏北民众的教育问题专门指出："他们的文化水准比较高，但这是死的文化，他们在政治上是完全被欺骗的……成了人家的工具。"[②]

江苏抗日根据地的群众教育工作最早是通过冬学运动而展开的。冬学，就是通过识字教育，坚持"明理第一，识字第二"的方针，帮助群众提高文化水平，进行政治启蒙。冬学主要采取开办识字班、夜校的形式开展教学。具体教学方式包括唱歌、读报、演戏等，也涉及一些干部教育的工作。虽然早在 1938 年，在苏南地区的抗日根据地中就已经有了冬学运动的雏形，但制度化的冬学教育则是从 1940 年才开始。1940 年，在苏南抗日根据地的每个村都设置了识字班，区内的大部分群众都参加了学习。1941 年冬，冬学运动在江苏各根据地普遍地开展起来。

① 管文蔚：《管文蔚文集》，中共党史出版社 1995 年版，第 182 页。
② 中共盐城市委党史办公室编：《新四军军部在盐城》，江苏人民出版社 1988 年版，第 641 页。

1941 年,苏北文化协会发出《告苏北教育界人士书》,鼓励各地兴办识字班、民众学校、大众俱乐部等学习机构,开展文化教育工作。当年,仅盐阜根据地参加冬学运动的受学人数就达到了 7 万人,以《民主政治讲话》《识字课本》等根据地自编教材实施教学。苏中抗日根据地组织了区内约三分之二的小学教师、六分之一以上的中学教师和一些党政人员,担任冬学的识字教员,人数达到了 4300 多人。在根据地内共开办了 1400 多个识字班,60 个识字站。采用苏中行政公署文教处编印的《万事通》为教材,以自然村为单位,开班教学,受教干部群众 12 万余人。1942 年,江苏各地根据地冬学运动持续深入开展,逐渐形成中心区"村村有冬学"的景象,有的大村庄甚至有两三个冬学班。仅盐阜根据地参加冬学的群众即达到 40 万人之多①。该年,苏中二分区还在所辖各县设立了"冬学工作指导委员会",在各区建有劝学团,强化冬学工作的指导。如西县组织培训了 600 多名冬师骨干,办理冬学 120 所、识字班 57 个。至 1943 年初,该县已有 150 所冬学,参加学习人数超过7000 人。1943 年后,江苏抗日根据地的成人教育工作开始突破季节限制,贯通全年。7 月,苏中区党委《关于继续开展社会教育与健全国民教育的指示》发布,提出:"社教工作应是党政军民的共同任务,各级党委统一领导,各部门互相配合,须通过群众组织去进行。"②全区当年有4337 名中小学教师、党政军人员担任了冬学的识字教员,开办识字班1437 所,识字站 60 个,参加学习人数超过 20 万人。

江苏抗日根据地的冬学活动在组织领导、教育对象、课程、教材、师资等方面都有了新的发展。建立了较完整的学习指导体系,依靠各种学习小组长制、村文化干事会、乡学委员会、乡学工作团等组织,积极开展相关工作。如 1944 年,苏南区行政公署在《关于冬学运动的指示》中设计了冬学的具体组织机构,要求各级冬学委员会应在人民政府的领导下开展学习,政府的文教部门为主要责任者,每个县区级冬学委员会由 7—11 名委员组成,每个乡、保冬学委员会应由 5—7 名委员组成。各级冬学委员

① 唐莲英:《刘少奇与新四军》,香港语丝出版社 2001 年版,第 257 页。
② 马洪武等:《新四军和华中抗日根据地史料选(六)》,上海人民出版社 1986 年版,第 217 页。

会要负责冬学运动的动员调查、学校设置、组训冬师及检查督导、总结统计等工作。冬学的课程也更加聚焦,紧密围绕群众斗争的需求,以时事、斗争知识、劳动互助知识、文化知识等为主要教学课程。从 1944 年开始,江苏各根据地开始有计划地将这类群众教育组织纳入根据地的正规学制系统中,使其成为江苏根据地乡学、区学的一部分。在当年召开的苏中根据地教育会议上,就在新的根据地乡学、区学教育系统中加入了此类群众教育机构。

冬学运动是一场广泛的文化教育运动,不是单纯的识字教育运动,而是一种具有政治动员性质的文化教育运动。这一运动,团结广大群众,奋起而对敌斗争;贯彻民主精神,改造乡村政权;号召群众积极生产,巩固抗日根据地。

四、学校教育

1940 年 3 月 18 日,中共中央发布《关于开展抗日民主地区国民教育的指示》。要求各地积极进行普及新民主主义的国民教育,要求各地各级党组织、政府机关把建设新民主主义国民教育作为中心工作之一。要关注广大的失学和半失学的儿童与青年,放宽入学年龄,动员学龄儿童入学读书,并注重对经济、文化落后地区的教育经费的支出。

江苏各根据地结合各自的实际,积极探索,恢复与创办了一大批小学、中学、师范学校。并出台了《小学暂行法》《小学暂行规程》等文件,规范根据地教育事业的发展。如盐阜区制订的《小学暂行规程》规定:"初级小学为国民义务教育,凡达入学年龄儿童一律入学,完成国民基本教育。"[①]而小学课程教育的总目标就是发展儿童身心,培养儿童民族意识、民主精神及生活所必需的基本知能。考虑到抗日战争环境下的条件,这一规程确定小学教育大多采用三、二制,或四、二制,即初小三年,高小二年,或初小四年,高小二年。初小阶段为义务教育,由政府法

---

① 江苏省教育科学研究所、老解放区教育史编写组编印:《华中苏皖边区教育资料选编(一)》,内部资料,1985 年版,第 186 页。

令提供保障。每个学年分为两个学期,每学期二十周左右。1944 年,苏中地区普通教育学制进行调整,得到了根据地报刊的广泛报道。1944 年 2 月 12 日,《苏中报》刊登苏中行署文教处通令:"为适应农村环境,公私立小学一律改为春季始业,每学年改为三学期;取消旧制暑假,改为上忙假、下忙假。"[①]同时规定第一学期从正月初十左右开始,到夏收夏种开始的五月底六月初结束。第二学期从七月上旬开始到十月秋收秋种结束。第三学期从十月中下旬到农历腊月二十日左右结束。这一教育学制的调整,适应了当时农业生产的需要与抗战环境的实际,深受农民的欢迎。其小学课程主要是关于自然、社会、劳作的知识与技能,初级小学有国语、算术、史地、自然、运动及唱歌等课程;高级小学有国语、常识、公民、算术、史地、自然、运动及唱歌等课程。

根据地自己编纂教材并大量采用乡土教材。如国语课的教材,使用由抗日民主政府编写的课本,其内容与政治、生产紧密结合。高年级国语教师有时会选用共产党创办的《江潮报》上发表的社论和有关抗日的通讯故事作为补充教材,以油印方式印刷,发给学生使用。根据地的学校教育在教学方式上注重少而精,切合于实际运用,使"理论与实际"一致,"学与用"一致,注意提高学生的创造性,严禁体罚,注重说服教育。并在校园里以学生会或俱乐部的形式实施儿童自治。在"清乡""扫荡"中,根据地学校师生们随时转移,采取多种方法开展游击教学。如南通、海门、如皋、如东等地的根据地学校就以分散游击教学和野外化装教学的办法坚持学习。

根据地的中等教育事业有了新的发展,新乡制实行后,江苏抗日根据地在中等教育学校中广泛成立了社会科学研究会、时事研究会、文学研究会、自然科学研究会等各种研究会,发动师生举行各种竞赛、文娱活动、辩论会、展览会,参加劳动活动。在中学的教育方法上,指导教师切实注意民主自觉与实践这两个原则。1944 年苏中教育会议后,区内的各中学、师范纷纷改办为县学。

江苏各抗日根据地建立后,经过努力,其中小学数量有了一定的恢

---

① 新四军历史丛刊社编:《回忆苏中报》,百家出版社 1992 年版,第 178 页。

复与提升,如 1940 年,苏中根据地的高邮县有 10 所完全小学,初级小学 22 所,入学儿童 7000 多人,教师 209 人。1942 年,苏中抗日根据地已有 48 所中学,1031 所小学,中小学教师 2600 余人,学生 20 多万人。[1] 苏南抗日根据地则有学校 300 所左右,学生 7000 余人。[2] 1943年,仅如东县一县的民主政权所办的小学即达到了 209 所。

盐阜区初等、中等教育情况[3]

时间	初等教育（私立小学不在内）			中学教育		
	学校数（所）	学生数（人）	教师数（人）	学校数[4]（所）	学生数（人）	教师数（人）
1940 年	200 余[5]			14	1200 余	100 余
1941 年	465	21364	83	3	300 余	
1942 年	773	35265	128	9(2)	1200 余	95
1943 年	950	44077	1466	8(3)	1453	115
1944 年 7 月	1186	67453	2064	13(1)	1878	207

盐阜区已经能够达到每乡至少有 1 所小学,每区有完全小学 1 所或 2 所,每县有县立中学 1 所。盐阜区立有高中 2 所,师范 1 所,新安学校 1 所。至 1944 年底,苏南区行署有中学 34 所,学生 4452 人;小学859 所,学生 75611 人;改良私塾 307 所,学生 5386 人。抗战胜利前夕,江苏各抗日根据地基本上实现了乡有小学、区有完全中学、县有中学的教育格局。

---

① 中共江苏省委党史资料征集研究委员会编:《苏中抗日斗争》,江苏人民出版社 1987 年版,第108 页。

② 中共江苏省委党史工作委员会、江苏省档案馆编:《苏南抗日根据地》,中共党史资料出版社 1987 年版,第 251 页。

③ 盐城市教育学会编:《盐阜区教育资料选编(政策法令部分)》,内部资料,第 254 页。

④ 括号内为另有补习团数量。

⑤ 1940 年新四军抵达该区时,有 500 余所小学,经过第一次大"扫荡"后,仅剩 200 余所。

第二节　老解放区的教育事业

一、老解放区的教育政策

　　1945年11月1日,苏皖边区先后制定了《苏皖边区政府教育工作方案(草案)》《苏皖边区政府教育办理规则(草案)》《苏皖边区中等学校办理规则(草案)》《苏皖边区国民教育实施法(草案)》《国民教育办理规则》《中等教育办理规则》等有关教育事业的政策法规。边区教育的总方针是教导人民识字、明理、翻身、兴家、立业、培养各种干部与专门人才,为建设新民主主义的苏皖边区及新中国,提高人民政治经济文化生活而奋斗。边区的教育基本精神是坚持人民的民族的立场,贯彻科学的实事求是的学用一致精神。在具体的教育政策上,江苏解放区站在人民的民族的立场上,广泛开展文化教育界的民主统一战线,扶植文化教育团体,奖励私人办学,保障学术研究的自由,提高教师地位和生活水平,为新民主主义文化教育而服务。与抗日战争时期一样,解放区教育仍坚持干部教育重于成人教育、成人教育重于儿童教育的方针。中学以上教育主要侧重干部学校、职业学校、师范学校发展。

　　1946年3月18日至4月27日,为期一个半月的华中区宣教大会在淮阴召开,一千余人参会,大会强调要改进各级教育行政的领导,加紧文教干部的训练,团结党政军民学各方面的力量,贯彻群众路线,配合群众翻身运动,开展群众教育工作。大会还具体提出:面向民办公助的方针,巩固和改造小学;走公办民助的路线,巩固和改造高小;有计划地推行在职乡干村干教育,打下民校的基础;打通思想,有计划地改革私塾;巩固和改造中等学校;整顿公学款产、庙产,改善教师生活;等等。

　　解放战争开始后,江苏各解放区开展游击教学模式,坚持办学。苏皖一分区在《关于学校教育坚持斗争的决定》中号召全体人民教师"坚持民主立场,坚持人民气节,坚持新民主主义教学内容,坚持教学。"1947年,苏皖边区各地党委、政府又先后出台教育工作的指示,呼吁广大人民教育工作者恢复、扩大和巩固教学阵地,迎接新的革命高潮。边区还组织中小学教师对徐特立同志的《给边区小学教师的一封信》进行了学习,增强他们对土改运动的认识。1948 年 10 月,华中行政办事处召开了中等教育会议,提出:"在服务于新民主主义革命总的目标下,大量培养与改造知识青年,使他们成为新民主主义建设事业和当前中国人民解放战争所需要的各种干部和人才。"会议还通过了华中中等教育实施方案,对包括江苏在内的各解放区中等教育事业进行了规划。

随着解放军的不断胜利,江苏各地大中城市纷纷解放,开启了教育事业发展的新阶段。

二、干部教育

1945 年底至 1946 年初,华中军医学校、华中建设大学迁往淮阴,盐阜师范改为苏皖教育学院,不久并入华中建设大学,改称华中师范学院。1946 年,苏中公学大部分并入了华中雪枫大学,一部分并入了以第三分区干部学校和第四分区专科学校为基础建立的苏中第一分区苏中公学分校。在苏中公学分校,限于时势的影响,采取了"选师""就师""参加实际学习"三种方式来进行教学。"选师"就是在课程开设后,选择一位同志讲学,换一个课程,再换一个同志讲学。"就师"就是当懂这个课程的同志难以前来上课,学生们去他所在的驻地听课。"参加实际学习"就是学员们去具体的工作场所,从实践中学习。苏中公学分校一共办了 6 个月,培训学员 1000 多名。后由于国民党军队进攻苏中根据地,遂北迁并改名为江海公学。江海公学采取游击办学的形式,配合解放战争与土地革命,对学员进行政治教育。1948 年底,随着华中根据地的成立,苏中公学也与苏北公学合并,成立华中公学。不久,迁往山东。淮海战役后,又迁回江苏。1948 年 12 月,改组为华中大学。华中大学的生源来自三个方面:一是知识青年,二是原来华中公学的学员,三是来学习技术的初中生。生源不同,华中大学对他们的培养目标也有所差异。1949 年 2 月,在扬州、南通、泰州三座城市,成立了华中大学工学团,专门对这些城市的进步青年进行教育。1949 年 4 月底,华中大学渡江南下,在苏南地区办学,改名为苏南公学。1947 至 1948 年,江苏各解放区还基本恢复了干校、干训班的设置,成为干部教育的重要部分。

三、群众教育

江苏解放区的群众教育工作坚持为工农兵服务的方针,启发群众的政治觉悟,在夏收到秋收期间,结合农业生产及群众文化教育需求,开展群众文化与教育活动。各解放区一般先成立民校机构,再分头组织成人、妇女与儿童的教育。由季节性的文化教育运动,逐渐过渡为有组织、系统性的学习。比如在冬学运动之后,各解放区通过主动引导,在积极分子的努力下,巩固学习组织,使其成为经常性的活动。课本由边区教育厅编写,其余的教材则由各分区或各县,随时编订补充教材。组织的形式包括乡学、村学、识字班、识字小组、早学、日学、夜校、太阳讲座、趁凉晚会、冬学、夏学、春学等十余种,有民众教育馆、戏院、俱乐部,也有放牛队、运盐队、黑热病医院中开展的相关教育活动。这些教学形式不妨害生产,与生产相结合,适合农村分散的环境,适合群众的胃口。通过群众教育,江苏解放区的群众纷纷组织并行动起来,参加斗争以推翻剥削者,很多群众关心时事,反对封建迷信,文娱生活也有了很大的改变。

四、学校教育

苏皖边区的学制以 5—8 岁为幼稚园、保育院、托儿所阶段;9—12 岁为初级小学、改良私塾阶段;13—14 岁为高级小学阶段;15—16 岁为初级中学、初级师范、教师训练班、各种初级职干学校及训练班阶段;17—18 岁为高级中学、各种专门学校及高级职干学校阶段。[①] 初级小学与初级成人学校可以合并称为村学,也可以独自成立。学校一般实

---

① 戴伯韬编:《解放战争初期苏皖边区教育》,人民教育出版社 1982 年版,第 231 页。

行教导合一模式,即将训育与教务两部合二为一,称为教导部。

苏皖边区的初级小学为教育的最基层组织,也是普及儿童义务教育的机构。小学重点培养学生的民主思想和劳动观点,通过儿童团和少先队将儿童组织起来,参与集体的民主的生活。中学是以培养新型知识分子为目标,使他们具有为人民服务的群众观念、实事求是的唯物观念和必需的科学知识。各种职干学校和专门学校是培养解放区各项事业发展建设的技术人才、初级干部。大学则是为根据地培养较高级的干部与技术人才。

江苏解放区初中的课程包括国语、数学、自然、化学、物理、民主政治、历史、地理、时事研究等;高中则为国文、数学、自然、社会科学、历史、地理、民主建设、体育、音乐等;师范学校分为高级师范、初级师范或简易师范、师范训练班、在职教师训练班,其课程有时事、政治概论、中国农村问题研究、思想方法论初步、自然、艺术、体育等;还有纺织、农业等职业学校。

江苏解放区的学校数量继续增加,公办、民办学校都有较大发展。1946年,盐阜区已有小学2300多所。海门、启东的小学恢复到336所,学生590人,成人识字班337个,学习人数3652人。至1947年,兴化县已经有小学59所,学生2240人。靖江县有小学584所,学生21000余人。不久,依照华中教育会议的精神,江苏各解放区逐渐推动县立小学转变为民办小学的工作。在土改前,江苏解放区中小学的学生以中农家庭出身的最多,解放区政府通过一些办法,推动中农以下家庭的子女接受教育。如各地开办晨班、午班、晚班,让参加家庭生产没有时间学习的儿童也能有时间去学习,收到了很好的效果。

主要参考文献

一、著作

黄省曾:《吴风录》,明隆庆刻本。

翁咸封、翁心存:《潜虚文钞》,道光十七年刻本。

刘宝树:《娱景堂集》,道光二十年刻本。

冯桂芬:《显志堂稿》,光绪二年刻本。

花之安:《德国学校论略》,鄂中质社光绪二十三年印。

刘铎辑:《古今算学丛书(三)》,算学书局光绪二十四年石印本。

金一:《女界钟》,爱国女学校1903年印。

杨模编:《锡金学校重兴纪事》,文明书局1904年版。

留美学生编:《美洲留学报告》,开明书店1906年版。

邓实辑:《光绪丁未政艺丛书》,出版者不详,1907版。

学部总务司编:《学部奏咨辑要》,宣统元年印。

《江苏江西私塾改良总会文牍》,出版者不详,1911年版。

江苏省行政公署教育司编纂:《江苏省教育行政报告书》,江苏省行政公署教育司1914年版。

省立江苏第一师范学校附属小学:《国文科读法研究》,江苏省教育会1915年版。

端方：《端忠敏公奏稿》，刻印单位不详，1918 年版。

黄溍：《金华黄先生文集》，上海古籍出版社 2011 年版。

南京高等师范学校编：《南高师第一届暑期学校概况》，内部资料，1920 年版。

钱文选：《环球日记》，商务印书馆 1920 年版。

蒋维乔编：《江苏教育行政概况》，商务印书馆 1924 年版。

廖世承：《东大附中道尔顿制实验报告》，商务印书馆 1925 年版。

宋恕：《六斋卑议》，永嘉黄氏 1928 年校印。

国立中央大学实验小学编：《一个学校十年努力记》，中华书局 1928 年版。

秦国璋、秦毓钧：《锡山秦氏文钞》，咏烈堂 1930 印行。

黄宗羲：《宋元学案》，商务印书馆 1934 年版。

章元善、许仕廉：《乡村建设实验（第二集）》，中华书局 1935 年版。

焦循：《雕菰集》，商务印书馆 1936 年丛书集成初编本。

许晚成编：《全国大中小学调查录》，龙文书店 1937 年版。

唐鼎元著，黄曙晖、印晓峰标校：《明唐荆川先生年谱》，武进唐氏 1939 年刻本。

张穆：《顾亭林先生年谱》，商务印书馆 1941 年版。

陶行知先生纪念委员会编：《陶行知先生纪念集》，三联书店 1946 年版。

毛泽东：《毛泽东选集（第一卷）》，人民出版社 1952 年版。

周晖：《金陵琐事》，文学古籍刊行社 1955 年版。

阮元：《畴人传》，商务印书馆 1955 年版。

中共中央马恩列斯著作编译局研究室：《五四时期期刊介绍（一）》，三联书店 1955 年版。

龙文彬纂：《明会要》，中华书局 1956 年版。

朱寿朋著，张静庐等校点：《光绪朝东华录》，中华书局 1958 年版。

李斗：《扬州画舫录》，中华书局 1960 年版。

中国史学会主编：《洋务运动》，上海人民出版社 1961 年版。

房玄龄等：《晋书》，中华书局 1974 年版。

张廷玉等：《明史》，中华书局 1974 年版。

龚自珍：《龚自珍全集》，上海人民出版社 1975 年版。

中华书局编辑部整理:《筹办夷务始末(咸丰朝)》,中华书局1979年版。

汤志钧编:《康有为政论集(上册)》,中华书局1981年版。

故宫博物院明清档案部编:《清末筹办立宪档案史料》,中华书局1979年版。

戴伯韬编:《解放战争初期苏皖边区教育》,人民教育出版社1982年版。

顾炎武撰,华忱之点校:《顾亭林诗文集》,中华书局2008年版。

李柏荣:《魏源师友记》,岳麓书社1983年版。

高平叔编:《蔡元培全集》,中华书局1984年版。

朱有瓛主编:《中国近代学制史料》,华东师范大学出版社1983年版。

孟宪承等:《中国古代教育史资料》,人民教育出版社1985年版。

袁燮:《洁斋集》,中华书局1985年版。

阮元:《诂经精舍文集》,中华书局1985年版。

海安县政协文史资料研究委员会编:《海安文史资料(第1辑)》,出版者不详,1985版。

华中师范学院教育科学研究所主编:《陶行知全集》,湖南教育出版社1985年版。

江苏省教育科学研究所、老解放区教育史编写组编印:《华中苏皖边区教育资料选编(一)》,内部资料,1985年版。

马端临:《文献通考》,中华书局1986年版。

胡寅:《斐然集》,台湾商务印书馆1986年版。

朱有瓛主编:《中国近代学制史料》,华东师范大学出版社1986年版。

陈学恂主编:《中国近代教育史教学参考资料》,人民教育出版社1987年版。

政协苏州市委员会文史资料研究委员会编:《苏州文史资料(第15辑)》,内部资料,1986年版。

万绳楠整理:《陈寅恪魏晋南北朝史讲演录》,黄山书社1987年版。

政协淮阴市委员会文史资料研究委员会编:《拳拳爱国心(淮阴文史资料第6辑)》,内部资料,1987年版。

中华续行委办公调查特委会编,蔡咏春等译:《1901—1920年中国基督教调查资料》,中国社会科学出版社1987年版。

章学诚著,叶瑛校注:《文史通义校注》,中华书局1987年版。

李楚材编著:《帝国主义侵华教育史资料——教会教育》,教育科学出版社1987年版。

颜元:《颜元集》,中华书局1987年版。

文徵明:《文徵明集补辑》,上海古籍出版社1987年版。

施朝干:《清代碑传全集》,上海古籍出版社1987年版。

中共江苏省委党史资料征集研究委员会编:《苏中抗日斗争》,江苏人民出版社1987年版。

张廷玉等:《清朝文献通考》,浙江古籍出版社1988年版。

邱平、宋学文:《华中抗日根据地的教育·抗日战争史事探索》,上海社会科学院出版社1988年版。

虞和平编:《经元善集》,华中师范大学出版社1988年版。

闵尔昌:《碑传集补》,上海书店1988年版。

南京市鼓楼区政协文史资料委员会、南京市鼓楼区文物事业管理委员会:《鼓楼文史(第1辑)》,内部资料,1988年版。

周鸿度:《范仲淹史料新编》,沈阳出版社1989年版。

申时行等修:《明会典(万历朝重修本)》,中华书局1989年版。

陈正清标点:《广方言馆全案》,上海古籍出版社1989年版。

宋恩荣主编:《晏阳初全集》,湖南教育出版社1989年版。

曾枣庄、刘琳主编:《全宋文》,巴蜀书社1990年版。

璩鑫圭、唐良炎编:《中国近代教育史资料汇编(学制演变)》,上海教育出版社1991年版。

陈学恂、田正平编:《中国近代教育史资料汇编(留学教育)》,上海教育出版社1991年版。

中国第二历史档案馆编:《中华民国史档案资料汇编(第三辑 教育)》,江苏古籍出版社1991年版。

中国第二历史档案馆编:《中华民国史档案资料汇编(第三辑 文化)》,江苏古籍出版社1991年版。

中国第二历史档案馆编:《中华民国史档案资料汇编(第五辑 政治二)》,江苏古籍出版社1991年版。

清华大学校史研究室:《清华大学史料选编》,清华大学出版社 1991 年版。

阮元:《畴人传》,中华书局 1991 年版。

韩愈:《韩昌黎全集》,中国书店影印世界书局 1991 年版。

董远骞、施毓英:《俞子夷教育论著选》,人民教育出版社 1991 年版。

毛泽东:《毛泽东选集(第二卷)》,人民出版社 1991 年版。

新四军历史丛刊社编:《回忆苏中报》,百家出版社 1992 年版。

刘师培:《刘申叔遗书》,江苏古籍出版社 1992 年版。

崔溥:《漂海录》,社会科学文献出版社 1992 年版。

汤才伯主编:《廖世承教育论著选》,人民教育出版社 1992 年版。

高时良、黄仁贤编:《中国近代教育史资料汇编(洋务运动时期教育)》,上海教育出版社 1992 年版。

潘懋元、刘海峰编:《中国近代教育史资料汇编(高等教育)》,上海教育出版社 1993 年版。

朱有瓛主编:《中国近代教育史资料汇编(教育行政机构及教育团体)》,上海教育出版社 1993 年版。

尹德新:《历代教育笔记资料》,中国劳动出版社 1993 年版。

璩鑫圭、童富勇、张守智编:《中国近代教育史资料汇编(实业教育 师范教育)》,上海教育出版社 1994 年版。

曹从坡、杨桐主编:《张謇全集》,江苏古籍出版社 1994 年版。

中国第二历史档案馆编:《中华民国史档案资料汇编(第五辑 第一编 教育一)》,江苏古籍出版社 1994 年版。

司马迁:《史记》,中州古籍出版社 1994 年版。

陈文和:《嘉定钱大昕全集》,江苏古籍出版社 1995 年版。

苏天爵:《滋溪文稿》,中华书局 1997 年版。

《四库禁毁书丛刊》,北京出版社 1997 年版。

王应奎:《柳南随笔》,中华书局 1997 年版。

中国蔡元培研究会编:《蔡元培全集》,浙江教育出版社 1997 年版。

陈景磐、陈学恂主编:《清代后期教育论著选》,人民教育出版社 1997 年版。

陈谷嘉、邓洪波主编:《中国书院史资料》,浙江教育出版社 1998 年版。

王国平等主编:《明清以来苏州社会史碑刻集》,苏州大学出版社1998年。

朱维铮执行主编:《万国公报文选》,三联书店1998年版。

曾纪泽:《曾纪泽日记》,岳麓书社1998年版。

沈德符:《万历野获编》,文化艺术出版社1998年版。

江藩:《国朝汉学师承记》,三联书店1998年版。

袁学澜:《吴郡岁华纪丽》,江苏古籍出版社1998年版。

浙江古籍出版社编:《十三经注疏》,浙江古籍出版社1998年版。

吴伟业:《吴梅村全集》,上海古籍出版社1999年版。

邱浚:《大学衍义补》,京华出版社1999年版。

曾国藩:《曾国藩日记》,宗教文化出版社1999年版。

黄炎培:《八十年来——黄炎培自述》,文汇出版社2000年版。

周绍良主编:《全唐文新编》,吉林文艺出版社2000年版。

邓洪波编著:《中国书院章程》,湖南大学出版社2000年版。

《四库未收书辑刊(第7辑第16册)》,北京出版社2000年版。

方龄贵:《通制条格校注》,中华书局2001年版。

王艮:《王心斋全集》,江苏教育出版社2001年版。

范仲淹著,李勇先、王蓉贵点校:《范仲淹全集》,四川大学出版社2002年版。

《续修四库全书》,上海古籍出版社2002年影印本。

樊洪业、张久春选编:《科学救国之梦——任鸿隽文存》,上海科技教育出版社2002年版。

吕达:《陆费逵教育论著选》,人民教育出版社2002年版。

森有礼编,林乐知、任廷旭译:《文学兴国策》,上海书店出版社2002年版。

夏东元:《盛宣怀年谱长编》,上海交通大学出版社2004年版。

李滔主编:《中华留学教育史录(1840—1949)》,高等教育出版社2005年版。

宋恩荣、章咸选编:《中华民国教育法规选编(修订版)》,江苏教育出版社2005年版。

黄汝成:《日知录集释》,上海古籍出版社2006年版。

李桂林、戚名琇、钱曼倩编:《中国近代教育史资料汇编(普通教育)》,上

主要参考文献

海教育出版社 2007 年版。

璩鑫圭、童富勇编:《中国近代教育史资料汇编(教育思想)》,上海教育出版社 2007 年版。

陈元晖主编:《中国近代教育史资料汇编(实业教育 师范教育)》,上海教育出版社 2007 年版。

陈元晖主编:《中国近代教育史资料汇编(鸦片战争时期教育)》,上海教育出版社 2007 年版。

汤志钧、陈祖恩、汤仁泽编:《中国近代教育史资料汇编(戊戌时期教育)》,上海教育出版社 2007 年版。

陈学恂、田正平编:《中国近代教育史资料汇编(留学教育)》,上海教育出版社 2007 年版。

归有光:《震川先生集》,上海古籍出版社 2007 年版。

陈夔龙:《梦蕉亭杂记》,中华书局 2007 年版。

左丘明:《国语》,中华书局 2007 年版。

陈山榜编:《张之洞教育文存》,人民教育出版社 2008 年版。

中华书局编辑部整理:《筹办夷务始末(同治朝)》,中华书局 2008 年版。

万仕国辑校:《刘申叔遗书补遗》,广陵书社 2008 年版。

张百熙著,谭承耕、李龙如校点:《张百熙集》,岳麓书社 2008 年版。

徐枋:《居易堂集》,华东师范大学出版社 2009 年版。

周中孚:《郑堂读书记》,上海书店出版社 2009 年版。

钱大昕:《潜揅堂文集》,上海古籍出版社 2009 年版。

王祯:《农书译注(上)》,齐鲁书社 2009 年版。

雷树德校点:《贺长龄集》,岳麓书社 2010 年版。

陈高华、张帆、刘晓、党宝海点校:《元典章》,天津古籍出版社 2011 年版。

曾国藩:《曾国藩全集·奏稿》,岳麓书社 2011 年版。

李明勋、尤世玮主编:《张謇全集》,上海辞书出版社 2012 年版。

朱国桢:《涌幢小品》,上海世纪出版股份有限公司 2012 年版。

舒新城编:《近代中国教育史料》,中国人民大学出版社 2012 年版。

翁同龢:《翁同龢日记(第 2 卷)》,上海中西书局 2012 年版。

周洪宇、陈竞蓉主编:《旧教育与新教育的差异——孟禄在华演讲录》,安徽教育出版社 2013 年版。

杨循吉:《松筹堂集》,上海古籍出版社 2013 年版。

唐文治著,文明国编:《唐文治自述》,安徽文艺出版社 2013 年版。

刘知几:《史通(上)》,中华书局 2014 年版。

熊月之编:《中国近代思想家文库·冯桂芬卷》,中国人民大学出版社 2014 年版。

刘琳等:《宋会要辑稿》,上海古籍出版社 2014 年版。

严羽:《沧浪诗话》,中华书局 2014 年版。

徐光启:《徐光启集》,中华书局 2014 年版。

丁韪良著,赖其深校点:《西学考略》,岳麓书社 2016 年版。

沈行恬编注:《张謇教育文论选注》,南京师范大学出版社 2016 年版。

王引之:《经义述闻》,上海古籍出版社 2018 年版。

顾炎武著,陈桓校注:《日知录校注》,安徽大学出版社 2018 年版。

陈代湘校点:《刘坤一集》,岳麓书社 2018 年版。

刘师培:《刘申叔遗书(下册)》,凤凰出版社 2019 年版。

王士性:《五岳游草 广志绎》,上海人民出版社 2019 年版。

二、地方史志、家谱族谱、档案

卢熊:《洪武苏州府志》,清乾隆间抄本。

纪磊、沈眉:《震泽镇志》,道光二十四年刻本。

恽季申等:《毗陵恽氏家乘》,咸丰九年刻本。

方濬颐:《续纂扬州府志》,同治十三年刊本。

卢思诚:《(光绪)江阴县志》,光绪四年刻本。

夏子沐:《源远堂江阴夏氏宗谱》,光绪十六年刊本。

卢文弨:《常郡八邑艺文志》,光绪十六年刻本。

李维清编:《上海乡土志》,时中书局 1907 年版。

桑悦纂:《弘治太仓州志》,宣统元年汇刻本。

叶德辉、叶庆元纂修:《吴中叶氏族谱》,宣统三年活字印本。

吴馨等修,姚文楠纂:《上海县续志》,南园志局 1918 年版。

陈思修、缪荃孙:《江阴县续志》,出版者不详,1921年版。

高鼎业纂修:《(无锡)高氏大统宗谱》,出版者不详,1926年活字本。

李根源编纂:《吴县志》,出版者不详,出版年份不详。

王季烈:《莫釐王氏家谱》,出版者不详,1937年石印本。

孙珮:《浒墅关志》,广陵古籍刻印社1986影印本。

范成大:《宋元方志丛刊·吴郡志》,中华书局1990年版。

钱祥保修,桂邦杰等纂:《(民国)江都县续志》,江苏古籍出版社1991年版。

倪赐、苏双翔等:《唐市志》,江苏古籍出版社1992年版。

俞希鲁:《至顺镇江志》,江苏古籍出版社1999年版。

《东林书院志》整理委员会整理:《东林书院志》,中华书局1999年版。

杨镜如:《紫阳书院志》,苏州大学出版社2006年版。

徐家保、徐振清:《锡山徐氏宗谱》,凤凰出版社2011年版。

姚宗仪:《常熟县私志》,广陵书社2016年版。

中国第一历史档案馆藏:《两江总督高晋奏为〈钦定重刻淳化阁法帖〉奉旨颁赐钟山书院一部代在院肄业贡生等谢恩事》(宫中朱批奏折),乾隆三十八年四月初八日,档号0401380008017。

三、研究著作

廖世承:《中学教育》,商务印书馆1924年版。

徐蔚南:《党化教育》,世界书局1927年版。

程湘帆:《中国教育行政》,商务印书馆1930年版。

陈翊林:《最近三十年中国教育史》,上海太平洋书店1932年印行。

黄裳:《民众学校招生暨留生问题的研究》,广州国立中山大学1935年版。

俞庆棠编:《民众教育》,正中书局1935年印行。

陈礼江编著:《民众教育》,商务印书馆1936年版。

许公鉴:《中国社会教育新论》,中国文化服务社1948年印行。

唐长孺:《魏晋南北朝史论丛》,三联书店1955年版。

原春辉编:《中国近代教育方略》,兴台公司1963年印刷。

陈寅恪：《金明馆丛稿初编》，上海古籍出版社1980年版。

陈寅恪：《唐代政治史述论稿》，上海古籍出版社1980年版。

王树槐：《中国现代化的区域研究（江苏省：1860—1916）》，"中央研究院"近代史研究所1984年版。

吕思勉：《隋唐五代史》，上海古籍出版社1984年版。

梁启超：《清代学术概论》，复旦大学出版社1985年版。

钱穆：《中国近三百年学术史》，中华书局1986年版。

钱穆：《中国文化史导论》，三联书店1988年版。

柳诒徵：《中国文化史》，中国大百科全书出版社1988年版。

毛礼锐、沈灌群：《中国教育通史》，山东教育出版社1989年版。

张子高：《科学发达略史》，上海书店1989年影印版。

梁家勉：《中国农业科学技术史稿》，农业出版社1989年版。

宋湛庆：《〈农说〉的整理和研究》，东南大学出版社1990年版。

中国科学技术协会编：《中国科学技术专家传略（农学编：养殖）》，中国科学技术出版社1993年版。

毕乃德：《洋务学堂》，杭州大学出版社1993年版。

葛荣晋主编：《中国实学思想史》，首都师范大学出版社1994年版。

高时良主编：《中国教会学校史》，湖南教育出版社1994年版。

陈学恂：《中国教育史研究（明清分卷）》，华东师范大学出版社1995年版。

孙宏安：《中国古代科学教育史略》，辽宁教育出版社1996年版。

吴仁安：《明清时期上海地区的著姓望族》，上海人民出版社1997年版。

周秀才等：《中国历代家训大观》，大连出版社1997年版。

钱穆：《中国近三百年学术史》，商务印书馆1997年版。

陈谷嘉、邓洪波：《中国书院制度研究》，浙江教育出版社1997年版。

王炳照：《中国古代书院》，商务印书馆1998年版。

周道祥：《江南贡院》，中国物资出版社1999年版。

江庆柏：《明清苏南望族文化研究》，南京师范大学出版社2016年版。

周可真：《顾炎武哲学思想研究》，当代中国出版社1999年版。

王善军：《宋代的宗族与宗族制度研究》，河北教育出版社2000年版。

许大龄：《明清史论集》，北京大学出版社2000年版。

钱穆:《现代中国学术论衡》,三联书店 2001 年版。

刘正伟:《督抚与士绅——江苏教育近代化研究》,河北教育出版社 2001 年版。

田正平主编:《中国教育史研究(近代分卷)》,华东师范大学出版社 2001 年版。

尚小明:《留日学生与清末新政》,江西教育出版社 2002 年版。

陈国灿:《江南农村城市化历史研究》,中国社会科学出版社 2004 年版。

钱穆:《中国学术思想史论丛》,安徽教育出版社 2004 年版。

张玉法:《民国初年的政党》,岳麓书社 2004 年版。

邓洪波:《中国书院史》,东方出版社 2004 年版。

李喜所主编:《留学生与中外文化》,南开大学出版社 2005 年版。

张舜徽:《爱晚庐随笔》,华中师范大学出版社 2005 年版。

姜新、小雨:《江苏留学教育史稿》,吉林人民出版社 2006 年版。

梁启超:《清代学术概论》,江苏文艺出版社 2007 年版。

舒新城编:《近代中国教育思想史》,福建教育出版社 2007 年版。

陈乃林、周新国:《江苏教育史》,江苏人民出版社 2007 年版。

李喜所:《中国留学史论稿》,中华书局 2007 年版。

罗廷光:《教育行政》,福建教育出版社 2008 年版。

陈青之:《中国教育史》,福建教育出版社 2009 年版。

王树槐:《基督教与清季中国的教育与社会》,广西师范大学出版社 2011 年版。

郭孝成:《中国革命纪事本末》,商务印书馆 2011 年版。

张星烺:《欧化东渐史》,商务印书馆 2011 年版。

王骅书:《清末民初社会新万象》,苏州大学出版社 2011 年版。

余英时:《朱熹的历史世界——宋代士大夫政治文化的研究》,三联书店 2011 年版。

李提摩太著,李宪堂、侯林莉译:《亲历晚清四十年——李提摩太在华回忆录》,人民出版社 2011 年版。

陈实功:《外科正宗》,天津科学技术出版社 2011.

梁启超:《戊戌政变记》,岳麓书社 2011 年版。

傅国涌编:《过去的小学》,同心出版社 2012 年版。

朱煜:《民众教育馆与基层社会现代改造(1928—1937)——以江苏为中心》,社会科学文献出版社 2012 年版。

徐传德主编:《南京教育史》,商务印书馆 2012 年版。

王炳照等主编:《中国教育通史·先秦卷(上册)》,北京师范大学出版社 2013 年版。

顾长声:《传教士与近代中国》,上海人民出版社 2013 年版。

周慧梅:《"新国民"的想象:民国时期民众学校研究》,北京师范大学出版社 2013 年版。

黄绍箕、柳诒徵:《中国教育史》,中国和平出版社 2014 年版。

陈东原:《中国妇女生活史》,商务印书馆 2015 年版。

吴洪成、张媛媛等:《中国近代中小学教学方法史论》,知识产权出版社 2016 年版。

罗威廉著,李仁渊、张远译:《最后的中华帝国:大清》,中信出版社 2016 年版。

左芙蓉:《华北地区的圣公会》,宗教文化出版社 2017 年版。

张礼永:《民国教育社团研究》,湖南教育出版社 2018 年版。

黄炎培:《职业教育论》,商务印书馆 2019 年版。

王国平、唐力行主编:《苏州通史(清代卷)》,苏州大学出版社 2019 年版。

费正清、邓嗣禹著,陈少卿译:《冲击与回应》,民主与建设出版社 2019 年版。

陈寅恪:《金明馆丛稿初编·崔浩与寇谦之》,团结出版社 2021 年版。

舒新城:《近代中国留学史》,中国书籍出版社 2022 年版。

四、年鉴、百科全书

周邦道等:《第一次中国教育年鉴》,开明书店 1934 年版。

陈东原主编:《第二次中国教育年鉴》,商务印书馆 1948 年版。

顾明远主编:《中国教育大百科全书》,上海教育出版社 2012 年版。

五、期刊论文

《小学闻见录》,《译书汇编》1902 年第 2 卷第 3 期。

《记无锡匪徒毁学始末》,《大陆》1904 年第 7 期。

《留学人数》,《女子世界》1904 年第 7 期。

《江苏私塾改良会章程》,《东方杂志》1905 年第 2 期。

《光绪三十一年二月中国事纪》,《东方杂志》1905 年第 3 期。

《学务大臣奏据编书局监督编成〈乡土志例目〉拟通饬编辑片》,《东方杂志》1905 年第 9 期。

《各省教育汇志》,《东方杂志》1905 年第 11 期。

《江宁特设法政学堂》,《教育杂志(天津)》1905 年第 15 期。

《民立南洋中学堂章程》,《教育杂志(天津)》1905 年第 18 期。

《各省教育汇志》,《东方杂志》1906 年第 1 期。

《各省教育汇志》,《教育杂志》1906,3 年第 12 期。

《各省教育汇志》,《东方杂志》1906 年第 6 期。

《各省教育汇志》,《东方杂志》1906 年第 9 期。

《各省教育汇志》,《东方杂志》1906 年第 10 期。

《各省教育汇志》,《东方杂志》1906 年第 12 期。

《泰州创设半日学堂》,《四川学报》1906 年第 12 期。

《江苏留学日本法政大学毕业生管尚勋禀苏抚陈条陈推广法政办法文》,《北洋官报》1906 年第 1215 期。

《炼石·发刊词》,《中国新女界杂志》1907 年第 1 期。

《各省教育汇志》,《东方杂志》1907 年第 3 期。

《各省教育汇志》,《东方杂志》1907 年第 9 期。

《江苏留学日本学生唐人杰等呈所译手工教科书请审定禀批》,《学部官报》1907 年第 31 期。

《江南法政讲习所章程》,《南洋官报》1907 年第 79 期。

《各省教育汇志》,《东方杂志》1908 年第 6 期。

《江督端奏江南高等学堂中学堂等学生毕业并管理教员请奖折》,《四川教育官报》1908 年第 6 期。

《苏抚瑞奏开办简易识字学塾片》,《教育杂志》1909 年第 10 期。

《简易识字学塾开学》,《教育杂志》1909 年第 12 期。

《学部札行各省查禁伪造学部审定教科书文》,《教育杂志》1910 年第 12 期。

《学部审驳浙江东阳县附生吴允让呈乡土教科书批》,《浙江教育官报》1910 年第 21 期。

《开办简易识字学塾开学演说》,《南洋官报》1910 年第 128 期。

《记事:各省简易识字学塾之成绩》,《教育杂志》1911 年第 6 期。

《通俗教育研究会章程》,《通俗教育研究录》1912 年第 1 期。

《本会北京社会教育讨论会纪事》,《通俗教育研究录》1912 年第 3 期。

《通俗教育研究会进行宗旨议决案》,《通俗教育研究录》1912 年第 4 期。

《江苏今后五年间教育计划书》,《江苏教育行政月报》1913 年第 1 期。

《江苏各县女学一览表》,《江苏教育行政月报》1913 年第 4 期。

《自学辅导主义之教授法》,《教育研究》1913 年第 5 期。

《论义务教育当规定于宪法》,《新闻周报》1913 年第 19 期。

《江苏省教育行政报告书总说》,《江苏教育行政月报》1914 年第 9 期。

《社会教育各项规程》,《江苏省公报》1915 年第 708 期。

《全国教育联合会议决案》,《教育杂志(安庆)》1915 年第 1 期。

《理科教授研究会第一次研究报告》,《教育研究》1915 年第 23 期。

《致齐巡按使报告小学教授法讲习会经过情形书》,《教育研究》1915 年第 25 期。

《江苏各县市乡教育会地址一览》,《江苏省教育会年鉴》1916 年第 1 期。

《江苏省立通俗教育规程》,《江苏教育行政月报》1916 年第 2 期。

《齐巡按使致江苏省立通俗教育馆开幕日训词》,《江苏教育行政月报》1916 年第 2 期。

《教会工艺之概况》,《中华基督教会年鉴》1916 年第 3 期。

《参观上海盲童学校记》,《中华教育界》1916 年第 8 期。

《江苏社会教育谈》,《教育杂志》1916 年第 8 期。

《江苏留学日本省费学生调查表(五年八月调制)》,《江苏教育行政月报》

1916 年第 9 期。

《致各县知事署、教育会请酌选学员听讲书》，《教育研究》1916 年第 28 期。

《宣言书》，《职业与教育》1917 年第 1 期。

《女子教育》，《新青年》1917 年第 1 期。

《江苏省教育会章程（民国五年八月重订）》，《都市教育》1917 年第 1 期。

504

《今后小学教科之商榷》，《教育杂志》1917 年第 1 期。

《与全国各县筹派公费留法商榷书》，《新青年》1917 年第 6 期。

《美国的妇人》，《新青年》1918 年第 3 期。

《改订山西全省义务教育施行程序》，《来复报》1918 年第 15 期。

《江苏教育厅训令第五十二号》，《江苏省公报》1918 年第 1476 期。

《教育调查会第一次会议报告：实施义务教育建议案》，《教育杂志》1919 年第 5 期。

《江苏省各中等学校毕业生出路统计表（八年度）》，《江苏省教育会年鉴》1920 年第 5 期。

《江苏义务教育期成会宣言》，《义务教育》1921 年创刊号。

《江苏省义务教育期成会总则》，《义务教育》1921 年创刊号。

《江苏教育厅训令第一千九百三十四号》，《江苏省公报》1921 年第 2789 期。

《江苏一师附小初年级设计教学的实施报告》，《教育研究》1922 年第 1 期。

《江苏省各中等学校毕业生出路统计表（十年度）》，《江苏省教育会年鉴》1922 年第 7 期。

《呈省长文（三）》，《义务教育》1922 年第 7 期。

《科学教育号发刊词》，《科学》1922 年第 11 期。

《江苏省立中学学制变更的历史观》，《教育研究》1922 年号外。

《世界教育新潮：美国暑期学校之发达》，《教育杂志》1922 年第 5 期。

《中国女子职业教育之经过及现况》，《教育与职业》1922 年第 35 期。

《江苏省各中等学校毕业生出路统计表（十一年度）》，《江苏省教育会年鉴》1923 年第 8 期。

《江苏教育实业行政联合会之简章》,《江苏教育公报》1923年第11期。

《我对于办暑期学校的一点小意思》,《教育杂志》1923年第10期。

《参观南高附小杜威院、维城院记略》,《教育杂志》1923年第11期。

《五四以后中国的平民教育运动》,《平民教育》1923年第68/69期。

《训令第117号》,《江苏教育公报》1924年第1期。

《南京平民教育促进会将改组为江苏平民教育促进会》,《通俗旬报》1924年第10期。

《国立大学条例》,《教育公报》1924年第3期。

《令国立东南大学校董会:呈一件送修正国立东南大学校董会简章由》,《教育公报》1924年第7期。

《江苏职业教育推行计划书》,《广州市市政公报》1924年第120期。

《小学教学法概要》,《教育杂志》1925年第1期。

《中华职业教育社代办江苏职业教育十三年度报告》,《江苏教育公报》1925年第11期。

《代办江苏职业教育十四年度计划》,《江苏教育公报》1925年第11期。

《留美中国学生之调查》,《教育杂志》1925年第3期。

《江苏省教育会二十年概况》,《江苏教育公报》1926年第7期。

《大学区制在江苏的试验》,《第四中山大学教育行政周刊》1927年第1期。

《江苏省政府公报》1927年第2期。

《第四中山大学评议会组织大纲》,《江苏省政府公报》1927年第4期。

《组织中华平民教育促进总会的经过》,《新教育评论》1927年第7期。

《"党化教育"之意义及其方案》,《教育杂志》1927年第8期。

《中国基督教教育最近之趋势》,《中华基督教会年鉴》1927年第9期。

《各级学校增加党义课程暂行通则》,《大学院公报》1928年第9期。

《一个试验的"小学教员暑期学校"——无锡县教育局小学教员暑期学校》,《教育杂志》1928年第10期。

《江苏大学区地方教育分区研究委员会暂行规程》,《无锡教育周刊》1928年第38期。

《民众学校办法大纲》,《教育部公报》1929年第2期。

《第二年的晓庄》,《地方教育》1929 年第 5 期。

《江苏各实验小学概况》,《江苏教育季刊》1930 年创刊号。

《江苏省教育厅职员一览表》,《江苏教育厅公报》1930 年第 1 期。

《宋元明清书院概况(续)》,《国立中山大学语言历史学研究所周刊》1930 年第 112 期。

《南京(特别市)市立马道街小学幼稚园实况》,《首都教育研究》1930 年第 1 期。

《改进全国高等教育计划》,《教育部公报》1930 年第 13 期。

《第三届民众学校开学》,《首都市政公报》1930 年第 56 期。

《愿入学竞达五千余人》,《首都市政公报》1930 年第 68 期。

《江苏各县二十年来初等教育之统计种种》,《江苏教育通讯》1931 年第 2 期。

《暑期学校》,《时时周报》1931 年第 24 期。

《第六届民众学校筹备之先声》,《民众教育通讯》1931 年第 6 期。

《丰县教育局规划巡回民众学校》,《民众教育通讯》1931 年第 7 期。

《镇江教育局举办第六届民众学校》,《民众教育通讯》1931 年第 8 期。

《涟水民众学校纷纷开学》,《民众教育通讯》1931 年第 9 期。

《江苏县立中学学级与学生数》,《湖南教育》1931 年第 24 期。

《本市历届民众学校概况》,《首都市政公报》1931 年第 87 期。

《江苏省奖励办理民众学校办法》,《江苏省政府公报》1931 年第 723 期。

《书院制度之研究》,《师大月刊》1932 年第 1 期。

《"根据二十年度各省市民众学校概况的比较"商榷关于民校的十大问题》,《民众教育》1932 年第 2 期。

《十八年度各省市民众学校调查(四)》,《广东省立小学教员补习函授学校月刊》1932 年第 4 期。

《各省市民众学校概况之比较(一)(二)》,《教育部公报》1932 年第 3536 期。

《省女蚕所负时代之任务及今后之改进》,《江苏教育(生计教育专号)》1933 年第 5 期。

《本局二十一年度下期民众学校一览》,《吴县教育》1933 年第 4 期。

《清朝书院风气之变迁》，《学风》1933年第5期。

《江苏省立及县、私立幼稚园各项平均数比较图》，《江苏教育（苏州）》1933年第10期。

《江苏省省立小学比较图》，《江苏教育（苏州）》1933年第10期。

《江苏省各县民众学校概况表（廿三年九月调制）》，《江苏教育》1934年第9期。

《十年来之中国中等教育》，《光华大学半月刊》1935年第910期。

《联络低年级的幼稚园课程编制：江苏扬州实小幼稚园设计课程编制计划》，《河南教育月刊》1935年第4期。

《各民众学校一览》，《高邮教育》1935年第4期。

《我国宋元两代之小学状况及其教材》，《教与学》1935年第5期。

《南京市普及民众学校计划纲要》，《中华教育界》1935年第7期。

《铜山县民众学校概况表》，《铜山教育》1935年第1314期。

《幼稚园课程编制的报告》，《江苏省小学教师半月刊》1936年第7期。

《浒墅关女子蚕业学校视察报告》，《江苏教育（苏州）》1936年第8期。

《江苏省立中学之概观》，《江苏教育（苏州）》1937年第12期。

《元代书院制度》，《现代史学》1937年第2期。

《江苏省各县民众学校巡回施教办法》，《社教通讯（上海）》1937年第10期。

《江苏各县县立民众学校统计表》，《新江苏教育》1940年第10期。

《江苏书院志初稿》，《江苏文献》1942年第12期。

《江苏书院志初稿（续）》，《江苏文献》1942年第34期。

《江苏书院志初稿（再续）》，《江苏文献》1942年第78期。

《江苏义学社学志（上）》，《江苏文献》1943年第12期。

《从顾炎武到章炳麟》，《学术月刊》1963年第12期。

《江苏义学社学志（下）》，《江苏文献》1943年第34期。

《两汉教育制度考述》，《教育评论》1986年第5期。

《唐代学校教育述略》，《教育评论》1987年第6期。

《现代我国小学教学法演变一斑》，《华东师大学报教育版》1988年第1期。

《关于试行大学院与大学区制的一组史料》,《民国档案》1988年第2期。

《抗日战争时期的东吴大学》,《苏州大学学报(哲学社会科学版)》1988年第4期。

《清代江苏书院述论》,《社会科学辑刊》1993年第4期。

《清朝苏州的紫阳书院》,《铁道师院学报(社会科学版)》1993年第2期。

《隋代江南士人的浮沉》,《历史研究》1995年第1期。

《东汉时期江南士人群体的兴起》,《江苏社会科学》1997年第2期。

《南菁书院始末》,《江苏政协》2000年第3期。

《学部与预备立宪》,《中山大学学报论丛(社会科学版)》2000年第3期。

《论中古时期世族家风、家学之特质》,《河南科技大学学报年第社科版)》2003年第3期。

《由爱乡而爱国:清末广东乡土教材的国家话语》,《历史研究》2003年第4期。

《清朝进士的时空分布研究》,《西北师大学报(社会科学版)》2005年第1期。

《试论清代扬州书院在扬州学派形成中的作用》,《南京晓庄学院学报》2005年第4期。

《清代文进士总数考订》,《清史研究》2005年第4期。

《爱国女学成立时间考辨》,《史林》2006年第3期。

《清代扬州朱氏家学述论》,《扬州大学学报(人文社科版)》2006年第5期。

《花之安〈德国学校论略〉所定教育术语及其影响》,《人文论丛》2009年卷。

《从普遍福利到周贫济困——范氏义庄社会保障功能的演变》,《江苏社会科学》2009年第2期。

《多面的弄潮儿:沈戟仪与清末民初的私塾改良》,《中华文史论丛》2011年第3期。

《古代社学沿革与性质考》,《教育学报》2013年第6期。

《蒙养斋数学家陈厚耀的历算活动——基于〈陈氏家乘〉的新研究》,《自然科学史研究》2014年第3期。

《科举的"在地"：论科举史的地方脉络——以明代常熟县为中心》,《史林》2016 年第 3 期。

六、报纸

《拟整顿蒙塾议》,《大公报》1902 年 12 月 16 日。

《仿设私塾改良会》,《时报》1905 年 10 月 12 日。

《创设半日学堂教员研究所(镇江)》,《申报》1906 年 6 月 6 日。

《江苏学会文牍初编叙(代论)》,《申报》1906 年 9 月 27 日。

《锡金迷信神权之积习》,《申报》1909 年 5 月 24 日。

《常州通信:简易识字学塾开学》,《时报》1910 年 5 月 18 日。

《江苏科学教育研究会建议案》,《思益附刊》1923 年 9 月 23 日。

《江苏教育状况报告(续)》,《新闻报》1923 年 10 月 3 日。

《苏省平民教育运动之发展(上)》,《申报》1924 年 3 月 9 日。

《苏教厅拟订江苏科学教育实施委员会组织大纲》,《新闻报》1924 年 4 月 21 日。

《江苏中等教育计划委员会之报告》,《申报》1926 年 4 月 29 日。

《江苏平民教育推行概况》,《新闻报》1926 年 7 月 29 日。

《十年来中国之职业教育》,《时事新报》1927 年 2 月 19 日。

《苏省十年来公费留学生统计》,《中央日报》1930 年 3 月 7 日。

《教育局积极推设民众学校》,《人报》1933 年 3 月 3 日。

《各省市之民众学校》,《民报》1934 年 4 月 29 日。

《苏中公学即将开办》,《苏中报》1944 年 2 月 12 日。

后　记

本书是江苏省社科基金项目"江苏文脉研究"专项"江苏教育史"研究的最终成果。

自接受"江苏教育史"专项研究之后，花费了相当长时间去思考"什么是江苏自古迄今一直不变的教育文脉"这一关键问题，后忽然从意大利著名历史学家克罗齐的名言"一切历史都是当代史"中得到灵感：当代与过去有着割不断的血脉关联，当今江苏教育的特征，其实便是过去教育历史不断延续、拓展的结果。为此，由今逆推，凝炼出千百年来江苏亘古不变的教育文脉："崇文重教，求实创新"。江苏地区所传承的教育文脉或教育传统，既受到中国社会自古以来所拥有的重教"大传统"的影响，也与江苏地区农业、渔业、手工业和商业发达所带给人们思维上实事求是、顺势应变的"小传统"的区域特质有着密切的关联。正是基于这种认识，我们对于江苏教育发展历史的呈现，都将其置于全国教育发展的大背景下进行讨论。

虽然作者在中国教育史的教学、研究方面已有数十年的历史，但真正深入江苏区域教育史的研究，仍是一个重新学习的过程。爬梳过去的教育史料，时时感动于过去江苏教育学人们对于教育事业的热忱和坚韧；阅读时贤的研究成果，常常从中受到启发、获得灵感，在此一并向他们表示致敬。

本书由胡金平（南京师范大学教授）和朱季康（扬州大学教授）二人

合作完成,其中全书框架由胡金平设计,朱季康负责第一、二、三、九章和第八章第一、二、四、五节撰写,胡金平负责四、五、六、七章和第八章第三节、序及后记的撰写,最后由胡金平负责统稿。虽然我们撰写过程中力求学术性与可读性结合,但最终却难尽如人意,错漏之处,敬请方家指正。

胡金平
2022 年 5 月于苏州

后
记

511